De geest in de fles

DE GEEST IN DE FLES

De omgang van de Nederlandse defensieorganisatie met chemische strijdmiddelen 1915-1997

Herman Roozenbeek
Jeoffrey van Woensel

Boom, Amsterdam

Vormgeving: Boekhorst design, Culemborg
Cartografie: Louis Kaulartz, Den Haag
Druk: A-D Druk, Zeist

Het Nederlands Instituut voor Militaire Historie is een zelfstandig wetenschappelijk onderzoeks- en documentatiecentrum binnen de Nederlandse Defensie Academie (NLDA). Deze publicatie maakt deel uit van het onderzoeksprogramma van de Faculteit Militaire Wetenschappen van de NLDA.

Printed in the Netherlands

ISBN 978 94 6105 1028
NUR 680
www.uitgeverijboom.nl

Inhoud

Inleiding

Het onderzoek

Op 22 februari 2008 verscheen in *HP/De Tijd* het artikel 'Speeltuin Sahara' van de journalist Mark Traa.[1] In het artikel beschrijft Traa de betrokkenheid van de Nederlandse krijgsmacht bij proefnemingen met chemische strijdmiddelen (waaronder zenuwgassen) in de jaren vijftig, zowel in Nederland zelf, als in internationaal verband in de Algerijnse Sahara. Hierover was nog niet eerder gepubliceerd. Vooral de melding van een in Nederland ontwikkeld nieuw zenuwgas – in de bronnen "stof X" genoemd – en de uitvoerige beschrijving van (voorgenomen) dierproeven baarden opzien. Het artikel vormde de aanleiding tot Kamervragen[2] en maakte de nodige publiciteit in de media los.[3]

Hoewel het artikel van Traa veel feitelijke informatie verschafte, bleven diverse vragen onbeantwoord. Vooral de achtergronden van de proefnemingen bleven onderbelicht. Bovendien had Traa slechts een beperkt aantal bronnen ingezien. Waarom nam Nederland deel aan Franse proefnemingen met zenuwgassen? Hoe verhielden zich deze proefnemingen tot de Nederlandse opstelling ten opzichte van chemische strijdmiddelen in het algemeen en tot het internationaal verbod op het gebruik van deze middelen (het Protocol van Genève van 1925) in het bijzonder? Om hierover meer duidelijkheid te verschaffen vroeg de secretaris-generaal van het Ministerie van Defensie, drs. A.H.C. Annink, het Nederlands Instituut voor Militaire Historie (NIMH) om een wetenschappelijke studie, gebaseerd op grondig bronnenonderzoek.

Met de publicatie van deze studie sluit Nederland zich aan bij andere westerse landen die er recent toe zijn overgegaan om rekenschap af te leggen van hun 'chemische verleden'. Zo verscheen in Australië in 2007 een vuistdikke monografie over de betrokkenheid van dat land bij diverse aspecten van chemische oorlogvoering tussen 1914 en 1945.[4] In Groot-Brittannië is de laatste jaren multidisciplinair onderzoek verricht naar de experimenten met vooral zenuwgassen die tijdens de Koude Oorlog op 'vrijwillige' basis op duizenden Britse militairen zijn uitgevoerd.[5] In 1953 leidde een van die experimenten tot de dood van een militair. Ook in Canada, ten slotte, wordt sinds 2000 aandacht besteed aan de lotgevallen van militairen die tussen de jaren veertig en de jaren zeventig bij proefnemingen met chemische strijdmiddelen betrokken waren.[6]

De hoofdvraag van dit boek luidt: om welke redenen en op welke wijze was het Ministerie van Defensie (inclusief zijn voorlopers) betrokken bij de verwerving casu quo de aanmaak, de beproeving, het bezit en de voorbereiding op het gebruik van chemische wapens (strijdgassen en bijbehorende inzetmiddelen)? De specifieke voorbereidingen die werden getroffen om de eigen troepen op een mogelijke inzet van chemische wapens door een tegenstander voor te bereiden, zoals de verwerving en beproeving van beschermingsmiddelen en de opleiding en training in het gebruik van deze middelen, komen in dit rapport alleen zijdelings en indien relevant voor de hoofdvraag aan de orde. Beide aspecten lopen overigens naadloos in elkaar over en zijn derhalve niet (altijd) strikt te scheiden. Dit laatste geldt in veel opzichten ook voor de verhouding tot de nucleaire en biologische strijdmiddelen, die tezamen met de chemische strijdmiddelen vaak in een adem als NBC-middelen worden aangeduid.

Het aantal Nederlandse boeken, artikelen en scripties dat aan het onderwerp (of aan deelonderwerpen) van dit boek aandacht besteedt, is bijna op de vingers van één hand te tellen. De nadruk ligt bovendien uitsluitend op de periode vóór de Tweede Wereldoorlog, waarbij de situatie in Nederlands-Indië tot nu toe vrijwel geheel buiten beeld is gebleven. Op deze plaats dienen twee studies in het bijzonder te worden genoemd:[7] de doctoraalscriptie van B.J. Martens uit 1993, getiteld 'De Nederlandse flirt met gifgas', was niet alleen het eerste onderzoek op dit gebied, maar ook het meest complete.[8] Het eveneens lezenswaardige artikel 'Het is een ingenieursoorlog' van W. Klinkert uit 2007 beziet de materie vanuit een wat andere invalshoek, namelijk de relatie tussen chemie en krijgsmacht ten tijde van de Eerste Wereldoorlog (en in het Interbellum).[9]

De periode die in *De geest in de fles* wordt behandeld, bestrijkt ruim tachtig jaar. Het beginpunt is 1915, het jaar waarin voor het eerst op grote schaal dodelijke chemische strijdmiddelen zijn ingezet en waarin ook Nederland zich op het gebruik van deze middelen begon voor te bereiden. Het eindpunt is 1997. In dat jaar trad het in 1993 tot stand gekomen Chemisch Wapenverdrag in werking, waardoor Nederland, dat het verdrag in 1995 ratificeerde, formeel afstand deed van de mogelijkheid om chemische wapens te verwerven, in bezit te hebben en te gebruiken.

De auteurs hebben voor het onderzoek dat aan dit boek ten grondslag ligt, voor een belangrijk deel gebruik kunnen maken van openbare archieven die bij het Nationaal Archief berusten. Daarnaast kregen zij toegang tot de archiefbestanden binnen het Ministerie van Defensie (bij het Centraal Archievendepot, tegenwoordig het bureau Semi-Statische Archiefdiensten geheten, en bij de Militaire Inlichtingen- en Veiligheidsdienst) en bij TNO Defensie en Veiligheid. Hiervoor verleenden de secretaris-generaal van het Ministerie van Defensie respectievelijk de directeur van TNO Defensie en Veiligheid, ing. J.V. Elsendoorn, toestemming. Een deel van deze archieven is (soms na selectie en inventarisatie) inmiddels naar het Nationaal Archief overgebracht of zal op korte termijn worden overgedragen.[10]

Vooral het oudere archiefmateriaal vertoont veel lacunes. Soms liggen hieraan duidelijk aanwijsbare redenen ten grondslag, zoals bij het vooroorlogse geheim archief van het Ministerie van Oorlog/Defensie, dat bij een bombardement op 26 februari 1945 vrijwel geheel verloren is gegaan. In andere gevallen ligt het gecompliceerder. Dit geldt met name voor het archief van het Departement van Oorlog in het voormalige Nederlands-Indië (Bandung), waarvan het lot tot op heden onbekend is. Ook het in Nederland gevormde geheim archief van de afdeling G (militaire aanschaffingen) van het Commissariaat voor Indische Zaken van het Ministerie van Koloniën bleek spoorloos. Slechts voor een deel wordt het verlies van deze archieven gecompenseerd door de aanwezigheid van afschriften in andere archieven (zoals die van de Generale Staf en de Artillerie-Inrichtingen). Kleinere lacunes, vooral in het naoorlogse archiefmateriaal, zijn vaak het gevolg van de toepassing van formele selectiecriteria voor archiefvernietiging.

Chemische strijdmiddelen

Met de term 'chemische strijdmiddelen' en aanverwante begrippen wordt in het algemeen een brede categorie van stoffen en materieel voor militair gebruik aangeduid. Deze omvat allereerst de eigenlijke strijdgassen en de daarbij behorende inzetmiddelen. In de tweede plaats worden hiertoe ook al die middelen gerekend die dienen om de aanwezigheid van strijdgassen te detecteren, om militairen (en burgers) tegen de inzet ervan te beschermen, en om een besmetting te behandelen. Tot slot behoren ook andere militaire middelen tot deze categorie voor zover de werking ervan op chemische processen berust. Hieronder vallen met name (de apparatuur voor) het aanmaken van rook- en nevelwolken voor maskeringsdoeleinden en (bepaalde typen) vlammenwerpers. Hoewel ook de conventionele artillerie van chemische processen gebruikmaakt om een projectiel te laten detoneren (en hierbij veelal ook giftige stoffen vrijkomen), wordt deze niet tot de chemische strijdmiddelen gerekend, omdat de uitwerking ervan niet wordt bepaald door chemische processen, maar door luchtdruk of scherfwerking. Fosformunitie, hoewel in principe een chemisch strijdmiddel, wordt gewoonlijk niet als zodanig beschouwd.

Dit boek behandelt voornamelijk de eerstgenoemde categorie, de strijdgassen en bijbehorende inzetmiddelen die zich lenen voor *actief* gebruik. Dit is bedoeld om afbreuk te doen aan de tegenstander. Zijdelings komt ook de tweede categorie – de middelen voor detectie, bescherming (profylactische middelen), ontsmetting en behandeling (therapeutische middelen) – aan de orde.[11] Dit wordt als *passief* gebruik aangeduid. Veelal wordt in dit verband ook gesproken over *offensieve* en *defensieve* middelen, maar die aanduidingen lenen zich gemakkelijk voor begripsverwarring. Hier worden (met uitzondering van enkele uit de bronnen overgenomen citaten) de termen *offensief* en *defensief* slechts gebruikt in hun primaire militaire betekenis, namelijk 'aanval' en 'verdediging' (op strategisch, operationeel of tactisch niveau). Het gebruik van rook- en nevelgordijnen en de inzet van vlammenwerpers wordt hier niet afzonderlijk behandeld.

Hoewel de termen 'strijdgassen' en 'gifgassen' algemeen gangbaar zijn en ook in deze studie in algemene zin worden gehanteerd, zijn lang niet alle strijdmiddelen die als zodanig worden aangeduid, gasvormig. Veel 'strijdgassen' zijn bij normale gebruikstemperatuur en luchtdruk vloeibaar, zoals mosterdgas. Overigens treedt daarbij altijd een mate van dampvorming op, die kan bijdragen aan de werking van het strijdmiddel. De verspreiding van een vloeibaar strijdgas vindt veelal plaats in de vorm van een nevel, een wolk van kleine druppeltjes vloeistof. Indien de vloeistofdruppels blijven zweven en als het ware in de omringende lucht zijn opgelost, spreekt men van een aerosol. Er zijn tot slot ook 'strijdgassen' die als vaste stof werkzaam zijn, zoals diverse arseenverbindingen. Ze worden meestal als een soort rook verspreid, een oplossing in lucht van fijne vaste stof-deeltjes (eveneens een aerosol).

De strijdgassen kunnen naar gelang hun werking in diverse categorieën worden ingedeeld. In de eerste plaats zijn er de zuurstofverdringende gassen (of gifgassen in engere zin), zoals blauwzuur. Deze zijn vaak zeer giftig, maar hun toepassing als chemisch strijdmiddel is beperkt. Blauwzuur, bijvoorbeeld, is lichter dan lucht en vervliegt snel. De zogeheten stikgassen (verstikkende gassen), als chloor, fosgeen, difosgeen en chloorpicrine, werken in op de ademhalingsorganen en kunnen bij voldoende concentratie of langdurige blootstelling dodelijk zijn. De zogenoemde niesgassen, waaronder de meeste arseenverbindingen (adamsiet, difenylchloorarsine, difenylcyaanarsine), veroorzaken niezen en overgeven, en zijn slechts zelden dodelijk. Hun betekenis als chemisch strijdmiddel ontleenden ze aan de omstandigheid dat de eerste gasmaskers geen bescherming tegen deze stoffen boden en ze als 'maskerbrekers' konden worden gebruikt om de tegenstander te dwingen zijn gasmasker af te zetten. Later zijn ze ook wel als rellenbestrijdingsmiddel ingezet, net als de gebruikelijker traangassen. Tot deze laatste groep behoren onder andere CN-gas (chlooracetofenon) en het tegenwoordig in Nederland gebruikte CS-gas. Nies- en traangassen worden wel als *irritantia*, irriterende middelen, aangeduid. In dit verband moeten ook de *incapacitantia* (of *incapacitating agents*) worden genoemd, stoffen die de tegenstander het handelen onmogelijk maken door onder meer zijn vermogen tot concentratie en coördinatie te verstoren. Een voorbeeld hiervan is BZ, dat de Verenigde Staten enige tijd in hun arsenaal hebben gehad. Tot deze groep behoren ook hallucinogene middelen, zoals LSD.

Alle tot nu genoemde strijdgassen hebben gemeen dat ze voornamelijk door inademing werkzaam zijn. Er zijn daarnaast ook strijdgassen die door de huid kunnen worden opgenomen; meestal zijn ze overigens ook bij inademing werkzaam. Tot deze groep behoren allereerst de zogeheten blaartrekkende strijdgassen, met name mosterdgas (en afgeleiden) en lewisiet. Deze stoffen irriteren de huid, de ogen en de ademhalingsorganen en veroorzaken ernstige blaren, die tot secundaire infecties kunnen leiden. Hoewel de gevolgen van een mosterdgasbesmetting zeer ernstig (kunnen) zijn, heeft zij vaak niet de dood tot gevolg. De giftigste strijdgassen zijn de zenuwgassen, organische fosforverbindingen die verwant zijn aan pesticiden en de signaaloverbrenging van de zenuwen naar de spieren verstoren. Het eerste signaal van een zenuwgasbesmetting is meestal een sterke vernauwing van de pupil. Er zijn drie 'families' van zenuwgassen bekend: de door de Duitsers kort voor en tijdens de Tweede Wereldoorlog ontwikkelde oorspronkelijke zenuwgassen tabun, sarin en soman (later *G-agents* genoemd); de in Groot-Brittannië in de jaren vijftig ontdekte *V-agents* (onder meer VX); en de zenuwgassen die voortkwamen uit het *Foliant*-programma van de Sovjet-Unie vanaf de jaren zeventig.

Een voor militair gebruik geschikt strijdgas onderscheidt zich niet alleen door zijn giftigheid. Daarnaast dient het in principe nog aan een groot aantal andere criteria te voldoen, waaronder bepaalde fysische en chemische eigenschappen.[12] Het moet technisch en economisch in grote hoeveelheden zijn te produceren, voldoende stabiel zijn om langere tijd te kunnen worden opgeslagen,[13] zich lenen voor gebruik in een wapensysteem, enzovoort. Niet onbelangrijk is verder dat de gebruiker zelf over beschermingsmiddelen en behandelmethoden moet beschikken om het eigen personeel bij de omgang met en de inzet van het strijdgas tegen de werking ervan te kunnen beschermen. Tegelijkertijd moet bekend zijn dat de tegenstander niet over de kennis en de middelen beschikt om het strijdgas te detecteren, zich ertegen te beschermen en slachtoffers te behandelen. Overigens gelden veel van deze eisen niet, of in mindere mate, bij gebruik voor terroristische doeleinden.

Andere kenmerken bepalen de wijze waarop een chemisch strijdmiddel operationeel kan worden ingezet. Sommige strijdgassen hebben (vrijwel) onmiddellijk effect, terwijl de werking van andere pas na enige tijd (enkele uren) duidelijk wordt. Een belangrijke eigenschap is

Chemisch strijdmiddel*	Persistentie	Inwerkingtreding
Verstikkende gassen		
Chloor	laag	variabel
Fosgeen	laag	vertraagd
Difosgeen	laag	vertraagd
Chloorpicrine	laag	snel
Blaartrekkende gassen		
Zwavelzuurmosterdgas	erg hoog	vertraagd
Stikstofmosterdgas	hoog	vertraagd
Lewisiet	hoog	snel
Zuurstofverdringende gassen		
Blauwzuur	laag	snel
Chloorcyanide	laag	snel
Arsine	laag	vertraagd
Zenuwgassen		
Tabun	hoog	zeer snel
Sarin	laag	zeer snel
Soman	gemiddeld	zeer snel
Cyclosarin	gemiddeld	zeer snel
v-agents (o.a.vx)	zeer hoog	snel

* Deze tabel geeft een sterk vereenvoudigd beeld van de werking van een aantal (mogelijke) strijdgassen. De genoemde gegevens zijn afhankelijk van een groot aantal variabelen, waaronder de temperatuur. Het effect van een strijdgas wordt overigens niet alleen bepaald door de giftigheid van de stof, maar ook door de concentratie en de duur van de blootstelling eraan *(Haber's Law)*.

verder de persistentie: sommige strijdgassen vervliegen snel en zijn al na enkele minuten niet meer werkzaam, andere blijven nog uren of zelfs dagen lang actief. Een vluchtig strijdgas is bijvoorbeeld gewenst ter inleiding op een eigen aanval (of tegenaanval), een persistent strijdmiddel kan daarentegen worden gebruikt tegen vijandelijke logistieke installaties of ter flankbeveiliging. Een chemisch wapenarsenaal zal dus in de meeste gevallen bestaan uit meerdere strijdgassen met uiteenlopende kenmerken, die voor verschillende operationele situaties bruikbaar zijn.

Historisch overzicht

Het gebruik van chemische (en bacteriologische of biologische) wapens is vermoedelijk vrijwel net zo oud als de oorlogvoering zelf.[14] Zelfs als we vergiftigde pijlen en handwapens buiten beschouwing laten, zijn er tal van historische voorbeelden bekend van de toepassing van giftige gassen en dampen.[15] Een van de bekendste daarvan vond plaats in Griekenland in 429 voor Christus, toen de Spartanen een Atheens garnizoen in Plataia bestookten met de giftige rook van brandende pek en zwavel. Kort geleden was in veel media te lezen dat archeologisch onderzoek aan het licht had gebracht dat de Sassaniden (Perzen) in 256 na Christus bij de belegering van de Grieks-Romeinse stad Dura-Europos (aan de Eufraat in het huidige Syrië) hetzelfde middel gebruikten. Twintig Romeinse militairen lieten daarbij het leven.[16] Recenter, en dichter bij huis, beschoot de bisschop van Münster, 'Bommen Berend', de stad Groningen in het Rampjaar 1672 met brandbommen en dergelijke, waarvan een deel met giftige substanties zou zijn gevuld.

Net als de toepassing van vergiftigde wapens en giftige gassen is ook de veroordeling ervan geen recent fenomeen.[17] Dergelijke geluiden waren al in de Romeinse tijd te horen: *armis bella non venenis geri*, 'oorlog wordt gevoerd met wapens, niet met vergiften'. In 1675 sloten Frankrijk en het Heilige Roomse Rijk in Straatsburg het eerste internationale verdrag dat het gebruik van vergiftigde wapens verbood. Met de groei van de chemische industrie in de negentiende eeuw namen de mogelijkheden voor de toepassing van chemische wapens sterk toe. Suggesties om artilleriegranaten met giftige stoffen te vullen werden tijdens de Krimoorlog en de Amerikaanse Burgeroorlog echter niet uitgevoerd. De afkeer van het gebruik van dergelijke wapens speelde zeker in het eerstgenoemde geval een rol. In de jaren daarna stond het onderwerp regelmatig op de agenda van internationale conferenties. De – niet geratificeerde – Verklaring van Brussel van 1874 bevatte onder andere een verbod op "l'emploi du poison ou d'armes empoisonnées" ('het gebruik van vergiften of vergiftigde wapens'). Tijdens de Eerste Vredesconferentie in Den Haag in 1899 kwamen de deelnemende landen onderling overeen af te zien van "l'emploi de projectiles qui ont pour but unique de répandre des gaz asphyxiants ou délétères" ('het gebruik van projectielen die het verspreiden van verstikkende of giftige gassen als enig doel hebben'). De Tweede Vredesconferentie, die in 1907 opnieuw in Den Haag werd gehouden, bekrachtigde de verbodsbepaling van 1874.

Tijdens de Eerste Wereldoorlog bleken de internationale afspraken weinig waard. Nadat zowel de Fransen als de Duitsers al vanaf 1914 van traangassen gebruik hadden gemaakt, zette

De chemicus Fritz Haber, de drijvende kracht achter het Duitse gifgasprogramma tijdens de Eerste Wereldoorlog, circa 1905-1910.

Duitse militairen voeren een aanval uit onder dekking van fosgeen, vermoedelijk 1917.

Slachtoffers van een gifgasaanval in een Russische loopgraaf, 1916.

Britse soldaten, verblind door een traangasaanval, op weg naar een veldhospitaal in Frankrijk, 10 april 1918.

het Duitse leger op 22 april 1915 bij Ieper voor het eerst op grote schaal een dodelijk gas in. Uit 5.730 gascilinders lieten zij 168 ton chloorgas ontsnappen in een poging een doorbraak in de vastgelopen stellingoorlog te bewerkstelligen. Het idee was afkomstig van de Duitse chemicus (en latere Nobelprijswinnaar) Fritz Haber. Hoewel de aanval een tactisch succes was, wisten de Duitsers dit niet uit te buiten. De geest was echter uit de fles en daarna maakten de belangrijkste oorlogvoerende landen op grote schaal van chemische wapens gebruik. De chemische wapenwedloop leidde tot het gebruik van nieuwe, steeds effectievere strijdgassen (zoals fosgeen en mosterdgas) en de toepassing van nieuwe inzetmiddelen, zoals gasgranaten. Dit laatste was ook in formeel opzicht een schending van de in 1899 in Den Haag gemaakte afspraken. De ontwikkeling van beschermingsmiddelen, zoals gasmaskers, verliep echter in een vrijwel even hoog tempo. Meer dan welk ander wapen had de inzet van strijdgassen een indirect effect – het zaaien van angst en paniek – dat vaak groter was dan de directe uitwerking door het doden of buiten gevecht stellen van de tegenstander.

Na de oorlog was de publieke verontwaardiging over het gebruik van strijdgassen, en met name de rol van Duitsland daarin, groot. Het waren vooral de beelden van de mosterdgasslachtoffers die hiervoor verantwoordelijk waren. In het Verdrag van Versailles van 1919 was een bepaling opgenomen die Duitsland en zijn bondgenoten verbood om chemische strijdmiddelen aan te maken of te bezitten. Tegelijkertijd gingen in de Volkenbond stemmen op

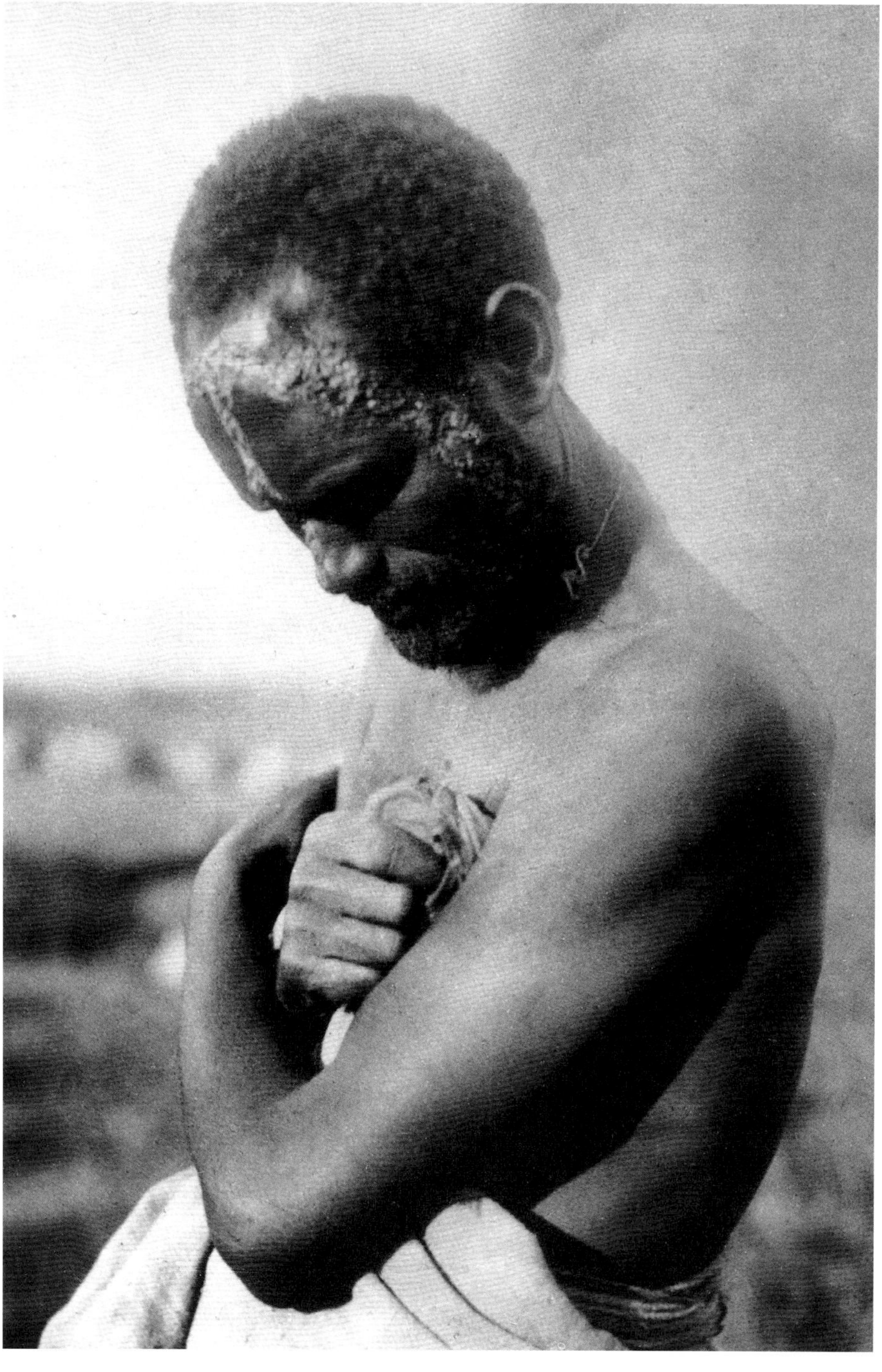

De Italiaanse strijdkrachten maakten in de oorlog tegen Abessinië (Ethiopië) op grote schaal gebruik van sproeiaanvallen met mosterdgas, 1935-1936. Een slachtoffer toont zijn verwondingen.

om het gebruik van chemische strijdmiddelen in het geheel uit te bannen. Dit leidde op 17 juni 1925 tot het Protocol van Genève, dat door vrijwel alle belangrijke landen, en ook door Nederland, werd ondertekend. De tekst was gebaseerd op het niet geratificeerde Verdrag van Washington uit 1922, waarin de Verenigde Staten, Groot-Brittannië, Frankrijk, Italië en Japan hadden afgesproken in oorlogstijd geen strijdgassen te zullen gebruiken.

Het protocol verbood weliswaar het *gebruik* van chemische en biologische wapens, maar niet de productie of het bezit ervan. Pogingen om ook hieraan paal en perk te stellen, zowel in 1925 als tussen 1926 en 1933, liepen op niets uit omdat de controle moeilijk, zo niet onmogelijk zou zijn. Moderne chemische industrieën waren immers in staat om vrijwel onmiddellijk tot de aanmaak van strijdgassen over te gaan; diverse gebruikelijke chemicaliën als fosgeen waren zonder meer als gifgas bruikbaar. Internationaal werd het protocol niet al te hoog aangeslagen. Daaraan droeg bij dat het niet van toepassing was tegenover staten die het niet hadden geratificeerd, of bij binnenlandse dan wel koloniale conflicten. Bovendien voorzagen veel landen, inclusief Nederland, het protocol bij ratificatie van een voorbehoud dat het gebruik van strijdgassen toestond indien de tegenstander als eerste tot de inzet van deze middelen was overgegaan. Bij het uitbreken van de Tweede Wereldoorlog hadden van de grotere mogendheden de Verenigde Staten en Japan het protocol wel ondertekend, maar niet geratificeerd.

Tijdens het Interbellum zijn diverse malen strijdgassen ingezet, soms incidenteel en in enkele gevallen op zeer grote schaal.[18] Tussen 1922 en 1927 maakte Spanje in het protectoraat Marokko bij de onderdrukking van de opstand van de Rif-stammen veelvuldig gebruik van mosterdgas.[19] Met dit strijdgas gevulde bommen werden door de Spaanse luchtmacht vooral afgeworpen boven de dorpen van de Rif-strijders, die over geen enkel beschermingsmiddel beschikten. Destijds bleef de Spaanse strijdgasinzet zo goed als onbekend, in tegenstelling tot het gebruik van chemische wapens door Italië tijdens de inval in Abessinië (Ethiopië) in 1935 en 1936. De internationale opinie was echter niet in staat hier een eind aan te maken.[20] Net als de Marokkaanse Rif-stammen hadden de Abessiniërs zo goed als geen beschermingsmiddelen, terwijl de Italiaanse luchtmacht als eerste de meest effectieve methode voor de verspreiding van mosterdgas, sproeien, toepaste. Op het oostelijk halfrond maakte Japan in ieder geval tussen 1937 en 1945 tijdens de oorlog met China (en mogelijk al eerder in Mantsjoerije) op grote schaal, en vrijwel onbeantwoord, gebruik van diverse strijdgassen. De meeste verontwaardiging ontstond naderhand overigens over het gelijktijdige programma voor de ontwikkeling en inzet van biologische wapens.[21] In vrijwel alle gevallen waarin tijdens het Interbellum gifgassen werden ingezet, was er sprake van een ongelijke strijd. De aangevallen partij beschikte niet of vrijwel niet over beschermingsmiddelen, laat staan over eigen strijdgassen (of andere moderne wapens). De context was veelvuldig koloniaal, of semikoloniaal.

Tijdens de Tweede Wereldoorlog bleef het gebruik van chemische wapens achterwege, met uitzondering van de Japanse inzet ervan in China en mogelijk van enkele geïsoleerde, incidentele gevallen.[22] Alle grote mogendheden bouwden niettemin vóór en vooral tijdens de oorlog grote voorraden strijdgassen op en waren op de inzet ervan continu voorbereid. Depots met gasmunitie lagen vaak kort achter het front. Dit leverde enkele gevaarlijke incidenten op,

Amerikaanse militairen bereiden zich bij *Edgewood Arsenal* voor op chemische oorlogvoering, 1942.

waarbij per ongeluk (bijvoorbeeld na een toevallige vijandelijke beschieting van een chemisch wapendepot) strijdgassen vrijkwamen. Op 2 december 1943 bracht een Duits luchtbombardement op de haven van de Italiaanse stad Bari onder meer een Amerikaans transportschip met een lading mosterdgasbommen aan boord tot zinken. Door het vrijkomende mosterdgas kwamen tientallen militairen en een onbekend aantal burgers om het leven.

Dat de strijdende partijen niet tot de inzet van chemische wapens overgingen, had verschillende oorzaken. Diverse technisch-tactische bezwaren van het gaswapen waren al tijdens de Eerste Wereldoorlog aan het licht gekomen, zoals de afhankelijkheid van de weerscondities, de moeilijkheid om de tegenstander met voldoende concentraties strijdgas te bestoken en het bestaan van adequate beschermingsmiddelen. Daarbij leende de beweeglijker oorlogvoering van de Tweede Wereldoorlog zich minder voor de toepassing van strijdgassen dan de stellingoorlog van de Eerste Wereldoorlog. Tot slot speelde ook de wederzijdse vrees voor vergelding (al dan niet met chemische wapens) een belangrijke rol. Aan het begin van de oorlog, op 1 september 1939, waarschuwde Hitler Polen: "Wer mit Gift kämpft, wird mit Giftgas bekämpft", al was dit wellicht (groten)deels retoriek.[23] In juni 1943 uitte de Amerikaanse president F.D. Roosevelt een zelfde dreigement: "Any use of gas by any Axis power will immediately be followed by the fullest possible retaliation upon munition centers, seaports, and other military installations through the whole extent of the territory of such Axis country."[24]

Pas in de laatste maanden van de oorlog bleek dat de Duitsers een grote voorsprong hadden opgebouwd door de ontwikkeling van de eerste zenuwgassen, tabun, sarin en soman. Aangezien deze zogeheten *G-agents* veel giftiger waren dan alle reeds bekende gifgassen en op een andere manier werkzaam waren, werden deze stoffen als een geheel nieuwe generatie strijdgassen gezien.[25] Tabun was in 1936 bij toeval ontdekt bij onderzoek naar nieuwe pesticiden, waarna een omvangrijk militair onderzoeks- en ontwikkelingsprogramma van de grond kwam. De grootschalige productie van met tabun gevulde munitie begon vervolgens in 1942. De geallieerden waren van dit alles geheel onwetend gebleven; de spaarzame aanwijzingen die hun inlichtingendiensten erover kregen, werden door de betrokken wetenschappers en inlichtingenofficieren genegeerd.[26]

Door het bekend worden van de Duitse zenuwgassen aan het eind van de Tweede Wereldoorlog ontstond er een nieuwe chemische wapenwedloop, die, in de schaduw van de nucleaire wapenwedloop, een facet van de Koude Oorlog werd.[27] Zowel de westerse geallieerden (de Verenigde Staten, Groot-Brittannië en Frankrijk) als de Sovjet-Unie hadden in het bezette Duitsland de hand weten te leggen op met tabun gevulde munitie, installaties voor de productie van tabun en sarin, grote hoeveelheden documenten en – *last but not least* – de Duitse wetenschappers en militairen die bij de ontwikkeling en productie betrokken waren geweest. Binnen enkele jaren was zowel in Oost als in West de productie van zenuwgassen en de bijbehorende inzetmiddelen in volle gang. In de jaren vijftig volgde een nieuwe, nog dodelijkere familie van zenuwgassen, de zogeheten *V-agents*, die bij pesticidenonderzoek in Groot-Brittannië werd ontdekt.[28] Vanaf de jaren zeventig werd in de Sovjet-Unie onder de codenaam *Foliant* aan de ontwikkeling van een derde, nog weer gevaarlijker familie van zenuwgassen gewerkt.[29] Dit bleef in het Westen lang onbekend.

Terwijl de Sovjet-Unie haar chemisch wapenarsenaal ongehinderd kon opbouwen, stond het chemische wapenprogramma in de Verenigde Staten vanaf het eind van de jaren zestig onder grote politieke druk. Jarenlang werden er in het Westen geen nieuwe chemische wapens geproduceerd, totdat in de jaren tachtig de Verenigde Staten overgingen tot de productie van zogeheten binaire chemische wapens. Deze bestonden uit twee of meer chemische componenten, die elk op zichzelf (relatief) ongevaarlijk waren, maar die bij menging binnen enkele seconden een volwaardig zenuwgas opleverden. Binaire wapens waren hierdoor gemakkelijker te hanteren dan conventionele chemische wapens. In de Verenigde Staten speelde dit veiligheidsaspect een belangrijke rol omdat zich eerder diverse incidenten hadden voorgedaan. De Sovjet-Unie ontwikkelde haar eigen binaire chemische wapens, vooral om onder de bepalingen van een eventueel internationaal chemisch wapenakkoord uit te komen.

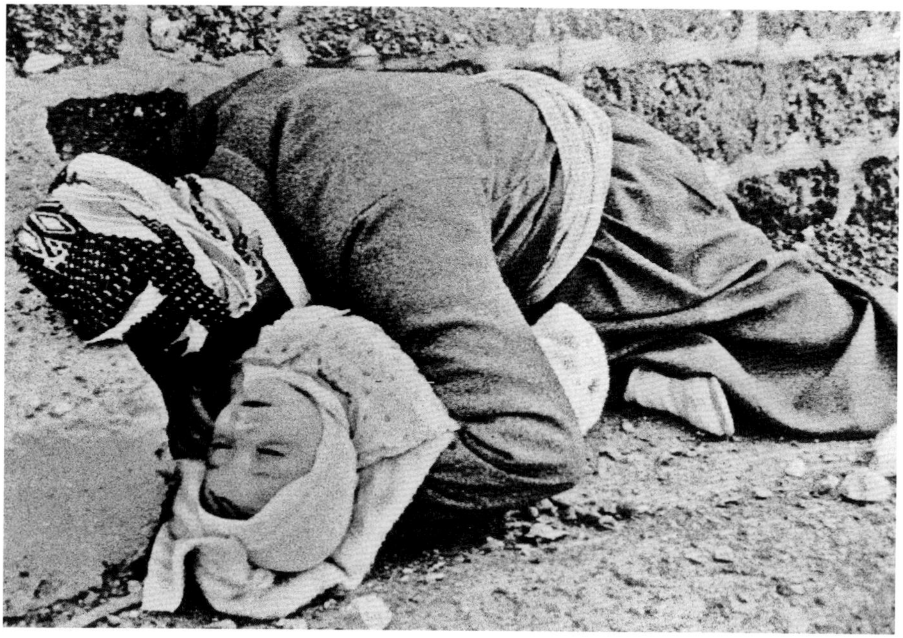

Twee van de duizenden dodelijke slachtoffers van een Iraakse gifgasaanval op de Koerdische bevolking van Halabja, 17 maart 1988.

Rond 1970 kregen de vooroorlogse pogingen om tot een wereldwijd verbod van chemische en biologische wapens te komen, een nieuwe impuls. In 1972 leidde deze discussie al tot de *Biological and Toxin Weapons Convention*, die het gebruik en het bezit van biologische wapens verbood. De bepalingen van dit verdrag gingen veel verder dan het Protocol van Genève uit 1925. Voortdurende inspanningen om ook voor de chemische wapens tot een algemeen verbod te komen, verliepen zeer moeizaam. De beide supermachten, de Verenigde Staten en de Sovjet-Unie, wantrouwden elkaar te veel om daadwerkelijk concessies te doen. Het was dan ook geen toeval dat de totstandkoming van de *Chemical Weapons Convention* moest wachten tot het einde van de Koude Oorlog. In 1993 was het eindelijk zover. Het akkoord bevatte zeer verstrekkende bepalingen voor de verificatie van de naleving van de bepalingen van het verdrag.

Een klein aantal landen heeft het verdrag echter (nog) niet ondertekend. Verder verloopt de vernietiging van de grote chemische wapenvoorraden van de Verenigde Staten en met name van de Sovjet-Unie veel langzamer dan voorzien. Een ander probleem wordt gevormd door nog resterende oude oorlogsvoorraden chemische munitie, zoals de chemische wapens die Japan in 1945 in China heeft achtergelaten. Tot slot gaat er ook nog een potentieel gevaar uit van de chemische munitie die in de loop der jaren in zee is afgezonken. Zo zijn er na de Eerste Wereldoorlog grote hoeveelheden chemische munitie gedumpt langs de Belgische kust (op de zandplaat Paardenmarkt voor Knokke), en na de Tweede Wereldoorlog in het Skagerrak en in de Oostzee.[30]

Na de Golfoorlog van 1990-1991 wordt het Iraakse chemische wapenprogramma ontmanteld.

Sinds de Tweede Wereldoorlog zijn chemische wapens in een klein aantal conflicten ingezet.[31] De internationale verontwaardiging hierover was een van de factoren die de totstandkoming van een nieuwe internationale regeling hadden gestimuleerd. Net als in het Interbellum beperkte de inzet zich tot asymmetrische situaties. Vanaf 1963 maakte het Egyptische leger tijdens de interventie in Jemen gebruik van strijdgassen. Het is nooit precies duidelijk geworden welke strijdgassen Egypte inzette, maar vermoedelijk ging het om zenuwgassen. Mogelijk waren deze middelen, of de kennis om ze te produceren, door de Sovjet-Unie aan het bevriende regime van Gamal Abdel Nasser geleverd. Veel meer is bekend over de Iraakse inzet van chemische wapens, allereerst gedurende de oorlog die het land tussen 1980 en 1988 met buurstaat Iran uitvocht en vervolgens in 1988 in de zogeheten *al-Anfal*-campagne tegen de Koerdische bevolking in Irak zelf, die tegen het regime van Saddam Hoessein in opstand was gekomen. Irak beschikte niet alleen over mosterdgas, maar ook over moderne zenuwgassen als sarin en cyclosarin, en zelfs, zoals later is aangetoond, over het nog veel krachtiger VX. De fabrieksinstallaties en grondstoffen waren voor een belangrijk deel uit het Westen afkomstig. Bij de levering van grondstoffen waren ook de Nederlandse bedrijven Melchemie en KBS betrokken. Het chemisch wapenprogramma van Irak werd ontmanteld na de Golfoorlog van 1990-1991, waarin een coalitie van landen onder leiding van de Verenigde Staten een einde maakte aan de Iraakse bezetting van Koeweit. Het (achteraf onterecht gebleken) vermoeden dat Irak een deel van zijn massavernietigingswapens had weten te behouden, speelde, naast de veronderstelde relatie met Al Qaida, een belangrijke rol in de aanloop naar de Irakoorlog van 2003 (operatie *Iraqi Freedom*), waarbij het regime van Saddam Hoessein omver werd geworpen.

Andere mogelijke gevallen van de inzet van chemische wapens, voornamelijk in Zuidoost-Azië en Afghanistan, zijn nooit formeel bevestigd. In dit verband wordt ook vaak de toepassing van traangassen en ontbladeringsmiddelen door de Verenigde Staten in Vietnam genoemd, hoewel deze middelen meestal niet tot de verboden chemische strijdmiddelen worden gerekend. Overigens hebben de Verenigde Staten het Protocol van Genève pas in 1975 geratificeerd. Sinds de jaren zeventig nam ten slotte de vrees toe dat terroristische groeperingen chemische (dan wel biologische of radiologische) strijdmiddelen zouden inzetten. Deze vrees werd op 20 maart 1995 bewaarheid toen de Japanse sekte *Aum Shinrikyo* een aanslag in de metro van Tokio pleegde. Hierbij gebruikte zij sarin, dat in een eigen fabriekje was geproduceerd. Twaalf mensen kwamen om het leven. Dat er niet meer dodelijke slachtoffers vielen, had te maken met de onzuiverheid van het aangemaakte sarin en met de geïmproviseerde inzetmiddelen. Pas later werd de aanslag in verband gebracht met een eerdere, niet als zodanig herkende aanslag met sarin door dezelfde sekte, die in juni 1994 had plaatsgevonden. Daarbij waren zeven mensen omgekomen.

1 | De Eerste Wereldoorlog 1915-1918

De eerste stappen

Op 22 april 1915 paste het Duitse leger tijdens de Tweede Slag om Ieper voor het eerst een dodelijk strijdgas (chloor) toe in een poging een doorbraak in de stellingoorlog te forceren. Het gebruik van strijdgassen groeide daarna uit tot een van de gezichtsbepalende kenmerken van de Eerste Wereldoorlog. Andere oorlogvoerende landen volgden spoedig het Duitse voorbeeld, terwijl ook in Nederland, dat neutraal bleef maar zich wel op een mogelijke betrokkenheid bij de oorlog voorbereidde, de interesse was gewekt. Binnen een maand na de gasaanval bij Ieper werd de eerste aanzet gegeven tot de opbouw van een eigen voorraad strijdgassen. Hoewel lang niet alle brieven, notities en verslagen in de archieven zijn teruggevonden, kunnen de werkzaamheden tot in enig detail worden gereconstrueerd.

De eerste brief over deze materie dateert van 22 mei 1915. Kort daarvoor had een mondeling onderhoud plaatsgevonden tussen het hoofd van het Scheikundig Laboratorium van de Artillerie-Inrichtingen, de 'technoloog' (scheikundige) J.D. Berkhout, en de directeur van de Sociëteit voor Chemische Industrie 'Katwijk' te Katwijk aan Zee, dr. G.C.A. van Dorp. De Artillerie-Inrichtingen waren een staatsbedrijf, gevestigd in Hembrug bij Amsterdam, dat munitie, wapens en ander materieel voor de Nederlandse krijgsmacht produceerde en contacten met de particuliere industrie onderhield.[1] In de brief deed Van Dorp voorstellen over de rol die zijn bedrijf bij de aanmaak van strijdgassen kon spelen.[2]

Van Dorp meende dat "voor het beoogde doel" twee stoffen in aanmerking kwamen, namelijk dimethylsulfaat en fosgeen. Beide zijn giftige stoffen die in de chemische industrie worden toegepast, maar waarmee destijds in Nederland nog weinig ervaring bestond. De Katwijkse firma was er inmiddels al in geslaagd dimethylsulfaat in kleine hoeveelheden "op zeer vlotte wijze" aan te maken, terwijl de bereiding van fosgeen, zoals Van Dorp uit de literatuur had opgemaakt, "zeer gemakkelijk" moest zijn. Fosgeen werd tijdens de Eerste Wereldoorlog veel als gifgas gebruikt, zij het dat de eerste inzet, door de Duitsers, pas in december 1915 plaatsvond.[3] Van het gebruik van dimethylsulfaat als strijdgas is overigens niets bekend.

Volgens Van Dorp was het allereerst nodig om een installatie op te zetten waarin de stoffen in "grootere hoeveelheden" konden worden aangemaakt. Daarna, maar voordat de grootschalige productie van start zou gaan, moesten diverse proefnemingen plaatsvinden. Hij adviseerde om er tijdig voor te zorgen dat voldoende grondstoffen beschikbaar zouden zijn. Voor dimethylsulfaat waren dat methylalcohol en oleum (een oplossing van zwaveltrioxide in zwavelzuur); voor fosgeen noemde hij zoutzuur (dan wel keukenzout en zwavelzuur) en

Personeel van het Scheikundig Laboratorium van de Artillerie-Inrichtingen te Hembrug. Op de bank, tweede van rechts, de 'technoloog' J.D. Berkhout.

bruinsteen (mangaandioxide, dat kennelijk als katalysator werd gebruikt). Van Dorp bracht vervolgens een offerte uit voor de levering van 4.000 kg van beide mogelijke strijdgassen, op voorwaarde dat de proefnemingen zouden bevestigen dat de stoffen zich voor militair gebruik leenden. Op basis van vooroorlogse handelsprijzen rekende hij circa 4,20 gulden per kilogram dimethylsulfaat en 7,20 gulden per kilogram fosgeen, waarbij de staat de kosten voor de grondstoffen en de benodigde apparatuur diende voor te schieten. Voor dimethylsulfaat kwam dit voorschot uit op 2.500 gulden, voor fosgeen op 3.000 gulden. Bovendien vroeg Van Dorp 300 gulden per maand voor de "bijzondere onderzoekingen" en "het met spoed in gang zetten der productie".

De Artillerie-Inrichtingen speelden de offerte van de Sociëteit voor Chemische Industrie op 10 juni door aan de opperbevelhebber van Land- en Zeemacht, generaal C.J. Snijders.[4] We mogen ervan uitgaan dat het initiatief oorspronkelijk van zijn Algemeen Hoofdkwartier was uitgegaan. Voordat hij een besluit nam, liet de opperbevelhebber zich uitgebreider over de toepassing van dimethylsulfaat informeren.[5] Zo wilde hij onder meer weten hoe van deze vloeistof een "bedwelmend gas" kon worden gemaakt en welke apparatuur daarvoor nodig was. Tevens vroeg hij zich af of een gaswolk van deze stof in staat was "een mensch buiten gevecht te stellen".

In het antwoord van de Artillerie-Inrichtingen, ondertekend door directielid J.H.A. Mijsberg, was te lezen dat dimethylsulfaat op drie verschillende manieren kon worden verspreid.[6] In de eerste plaats was het mogelijk de vloeistof middels een "pulverisator" (een verstuivingsapparaat) te vernevelen. In de tweede plaats kon het als vulling van granaten worden gebruikt, waarbij de detonatie van de springlading voor verdamping van de vloeistof zou zorgen. Tot slot kon het dimethylsulfaat ook met een samengeperst (drijf)gas in cilinders worden opgeslagen, zodat bij het opendraaien van de afsluiter het vrijkomende gas het dimethylsulfaat zou verspreiden. Ten opzichte van het door het Duitse leger gebruikte chloor was dimethylsulfaat naar verwachting veel effectiever, aangezien het giftiger en langer werkzaam zou zijn. Qua giftigheid werd het zelfs met blauwzuur vergeleken. Proefnemingen met dieren dienden dit nog te bevestigen. Mijsberg verwachtte dat het door Van Dorp aangestipte probleem van de beschikbaarheid van de grondstoffen de "groote moeilijkheid" zou zijn. Voor dimethylsulfaat was de methylalcohol, die uit het buitenland moest worden geïmporteerd, de beperkende factor. Voor de aanmaak van fosgeen was dat het bruinsteen. Aangezien de oorlogsomstandigheden de verwerving van de grondstoffen steeds moeilijker zouden maken, drong Mijsberg op "eene spoedige beslissing" aan.

Snijders was kennelijk overtuigd, aangezien op zijn advies de minister van Oorlog, N. Bosboom, op 6 juli 1915 "voor geheime doeleinden" 6.000 gulden ter beschikking van de Artillerie-Inrichtingen stelde.[7] In verhullende termen verzocht de minister de opperbevelhebber het staatsbedrijf op te dragen "voor de aanschaffing van grondstoffen c.a. [*cum annexis*, met toebehoren] voor, en het nemen van proeven met het door U bedoelde preparaat het vereischte te doen verrichten". Bosboom adviseerde tevens om de inspecteur van de Geneeskundige Dienst van de Landmacht, generaal-majoor A.A.J. Quanjer, bij de proefnemingen "met de onderhavige stof" te betrekken. Quanjer was al eerder door Bosboom met de aanschaf van gasmaskers belast (zie p. 37). Indien de proeven gunstige resultaten opleverden, zou de minister een besluit over de vervolgstappen nemen. Vermoedelijk doelde hij daarbij op de aanmaak in het groot.

Welke "geheime doeleinden" en welk "preparaat" de minister bedoelde, werd duidelijk uit de brief die generaal Snijders vervolgens op 9 juli aan de directie van de Artillerie-Inrichtingen verzond.[8] De 6.000 gulden waren bedoeld als voorschot voor de Sociëteit voor Chemische Industrie 'Katwijk', zoals in de offerte van 22 mei was gevraagd. Het geld was bestemd voor de aanschaf van de grondstoffen voor de bereiding van 5.000 kg dimethylsulfaat en de aankoop van de daarbij te gebruiken apparatuur. Voorlopig mochten er echter slechts geringe hoeveelheden worden aangemaakt. Die waren voor proefnemingen met dit potentiële strijdgas bedoeld, inclusief het beproeven van verschillende typen verstuivingsapparaten. Van het gebruik van gasgranaten was afgezien vanwege de langdurige proefnemingen die hiervoor nodig zouden zijn.[9] Pas als de proeven met het dimethylsulfaat resultaat opleverden, mocht de fabriek met de grootschalige productie beginnen. Tevens zou dan worden overgegaan tot de aanschaf van de benodigde inzetmiddelen, waaronder circa driehonderd "pulverisateurs". De totale kosten zouden in dat geval op circa 40.000 gulden uitkomen. De duur van de proefnemingen werd niet vastgelegd; de maandelijkse vergoeding à 300 gulden werd in ieder geval voor de rest van 1915 begroot.[10]

Snijders belastte de Artillerie-Inrichtingen met het toezicht op de werkzaamheden van de Sociëteit voor Chemische Industrie. Bij de proeven diende, naast de al door de minister genoemde inspecteur van de Geneeskundige Dienst, ook reserve-luitenant-kolonel D. Merens van het Algemeen Hoofdkwartier te worden betrokken. Deze voormalige officier van het Koninklijk Nederlands-Indisch Leger (KNIL) was gedurende de gehele mobilisatieperiode met het toezicht op het strijdgassenprogramma belast; in ieder geval vanaf 1917 werd hij als "hoofdofficier van den gasdienst" aangeduid.[11] Vrijwel alle correspondentie van Snijders over dit onderwerp, zoals ook de brief van 9 juli 1915, was van zijn hand. De opperbevelhebber stelde met nadruk dat de kwestie "als van volstrekt geheimen aard" diende te worden beschouwd, "zoowel om te beletten dat buitenlandsche mogendheden ten aanzien van onze voornemens in deze worden ingelicht als om polemieken omtrent het gebruik van vergiftige gassen in de pers te voorkomen".[12] Maatregelen waren vooral nodig om het fabriekspersoneel in Katwijk van de noodzaak tot geheimhouding te doordringen.

Conform het voorstel van Van Dorp kwam er naast de beproeving en productie van dimethylsulfaat ook een programma voor fosgeen van de grond.[13] De meeste correspondentie hierover is echter verloren gegaan. Begin juli stelde de directie van de Artillerie-Inrichtingen voor een voorraad bruinsteen aan te schaffen.[14] Deze stof werd, zoals eerder vermeld, bij de bereiding van fosgeen gebruikt. Directeur Mijsberg adviseerde om bij de firma J.M.C. van Borselen en Co. de beschikbare voorraad van 38 ton op te kopen (die de gehele landsvoorraad bleek te zijn), aangezien de prijs "billijk" was en "het steeds moeilijker zal worden de grondstoffen te verkrijgen". Met deze aanschaf was een bedrag van ruim 10.000 gulden gemoeid. Of daadwerkelijk tot de aankoop van deze partij, of een deel ervan, werd overgegaan, is niet bekend.

Vermoedelijk was de Sociëteit voor Chemische Industrie 'Katwijk' aanvankelijk ook met de beproeving van fosgeen belast. In de loop van de zomer van 1915 schakelden de Artillerie-Inrichtingen voor de aanmaak van deze stof echter een ander bedrijf in, de NV Koninklijke Pharmaceutische Fabriek v/h Brocades & Stheeman te Meppel. Berkhout, de 'technoloog' van de Artillerie-Inrichtingen, legde later aan luitenant-kolonel Merens uit "dat de fabriek in Katwijk in den aanvang onzer proeven met zooveel werk door ons werd belast, dat het raadzaam was een deel van dit werk elders uit te besteden wilde het geheele werk met de vereischte spoed in orde komen".[15] Van Dorp had Brocades & Stheeman aangeraden omdat dit bedrijf al eerder een hoeveelheid fosgeen had geleverd. Desondanks ondervond het bedrijf wegens de giftigheid van fosgeen veel moeilijkheden bij het opstarten van de productie.[16] De verantwoordelijke chemicus kreeg door het werken met het "beroerde goed" zelfs zoveel klachten, dat hij enige tijd met ziekteverlof moest. Wellicht droegen deze problemen ertoe bij dat de beproeving van fosgeen voortijdig werd beëindigd.

Om onbekende redenen kwam er in het najaar van 1915 ook een einde aan de beproeving van dimethylsulfaat. De proefnemingen moesten "tijdens het onderzoek in andere baan geleid worden", wat inhield dat ze met een andere stof werden voortgezet. De Sociëteit voor Chemische

Industrie nam daarbij de aangeschafte voorraad methylalcohol en oleum van het Rijk over.[17] De stof die de plaats van dimethylsulfaat innam, was zwaveldioxide (SO_2).[18] Hoewel de bronnen geen indicatie geven waarop deze keuze was gebaseerd, lag de keuze voor zwaveldioxide op zich voor de hand. De chemische industrie in Nederland was ten tijde van de Eerste Wereldoorlog grotendeels op zwavelzuur gebaseerd en bij de aanmaak daarvan was zwaveldioxide een van de tussenproducten. Aangezien het eerder door de minister toegekende budget van 6.000 gulden tegen het einde van het jaar zou zijn uitgeput, vroegen de Artillerie-Inrichtingen op 15 december 1915 "voor de voortzetting en beeindiging der proeven" opnieuw eenzelfde bedrag aan.[19] Minister Bosboom honoreerde dit verzoek op oudejaarsdag 1915.[20] Of bij de proefnemingen met zwaveldioxide opnieuw een particuliere chemische fabriek betrokken was, is niet bekend.

In oktober 1915 hadden de Artillerie-Inrichtingen inmiddels voor ruim 7.500 gulden 335 stalen "cylinders voor samengeperste gassen" met bijbehorende kranen aangeschaft.[21] Vermoedelijk ging het om gangbare koolzuurcilinders. Een eerdere poging om bij een ander bedrijf driehonderd cilinders te kopen, was mislukt "daar de betrokken firma geen uitvoerconsent voor deze cylinders uit Duitschland kon verkrijgen". Het ligt voor de hand deze aanschaf in verband te brengen met de driehonderd "pulverisateurs" die zouden worden aangekocht indien de proefnemingen met dimethylsulfaat gunstig zouden verlopen (zie p. 27).[22] Gezien de omschrijving van de cilinders ging het nu echter om een gasvormige stof, zoals fosgeen of zwaveldioxide.[23] Mogelijk waren de proefnemingen met zwaveldioxide zover gevorderd, dat de aankoop van inzetmiddelen voor het nemen van verdere praktische proeven gerechtvaardigd was.

Aanmaak in het groot

De proeven verliepen kennelijk succesvol, aangezien minister Bosboom op 16 mei 1916 de opperbevelhebber 400.000 gulden ter beschikking stelde om "met den meesten spoed te doen aanschaffen de voorraden die door U worden noodig geacht tot organisatie van den strijd door middel van verstikkende gassen".[24] De uitvoering hiervan werd in handen van het Munitiebureau gelegd, zoals de minister al in september 1915 had voorgesteld.[25] Het Munitiebureau was eind juni 1915 opgericht om de productie van munitie en ander militair materieel bij de particuliere Nederlandse industrie te coördineren.[26] Het onderhield vanuit die hoedanigheid ook contacten met diverse chemische fabrieken. De voorzitter was prof. L.A. van Roijen, een oud-artillerieofficier die in Delft hoogleraar mechanische technologie was. Naast Van Roijen speelden nog enkele leden van het bureau een belangrijke rol in het strijdgasprogramma. Dit waren de opeenvolgende directeuren voor Aanschaffing en Verstrekking van Artilleriematerieel, met name de generaal-majoors L.J. Scheltema en M.A. Elout, het directielid van de Artillerie-Inrichtingen Mijsberg en majoor C.F. Gey van Pittius. Laatstgenoemde was binnen de krijgsmacht een specialist op chemisch gebied bij uitstek.[27]

In lijn met de verwachtingen viel de keuze op zwaveldioxide als stikgas, dat vanuit gascilinders zou worden verspreid. Deze methode hadden de Duitsers in april 1915 voor de eerste inzet van chloor toegepast en was daarna door de andere partijen overgenomen. Aangezien

De Internationale Guano en Superphosphaat Werken te Zwijndrecht, circa 1910.

Productie van zwaveldioxide voor gebruik als stikgas bij de zwavelzuurfabriek te Kralingsche Veer, 1916-1918.

vloeibaar zwaveldioxide onder druk in de cilinders werd geperst, hoefden de soldaten aan het front slechts de gaskraan open te draaien om het gas te verspreiden. Deze methode, die als 'gasblazen' bekend stond, was technisch weinig gecompliceerd. Daar stonden diverse nadelen tegenover. Er waren bijvoorbeeld relatief grote hoeveelheden stikgas voor nodig. Bovendien was de afhankelijkheid van de richting en kracht van de wind groot.

Het Munitiebureau begon na de beslissing van de minister onmiddellijk met "de aanschaffing van benoodigheden voor den strijd met verstikkende gassen".[28] Dit programma omvatte in elk geval de aanmaak van een oorlogsvoorraad strijdgassen (zwaveldioxide) en de verwerving van de benodigde inzetmiddelen. Verder werd de inzet in oorlogstijd zo goed mogelijk voorbereid, zoals hieronder nog uitgebreid zal worden beschreven. Niet alleen kwam er een *Voorschrift Stikgassen*, maar daarnaast oefende een groot aantal legereenheden daadwerkelijk met het stikgasmaterieel. De landmacht kreeg verder de beschikking over een gespecialiseerde technische eenheid, de gascompagnie.

Het Munitiebureau schakelde voor de grootschalige productie van zwaveldioxide de NV Vereenigde Chemische Fabrieken in. Minister Bosboom had in zijn brief van 16 mei al zijn erkentelijkheid jegens deze firma uitgesproken "voor de groote moeite en risico die zij zich heeft getroost om ten bate van de landsdefensie werkzaam te willen zijn".[29] De Vereenigde Chemische Fabrieken waren in 1915 ontstaan door de fusie van enkele van de belangrijkste Nederlandse kunstmestfabrieken, waaronder de Centrale Guano Fabrieken te Capelle aan den IJssel, bij Kralingsche Veer op een steenworp afstand van waar nu de Van Brienenoordbrug staat, en de Internationale Guano en Superphosphaat Werken aan de Oude Maas te Zwijndrecht.[30] Beide vestigingen beschikten over eigen fabrieken voor de productie van zwavelzuur en waren om die reden voor het Munitiebureau van belang. Wel moesten er aparte installaties voor de aanmaak en overheveling van het zwaveldioxide worden ingericht. Namens het Munitiebureau zagen ter plaatse achtereenvolgens reserve-eerste luitenant H.F. Grondijs en reservekapitein J.J. de Reede op de werkzaamheden toe.[31] Ook werden enkele gemobiliseerde militairen bij de fabrieken gedetacheerd om hand- en spandiensten te verrichten bij de opslag van het zwaveldioxide.[32] Om het militair belang van de stikgasproductie voor een mogelijke tegenstander verborgen te houden, droegen de militairen geen uniform.[33]

De belangrijkste grondstof in het productieproces was pyriet, waaruit door verbranding zwaveldioxide werd gewonnen. Onder normale omstandigheden importeerde Nederland dit erts uit Spanje en Noorwegen, maar deze aanvoer werd gedurende de oorlog door Groot-Brittannië bemoeilijkt.[34] Om deze reden adviseerde de voorzitter van het Munitiebureau, Van Roijen, in juli 1916 om een partij van 200 ton pyriet die "voor Engelsche rekening" op het terrein van Thomsens Havenbedrijf in Rotterdam lag opgeslagen, geheel of gedeeltelijk te vorderen en aan de Vereenigde Chemische Fabrieken ter beschikking te stellen.[35] Het was belangrijk om de productie (die al twaalf jaar onafgebroken plaatsvond) op gang te houden, aangezien het doven van de ovens tot het scheuren van de binnenbekleding en daarmee tot veel vertraging en extra kosten zou leiden. Van Roijen legde uit dat deze vorm van steunverlening aan een particuliere industrie verantwoord was, niet alleen omdat het "in 's Rijks belang" was om de productie van zwaveldioxide te garanderen, maar tevens "als belooning voor de moeite, risico en medewerking door die fabrieken betoond om het onderwerpelijke gas te maken en dat tegen alleszins billijke voorwaarden". Minister Bosboom stemde hiermee in. Enkele maanden later, in oktober 1916, ging het Munitiebureau opnieuw over tot het vorderen van pyriet bij Thomsens Havenbedrijf.[36] Ditmaal betrof het een partij van 720 ton. In 1917 slaagde het Munitiebureau er ten slotte in grote voorraden pyriet die het in Spanje en Noorwegen had aangekocht, naar Nederland over te brengen.[37]

Dankzij het gevorderde pyriet kwam de productie bij Kralingsche Veer in of kort na augustus 1916 op gang.[38] Opperbevelhebber Snijders kwam op enig moment persoonlijk poolshoogte nemen, maar zou de fabriek spoorslags hebben verlaten toen er per ongeluk zwaveldioxide vrijkwam.[39] De installatie in Zwijndrecht, met een aanmerkelijk kleinere capaciteit, is onder meer door "installatiemoeilijkheden" pas later in bedrijf gesteld, vermoedelijk in juni 1917. Door allerlei redenen, waaronder "niet te vermijden bedrijfsstoringen" en omdat een deel van de productiecapaciteit voor de vredesbedrijfsvoering nodig was, bleef de stikgasproductie in beide installaties ver achter op de theoretische capaciteit. In september 1917, een jaar na het begin van de productie, was nog slechts 380 ton zwaveldioxide in voorraad, terwijl de behoefte op minimaal 550 en liefst 620 ton was vastgesteld.[40] Daarna kwam de productie bij gebrek aan kolen zelfs "eenigen tijd" geheel stil te liggen.[41] De opslag van het vloeibare zwaveldioxide vond plaats in gehuurde tankschepen (de *Antonia I*, *Albatros II* en *Albatros III*, alle van de Vereenigde Chemische Fabrieken), die op veilige plaatsen, zoals de Bakkerskil bij Krimpen aan den Lek en de Krabbe bij Dordrecht, werden afgemeerd (zie ook p. 42).[42] In oorlogstijd zou er luchtafweergeschut bij de fabriek in Kralingsche Veer worden opgesteld om de stikgasproductie tegen vijandelijke luchtaanvallen te beschermen.[43]

De tegenvallende productiecijfers waren een voortdurende bron van zorg. Minister van Oorlog jhr. mr. B.C. de Jonge sprak zich in oktober 1917 uit voor het realiseren van "een zoo groot mogelijke dagproductie". Als reden gaf hij de discrepantie aan tussen "den betrekkelijk geringen voorraad SO_2, welke tot nu toe is verkregen, en (...) de groote hoeveelheid daarvan, vereischt voor het éénmaal gas geven op een front van eenige beteekenis".[44] Tevens achtte hij de bouw van een derde zwaveldioxidefabriek "in hooge mate gewenscht". Hiervoor had het Munitiebureau al in mei 1917 een eerste voorstel ingediend.[45] Deze derde fabriek, die voor rijksrekening binnen de Stelling van Amsterdam zou worden gebouwd, is er nooit gekomen. Mogelijk speelden daarbij financiële overwegingen en/of grondstoffenschaarste (met name een gebrek aan lood) een rol.

De maximale dagproductie van de fabrieken bij Kralingsche Veer en in Zwijndrecht werd na de oproep van minister De Jonge op 4 ton gebracht.[46] Meer was volgens het Munitiebureau niet haalbaar. In dat tempo zou de gewenste stikgasvoorraad van 620 ton niettemin in ruim een maand worden bereikt en zou er op korte termijn aanvullende opslagruimte nodig zijn. Opperbevelhebber Snijders was minder optimistisch.[47] De ervaring had immers geleerd dat de werkelijke productie aanzienlijk lager uitviel. Overhaaste beslissingen om extra opslagruimte te creëren waren alleen al om die reden onverantwoord. De productie moest in elk geval worden voortgezet totdat de opslagcapaciteit van de drie tankschepen (520 ton) geheel was benut. Deze hoeveelheid zwaveldioxide was namelijk voldoende voor twee vullingen van al het beschikbare materieel.

Snijders' opstelling werd mede ingegeven door een heroverweging van het operationeel nut van de verspreiding van stikgassen vanuit gascilinders. Tot voor kort was deze wijze van inzet ook bij de oorlogvoerende landen de regel, maar daar was inmiddels verandering in gekomen. Steeds meer maakten zij van gasgranaten gebruik, die met giftiger gassen als fosgeen waren gevuld (zie p. 47). Het gas kon zodoende over grotere afstanden worden ingezet, terwijl er dankzij de grotere giftigheid met kleinere hoeveelheden kon worden volstaan. Vanuit gascilinders verspreide stikgassen leenden zich slechts voor het gebruik op korte afstand. Mitrailleurs waren voor dit doel feitelijk effectiever, maar omdat het Nederlandse leger aan deze wapens een groot tekort had, bleven de stikgassen, ondanks hun afhankelijkheid van de weersomstandigheden, volgens Snijders "een groote waarde" houden. Dit gold "zoowel voor den aanval, onder daarvoor gunstige omstandigheden, als voor de verdediging van versterkte stellingen". Om deze redenen stelde de opperbevelhebber zich tevreden met de voorbereidingen die reeds waren getroffen en drong hij niet op verdere maatregelen aan. Vermoedelijk heeft er niettemin enige uitbreiding van de opslagcapaciteit plaatsgevonden, aangezien er aan het eind van de oorlog bijna 700 ton zwaveldioxide in voorraad was.[48]

Tegelijk met de zwaveldioxideproductie was medio 1916 ook de aanschaf van het benodigde materieel van start gegaan.[49] De hoeveelheid gascilinders en ander materieel was berekend op een stikgasinzet over een totale frontbreedte van tien kilometer.[50] Nadat minister De Jonge in oktober 1917 opdracht had gegeven de productie van zwaveldioxide op te voeren, stelde de opperbevelhebber, generaal Snijders, nog een aanvullende behoefte voor extra materieel, onder meer als reserve.[51] Met de aanmaak en inkoop, waarvoor minstens twaalf verschillende Nederlandse bedrijven zijn ingeschakeld, was geruime tijd gemoeid.

Het Munitiebureau plaatste op 9 juni 1916 de eerste bestelling.[52] De Rotterdamse firma's Korpershoek en Van Borselen kregen opdracht tot het leveren van respectievelijk 2.000 en 1.500 loopgraafketels, die zij in een tempo van 200 per week moesten afleveren. Vanuit deze "keteltjes" met een capaciteit van 33 kg vloeibaar zwaveldioxide zou het gas worden ingezet. Voor hetzelfde doel kwamen ook in Nederland gangbare koolzuurcilinders in aanmerking, die een kleinere inhoud (17 kg vloeibaar zwaveldioxide) hadden. Hiervan waren er circa duizend al beschikbaar.[53] Om de kosten te beperken werd van aanschaf van meer cilinders afgezien.[54] Wel was de vordering van 4.000 cilinders voorbereid, voor het geval Nederland in de oorlog betrokken zou raken. Dat liet onverlet dat het Munitiebureau in januari 1917 bij Korpershoek nog 3.400 loopgraafketels extra bestelde, ter vervanging van de te vorderen cilinders of ter aanvulling van het onmiddellijk beschikbare materieel.[55] Het totaal aantal loopgraafketels kwam daardoor op 6.900 uit.[56]

Voor de distributie van het zwaveldioxide en het vullen van de ketels en cilinders schafte het Munitiebureau in totaal 25 "groote ketels" aan, meestal aanvoertanks genoemd. Deze drie meter lange en gevuld bijna drie ton zware tanks hadden een capaciteit van circa 1.250 kg zwaveldioxide en waren van zestien aftapkranen voorzien. Op een door de Machinefabriek Delftshaven geleverd proefexemplaar na, werd de aanmaak van deze tanks door H. Jonker & Zoon uit Amsterdam verzorgd.

Verschillende bedrijven leverden toebehoren voor de loopgraafketels en -cilinders en voor de aanvoertanks. De spuitbuizen, die werden gebruikt indien de ketels en cilinders in loopgraven stonden opgesteld, werden bij de handelsmaatschappij R.S. Stokvis & Zonen

Militair attachés van diverse landen, onder wie de Nederlandse majoor R.B.A.N. de Quay, krijgen in Frankrijk een demonstratie van het gebruik van strijdgassen, 1918.

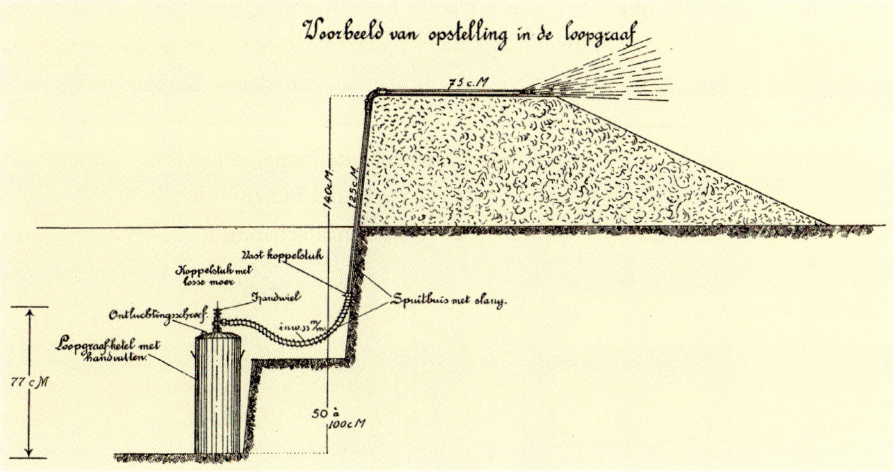

Deze illustratie uit het *Voorschrift Stikgassen* geeft het gebruik van de loopgraafketel aan, 1917.

gekocht. De Haarlemse rubberfabrikant Gebroeders Merens maakte de bijbehorende slangen en de vulslangen voor de aanvoertanks aan. De loden slangen waarmee de aanvoertanks zelf werden gevuld, kwamen bij de firma Weduwe G. Dooremans en Zonen uit Rotterdam vandaan.[57] De Hollandse Maatschappij voor Agentuurzaken, Wiener & Co. uit Amsterdam, Pot & Nes en de Schiedamse firma Oxygenium, ten slotte, leverden diverse afsluiters, koppelstukken en kranen.

De eerste (bekende) proefnemingen met het geleverde materieel vonden eind februari 1917 te Oldebroek plaats.[58] Met tweehonderd gevulde loopgraafketels voorzien van slangen en spuitbuizen werd waarschijnlijk een daadwerkelijke inzet van het gaswapen nagebootst. In mei van hetzelfde jaar stonden in de omgeving van Werkendam proeven met het vullen van de ketels en cilinders op het programma.[59] Op basis van de opgedane ervaringen is het ontwerp van de aanvoertank aangepast. Ook enkele loopgraafketels vertoonden mankementen. Nog afgezien hiervan was de algemene conclusie dat het vullen van de ketels te langzaam verliep. Met één aanvoertank met twaalf aftappunten[60] werden in zes uur niet meer dan honderd ketels gevuld. In sommige gevallen, als alles meezat, duurde het vullen van een ketel echter niet meer dan acht minuten. Uiteraard speelde de onervarenheid van het bij de proeven betrokken personeel hierbij een rol. Een maand later, met verbeterde "keteltjes", werd bij proeven een gemiddelde van zestien minuten per ketel gehaald.[61] Wel bleek dat er vrij veel ketels waren die lekkage bij de lasnaden vertoonden.

Voor zover het niet voor proefnemingen, opleidingen en oefeningen werd gebruikt, lag het door de fabrikanten afgeleverde stikgasmaterieel opgeslagen op het terrein van het Munitiebureau op de Marinewerf in Amsterdam.[62] Op zijn vroegst in maart of april 1918 heeft het Munitiebureau het materieel in zijn geheel formeel aan de opperbevelhebber overgedra-

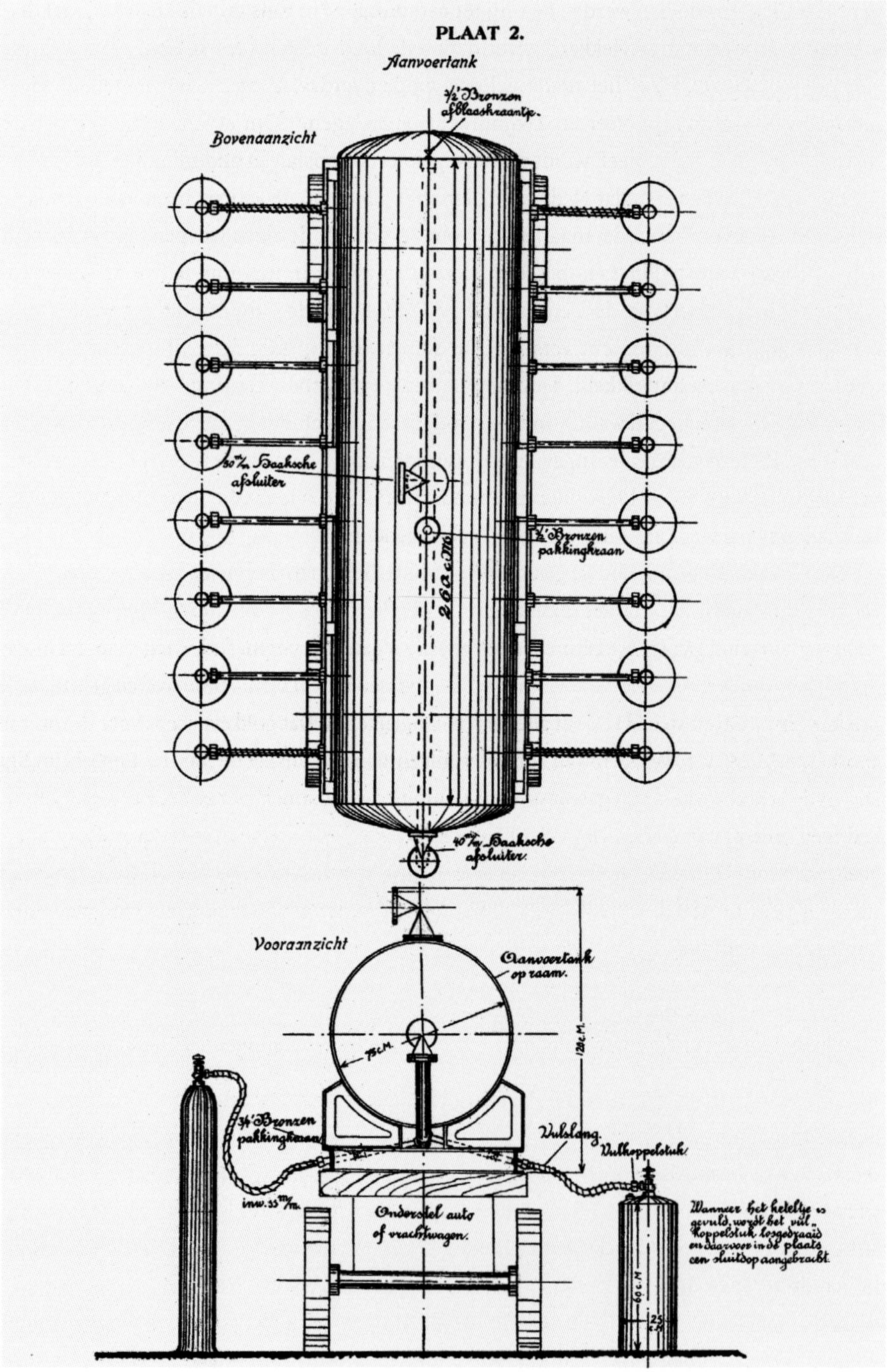

Tekening van een aanvoertank, waarmee gascilinders en loopgraafketels met zwaveldioxide kunnen worden gevuld, 1917.

gen.[63] Alle inzetmiddelen werden daarbij ter camouflage "in grijs groene kleur (...) met donkergroene onregelmatige vlekken" geverfd. Om de hoge kosten voor het huren van opslagruimte te besparen, bleef het materieel ook na de overdracht op de Marinewerf of bij de fabrieken te Kralingsche Veer en Zwijndrecht opgeslagen.[64] Om ervoor te zorgen dat het materieel in goede staat bleef, werden maatregelen voor opslag en onderhoud getroffen.[65]

Het spreekt voor zich dat Nederland zich niet alleen op de actieve inzet van chemische strijdmiddelen voorbereidde, maar er ook voor zorgde dat de eigen troepen tegen een vijandelijk gebruik van strijdgassen beschermd zouden zijn.[66] In mei 1915 had de minister van Oorlog de inspecteur van de Geneeskundige Dienst van de Landmacht, generaal-majoor Quanjer, hiertoe een opdracht verstrekt. In samenwerking met de Artillerie-Inrichtingen werd een gasmasker ontwikkeld, dat in september 1915 in productie ging.[67] Aangezien dit nog erg primitief was en tegen weinig andere strijdgassen dan chloor bescherming bood, werd in 1916 een verbeterd gasmasker ingevoerd, ontworpen door J. van Slooten, een paardenarts van het KNIL.[68] De productie liep onder meer door gebrek aan noodzakelijke grondstoffen grote vertraging op en werd zo "een ware lijdens geschiedenis".[69]

De ontwikkeling van nieuwe gasmaskers spitste zich daarna op twee aspecten toe.[70] In de eerste plaats moest het masker door speciaal ontwikkelde rubberen afdichtingen goed op de contouren van het gezicht aansluiten. In de tweede plaats was bescherming tegen zoveel mogelijk strijdgassen vereist. Hiervoor werden vullingbussen met verschillende stoffen gebruikt. De Bredase firma Otten speelde bij dit alles een belangrijke rol. Dat gold eveneens voor de militair apotheker J.E.H. van Waegeningh, die niet alleen voor de inspectie van de Geneeskundige Dienst de bruikbaarheid van gasmaskers en vullingbussen testte, maar zelf ook diverse ontwikkelingen op zijn naam schreef. Onder meer ontdekte hij een veelbelovende vulstof tegen fosgeen, waarvoor Duitsland interesse toonde. Een van zijn assistenten had de Duitse autoriteiten hierover geïnformeerd. Op last van de opperbevelhebber brak Van Waegeningh de onderhandelingen echter af.[71]

Het *Voorschrift Stikgassen*

Als leidraad voor de eigen inzet van het verstikkende zwaveldioxide in oorlogstijd en als handleiding voor oefeningen gold het *Voorschrift Stikgassen*.[72] Het voorschrift is niet gedateerd, maar is vermoedelijk begin 1917 (uiterlijk in maart van dat jaar) uitgegeven.[73] De inhoud was praktisch van aard en behandelde in detail onder welke omstandigheden de inzet van stikgassen mogelijk was, welke voorbereidingen daarvoor benodigd waren en welke handelingen de troepen dienden te verrichten. Hoewel het voorschrift het te gebruiken gas niet noemde, doelde het uiteraard op zwaveldioxide. Volgens het voorschrift onderscheidde "het stikgas" zich in gunstige zin van het veel gebruikte chloor, aangezien het de tegenstander sneller buiten gevecht zou stellen. Bovendien zou de toepassing ervan "humaner" zijn "wijl de personen, die niet stikken, een veel grooter kans hebben om in het leven te blijven, terwijl chloor (...) vernielend werkt op de inwendige organen en daardoor ernstige ziekten veroorzaakt".

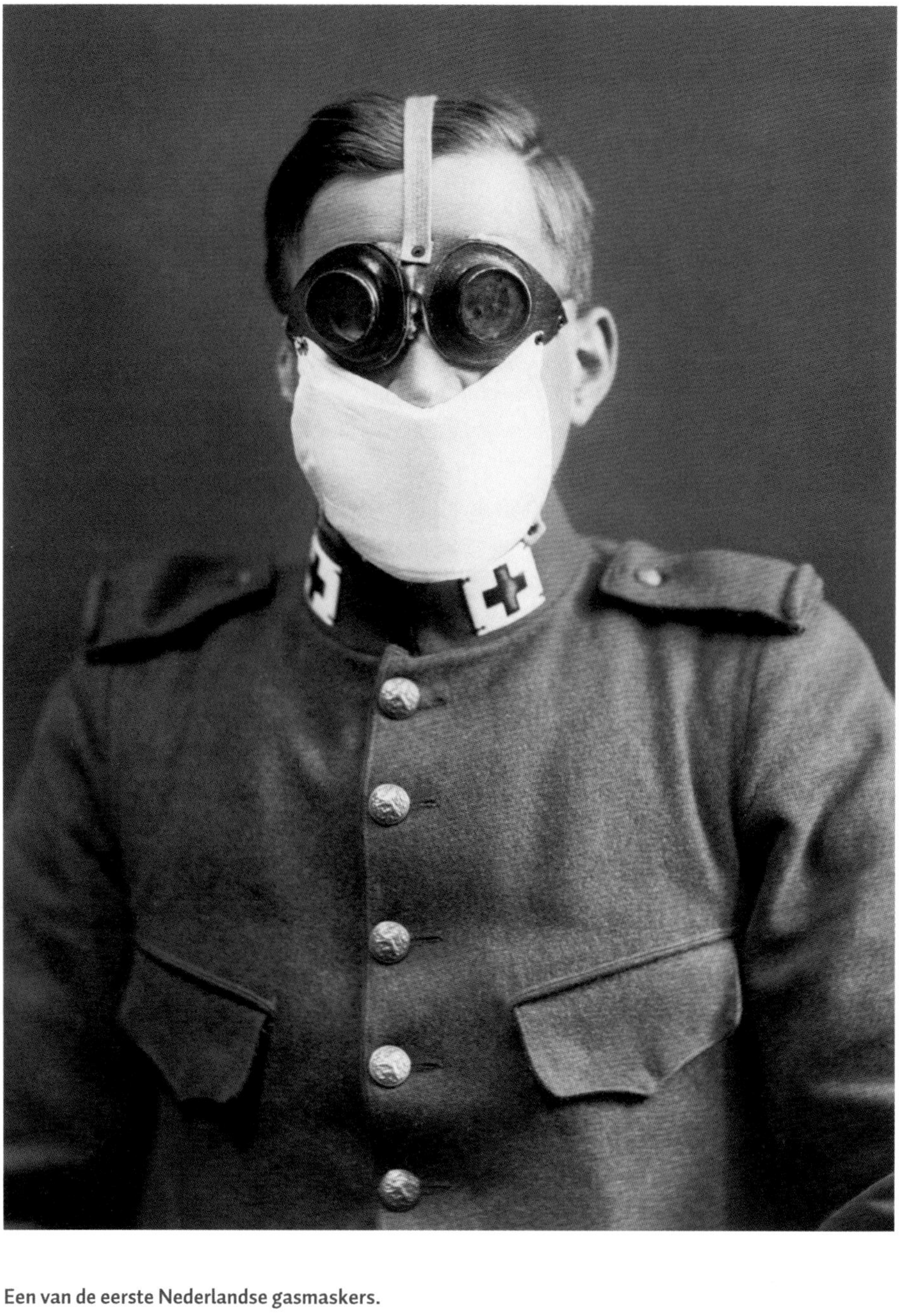

Een van de eerste Nederlandse gasmaskers.

GEHEIM.

VOORSCHRIFT
STIKGASSEN.

UITGEGEVEN OP LAST VAN
DEN OPPERBEVELHEBBER
VAN LAND- EN ZEEMACHT.

ALGEMEENE LANDSDRUKKERIJ — 's-GRAVENHAGE.

Het voorschrift noemde de verspreiding van stikgassen uit gascilinders "een wapen voor den strijd van nabij, zoowel om een aanval, die over korte afstanden moet worden uitgevoerd, voor te bereiden, als tot het afslaan van een infanterie-aanval, als de vijand onze opstellingen tot op 250 M. en minder is genaderd". Aangezien het gas onzichtbaar (of althans moeilijk waarneembaar) was, leende het zich goed voor verrassing van de vijand. Op voorwaarde dat de inzet "uitmuntend" werd voorbereid, achtte het voorschrift het gaswapen "van groote waarde" voor de stellingoorlog. Voor de bewegingsoorlog was het door de grote hoeveelheid benodigd materieel echter minder geschikt. Het voorschrift ging ook uitvoerig in op de afhankelijkheid van de windkracht en windrichting, die de belangrijkste handicap vormde. Het adviseerde bij veranderlijke wind geen gasaanval in te zetten "niet in de eerste plaats met het oog op de menschen in de eerste linie, die zich kunnen wapenen met het gasmasker, doch vooral ook met het oog op achterstaande eigen ondersteuningstroepen, die door de gaswolk overvallen zouden kunnen worden". Onder zeer koude omstandigheden (bij temperaturen van rond de min tien graden Celsius) bleef zwaveldioxide vloeibaar en was inzet niet mogelijk. Dat deed zich in onze streken echter zelden voor.

De algemene coördinatie van het gebruik van het gaswapen was in handen van de hoofdofficier van de gasdienst bij het Algemeen Hoofdkwartier, de functie die luitenant-kolonel

Merens tijdens de mobilisatie vervulde. Hij bepaalde, in overleg met de commandanten van de stellingen en linies, onder meer de ligging en sterkte van de verschillende gasstations, waar gasvoorraden voor inzet aan het front gereed werden gehouden. Deze stations stonden onder leiding van gasofficieren en werden door technisch personeel van de gasdienst bemand. De bevoorrading van de gasstations gebeurde op afroep door aanvoer in bulk met tankschepen. Eventueel konden hiervoor spoorwegtankwagons worden gebruikt.

Vanuit de gasstations werden de aanvullingsplaatsen bevoorraad, die op 500 tot 1.500 meter achter de voorste linie lagen. Hiervoor beschikte het gasstation over een detachement van de "autodienst" (de Motordienst). Bij voorkeur stuurde het gasstation per vrachtauto aanvoertanks naar voren, die op de aanvullingsplaatsen voor het vullen van loopgraafketels en -cilinders dienst deden. Het was echter ook mogelijk om de ketels en cilinders op de gasstations te vullen en deze per bakauto (een lichte, geïmproviseerde vrachtauto) naar de aanvullingsplaatsen te brengen, waar de gebruikende eenheid lege ketels en cilinders tegen volle kon omruilen. Deze methode werd onder meer toegepast indien de wegen tussen gasstation en aanvullingsplaats niet voor zwaardere vrachtauto's geschikt waren. Bij de aflevering van het gas bij de aanvullingsplaats hield de directe verantwoordelijkheid van de gasdienst op; met de overige werkzaamheden was de operationele eenheid zelf belast. Het vullen of omruilen van de ketels en cilinders op de aanvullingsplaats geschiedde liefst 's nachts, aangezien er dan meestal niet werd gevochten en de werkzaamheden bovendien buiten het zicht van de vijand konden plaatsvinden.

De operationele eenheden hielden de gevulde loopgraafketels en -cilinders in de afwachtingsstelling, op zo'n 150 tot 200 meter achter de voorste loopgraaf, voor inzet gereed. In noodgevallen kon het gas vanuit deze stelling worden afgegeven, maar het had uiteraard de voorkeur om dat vanuit de voorste loopgraaf te doen. Per ketel of cilinder waren twee man nodig, die hun last inclusief de bijbehorende spuitbuizen en slangen op commando zo snel mogelijk naar voren moesten sjouwen. Sommige ketels waren hiervoor van handvatten voorzien; in andere gevallen waren draagbomen beschikbaar. Een gevulde ketel woog 55 kg, een gevulde cilinder 39 kg. In de loopgraaf werden de ketels en cilinders achter een borstwering opgesteld, waarna de manschappen de slangen en spuitbuizen moesten aansluiten. Bij plaatsing in het vrije veld waren slangen en spuitbuizen niet nodig. Het voorschrift gaf in een dergelijke situatie de nuttige aanbeveling "de uitlaatopening naar 's vijands zijde" te richten.

De inzet, zowel bij de aanval als bij de verdediging, diende over een zo breed mogelijk front, minstens een kilometer, plaats te vinden. Per honderd meter waren, afhankelijk van het weer, vijftien tot dertig ketels en/of cilinders nodig. Alleen dan zouden de gasconcentraties in het voorterrein voldoende zijn om de (onbeschermde) tegenstander afbreuk te doen. Een regelmatige plaatsing van de ketels en cilinders was niet zo belangrijk. De veronderstelling was dat niet al te grote openingen "tusschen machtige gaswolken" zich snel zouden sluiten. Vooral bij de aanval moest over de gehele frontbreedte het gas gelijktijdig worden afgegeven, bij voorkeur 's nachts om een zo groot mogelijk verrassingseffect te bereiken. Bij de verdediging was het belangrijker te wachten tot de vijand tot op 100 à 150 meter was genaderd. Indien nodig, kon de gasinzet worden herhaald. In dat geval kon het tweede echelon van de spuitbuizen en slangen van de eerste groep gebruikmaken en hoefde het alleen de ketels en cilinders op te voeren.

Opleidingen en oefeningen

Het *Voorschrift Stikgassen* veronderstelde de aanwezigheid van gespecialiseerd personeel van de gasdienst, dat bij staven en op de gasstations dienst deed. Hoewel er van een eigen wapen of dienstvak formeel geen sprake was, werden in de mobilisatietijd officieren, onderofficieren en manschappen aan de gasdienst toegewezen. Begin 1917 maakte de opperbevelhebber een begin met de organisatie van een gascompagnie, "bestemd voor den dienst der stikgassen".[74] Deze compagnie was een oorlogsonderdeel, dat pas bij de tweede mobilisatie, indien Nederland daadwerkelijk in de oorlog betrokken zou raken, in Schiedam zou worden geformeerd.[75]

Naast het technisch personeel van de gasdienst, dat voor de omgang met het stikgas verantwoordelijk was, bestond de gascompagnie voor een belangrijk deel uit personeel van de Motordienst. Deze dienst leverde de autocolonnes (gascolonnes) die de bevoorrading van de aanvullingsplaatsen verzorgden. Hiervoor zou de compagnie honderd bakauto's en enkele andere motorvoertuigen toegewezen krijgen. De gascompagnie viel gedurende de mobilisatie formeel zelfs onder de in Delft gevestigde Depotafdeling van de Motordienst en het is waarschijnlijk dat een officier van de Motordienst als commandant zou fungeren.[76] Verder behoorden ook de bemanningen van de tankschepen en hulpschepen waarmee het stikgas en het bijbehorende materieel naar de gasstations werd aangevoerd, tot de gascompagnie. Dit personeel bestond uit burgers die in oorlogstijd een vrijwillige verbintenis aangingen, of die bij de landstorm werden ingelijfd. Tot slot zou de gascompagnie na de formatie in Schiedam over een reparatie-inrichting kunnen beschikken. Deze was bestemd voor zowel het rijdend materieel, als de specifieke middelen van de gasdienst. Ervaren personeel hiervoor kon mogelijk bij de zwaveldioxidefabrieken worden geworven.

De organisatie van de gascompagnie was erop gericht dat zij in oorlogstijd in drie zelfstandige detachementen van min of meer gelijke sterkte uiteen zou vallen. Elk van deze detachementen was in staat een gasstation in te richten en enkele aanvullingsplaatsen te bedienen. Het materieel voor elk gasstation zou per schip worden aangevoerd, waarvoor de vordering van drie motorboten van de NV H.E. Oving Jr.'s IJzer en Staalhandel in Rotterdam was voorbereid.[77] Om de zware aanvoertanks te kunnen hanteren waren deze schepen van laadbomen voorzien. De bevoorrading met stikgassen zou met de gehuurde tankschepen van de Vereenigde Chemische Fabrieken plaatsvinden.

Om gespecialiseerd kader voor de gasdienst te werven, zond generaal Snijders in februari 1917 een brief aan enkele operationele commandanten met het verzoek om namen van officieren en onderofficieren door te geven die voor deze dienst in aanmerking kwamen.[78] Hij had gemobiliseerde militairen op het oog die in het burgerleven werkzaam waren "als werktuigkundig of scheikundig ingenieur (technoloog) of student, scheikundigen, opzichters of personeel werkzaam aan chemische of soortgelijke fabrieken". Zij moesten bovendien over de juiste karaktereigenschappen beschikken: zelfstandigheid, handigheid, nauwgezetheid en verantwoordelijkheidsgevoel. Het rondschrijven leverde diverse namen op.[79] Twee van hen, reserve-eerste luitenant dr. J.C. Thonus en reserve-tweede luitenant A.P. van Stolk, werden van hun gewone werkzaamheden vrijgesteld en kregen een functie bij het Algemeen Hoofdkwartier, waar zij de activering van de gascompagnie voorbereidden.[80] Anderen zouden "naar behoefte" hun plaats in de gasdienst innemen, van wie enkelen tijdens de mobilisatiejaren ook op andere wijze bij het strijdgassenprogramma betrokken waren. Dit gold voor eerste luitenant Grondijs, die bij het Munitiebureau werkzaam was en enige tijd bij de stikgasfabriek te Kralingsche Veer was gedetacheerd (zie p. 31). Reserve-eerste luitenant R.K. Kloppers werd waarschijnlijk bij de Depotafdeling van de Motordienst geplaatst.[81]

In april 1917 werd een begin gemaakt met de selectie van het overige personeel voor de gasdienst, dat als "handlanger" bij de gascompagnie zou gaan dienen.[82] Dit personeel was van diverse opleidingsdepots afkomstig en kwam uiteindelijk bij het garnizoensdetachement Den Haag van het depotbataljon Grenadiers en Jagers, met de aantekening "met oorlogsbestemming 'gascompagnie Schiedam'". Tegen het einde van de mobilisatietijd telde de lijst 78 namen, van wie ten minste enkelen zich vrijwillig voor dienst bij de gascompagnie hadden aangemeld. Het werken met gevaarlijke gassen ging niet iedereen even gemakkelijk af. Na de eerdergenoemde proefnemingen in mei 1917 (zie p. 35) berichtte luitenant Van Stolk dat de onderofficier van het hem ter beschikking gestelde personeel een "ontwikkeld, handig sergeant" was, die echter "nog steeds bang voor het gas" was.[83] Buiten de opleidingen en oefeningen voor de gasdienst verrichtte het personeel diensten bij het depot. Enkelen werden gedetacheerd, bijvoorbeeld bij de zwaveldioxidefabrieken te Kralingsche Veer en Zwijndrecht.

In december 1917 werden onder leiding van kapitein De Reede de vermoedelijk eerste cursussen gehouden om het personeel – "nette fatsoenlijke jongens, die hun best deden alles goed te doen" – voor hun oorlogstaak op te leiden.[84] Deze taak bestond uit het "vullen en aftappen van Autotanks en loopgraafketels". Tijdens een van de cursussen kwamen ook de luitenants Thonus en Van Stolk poolshoogte nemen. De Reede gaf hun aanwijzingen "op welke zaken daarbij in t'bijzonder gelet moet worden, en waartoe verwaarloozing van materieel leiden kan".

Aanvankelijk vonden de opleidingen plaats bij de zwaveldioxidefabriek te Kralingsche Veer, maar sinds april 1918 kon de landmacht tevens over een speciaal ingericht "oefenings-gasstation" op de Zwetsplaat bij Gorinchem beschikken.[85] Aangezien dit eilandje in de Beneden-Merwede particulier bezit was, werd zij in juli 1917 voor militair gebruik gevorderd.[86] De afgelegen en onbewoonde Zwetsplaat was in eerste instantie bedoeld als veilige ligplaats voor de met zwaveldioxide gevulde tankschepen en als opslagplaats voor het gevulde stikgasmaterieel.[87] Om dezelfde redenen was het ook de ideale locatie om het personeel van de gascompagnie met de werkzaamheden op de gasstations vertrouwd te maken, "voornamelijk het manoeuvreren met de aanvoertanks, het overtappen van het vloeibare gas in die tanks en het vullen van ketels". Op de Zwetsplaat konden deze oefeningen beter tot hun recht komen. Nadat het eiland was

1010 HET LEVEN

De eerste stikgasoefeningen van Nederlandsche Militairen.

Verleden week zijn voor het eerst in ons land uitgebreide oefeningen, die den vorm van manoeuvres gingen aannemen, n.l. aanvallen onder gebruikmaking der verstikkende gassen gehouden en wel onder commando van generaal Dufour der vierde divisie, in de omgeving van Udenhout. Op de onderste foto rechts (No. 1) zien wij het in stelling brengen van de cylinders met gecomprimeerd stikgas, daarna (2) het aansluiten der cylinders met de geleidingsbuizen. Boven links (3) het uitbrengen van de straalpijpen, waaruit straks het gas ontsnappen zal. En rechts (4) het gas kiest zijn moordenden weg in de richting van den vijand.

Het weekblad *Het Leven* doet verslag van een oefening met strijdgassen van het Nederlandse leger, augustus 1917. Dit exemplaar bevat aantekeningen van het hoofd van de gasdienst, reserve-luitenant-kolonel D. Merens, voor de opperbevelhebber van Land- en Zeemacht, generaal C.J. Snijders.

geëgaliseerd en van een aanlegsteiger en een opslagloods was voorzien, kreeg luitenant Thonus het in beheer.

De eerste oefeningen op de Zwetsplaat vonden vanaf 1 mei 1918 plaats. Het voor de gascompagnie bestemde personeel kwam hiervoor in groepjes van tien man op.[88] De leiding tijdens deze meerdaagse oefeningen was in handen van de luitenants Thonus en Van Stolk. Kapitein De Reede zorgde voor de aanvoer van 140 ton zwaveldioxide met de *Antonia I*. Een tweede schip, de *Noordholland*, vervoerde het benodigde materieel: 4 aanvoertanks en 250 loopgraaftanks compleet met spuitbuizen en slangen. Om de realiteit zo goed mogelijk te benaderen, vonden er later ook nachtelijke oefeningen plaats. Terwijl er met zwaveldioxide werd gewerkt, stond elders op de Zwetsplaat gewoon vee in de wei. "Bij den arbeid met schadelijke gassen zullen zoodanige voorzorgen worden genomen dat het vee geen schade kan lijden," had Merens laten weten.[89]

Hoewel de Zwetsplaat een oefenlocatie was, kon zij in oorlogstijd desnoods als gasstation voor delen van de Nieuwe Hollandse Waterlinie worden gebruikt. Verder werden in de mobilisatietijd diverse verkenningen uitgevoerd bij de stellingen en linies om de gunstigste locaties voor de in oorlogstijd eventueel in te richten gasstations vast te stellen. Luitenant-kolonel Merens had hierover de leiding, in overleg met de verantwoordelijke commandanten. De locaties moesten over water vanaf de zwaveldioxidefabrieken bij Kralingsche Veer en Zwijndrecht gemakkelijk bereikbaar zijn. Daarnaast moesten ze beschikken over goede wegverbindingen voor de aanvoer van de gevulde loopgraafketels naar de aanvullingsplaatsen. Het wegennet in Nederland was tijdens de Eerste Wereldoorlog echter nog nauwelijks op gemotoriseerd vervoer, laat staan op colonnes vrachtauto's, berekend. Voorstellen om de knelpunten weg te werken door het aanleggen van nieuwe wegen of andere maatregelen, werden echter niet gehonoreerd. Zo liet de opperbevelhebber naar aanleiding van de voorstellen voor de Groep Naarden van de Nieuwe Hollandse Waterlinie weten "voorshands" geen uitgaven te kunnen goedkeuren die "speciaal voor den gasdienst" waren bedoeld.[90]

Terwijl de gascompagnie verantwoordelijk was voor de aanvoer en het overtappen van het gas, was de daadwerkelijke inzet een taak van de infanterie. Reguliere legereenheden van zowel het Veldleger als de linies en stellingen oefenden, meestal bataljonsgewijs, sinds juni 1917 met het stikgasmaterieel.[91] Hierbij was als adviseur en instructeur altijd een officier van de gasdienst, Thonus of Van Stolk, aanwezig, terwijl ook de hoofdofficier van de gasdienst, luitenant-kolonel Merens, regelmatig zijn gezicht liet zien. De oefeningen vonden op verschillende locaties in het midden en vooral in het zuiden van het land plaats, veelal bij forten en stellingen, maar ook in het open veld. Ter plaatse werden loopgraven aangelegd om de praktijksituatie zo goed mogelijk na te bootsen.

Tijdens de oefeningen kregen de divisies en overige legeronderdelen enkele tientallen gevulde loopgraafketels met bijbehorend materieel toegewezen.[92] Het transport van de gevaarlijke gassen gebeurde uit veiligheidsoverwegingen meestal per boot.[93] Met het *Voorschrift Stikgassen* als uitgangspunt verrichtten de manschappen tijdens de oefeningen alle handelingen met het materieel, al bleef het daadwerkelijk afgeven van gas meestal tot één of twee ketels beperkt. Dit gebeurde "om den troep er aan te gewennen en een beeld te geven van de werking".[94] Hoewel er af en toe wel eens wat mis ging,[95] beantwoordden de oefeningen in het algemeen aan het gestelde doel. "Door deze oefeningen", liet de ondercommandant van de Stelling Hellevoetsluis, kapitein-ter-zee A.J. Breda Kleijnenberg, in februari 1918 bijvoorbeeld weten, "hebben officieren en manschappen een duidelijken indruk gekregen van het optreden met dit nieuwe wapen en verkregen zij eenige handigheid in het vervoeren, plaatsen en openen der ketels en in het gebruik der gasmaskers."[96] Verdeeld over vijf oefendagen werden achttien ketels "geledigd". Op zijn verzoek mocht de stellingcommandant de lege ketels "ter vervollediging en onderhoud der geoefendheid" behouden, op voorwaarde dat hij ze zou retourneren bij het ingaan van de oorlogstoestand.[97] Dit gebeurde ook bij andere eenheden.

Bij een van de eerste oefeningen, die in juni of juli op de heide van Udenhout bij de IVe Divisie werden gehouden, bleef de gebruikelijke geheimhouding achterwege.[98] In augustus 1917 bracht het weekblad *Het Leven* een fotoverslag van deze oefening met een korte uitleg. Op het voor generaal Snijders bestemde exemplaar tekende luitenant-kolonel Merens nog aan: "er waren 10 ketels, waarmede een kleine de[mon]stratie is gehouden".[99] Waarschijnlijk werd eindelijk de openbaarheid gezocht om het binnen-, maar bovenal het buitenland te laten zien dat ook Nederland in alle opzichten op een gasoorlog was voorbereid. Het is te verwachten dat de oorlogvoerende landen hiervan kennis namen via hun in het neutrale Nederland gestationeerde militair attachés, die onder meer de kranten en tijdschriften in de gaten hielden.[100]

De operationele commandanten mochten er bij hun oorlogsvoorbereiding overigens niet van uitgaan dat zij het gaswapen daadwerkelijk konden inzetten op het moment dat zij daar behoefte aan hadden. Daarvoor waren de beschikbare hoeveelheid materieel en de voorraad zwaveldioxide eenvoudig te beperkt. Zoals gezegd (p. 33), was de materieelplanning gebaseerd op een inzet over een frontbreedte van niet meer dan 10 km. Het was weliswaar de bedoeling om de beschikbare capaciteit te verhogen zodra Nederland in de oorlog betrokken zou raken, maar daarop mochten operationele commandanten, zo stelde Merens, niet te vast rekenen.[101] De uiteindelijke toewijzing was een verantwoordelijkheid van het Algemeen Hoofdkwartier.

Proeven met zwaveldioxidegranaten

Zwaveldioxide leende zich niet alleen voor verspreiding vanuit gascilinders, maar het was in principe ook als vulstof voor gasgranaten te gebruiken. Onmiddellijk na de beëindiging van de eerste proefnemingen met dimethylsulfaat en de overstap op zwaveldioxide eind 1915, namen de Artillerie-Inrichtingen deze mogelijkheid in beschouwing. Al in maart 1916 rapporteerde het directielid van de Artillerie-Inrichtingen Mijsberg over de eerste proeven met mortiergranaten van 10 cm, gevuld met maximaal 650 gram zwaveldioxide.[102] De mortier van 10 cm was voor diverse tactische doeleinden te gebruiken, onder meer voor de loopgraafstrijd op korte afstand. Meer proefnemingen volgden, op 25 en 26 mei en opnieuw op 6 en 7 juli 1916

In februari 1916 vonden de eerste proefnemingen met gasgranaten, gevuld met zwaveldioxide, plaats. Het afgebeelde exemplaar was van een te geringe explosieve lading voorzien, waardoor nauwelijks scherfwerking optrad.

in Oldebroek.[103] De tests spitsten zich op twee aspecten toe. Allereerst onderzocht men welke gasconcentraties zouden ontstaan indien een gasgranaat in een vijandelijke loopgraaf zou springen. Hiertoe werden de projectielen tussen twee aarden wallen of in (deels) afgesloten onderkomens tot ontploffing gebracht, waarna op verschillende momenten luchtmonsters werden genomen. In de tweede plaats werd getracht de scherfwerking van het gasprojectiel te verbeteren. Deze moest liefst gelijkwaardig zijn aan die van de mortiergranaten zonder gaslading. Om dit te bereiken werd met de grootte en samenstelling van de explosieve lading geëxperimenteerd.[104]

Het belang van de scherfwerking hing samen met de relatief geringe gaswerking die met een zwaveldioxidegranaat kon worden bereikt. Gasconcentraties die voor de mens "onhoudbaar" waren, traden alleen in de onmiddellijke nabijheid van het springpunt op en bleven slechts korte tijd bestaan. Al na twee minuten was de "bezwangering van de atmosfeer met SO_2 (...) nauwelijks meer hinderlijk". Aangezien de hoogste, direct dodelijke concentraties slechts enkele seconden aanhielden, was het voor onbeschermde militairen mogelijk om korte tijd de adem in te houden en zich zo snel mogelijk in veiligheid te brengen. Luitenant-kolonel Merens meende dan ook dat de gasprojectielen vooral van nut waren indien de tegenstander zich in loopgraven of in afgesloten onderkomens bevond.[105] "Een voordeel van deze projectielen boven de gewone is nog", vervolgde hij, "dat de man in liggende houding met het oog op scherfwerking liefst zal blijven liggen als een projectiel in zijn nabijheid springt, met het oog op de werking der SO_2 echter zal moeten vluchten, dus moet opstaan en zich blootgeven."

Op basis van de proefnemingen trok de opperbevelhebber, generaal Snijders, in augustus 1916 de conclusie dat de gaswerking "slechts beschouwd mag worden als een nevenwerking".[106] Het gas kon bij beschietingen van loopgraven een "nuttig effect sorteeren door eenige lieden buiten gevecht te stellen", maar de gaswolk vervloog te snel om in het open veld van betekenis te kunnen zijn. Bovendien was het gietijzeren projectiel niet in staat om in afgesloten onderkomens door te dringen. Door een vergroting van de explosieve lading (trotyl) was het zijns inziens niettemin mogelijk een granaat te produceren die qua scherfwerking niet voor de bestaande mortiergranaten onderdeed en daarnaast de "secundaire uitwerking van verstikkende gaswolk" opleverde. Op grond hiervan verzocht Snijders de inspecteur der Vestingartillerie, generaal-majoor Scheltema, met voorstellen te komen om de voorraad mortiergranaten van 10 cm geheel of gedeeltelijk tot gasgranaten om te bouwen.[107]

Op 5 december 1916 vond Snijders het moment gekomen om het voorstel voor het modificeren van de mortiergranaten aan de minister van Oorlog, Bosboom, voor te leggen.[108] Zonder de relatief zwakke gaswerking te verhullen, noemde hij de resultaten van de proefnemingen "bevredigend". Het was echter niet raadzaam de gehele voorraad mortiergranaten van een gaslading te voorzien. Niet alleen bleef er voor bepaalde toepassingen behoefte bestaan aan granaten met een grotere springlading, maar daarnaast moest worden afgewacht of het springen van de zwaveldioxidegranaten ook op grotere afstanden te zien was. Dat was belangrijk om te kunnen vaststellen of de granaten op de juiste plaats neerkwamen. Vooralsnog vroeg hij de minister om een eerste serie van negenduizend mortiergranaten te laten ombouwen.

Minister Bosboom wees het verzoek op 16 februari 1917 af.[109] Hij was van mening dat het voordeel van de modificatie – het geringe effect van de gaslading – niet opwoog tegen het nadeel – het verlies aan scherfwerking. Aangezien de algemene behoefte aan gasprojectielen "blijkbaar" bleef bestaan, stemde de minister er wel mee in om de inspanningen op dit gebied voort te zetten. Vervolgens werd bekeken of de nog aan te maken stalen mortiergranaten van 10 cm als gasgranaat waren te gebruiken. Ook dit voornemen liep op niets uit, omdat de scherfwerking aanzienlijk zou verslechteren.[110]

Opnieuw gasprojectielen

In de loop van 1917 bleek uit "ingekomen berichten" dat de oorlogvoerende landen steeds vaker van "projectielen met zeer sterk werkende vergiften" gebruikmaakten. Naar aanleiding hiervan achtte generaal Snijders het wenselijk ook het Nederlandse leger van dergelijke granaten te voorzien. Op 31 augustus 1917 verstrekte hij de inmiddels tot directeur voor Aanschaffing en Verstrekking van Artilleriematerieel benoemde generaal-majoor Scheltema opdracht om hiervoor, in overleg met de inspecteur der Vestingartillerie en het Munitiebureau, de nodige plannen uit te werken.[111]

Anders dan bij de met zwaveldioxide gevulde 10 cm-mortiergranaten was een strijdgas nodig dat krachtig genoeg was om in het open veld te kunnen gebruiken. De scherfwerking deed er dan niet meer toe. Aan de voorkeur voor een zeer giftig gas droeg bovendien bij dat bij gebrek aan voldoende snelvuurgeschut de Nederlandse artillerie niet in staat was in korte tijd een groot aantal gasgranaten te verschieten, zoals de Duitsers gewoon waren. In plaats daarvan voelde Snijders meer voor de Franse tactiek, waarbij gewone projectielen en gasgranaten door elkaar werden verschoten. Dit zou "zeer deprimeerend" werken, aangezien het de vijand dwong continu een gasmasker te dragen. Zijn idee was om van de geschikte munitiesoorten een op de tien granaten van een gaslading te voorzien.

Als vulstof kwamen niet alleen echte gassen in aanmerking, maar ook vloeistoffen, die bij de detonatie van het projectiel in gasvormige toestand of als nevel verspreid zouden worden. Snijders vestigde de aandacht opnieuw op dimethylsulfaat, dat al in 1915 was beproefd (zie p. 25 e.v.).[112] Naar zijn mening was deze stof "zoo giftig", dat zelfs het morsen van enkele druppels al tot "ernstige ziekteverschijnselen" zou leiden, zij het met een vertraging van enkele uren. Proeven met dieren zouden bovendien al hebben aangetoond dat de stof onder bepaalde omstandigheden voldoende "stopping power" had. De eigenschappen maakten dimethylsulfaat niet voor de toepassing op korte afstanden geschikt, maar het leende zich wel goed voor afstanden van een paar honderd meter of meer. Om voldoende uitwerking per schot te verkrijgen, kwamen alleen dunwandige granaten van grotere kalibers (minstens 12 cm) in aanmerking, aangezien deze een grote gaslading konden bevatten.

Op 11 september 1917 vond bij het Munitiebureau een bijeenkomst plaats om de suggesties van de opperbevelhebber nader uit te werken.[113] Aanwezig waren de voorzitter van het Munitiebureau, Van Roijen, de directeur voor Aanschaffing en Verstrekking van Artilleriematerieel, Scheltema, de inspecteur der Vestingartillerie, kolonel J.E. Fabius, de voorzitter van de Tijdelijke[114] Commissie van Proefneming, de gepensioneerde luitenant-kolonel J.C. ten Noever de Brauw, en de secretaris van het Munitiebureau, kapitein D. de Kreuk, die vóór de mobilisatie lid van de Commissie van Proefneming was geweest. Na inventarisatie van de in aanmerking komende geschutstypen stelden de aanwezigen een voorlopige volgorde vast waarin de proefnemingen van de diverse granaten moesten plaatsvinden. Bovenaan het lijstje stond de 'bommenwerper' (mortier) van 20 cm, gevolgd door de diverse typen kanonnen met een kaliber van 15 cm en tot slot het geschut van 12 cm. Ook de 'bommenwerper' van 2½ cm kwam wellicht voor een gasvulling in aanmerking. Dit geschut, dat voor gebruik op korte afstanden was bestemd, gebruikte nagenoeg dezelfde projectielen als de 20 cm-mortier.

Voor het bepalen van de te gebruiken vulstof riep Van Roijen een aparte commissie bijeen, die de kwestie vanuit een scheikundig oogpunt moest bekijken.[115] In deze commissie zaten luitenant-kolonel Gey van Pittius, de 'technoloog' van de Artillerie-Inrichtingen, Berkhout, en reserve-eerste luitenant Thonus. Deze laatste was niet gekozen vanwege zijn betrokkenheid bij de gascompagnie, maar als oud-medewerker van de Leidse hoogleraar

A.P.N. Franchimont, wiens Organisch Chemisch Laboratorium het nodige onderzoek naar dimethylsulfaat had gedaan.[116] Mede op aanwijzing van Franchimont wees de commissie de suggestie om dimethylsulfaat te gebruiken af. Niet alleen was de benodigde grondstof methylalcohol in onvoldoende hoeveelheden in Nederland beschikbaar, maar daarnaast bestonden er gerede twijfels over de veronderstelde giftigheid. Alleen bij langdurige blootstelling aan grote concentraties waren de gevolgen ernstig. Van "stopping power" was geen sprake. De commissie gaf de voorkeur aan het eveneens in 1915 beproefde fosgeen, zowel vanwege de gunstige grondstoffenpositie, als vanwege de "heftige vergiftigingsverschijnselen" die deze stof zou veroorzaken.

Het voorstel van de commissie kreeg de instemming van Van Roijen. Op 1 oktober 1917 kondigde hij proefnemingen met fosgeen als vulstof aan.[117] Uit praktische overwegingen viel de keuze voor de eerste proeven niet op de mortier van 20 cm, maar op het kanon van 15 cm L24. Terwijl de Artillerie-Inrichtingen zich over het ontwerp van de granaat en de aanmaak van proefexemplaren ontfermden en het Munitiebureau de productiemogelijkheden voor fosgeen onderzocht, moest volgens Van Roijen de zoektocht naar alternatieve vulstoffen voortgaan. Niet alleen waren andere stoffen mogelijk nog giftiger of anderszins geschikter voor militair gebruik, maar daarnaast leek het hem verstandig om over meerdere gifgassen te beschikken. Dit zou de tegenstander namelijk dwingen verschillende typen (of betere) gasmaskers en gasmaskervullingen te gebruiken. Deze zoektocht mocht echter niet tot vertraging leiden "doordat men meent iets beters op het oog te hebben, dat echter nog niet voldoende is voorbereid".

In januari 1918 informeerden Van Roijen en Scheltema generaal Snijders over deze plannen en over de inmiddels geboekte voortgang.[118] Zij gingen uitgebreid op de selectie van de mogelijke vulstoffen in en deden hun best de opperbevelhebber ervan te overtuigen dat het door hem gesuggereerde dimethylsulfaat geen geschikte keuze was. Om hun argumenten kracht bij te zetten, wezen zij erop dat militair apotheker Van Waegeningh "met opzet dimethylsulfaat op zijn tuniek heeft gestort en daarmede den geheelen dag is blijven loopen, zonder eenige schadelijke gevolgen te ondervinden". Ook het vermoedelijk door de Duitsers gebruikte blauwzuur kwam niet in aanmerking. Hoewel Snijders zelf al tot die conclusie was gekomen vanwege de grote risico's die bij het vullen van de granaten kwamen kijken en omdat dit gas te snel zou vervliegen,[119] had het Munitiebureau de productiemogelijkheden toch onderzocht. Geen enkele fabrikant was echter bereid deze stof in het groot aan te maken. Dat probleem was niet tot blauwzuur beperkt. In een rapportage verzuchtte het Munitiebureau dat het "in den aard der zaak [ligt], dat fabrikanten weinig geneigd zijn tot het fabriceeren van een product, dat zulke gevaarlijke eigenschappen heeft en dat dus in uitgebreide mate voorzorgen moeten worden genomen om de gevaren tot de geringste afmetingen terug te brengen".[120]

Voor de productie van fosgeen was Van Roijen in onderhandeling met twee bedrijven, de Amsterdamsche Superfosfaatfabriek en de Fabriek van Chemische Producten te Vondelingenplaat (tegenover Vlaardingen). De gewenste productiecapaciteit was voorlopig twee ton per week. Voor de bereiding van fosgeen was chloor nodig, dat de laatstgenoemde fabriek op korte termijn in productie zou nemen. Aangezien chloor op zichzelf goed als gifgas te gebruiken was – bij de eerste Duitse gasaanval op 22 april 1915 werd chloor gebruikt –, stelden Van Roijen en Scheltema voor om voorlopig een deel van de gasgranaten met deze stof te vullen. Hierdoor zou het Nederlandse leger sneller over gasgranaten kunnen beschikken. Niet onbelangrijk was daarbij dat fosgeen door zijn relatief hoge kookpunt (8 °C) moeilijk in de koudere jaargetijden was in te zetten. Naast chloor en fosgeen zou ook zwaveldioxide, dat al op grote schaal werd geproduceerd, als vulstof in aanmerking komen. Dankzij het nagenoeg gelijke soortelijk gewicht van deze stoffen behoefde de constructie van de granaat niet te worden aangepast.

De opperbevelhebber kon zich in grote lijnen in de voorgestelde aanpak vinden.[121] Uiteindelijk wilde hij echter slechts één vulstof gebruiken, "maar dan ook de meest werkzame, hetzij phosgeen, hetzij een andere meer geschikte stof". Het nadeel dat fosgeen bij lagere temperaturen niet bruikbaar was, sloeg hij niet hoog aan. Bij het afschieten en springen van de granaat zouden de temperaturen hoog genoeg oplopen om het gas in voldoende mate te verspreiden. Snijders hechtte verder weinig waarde aan de veronderstelde voordelen van de toepassing van verschillende gassen naast elkaar, wat bij de munitiebevoorrading bovendien tot complicaties zou leiden. Slechts zolang de productie van de uiteindelijke vulstof nog niet op gang was gekomen, mochten andere stoffen zoals chloor of zwaveldioxide worden gebruikt. De vulling kon later altijd nog worden verwisseld.

Op 21 februari 1918 kwamen de bij de ontwikkeling van de gasgranaten betrokken militaire autoriteiten onder leiding van generaal-majoor Scheltema opnieuw bijeen.[122] Die week leverden de Artillerie-Inrichtingen namelijk eindelijk de proefexemplaren van het projectiel af, zodat de schietproeven van start konden gaan.[123] Als vulstof zou vloeibaar chloor worden gebruikt. Op verzoek van de opperbevelhebber spraken de aanwezigen een formele benaming voor gasmunitie af, namelijk "gasprojectiel", afgekort als "G.P.". Zij stelden verder onder meer de definitieve volgorde vast waarin de projectielen door de Tijdelijke Commissie van Proefneming zouden worden beproefd. Ook bepaalden zij de inhoud van deze proeven, waarbij onder andere zou worden onderzocht of de temperatuur in het projectiel bij het verschieten hoog genoeg zou oplopen om te garanderen dat het gifgas zich ook bij koud weer voldoende zou verspreiden. Vanwege de geringe springlading bestond daarover de nodige twijfel. Onmiddellijk na de vergadering spoorde Van Roijen de Artillerie-Inrichtingen aan om in het vervolg meer haast te maken met de aanmaak van de voor de proefnemingen benodigde prototypes. Als reden gaf hij op dat "de Opperbevelhebber van Land- en Zeemacht zeer spoedig in het bezit wenscht te komen van gasprojectielen".[124]

De voorzitter van de Tijdelijke Commissie van Proefneming, Ten Noever de Brauw, bracht op 18 april 1918 verslag uit over de eerste proefnemingen die op het strand bij Scheveningen met de gasprojectielen van 15 cm L24 waren gehouden.[125] Voor deze serie spring- en schietproeven waren de projectielen niet met een gaslading, maar met een onschadelijke vloeistof gevuld. De projectielen gedroegen zich in schiettechnisch opzicht naar verwachting, maar het bleek niet mogelijk vast te stellen hoe de vloeistof na de inslag werd verspreid. Ten Noever de Brauw stelde voor om bij de volgende proeven, waarbij de projectielen wél met chloor zouden zijn gevuld, luchtmonsters te nemen in de omgeving van het springpunt. Verder vond hij het verstandiger om deze proeven niet in Scheveningen te houden, "zoowel omdat aldaar het geheim dezer proeven moeilijk verborgen kan blijven, als wegens het gevaar, dat zou ontstaan door het eventueel drijven van de gaswolk naar de duinen".

De tweede serie proeven vond in juni 1918 plaats bij de Artillerie Schietschool in Oldebroek.[126] Hierbij waren, naast de leden van de Tijdelijke Commissie van Proefneming, ook luitenant-kolonel Merens en kapitein De Reede aanwezig. Deze laatste was, naast zijn betrokkenheid bij de productie van zwaveldioxide (p. 31), bij de fabriek te Vondelingenplaat met het toezicht op het vullen van de granaten belast.[127] Dit had aanmerkelijk meer problemen opgeleverd dan verwacht, met tot gevolg dat er slechts zeven gevulde granaten beschikbaar waren en de hoeveelheid chloor (en dus het gewicht) per granaat sterk uiteenliep. Bij enkele granaten was de kop bovendien groen uitgeslagen en was de schroefdraad aangetast, wat erop duidde dat er chloor uit het projectiel ontsnapte. Niettemin bestond er "geen bezwaar" tegen de invoering van de gasprojectielen, op voorwaarde dat de geconstateerde problemen zouden worden verholpen. Tevens moest onderzoek uitwijzen of het chloor het binnenste van de projectielen aantastte. Deze hordes leverden geen ernstige vertraging op. Al op 16 juli 1918 liet Van Roijen weten dat de vulproblematiek was opgelost.[128] Over de andere problemen maakten hij en de andere betrokken autoriteiten zich geen grote zorgen.

Van het voorstel om tijdens de proeven luchtmonsters te nemen teneinde de verspreiding en uitwerking van het chloorgas te bepalen, was niets terechtgekomen. Bij nader inzien bleek de uitvoering zo ingewikkeld, dat de voorbereiding veel tijd in beslag zou nemen terwijl de resultaten toch weinig betrouwbaar zouden zijn.[129] De tweede schietproef leverde daarom slechts vage indicaties op. De aanwezigen zagen na het springen van het projectiel een zwakke rook- en gaswolk ontstaan, die al snel verdween. Na afloop bleek de heide op de plaats van de inslagen "bruin en dor" te zijn geworden. Op grond hiervan nam Ten Noever de Brauw aan "dat bij niet te sterken wind de gaswolk ter plaatse van het springpunt voldoende dicht zal zijn, om de gewenschte uitwerking te verkrijgen". Zijn gevolgtrekking dat voor een effectieve inzet in korte tijd een groot aantal gasprojectielen moest worden verschoten, lokte commentaar van de nieuwe directeur voor Aanschaffing en Verstrekking van Artilleriematerieel, kolonel Elout, uit.[130] De opperbevelhebber had immers het voornemen geuit om bij beschietingen gasprojectielen en gewone granaten door elkaar te verschieten. Volgens Ten Noever de Brauw moest deze instructie echter zodanig worden opgevat, dat het mogelijk was om met "een vrij groot aantal" kanonnen gasprojectielen te verschieten, tussen beschietingen met andere granaten door.[131] Elout tekende op zijn exemplaar van deze brief aan dat deze interpretatie "toch wel wat verwrongen" was.

Na de afronding van de schietproeven was het projectiel naar de mening van Van Roijen rijp voor productie.[132] De inmiddels tot generaal-majoor bevorderde Elout was het daarmee eens.[133] Voor de gaslading kwam bij gebrek aan alternatieven voorlopig slechts chloor in aanmerking. Zeker na het mislukken van pogingen om in Groot-Brittannië gasprojectielen aan te schaffen, was het gebruik van deze vulstof "de eenige mogelijkheid om binnen afzienbaren tijd eenigen voorraad gasprojectielen door binnenlandschen aanmaak te verkrijgen". De productie van fosgeen wilde namelijk nog niet van de grond komen. De Amsterdamsche Superfosfaatfabriek had zich teruggetrokken nadat zich in het laboratorium enkele ongevallen hadden voorgedaan.[134] Van Roijen vestigde al zijn hoop op de Fabriek van Chemische Producten te Vondelingenplaat, aangezien deze firma op het punt stond met de industriële productie van chloor te beginnen en er "groote kans" bestond dat zij ook bereid was fosgeen te gaan aanmaken. De proefnemingen van de fabriek op dit gebied waren het stadium van de bereiding op laboratoriumschaal echter nog niet ontgroeid.

De door het Munitiebureau ingestelde commissie van drie – Gey van Pittius, Berkhout en Thonus – die het gebruik van fosgeen had aanbevolen (p. 49), zette de zoektocht naar een mogelijk beter geschikte vulstof wat meer op de achtergrond voort.[135] Zij verrichtte vooral onderzoek naar de verbetering van gasmaskers en gasmaskervullingen, maar hield daarbij nauwlettend in de gaten of de giftige stoffen die bij de tests werden gebruikt, wellicht voor eigen, actief gebruik in aanmerking kwamen. Bruikbare vulstoffen die in Nederland konden worden geproduceerd, leverde dit echter niet op. Voor de aanmaak van het door de oorlogvoerende landen toegepaste difosgeen bijvoorbeeld, ontbrak de grondstof methylalcohol.[136] Andere stoffen, zoals niesverwekkende strijdgassen (onder meer het door de Duitsers gebruikte *Clark 1*, difenylchloorarsine), konden door hun eigenschappen slechts naast, en niet in plaats van, een vulstof als fosgeen worden gebruikt.[137]

Min of meer tegelijkertijd onderzocht militair apotheker Van Waegeningh "bij welke verdunning phosgeen, zwaveligzuur [zwaveldioxide, HR] & chloor, de lucht voor inademing ongeschikt maken".[138] Van Roijen had hierom verzocht, vermoedelijk om een indicatie te krijgen van de werking van deze vulstoffen, althans onder laboratoriumcondities. De opzet van de proeven was eenvoudig: enkele proefpersonen namen plaats in Van Waegeninghs "gaskamer" in Breda, waarin met een blaasbalg een hoeveelheid gas werd geblazen totdat de omstandigheden voor hen onhoudbaar werden. Als proefpersonen gebruikte Van Waegeningh zichzelf, zijn assistent en "eenige hospitaal-soldaten", die zich vrijwillig hadden aangemeld. Als waarnemers waren onder anderen Gey van Pittius en Thonus aanwezig. De proef bevestigde niet alleen dat van de genoemde drie stoffen fosgeen de meeste en zwaveldioxide de minste uitwerking had, maar leverde tevens min of meer betrouwbare kwantitatieve gegevens op.

Opperbevelhebber Snijders, die de ontwikkeling van de gasprojectielen met grote aandacht volgde, informeerde eind juli 1918 hoeveel projectielen van verschillende kalibers op korte termijn beschikbaar zouden zijn.[139] Ook generaal-majoor Elout werd ongeduldig over de "niet fortuinlijk geganen loop van zaken" en wees Van Roijen er op 24 augustus 1918 fijntjes op dat "de opdracht om het daarheen te brengen dat ons leger van gasprojectielen voorzien worde, reeds een jaar oud is" (zie p. 47).[140] De productie van de gasprojectielen was voorlopig echter nog niet aan de orde. Voor de granaten van 15 cm L24 wilde het Munitiebureau eerst afwachten of het vullen van een proefserie van honderd exemplaren probleemloos zou verlopen, terwijl het proces van ontwikkeling en beproeving voor andere granaten nog geheel of grotendeels moest worden doorlopen.[141]

Wel kon Van Roijen melden dat de bereiding van fosgeen bij de fabriek te Vondelingenplaat "geen bijzondere moeilijkheden" meer opleverde, zodat een plan voor de aanmaak van vijftig ton van deze stof kon worden opgesteld.[142] Afhankelijk van het moment waarop de productie van de projectielen van 15 cm L24 daadwerkelijk van start zou gaan, konden deze met chloor of wellicht al met fosgeen worden gevuld. De voorzitter van het Munitiebureau liep wat te hard van stapel, zoals hij later moest opbiechten,[143] aangezien de directeur van de fabriek, A. ter Horst, eerst een "proeffabriekje" wilde inrichten om de nodige ervaring met de fabrieksmatige productie op te doen.[144] Als voorwaarde voor zijn inspanningen stelde hij dat het Rijk de kosten van circa tienduizend gulden zou dragen en de proeffabriek in zijn eigendom zou overgaan. Indien deze test geen onvoorziene problemen opleverde, was hij "in beginsel" bereid een grotere fabriek met een capaciteit van twee ton per week te bouwen en deze in bedrijf te nemen. Gezien de "dringende behoefte aan een zeer actief stikgas" adviseerde Van Roijen de minister van Oorlog, jhr. G.A.A. Alting von Geusau, op dit "alleszins redelijke voorstel" in te gaan. Deze ging, zonder advies van de andere betrokken autoriteiten in te winnen, akkoord.[145]

Nu het moment van invoering van het voorlopig met chloor gevulde projectiel van 15 cm L24 langzaam maar zeker dichterbij kwam, begon generaal-majoor Elout te twijfelen.[146] Hij bracht in herinnering dat bij de tests van de Tijdelijke Commissie van Proefneming wel het gedrag van het projectiel was onderzocht, maar dat over de verspreiding van de gaswolk en de uitwerking van het gas nagenoeg niets bekend was. "Worden", vroeg hij zich af, "niet van gasmaskers voorziene, menschen in de springwolk buiten gevecht gesteld of is althans zeker hun verblijf daarin onhoudbaar, en is die, aan deze hoofdvoorwaarde voldoende springwolk, bij voldoende dichtheid zoo groot mogelijk?"

Elout legde zijn vragen eerst voor aan de voorzitter van de Tijdelijke Commissie van Proefneming, Ten Noever de Brauw. Diens antwoord ging niet op de kern van de zaak in.[147] Hij erkende dat het niet mogelijk was geweest de dichtheid en uitwerking van de gaswolk te bepalen, maar kon zich niet voorstellen dat dergelijke gegevens consequenties voor de constructie van het projectiel zouden hebben gehad. Aangezien de maten en het gewicht van het projectiel vastlagen – teneinde te garanderen dat de schieteigenschappen gelijk waren aan die van gewone projectielen –,[148] kon de gasvulling niet groter zijn dan zij al was. Wat dit betreft was het 15 cm-projectiel altijd werkzamer dan de 12 cm-projectielen die nog ontwikkeld zouden worden. In ieder geval was de lading groot genoeg om de vijand te dwingen gasmaskers te dragen. "Ook moet niet worden vergeten", aldus Ten Noever de Brauw, "dat het moreel van onze eigen troepen zou lijden, indien zij met gasprojectielen werden beschoten, zonder dat zij zelven van dergelijke projectielen gebruik zouden kunnen maken."

De niet mis te verstane opmerkingen die Elout in de kantlijn van de brief van Ten Noever de Brauw schreef, maken duidelijk dat hij met dit antwoord geen genoegen nam. Hij benaderde vervolgens het Munitiebureau om zich ervan te vergewissen, dat de constructie van het projectiel inderdaad niet voor verbetering vatbaar was.[149] Ook stelde hij voor om de uitwerking van het chloorprojectiel alsnog door proefnemingen vast te stellen. Gezien de tijd die hiervoor ongetwijfeld benodigd zou zijn, was het echter niet zijn bedoeling de invoering van het projectiel, die hij als "nog belangrijker" omschreef, uit te stellen. Van Roijen was het geheel met Elout eens en benadrukte dat uit inlichtingen bleek "dat G[as] P[rojectielen] onmisbaar zijn te achten voor de oorlogvoering".[150] Tegelijkertijd moest hij echter toegeven dat bij het vullen van de honderd proefexemplaren mankementen aan het licht waren gekomen, als gevolg waarvan het projectiel ingrijpend moest worden aangepast.[151] Dit leverde nieuwe vertragingen op.

Elout stak zijn licht ook bij de hoofdofficier van de gasdienst, luitenant-kolonel Merens, op.[152] Deze rekende hem eenvoudig, kennelijk op basis van de door Van Waegeningh geleverde kwantitatieve gegevens (p. 52), voor dat de gasconcentraties die met een vulling van drie kilogram chloor of fosgeen onder ideale omstandigheden haalbaar waren, in theorie voldoende effectief waren. In de praktijk konden tal van invloeden, vooral de wind, hier afbreuk aan doen. Voor een nuttig gebruik van deze projectielen moest de gaswolk langere tijd op zijn plaats worden gehouden, wat inhield dat besloten ruimten zoals loopgraven het voornaamste doelwit vormden. Een andere mogelijkheid was het verschieten van meerdere granaten kort na elkaar.

Merens vond het "hoogst gewenscht" deze veronderstellingen door proefnemingen te controleren en te onderbouwen, al zouden de resultaten in de praktijk altijd sterk variëren. Hij deed diverse voorstellen voor dergelijke proeven, hoewel hij erkende dat de praktische uitvoerbaarheid een probleem vormde. Proefnemingen met dieren hadden naar zijn mening weinig zin, aangezien zij minder gevoelig voor gifgassen waren dan mensen. Dit was bij de proefnemingen met zwaveldioxide gebleken.[153] Zelfs "het meest gevoelige dier – de hond – (...) zat te kwispelstaarten in een atmosfeer, die voor den mensch volstrekt onhoudbaar was". Ongevraagd schreef Merens nog enkele woorden over de toepassing van "mustardgas", dat sinds juli 1917 bij de oorlogvoerende landen in gebruik was, en over de mogelijke proefnemingen met dergelijke vloeibare strijdgassen. Hij ging hier echter niet nader op in, "omdat van de invoering bij ons leger van zulke gassen op dit oogenblik toch geen sprake is". Waarom mosterdgas zo gemakkelijk terzijde werd geschoven, is helaas niet bekend.

De geruststellende (zij het niet geheel bevredigende) woorden van Ten Noever de Brauw, Van Roijen en Merens in combinatie met de onzekerheid of ongetwijfeld langdurige proefnemingen wel een bruikbaar resultaat zouden opleveren, trokken Elout over de streep.[154] Tevens speelde een rol dat hij inmiddels tot het inzicht was gekomen dat het verschieten van enkele gasprojectielen tussen gewone granaten door, zoals de opperbevelhebber had voorgesteld (zie p. 48), weinig zinvol was. Alleen door grote aantallen gasprojectielen tegelijk of kort na elkaar te verschieten, was het mogelijk een terreindeel (en zeker de aanwezige begroeiing) geheel met gas te doordringen. In dat geval was de uitwerking van een enkel projectiel minder van belang, aangezien wel vaststond dat chloor en zeker fosgeen op zich voldoende giftig waren.

Op 9 november 1918 bracht generaal-majoor Elout verslag uit aan de opperbevelhebber, generaal Snijders.[155] In deze brief ging hij uitgebreid in op de tegenvallers die, buiten zijn schuld, tot vertraging hadden geleid. Zo liet hij weten "verrast" te zijn door het voornemen eerst een proeffabriek voor fosgeen te bouwen, terwijl Elout bij een bezoek aan de fabriek te

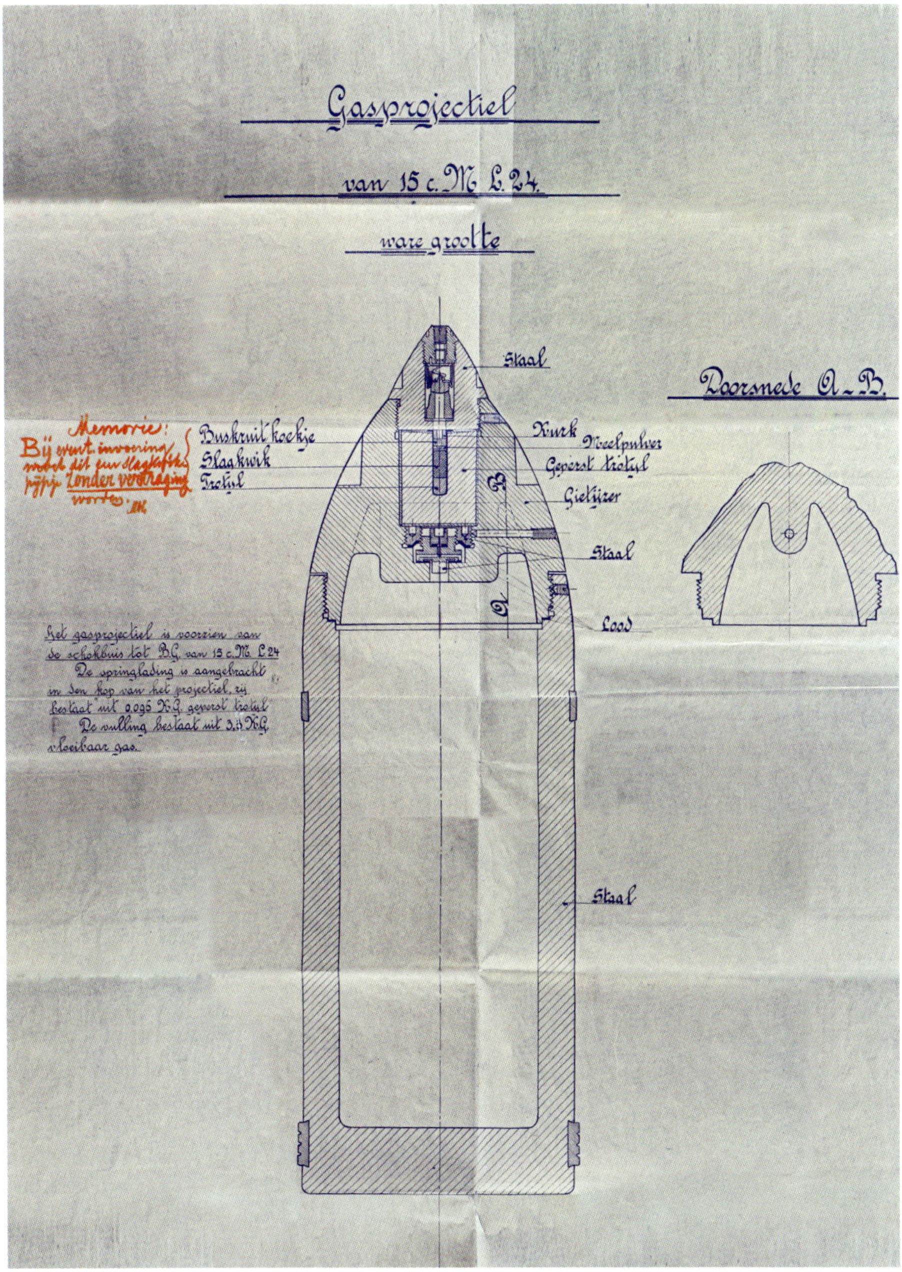

Het definitieve ontwerp van de gasgranaat van 15 cm L24, 1918. Als vulstof moest een vloeibaar strijdgas, zoals chloor of fosgeen, dienen.

Vondelingenplaat zelf had geconstateerd "dat vervaardiging, in technischen zin, van phosgeen, niet meer groote moeilijkheden bieden zou". Teleurgesteld stelde hij vast dat de fosgeenproductie weliswaar over een halfjaar op gang zou komen "evenwel tot de beperkte productie, die een 'proeffabriek' zal toelaten". Ook deed hij zijn beklag over het achterwege blijven van proefnemingen die de doelmatigheid van het gasprojectiel moesten aantonen.

Gezien de oorlogsomstandigheden achtte Elout het verantwoord om "genoegen te nemen met het bereikbare en bereikte". Hij stelde de opperbevelhebber daarom voor de gasprojectielen van 15 cm L24 formeel in de bewapening op te nemen en de aanmaak ervan, bij de Artillerie-Inrichtingen of bij de particuliere industrie,[156] zo spoedig mogelijk voor te bereiden. Conform Snijders' opdracht van 31 augustus 1917 zou 10% van alle granaten van 15 cm L24, ofwel 16.300 schoten,[157] van een gaslading worden voorzien. Bovendien moesten materialen voor nog eens 3.750 schoten worden opgelegd. Het was aan Snijders om te bepalen of de productie onmiddellijk van start moest gaan, of dat daarmee gewacht zou worden totdat Nederland in de oorlog betrokken zou raken, zoals voor oorlogsmunitie was voorgeschreven. Drie dagen na het versturen van deze brief werd in het Franse Compiègne de wapenstilstand getekend die een einde aan de Eerste Wereldoorlog maakte. De invoering van gasprojectielen in Nederland was daarmee op slag niet meer actueel.

Demobilisatie

De nieuwe opperbevelhebber, luitenant-generaal W.F. Pop, die Snijders was opgevolgd, liet generaal-majoor Elout op 18 december 1918 weten dat er "onder de tegenwoordige omstandigheden" geen aanleiding was op korte termijn over de aanmaak van gasprojectielen te beslissen.[158] Aangezien de keuze voor fosgeen mede door de grondstoffensituatie in de oorlogsjaren was ingegeven, verdiende het aanbeveling opnieuw te onderzoeken "welk gas of welke gassen in onze projectielen moeten worden gebezigd". Pop sloot daarbij het gebruik van mosterdgas niet uit. Dit antwoord op de brief van 9 november stelde Elout teleur. De grondstoffen voor het te verkiezen strijdgas moesten immers juist in oorlogstijd in Nederland beschikbaar zijn en dat was al uitputtend onderzocht.[159] Hoewel Elout er niet gelukkig mee was "de zaak slepend (te) houden", voerde hij de beslissing van de opperbevelhebber loyaal uit. Aangezien naast de grondstoffensituatie ook de beschikbaarheid van de benodigde productiemiddelen een belangrijke rol speelde, ging Elout op verzoek van Pop na of de bouw van de proeffabriek voor fosgeen op de Vondelingenplaat al was begonnen.[160] De voorzitter van het Munitiebureau, Van Roijen, liet daarop weten dat er nog geen grote uitgaven waren gedaan en dat de werkzaamheden onmiddellijk na het einde van de oorlog waren gestaakt.[161]

Inmiddels was er ook een begin gemaakt met de afstoting van het aangeschafte stikgasmaterieel en de aangelegde voorraad zwaveldioxide. De opperbevelhebber had hiertoe op 21 november 1918 opdracht gegeven.[162] Hoewel het verspreiden van gassen vanuit cilinders al tijdens de oorlog grotendeels was achterhaald, dankte de landmacht deze wijze van inzet nog niet helemaal af. Voor het onderwijs aan de divisiestormscholen werd een klein deel van het materieel achter de hand gehouden.[163] Het gros van de ketels en cilinders mocht echter worden verkocht. Dat gold zeker voor de nog resterende zevenhonderd ton zwaveldioxide, die vanwege de opslag in gehuurde tankschepen het Rijk veel geld kostte. De producent, de Vereenigde Chemische Fabrieken, had zich destijds bereid verklaard het gas na afloop van de oorlog "tegen een billijken prijs" terug te zullen kopen.

Een halfjaar later bracht een teleurgestelde Van Roijen verslag uit van zijn inspanningen.[164] Voor de ketels en zelfs voor de koolzuurcilinders (voorzien van de oorspronkelijke afsluiters) bestond bij de industrie geen belangstelling. Verder had het Munitiebureau slechts dertig ton zwaveldioxide tegen een redelijke prijs (veertig tot zestig cent per kilogram) kunnen verkopen. Dat had 15.000 gulden opgeleverd. De Vereenigde Chemische Fabrieken waren weliswaar bereid grotere hoeveelheden terug te nemen, maar gezien de lage prijzen van pyriet konden zij niet meer dan 2½ cent per kilogram bieden. Uiteindelijk zag Van Roijen zich gedwongen hierop in te gaan, aangezien het huren van de tankschepen waarin het zwaveldioxide was opgeslagen jaarlijks maar liefst 50.000 gulden kostte. De minister ging hiermee akkoord.

Langzamerhand verliet het personeel dat tijdens de mobilisatiejaren ervaring in het omgaan met giftige stoffen en in het hanteren van het bijbehorende materieel had opgedaan, de militaire dienst. Reservekapitein De Reede was medio 1919 de laatst overgeblevene. In afwachting van zijn demobilisatie werd het materieel dat bij de fabrieken te Kralingsche Veer en Zwijndrecht lag opgeslagen, naar het terrein van de Artillerie-Inrichtingen te Hembrug overgebracht.[165] Ook het stikgasmaterieel dat nog bij de diverse stellingen en linies of bij eenheden van het Veldleger aanwezig was, werd ingezameld.[166] Het Munitiebureau adviseerde daarbij om gevulde ketels eventueel ter plaatse onder deskundige begeleiding "te doen ledig loopen". Wat er verder met het onverkoopbare materieel is gebeurd, onttrekt zich grotendeels aan onze waarneming. Van de in totaal 6.900 loopgraafketels resteerden er in 1926 nog 580 (zie p. 145). Aan het oefeningsgasstation op de Zwetsplaat, ten slotte, bestond na de demobilisatie geen behoefte meer.[167] Na ontmanteling van de gasinstallaties, zijn de op het eiland aangebrachte werken (de opslagloods en de aanlegsteiger) vermoedelijk aan de hoogste bieder verkocht. Daarna is de Zwetsplaat in de oorspronkelijke staat teruggebracht en aan de eigenaar teruggegeven.

Generaal-majoor Elout ontfermde zich over de gasprojectielen die in de laatste maanden van de mobilisatietijd waren aangemaakt.[168] Zijn aandacht ging vooral uit naar de gevulde exemplaren, aangezien deze bij ondeskundige opslag of transport een gevaar voor de omgeving konden opleveren. Het Munitiebureau, dat inmiddels de aanduiding 'in liquidatie' achter zijn naam had gekregen, kon hem echter mededelen dat alle voor de proefnemingen met chloor gevulde projectielen van 15 cm L24 na afloop van de oorlog waren geleegd en tegelijk met het stikgasmaterieel naar de Hembrug waren afgevoerd.[169] Het chloor was verkocht. Naast 110 lege 15 cm-projectielen lagen er bij de Artillerie-Inrichtingen nog twee proefmodellen voor gasprojectielen van 12 cm.[170]

De materiële erfenis van de inspanningen om het Nederlandse leger gedurende de Eerste Wereldoorlog van strijdgassen en de bijbehorende inzetmiddelen te voorzien, was al met al weinig indrukwekkend. Van Roijen, die als voorzitter van het Munitiebureau alles van zeer nabij had meegemaakt, noemde, terugkijkend op de oorlogsjaren, "de fabricage van vergiftige gassen en de vulling van projectielen ermede, het moeilijkste en minst bevredigende deel van de taak van het Munitiebureau".[171] Als redenen hiervoor somde hij de volgende factoren op: "de onzekerheid, die (...) steeds bleef bestaan door de uiteraard groote geheimzinnigheid, welke door elk der oorlogvoerende partijen werd in acht genomen, de gevaarlijkheid van de fabricageproeven door ongeschoold personeel, de tegenzin van de chemische industrie om zich met zoodanige fabricage in te laten, de verscheidenheid der grondstoffen, die voor de steeds veranderende gassen noodig zijn en waarvan men te voren niet weet of zij verkrijgbaar zullen zijn".[172] Hij trok hieruit de conclusie dat Nederland in vredestijd de kennis op het gebied van de chemische strijdmiddelen moest opbouwen en bijhouden, "daar bij een nieuwen oorlog van inhalen van hetgeen men ten achter is gebleven geen sprake kan zijn".

2 | Het Interbellum 1919-1928

De draad wordt weer opgepakt

In januari 1920 gaf de directeur voor Aanschaffing en Verstrekking van Artilleriematerieel, generaal-majoor Elout, gevolg aan de opdracht van opperbevelhebber Pop om de kwestie van de geschiktste vulstof voor gasprojectielen opnieuw te onderzoeken.[1] Hij wendde zich hiervoor tot de in de laatste oorlogsmaanden opgerichte Chemisch-Technische Gasmaskerdienst.[2] De voorzitter van het Munitiebureau, Van Roijen, had het initiatief tot de instelling van deze dienst genomen om de ontwikkeling van nieuwe gasmaskers en gasmaskervullingen een beter fundament te geven.[3] Het vinden van goede beschermingsmiddelen tegen de alsmaar ingewikkelder strijdgassen vereiste namelijk steeds meer studie. Aan het hoofd van de dienst stond militair apotheker Van Waegeningh. Ter ondersteuning werd een commissie van advies ingesteld met kolonel Gey van Pittius als voorzitter, terwijl de Utrechtse hoogleraar prof. dr. P. van Romburgh als wetenschappelijk adviseur optrad en laboratoriumfaciliteiten ter beschikking stelde. Na de demobilisatie kwam het takenpakket onder de inspectie van de Geneeskundige Dienst te vallen en smolten dienst en adviescommissie samen tot de Commissie voor de Chemisch-Technische Gasmaskerdienst, onder voorzitterschap van Gey van Pittius.[4] Vanaf de oprichting was er rekening mee gehouden dat de dienst ook adviezen zou verstrekken over "de gassen, waarmede wij onze gasprojectielen zullen hebben te vullen".[5]

Generaal-majoor Elout legde Gey van Pittius twee specifieke vragen voor.[6] In de eerste plaats verzocht hij hem onderzoek te doen naar "het meest werkzame, hier te lande in oorlogstijd verkrijgbare (vervaardigbare), vullinggas". Hij hoopte dat de commissie hiervoor gebruik zou kunnen maken van nieuwe gegevens, die na het einde van de oorlog beschikbaar waren gekomen. In de tweede plaats wilde Elout weten of de commissie in staat zou zijn, al dan niet met hulp van derden, de uitwerking van de gaswolk – "t.w. de mate van gevaarlijkheid voor de tegenpartij" – praktisch te onderzoeken. Tijdens de mobilisatie was daar niets van gekomen. De aangelegenheid moest naar Elouts oordeel nog steeds als 'Zeer Geheim Persoonlijk' beschouwd worden "opdat niet, juist in de tegenwoordige omstandigheden, de behandeling thans zoude opvallen en noodeloos tot onjuiste, ongewenschte commentaren leiden zou".

Gey van Pittius antwoordde dat er naar zijn mening geen *gasvormige* stof te vinden was die als vulstof in aanmerking kwam.[7] Zwaveldioxide en chloor waren weliswaar in voldoende hoeveelheden te produceren, maar de kostbare installaties om deze gassen onder hoge druk in granaten te persen waren bij de demobilisatie ontmanteld. Vanwege de noodzaak tot strikte bezuiniging was het ondenkbaar dat voor de bouw van nieuwe installaties geld ter beschikking zou komen. Beide gassen waren bovendien minder werkzaam dan fosgeen, dat evenmin in aanmerking kwam aangezien deze stof niet in Nederland werd aangemaakt en de bouw van de proeffabriek te Vondelingenplaat was stopgezet.

Het vullen van granaten met een *vloeibaar* strijdgas was technisch aanmerkelijk eenvoudiger. Gey van Pittius suggereerde daarom chloorpicrine te gebruiken. Bij het beproeven van gasmaskervullingen was deze olieachtige vloeistof opgevallen door zijn "zeer krachtige en uiterst traanverwekkende werking" die zeker niet voor fosgeen onderdeed. Bovendien was chloorpicrine langer werkzaam (persistenter), wat onder bepaalde omstandigheden gunstig was. De stof was vermoedelijk gewoon in de handel verkrijgbaar en anders redelijk eenvoudig te produceren op basis van picrinezuur en chloorkalk, twee stoffen die Nederland in oorlogstijd in voldoende hoeveelheden moest kunnen aanmaken. Gey van Pittius stelde een traject voor waarin met chloorpicrine gevulde granaten zorgvuldig beproefd zouden worden. Naast het nemen van luchtmonsters behoorde het gebruik van proefdieren (cavia's) tot de mogelijkheden. Zelfs als de gasprojectielen pas in oorlogstijd in productie zouden gaan, vond Gey van Pittius het belangrijk om in vredestijd in ieder geval de benodigde proefnemingen te doen. Indien de internationale spanningen weer zouden oplopen, zou – zo was genoegzaam gebleken – de tijd voor het nemen van uitgebreide proeven ontbreken. Daarnaast was het van groot belang om de inmiddels bij enkele mensen opgebouwde kennis en ervaring te behouden.

Generaal-majoor Elout was van de bruikbaarheid van een vloeistof als chloorpicrine in het geheel nog niet overtuigd. Hij vroeg daarom de voorzitter van de Commissie van Proefneming, luitenant-kolonel H.J.A. Feber, om raad.[8] Deze kon mededelen dat "volgens berichten in de tijdschriften" verschillende oorlogvoerende landen vloeibare strijdgassen en met name chloorpicrine hadden toegepast.[9] Wel waarschuwde hij ervoor dat de persistentie, die Gey van Pittius als een mogelijk voordeel zag, in bepaalde situaties juist een nadeel kon zijn, bijvoorbeeld als de eigen troepen bij een aanval een gebied moesten betreden waar dit strijdgas was ingezet. Hierover moest eerst duidelijkheid komen, voordat praktische proeven aan de orde waren. Gey van Pittius zag hierin echter geen enkel bezwaar.[10] Indien de eigen troepen van een daartoe geschikt gasmasker waren voorzien, stond niets het gebruik van een persistent strijdgas in de weg. Evenmin deelde hij de opvatting van Feber dat ook fosgeen in de proefnemingen betrokken moest worden. Er was immers geen mogelijkheid deze stof in Nederland te produceren. In oorlogstijd zou het zeker een halfjaar tot een jaar duren voordat de aanmaak op grote schaal mogelijk was.

De correspondentie met Feber en Gey van Pittius stelde Elout geheel gerust. Op 12 april 1920 bracht hij verslag uit aan de waarnemend chef van de Generale Staf (CGS), generaal-majoor J.H. van der Hegge Zijnen, en vroeg zijn goedkeuring voor het gebruik van chloorpicrine voor verdere proefnemingen.[11] Tevens informeerde hij hoe urgent de CGS de ontwikkeling van gasprojectielen achtte. Elout hield er rekening mee dat de proefnemingen zouden worden uitgesteld, hetzij om financiële redenen, hetzij om overwegingen van internationaal-politieke aard. Bij dit laatste dacht hij aan de mogelijkheid dat "men zou willen afwachten of het gebruik van vergiftige gassen in den oorlog, door den gezamenlijken wil van den Volkerenbond wel zou worden gehandhaafd". Het gebruik van gifgassen tijdens de oorlog had in de publieke opinie zoveel afschuw gewekt, dat een nieuw internationaal verbod verre van denkbeeldig was. Naast specifieke maatregelen op het gebied van de chemische oorlogvoering, die in het Verdrag van Versailles aan Duitsland en zijn voormalige bondgenoten waren opgelegd, deed binnen de Volkenbond ook het streven naar algemene ontwapening opgang.[12]

De Generale Staf was niet van plan met onzekere volkenrechtelijke ontwikkelingen rekening te houden. In de kantlijn van Elouts brief tekende een officier aan: "Dat gaat niet, want in het geval de Volkenbond het gebruik handhaaft, staan wij voor een hopeloozen achterstand!" De CGS verwoordde het wat formeler, maar zijn antwoord aan Elout kwam op hetzelfde neer.[13] Belangrijker was dat hij zich niet tot één vulstof wilde beperken. Op basis van een uit inlichtingenbronnen verkregen Duits voorschrift was hij tot het inzicht gekomen dat de artillerie over meerdere soorten strijdgassen diende te beschikken, zodat zij voor iedere opdracht de juiste gasprojectielen kon kiezen. De persistentie van chloorpicrine, bijvoorbeeld, kon soms een voordeel zijn, maar zou in andere gevallen juist een nadeel blijken. De CGS voegde hieraan toe dat de voorkeur "uiteraard" uitging naar vulstoffen "welker snelle vervaardiging in voldoende hoeveelheden, in tijden van spanning of oorlog, verzekerd kan worden geacht".

De richtlijn van de CGS compliceerde de werkzaamheden aanzienlijk. Generaal-majoor Elout realiseerde zich dat het onderzoek nieuwe, onverwachte richtingen zou moeten inslaan.[14] Het door de CGS genoemde Duitse voorschrift gaf nauwelijks aanknopingspunten, aangezien de vulstoffen alleen met codenamen als *Gelbkreuz*, *Grünkreuz* en *Blaukreuz* werden aangeduid.[15] Het dateerde bovendien uit december 1917, zodat de ontwikkelingen van het laatste oorlogsjaar er niet in waren verwerkt. Ook de inlichtingenafdeling van de Generale Staf kon Elout geen nadere informatie verstrekken. Hij besloot daarom de militair attachés in Berlijn, Parijs en Londen te verzoeken meer gegevens te verzamelen. Om de attachés van duidelijke, gerichte vragen te voorzien, belegde Elout op 19 mei 1920 een vergadering waarbij tevens Gey van Pittius, Van Waegeningh, Feber en, namens de Generale Staf, kapitein P.W. Best aanwezig waren.[16]

In de brief die op 28 mei 1920 via de CGS werd verzonden, vroeg Elout de attachés in enigszins omslachtige bewoordingen om "alle gegevens, die kunnen strekken voor beproeving van gasmunitie voor ons leger en voor voorbereiding in vredestijd om bij uitbrekenden krijg dadelijk, althans zéér spoedig, te kunnen optreden met zoodanige strijdmiddelen van de hier behandelde soort, dat minstens het bij andere legers in deze áchterstaan, voorkomen wordt".[17] Meer in detail was hij geïnteresseerd in informatie over de tactische inzet van gasmunitie, de gebruikte vulstoffen, hun eigenschappen en bereidingswijze, bijzondere maatregelen voor de behandeling ervan, de constructie van de gasprojectielen, de wijze van vulling en tot slot de gehanteerde bestrijdings- en beschermingsmiddelen.

De resultaten stelden teleur. De militair attaché te Parijs, luitenant-kolonel R.B.A.N. de Quay, antwoordde een maand later dat het hem nog niet was gelukt "eenig afdoend antwoord" te krijgen.[18] "De materie wordt uit den aard der zaak nog zeer geheim gehouden", schreef hij.

De Quay had bij het Franse ministerie van oorlog enkele voorschriften en syllabi aangevraagd, maar het was nog niet bekend of hij toestemming zou krijgen om deze werken in te zien. Het leek hem beter een specialist te laten overkomen die ter plaatse onderzoek zou kunnen verrichten. Hij verwachtte echter dat de Franse autoriteiten hier geen toestemming voor zouden geven. In Berlijn was het niet anders. Kolonel T.F.J. Muller Massis liet weten dat "de Duitsche militaire autoriteiten in zake 'gas' nog steeds geheimzinnigheid aan den dag leggen".[19] Hij adviseerde om eerst het Duitse voorschrift uit 1917 nauwkeurig te bestuderen, zodat het aantal vragen zo beperkt mogelijk kon blijven.

Nadat alle pogingen om meer gegevens te verkrijgen weinig tot niets hadden opgeleverd, was men terug bij af. Generaal-majoor Gey van Pittius, die als waarnemend directeur voor Aanschaffing en Verstrekking van Artilleriematerieel optrad, stelde op 3 december 1920 de minister van Oorlog voor het eerder door hemzelf ontworpen beproevingstraject voor chloorpicrine alsnog op te starten.[20] Hij was ervan overtuigd "dat andere thans bekende bruikbare producten, gassen of vloeistoffen, van dezelfde uitwerking hier te lande practisch niet in het groot vervaardigd kunnen worden". Het eerste projectiel waarvan twaalf proefexemplaren aangemaakt en beproefd zouden worden, was opnieuw de granaat voor het kanon van 15 cm L24. De bij de Artillerie-Inrichtingen aanwezige 110 oude gasprojectielen kwamen hiervoor overigens niet in aanmerking, aangezien deze nog steeds chloorsporen bevatten. Nadat eerst de waarnemend CGS, generaal-majoor Van der Hegge Zijnen, met de plannen had ingestemd,[21] hechtte de minister van Oorlog, Pop, op 30 juni 1921 zijn goedkeuring aan de beproeving van met chloorpicrine gevulde gasprojectielen.[22] Pops opvolger J.J.C. van Dijk meldde later dat jaar in de Tweede Kamer dat er "proeven worden genomen met gasgranaten om die zoo noodig te kunnen gebruiken".[23] Van Dijk hoopte met deze opmerking het Kamerlid H. Kolthek (SP) gerust te stellen, die vond dat Nederland aandacht aan de – weliswaar "afschuwelijke, onmenschelijke" – chemische strijdmiddelen moest besteden omdat andere landen niet zouden aarzelen deze in oorlogstijd te gebruiken. Desondanks kwam het ontwikkelingsprogramma nooit goed van de grond (zie verder p. 73).

Een structurele aanpak

In de mobilisatietijd en de eerste jaren na de Eerste Wereldoorlog probeerde de landmacht zich vooral door improvisatie aan de introductie van chemische wapens aan te passen. In 1922 kwam het voor het eerst tot een fundamentele heroverweging. Zowel minister van Oorlog Van Dijk als de chef van de Generale Staf, luitenant-generaal M.D.A. Forbes Wels, hielden er ernstig rekening mee dat in een volgende oorlog chemische wapens opnieuw een belangrijke rol zouden spelen. Nederland moest "meer dan tot nu reeds het geval was" deze mogelijkheid in zijn oorlogsvoorbereiding verdisconteren. Om hieraan invulling te geven, deed de CGS het voorstel ook hier, in navolging van andere landen, een afzonderlijke "dienst der chemische strijdmiddelen" op te richten. De eerste aanzet die gedurende de mobilisatie was gegeven, speelde nagenoeg geen enkele rol in de discussie. Feitelijk begon de landmacht opnieuw.

Om het beleid uit te stippelen stelde de minister in 1923 een Commissie voor Chemische Strijdmiddelen in, waarin vertegenwoordigers van militaire autoriteiten, militaire deskundigen en civiele wetenschappers waren opgenomen.[24] De op het gebied van de chemische strijdmiddelen inmiddels door de wol geverfde generaal-majoor Gey van Pittius werd door de minister tot voorzitter benoemd. De wetenschappelijke inbreng moest garanderen dat alle relevante aspecten aan de orde zouden komen en dat de modernste inzichten zouden worden verwerkt. Voor praktisch onderzoek had de commissie de beschikking over een scheikundige, die tevens als secretaris optrad. De chemicus dr. G. van Romburgh vervulde deze functie. Hij was de zoon van de hoogleraar Van Romburgh die in de voorgaande jaren als adviseur van de Chemisch-Technische Gasmaskerdienst een belangrijke rol had gespeeld en zelf ook lid van de nieuwe commissie werd.

De door de bredere taakstelling van de Commissie voor Chemische Strijdmiddelen overbodig geworden Commissie voor de Chemisch-Technische Gasmaskerdienst droeg haar werkzaamheden over en werd eind 1923 opgeheven. Het beheer over het gasmaskermaterieel ging tegelijkertijd van de inspecteur van de Geneeskundige Dienst van de Landmacht naar de directeur voor het Artilleriematerieel.[25] Dit laatste was een teken aan de wand. Het was nog steeds nadrukkelijk de bedoeling dat de Nederlandse inspanningen zich niet zouden beperken tot een zuiver fundamentele bestudering van de (technische en tactische) toepassing van strijdgassen en de bescherming tegen de inzet van deze middelen door de tegenstander, maar zich ook zouden uitstrekken tot het mogelijk eigen, actief gebruik van chemische wapens. De instellingsbeschikking van de nieuwe commissie sprak in dit verband van "het eventueel noodige gebruik van en de bescherming tegen chemische strijdmiddelen".[26] De CGS somde expliciet de volgende onderzoeksgebieden op: "Studie van den aanmaak en eigenschappen van stikgassen (ook in het groot) en de wijze van opslag. Het zoeken naar nieuwe stikgassen. (...) Onderzoek naar de meest gewenschte constructie en vulling voor gasmunitie. Onderzoek naar den aanmaak van gasbommen voor vliegtuigen. Practische beproeving van gasmunitie."[27] Enkele jaren later, in maart 1925, verantwoordde de CGS de oprichting van de gasdienst met de redenering dat het "noodig [is], gereed te zijn om het leger te kunnen uitrusten met chemische aanvalsmiddelen, bijaldien de vijand inderdaad van giftige gassen mocht gebruik maken".[28] Uit deze formulering blijkt overigens dat Nederland niet de intentie had *als eerste* chemische wapens toe te passen.

Hoewel de minister begin 1923 akkoord was gegaan met het voorstel van de CGS een "dienst der chemische strijdmiddelen" op te richten, bleef onduidelijk op welke wijze dit beleidsvoornemen vorm moest krijgen en hoe de verhouding tot de Commissie voor Chemische Strijdmiddelen diende te zijn. Voor vredestijd werd gedacht aan een centrale directie van zeer beperkte omvang, die onder meer het onderwijs op dit gebied voor haar rekening zou nemen, terwijl in oorlogstijd bij alle hogere staven secties gasdienst zouden worden ingesteld en de eenheden de beschikking zouden krijgen over gas(onder)officieren, al dan niet als neventaak.[29] Voor de functie van gasofficier kwamen officieren van gezondheid en verder speciaal daarvoor opgeleide reserveofficieren in aanmerking.[30] Hun werkgebied zou

Een oefening met gasmaskers bij de in 1926 opgerichte Militaire Gasschool te Utrecht.

voorlopig vooral tot detectie, bescherming en behandeling beperkt blijven.[31] Ook de Militaire Gasschool, die in 1926 in Utrecht werd opgericht, richtte zich voorlopig uitsluitend op deze passieve aspecten van de chemische oorlogvoering. Het takenpakket zou na de invoering van gasmunitie mogelijk wijzigen, maar dat is nooit gerealiseerd.[32] Hierop en in het algemeen op alle aspecten van de omgang met chemische strijdmiddelen was de totstandkoming van het Protocol van Genève van 17 juni 1925, dat het gebruik van strijdgassen aan banden legde, van invloed.

Eind 1925 werd duidelijk dat minister van Oorlog J.M.J.H. Lambooy geen geld wilde uittrekken voor een zelfstandige inspectie die zich met alle aspecten van de chemische oorlogvoering zou bezighouden.[33] Hij besliste dat alle aangelegenheden op dit terrein onder de inspecteur der Genie zouden vallen, zoals dat vaker het geval was bij nieuwe organisatieonderdelen met een sterk technische inslag. Het "gasschieten" (het verschieten van gasmunitie door de artillerie), dat ondanks de ondertekening van het Protocol van Genève op het programma bleef staan, zou echter onder de verantwoordelijkheid van de inspecteur der Artillerie plaatsvinden.[34] De CGS was het met deze beslissing niet eens. Naar zijn mening was de gasdienst in zijn geheel meer een tactische dan een technische discipline. Daar kwam nog bij dat de ontwikkeling van het nieuwe, verbeterde gasmasker bijna afgerond leek te zijn, zodat de aandacht in de komende jaren juist hoofdzakelijk moest uitgaan naar "de ontwikkeling van de offensieve hulpmiddelen van den gasdienst nl. de gasprojectielen voor de artillerie en de gasbommen voor vliegtuigen; zijnde de toepassing dier middelen – naast zuiver chemische – toch hoofdzakelijk vraagstukken van tactischen aard". Als een afzonderlijke Inspectie van de Gasdienst niet tot de mogelijkheden behoorde, achtte de CGS zichzelf een meer voor de hand liggende autoriteit om deze materie te beheren dan de inspecteur der Genie.[35]

De minister ging niet inhoudelijk op de door de CGS naar voren gebrachte argumenten in. Met de toezegging dat de inspecteur der Genie vanzelfsprekend met andere betrokken autoriteiten "voeling" zou houden, was voor hem de kous af.[36] Er restte de CGS weinig meer dan zich bij de zaak neer te leggen. Generale Staf-officieren vreesden – naar later zou blijken overigens niet terecht – dat zij in het vervolg als "gangmaker" moesten (blijven) functioneren waar het de actieve voorbereiding op de chemische oorlogvoering betrof.[37] Aangezien de Inspectie der Genie bij de beleidsvorming voortaan het voortouw moest nemen, kon de Commissie voor Chemische Strijdmiddelen worden opgeheven. Ervoor in de plaats kwam een Commissie van Advies nopens Chemische Strijdmiddelen, die slechts uit wetenschappers bestond en de minister adviseerde over "dieper gaande, moeilijke scheikundige problemen, de Chemische Strijdmiddelen betreffende".[38] De minister besloot hiertoe op 18 augustus 1926. De commissie stond onder leiding van prof. Van Romburgh; zijn zoon bleef aan als secretaris-scheikundige.

De krappe financiële marges van de jaren twintig maakten niet alleen de oprichting van een afzonderlijke Inspectie van de Gasdienst onmogelijk, maar legden ook in andere opzichten beperkingen op. Hierdoor was het vrijwel onmogelijk de achterstand die Nederland inmiddels had opgelopen, in te halen, hoezeer alle betrokken autoriteiten dat ook wensten. Dat gold zelfs voor de aankoop van de belangrijkste beschermingsmiddelen. Een in 1923 door de Commissie voor Chemische Strijdmiddelen ingediend voorstel om 54.000 Engelse gasmaskers te kopen, waarvan onderzoek had aangetoond dat ze de beste bescherming tegen alle bekende strijdgassen boden, leed om deze reden schipbreuk.[39] Hoewel minister Van Dijk moest toegeven dat de beschikbare Nederlandse gasmaskers niet aan de daaraan te stellen eisen voldeden, was hij niet tot "overhaaste" aanschaf bereid. De ontwikkelingen op dit gebied voltrokken zich, zo redeneerde de minister, zo snel dat het nieuwe gasmasker binnen korte tijd al weer verouderd kon zijn. (Een officier van de Generale Staf krabbelde hier met potlood het commentaar "slap standpunt" bij.) In combinatie met de afwezigheid van directe oorlogsdreiging en "de ongunstige toestand van 's Lands financien" was een dergelijke uitgave volgens de minister onverantwoord.[40]

Onder aanvaarding van "een zeker risico voor 's Lands defensie" droeg hij de commissie op de gehele materie eerst zorgvuldig te onderzoeken en pas daarna met gefundeerde voorstellen te komen. Mocht eventueel blijken dat een afdoende bescherming niet mogelijk was, dan was het, aldus de minister, nog altijd mogelijk de beschermingsmiddelen achterwege te laten en de vijandelijke chemische wapens "zuiver actief te bestrijden", bijvoorbeeld door artillerievuur uit te brengen op de vijandelijke stellingen. (Ook deze passage lokte commentaar van Generale Staf-officieren uit. In de marge van de brief noteerden zij "toe maar!" en "rhetoriek".) De minister zegde wel toe "eerlang" in een apart bewapeningsfonds een "belangrijk bedrag" voor chemische strijdmiddelen aan te vragen, maar tot het moment dat het parlement de gelden daadwerkelijk beschikbaar zou stellen, mocht hiervan niet worden uitgegaan.

Mosterdgas

De moeizame discussie over de oprichting en financiering van de gasdienst liet onverlet dat de achtereenvolgende ministers van Oorlog op de verwerving van chemische wapens bleven aansturen. In maart 1923 ontvouwde minister Van Dijk zijn gedachten hierover in een brief, waarin hij de Commissie voor Chemische Strijdmiddelen de vraag voorlegde of het actief gebruik van deze wapens wel gerechtvaardigd was.[41] Om de commissie alvast op het juiste spoor te zetten, tekende de minister hierbij aan, dat naar zijn oordeel deze wapens bij binnenlandse onlusten "niet of slechts bij de allerhoogste noodzakelijkheid" gebruikt mochten worden, maar dat het onverstandig was van deze wapens af te zien tegenover een buitenlandse tegenstander "zoolang niet onomstootelijk vaststaat, dat die strijdmiddelen op geenerlei wijze tegen ons gebruikt zouden worden". Van Dijk vond het gebruik van strijdgassen vooral verleidelijk indien zou blijken dat het leger zich op deze wijze voor minder geld op zijn oorlogstaken kon voorbereiden. Zo kon het beperkte Nederlandse defensiebudget wellicht worden gecompenseerd. Voorwaarde was wel dat de nationale industrie in oorlogstijd in staat zou zijn geheel zelfstandig in de benodigde strijdmiddelen te voorzien. Hoewel de minister de commissie verzocht om desnoods op korte termijn een voorlopig advies te geven, is verdere correspondentie hierover niet in de archieven teruggevonden.

Van Dijk maakte van zijn voornemens geen geheim. In december 1924 informeerde hij de Tweede Kamer hierover, nadat hem bij de behandeling van de begroting de vraag was voorgelegd "wat thans wordt gedaan en wat de Regeering zich voorstelt te doen in zake de vervaardiging voor ons leger van chemische strijdmiddelen".[42] Hij legde uit dat sinds de mobilisatiejaren slechts kleine hoeveelheden strijdgassen waren aangemaakt voor de ontwikkeling en beproeving van verbeterde gasmaskers en dergelijke. Daarnaast bestond het voornemen om "t.z.t. over te gaan tot de aanschaffing van offensief-defensieve chemische strijdmiddelen", tenzij internationale overeenkomsten het mogelijk zouden maken om hier "zonder schade voor de belangen van 's Lands verdediging" van af te zien. Van Dijk hoopte dat hierover in de loop van 1925 meer duidelijkheid zou komen. Tijdens het debat in de Kamer omschreef hij het gebruik van strijdgassen als een reële dreiging die niet gebagatelliseerd mocht worden, maar niettemin beheersbaar en aanvaardbaar was.[43] Het was zijn doel "de beteekenis tot de juiste verhoudingen terug te brengen en aan te toonen, dat Nederland niet machteloos behoeft te staan".

Met zijn aankondiging dat in 1925 de aanschaf van "offensief-defensieve" chemische strijdmiddelen aan de orde zou komen, had de minister de werkzaamheden van de Commissie voor Chemische Strijdmiddelen op het oog, die de binnenlandse productiemogelijkheden van chemische wapens intensief bestudeerde. In maart 1925 informeerde zij de minister over haar bevindingen.[44] Het uitgangspunt was dat Nederland bij het uitbreken van een oorlog over een voldoende voorraad strijdgassen diende te beschikken om de periode te overbruggen totdat de industrie in staat zou zijn op grootschalige productie over te schakelen. De onmiddellijk benodigde voorraad, die dus in vredestijd moest worden aangemaakt en opgeslagen, werd op vijfduizend ton geschat. Hiervan diende de helft te bestaan uit persistente strijdgassen voor defensieve doeleinden, waarvoor vooral mosterdgas in aanmerking kwam, en de andere helft uit vluchtige stikgassen als fosgeen, aangevuld met traan- en niesgassen als chloorpicrine en diverse arsineverbindingen. Het bleef overigens onduidelijk op welke gronden de commissie tot deze cijfers was gekomen, zoals officieren van de Generale Staf terecht opmerkten.

De commissie keek bij de beoordeling van de productiemogelijkheden niet alleen naar de technische kant van de zaak. Ook de ligging van de in aanmerking komende fabrieken was van belang. De voorkeur ging uit naar een locatie binnen de Stelling van Amsterdam, of in elk geval in het westen van het land, aangezien dit achter waterlinies gelegen gebied in oorlogstijd hardnekkig verdedigd zou worden en de rest van het land waarschijnlijk vrij snel in handen van de vijand zou vallen. Tevens betrok de commissie de in de mobilisatiejaren opgedane ervaringen met diverse bedrijven (met name de Vereenigde Chemische Fabrieken te Capelle aan den IJssel en Zwijndrecht, en de Superfosfaatfabriek te Amsterdam) in haar overwegingen. Verder speelde ook de behoefte aan geheimhouding een rol.

Om deze redenen en in het algemeen als gevolg van de relatief geringe ontwikkeling van de chemische industrie in Nederland, was het lijstje van de commissie slechts kort. De Sociëteit voor Chemische Industrie 'Katwijk' leende zich naar het oordeel van de commissie zeer goed voor de ontwikkeling van nieuwe strijdgassen, maar was door de geringe omvang voor grootschalige productie minder geschikt. Voor dit laatste kwam de Fabriek van Chemische Producten te Vondelingenplaat, die in de mobilisatiejaren een proeffabriek voor fosgeen zou opzetten (zie p. 53), wel in aanmerking, maar hier stuitte de commissie op een ander probleem. Directeur Ter Horst bleek niet meer bereid fosgeen in productie te nemen, aangezien hij verwachtte dat zijn personeel zich hiertegen zou verzetten. De staat kon de medewerking van het bedrijf pas in mobilisatie- of oorlogstijd afdwingen, desnoods door vordering. Het gevolg was dat de commissie slechts één optie overhield: de Nederlandsche Springstoffenfabriek in Ouderkerk aan de Amstel. Deze was genegen om in ieder geval één strijdgas – mosterdgas – te produceren. Op basis van deze bevindingen adviseerde de commissie de minister een bestelling van tienduizend kilogram mosterdgas bij de fabriek te plaatsen, zodat het bedrijf zich op de productie kon instellen. Aangezien in de eerste oorlogsdagen vooral aan een defensief strijdgas, zoals mosterdgas, behoefte zou bestaan, achtte de commissie het verantwoord de aanschaf van andere (vluchtige) strijdgassen voorlopig uit te stellen.

De Generale Staf onderschreef in algemene zin het voorstel van de commissie. Wel plaatsten stafofficieren (letterlijk en figuurlijk) kanttekeningen bij diverse aspecten. Zo benadrukten zij dat de order voor tien ton mosterdgas gezien de door de commissie geschatte initiële behoefte aan vijfduizend ton strijdgassen, slechts als een "proefpartijtje" kon worden gezien. Het departement zou opdraaien voor de kosten, terwijl de fabriek er door de aanschaf van nieuwe installaties de vruchten van zou plukken. Tevens wezen zij erop dat het noodzakelijk was meer bedrijven voor vergelijkbare orders te interesseren. Deze kanttekeningen waren echter niet terug te vinden in het formele advies dat de CGS aan de minister uitbracht.[45] Hierin stond slechts dat de aanschaf van een mosterdgasvoorraad "uit een oogpunt van tactisch en strategisch gebruik van gasprojectielen" gewenst was. Het was "dringend noodig" om vaart achter het project te zetten en uit een oogpunt van geheimhouding "zoo weinig mogelijk personen in de zaak te mengen". Op 25 april 1925 autoriseerde minister Van Dijk de aanschaf en gaf hij de directie van de Artillerie-Inrichtingen opdracht de verwerving voor te bereiden.[46] Het parlement werd hierin niet gekend.

De directie van het staatsbedrijf vatte deze taak serieus op. Zij ging er niet toe over de opdracht rechtstreeks bij de Nederlandsche Springstoffenfabriek te plaatsen, maar adviseerde alsnog naar alternatieve producenten te zoeken.[47] De opdracht van de minister sloot immers elke concurrentie uit, waardoor het departement wellicht te veel zou moeten betalen. Was voldoende onderzocht, zo vroeg de directie zich af, of de fabriek te Vondelingenplaat wellicht wel bereid was mosterdgas in plaats van fosgeen te produceren? Misschien zou ook productie in de eigen munitiefabrieken van de Artillerie-Inrichtingen mogelijk zijn, waarbij de directie althans de verdenking op zich laadde uit eigenbelang te handelen. Hoewel de Generale Staf vreesde dat de zorgvuldigheid van de Artillerie-Inrichtingen ten koste van de voortgang zou gaan en de geheimhouding in gevaar zou brengen, nam de minister de aanbeveling van de Artillerie-Inrichtingen over.[48]

Aangezien in eigen land de kennis en ervaring op het gebied van de industriële productie van mosterdgas geheel ontbraken, achtten de Artillerie-Inrichtingen het noodzakelijk grondig te werk te gaan.[49] Als eerste stap moest worden vastgesteld welk procedé voor de bereiding van mosterdgas het meest in aanmerking kwam. Daarna moest men enige ervaring op kleinere schaal opdoen. Hiertoe stonden twee wegen open. De snelste, veiligste en vermoedelijk goedkoopste optie was de knowhow uit het buitenland te betrekken. Daarnaast was er de "lange weg", namelijk door alle kennis op eigen kracht te verwerven. Dit vereiste een lange reeks van proefnemingen, eerst in het laboratorium en vervolgens in een proeffabriek (op semitechnische schaal). Pas na de succesvolle afronding hiervan was industriële productie mogelijk.

Los van deze problematiek stelde de directie van het staatsbedrijf ook nog de principiële vraag of de opslag in vredestijd van voorraden gifgassen of gasgranaten wel met "onze volkenrechtelijke verplichtingen" – dat wil zeggen met de door Nederland erkende internationale verdragen – verenigbaar was.[50] Indien het antwoord op deze vraag ontkennend zou zijn, achtte de directie het opbouwen van een mosterdgasvoorraad, en zelfs het inwinnen van informatie in het buitenland, onjuist. Hoewel de situatie sinds het moment dat de minister de opdracht aan het staatsbedrijf had verstrekt, door de ondertekening van het Protocol van Genève was veranderd, zag minister van Oorlog Lambooy geen enkele aanleiding de beslissing van zijn voorganger Van Dijk terug te draaien. Hij liet weten "dat onder de huidige omstandigheden geen overwegingen van volkenrechtelijke aard beletten, dat tot den aanmaak van een partij oorlogsstrijdgassen wordt overgegaan".[51] Wel hield de minister de mogelijkheid open dat dit standpunt in de toekomst zou veranderen als de ons omringende landen het Protocol van Genève zouden ratificeren. De Commissie voor Chemische Strijdmiddelen was het geheel met hem eens.[52] De minister maande de Artillerie-Inrichtingen vervolgens tot spoed, met de kanttekening dat eventuele onderhandelingen met buitenlandse firma's of personen "uiteraard een streng vertrouwelijk karakter zullen moeten dragen".

Nu deze belemmering uit de weg was geruimd, gingen de Artillerie-Inrichtingen aan het werk. Om snel resultaat te boeken, koos de directie ervoor de kennis en ervaring uit het buitenland te betrekken. Hiertoe benaderde zij diverse chemische fabrieken in Groot-Brittannië, Frankrijk en Duitsland die, voor zover bekend, tijdens de Eerste Wereldoorlog mosterdgas voor de eigen strijdkrachten hadden geproduceerd.[53] Naast de overdracht van kennis en ervaring waren de Artillerie-Inrichtingen ook geïnteresseerd in de aankoop van een complete mosterdgasinstallatie. De gewenste productiecapaciteit was circa duizend kilogram per dag.[54] Het staatsbedrijf ging met dit laatste wat de Duitse firma's betrof stilzwijgend voorbij aan de bepalingen van het Verdrag van Versailles van 1919.[55] Hierin was namelijk opgenomen dat Duitsland niet over chemische strijdmiddelen mocht beschikken, noch over de daarvoor benodigde productie- en inzetmiddelen. Ook de export van militair materieel was verboden.[56]

De door de Artillerie-Inrichtingen ingeslagen weg leverde aanvankelijk weinig resultaat op. De aangeschreven Duitse chemische industrieën (BASF en Bayer, die rond deze tijd in het chemische conglomeraat *IG Farben* opgingen) lieten weten "afzijdig" te willen blijven,[57] terwijl de Engelse en Franse firma's slechts wilden meewerken als de Nederlandse overheid de toestemming van de respectievelijke regering zou weten te verkrijgen. Op deze voorwaarde was de Franse *Société Chimique des Usines du Rhône* wel bereid om voor de som van 200.000 gulden een proefinstallatie voor de productie van 100 kg mosterdgas per etmaal op te zetten, proef te draaien en verzendklaar af te leveren, met daarbij alle benodigde inlichtingen en ervaringen die het bedrijf tijdens de grootschalige productie in de oorlogsjaren had opgedaan.[58] De gestelde voorwaarde – formele toestemming van de Franse regering – was echter een horde die Nederland niet bereid was te nemen, vermoedelijk omdat het geen ruchtbaarheid aan de voornemens op dit gebied wilde geven en de neutraliteitspolitiek niet in gevaar wilde brengen. De pogingen in Groot-Brittannië liepen om dezelfde reden op niets uit. Het stond al vast dat een verzoek aan Londen "op onoverkomenlijke bezwaren zou stuiten".

De Artillerie-Inrichtingen leken aldus tot de "lange weg" van eigen ontwikkeling veroordeeld. Toch ontving het bedrijf tussen 1925 en 1930 ondershands en "ongevraagd" nog diverse aanbiedingen van drie min of meer dubieuze Duitse fabrikanten. Voor alle drie gold overigens dat zij geen volledige installaties konden leveren, maar slechts bouwplannen en alle benodigde inlichtingen. We kunnen slechts vermoeden hoe deze aanbieders van de Nederlandse belangstelling op de hoogte waren geraakt. Mogelijk waren zij geïnformeerd door relaties bij de grote chemische industrieën, die zelf te veel in de schijnwerpers van de geallieerde controle-instanties stonden om op de uitnodiging van de Artillerie-Inrichtingen te reageren. Het staatsbedrijf ging in ieder geval serieus op de aanbiedingen in, al wist het over de betrokken fabrikanten vrijwel niets.

Van de firmanten Steffen & Heymann uit Berlijn was slechts bekend dat zij als tussenpersonen optraden en zelf vermoedelijk niets met de productie van chemische strijdmiddelen van doen hadden gehad. Dr. Hugo Stoltzenberg uit Hamburg stond weliswaar aan het hoofd van een (naar hem vernoemde) chemische fabriek, maar in hoeverre hij in de oorlog ervaring met de productie van mosterdgas of andere strijdgassen had opgedaan, was in Nederland onbekend. Bij een persoonlijk bezoek aan zijn fabriek in de loop van 1930 kon ir. A.J. der Weduwen, het hoofd van het Scheikundig Laboratorium van de Artillerie-Inrichtingen en in het Interbellum dé Nederlandse specialist op het gebied van chemische strijdmiddelen bij uitstek, in elk geval constateren dat Stoltzenberg zeer goed op de hoogte was.[59] Alle kranten berichtten bovendien uitgebreid over het fosgeenongeval op 28 mei 1928 in Hamburg, waarbij zeker tien mensen omkwamen nadat bij een explosie van een fosgeenketel een grote hoeveelheid van dit giftige gas was vrijgekomen. Het fosgeen behoorde tot oude oorlogsvoorraden die bij Stoltzenberg in beheer waren.[60] Over de laatste aanbieder, dr. Anton Cmentek, eveneens uit Hamburg, was "weinig met volledige zekerheid te zeggen", hoewel duidelijk was dat de productie van mosterdgas "ook voor hem (...) geen onbekend terrein" was.

Tegenwoordig is meer over Stoltzenberg en (in mindere mate) Cmentek bekend.[61] Stoltzenberg speelde in de jaren twintig een sleutelrol in de (voor Duitsland verboden) productie van en handel in strijdgassen, deels voor eigen rekening en deels in directe opdracht van de

Door het fosgeenongeval van 28 mei 1928 kwamen minstens tien inwoners van Hamburg om het leven. De ketel met fosgeen uit de Eerste Wereldoorlog was bij gifgasondernemer Hugo Stoltzenberg in beheer.

Reichswehr. Tijdens de Eerste Wereldoorlog was hij als jong chemicus betrokken geraakt bij de Duitse inspanningen op het gebied van de chemische oorlogvoering en had hij het vertrouwen gewonnen van Fritz Haber, de drijvende kracht achter het Duitse gifgasprogramma. Na de oorlog werd Stoltzenberg de zorg toevertrouwd over de enorme Duitse oorlogsvoorraden aan strijdgassen en chemische munitie, die op de *Gasplatz Breloh* (bij Munster) lagen opgeslagen en eigenlijk vernietigd moesten worden. Het Duitse beleid was er echter op gericht dit laatste te voorkomen of te vertragen, en de voorraden zoveel mogelijk voor eventuele oorlogsdoeleinden achter te houden. Stoltzenberg voerde dit beleid uit en verrichtte in Breloh ook onderzoek, onder meer naar de productie van mosterdgas. Een van de onderzoekers daar was de chemicus Cmentek, die in 1922 bij hem in dienst was getreden. Verder zette Stoltzenberg in Hamburg een eigen onderneming op, de *Chemische Fabrik Dr. Hugo Stoltzenberg*, die vooral voor de productie van strijdgassen was bedoeld. Deze werkzaamheden vonden echter plaats onder diverse dekmantels, met name die van de ongediertebestrijding (*Schädlingsbekämpfung*).[62]

In de periode 1922-1927 was Stoltzenberg, als stroman van de *Reichswehr*, de hoofdaannemer bij de levering van mosterdgas en mosterdgasinstallaties aan Spanje, dat met chemische wapens het verzet van de opstandige Rif-stammen in het protectoraat Marokko probeerde te breken.[63] De mosterdgasinstallaties in Melilla, aan de Marokkaanse noordkust, werden in opdracht van Stoltzenberg door Cmentek gebouwd en geleid. Tegelijkertijd was Stoltzenberg ook, eveneens namens de *Reichswehr*, in de Sovjet-Unie actief, waar in het grootste geheim een Duits-Russische gifgasfabriek moest verrijzen.[64] Het mislukken van deze onderneming bracht de fabriek van Stoltzenberg in 1926 aan de rand van de afgrond en leidde ertoe dat de banden tussen hem en de *Reichswehr* werden doorgesneden. Zijn plaats werd ingenomen door de grote chemische industrieën in Duitsland, met name *IG Farben*, die zich voorheen afzijdig hadden gehouden.[65] Op kleinere schaal zette Stoltzenberg zijn werkzaamheden zelfstandig voort, onder meer in Joegoslavië en Brazilië. Verder legde hij zich op de productie van gasbeschermingsmiddelen toe.[66]

Ook Cmentek – in de literatuur als "ein Söldner der Kampfstoffrüstung" omschreven[67] – bleef op het gebied van de chemische oorlogvoering actief en knoopte op zijn beurt relaties met de *Reichswehr* aan. In 1927 kreeg hij de leiding over een proeffabriek voor de productie van strijdgassen. Verder nam hij in deze jaren deel aan de Duitse proefnemingen met chemische wapens op Russisch grondgebied. Deze vonden tussen 1926 en 1931 plaats, vanaf 1928 op het proefterrein 'Tomka' bij de stad Wolsk aan de Wolga.[68] Over zijn latere activiteiten is weinig bekend, zij het dat hij tegen het eind van de jaren twintig in Japan actief was. Het is wel zeker dat Cmentek, net als Stoltzenberg, in de jaren dertig en tijdens de Tweede Wereldoorlog geen rol van betekenis speelde in het Duitse ontwikkelingsprogramma voor chemische strijdmiddelen. Na de oorlog trad Cmentek opnieuw bij Stoltzenberg in dienst, wiens fabriek in de jaren vijftig gasbeschermingsmiddelen en dergelijke aan de *Bundeswehr* leverde. De firma kwam in deze jaren geregeld in opspraak, vooral omdat de fabrieksgebouwen in verval raakten en de veiligheidsmaatregelen stelselmatig werden verwaarloosd.[69] Zelfs na zijn dood in 1974 was Stoltzenbergs naam nog met een gifgasschandaal verbonden, nadat in 1979 een

Hamburgse jongen bij een ongeval op het fabrieksterrein de dood vond en twee anderen gewond raakten.[70] Dit betekende het definitieve einde van de *Chemische Fabrik Stoltzenberg*.

Al konden (of wilden) de Artillerie-Inrichtingen in de tweede helft van de jaren twintig misschien niet weten met wat voor kaliber vakgenoten zij te maken hadden, het was niettemin duidelijk dat Stoltzenberg, Cmentek en Steffen & Heymann opmerkelijk weinig scrupules aan de dag legden om, ondanks de internationale beperkingen die aan Duitsland waren opgelegd, Nederland van de gewenste installaties te voorzien.[71] Vooral de correspondentie met Steffen & Heymann laat wat dit betreft weinig aan de verbeelding over. In januari 1926 vroeg de directie van de Artillerie-Inrichtingen aan deze firmanten "inwiefern [e]s Ihnen möglich sein würde uns zu unsern Plänen behilflich zu sein".[72] Zij had twee installaties in gedachten, een semitechnische (proef)installatie met een productiecapaciteit van bijvoorbeeld een kilogram mosterdgas per uur en een volwaardige technische installatie met een capaciteit van circa duizend kilogram per etmaal. Vanzelfsprekend moest deze materie "als streng Konfidenziell" beschouwd worden, iets waarmee Steffen & Heymann het roerend eens waren. In hun antwoord lieten zij weten dat het "selbstverständlich" mogelijk was de beide installaties te leveren.[73] Zij garandeerden dat zij in staat waren "wirklich das Modernste anzubieten, was nach heutigen deutschen Erfahrungen existiert".

Weliswaar was er de moeilijkheid dat de bepalingen van het Verdrag van Versailles de levering van dergelijk materieel verboden, maar daar was, schreven Steffen & Heymann, wel een oplossing voor. De Artillerie-Inrichtingen dienden bij hun firma "pro forma" een installatie te bestellen voor de productie van thiodiglycol, een ongevaarlijk tussenproduct dat in diverse industriële chemische processen werd gebruikt en waarvan de productie niet aan banden was gelegd. Dit liet zich vervolgens door een vrij eenvoudig procedé in mosterdgas omzetten, namelijk door er zoutzuur doorheen te leiden.[74] Steffen & Heymann zouden "einen in der Giftgasherstellung erfahrenen Chemiker" ter beschikking stellen, die niet alleen bij de opbouw en het in gebruik nemen van de thiodiglycolinstallatie zou adviseren, maar "in Wirklichkeit" vooral de instructie voor de aanmaak van mosterdgas zou verzorgen. De kosten van beide installaties – exclusief de detachering van de in deze "Spezialbranche" gespecialiseerde chemicus – zouden naar schatting 650.000 Mark bedragen; de aflevering op een treinstation in Nederland naar keuze was mogelijk binnen drie maanden na de ondertekening van het contract. Een week later drongen Steffen & Heymann nog aan met het voorstel om voor 3.400 Mark alvast gedetailleerde gegevens ter beschikking te stellen, die alle nog openstaande vragen zouden beantwoorden.[75] Op 17 maart 1926 liet de directie van de Artillerie-Inrichtingen weten "mit sehr viel Interesse" kennis te hebben genomen van de diverse aanbiedingen, maar nog geen beslissing te kunnen nemen.[76] Onder meer wilde zij graag weten of Steffen & Heymann al eerder vergelijkbare installaties hadden gebouwd en of deze te bezichtigen waren. Daarnaast toonde zij interesse in de aanschaf van een voorraad thiodiglycol, die in eigen beheer tot mosterdgas kon worden omgezet.

De afwachtende houding van de Artillerie-Inrichtingen werd mede ingegeven door de noodzaak deze offerte met die van de andere, minstens even gretige aanbieders te vergelijken. Hoewel

Steffen & Heymann de door hen gekozen constructie als de "für Deutschland allein mögliche Form" zagen, dachten de beide Hamburgse chemici daar kennelijk anders over.[77] Vermoedelijk onafhankelijk van elkaar boden Stoltzenberg en Cmentek zonder omwegen diverse mosterdgasinstallaties aan, zowel volgens de ook door Steffen & Heymann voorgestelde 'Duitse' productiewijze op basis van thiodiglycol, als volgens de 'Brits-Amerikaanse' methode op basis van chloorzwavel (zwaveldichloride).[78] Aan beide procedés waren voor- en nadelen verbonden, die de Artillerie-Inrichtingen goed tegen elkaar wilden afwegen. Cmentek, die de Artillerie-Inrichtingen met een groot aantal aanbiedingen bestookte, bood tevens chemicaliën aan, zoals thiodiglycol en diverse strijdgassen op basis van arsineverbindingen, terwijl Stoltzenberg liet weten onder andere een vulinstallatie voor mosterdgasgranaten en diverse "kleinere objecten" te kunnen leveren. Onder die laatste noemer viel bijvoorbeeld een instructiedoos met verschillende monsters van strijdgassen, die voor opleidingsdoeleinden was bestemd.[79] Hiervan kocht de landmacht er voor beproeving één aan.[80]

Hoewel de correspondentie met Stoltzenberg en Cmentek nog tot 1930 doorliep, hielden de Artillerie-Inrichtingen vanaf 1928 de boot af. Op 14 januari 1928 informeerde de directie Cmentek dat over "de invoering van strijdgassen" voorlopig geen besluit zou worden genomen.[81] Vermoedelijk was dit een consequentie van het voornemen van minister Lambooy om in vredestijd geen strijdgassen aan te schaffen. Dit hing nauw samen met andere, nog te behandelen ontwikkelingen en komt verderop ter sprake (zie p. 90 e.v.).

Gasgranaten

De inspanningen voor de verwerving van strijdgassen, of van een installatie om deze te kunnen aanmaken, stonden niet op zichzelf. Daarnaast moest ook in de benodigde inzetmiddelen worden voorzien. Een programma voor de ontwikkeling en beproeving van met chloorpicrine gevulde gasgranaten was na een lange aanloop in 1921 door minister van Oorlog Pop goedgekeurd (zie p. 62). Hoewel er verschillende proefnemingen met chloorpicrineprojectielen van 15 cm L24 plaatsvonden, onder meer in 1923 in Oldebroek,[82] kreeg dit programma een lage prioriteit.[83] De Commissie voor Chemische Strijdmiddelen vermoedde – al was dat volgens officieren van de Generale Staf "optimistisch" – dat het ontwerpen van een geschikt projectiel en de voorbereiding van de productie ervan minder tijdrovend zouden zijn dan het in gang zetten van de industriële aanmaak van strijdgassen.[84] Zolang de problematiek van de beschikbaarheid van de vulstoffen niet bevredigend was opgelost, kregen andere projecten, met name de invoering van een nieuw gasmasker, daarom voorrang.

Medio 1925, na het uitbrengen van het rapport over de mogelijke productie van strijdgassen in eigen land (p. 66 e.v.), achtte de commissie de tijd rijp om met de ontwikkeling van gasprojectielen voor verschillende typen geschut te beginnen.[85] Over de chloorpicrinegranaten werd met geen woord meer gerept. De commissie gaf de voorkeur aan ontwikkeling in eigen huis, door de Artillerie-Inrichtingen, boven het plaatsen van bestelopdrachten in het buitenland. Dat laatste zou slechts vertraging opleveren en de kosten opdrijven, te meer daar de Nederlandse vuurmonden afweken van het elders gangbare materieel. Het staatsbedrijf had naar verwachting inmiddels voldoende kennis en ervaring opgedaan om deze opdracht tot een goed einde te brengen. De Generale Staf verwelkomde de aankondiging met enthousiasme – "gelukkig! eindelijk"[86] –, gemengd met teleurstelling over de opgelopen vertraging. "Dus dat is het resultaat van 4½ jaar?", schreef een stafofficier in de kantlijn van de brief. Voordat de Artillerie-Inrichtingen daadwerkelijk met de ontwikkeling konden beginnen, vroeg de commissie de Generale Staf om advies. De openstaande vragen waren vooral van tactische aard: Welke vuurmond(en) kwam(en) het eerst voor de aanmaak van gasmunitie in aanmerking? Moest deze munitie uitsluitend een gaslading hebben, of was daarnaast ook een brisante werking vereist? Tot slot vroeg de commissie zich af of de gasmunitie al dan niet geheel gebruiksgereed (dus met strijdgassen gevuld) moest worden opgelegd.

De CGS, luitenant-generaal Forbes Wels, won op zijn beurt advies in bij de inspecteur der Artillerie, generaal-majoor E.F. Insinger.[87] Deze was van mening dat het kanon 7 Veld zich, mede door zijn mobiliteit, het best voor gasvuren leende. Dit betekende dat niet de vestingartillerie, maar de veldartillerie prioriteit zou krijgen. De brisante werking van de gasgranaat mocht verder hoogstens een bijkomende bate zijn, die nooit ten koste van de gaswerking mocht gaan. Voor de beantwoording van de vraag over de wijze van opslag sloeg de inspecteur een andere weg in. Ongetwijfeld onder invloed van de totstandkoming van het Protocol van Genève twee maanden eerder, raadde hij de opslag van grote voorraden gebruiksgerede gasgranaten in vredestijd af omdat dit "niet goed te rijmen zou zijn met onze volkenrechtelijke verplichtingen". Dezelfde redenering was, vervolgde hij, van toepassing op de opslag van bulkvoorraden strijdgassen. Naar zijn mening diende Nederland in vredestijd slechts de fabricage van strijdgassen en gasmunitie voor te bereiden "ten einde van dit strijdmiddel gebruik te kunnen maken, indien de omstandigheden ons hiertoe zouden dwingen". Slechts indien mocht blijken dat hierdoor de inzet van chemische strijdmiddelen in oorlogstijd onaanvaardbare vertraging zou oplopen, moest Nederland zich afvragen of het toch niet verstandiger was in vredestijd oorlogsvoorraden chemische wapens aan te leggen. Tegelijkertijd moest zorgvuldig worden onderzocht of gevulde gasgranaten zich wel voor langdurige opslag leenden, welke speciale voorzieningen voor opslag en vervoer benodigd waren, enzovoort.

De inspecteur der Artillerie besloot zijn commentaar met de opmerking dat hij het "van veel belang" achtte "dat wij *spoedig* geheel bekend zijn met de fabricage en het gebruik van gasgranaten, teneinde in dit opzicht niet weerloos te zijn, indien onze eventueele tegenstanders tegen de verwachting in gas zouden gebruiken". Hij adviseerde het voorbeeld van Frankrijk te volgen, dat tijdens de Conferentie van Washington (1922) had verklaard chemische wapens slechts in te zullen zetten in reactie op het gebruik van strijdgassen door een tegenstander. Haast was geboden, omdat Nederland de achterstand die het onmiskenbaar had opgelopen, diende in te halen vóórdat een mogelijk nieuw internationaal verdrag iedere voorbereiding op dit gebied zou verbieden – het protocol van 1925 voorzag daar nog niet in. "Hoezeer een dergelijk besluit [een internationaal verbod op de productie van strijdgassen, HR] wellicht toejuiching verdient", redeneerde hij, "mag men toch niet uit het oog verliezen, dat nagenoeg alle andere Staten practisch voorbereid blijven en dus bij een eventueele schending van een dergelijk pact ons land in een hoogst gevaarlijke positie zou komen, wanneer wij hierop totaal onvoorbereid zouden zijn."

Dat de Generale Staf de inzichten van de inspecteur der Artillerie grotendeels deelde, blijkt wel uit de in de marge van de brief gemaakte aantekeningen. Meerdere keren valt daar naast de cruciale passages de opmerking "juist" te lezen. Naast de 7 Veld zagen Generale Stafofficieren ook een rol weggelegd voor geschut van een groter kaliber, zoals de houwitser 15 cm L17.[88] De eerste was vooral geëigend voor inzet tegen "oogenblikdoelen" met een snel werkend, vluchtig stikgas als fosgeen, terwijl de tweede zich meer leende voor defensieve doeleinden, waarvoor persistente strijdgassen als mosterdgas in aanmerking kwamen. Het verschil in kaliber en de aard van de toegepaste strijdgassen droegen ertoe bij dat voor de 7 Veld slechts de gaswerking van belang was, terwijl de granaten voor de 15 cm L17 ook een brisante werking mochten krijgen. Ten aanzien van de opslag stemden de meeste officieren van de Generale Staf geheel in met de visie van de inspecteur der Artillerie. Een enkeling vond het niettemin verstandig in vredestijd over een voorraad gasgranaten en strijdgassen te beschikken. Afzonderlijke opslag had daarbij de voorkeur, tenzij het vullen van de granaten "bij gebleken noodzaak" te veel tijd zou vergen.

De CGS volgde in zijn formele antwoord aan de Commissie voor Chemische Strijdmiddelen het advies van de inspecteur der Artillerie op de voet en benadrukte opnieuw hoe belangrijk het was dat Nederland zich terdege (en op zo kort mogelijke termijn) op de chemische oorlogvoering zou voorbereiden.[89] De eveneens door de CGS overgenomen opvatting dat er in vredestijd geen opslag van gebruiksgerede gasgranaten of bulkvoorraden strijdgassen moest plaatsvinden, zou in de komende jaren regelmatig terugkeren. Pas later drong echter het besef door dat de landmacht zich een beperking had opgelegd die vooralsnog niet uit zijn "volkenrechtelijke verplichtingen" voortvloeide, mogelijk door onbekendheid met de precieze formulering van het Protocol van Genève. Het protocol verbood immers slechts het gebruik van chemische wapens, niet de productie of de opslag ervan. Op enig moment schreef een officier van de Generale Staf de volgende opmerking naast het advies van de inspecteur der Artillerie: "achteraf is gebleken, dat we in 't geheel geen 'verplichting' hadden om geen gassen te maken".

Hoewel de Generale Staf ervoor bleef pleiten in vredestijd alvast de nodige voorbereidingen te treffen, schortte de Commissie voor Chemische Strijdmiddelen in 1926 de ontwikkeling van gasprojectielen op.[90] Zij gaf prioriteit aan een ander onderdeel van het werkterrein van de chemische strijdmiddelen waaraan zowel de landmacht als de marine veel belang hechtte, namelijk de ontwikkeling van nevelprojectielen voor maskeringsdoeleinden – al hoopte de commissie wel dat de resultaten hiervan ook van nut konden zijn voor de later te hervatten ontwikkeling van gasmunitie. Een ontwikkelingsprogramma van de Luchtvaartafdeling voor sproeitoestellen waarmee door verneveling chemicaliën zoals mosterdgas uit vliegtuigen konden worden verspreid, doorliep een zelfde heroriëntering. Ook hier kwam de nadruk op het leggen van nevel- of rookgordijnen te liggen, in de hoop dat de verworven kennis op een later moment tevens voor het sproeien van mosterdgas kon worden gebruikt.[91] De Luchtvaartafdeling gaf dit onderzoek wegens technische complicaties overigens in 1928 op, waarna de marine het nog voortzette.[92]

De ontwapeningsbesprekingen in Genève

In 1922 hadden de Verenigde Staten, Groot-Brittannië, Frankrijk, Italië en Japan in het Verdrag van Washington afgesproken van het gebruik van strijdgassen in oorlogstijd af te zien. Tevens riepen zij andere landen op zich hierbij aan te sluiten.[93] Hiervan kwam niets terecht, aangezien het verdrag nooit van kracht is geworden en in 1925 door het tot stand komen van het Protocol van Genève achterhaald was. De discussie over de vraag of Nederland al dan niet tot het verdrag moest toetreden, is niettemin interessant, al was het maar omdat bleek dat de verantwoordelijke ministers niet eensgezind waren. De minister van Marine, E.P. Westerveld, achtte het in het belang van de kleinere landen om het gebruik van chemische (en bacteriologische) wapens te verbieden, aangezien zij op dit gebied niet tegen de grote mogendheden waren opgewassen. Hij pleitte daarom voor aanvaarding van de bepalingen van het verdrag. Tevens was hij bereid een algemeen verbod op de productie van strijdgassen, dat ook voor de particuliere chemische industrie bindend moest zijn, in overweging te nemen.[94]

Minister van Oorlog Van Dijk was er nog niet helemaal uit.[95] In vrijwel dezelfde bewoordingen als in zijn schrijven aan de Commissie voor Chemische Strijdmiddelen uit maart 1923 (p. 66) betoogde hij dat het "niet geraden" was van het gebruik van chemische strijdmiddelen af te zien zolang niet vaststond dat deze wapens nooit tegen Nederland zouden worden ingezet. Aangezien die garantie niet kon worden gegeven, was het onverstandig alleen op een internationaal verdrag te vertrouwen en alle (actieve en passieve) voorbereidingen op een chemische oorlog achterwege te laten. Of Nederland al dan niet over actieve chemische strijdmiddelen diende te beschikken, was volgens Van Dijk afhankelijk van het antwoord op een aantal nog openstaande vragen: Was de inzet van strijdgassen (in strategisch opzicht) effectief? Was de Nederlandse chemische industrie in staat op eigen kracht deze gassen te produceren? En: waren gifgassen werkelijk "inhumaner" dan andere, conventionele wapens en was het gebruik ervan om die reden moreel onjuist? De vraag of Nederland tot een internationaal verdrag moest toetreden, was een geheel andere kwestie. Afzien van internationale verplichtingen hield alle opties open, inclusief het onuitgelokt gebruik van chemische wapens, terwijl toetreding tot een verdrag zou inhouden dat Nederland alleen strijdgassen zou mogen inzetten indien de vijand daartoe reeds was overgegaan. Van Dijk adviseerde daarom "nog een afwachtende houding aan te nemen".

Een halfjaar later, op 19 juni 1925, hakte minister Van Dijk de knoop wel door. Op dat moment lag het Protocol van Genève ter tekening voor, dat in wezen een bevestiging van het in het Verdrag van Washington opgenomen verbod op het gebruik van chemische (en nu ook bacteriologische) wapens inhield. Van Dijk hechtte "in algemeenen zin" zijn goedkeuring aan de Nederlandse ondertekening van het protocol.[96] Van een echte koerswijziging van de minister van Oorlog was geen sprake. Van Dijk wilde de Nederlandse stellingname laten afhangen van het standpunt dat andere landen "die in dit verband voor ons van beteekenis zijn" innamen. Bovendien achtte hij – conform de houding van Groot-Brittannië – het verbod niet van toepassing indien Nederland in oorlog zou zijn met een land dat weliswaar zelf het protocol erkende, maar een bondgenootschap was aangegaan met een ander land dat zich niet een dergelijke beperking had opgelegd. Tot slot stemde hij in met de Franse visie dat het protocol zich eerst moest bewijzen voordat "te eenigertijd aanleiding kan bestaan tot het achterwege laten van zoowel defensieve als offensieve voorbereidingen in zake den chemischen oorlog". Naast de ministers van Marine en Oorlog gaf ook hun ambtgenoot van Koloniën zijn goedkeuring (zie p. 111).

De ondertekening van het protocol op 27 juni 1925 was geen eindpunt, maar eerder het begin van een lang slepende discussie over de betekenis en consequenties van het internationaal verbod. Van tevoren stond eigenlijk al vast, dat een verbod op het *gebruik* van chemische en bacteriologische strijdmiddelen op zichzelf moeilijk, zo niet onmogelijk, was te handhaven.[97] Vanaf 1926 keerde het onderwerp daarom terug op de agenda van de internationale ontwapeningsconferentie in Genève. In Nederland beïnvloedde de discussie over het protocol de besluitvorming aangaande chemische strijdmiddelen, zij het niet op een eenduidige manier. Enerzijds fungeerde het verbod als een rem op de Nederlandse voorbereidingen, althans wat het actief gebruik van chemische strijdmiddelen betrof. Anderzijds was vrijwel iedereen, zowel binnen de krijgsmacht als in de politiek, bijzonder sceptisch over de waarde van internationale afspraken op dit gebied in het algemeen en van het protocol in het bijzonder.[98] De onderhandelingen in Genève werden soms juist gezien als een aansporing om de activiteiten te versnellen, zodat Nederland zijn achterstand kon inhalen voordat strengere internationale regelgeving dit onmogelijk zou maken (zie p. 74).

In elk geval vormden de ontwapeningsbesprekingen in Genève vanaf 1926 een aanleiding de positie van Nederland doorlopend te heroverwegen.[99] Conform de door de ministers van Buitenlandse Zaken, Oorlog en Marine opgestelde algemene richtlijn diende de Nederlandse delegatie zich positief en constructief op te stellen, maar daarbij de nationale belangen strikt in acht te nemen.[100] Op het gebied van de chemische strijdmiddelen moest de delegatie streven naar de totstandkoming van "eene regeling (...) die voldoende waarborgen biedt dat het gebruik van giftgassen niet zal plaats hebben". Zonder "voldoende waarborgen" was het verbod van 1925 immers niet geloofwaardig. Hoewel Nederland zich hiermee in principe uitsprak voor een alomvattend verbod, mocht dit niet ten koste gaan van de nationale veiligheid.

De discussies in Genève spitsten zich voor wat betreft de chemische strijdmiddelen onder meer toe op de vraag of een verbod op de productie van en de handel in strijdgassen haalbaar was. In dit verband was het van belang vast te stellen of het mogelijk zou zijn om "te beletten of te bemoeilijken" dat civiele chemische fabrieken in tijden van internationale spanning gifgassen voor oorlogsdoeleinden zouden produceren. Dit vraagstuk was in 1925 een van de belangrijkste redenen geweest dat het oorspronkelijke streven naar een veelomvattende overeenkomst werd omgebogen naar een verdrag dat alleen het gebruik van chemische wapens

De directeur van de Militaire Gasschool, S. Schilderman. Op deze foto uit het midden van de jaren dertig bekleedt hij de rang van luitenant-kolonel.

verbood. Om over deze kwestie en enkele andere vraagstukken – zoals het mogelijk gebruik van civiele vliegtuigen voor het verspreiden van gifgassen – duidelijkheid te verkrijgen, stelde de *Preparatory Commission for the Conference on Disarmament* een vragenlijst op, die in de twee subcommissies aan de orde kwam.[101] Mede omdat de Nederlandse delegatie geen deskundigen op het gebied van chemische strijdmiddelen telde, vroeg zij op 26 mei 1926 advies aan de chef van de Generale Staf, die de vragen op zijn beurt bij specialisten uitzette.[102]

De zojuist benoemde directeur van de Militaire Gasschool, kapitein S. Schilderman, was pessimistisch over de mogelijkheden om de productie van chemische wapens aan banden te leggen.[103] Chemische fabrieken die al in vredestijd giftige stoffen als chloor of fosgeen verwerkten, bijvoorbeeld voor de productie van kleurstoffen, konden vrijwel onmiddellijk of in ieder geval op zeer korte termijn overstappen op de aanmaak van strijdgassen. Door de opkomst van de chemische industrie in veel landen en de grotere aandacht voor economische oorlogsvoorbereiding zou de benodigde aanlooptijd, die in de Eerste Wereldoorlog nog minstens enkele maanden bedroeg, veelal tot een week bekort zijn. Schilderman liet de gelegenheid niet onbenut erop te wijzen dat dit niet voor Nederland opging. De weinig omvangrijke nationale chemische industrie zou er maanden voor nodig hebben om zich "eenigszins" op oorlogsproductie in te stellen, tenzij de regering de oorlogsvoorbereiding in vredestijd met forse subsidies en educatieorders zou ondersteunen.

Schilderman – wiens advies door de inspecteur der Genie, generaal-majoor J.E. Roorda, nog wat was aangescherpt – maakte zich geen illusies over de haalbaarheid van internationale regelgeving die het gebruik van chemische technologie voor militaire toepassingen moest voorkomen. Zo zag hij, althans zonder een betrouwbaar verificatiemechanisme, weinig in een overeenkomst die landen zou verplichten informatie vrij te geven over nieuw ontdekte strijdgassen of over andere belangrijke uitvindingen op dit gebied. In Genève werd dit gezien als een mogelijk middel om verrassing door een agressor te voorkomen. In tijden van internationale spanningen zou volgens Schilderman geen enkel land er blind op durven vertrouwen. Bovendien nam een dergelijke overeenkomst staten een middel uit handen dat zich ook voor uitsluitend defensief gebruik leende. "Vooral voor kleine Staten die in tijd van vrede financieel niet in staat zijn zich groote offers voor hun weermacht te getroosten" – en daarmee had Schilderman zeker Nederland op het oog – "zou het bezit van een nieuw strijdgas bij het uitbreken van een oorlog van onberekenbaar belang kunnen zijn voor de landsverdediging. En dit te meer omdat de fabricage van zulk een strijdgas waarschijnlijk geen buitensporige geldelijke offers zou vergen." Nationale belangen wogen in de discussie over chemische wapens vaak zwaarder dan morele overwegingen.

De inspecteur der Genie, die van de directie van de Artillerie-Inrichtingen een overeenkomstig advies had gekregen,[104] was het geheel met de directeur van de Gasschool eens.[105] Om ieder misverstand te voorkomen, voorzag hij het advies van Schilderman nog van een laatste, ongevraagde aanbeveling. De obstakels die een geloofwaardig verbod in de weg stonden, waren naar zijn overtuiging zo groot, dat een eventuele ratificatie van het Protocol van Genève door Nederland "nimmer aanleiding zou mogen zijn de voorbereiding op een ons opgedrongen chemischen oorlog achterwege te laten".[106] Op de ratificering van het protocol wordt hieronder nog uitgebreid ingegaan (p. 85 e.v.).

De Commissie voor Chemische Strijdmiddelen, die door de CGS eveneens om advies was gevraagd, was in grote lijnen dezelfde mening toegedaan.[107] De commissie benadrukte bovendien in nog scherpere bewoordingen dat afspraken op dit gebied, als die al tot stand kwamen, in tijden van internationale spanning vermoedelijk van weinig waarde zouden blijken te zijn. Het nuchtere oordeel was dat "zoodra de nood aan den man komt of andere motieven hiertoe leiden, iedere Staat, die over een chemische industrie beschikt, een beroep op haar zal doen". De commissie stelde zelfs het uitgangspunt van alle eerdere internationale regelingen, het protocol van 1925 incluis, ter discussie. De ervaringen uit de Eerste Wereldoorlog hadden naar haar mening geleerd dat troepen zich afdoende tegen chemische wapens konden beschermen. Bovendien lag het sterftecijfer door strijdgassen significant lager dan bij veel andere wapens en waren opgelopen verwondingen minder ernstig en niet van blijvende aard. Op grond hiervan trok de commissie de conclusie dat "de chemische oorlogvoering niet geacht [mag] worden meer veroordeeld te zijn door de meening van de beschaafde wereld dan andere gevolgde strijdwijzen".

Dergelijke geluiden waren in deze jaren wel meer te horen, vooral in militaire kringen.[108] In Nederland speelde het al dan niet 'humane' karakter van chemische strijdmiddelen een belangrijke rol in het maatschappelijk debat tussen voor- en tegenstanders van chemische wapens. De bekendste deelnemers hieraan waren oud-opperbevelhebber Snijders en kapitein A.J. Maas, enerzijds, en Eerste Kamerlid prof. D. van Embden, anderzijds.[109] Het debat spitste zich overigens grotendeels toe op de dreiging van het gebruik van strijdgassen tegen burgers, vooral door de inzet van luchtstrijdkrachten.[110] Behalve in geschriften debatteerden Snijders en Van Embden op 30 september 1924 ook rechtstreeks met elkaar.[111] Dit debat in de grote zaal van de Dierentuin in Den Haag verliep buitengewoon rumoerig en liep geheel uit de hand; op het eind kon Snijders zichzelf door het "lawaai en gefluit" van het in groten getale opgekomen publiek niet meer verstaanbaar maken.

De CGS, luitenant-generaal P.J.H. van der Palm, stuurde de adviezen die hem waren aangereikt begin juni 1926 integraal naar de Nederlandse delegatie in Genève door.[112] Wel voorzag hij deze van de kanttekening, dat "ter bevordering van de Volkenbondsgedachte (...) elke Staat nu eenmaal concessies [zal] moeten doen en zijn eigen belang niet al te veel naar voren [zal] moeten brengen". Dat de CGS vanuit een principieel standpunt de wenselijkheid van internationale regelgeving als "juist" onderschreef, belette echter niet dat hij van oordeel was dat de praktische uitvoerbaarheid op "onoverkomelijke bezwaren" zou stuiten. Hierdoor bleef enigszins onduidelijk wat zijn standpunt precies was.

Enkele maanden later, in oktober 1926, had de delegatie in Genève opnieuw behoefte aan advies.[113] Nederland diende een standpunt in te nemen over de conceptteksten die door de Britse en Amerikaanse delegaties ter beantwoording van de vragen van de *Preparatory Commission* (zie p. 78) waren ingediend. De delegatie vroeg ditmaal de minister van Oorlog om raad, met het verzoek hierbij "voornamelijk (...) de toestanden in ons land" in het oog te houden, al was dat in de eerdere adviezen ook al uitgebreid aan bod gekomen. Minister Lambooy liet zich hierin adviseren door de CGS, die opnieuw, via de inspecteur der Genie, bij de directeur van de Militaire Gasschool te rade ging. Schilderman herhaalde, met zo mogelijk nog meer kracht, zijn eerder ontvouwde gedachten.[114] Opnieuw betoogde hij dat de Nederlandsche chemische industrie ten minste enkele maanden nodig zou hebben om zich op de oorlogsproductie van chemische strijdmiddelen in te stellen. Daarbij wees hij er ook op, onder verwijzing naar de inspanningen uit de mobilisatiejaren, dat Nederland "zich nauwelijks practisch met het offensief gebruik van chemicaliën [heeft] bezig gehouden". Op het gebied van de verspreiding van gifgassen vanuit de lucht, met gasbommen of met sproei-installaties, had Nederland geen enkele ervaring en juist deze inzetmiddelen zouden in een toekomstige oorlog naar verwachting op grote schaal worden toegepast. Hij trok fel van leer tegen de opvatting van de Amerikaanse delegatie dat er eerst een algeheel verbod moest komen, en dat pas daarna over de naleving daarvan en de controle daarop onderhandeld moest worden. Hij vond deze werkwijze "onaanvaardbaar". Zonder de zekerheid dat een eventueel verbod praktisch uitvoerbaar was, was een internationaal verdrag zinloos en "zelfs ongewenscht".

De inspecteur der Genie, Roorda, voorzag de (door hem geredigeerde) notitie van Schilderman van een uitgebreid "onderschrift".[115] Hij beaamde, refererend aan de eerder uitgebrachte adviezen, dat de vooruitzichten voor de aanmaak van gifgassen in Nederland "niet rooskleurig" waren. Terwijl de omringende grote mogendheden – Duitsland, Frankrijk en Groot-

Brittannië – over een geavanceerde chemische industrie beschikten die in oorlogstijd vrijwel onmiddellijk voor de productie van strijdgassen kon worden ingeschakeld, was daarvan in Nederland geen sprake. De inspecteur zag hierin echter opnieuw geen reden om alle inspanningen voor een internationaal verbod blindelings te ondersteunen. Sterker nog, zelfs het tot stand komen van een dergelijk verbod zou Nederland niet ontslaan van de verplichting zich toch "ten volle" op de chemische oorlogvoering voor te bereiden. In dat verband werkte een verbod "slechts belemmerend" en was daarom "zeer ongewenscht", uiteraard tenzij "volledige waarborgen" gegeven zouden kunnen worden ten aanzien van de uitvoerbaarheid. Dat laatste was echter zijns inziens "onmogelijk". Uit deze overwegingen trok de inspecteur de gevolgtrekking dat Nederland zich, als onderdeel van de economische oorlogsvoorbereiding, erop moest voorbereiden in oorlogstijd "met bekwamen spoed" en "in het groot" chemische wapens te kunnen produceren. Naar zijn overtuiging, gebaseerd op "de tot dusverre gedane onderzoekingen" (hoewel niet duidelijk is, waarop hij doelde), moest dat mogelijk zijn. De meeste grondstoffen waren volgens hem in Nederland in voldoende mate aanwezig, hetzij in de bodem (zoals steenzout), hetzij als handelsproduct.

Minister van Oorlog Lambooy onderschreef de standpunten van Schilderman en Roorda ten volle.[116] Op 13 oktober 1926 stuurde hij de Nederlandse delegatie een memorie waarin de adviezen van beide deskundigen zo goed als letterlijk waren overgenomen. In de begeleidende brief stelde hij dat de richtlijnen van zijn voorganger Van Dijk (zie p. 76) op grond van de nieuwe inzichten moesten worden aangepast. Daaraan droeg volgens de minister bij, "dat tegenwoordig meer en meer de meening ingang schijnt te vinden, dat de chemische strijdmiddelen niet inhumaner zijn dan de meeste andere (geweerkogels, brisantgranaten)". Lambooy achtte een algeheel verbod "in het bijzonder voor eene kleine mogendheid als de onze (...) zeer ongewenscht" zolang de geloofwaardigheid ervan nog ter discussie stond. Om de delegatie bij de onderhandelingen met raad en daad terzijde te staan, stuurde Lambooy een militair deskundige, kapitein J.H. de Man, als adviseur naar Genève, zoals ook de grotere mogendheden hadden gedaan.

Enkele maanden later, in april 1927, nuanceerde Lambooy zijn standpunt.[117] De aanleiding hiervoor was een verzoek om advies over een voorstel van België en enkele andere kleinere landen voor een algemeen verbod op de handel in en de productie van strijdgassen.[118] Het antwoord van de minister blonk niet uit in helderheid. Hoewel Nederland "op moreele gronden" naar een algeheel verbod moest blijven streven, stond voor hem inmiddels wel vast dat het onmogelijk was "afdoende waarborgen te verkrijgen voor handhaving van dergelijk verbod". Dit was niets nieuws, maar daarna begaf de minister zich op gladder ijs. Hij vervolgde met de opmerking dat dit standpunt onverlet liet dat "desnoods" een verbod ook zonder voldoende waarborgen "op goed vertrouwen" aanvaard zou moeten worden. De delegatie diende echter geen bepalingen te accepteren die "noodzakelijke veiligheidsmaatregelen tegen overtreding verbod" onmogelijk zouden maken, zonder te specificeren wat die veiligheidsmaatregelen precies inhielden. De Nederlandse onderhandelaars moesten proberen het Belgische voorstel wat aan te scherpen, maar mochten het "noodgedrongen" voorlopig accepteren.

Het behoeft niet te verwonderen dat de delegatie niet goed wist hoe zij het advies van de minister in een helder standpunt moest vertalen. Aangezien andere landen zich zeer positief over het Belgische voorstel hadden uitgelaten, leek het de Nederlandse gedelegeerde, J. Loudon, geen goed idee om met scherpe kritiek te komen en diverse amenderingen voor te stellen.[119] Dat zou "een zeer ongunstigen indruk" hebben gewekt. Op haar beurt zorgde de opstelling van de delegatie voor de nodige ophef in Nederland. Generaal-majoor Roorda, de inspecteur der Genie, constateerde dat zij de opdracht van de minister had "misverstaan".[120] Zij zou erin hebben gelezen dat Nederland zich het recht wilde voorbehouden chemische wapens voor defensieve doeleinden te gebruiken, "b.v. – om de gedachten te bepalen – dat Nederland in een eventueelen oorlog bij de verdediging van de VESTING HOLLAND mosterdgas zou gaan toepassen, ook al had de vijand de verbodsbepalingen van een dan van kracht zijnd verdrag nopens den chemischen oorlog niet geschonden". Van een dergelijk standpunt was volgens Roorda absoluut geen sprake. Om het risico van een op goed vertrouwen gebaseerd internationaal verdrag "binnen de perken van het toelaatbare" te houden, zou Nederland bepaalde veiligheidsmaatregelen moeten treffen. Daartoe behoorden, naast de passieve beschermingsmiddelen, ook voorbereidingen voor het actief gebruik van strijdgassen, zij het "op bescheiden schaal" en vooral bedoeld om een tegenstander van de inzet van chemische wapens af te houden. Het Belgische voorstel zou deze voorbereidingen onmogelijk maken en was daardoor "voor een te goeder trouw zijnd land" onacceptabel. In het bijzonder gold dat voor een land als Nederland, dat op het gebied van de chemische industrie toch al een achterstand had.

Hoe lastig – en voorlopig onoplosbaar – de problematiek was, blijkt vooral uit de reactie van de CGS, luitenant-generaal Van der Palm.[121] Om aan de door generaal-majoor Roorda genoemde bezwaren tegemoet te komen, zou het ontwapeningsverdrag een clausule moeten krijgen die de aanmaak van gasprojectielen zou toestaan "wanneer de bedoeling is deze projectielen te bestemmen voor verweer voor geval een aanvaller, in strijd met het verbod, zou gebruik maken van chemische strijdmiddelen". Het probleem was dat alle landen deze clausule als een vrijbrief voor de ongelimiteerde productie van chemische wapens konden beschouwen. Andere landen konden hier – terecht of ten onrechte – "agressieve doeleinden" achter vermoeden.[122] Bovendien moest dan eveneens de aanmaak van strijdgassen worden toegestaan, al was het maar om de projectielen te kunnen beproeven, terwijl ook de ontwikkeling van andere inzetmiddelen (bijvoorbeeld voor de verspreiding van strijdgassen vanuit vliegtuigen) tot de mogelijkheden moest behoren. "En zoo", concludeerde de CGS, "zou men van het eene in het andere komen en de verbodsbepaling in alle opzichten op losse schroeven komen te staan." Een internationaal verdrag dat verder zou gaan dan het verbieden van het *gebruik* van strijdgassen en ook het treffen van *voorbereidingen* daartoe aan banden wilde leggen, moest dus absoluut zijn en kon geen enkele uitzondering toestaan.

Zelfs indien een dergelijk verdrag haalbaar zou zijn en breed gesteund zou worden, bleef het altijd de vraag of de landen zich er in het heetst van de strijd aan zouden houden. De Eerste Wereldoorlog was een duidelijk bewijs van het tegendeel. De vraag of men principieel voor of tegen een verbod op chemische strijdmiddelen was, bleek daarom in feite irrelevant.

Een officier van de Generale Staf erkende in augustus 1927 weliswaar een voorstander te zijn van beperking of afschaffing van het gebruik van strijdgassen, maar voegde daaraan onmiddellijk toe zich niet te kunnen "voorstellen hoe men het verbod bij een wereldoorlog kan handhaven".[123] In een beperkte oorlog kon de druk van de internationale publieke opinie hier nog toe dwingen – hoewel nog geen tien jaar later Italië in Ethiopië liet zien dat ook dit ijdele hoop was –, maar tijdens een oorlog waarin alle grote mogendheden waren verwikkeld, kon daarvan geen sprake meer zijn. Aangezien een land met een ontwikkelde chemische industrie in korte tijd tot de oorlogsproductie van strijdgassen kon overgaan, bleef het ook voor Nederland van belang om op dit gebied bij te blijven.

Op 29 september 1927 maakte de chef van de Generale Staf in een notitie voor de minister van Oorlog nog eenmaal duidelijk wat de kern van de Nederlandse opstelling naar zijn mening moest zijn.[124] In theorie was Nederland, gehandicapt door een gebrek aan oorlogservaring met chemische strijdmiddelen en door de afwezigheid van een ontwikkelde chemische industrie, het best gediend met een "algeheel, streng verbod" op de productie, het bezit en het gebruik van chemische wapens. "Zonder te vervallen in een niet toe te passen doorloopende controle op de particuliere industrie van alle mogendheden, die het verdrag geteekend en geratificeerd hebben", zou een internationaal akkoord echter nooit voldoende veiligheidsgaranties kunnen bieden. Een "*moreele* afkeuring van den gasoorlog", die een zekere drempel tegen de inzet van strijdgassen zou opwerpen, was vermoedelijk het maximaal haalbare. "Logisch past", concludeerde Van der Palm, "maar één besluit: verbieden den gasoorlog, maar zich zelf *volledig* voorbereiden." Hieraan mochten geen beperkingen worden opgelegd. Van de "bescheiden schaal" waarover de inspecteur der Genie had gesproken, wilde hij niets horen.

De door de inspecteur der Genie en de chef van de Generale Staf verstrekte adviezen leverden de bouwstenen op basis waarvan minister Lambooy in maart 1928 zijn richtlijnen voor de Nederlandse delegatie in Genève nog eens duidelijk(er) onder woorden kon brengen.[125] Allereerst benadrukte hij, dat hij in ieder geval *niet* had bedoeld dat Nederland voor de verdediging van de Vesting Holland strijdgassen zou inzetten zonder daartoe door een tegenstander te zijn uitgelokt. Zijn uitgangspunt, "de moreele gronden hier buiten beschouwing gelaten", was opnieuw de vaststelling dat de omringende grote mogendheden in staat waren op grote schaal en zonder voorbereidingstijd chemische wapens in te zetten, terwijl Nederland hiervoor zowel een ontwikkelde chemische industrie als de nodige oorlogservaring ontbeerde. Op zich zou een internationaal verdrag voor Nederland dus zeer voordelig zijn, maar slechts met het strikte voorbehoud dat het "*afdoende* waarborgen" zou bieden. Dit vereiste echter dat de chemische industrie zelf aan banden zou worden gelegd en dat was tot nu toe onhaalbaar gebleken. Zolang voor dit probleem geen oplossing was gevonden, kon Nederland niet akkoord gaan met een internationale regeling waarmee het land "het recht prijsgeeft de noodige maatregelen te nemen om c.q. aan een opgedrongen chemischen oorlog het hoofd te kunnen bieden".

3 | Chemische verdedigingsvoorbereiding 1928-1939

De ratificatie van het protocol

Terwijl in Genève de onderhandelingen over een uitgebreider chemisch wapenverdrag voortgingen, wachtte het protocol van 1925 nog steeds op ratificatie. Nederland had het protocol weliswaar ondertekend, maar dat hield formeel niet meer dan een intentieverklaring in. Pas na ratificatie was het rechtsgeldig en internationaal bindend. Bij de behandeling van de begroting voor 1927 informeerde de Tweede Kamer naar de redenen waarom de regering het Protocol van Genève nog niet ter goedkeuring aan het parlement had voorgelegd. Minister Lambooy antwoordde op 9 december 1926 dat, voor zover bekend, nog geen enkele staat het protocol had geratificeerd en dat het "bepaaldelijk ongewenscht [zou zijn], indien *Nederland* ten aanzien van deze aangelegenheid vooruitliep op de ter zake door de groote Mogendheden, met eigen oorlogservaring op het gebied der chemische strijdmiddelen, te nemen beslissing".[1] In een brief aan zijn collega van Buitenlandse Zaken, jhr. mr. dr. H.A. van Karnebeek, voegde hij daaraan toe dat het "voorbarig" zou zijn om het verbod te accepteren zolang "nog hoogst gewichtige, daarmee samengaande, vraagpunten" op een oplossing wachtten.[2] Hierbij verwees Lambooy naar zijn brief van 13 oktober 1926, waarin hij de Nederlandse delegatie in Genève richtlijnen verschafte voor de te volgen koers (zie p. 81). Kennelijk wilde hij met de ratificatie van het protocol wachten totdat duidelijk zou worden of de Nederlandse belangen beter werden gediend door een algeheel verbod, of juist door een programma van chemische oorlogsvoorbereiding.

De Tweede Kamer kwam een jaar later op de kwestie terug. Lambooy beperkte zich niet tot het herhalen van zijn eerdere antwoord, maar gaf ook een nadere toelichting.[3] Hij legde uit dat het "doelmatiger" was een "afwachtende houding" aan te nemen, aangezien er "nieuwe gezichtspunten" naar voren waren gekomen. Deze betroffen de eisen waaraan een internationaal verbod diende te voldoen, met name ten aanzien van de waarborgen die moesten garanderen dat het verbod in oorlogstijd daadwerkelijk zou worden nageleefd. De onderhandelingen in Genève gaven volgens Lambooy aanleiding om te betwijfelen "of het Protocol in den bestaanden vorm ooit in werking zal kunnen treden".[4] Zolang de discussies zich voortsleepten, was het beter om de kat uit de boom te kijken en af te wachten wat de grote mogendheden deden. In de Kamer benadrukte de minister nog eens dat het onverstandig zou zijn om door een "eenzijdige ondertekening" van het protocol "weerloos" te staan tegenover een tegenstander die het protocol niet had ondertekend en "ongestraft" strijdgassen tegen Nederland kon inzetten.[5]

Het parlement bleef de vinger aan de pols houden. Op 13 juli 1928 behandelde de Eerste Kamer de ratificering van een andere internationale overeenkomst, het 'Verdrag nopens het toezicht op den internationalen handel in wapenen, munitie en oorlogsmaterieel', dat eveneens op 17 juni 1925 was gesloten. Het Kamerlid Van Embden greep deze gelegenheid aan om nog eens te informeren waarom de regering het 'Protocol nopens den chemischen en bacteriologischen oorlog' niet aan het parlement wilde voorleggen.[6] Hij wees daarbij op een opvallende ambiguïteit in het Nederlandse beleid. Enerzijds had Nederland het protocol ondertekend, gaf de regering altijd hoog op over internationale verdragen en had zij verklaard dat Nederland zich slechts in passieve zin op de chemische oorlog voorbereidde (zie hiervoor p. 92). Anderzijds legden de bewindslieden het protocol niet ter goedkeuring aan het parlement voor, waren militaire deskundigen het erover eens dat een op zichzelf staande passieve bescherming zinloos was en had minister van Oorlog Van Dijk meermaals verklaard dat chemische strijdmiddelen niet "barbaarser" waren dan andere wapens.[7] "Indien het niet erger is, zelfs zachtaardiger", vroeg Van Embden zich af, "waarom durft de Regering dan niet bekennen, dat zij zich op het actieve gebruik van dat wapen voorbereidt?"

Minister van Oorlog Lambooy, die mede namens zijn afwezige ambtgenoot van Buitenlandse Zaken sprak, wilde niet ingaan op de vraag of gifgassen al dan niet "barbaarser" waren dan andere wapens (maar zie p. 81). "Het is eigenlijk zoo nutteloos", redeneerde hij, "te willen gaan uitzoeken, welke oorlogsmethode de meest humane is. Beide methoden zijn erg, zoowel de gasoorlog als de oorlog met andere strijdmiddelen." Anders dan Van Embden zag Lambooy geen tegenstrijdigheid in het gevolgde beleid. Terwijl het zijns inziens "uiteraard juist" was "agressieve chemische middelen" te gebruiken indien de vijand zich hiervan als eerste had bediend, liet dit onverlet dat het "volkomen logisch" was om in verband met de internationale ontwapeningsbesprekingen de verwerving van "agressieve middelen" uit te stellen. Om in de tussentijd niet geheel weerloos te zijn, diende Nederland over afdoende beschermingsmiddelen te beschikken. Dat de regering het protocol van 1925 nog niet ter ratificering had aangeboden, was een toonbeeld van "wijze politiek", omdat een verbod zonder goede waarborgen een dode letter was, zoals de Eerste Wereldoorlog had aangetoond ten opzichte van eerdere verbodsbepalingen. Het belang van het verkrijgen van afdoende waarborgen gold in het bijzonder voor een land als Nederland, dat niet kon vertrouwen op een chemische industrie die op ieder gewenst moment chemische wapens kon leveren.

Hoewel de onderhandelingen in Genève moeizaam bleven verlopen, herzagen de verantwoordelijke bewindslieden in april 1929 hun beleid.[8] De *Preparatory Commission* drong in deze periode op spoedige ratificering van het protocol aan, in de hoop meer draagvlak voor een robuuster chemisch wapenverdrag te creëren. Veel landen, waaronder buurland België, hadden hieraan inmiddels gehoor gegeven, zodat Nederland, in de woorden van minister Lambooy, het gevaar liep "tot schade voor ons aanzien" in "een zeker ongewenscht isolement" terecht te komen. Het waren dus vooral internationaal-politieke overwegingen die de doorslag gaven. In navolging van andere landen vond Lambooy het gewenst om bij ratificering een tweevoudig voorbehoud te maken. Dit hield in dat het verbod op het gebruik van chemische wapens niet van toepassing zou zijn tegenover staten die het protocol niet had-

Opleiding van gasofficieren aan de Militaire Gasschool, circa 1935.

den erkend, of die de bepalingen ervan willens en wetens hadden geschonden. In dergelijke gevallen moest Nederland zich het recht voorbehouden om chemische wapens in te kunnen zetten.

Bij de voorbereiding van het desbetreffende wetsontwerp aarzelde de regering of zij het eerstgenoemde voorbehoud moest overnemen. In het protocol zelf stond immers al vermeld dat de verdragsluitende landen "between themselves" afspraken geen chemische of bacteriologische wapens te gebruiken.[9] De minister van Buitenlandse Zaken, jhr. mr. F. Beelaerts van Blokland, liet zelfs in Parijs navragen waarom de Franse regering dit voorbehoud had opgenomen.[10] Daarbij bleek dat de Franse juristen over de noodzaak ervan verdeeld waren, en dat daarom was besloten het zekere voor het onzekere te nemen.[11] De Nederlandse regering dacht er anders over. Om geen precedent ten opzichte van overeenkomstige formuleringen in andere verdragen te scheppen, liet zij deze clausule achterwege. Het tweede voorbehoud werd wel in het wetsontwerp opgenomen. De tekst hiervan luidde als volgt: "Bij de bekrachtiging van het in art. 1 bedoelde Protocol zal het voorbehoud worden gemaakt, dat dit Protocol van rechtswege zal ophouden verplichtend te zijn voor de Nederlandsche Regeering tegenover iederen vijandelijken Staat, wiens strijdmacht of wiens bondgenooten de in het Protocol neergelegde verbodsbepalingen niet zouden eerbiedigen." Hoewel het voorbehoud vaak als een verkapte *no-first-use*-verklaring is gezien, hield het protocol, althans in de interpretatie die de regering eraan had gegeven, niettemin formeel de mogelijkheid open om als eerste chemische wapens in te zetten tegen een land dat het verdrag niet had erkend. Nederland was echter duidelijk in zijn opstelling: het gebruik van chemische wapens werd alleen overwogen in reactie op een eerdere vijandelijke inzet.

Op 14 december 1929 boden de ministers van Buitenlandse Zaken, Defensie[12] en Koloniën het wetsontwerp aan de Tweede Kamer aan.[13] In de memorie van toelichting gingen zij omstandig in op de voorgeschiedenis, de redenen waarom het protocol pas nu ter goedkeuring aan het parlement werd aangeboden, en de motivatie van het voorbehoud. In de schriftelijke behandeling van het wetsontwerp kwamen twee belangrijke vragen uit de Kamer naar voren.[14] In de eerste plaats zetten woordvoerders van vrijwel alle gezindten vraagtekens bij de waarde van het protocol. Sommige Kamerleden zagen het slechts als "een gebaar", terwijl andere vooral op "den moreelen invloed" wezen. Hierop antwoordden de ministers dat het feit dat *elk* internationaal verdrag in oorlogstijd kon worden geschonden, niet inhield dat deze verdragen daarom per definitie zinloos waren. Veel verdragen, zoals de Geneefse Conventie over de behandeling van gewonden (1864) en de in Den Haag in 1899 en 1907 gemaakte afspraken over de behandeling van krijgsgevangenen (in 1929 vervangen door een Geneefse Conventie), werden wel algemeen nageleefd.

In de tweede plaats vroegen Kamerleden opheldering over het Nederlandse standpunt aangaande het bezit van chemische strijdmiddelen. Moest Nederland niet verklaren, vroegen zij zich af, dat het nooit van dergelijke strijdmiddelen gebruik zou maken? Zij verwezen daarbij naar de formulering van het protocol, waarin stond vermeld dat het gebruik van chemische wapens "has been justly condemned by the general opinion of the civilized world".

De regering volstond met op te merken dat het maken van het voorbehoud demonstreerde dat Nederland zich het recht voorbehield in bepaalde omstandigheden wél van chemische wapens gebruik te maken. "Zoolang de organisatie van de Statenmaatschappij nog niet in een verder stadium is getreden dan thans het geval is", stelden de betrokken ministers, "zal het onmisbaar kunnen blijken eene gewelddadige bedreiging van 's Lands belangen te keeren door ter verdediging gebruik te maken van dezelfde middelen als waartoe de aanvaller is overgegaan."

Het Kamerdebat op 27 mei 1930 spitste zich vooral op de wenselijkheid van het voorbehoud toe.[15] Het Kamerlid H.P. Marchant (Vrijzinnig-Democratische Bond) verzette zich tegen de opvatting dat het gebruik van chemische en bacteriologische wapens in bepaalde gevallen gerechtvaardigd was. Door het maken van een voorbehoud was naar zijn mening "de aardigheid van de zaak af", aangezien in een "gewetenszaak" als deze het gebruik van dergelijke middelen *op zich* verwerpelijk geacht moet worden, en niet slechts het *eerste* gebruik ervan. Van Dijk (Anti-Revolutionaire Partij, de vroegere minister van Oorlog) en H.W. Tilanus (Christelijk-Historische Unie) gingen niet zo ver als Marchant. Zij maakten onderscheid tussen enerzijds chemische wapens, die niet per definitie "misdadig" waren, en anderzijds bacteriologische strijdmiddelen, zoals de door Marchant als voorbeeld aangehaalde cholera- en pestbacillen. Beiden wilden het voorbehoud expliciet tot de chemische wapens beperken, zodat Nederland, in de woorden van Tilanus, het signaal zou afgeven: "Den bacteriologischen oorlog wensch ik niet; daaraan doe ik in geen geval mee!"

In zijn reactie poogde minister van Buitenlandse Zaken Beelaerts van Blokland de moralistische inslag van de discussie in te dammen. Ratificering van het protocol was naar zijn mening een kwestie van volkenrecht, geen kruistocht tegen chemische en bacteriologische wapens. Het doel van alle conventies over oorlogvoering was slechts om nodeloze wreedheid uit te bannen. De minister verdedigde het voorbehoud met de argumentatie dat het een logische consequentie was van het al in het protocol opgenomen principe van de wederkerigheid. Waarom zou Nederland een andere houding aannemen ten opzichte van landen die weigerden het protocol te erkennen, dan tegenover landen die het wel hadden erkend, maar niettemin de bepalingen ervan hadden geschonden? "Het is een zuiver logische quaestie, het een kan moeilijk zonder het andere." Met de suggestie van Van Dijk en Tilanus om het voorbehoud tot de chemische strijdmiddelen te beperken en de bacteriologische wapens er buiten te laten, was Beelaerts van Blokland het geheel eens; de regering had geen enkele intentie deze strijdmiddelen ooit te gebruiken.[16] Slechts vanwege "de economie van het wetsontwerp" was deze bepaling weggelaten. Hij nam het amendement dan ook graag over.

Minister van Defensie dr. mr. L.N. Deckers sloot zich hierbij aan. Daarnaast benadrukte hij – in navolging van zijn ambtsvoorgangers – dat ratificering van het protocol Nederland niet zou ontslaan van de verplichting zich terdege op een mogelijke vijandelijke inzet van chemische wapens voor te bereiden. Dat gold allereerst voor de verwerving van de benodigde beschermingsmiddelen, maar verder was op het gebied van de eigen inzet van chemische wapens "het allernoodzakelijkste minimum" van voorbereiding gewenst. Dit betrof "voorbereidende maatregelen betreffende de vraag hoe en in welke mate in tijden van nood tot het aanmaken van die strijdmiddelen zou kunnen worden overgegaan". Deckers voegde hieraan nog toe dat het voorbehoud geenszins inhield dat Nederland iedere vijandelijke aanval met chemische of bacteriologische wapens met gelijke munt zou terugbetalen. Per geval zou worden beoordeeld, welke reactie gepast was.[17]

Nadat alle partijen gelegenheid hadden gehad hun standpunten uiteen te zetten, werd het wetsontwerp ter stemming gebracht. De ratificering van het protocol zelf was een hamerstuk. Het in artikel 2 opgenomen voorbehoud – nu geamendeerd door toevoeging van de zinsnede "voor zoover betreft den chemischen oorlog" – leverde nog wel wat aanvullende discussie op, maar uiteindelijk werd ook dit artikel met ruime meerderheid van stemmen aangenomen.

De behandeling in de Eerste Kamer op 11 juli 1930 bracht weinig nieuwe gezichtspunten naar voren.[18] De discussie werd gedomineerd door Van Embden, die het wetsontwerp een "monstrum" noemde. Zijn opmerking dat het aanvaarden van het voorbehoud de voorbereidingen op het gebied van de chemische oorlogvoering een rechtsgrond verschafte, was scherpzinnig, maar minister Deckers ging hier niet op in. Wel liet hij zich ertoe verleiden de overwegingen die aan het voorbehoud ten grondslag lagen, nog eens duidelijk uit te leggen: "Wij zeggen dus niet: wij willen den gasoorlog in bepaalde omstandigheden, integendeel, de Regeering gaat zoo ver, dat zij zegt: Er valt niet aan te twijfelen; de Nederlanders zullen zich wel honderdmaal bedenken voor zij van dat wapen gebruik maken. Maar men mag niet van ons verlangen, dat wij aan elken Staat, die alle middelen wil toepassen, beloven tegenover hem in geen geval gebruik te maken van het gaswapen." De stemming over het wetsvoorstel moest worden uitgesteld, aangezien geen quorum aanwezig was. Pas op 30 juli keurde de Eerste Kamer het wetsvoorstel goed, waarna het op 31 juli 1930 kracht van wet kreeg.[19]

De formele inwerkingtreding van het protocol voor Nederland was gekoppeld aan de registratie van de officiële bescheiden in Parijs, zoals in het protocol was voorgeschreven. Dit geschiedde op 31 oktober 1930, met de aantekening dat de toetreding van Nederland tevens op de overzeese gebiedsdelen Nederlands-Indië, Suriname en Curaçao betrekking had.[20] Van alle landen die hun ratificering van (of toetreding tot) het protocol van een voorbehoud voorzagen, was Nederland het enige dat het gebruik van bacteriologische wapens geheel uitsloot.[21]

Verandering van koers

In de loop van de jaren twintig was het Nederlandse beleid ten opzichte van het actief gebruik van chemische strijdmiddelen, mede onder invloed van de ontwapeningsbesprekingen in Genève, langzaam uitgekristalliseerd. Zowel de politieke als de militaire leiding was van mening dat het gebruik van strijdgassen in oorlogstijd niet mocht worden uitgesloten, maar dat Nederland hiertoe nooit als eerste zou overgaan. Het was echter onduidelijk of dit inhield dat Nederland al in vredestijd de capaciteit diende te verwerven om deze wapens in te zetten, of dat de aanmaak van strijdgassen en inzetmiddelen moest wachten totdat het land daadwerkelijk in een oorlog betrokken was (en een vijandelijke inzet van chemische strijdmiddelen gevreesd werd). Met name inspecteur der Artillerie Insinger had deze vraag in 1925 expliciet naar voren gebracht (zie p. 74). Het antwoord kwam in 1928 van minister van Oorlog Lambooy in zijn reactie op het zogeheten bewapeningsplan, het sleuteldocument waarin de materieelplannen van de landmacht voor de komende jaren werden vastgelegd. Hiermee zette hij de koers voor de komende jaren uit.

Helaas is het cruciale besluit van de minister alleen uit indirecte (en fragmentarische) bronnen bekend. In maart 1930 tekende een officier van de Generale Staf bij een voorstel van de inspecteur der Genie over de aanmaak van strijdgassen (zie p. 100) aan dat minister Lambooy "zich in zijn beslissing op het bewapeningsplan bepaaldelijk [had] uitgesproken tegen dien aanmaak".[22] Tegen proefnemingen op kleine schaal, zoals de inspecteur die voor ogen had, had de minister echter geen bezwaar. Het hoofd van het bureau Voorziening Behoeften in Oorlogstijd voegde eraan toe dat het "van veel belang [is] dat men *volledig* op de hoogte is van de maatregelen die men in oorlogstijd zou moeten nemen om desgewenst strijdgassen te *kunnen* aanmaken".[23] Aantekeningen op een brief uit oktober 1929 geven aanvullende informatie. In reactie op begrotingsvoorstellen van de inspecteur der Genie, waarbij ook gelden voor het onderzoek naar de productie van strijdgassen werden gereserveerd, schreef een officier van Generale Staf dat minister Lambooy "daar (...) niet van [wilde] weten". Een ander corrigeerde hem: "jawel, de vorige Minister wilde wèl de mogelijkheid nagaan, maar niet gaan aanmaken".[24]

Hoewel uit deze notities al een min of meer helder beeld opduikt, verkeren we in de gelukkige omstandigheid dat de minister de achtergronden van zijn beleid uitgebreid aan de Eerste Kamer uitlegde ter gelegenheid van de begrotingsbehandeling voor het jaar 1929.[25] "Indien in geval van oorlog de tegenpartij tot daadwerkelijk gebruik van chemische strijdmiddelen haar toevlucht zou nemen", schreef hij, "zullen passieve weermiddelen [zoals gasmaskers, HR] ons in staat stellen daaraan onmiddellijk het hoofd te bieden, doch dan zal daarmede verder niet kunnen worden volstaan en zal ook onzerzijds aanwending in agressieven zin van zoodanige middelen noodzakelijk zijn." Omdat het echter geenszins vaststond dat in een toekomstige oorlog daadwerkelijk chemische wapens zouden worden ingezet en omdat de ontwapeningsbesprekingen in Genève wellicht resultaat zouden opleveren, vond Lambooy het niet noodzakelijk dat Nederland in vredestijd over dergelijke wapens beschikte. Het was voldoende om voorlopig alleen beschermingsmiddelen aan te schaffen en de aanmaak van "agressieve middelen" "zoolang mogelijk" uit te stellen. "Ten einde echter niet onvoorbereid te zijn, voor geval de oorlogsnoodzaak zou dwingen om tot dien aanmaak over te gaan", moest Nederland niettemin daarvoor de nodige voorbereidingen treffen.

De door Lambooy ingezette koerswijziging had onder meer consequenties voor de lang slepende ontwikkeling van gasprojectielen (zie p. 73). In een van de conceptnotities voor het bewapeningsplan was hier al rekening mee gehouden. Bij het kanon 7 Veld stond vermeld: "Ook al wordt besloten, in vredestijd niet over te gaan tot aanmaak van gasmunitie, blijft het niettemin noodig, voort te gaan met het nemen van proeven en wanneer een model zal zijn vastgesteld, den aanmaak er van voor te bereiden. Voortgang bij die proeven is gewenscht."[26] Voor de houwitser 15 cm L17 gold hetzelfde. Het onderwerp trad nadien nooit meer op de voorgrond, al werd het nog wel pro memorie in de materieelplannen opgenomen. De lage prioriteit van dit materieel had vermoedelijk ook te maken met de inschatting van de landmacht "dat bij een eventueelen oorlog *niet* met gasprojectielen zal worden geschoten, zoodat ook geen schietproeven worden gehouden".[27] Of er in latere jaren voortgang is geboekt, onttrekt zich vrijwel geheel aan onze waarneming. Wel zijn er ontwerpen bekend van gasgranaten 10 Veld die met difenylchloorarsine en chloorpicrine zouden worden gevuld.[28] Deze stammen uit 1938.

Voorbereiding in vredestijd

Tijdens het Kamerdebat over de ratificering van het Protocol van Genève op 27 mei 1930 had minister Deckers, conform het door zijn voorganger Lambooy geformuleerde beleid, gesproken over de noodzaak "het allernoodzakelijkste minimum" aan voorbereidingen te treffen teneinde in oorlogstijd over chemische wapens te kunnen beschikken (zie p. 89). Tot 1928 hadden de opeenvolgende ministers van Oorlog en Defensie hierover nog weinig te melden. In december 1926 kon minister Lambooy op de vraag of er ook in Nederland gifgassen werden aangemaakt, nog volstaan met het antwoord dat "door de in ons land aanwezige chemische industrie (...) chemische stoffen [worden] vervaardigd of verwerkt, waaronder er zijn, welke zonder meer als strijdgassen gebruikt zouden kunnen worden (bijv. chloor en zwaveldioxyde)". Over de omvang van deze productie waren echter geen gegevens bekend.[29]

Een jaar later vroeg de Tweede Kamer nadrukkelijk of er "voor Rijksrekening" strijdgassen werden geproduceerd "om in tijd van oorlog te gebruiken", waarop de minister kortaf reageerde dat dat niet het geval was.[30] In de Eerste Kamer gaf deze sobere reactie aanleiding tot nadere vragen.[31] Verschillende Kamerleden wilden weten, waarom er geen productie van strijdgassen plaatsvond. Was dat om humanitaire redenen, of had de regering deze aanmaak bij de particuliere industrie uitbesteed? Bovendien wilden zij graag vernemen of het antwoord van de minister ook op andere typen strijdgassen betrekking had dan de door hem genoemde "giftige gassen", zoals stoffen met een verstikkende of blaartrekkende werking, en op gasmunitie. Minister Lambooy beantwoordde deze vraag bevestigend.[32] "Agressieve chemische strijdmiddelen", stelde hij nog eens duidelijk, "worden voor Rijksrekening alzoo niet aangemaakt."[33] Nederland beschikte slechts over "passieve chemische strijdmiddelen". Hij voegde daar echter aan toe dat in een situatie waarin deze beschermingsmiddelen daadwerkelijk gebruikt zouden moeten worden, "de mogelijkheid [zal] ontstaan, dat men in de noodzakelijkheid komt om ook onzerzijds agressieve chemische strijdmiddelen te bezigen". "Met het oog op die mogelijkheid", vervolgde hij, "wordt – als onderdeel van de economisch- en industrieele verdedigingsvoorbereiding – nagegaan en vastgelegd welke chemische stoffen de in ons land aanwezige chemische industrie verwerkt en produceert. Met die industrie bestaan evenwel geenerlei contracten."

Aan het door de minister bedoelde onderzoek werd al enige jaren, met name door de Artillerie-Inrichtingen, doelgericht gewerkt, al had het nog tot weinig opzienbarende resultaten geleid. In feite was dit onderzoek een onderdeel van de "lange weg" van eigen ontwikkeling van chemische strijdmiddelen, die in 1925 als alternatief voor de verwerving van kennis en ervaring uit het buitenland gold (zie p. 68). Parallel aan de toenaderingen tot de buitenlandse chemische industrie was het Scheikundig Laboratorium onder leiding van Der Weduwen voortgegaan met het eigen onderzoek. Hoewel er wat dit betreft dus weinig nieuws onder de zon was, lijkt de aanpak in de loop van de tijd wel wat methodischer te zijn geworden.

Op basis van doorlopend fundamenteel onderzoek naar bekende (en nog onbekende) strijdgassen, zowel in de literatuur als in het laboratorium, identificeerden Der Weduwen cum suis de stoffen die het meest voor gebruik in oorlogstijd geëigend waren. Daarna werd voor elk van de geselecteerde strijdgassen bekeken welk procedé in aanmerking kwam voor de grootschalige bereiding ervan. Dit bleek geen sinecure, aangezien een optimale combinatie van alle relevante factoren – zoals rendement, zuiverheid van het eindproduct en veiligheid van het productieproces – vaak moeilijk te realiseren viel.[34] Vervolgens moesten de gemaakte keuzes in de praktijk worden getoetst. Dit gebeurde in een proefinstallatie, die productie op zogeheten semitechnische schaal mogelijk maakte. Pas na de succesvolle afronding van deze beproeving was het mogelijk te beginnen met de voorbereiding van industriële productie in oorlogstijd. Op het moment dat minister Lambooy de Eerste Kamer over het programma informeerde, was het Scheikundig Laboratorium echter nog niet voorbij het stadium van het fundamenteel onderzoek gekomen.

De mogelijkheden én beperkingen van de nationale chemische industrie en de beschikbaarheid in oorlogstijd van de benodigde grondstoffen en tussenproducten bepaalden, zoals ten tijde van de Eerste Wereldoorlog was gebleken, in hoge mate de kans op succes van de chemische verdedigingsvoorbereiding. Zelfs de Artillerie-Inrichtingen hadden hiervan geen volledig beeld.[35] In april 1928 stelde de inspecteur der Genie, generaal-majoor Roorda, daarom voor een begin te maken met de door de minister aangekondigde inventarisatie van de "chemische stoffen [die] de in ons land aanwezige chemische industrie verwerkt en produceert".[36] Hij voegde daar nog aan toe dat ook "nagegaan en vastgelegd" moest worden "op welke wijze die industrie eventueel voor den aanmaak van strijdgassen zou kunnen worden gebruikt". Minister Lambooy ging met dit voorstel akkoord. Het onderzoek naar de inschakeling van de industrie diende zich bovendien niet te beperken tot de productie van strijdgassen, maar moest zich ook met de inzetmiddelen (vooral gasmunitie) bezighouden.[37]

De werkzaamheden, die zich in de visie van Roorda uitstrekten tot "het voor bepaalde fabrieken uitwerken van een plan voor het vervaardigen van die strijdgassen in oorlogstijd", zouden vooral een taak zijn voor de Artillerie-Inrichtingen.[38] Hiervoor moest het al drukbezette Scheikundig Laboratorium een extra kracht aantrekken.[39] Bij toeval had een geschikte kandidaat, dr. C.P.A. Kappelmeier, zijn diensten aangeboden, zodat haast was geboden om de financiering van de post rond te krijgen.[40] Kappelmeier had de nodige ervaring, aangezien hij in de oorlog bij een van de vele Duitse gifgasfabrieken werkzaam was geweest.[41]

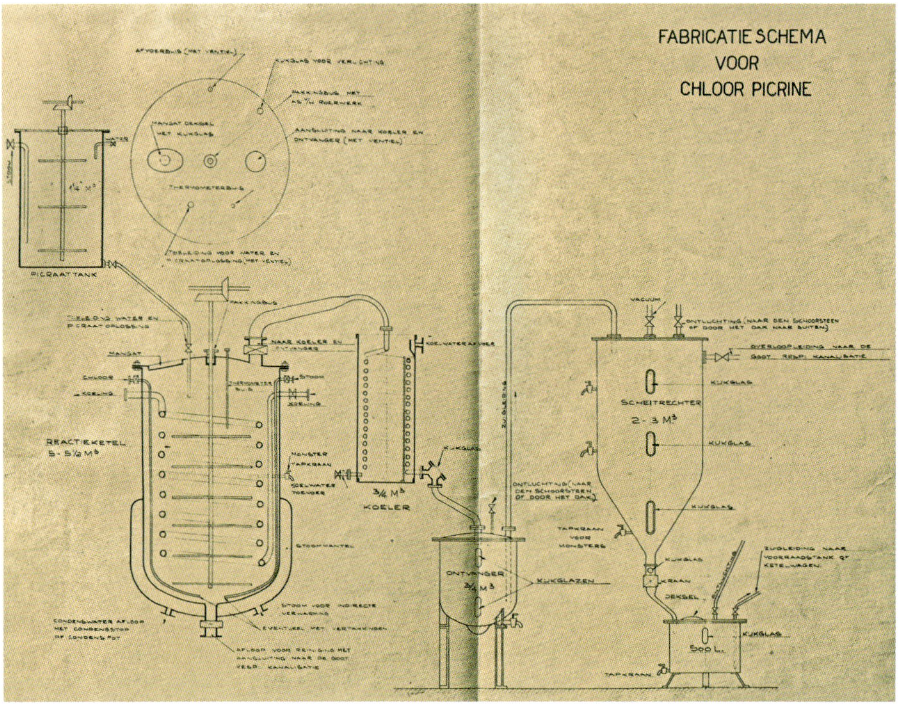

Ontwerp van een opstelling voor de bereiding op semitechnische schaal van chloorpicrine, 1928.

Kappelmeier werkte slechts een jaar bij het Scheikundig Laboratorium; zijn contract werd daarna, om onbekende redenen, niet verlengd.[42] In dit jaar kwam hij aan het inventariseren van de mogelijkheden van de chemische industrie nog niet toe, waarschijnlijk door de onderzoeksachterstand die het Scheikundig Laboratorium had opgelopen.[43] Kappelmeier verrichtte voornamelijk onderzoek naar de bereiding van strijdgassen. De drie rapporten die van zijn hand verschenen, geven een goede indicatie van de onderwerpen waaraan het laboratorium van Der Weduwen in deze jaren werkte. Zo ontwikkelde hij een verbeterde methode voor de laboratoriumbereiding van het strijdgas difenylchloorarsine, die een hoger rendement opleverde dan eerdere pogingen van het Scheikundig Laboratorium.[44] Tevens maakte hij een ontwerp voor de technische productie van chloorpicrine.[45] Aangezien met dit gifgas al eerder de nodige ervaring was opgedaan (zie p. 60 e.v.), kon hiervoor als eerste met de opzet van een semitechnische proefinstallatie worden begonnen. In de loop van 1928 werd de oude genieloods op het Hembrugterrein omgebouwd tot semitechnisch laboratorium, waar de proefinstallaties voor de aanmaak van diverse strijdgassen een plaats kregen.[46] Tot slot stelde Kappelmeier een rapport op over het vullen van gasprojectielen.[47] Hierin ging hij vooral in op de moeilijkheden die het hanteren van vluchtige strijdgassen met zich bracht, al behoefde de vulinstallatie op zich niet complexer te zijn dan een vulinrichting voor koolzuurhoudende dranken zoals spuitwater of limonade. De meeste aandacht besteedde Kappelmeier aan fosgeen, dat door zijn lage kookpunt de grootste problemen opleverde. Mosterdgas stelde met name door zijn agressieve inwerking op de huid eveneens hoge eisen aan de te volgen werkwijze. Aangezien in de beschikbare literatuur weinig over (de ervaringen met) vulinrichtingen voor gasprojectielen was terug te vinden, adviseerde Kappelmeier om in vredestijd alvast een kleine proefinstallatie in te richten en hiermee ervaring op te doen.

Het vertrek van Kappelmeier was niet bevorderlijk voor de voortgang van de werkzaamheden, al werd hij in de loop van 1929 door een andere chemicus, ir. R.D. Hendriksz, opgevolgd.[48] Ook in algemene zin had het Scheikundig Laboratorium moeite goede chemici aan te trekken en vast te houden. Dit had te maken met de ongunstige arbeidsvoorwaarden bij het staatsbedrijf, zoals een laag salaris in vergelijking met universiteiten, andere onderzoeksinstellingen en de industrie. Door diverse personeelsmutaties was 1929 bijvoorbeeld een weinig productief jaar. Daar kwam nog bij dat het Scheikundig Laboratorium niet al zijn aandacht op de chemische oorlogsvoorbereiding kon richten. Deze werkzaamheden moesten continu concurreren met andere taken, met name de ondersteuning van de Artillerie-Inrichtingen zélf.

Een van de meest tijdrovende onderzoeken op het gebied van de chemische strijdmiddelen betrof de semitechnische bereiding van mosterdgas. Hiervoor waren meerdere procedés bekend (zie ook p. 73). De belangrijkste keuze die het Scheikundig Laboratorium moest maken, was die tussen de Brits-Amerikaanse (dan wel de enigszins vergelijkbare Franse) methode, enerzijds, en de Duitse methode, anderzijds. De eerste was technisch weinig gecompliceerd en kon met relatief eenvoudige apparatuur toe, maar had als nadelen dat de tussenproducten "buitengewoon onaangenaam" waren en het eindproduct nog diverse nabewerkingen diende te ondergaan. Voor de tweede methode waren daarentegen complexe installaties benodigd, terwijl de tussenproducten (chloorhydrine en thiodiglycol) relatief onschadelijk waren en er in principe geen nabewerking nodig was. Aan deze materie werkten onder anderen ir. E.D.G. Frahm en eerste luitenant voor speciale diensten ir. K. Brackman.[49] De tijd die in het onderzoek naar mosterdgas werd gestoken, hield niet alleen verband met de complexiteit van de materie, maar weerspiegelde tegelijk het belang dat aan dit strijdgas werd gehecht. Dit had deels betrekking op de bescherming tegen vijandelijk gebruik ervan, maar nog meer op het mogelijk eigen, actief gebruik, aangezien mosterdgas zich vooral voor defensieve doeleinden leende.

Het Scheikundig Laboratorium beschikte over de middelen om vrijwel alle chemische onderzoeken in eigen huis uit te voeren. Daarnaast onderkende Der Weduwen de noodzaak om de werking van de onderzochte strijdgassen door farmacologisch onderzoek te beproeven, aangezien de beschikbare literatuur op dit gebied onbetrouwbaar bleek.[50] Alleen door het gecontroleerd testen op proefdieren was het mogelijk te bepalen welk strijdgas voor gebruik in oorlogstijd in aanmerking kwam, en ook welke bereidingswijze het beste eindproduct opleverde. Deze laatste vraag speelde vooral bij mosterdgas. Dierproeven waren bovendien noodzakelijk bij het ontwikkelen van beschermingsmiddelen, zoals beschermende kleding tegen blaartrekkende strijdgassen als mosterdgas en lewisiet. De Commissie van Advies nopens Chemische Strijdmiddelen verrichtte incidenteel dergelijk onderzoek, maar telde geen ter zake deskundige in haar gelederen, terwijl er voor het praktisch onderzoek alleen een chemicus beschikbaar was. Der Weduwen ijverde er daarom voor de commissie met een hoogleraar farmacologie uit te breiden en voor het uitvoeren van de dierproeven een farmacoloog aan te stellen.

Voor het farmacologisch onderzoek waren ook proefdieren nodig en een proeflokaal met de vereiste faciliteiten. Om hierin te voorzien zocht Der Weduwen eind 1928 contact met het Centraal Laboratorium voor de Volksgezondheid in Utrecht, dat over een "uitgebreide dierenstal" beschikte.[51] De directeur van dit laboratorium, dr. P.A. van Meerburg, stond positief tegenover samenwerking, maar kampte voorlopig met personeelstekorten en had bovendien geen afgeschermd proeflokaal dat zich voor proefnemingen met gifgassen leende. Dit laatste zou het Departement van Defensie moeten financieren. Ook Der Weduwen hield een slag om de arm, omdat hij vreesde dat zijn initiatieven bij het ministerie wellicht in verkeerde aarde zouden vallen. "Op 't verloop hiervan kan ik niet vooruitloopen", schreef hij Van Meerburg, "omdat je nooit weet hoe zoo'n bol in den Haag uit elkaar kan spatten."

Minister Lambooy bleek inderdaad niet genegen de Commissie van Advies met farmacologische expertise en ondersteuning uit te breiden, overigens vooral om financiële redenen.[52] Hij was van mening dat het lid van de commissie prof. dr. H. Jakob, al was hij op dit gebied geen specialist, de noodzakelijke proeven in zijn eigen universiteitslaboratorium in Utrecht kon uitvoeren. De directie van de Artillerie-Inrichtingen reageerde, ongetwijfeld op aangeven van Der Weduwen, teleurgesteld.[53] Het was, zo hield zij de minister voor, niet zozeer van belang wie leiding aan het onderzoek gaf, maar wie het zou uitvoeren. Zonder vaste kracht hiervoor zou er van het onderzoek naar verwachting weinig terechtkomen. Het alternatieve voorstel om een farmacoloog in Hembrug aan te stellen en deze onder leiding van prof. Jakob met het onderzoek te belasten, legde de minister eveneens naast zich neer. Wel was hij bereid Jakob een jaarlijkse toelage te geven, zodat deze op verzoek van het Scheikundig Laboratorium of de commissie opdrachten bij twee van zijn assistenten kon uitzetten.[54] Dit compromis was een suggestie van de voorzitter van de Commissie van Advies, die benadrukte dat er alleen dierproeven zouden plaatsvinden. "Experimenten op menschen blijven vanzelve buiten beschouwing", voegde hij er aan toe.

De commissie had al eerder besloten proefnemingen met mosterdgasdamp die een sterke irritatie van de huid veroorzaakten, voorlopig alleen op proefdieren (vooral konijnen) uit te voeren en niet op mensen "in verband met de daaraan vermoedelijk verbonden groote kosten en moeilijkheden".[55] Bij het gasmaskeronderzoek van het Scheikundig Laboratorium was het gebruik van proefpersonen, zoals dat voorheen de regel was, eveneens ongewenst.[56] De voornaamste reden hiervoor was overigens dat was gebleken dat niet alle mensen even gevoelig waren voor de verschillende strijdgassen. Daarnaast moest ook het mogelijke risico niet worden onderschat. "Mag het af en toe inademen van 'gassen' niet tot bezwaren aanleiding geven", concludeerde Der Weduwen, "op den duur moet, gezien de bestaande inwerking dezer gassen op de verschillende weefsels en slijmvliezen hier een gevaar te duchten zijn."

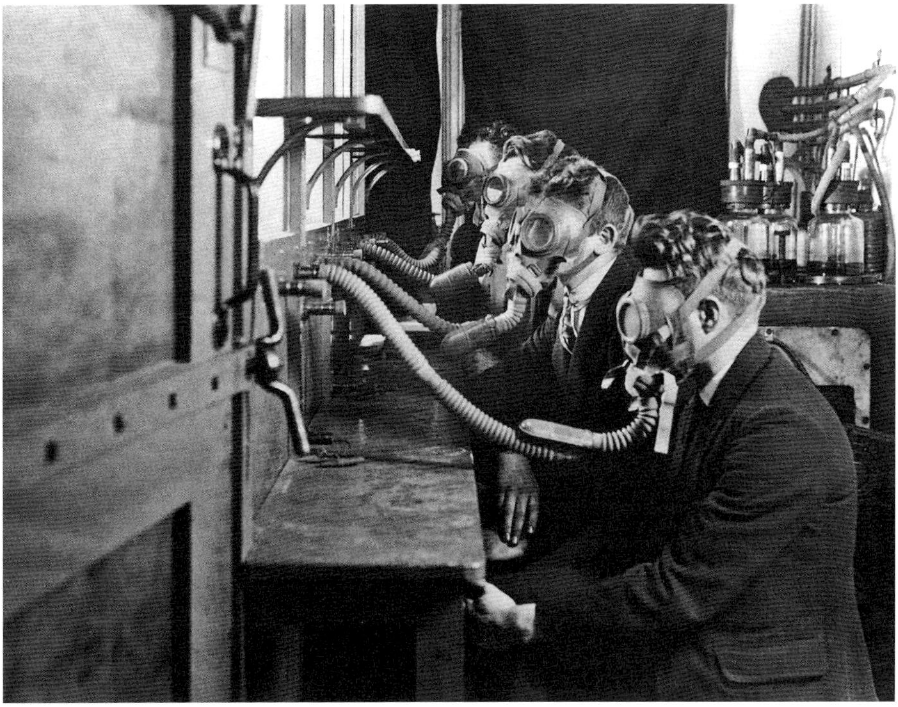

Gasmaskeronderzoek bij het Scheikundig Laboratorium van de Artillerie-Inrichtingen.

Alle betrokken autoriteiten onderschreven in principe de behoefte aan een eigen, Nederlandse capaciteit op het gebied van de chemische oorlogvoering. Dit had er echter niet toe geleid dat er een helder inzicht bestond in de benodigde hoeveelheden. Weliswaar had de Commissie voor Chemische Strijdmiddelen zich hierover in 1925 uitgelaten (p. 67), maar het was in het geheel niet duidelijk waarop zij de door haar gepresenteerde cijfers baseerde. In juni 1929 kreeg de directeur van de Militaire Gasschool daarom opdracht de kwantitatieve behoefte aan “strijdgassen, gasmunitie, gasbommen, rookmunitie en rookbommen” voor de eerste drie oorlogsmaanden vast te stellen.[57] Hij diende hierbij te specificeren welke hoeveelheden bij mobilisatie onmiddellijk beschikbaar moesten zijn, welke op dat moment aangeschaft of gevorderd moesten worden, en welke in de loop van de mobilisatieperiode nog geproduceerd konden worden. De inspecteur der Genie, Roorda, tekende echter onmiddellijk aan dat de behoefte pas definitief kon worden vastgesteld op het moment dat het onderzoek van de Artillerie-Inrichtingen naar de eigenschappen en bereiding van strijdgassen meer duidelijkheid had verschaft. De consequentie hiervan was dat de uitvoering van de opdracht op de lange baan werd geschoven en – voor zover bekend – nooit tot resultaten heeft geleid.

Over de mogelijkheden van de particuliere chemische industrie maakte generaal-majoor Roorda zich, vooruitlopend op het onderzoek van de Artillerie-Inrichtingen, overigens geen illusies. Slechts na "omvangrijke deskundige voorbereidingen" zou het mogelijk zijn de industrie in de mobilisatietijd voor de productie van chemische strijdmiddelen in te richten. Overigens blijkt uit de aan de directeur van de Militaire Gasschool verstrekte opdracht dat Nederland mogelijk al in vredestijd een zekere hoeveelheid chemische wapens in voorraad moest hebben. Dit week af van de lijn zoals die in het parlement door de verantwoordelijke bewindslieden was uitgezet. Bij de behandeling in de Eerste Kamer van de begroting voor 1929 bijvoorbeeld, had minister Lambooy verklaard dat Nederland in vredestijd niet over voorraden strijdgassen behoefde te beschikken, maar wel voorbereid moest zijn om deze stoffen in oorlogstijd in voldoende hoeveelheden aan te maken (zie p. 91).[58]

De inventarisatie

In augustus 1929 was het Scheikundig Laboratorium eindelijk in staat te beginnen met de door de minister gewenste inventarisatie van de rol die de nationale chemische industrie bij de aanmaak van strijdgassen kon spelen.[59] Naar het voorbeeld van andere Europese landen nam de directie van de Artillerie-Inrichtingen contact op met de desbetreffende vakorganisatie, de Vereeniging van de Nederlandsche Chemische Industrie, in de hoop op deze wijze de benodigde gegevens sneller te kunnen verzamelen en op een later moment gemakkelijker toegang tot de afzonderlijke bedrijven te krijgen. Om geen valse verwachtingen te wekken, maakte de directie in haar brief duidelijk dat er in principe in vredestijd geen bestelorders in het vooruitzicht konden worden gesteld. Het doel was te komen tot een organisatiestructuur die het

Personeel van het Scheikundig Laboratorium van de Artillerie-Inrichtingen, juni 1929.

mogelijk moest maken om in oorlogstijd, en alleen "indien Nederland daartoe gedwongen zou worden", strijdgassen te produceren. Het bestuur van de vereniging wees "na ampele overweging" de toenaderingspoging van de hand.[60] Zij achtte het gevraagde niet verenigbaar met de doelstellingen van de vereniging.

De Artillerie-Inrichtingen waren hierdoor genoodzaakt rechtstreeks contact te zoeken met alle fabrieken en bedrijven die chemische stoffen produceerden of verwerkten. Dit vond vanaf februari 1930 plaats.[61] In de hiervoor gebruikte standaardbrief legde de directie van het staatsbedrijf allereerst uit waarom Nederland zich op de inzet van chemische wapens diende voor te bereiden: "Hoewel het niet aan pogingen ontbreekt om het gebruik van deze middelen te doen verbieden, blijft het een open vraag, of verbodsbepalingen voldoende kracht zullen kunnen bezitten om te waarborgen, dat ieder zich in den uitersten nood daarvan zal onthouden. Ook andere, dan zuiver volkenrechtelijke vraagstukken zullen daarbij hun invloed doen gelden. Het blijft daarom een plicht, vooral voor een land, dat zelf geen oorlogservaring op dat gebied heeft, zich op de hoogte te stellen en te houden van de mogelijkheden, waarvoor men op een oogenblik gesteld zou kunnen worden." Het was daarom in het "landsbelang" dat de chemische industrie meedacht over "hoe zij in tijd van nood de helpende hand zal kunnen bieden". De medewerking kon echter niet worden afgedwongen. Aan de bedrijven die hiertoe wel bereid waren, werd gevraagd een opgave te doen van de producten die zij vervaardigden (of in principe met de beschikbare installaties en kennis konden vervaardigen), van de daarbij gebruikte grondstoffen en van de personeelssterkte. De Artillerie-Inrichtingen zou alle informatie uiteraard vertrouwelijk behandelen. De bedrijven die in oorlogstijd voor productie van chemische strijdmiddelen in aanmerking kwamen, zouden daarna door ir. Hendriksz en andere personeelsleden van het Scheikundig Laboratorium voor een grondige inspectie worden bezocht.

Hoewel de brief die de Artillerie-Inrichtingen aan de bedrijven had verzonden als geheim was geclassificeerd, lekte het onderzoek uit. Op 25 juni 1930 stelde het communistische Tweede Kamerlid L.L.H. de Visser hierover vragen aan minister Deckers.[62] De minister verwees in zijn antwoord naar de enkele jaren eerder in de Eerste Kamer aangekondigde inventarisatie van de landelijke productiemogelijkheden voor strijdgassen (zie p. 92) en lichtte toe dat de bedoelde "circulaire" was bedoeld om de benodigde gegevens te verzamelen. De Visser vroeg ook of het onderzoek onderdeel uitmaakte van een internationaal complot tegen de Sovjet-Unie, wat door Deckers kortaf ontkennend werd beantwoord. De krant *Het Volk* drukte de tekst van het rondschrijven op 5 juli 1930 af, waarna in de Eerste Kamer Van Embden, tijdens het debat over de ratificatie van het Protocol van Genève, er kort op inging.[63] Hij stelde dat de brief aantoonde dat er niet alleen werd "nagegaan en vastgelegd", maar dat er ook verdergaande plannen bestonden om de industrie op de aanmaak van strijdgassen in te stellen. Met zijn constatering dat er "dus wel iets meer dan alleen gegevens verzamelen" gebeurde, had Van Embden feitelijk gelijk. De opdracht om te bezien "op welke wijze die industrie eventueel voor den aanmaak van strijdgassen zou kunnen worden gebruikt" was immers niet door de minister in de Eerste Kamer aangekondigd, maar was later op voorstel van inspecteur der Genie Roorda toegevoegd (zie p. 93).

In een schrijven aan de minister van Defensie werkte de nieuwe inspecteur der Genie, generaal-majoor M. Raaijmaakers, de vervolgstappen alvast uit.[64] Op basis van de gegevens uit de inventarisatie moest er een gedetailleerd plan komen over hoe de beschikbare industriële capaciteit het effectiefst kon worden benut, onder meer door het – in mobilisatie- of oorlogstijd – verplaatsen, aanpassen of uitbreiden van bestaande fabrieksinstallaties. Tevens was het noodzakelijk het (leidinggevend) personeel van de betrokken bedrijven al in vredestijd "geheel op de hoogte te brengen met de eigenaardigheden en moeilijkheden, die bij den aanmaak naar voren zullen komen". Zij konden dit niet in de schoolbanken of in het laboratorium aanleren. Daarom waren er proefinstallaties nodig, waar praktisch onderricht in de fabrieksmatige aanmaak van strijdgassen kon worden gegeven. Het leek de inspecteur overigens verstandig met de aanschaf van deze installaties te wachten totdat het plan voor de inschakeling van de industrie gereed was. De minister diende er wel rekening mee te houden dat hiervoor fondsen nodig waren.

Bij de Generale Staf riep de brief van de inspecteur der Genie de nodige vraagtekens op.[65] Het commentaar viel in twee hoofdpunten uiteen. In de eerste plaats vroegen stafofficieren zich af of deze verregaande voorbereidingen – inclusief het in bedrijf stellen van proefinstallaties – wel verenigbaar waren met het meermaals uitgedragen regeringsstandpunt dat Nederland in vredestijd geen "agressieve" chemische strijdmiddelen zou aanmaken. In de tweede plaats vonden zij het onjuist geld uit te trekken voor (de voorbereiding van) de productie van strijdgassen, terwijl er op het gebied van de beschermingsmiddelen – in de eerste plaats gasmaskers – nog grote tekorten bestonden. Binnen de Generale Staf was alleen het bureau Voorziening Behoeften in Oorlogstijd het grotendeels met de inspecteur der Genie eens. Het hoofd van deze afdeling kon zich voorstellen dat het nodig was "iets verder te gaan dan zuiver laboratoriumproeven, al ware zulks om politieke redenen zooveel mogelijk te beperken". Ook hij vond het echter verstandig te wachten totdat de plannen verder waren uitgewerkt.

De CGS, generaal-majoor H.A. Seyffardt, schortte zijn definitieve oordeel, in afwachting van de afronding van het onderzoek, voorlopig op.[66] Hij liet echter niet na de minister te wijzen op de door zijn stafofficieren aangedragen punten van zorg. Vooral zijn kanttekening dat hij het "ongewenscht [achtte], dat eenigszins belangrijke uitgaven aan deze voorbereidingen ten koste zouden worden gelegd, alvorens in het groote tekort aan *passieve* chemische strijdmiddelen is voorzien", keerde in de latere discussies over dit onderwerp regelmatig terug. Aangaande de vraag of het in gebruik nemen van proefinstallaties gerechtvaardigd was, kon minister Deckers de CGS geruststellen.[67] Hij had, in navolging van zijn voorganger Lambooy, het parlement al eerder geïnformeerd over de noodzaak om in vredestijd bepaalde voorbereidingen te treffen (zie p. 91 en noot 58 op p. 364).

De door de CGS en zijn stafofficieren geuite zorg over de beschikbaarheid van een in kwantitatief en kwalitatief opzicht bevredigende voorraad gasmaskers en filterbussen was niet uit de lucht gegrepen. Op 24 juli 1930 bijvoorbeeld, beklaagde de commandant Veldleger, luitenant-generaal Insinger, zich over de deplorabele staat van de beschermingsmiddelen.[68] Veel van de aanwezige gasmaskers voldeden niet meer aan de eisen van de tijd, terwijl het

De ontwikkeling van bruikbare gasmaskers voor paarden levert de nodige moeilijkheden op.

aantal bij lange na niet voldoende was om het gehele gemobiliseerde leger te voorzien. Over paardengasmaskers, schuilplaatsmaskers, beschermende kleding en ontsmettingsmiddelen beschikte de landmacht in het geheel nog niet. Insinger vond dit onacceptabel: "Een voldoend beschermingsmiddel tegen strijdgassen is voor den soldaat van evenveel gewicht als het bezit van een wapen. Onverantwoordelijk zou het zijn om den man geen geweer, karabijn of vuistvuurwapen te geven, doch even onverantwoordelijk is het, indien men hem onbeschermd tegen gasaanvallen in het veld zou zenden." Er kwam weliswaar meer geld beschikbaar, maar dit was volgens Insinger slechts een druppel op een gloeiende plaat.[69] Het beleid van de CGS en de inspecteur der Genie richtte zich er uiteindelijk op, het tekort aan gasmaskers eind 1936 weg te werken.[70]

De inspecteur der Genie zette zijn inspanningen op het gebied van de chemische verdedigingsvoorbereiding onvermoeibaar voort. In april 1930 informeerde hij de minister dat hij de kosten van het uitwerken van het plan "nopens de wijze, waarop de aanmaak, in geval van nood, zou kunnen worden uitgevoerd" op 25.000 gulden begrootte.[71] Aangezien dit bedrag uit het algemene budget voor chemische strijdmiddelen – in 1931 een half miljoen gulden – gefinancierd diende te worden en dus ten koste zou gaan van de verwerving van de nodige beschermingsmiddelen, voorzag de CGS het verzoek van de inspecteur van een negatief advies.[72] Minister Deckers keurde de begrotingspost niettemin goed met de overweging "dat ik het noodzakelijk acht ook de mogelijkheid tot fabriekmatigen aanmaak van strijdgassen voor te bereiden, omdat, indien, in geval van oorlog, de vijand over gaat tot het gebruiken van offensieve middelen, de aanmaak daarvan ook onzerzijds met den meesten spoed zal moeten kunnen aanvangen".[73] De inspecteur der Genie had hem verzekerd dat het gehele bedrag voor de laboratoriumonderzoeken van de Artillerie-Inrichtingen nodig was. Binnen de Generale Staf was men daarvan niet overtuigd, getuige hetgeen een stafofficier in de marge van de brief van de minister noteerde: "Van f 25.000 kan heel wat laboratoriumarbeid worden verricht; ik vermoed dat hieronder ook begrepen wordt het aanmaken van kleine proefpartijen bij enkele fabrieken en hierin schuilt een groot gevaar." Voorlopig was daarvan overigens nog geen sprake. Het Scheikundig Laboratorium had door het nijpend personeelstekort en de toenemende complexiteit van de onderzoeken weinig voortgang geboekt bij het streven de laboratoriumproeven een vervolg op semitechnische schaal te geven.[74] Het enige tastbare resultaat was de aanmaak van 60 kg chloorpicrine, wat slechts mogelijk was geweest dankzij de tijdelijke aanwezigheid van een "volontair". (Waarvoor deze hoeveelheid chloorpicrine was bedoeld, is niet in de bronnen terug te vinden.)

Op 14 april 1931 stelde de directie van de Artillerie-Inrichtingen de minister op de hoogte van de uitkomsten van de inventarisatie.[75] De resultaten waren ronduit teleurstellend, al mag worden afgevraagd of de vooraf gekoesterde verwachtingen realistisch waren.[76] Niet alleen beschikte geen enkel bedrijf over ervaring met de bereiding en verwerking van daadwerkelijk bruikbare strijdgassen, maar ook de productie van verwante chemicaliën vond slechts in geringe hoeveelheden plaats. De meeste van deze fabrieken lagen bovendien buiten het hart van het land en waren daardoor voor inschakeling in oorlogstijd ongeschikt. De nationale industrie kon – net als tijdens de Eerste Wereldoorlog – eigenlijk slechts eenvoudige strijdgassen als zwaveldioxide en dimethylsulfaat voortbrengen, die "voor gebruik te velde practisch onbruikbaar" waren gebleken. Tot slot bestonden er grote twijfels of de benodigde grondstoffen in oorlogstijd in voldoende mate beschikbaar zouden zijn.

De conclusie van het onderzoek luidde dat een intensieve voorbereiding in vredestijd nodig was om de industrie op de productie van "tot nu toe voor haar onbekende stoffen" in te stellen. "Een z.g. 'papieren voorbereiding' van den aanmaak van strijdgas in oorlogstijd is", concludeerden de Artillerie-Inrichtingen, "ten eenenmale onvoldoende en kan daarom niet het minste nut afwerpen." Wilden de plannen enige kans op succes hebben, dan diende de voorbereiding zich uit te strekken tot het verwerven van de benodigde fabrieksinstallaties en het oplossen van het grondstoffenprobleem. Aangezien chloor voor de bereiding van vrijwel alle bruikbare strijdgassen benodigd was en de import de productie in eigen land verre overtrof, had het "chloorvraagstuk" prioriteit. Als eerste aanzet daartoe diende de eigen productie ten minste de vredesbehoefte aan chloor te dekken.

Het rapport besteedde uiteraard veel aandacht aan de productie van mosterdgas, dat (net als in 1925) als het voor Nederland belangrijkste strijdgas werd gezien. Aangezien de Nederlandse industrie niet in staat was de strijdkrachten bij het uitbreken van een oorlog op eigen kracht onmiddellijk van mosterdgas te voorzien, moest naar een andere oplossing worden omgezien. De eenvoudigste optie was om in vredestijd voldoende mosterdgas aan te kopen om de eerste drie oorlogsmaanden te overbruggen. Dit stuitte echter op problemen, zoals de ervaringen uit 1925 en de daaropvolgende jaren al hadden aangetoond. Een buitenlandse leverancier zou moeilijk te vinden zijn en productie in Nederland zelf was niet alleen voorlopig technisch onhaalbaar, maar zou bovendien naar verwachting vanwege "de mentaliteit van het daar werkzame personeel", dat wellicht zou weigeren om aan de productie van strijdgassen mee te werken, niet te realiseren zijn. Opslag in vredestijd van grote hoeveelheden mosterdgas bracht bovendien te veel risico's met zich mee en botste met het door de regering ingenomen standpunt. Een andere mogelijke benadering bestond uit het (van overheidswege of met overheidssteun) opzetten van een 'slapend' mosterdgasbedrijf van voldoende capaciteit, dat in oorlogstijd geactiveerd kon worden. Dit vereiste echter dat het aangewezen personeel in vredestijd ervaring met de bediening zou opdoen, waarmee opnieuw het probleem opdoemde hoe men in vredestijd met voorraden mosterdgas moest omspringen.

Het rapport van de Artillerie-Inrichtingen gaf de voorkeur aan een andere optie. Deze was gebaseerd op de relatief eenvoudige bereiding van mosterdgas volgens de Duitse methode op basis van thiodiglycol en zoutzuur. Hieraan waren niet dezelfde nadelen verbonden als aan de eerdergenoemde alternatieven. Thiodiglycol was immers een relatief onschadelijk handelsproduct, dat zonder praktische of volkenrechtelijke bezwaren in het buitenland kon worden aangekocht en in Nederland kon worden opgeslagen (zie ook p. 72). Voor de productie van mosterdgas was in dit geval slechts een eenvoudige 'slapende' installatie nodig, die bij voorkeur niet bij een particulier bedrijf, maar bij de Artillerie-Inrichtingen in Hembrug zou komen te staan. Zo waren de beschikbaarheid en de continuïteit het best gewaarborgd en zou de oefening van het mobilisabele personeel gemakkelijker verlopen.[77] Verder was het gewenst om de aanmaak in eigen land van thiodiglycol te stimuleren, zodat de voorziening hiervan in oorlogstijd geen problemen zou opleveren en het fabriekspersoneel met de bewerkingen vertrouwd zou raken. Ook de zoutzuurproductie moest worden aangemoedigd, aangezien slechts één Nederlandse fabriek, de firma Raab in Roermond, de vereiste kwaliteit zoutzuur kon aanmaken. Voor gebruik in crisis- en oorlogstijd kwam deze fabriek gezien haar ligging niet in aanmerking; evenmin was het mogelijk de apparatuur (een ingemetselde mechanische oven) te verplaatsen.

Het rapport hield verder de mogelijkheid open in vredestijd tevens voorbereidingen te treffen voor de productie van mosterdgas volgens de efficiëntere Brits-Amerikaanse bereidingswijze. Voor andere strijdgassen, zoals chloorpicrine en difosgeen, kon wellicht een vergelijkbare werkwijze worden gevolgd, met dien verstande dat het fundamenteel onderzoek nog niet in alle gevallen was afgerond. Dit gold onder meer voor de "buitengewoon belangrijk" geachte arsineverbindingen. Fosgeen, waar eerder veel aandacht naar was uitgegaan, leende zich volgens de laatste inzichten niet meer voor gebruik in oorlogstijd.

Vanzelfsprekend waren aan de initiatieven om de nationale chemische industrie op de productie van strijdgassen voor te bereiden hoge kosten verbonden. Voordat daarvan sprake kon zijn, moest de minister zich eerst over de te volgen lijn uitspreken. Op de kortere termijn hadden de Artillerie-Inrichtingen in ieder geval 30.000 gulden per jaar nodig om het onderzoek naar bruikbare strijdgassen en de bereiding daarvan voort te zetten. Verder moest de inventarisatie van de nationale productiemogelijkheden een vervolg krijgen. Tegelijkertijd waren er ook fondsen nodig voor het onderzoek naar de detectie van en de bescherming tegen strijdgassen, en moesten de door de Artillerie-Inrichtingen te verzorgen opleidingen en herhalingsoefeningen van diverse categorieën officieren vorm krijgen.

De inspecteur der Genie, generaal-majoor Raaijmaakers, die zoals gebruikelijk het rapport van de Artillerie-Inrichtingen van een preadvies voorzag, onderschreef de uitgangspunten en conclusies ervan, maar benadrukte dat de kosten voor het moderniseren van de chemische industrie hoog zouden zijn.[78] Eventuele investeringen door de staat zouden zich bovendien niet laten terugverdienen, aangezien het was uitgesloten dat de overheidssteun een in vredestijd rendabele chemische industrie zou opleveren die de concurrentie met het buitenland aankon. Wel achtte de inspecteur het haalbaar de productie te stimuleren van chloorkalk – zowel voor passieve als voor actieve doeleinden – en van zwavelzuur – een voor de aanmaak van rookmunitie noodzakelijke grondstof. Nederland zou er naar zijn mening echter niet aan ontkomen om in oorlogstijd diverse strijdgassen en/of tussenproducten uit het buitenland (Duitsland, Frankrijk of Groot-Brittannië) te betrekken.

Ook de CGS boog zich op verzoek van de minister over het rapport van de Artillerie-Inrichtingen. Uit de aantekeningen die binnen de Generale Staf circuleerden, blijkt dat de plannen van de Artillerie-Inrichtingen hier niet in goede aarde vielen.[79] Zolang de voorziening van het leger met passieve chemische strijdmiddelen (gasmaskers en dergelijke) nog niet op orde was, moest er aan de voorbereidingen op actief gebied zo weinig mogelijk geld worden uitgegeven. Het voorstel om de chloorkalkproductie te stimuleren kreeg weliswaar bijval, maar deze stof was dan ook een van de belangrijkste beschermingsmiddelen tegen mosterdgas. Voor de andere voorstellen wilde de Generale Staf geen geld uittrekken. Nederland diende te accepteren dat het in oorlogstijd op dit gebied "vrijwel geheel" van ondersteuning door een bondgenoot afhankelijk zou zijn. Opmerkelijk genoeg twijfelden sommige stafofficieren nog steeds – ten onrechte – aan de rechtmatigheid van de door de Artillerie-Inrichtingen voorgestelde voorbereidingen: "Mag dit in verband met de internationale verdragen?", vroeg een van hen zich af; "m.i. niet", meende een ander.[80]

In zijn formele advies aan de minister ging de CGS niet inhoudelijk op de materie in.[81] Hij onderschreef de visie van de inspecteur der Genie, maar voorzag die van de cruciale kanttekening dat het "gelet op de urgentie van de voorziening van het leger met gasmaskers (...) ongewenscht en ook niet mogelijk" zou zijn een bedrag van 30.000 gulden voor de chemische verdedigingsvoorbereiding uit te trekken. Dat dit bedrag eigenlijk slechts voor het onderzoek van het Scheikundig Laboratorium was bedoeld en voor de eigenlijke verdedigingsvoorbereiding een veelvoud nodig was, liet hij maar in het midden. Tussen de inspecteur der Genie en de CGS ontspon zich in deze periode een ware strijd over de hoogte van het bedrag dat voor de voorbereiding van de productie van *actieve* chemische strijdmiddelen mocht worden uitgetrokken.

Terwijl de eerstgenoemde autoriteit het nog openstaande bedrag op de begroting voor chemische strijdmiddelen – in 1931 was dat ruim een ton – "in de eerste plaats" voor het onderzoek naar de aanmaak van strijdgassen en de voorbereidingen voor de productie in oorlogstijd wilde bestemmen, wilde de CGS het geld grotendeels aan gasmaskers en de opleiding van gasverkenners en -ontsmetters uitgeven.[82]

Minister van Defensie Deckers sloot zich in dit geval bij de CGS aan.[83] Zolang de "strikt noodige" beschermingsmiddelen nog niet voorhanden waren, kon er geen geld voor proeven op semitechnische schaal worden uitgetrokken, hoe gewenst die ook waren. Ten overvloede voegde de minister er nog aan toe dat de aanschaf van "installaties voor den aanmaak van strijdgassen" voorlopig achterwege diende te blijven. Niettemin moesten de Artillerie-Inrichtingen het onderzoek voortzetten, zij het met minder geld (15.000 in plaats van 30.000 gulden[84]) en daardoor in een lager tempo. Dit hield onder meer in dat het Scheikundig Laboratorium de laboratoriumproeven moest afronden en de verzamelde gegevens over de chemische industrie up-to-date moest houden. De minister zag verder in de bevindingen van het rapport aanleiding

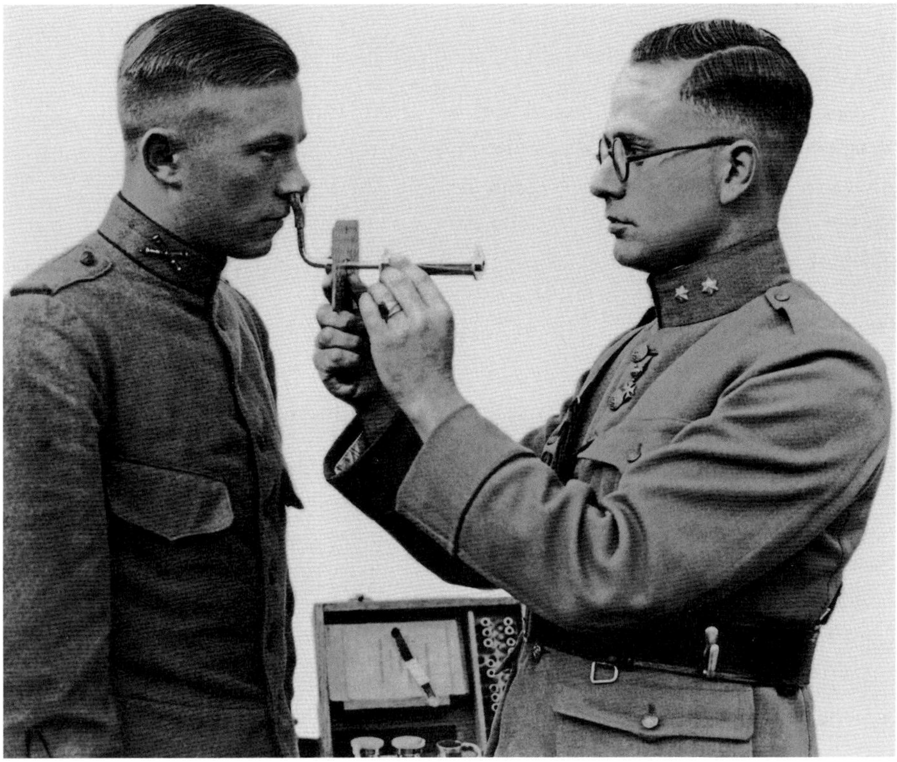

Gasverkenners moeten voor de herkenning van strijdgassen grotendeels op hun reuk vertrouwen. Door de ontwikkeling van de reukmeetinstallatie tegen het einde van de jaren twintig kan de selectie voor deze functie op een verantwoorde manier plaatsvinden.

om nader onderzoek te gelasten. Dit betrof de mogelijkheden voor het opvoeren van de nationale productie van chloorkalk en nevelzuren. Tevens moesten de Artillerie-Inrichtingen plannen uitwerken voor de omzetting van thiodiglycol in mosterdgas en voor de aanmaak van chloorpicrine.

Het door de minister gewenste onderzoek naar de productie van chloorkalk leverde in juni 1932 een voorlopig rapport op, dat overigens slechts op het gebruik voor beschermingsdoeleinden inging.[85] In het rapport kon Der Weduwen verheugd melden dat de "chloorbalans" sterk was verbeterd. De Koninklijke Nederlandsche Zoutindustrie in Boekelo had namelijk chloorloog in productie genomen, wat als equivalent voor chloorkalk kon worden toegepast. De ligging van het bedrijf, in het oosten van het land, was voor oorlogsdoeleinden echter bijzonder ongunstig. Verplaatsing van de productie was zo goed als onmogelijk, omdat het benodigde zout lokaal werd gewonnen. De grootschalige productie van chloorkalk vond in Nederland alleen bij de firma Jan Dekker in Wormerveer plaats. Dit bedrijf had echter veel te lijden onder de agressieve concurrentie van de veel grotere buitenlandse (vooral Duitse) chemische concerns. Steunverlening van overheidswege was gewenst, maar moeilijk uitvoerbaar omdat de vredesbehoefte van Defensie vrijwel nihil was en chloorkalk zich niet voor langdurige opslag leende.[86] Het is niet bekend of dit onderzoek is voortgezet en er nog een definitief rapport is uitgebracht.[87]

Met nauwelijks verholen teleurstelling constateerde Der Weduwen begin 1932 dat de werkzaamheden voor de chemische verdedigingsvoorbereiding door het dichtdraaien van de geldkraan "op een dood punt" waren gekomen.[88] Met de afronding van het onderzoek naar de arsineverbindingen kwam ook het einde van het fundamenteel onderzoek naar de eigenschappen en bereiding van strijdgassen in zicht, al verrichtte het Scheikundig Laboratorium ook in later jaren nog incidenteel onderzoek op dit gebied, onder andere naar mosterdgas en lewisiet.[89] De 15.000 gulden die voor laboratoriumonderzoek op de begroting voor chemische strijdmiddelen stonden, kwamen sinds 1932 grotendeels ten goede aan het ontwikkelen van een detectieapparaat voor het aantonen van strijdgassen, met name mosterdgas.[90]

De oorlog nadert

Naast het Scheikundig Laboratorium had ook de Commissie van Advies nopens Chemische Strijdmiddelen een belangrijke onderzoekstaak. Sinds 1929 gold dit vooral voor het farmacologisch onderzoek dat onder meer voor de ontwikkeling van beschermende kleding nodig was (zie p. 95).[91] Hoewel de commissie uit wetenschappers van naam bestond, leverde de samenwerking niet op wat Der Weduwen en de zijnen ervan verwachtten.[92] Het onderzoek dat de commissie op verzoek van het Scheikundig Laboratorium uitvoerde, was vaak oppervlakkig, terwijl de commissie nauwelijks eigen initiatief toonde. De resultaten waren "bedroevend" en soms zelfs "waardeloos". Nadat Der Weduwen hierover meermaals had geklaagd, kreeg hij in 1933 de vrije hand een nieuwe adviescommissie te formeren. Voor de chemicus dr. J.H. de Boer, een van de nieuwe leden, vatte hij de achtergronden als volgt samen: "Tegen de oude leden als

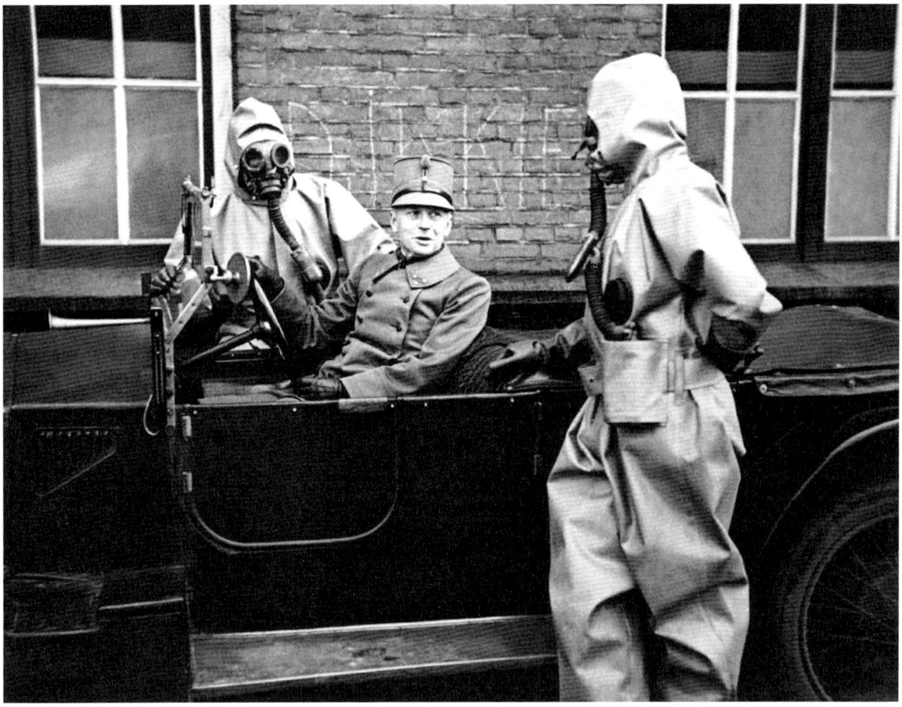

Twee leerlingen van de Militaire Gasschool, gestoken in beschermende kleding, praten met de hoofdinstructeur, kapitein A.W. Claasen, circa 1935.

zoodanig hadden wij niets, doch onze grief was alleen, dat er niets gebeurde en dat hopen wij te kunnen veranderen."[93] De Boer was geen hoogleraar, maar vertegenwoordigde als hoofd van het Natuurkundig Laboratorium van Philips in Eindhoven wel een belangrijke onderzoeksinstelling. Voor wetenschappelijke eenlingen, al waren zij professor, was in de nieuwe commissie geen plaats. Door deze constructie moest het makkelijker worden om onderzoeken bij de leden van de commissie uit te zetten. De nieuwe Commissie van Advies nopens Chemische en Aanverwante Verdedigingsvraagstukken, waarvan Der Weduwen als secretaris optrad, werd per 1 juli 1934 formeel opgericht.[94] Zoals uit de benaming van de commissie blijkt, beperkte haar werkterrein zich niet meer tot het domein van de "oorlogsgassen" alleen.

Voor het farmacologisch onderzoek van monsters van beschermende kleding maakte de nieuwe commissie niet alleen van proefdieren, maar ook van menselijke proefpersonen gebruik.[95] In 1929 had de oude commissie nog verzekerd dat daarvan "vanzelve" geen sprake was (zie p. 96). De aard van de proefnemingen stond in de overeenkomst die door beide partijen moest worden ondertekend, als volgt omschreven: "Proefpersoon stelt zijn huid (...) beschikbaar voor het nemen van proeven met gasdichte kleeding."[96] Over de werving van deze proefpersonen is niets bekend. Zij kregen voor iedere proef "waarbij een de huid irriteerend strijdgas [mosterdgas, HR] gebruikt wordt" een gulden uitbetaald. Voor proeven "waarbij de huid zoodanig geirriteerd wordt, dat weefselversterf optreedt" kregen zij vijf gulden extra. Per dertig dagen kon een proefpersoon echter niet meer dan 25 gulden uitgekeerd krijgen. Indien er wat misging, anders dan door "eigen schuld of eigen nalatigheid", waren "alle gevolgen (...) voor rekening en risico van den Staat". Minister van Defensie (ad interim) dr. H. Colijn verleende hiervoor in januari 1937 autorisatie.[97]

Ook het Scheikundig Laboratorium van de Artillerie-Inrichtingen gebruikte in deze periode menselijke proefpersonen voor onderzoek naar de uitwerking van en de bescherming tegen mosterdgas. De Artillerie-Inrichtingen namen hiervoor de tekst van de overeenkomst die door de Commissie van Advies was opgesteld, letterlijk over.[98] De staat nam ook in dit geval de verantwoordelijkheid voor de eventuele gevolgen op zich. Minister van Defensie Van Dijk keurde dit in oktober 1937 goed.[99] Voor het uitvoeren van de "huidproeven" ging de directie van de Artillerie-Inrichtingen in september 1937 een verbintenis aan met een dierenarts uit Zaandam, A. Kruiswijk.[100] Twee jaar later kreeg het Scheikundig Laboratorium hiervoor een aparte afdeling Physiologie. Over de proeven zelf is niet veel bekend. Bij proefnemingen met mosterdgasdruppels op de huid van konijnen, cavia's en mensen in november 1939 traden in elk geval, in vergelijking met het gebruik van mosterdgasdamp, "zeer ernstige huidbeschadigingen" op.[101]

Een uitbreiding van de experimenten met proefpersonen bij het Scheikundig Laboratorium was in januari 1940 aanleiding de tekst van de overeenkomst aan te passen.[102] Als reden hiervoor gaf Der Weduwen op dat bij de nieuwe proefnemingen "doelbewust blaren en weefselversterf zullen worden opgewekt, terwijl dit voorheen slechts bij uitzondering en dan nog in geringe mate optrad". Om wat voor experimenten het precies ging, bleef verder onduidelijk. In de tekst van de overeenkomst kwam de veranderde opzet tot uiting door de aanduiding "proeven met gasdichte kleeding" door "proeven met mosterdgas" te vervangen. Vanwege het toegenomen risico ging de geldelijke vergoeding in geval van "weefselversterf" omhoog van 5 naar 7,50 gulden.

Binnen de in 1931 vastgestelde krappe financiële marges, ging het werk aan de chemische verdedigingsvoorbereiding op de achtergrond door. Conform de opdracht van de minister moest de inventarisatie van de productiemogelijkheden in de nationale industrie van tijd tot tijd worden bijgewerkt. In 1936 nam het Scheikundig Laboratorium daarom opnieuw contact op met de vijf jaar daarvoor bezochte bedrijven, terwijl ook enkele nieuwe fabrieken in het onderzoek werden betrokken.[103] Het was opvallend dat de bereidheid om mee te werken groter was geworden. Zowel de Fabriek voor Chemische Producten Vondelingenplaat als de Chemische Fabriek Naarden bijvoorbeeld, die in 1930 "een weinig welwillende houding" hadden aangenomen, verleenden nu wel hun medewerking. De sterk toegenomen oorlogsdreiging was hiervan zonder twijfel de reden. De verschuivingen op het gebied van de productiemogelijkheden waren vooral een gevolg van de economische crisis van de jaren dertig. Hoewel de meeste bedrijven zich inmiddels hadden weten aan te passen, was dit meestal gepaard gegaan met een forse inkrimping van de productie(capaciteit) en daarmee ook van de werkgelegenheid.

De beschikbaarheid van grondstoffen, of beter gezegd het gebrek eraan, vormde nog steeds een van de belangrijkste knelpunten. Voor de productie van difosgeen, lewisiet, adamsiet, difenylchloorarsine (*Clark I*) en difenylcyaanarsine (*Clark II*) ontbraken bijvoorbeeld essentiële grondstoffen. Voor de aanmaak van mosterdgas, waarvoor in Nederland de meeste belangstelling bestond, was de situatie echter enigszins verbeterd. De Mekog (Maatschappij tot Exploitatie van Kooksovengassen, opgericht aan het eind van de jaren twintig) te IJmuiden was in staat ethyleen te verwerken, waarop zowel het Duitse als het Brits-Amerikaanse procedé voor de bereiding van mosterdgas was gebaseerd. De omzetting van ethyleen in chloorhydrine vormde de eerste stap in de bereiding volgens de Duitse methode. Dit leverde weinig problemen op, maar voor de verwerking van chloorhydrine tot thiodiglycol was natriumsulfide benodigd en daarvan waren in Nederland onvoldoende handelsvoorraden beschikbaar. Productie van deze stof in eigen land was voorlopig evenmin een optie, omdat wel de grondstoffen, maar niet de benodigde fabrieksinstallaties voorhanden waren. Voor de toepassing van de Brits-Amerikaanse methode ontbraken de vereiste tussenproducten, maar het was in principe mogelijk de productie ervan in eigen land van de grond te krijgen.

De Mekog werkte niet alleen bereidwillig mee aan het onderzoek van het Scheikundig Laboratorium, maar toonde ook zelf initiatief. In 1938 informeerde het bedrijf Der Weduwen dat het een nieuwe, veelbelovende bereidingswijze van thiodiglycol op basis van glycol beproefde.[104] Dit stond niet op zichzelf, maar vloeide voort uit een verkenning van de mogelijkheden om glycol in productie te nemen. Hiervoor had de Mekog een proefinstallatie met een capaciteit van 500 kg per dag opgezet. Bij de beslissing om al dan niet tot de industriële productie van glycol over te gaan, speelden voor het bedrijf naast de technische haalbaarheid ook de afzetmogelijkheden op de civiele markt een rol. Van de uitkomst hiervan hing af of de Mekog de bestudering van de aanmaak van thiodiglycol zou voortzetten. Der Weduwen zag de noodzaak van deze vertraging niet in. De productiecapaciteit van de proefinstallatie was immers ruim voldoende om in de eventuele behoefte van Defensie te voorzien. Over een eventueel vervolg van deze plannen is niets bekend.

Bij de Koninklijke Marine concentreerde de belangstelling voor chemische strijdmiddelen zich in het algemeen op de bescherming tegen het mogelijk vijandelijk gebruik van deze middelen en op de toepassing van onschadelijke rook- en nevelgordijnen. Dit nam niet weg dat in 1939 het Scheikundig Laboratorium samen met de Marinegasdienst onderzoek deed naar de mogelijkheid om nevelschermen, die onder meer waren bedoeld om kustforten of belangrijke waterwerken aan de vijandelijke waarneming te onttrekken, met nies- en traanverwekkende strijdgassen te beladen.[105] Hierdoor kon hun effectiviteit worden vergroot. Der Weduwen omschreef de resultaten van de proefnemingen als "niet ongunstig", hoewel de werking tot relatief geringe afstanden beperkt was. De proeven zouden met grotere hoeveelheden en concentraties strijdgassen later worden voortgezet, maar vermoedelijk is hiervan door het uitbreken van de Tweede Wereldoorlog weinig terechtgekomen.

Tegen het einde van de jaren dertig waren de tastbare resultaten van de chemische verdedigingsvoorbereiding in Nederland nog steeds zeer beperkt. Het Scheikundig Laboratorium beschikte over semitechnische installaties voor de aanmaak van chlooracetofenon (een traangas voor oefendoeleinden en rellenbestrijding, tegenwoordig bekend als CN-gas),[106] chloorpicrine en enkele arsineverbindingen (adamsiet en difenylcyaanarsine).[107] Verder zette het Scheikundig Laboratorium de bestudering voort van de bereiding van mosterdgas volgens diverse procedés.[108] De praktische ervaring op dit gebied, in 1938 opgedaan bij het opzetten van een proefinstallatie voor het Ministerie van Koloniën (zie p. 123 e.v.), gaf aan dit onderzoek een nieuwe impuls.[109] Proefnemingen in het laboratorium met een verbeterde productiewijze leverden "gunstige resultaten" op, maar het was nodig deze door beproeving op semitechnische schaal te bevestigen. De hiervoor benodigde "uit speciaal materiaal opgebouwde apparatuur" werd besteld, maar is vermoedelijk niet meer geleverd. Het Scheikundig Laboratorium publiceerde nog in september 1940, dus tijdens de Duitse bezetting, een rapport over de alternatieve bereidingswijze.[110] Na het uitbreken van de oorlog en de mobilisatie van het Nederlandse leger moest het Scheikundig Laboratorium zijn aandacht hoofdzakelijk op andere zaken richten, met name de ondersteuning van de munitieproductie door de Artillerie-Inrichtingen. De ervaringen uit de mobilisatietijd en de strijd in de meidagen worden in hoofdstuk 5 behandeld. In het eerstvolgende hoofdstuk komt de situatie in Nederlands-Indië aan bod.

4 | Strijdgassen voor Indië 1927-1942

De situatie in de Pacific

In tegenstelling tot het moederland beschikte Nederlands-Indië vóór het uitbreken van de Tweede Wereldoorlog wél over een (beperkte) voorraad strijdgassen en over de capaciteit om deze in te zetten. De aanloop hiernaartoe verliep echter moeizaam. Terwijl de Koninklijke Landmacht (KL) zich al sinds 1915 – in zowel passieve als actieve zin – intensief op de chemische oorlogvoering voorbereidde, kwam deze ontwikkeling bij het KNIL pas later, in de tweede helft van de jaren twintig, goed op gang. Tijdens de Eerste Wereldoorlog werd vanuit de Oost slechts de ontwikkeling van het Nederlandse gasmasker gevolgd.[1]

Anders dan in Europa bestond er in de Pacific geen directe oorlogservaring met chemische strijdmiddelen en geruime tijd ontbrak ook een reële dreiging. Japan bijvoorbeeld, ontwikkelde pas in de jaren twintig met Duitse steun de capaciteit om chemische wapens in te zetten.[2] Daar kwam nog bij dat de tropische omstandigheden het onmogelijk maakten de Europese ervaringen zonder meer een-op-een over te nemen. Het lag voor de hand aan te nemen dat veel (met name vluchtige) strijdgassen bij de hogere temperaturen en luchtvochtigheid in de tropen minder werkzaam zouden zijn dan in Europa. Daar stond echter tegenover – zoals later uit onderzoek in Nederlands-Indië bleek[3] – dat op de huid werkende strijdmiddelen als mosterdgas door de gevolgen van transpiratie juist moeilijker te bestrijden en daardoor mogelijk effectiever waren. Desondanks leunde het KNIL zeker tot het eind van de jaren twintig zwaar op de bij de KL aanwezige kennis. KNIL-officieren op verlof in Nederland volgden cursussen bij de Militaire Gasschool in Utrecht om, zoals legercommandant luitenant-generaal H.L. La Lau het in oktober 1927 uitdrukte, kennis op te doen over "de moderne begrippen omtrent het gaswapen en den afweer daartegen".[4] La Lau pleitte ervoor een groot aantal officieren naar deze cursussen te sturen.

In Nederland stond de bereidheid om in oorlogstijd onder bepaalde omstandigheden zelf chemische wapens te produceren én in te zetten bij de legerleiding noch bij de opeenvolgende ministers van Oorlog (later Defensie) ter discussie. Voor de koloniën was deze houding rond het midden van de jaren twintig nog niet bepaald, al had minister van Koloniën S. de Graaff in 1925 positief geadviseerd bij de ondertekening van het Protocol van Genève.[5] Hij was ervan overtuigd dat de maatschappelijke afkeer van het gebruik van strijdgassen uit "gevoelsargumenten" voortkwam en dat de veronderstelde "wreedaardigheid" van deze wapens op een "overdreven voorstelling" van zaken berustte. Zijn positief advies werd daarom niet ingegeven door een principiële afkeer van chemische wapens, maar was op te vatten als een steunbetuiging aan "iedere beperking van de oorlogsmiddelen" en als een "concessie (...) aan de openbare meening". Bovendien was hij van mening dat Nederland het protocol slechts diende te ondertekenen indien de grote mogendheden in de Pacific – Groot-Brittannië, de Verenigde Staten en Japan – hiertoe ook zouden besluiten.

De eerste pogingen

De belangstelling van het KNIL voor chemische wapens beperkte zich niet tot de "afweer". Legercommandant La Lau deed in november 1927 voorstellen om het KNIL in verband met "de geleidelijke technische ontwikkeling en moderniseering van het leger" voor zowel zijn politionele taak – gericht op het handhaven van de binnenlandse rust en orde –, als voor de neutraliteitshandhaving – gericht tegen een buitenlandse agressor – gaswapens ter beschikking te stellen.[6] Deze voorstellen vielen niet in goede aarde. De Raad van Nederlands-Indië vond het gebruik van gaswapens voor de politionele taak in elk geval "geheel overbodig". Wat de externe taak van het KNIL betrof, was vooral La Lau's opmerking dat het gaswapen "een zooveel mogelijk offensief karakter" diende te hebben, slecht gevallen. Zelfs de voorbereidingen op het gebied van de bescherming, inclusief de detacheringen bij de Gasschool, stonden sindsdien ter discussie.

De legercommandant gaf niet op. In maart 1928 bracht hij zijn voorstellen opnieuw onder de aandacht van de gouverneur-generaal, jhr. mr. A.C.D. de Graeff.[7] Hoewel de implicaties ervan verder reikten, bevatte zijn brief slechts één concreet verzoek, namelijk de detachering van twee artillerieofficieren van het KNIL bij de Artillerie-Inrichtingen in Hembrug "ter bestudering van de vervaardiging van gasaanvalsmiddelen". Dit was naar zijn mening "slechts een zeer bescheiden stap" in de goede richting. In zijn brief ging La Lau allereerst kort in op de toepassing van chemische strijdmiddelen bij de politionele taak van het KNIL. Naar zijn mening was er, rekening houdend met de geringe sterkte van leger en politie in verhouding tot de totale inlandse bevolking, "geen humaner en meer afdoend middel denkbaar (...) om zonder bloedvergieten op groote schaal, een eind te maken aan massaverzet". Hij dacht hierbij vooral aan traangas en overeenkomstige middelen.

Voor de externe taak had de legercommandant meer uitleg nodig. Het was voor hem een uitgemaakte zaak dat een eventuele tegenstander die het grondgebied van Nederlands-Indië zou schenden, van "gasaanvalsmiddelen" gebruik zou maken. In dat geval kon het KNIL niet met passieve (beschermings)middelen als gasmaskers volstaan, aangezien het gebruik ervan de gevechtswaarde van de troepen verminderde. Zij zouden daardoor ten opzichte van de vijand, die het gevecht zonder deze belemmeringen kon aangaan, "zoowel materieel als moreel zeer sterk in het nadeel" zijn. Inzet van strijdgassen door het KNIL zou de vijand ten minste dwingen om, net als het Indische leger zelf, gasmaskers en beschermende kleding te dragen. Hoewel strijdgassen bij zowel defensieve als offensieve operaties van pas kwamen, zouden beide vanzelfsprekend in het kader van het strategisch defensief plaatsvinden. Het KNIL had geen offensieve intenties op strategisch niveau. "Gasafweer- en gasaanvalsmiddelen zijn", stelde La Lau enigszins dramatisch, "thans voor elke oorlogvoering even onontbeerlijk ja zelfs feitelijk nog onontbeerlijker dan bv. infanterie- en artilleriemunitie, mitrailleurs, vliegtuigen, luchtafweergeschut, enz." De aanschaf van passieve én actieve chemische strijdmiddelen was naar zijn mening "pure noodzaak"; zonder dit materieel kon "aan geen ernstigen weerstand meer (...) worden gedacht".

De legercommandant benadrukte dat de behoefte aan chemische strijdmiddelen geheel losstond van de lang slepende discussie over de uitwerking van de zogeheten defensiegrondslagen. Hierin stond onder meer ter discussie hoe hardnekkig het grondgebied van Nederlands-Indië tegen een buitenlandse agressor zou worden verdedigd en welke rol het KNIL, naast de Koninklijke Marine, daarin zou spelen. De uitrusting van het leger met chemische strijdmiddelen was volgens La Lau geen politiek-strategische keuze, maar een "militair-technische aangelegenheid, welke (...) slechts gericht is op verhooging van het militair rendement". Gezien de lange tijd die naar verwachting nodig zou zijn om deze strijdmiddelen te verwerven en de gasdienst binnen het KNIL te organiseren, drong de legercommandant erop aan onmiddellijk met de voorbereidingen te beginnen. Zelfs als er voorlopig geen geld zou zijn om daadwerkelijk met de (massa)productie van gasgranaten te beginnen, zou die voorbereiding vruchten afwerpen, al was het maar om goed gebruik te kunnen maken van de chemische strijdmiddelen die een bondgenoot eventueel ter beschikking zou stellen. "Het zou toch zeer beschamend zijn", aldus La Lau, "het aanbod te moeten terugwijzen, omdat onze artillerieofficieren niet met gasprojectielen zouden kunnen omgaan."

Om zijn argumenten kracht bij te zetten, stond de legercommandant stil bij de voorbereidingen die de grote mogendheden in de Pacific op het gebied van de chemische oorlogvoering troffen. Hij stelde dat de grote bedragen die Groot-Brittannië, de Verenigde Staten en Japan in chemische wapens investeerden, het onwaarschijnlijk maakten dat deze wapens bij een conflict ongebruikt zouden blijven. Wat de volkenrechtelijke kant van de zaak betrof, behoefde de legercommandant formeel nergens rekening mee te houden. Evenals Nederland hadden de genoemde mogendheden het Protocol van Genève ondertekend, maar geen van hen had het op dat moment al geratificeerd. La Lau spiegelde zich aan de Britten, die in hun gasvoorschrift hadden vastgelegd dat bij het uitbreken van een oorlog gepoogd zou worden met de vijand af te spreken dat geen chemische wapens zouden worden gebruikt. Indien hierover geen overeenstemming kon worden bereikt, stond het beide zijden vrij chemische strijdmiddelen in te zetten.

Gouverneur-generaal De Graeff was niet onder de indruk van de argumenten van de legercommandant.[8] Zolang de grondslagen van de defensie nog niet waren uitgewerkt, mochten er geen beslissingen over de uitrusting van het KNIL worden genomen om verkwisting van schaarse middelen te voorkomen. Daarbij ging het niet alleen om de aanschaf van gaswapens, maar eveneens om gasbeschermingsmiddelen, met name gasmaskers. Zelfs de cursussen aan de Gasschool waren ongewenst. Wel ging de gouverneur-generaal akkoord met het voorstel om, zuiver ter oriëntatie, informatie in te winnen over een mogelijke detachering van twee KNIL-officieren bij de Artillerie-Inrichtingen "ten einde zich op de hoogte te stellen van de praktische resultaten betreffende de fabricatie van oorlogsgassen, zoomede de constructie en de vulling van gasprojectielen". "Door dergelijke informaties in te winnen toch", schreef de gouvernementssecretaris, "wordt op de principieele kwestie niet gepreju-dicieerd". De legercommandant dacht daar ongetwijfeld anders over.

De gouverneur-generaal stuurde een overeenkomstige brief naar Den Haag, waar de minister van Koloniën, dr. J.Ch. Koningsberger, de detacheringen met zijn collega van Oorlog, Lambooy, opnam.[9] Deze laatste antwoordde op zijn beurt dat de KNIL-officieren in Hembrug welkom waren, op voorwaarde dat zij scheikundig goed onderlegd waren.[10] Het praktisch nut van de detacheringen zou niettemin beperkt zijn, voegde Lambooy daar aan toe, aangezien er in Nederland op het gebied van het aanmaken en vullen van gasgranaten nog weinig ervaring bestond. Zoals eerder is behandeld (p. 90 e.v.), had de minister zojuist besloten dat Nederland in vredestijd geen chemische wapens zou aanmaken.

Voordat de reactie van de minister van Oorlog via het Ministerie van Koloniën de lange reis terug naar Indië maakte, probeerde de 6e Afdeling van dit departement, die met militaire zaken was belast, een inhoudelijk commentaar van minister Koningsberger uit te lokken over de hoofdzaak – de vraag of het KNIL zich passief en actief op de chemische oorlogvoering diende voor te bereiden.[11] De opvattingen van de legercommandant (en de reactie daarop van de gouverneur-generaal) waren op het ministerie bekend omdat het gehele dossier vanuit Nederlands-Indië met de brief van de gouverneur-generaal was meegestuurd. De 6e Afdeling stelde vervolgens een nota op waarin zij het "krachtig pleidooi" van La Lau volledig onderschreef. Zij zag het als een "axioma" dat het KNIL "op straffe van algehele onbruikbaarheid van dat leger voor de uitvoering van zijn neutraliteitstaak" met dezelfde chemische strijdmiddelen diende te worden uitgerust als die waarover een agressor vermoedelijk zou beschikken. Uitstel was "niet verantwoord". De 6e Afdeling waarschuwde verder dat het achterwege laten van de (passieve en actieve) voorbereidingen op de chemische oorlogvoering een verkeerd signaal aan het KNIL en met name aan zijn officierskorps zou afgeven. Het zou de indruk wekken dat de regering óf de neutraliteitshandhaving van Nederlands-Indië niet serieus nam, óf de belangen van het leger dat deze taak diende uit te voeren "schromelijk" verwaarloosde.

Op basis van deze overwegingen adviseerde de 6e Afdeling haar minister om aan de gouverneur-generaal kenbaar te maken dat, ongeacht de precieze uitwerking van de defensiegrondslagen, het KNIL "toegerust moet zijn met middelen tot het voeren van den gasoorlog, wil het aan de opgedragen taak kunnen voldoen". Minister Koningsberger kreeg van een ander departementaal orgaan echter een tegengesteld advies. Dit orgaan was het Commissariaat voor Indische Zaken, dat als zaakwaarnemer van de Indische regering in Nederland optrad.[12] Zonder overigens op de inhoudelijke kant van de zaak in te gaan, ontraadde het commissariaat de minister de gouverneur-generaal een standpunt op te dringen. Dat zou ongepast zijn, aangezien De Graeff zelf al had aangegeven de kwestie "eerlang" formeel aanhangig te maken.[13] De minister van Koloniën was het hiermee eens en beperkte er zich vervolgens toe de gouverneur-generaal van het antwoord van de minister van Oorlog te verwittigen.[14]

Gasgranaten

Tegen deze achtergrond is het op zijn minst opmerkelijk dat het legerbestuur in Nederlands-Indië zich al in september 1927, dus nog voordat La Lau zijn plannen ter goedkeuring voorlegde, op de invoering van gasmunitie begon te oriënteren.[15] Met dit doel vroeg de afdeling Artillerie van het Nederlands-Indische Departement van Oorlog het in Den Haag gevestigde Commissariaat voor Indische Zaken om voor beproevingsdoeleinden vijftig gasgranaten en vijftig gasbrisantgranaten voor de houwitser 12 cm aan te schaffen, voorzien van zoveel mogelijk gedetailleerde documentatie. Voor de vulling van de gasgranaten viel de keuze op chloorpicrine, terwijl voor de gasbrisantgranaten het strijdgas difenylcyaanarsine de voorkeur had. De al genoemde voorgenomen detachering van twee KNIL-officieren bij de Artillerie-Inrichtingen in Hembrug moet vermoedelijk in dit licht worden gezien.

Het Commissariaat voor Indische Zaken stuitte bij de verwerving van de gevraagde proefmodellen van gas(brisant)granaten op problemen.[16] Het Zweedse bedrijf Bofors was wel in staat geschikte granaten te leveren, maar niet de bijbehorende gasvulling. De proefnemingen konden daardoor alleen plaatsvinden met "ongevaarlijke stoffen, die in eigenschappen zooveel mogelijk overeenkomen met de door het Indische Legerbestuur gevraagde giftige gassen" (simili of simulantia in modern jargon). Aangezien deze werkwijze weinig houvast bood, legde het Commissariaat de Artillerie-Inrichtingen de vraag voor of de granaten wellicht in Nederland met de gewenste strijdgassen gevuld konden worden. Der Weduwen, het hoofd van het Scheikundig Laboratorium van de Artillerie-Inrichtingen, zag hierin geen bezwaar.[17] Voor zover de strijdgassen niet door aankoop te verkrijgen waren, kon zijn laboratorium ze eventueel zelf aanmaken. Het ging voorlopig immers om relatief kleine hoeveelheden. De directie van het staatsbedrijf was het hiermee op zich eens, maar maakte wel een voorbehoud. Omdat zij niet kon beoordelen of het Departement van Defensie "op grond van volkenrechterlijke overeenkomsten, bezwaar zal moeten maken tegen het vullen der granaten door onze zorg en tegen verzending daarvan buiten de grenzen van het Rijk", liet zij het antwoord aan Koloniën eerst langs de minister van Defensie gaan.[18]

Het vervolg is alleen uit indirecte bron bekend. Hieruit blijkt dat de minister van Defensie (Lambooy of zijn opvolger Deckers) de kwestie belangrijk genoeg vond om aan de Ministerraad voor te leggen. Tijdens de vergadering van 19 november 1929 stelde de raad vast dat "de fabricage van gasgranaten voor eigen gebruik ten behoeve van het nemen van proeven is toegestaan". Minister Deckers kon zijn collega van Koloniën vervolgens mededelen "dat er géén bezwaren tegen zijn, dat het Staatsbedrijf der Artillerie-Inrichtingen ten behoeve van het Indische Legerbestuur granaten met door haar te leveren gassen vult".[19] Helaas is niet bekend of de proefnemingen met gasgranaten gevuld met echte strijdgassen daadwerkelijk hebben plaatsgevonden (in Zweden, in Nederland of in Nederlands-Indië). We kunnen slechts vermoeden dat het KNIL het onderzoek op dit terrein voortzette.[20]

Voortdurende aandacht

Hoewel gouverneur-generaal De Graeff in zijn reactie op de plannen van legercommandant La Lau zelfs de passieve voorbereiding op de chemische oorlogvoering voorlopig ongewenst achtte (zie p. 113), lijdt het geen twijfel dat hij hierop al snel terugkwam. Vanaf 1928 kreeg de ontwikkeling van adequate beschermingsmiddelen in ieder geval volop de aandacht. Centraal hierin stond het ontwerpen en beproeven van een gasmasker dat voor gebruik in de tropen geschikt was. Met dit doel werd in Nederlands-Indië het (Scheikundig) Gaslaboratorium opgericht; voor medisch onderzoek in dit verband kwam er in 1936 ook een afzonderlijk Medisch Gaslaboratorium.[21] Beide vielen (in het eerste geval na de nodige omzwervingen) onder de Pyrotechnische Werkplaats, een onderdeel van de Indische Artillerie-Inrichtingen, en waren in Kiaracondong bij Bandung gevestigd. De Nederlandse Artillerie-Inrichtingen verleenden steun door onder andere beproevingsrapporten en modellen van de door de KL gebruikte gasmaskers ter beschikking te stellen. De beide Indische gaslaboratoria verrichtten ook algemeen onderzoek naar de werking van en de bescherming tegen gifgassen. "Het experimenteren met chemische strijdstoffen is vooral noodzakelijk", was de redenering, "omdat aan de toepassing van deze verbindingen en ook aan het gebruik van de hiertegen beschermende middelen in de tropen, geen oorlogservaring ten grondslag ligt."[22] Het Medisch Gaslaboratorium deed met name veel onderzoek op het gebied van de inwerking van mosterdgas op de huid.[23] Hieraan was vooral de naam van dr. J. Visser verbonden. Voor het onderwijs op het gebied van de chemische oorlogvoering kwam in 1933 een eigen Militaire Gasschool in Bandung van de grond.[24]

Het KNIL toonde in deze jaren belangstelling voor een groot aantal verschillende strijdgassen. De keuze voor chloorpicrine en difenylcyaanarsine als vulstoffen voor gasgranaten is al genoemd. Begin 1929 vroeg de Generale Staf van het KNIL bij de Artillerie-Inrichtingen in Nederland bovendien informatie over de bereiding van difenylchloorarsine (een voorloper – ook in scheikundig opzicht – van difenylcyaanarsine), die prompt werd toegezonden.[25] Enkele maanden later verstrekten de Artillerie-Inrichtingen ook een bereidingswijze voor mosterdgas op basis van thiodiglycol, aangezien het Scheikundig Laboratorium in Hembrug niet in staat was de gevraagde hoeveelheid van tien liter zelf te leveren.[26] Of de belangstelling voor deze stoffen alleen uit onderzoek naar de ontwikkeling van beschermingsmiddelen voortkwam of ook een mogelijk actief gebruik ervan tot doel had, laat zich niet achterhalen.

In 1935 wendde het KNIL zich via het Commissariaat voor Indische Zaken opnieuw tot de Artillerie-Inrichtingen in Hembrug. Ditmaal ging het om de levering van 250 kg thiodiglycol.[27] Hieruit blijkt dat het KNIL de aanmaak van mosterdgas volgens de door de Artillerie-Inrichtingen aangeraden bereidingswijze ter hand had genomen. Uit de correspondentie valt echter opnieuw niet op te maken voor welk doel het te produceren mosterdgas bestemd was. De hoeveelheid was in ieder geval veel groter dan bij het meeste onderzoek voor beschermingsdoeleinden. Ter vergelijking: eind 1936 bestelde het Medisch Gaslaboratorium van het KNIL monsters van circa een kilogram van diverse strijdgassen, waaronder lewisiet, "teneinde de toxicologische werking ervan in de tropen te kunnen nagaan".[28] Naast de verwerving van de al genoemde 250 kg thiodiglycol en een partij van nog eens 125 kg, zetten de Artillerie-Inrichtingen op verzoek van het Ministerie van Koloniën in deze periode ook een offerte voor niet minder dan 9.200 kg thiodiglycol uit.[29] Bij dergelijke hoeveelheden wordt het steeds minder waarschijnlijk dat het KNIL slechts onderzoek op beschermingsgebied verrichtte.

Hoewel niet valt uit te sluiten dat de offerteaanvraag voor de levering van ruim negen ton thiodiglycol slechts was bedoeld om de markt te verkennen, doet dit aan de implicaties ervan niets af. Ook de overige bestelopdrachten hadden trouwens mede tot doel te onderzoeken of de chemische industrie in binnen- en buitenland in staat en bereid was deze belangrijke grondstof voor de productie van mosterdgas te leveren.[30] De Artillerie-Inrichtingen aanvaardden de opdrachten uit Indië gretig, omdat de ervaring ook voor de chemische oorlogsvoorbereiding in Nederland zelf goed van pas kwam.[31] Na hetgeen hierover reeds is gezegd (vooral p. 97 e.v.), behoeft het niet te verbazen dat er in eigen land weinig animo voor de levering van thiodiglycol bestond. De bestelling van 250 kg thiodiglycol moest in ieder geval in Duitsland worden uitgezet, omdat de nationale industrie "weinig belangstelling voor het product aan den dag legde". Een andere "orienteeringsvraag", mogelijk die voor de genoemde 9.200 kg, trok wel de belangstelling van Nederlandse firma's, met name de Mekog en de Chemische Fabriek Naarden. Deze bedrijven waren benaderd "met het doel deze order voor Nederland te behouden, waarbij tevens de noodige ervaring bij de bereiding opgedaan zou kunnen worden". (Er zij op gewezen dat de Artillerie-Inrichtingen vrijwel gelijktijdig het onderzoek naar de productiemogelijkheden in de Nederlandse chemische industrie up-to-date brachten; zie p. 108.) De veel lagere aanbiedingen uit het buitenland, waaronder *Rhône-Poulenc* in Frankrijk en diverse Duitse firma's (onder meer Stoltzenberg), noodzaakten de Artillerie-Inrichtingen de onderhandelingen met deze buitenlandse bedrijven voort te zetten. Ook zij hadden echter moeite de vereiste kwaliteit thiodiglycol te leveren, vermoedelijk omdat het KNIL de lat onrealistisch hoog had gelegd.

Gezien de aandacht voor het gebruik van strijdgassen in Nederlands-Indië was het ten minste opmerkelijk dat in 1934 minister van Koloniën Colijn het aanbod van een Oostenrijkse chemicus, H. Klein, afsloeg.[32] Deze werknemer van een Duitse chemische firma had "zeer vertrouwelijk" zijn diensten aangeboden om de Nederlandse en vooral de Nederlands-Indische autoriteiten inlichtingen te verschaffen. Hij stond op het punt om naar Japan te vertrekken, waar hij "met de inrichting van fabrieken en machines voor moderne gas-oorlog enz." belast zou worden. Welke redenen Colijn had om niet op deze buitenkans in te gaan, is niet bekend.

Een nieuwe poging

Eind 1935 achtte het Indische legerbestuur het moment gekomen om de kwestie van de (actieve) voorbereiding op de chemische oorlogvoering opnieuw formeel aan te binden.[33] Verwijzend naar de afhoudende reactie van de gouverneur-generaal in 1928 (zie p. 113), wees legercommandant luitenant-generaal M. Boerstra erop dat de defensiegrondslagen inmiddels waren uitgewerkt. Het KNIL had nu expliciet een taak bij de neutraliteitshandhaving van Nederlands-Indië tegenover een buitenlandse agressor. Inmiddels (en vermoedelijk in dit verband) was, zoals we hebben gezien, ook toestemming verkregen om het leger met beschermingsmiddelen tegen chemische wapens uit te rusten. "Met deze zuiver passieve bescherming zal evenwel niet kunnen worden volstaan", schreef Boerstra. "De oorlogsvoorbereiding eischt ook het zoeken naar en gereedhouden van actieve beschermingsmiddelen, bijv. in den vorm van gasprojectielen (...)." Evenals zijn voorganger was hij van mening dat het achterwege blijven van deze voorbereiding de gevechtswaarde van het KNIL ernstig zou benadelen, met name in moreel opzicht.

De legercommandant, of zijn staf, had zich kennelijk goed in de in 1927 en 1928 gehanteerde argumenten verdiept. In plaats van te spreken over wapens met "een zooveel mogelijk offensief karakter" (p. 112) introduceerde hij de term "actieve beschermingsmiddelen". Hij benadrukte dat tegen een defensief gebruik van gasprojectielen vanuit volkenrechtelijk oogpunt geen bezwaar kon bestaan. Het verbod op het gebruik van chemische wapens was, conform de tekst van het Protocol van Genève en het voorbehoud dat Nederland bij de ratificering had gemaakt, immers niet van toepassing op conflicten met staten die het protocol niet hadden aanvaard, of die de bepalingen willens en wetens hadden geschonden. Boerstra liet niet na te vermelden dat de Verenigde Staten en Japan het protocol weliswaar in 1925 hadden ondertekend, maar nog niet tot ratificering hadden besloten. (Deze landen gingen hiertoe pas in 1975 respectievelijk 1970 over.) Verder wees hij erop dat alle landen zich op het gebruik van chemische strijdmiddelen voorbereidden. Tegen dit laatste viel weinig in te brengen.

De gouverneur-generaal, de voormalige minister van Oorlog De Jonge, liet de beslissing over aan de minister van Koloniën, Colijn.[34] Op het departement nam de 6e Afdeling het verzoek in behandeling. Hoewel deze afdeling in 1928 vergeefs had gepoogd te bewerkstelligen dat de toenmalige minister zich vóór de plannen van legercommandant La Lau zou uitspreken, ging zij nu omzichtiger te werk. Allereerst werd de afdeling Volkenbondzaken van het Ministerie van Buitenlandse Zaken "ondershands" geraadpleegd.[35] Ook hier worstelden de ambtenaren, prof. mr. dr. J.P.A. François en mw. C.A. Kluyver, met het vraagstuk. Weliswaar waren zij het eens met Boerstra's vaststelling dat het Protocol van Genève alleen het gebruik van chemische wapens verbood (tenzij als vergelding) en niet de productie of het bezit ervan, maar Nederland moest ook met informele verplichtingen rekening houden. Bij de ontwapeningsbesprekingen in Genève had de Nederlandse delegatie zich namelijk gecommitteerd aan voorstellen die een algemeen verbod van chemische wapens tot doel hadden. (Overigens zij opgemerkt, dat er in Genève na 1933 niet meer over chemische strijdmiddelen was gesproken, en de ontwapeningsbesprekingen uiteindelijk werden opgeschort.[36]) Gezien de Nederlandse opstelling was het ongewenst dat het KNIL een voorraad gasmunitie zou gaan aanleggen, te meer omdat daar in Nederland zelf geen sprake van was. Het enige argument op grond waarvan volgens François en Kluyver een andere handelwijze in Nederlands-Indië te verantwoorden viel, was de omstandigheid dat Japan – over de Verenigde Staten werd hier niet gesproken! – het protocol niet had geratificeerd. "Met het oog op het politiek belang van deze aangelegenheid" lieten beide Volkenbondspecialisten deze afweging graag aan hun minister zelf over. Minister van Buitenlandse Zaken De Graeff – die in 1928 als gouverneur-generaal de voorstellen van legercommandant La Lau had afgewezen (p. 113) – tekende vervolgens op de desbetreffende nota aan dat hij het argument betreffende Japan "niet gaarne" wilde hanteren "omdat de voorbereiding tot een chemische oorlog in Indië (...) speciaal tegen Japan zou zijn gericht en die indruk moet worden vermeden".

De ambtenaren van de 6e Afdeling van het Ministerie van Koloniën weken niet van het negatief advies van Buitenlandse Zaken af. De door hen geschreven nota volgde de argumentatie van de afdeling Volkenbondzaken op de voet.[37] Net als Nederland zelf, diende ook Nederlands-Indië zich te beperken tot het treffen van die maatregelen die de chemische industrie ter plaatse in staat zouden stellen om in oorlogstijd tot de productie van chemische wapens over te kunnen gaan. De 6e Afdeling voegde hier nog het argument aan toe "dat een omvangrijke voorbereiding uiteraard niet geheim kan blijven en een belangrijk argument zal vormen voor een aanvaller om den chemischen oorlog tegen ons met vermeend recht toe te passen". Minister Colijn nam deze aanbevelingen over en liet de gouverneur-generaal in Batavia weten dat het hem "vooralsnog niet wenschelijk" voorkwam "dat in Nederlandsch-Indië wordt afgeweken van het tot nu toe hier te lande ingenomen standpunt".[38]

Het Commissariaat voor Indische Zaken voorzag de brief van de minister overigens van een niet onbelangrijke kanttekening. Bij de redenering dat "een chemische oorlog als het ware kan worden geimproviseerd" (door de particuliere chemische industrie in oorlogstijd voor de productie van strijdgassen in te schakelen), schreef een ambtenaar van de Afdeling G (militaire aanschaffingen) van het Commissariaat dat over het hoofd werd gezien dat "Indië in een geheel andere positie verkeert, dan de Europeesche landen". Nog meer dan in Nederland al het geval was, ontbrak in de Oost namelijk een chemische industrie van betekenis. "In Indië zal van een improvisatie niets of weinig terecht kunnen komen", luidde de conclusie. Het commentaar bleef echter zonder gevolgen. De legercommandant kreeg geen toestemming het arsenaal van het KNIL met chemische wapens uit te breiden.

Het behoeft niet te verwonderen dat legercommandant Boerstra korte tijd later, in 1938, de initiatieven ondersteunde om in Nederlands-Indië een chemische industrie van de grond te krijgen.[39] Er bestonden al langer plannen in deze richting, die door de felle internationale concurrentie echter moeilijk te verwezenlijken waren. Een van de opties was de oprichting van een sodafabriek.[40] Of deze industrie al dan niet levensvatbaar zou zijn, hing mede af van het vinden van afnamemogelijkheden voor het in grote hoeveelheden als bijproduct aangemaakte chloor. Hierbij gingen de gedachten al snel uit naar mogelijke defensiebelangen. Dit gold in de eerste plaats voor de productie van chloorkalk, dat het belangrijkste beschermingsmiddel tegen mosterdgas was. De legercommandant wees er bovendien op dat chloor de voornaamste grondstof voor de aanmaak van veel strijdgassen was. "Hoewel met een totstandkoming van een chloor produceerend bedrijf nog geen volledig apparaat voor de vervaardiging van strijdgassen zal zijn verkregen", bracht Boerstra naar voren, "kan toch worden gesteld, dat daarmede een belangrijke stap in de goede richting wordt gedaan." Hoewel het KNIL pas in oorlogstijd aan significante hoeveelheden chloor behoefte zou hebben, suggereerde Boerstra dat financiële steun van overheidswege in vredestijd het overwegen waard was. Vermoedelijk kreeg dit aspect van Boerstra's overwegingen weinig bijval, aangezien de aanmaak van strijdgassen in de verdere correspondentie – ook van de legercommandant zelf – geen enkele rol meer speelde.

De proefinstallatie

Inmiddels hadden de inspanningen van het KNIL om chemische wapens te verwerven een – gezien het verloop van de voorafgaande discussies – onverwachte wending genomen. Op 12 november 1937 benaderde het Commissariaat voor Indische Zaken de Artillerie-Inrichtingen in Hembrug betreffende "het voornemen om ten behoeve van het Departement van Oorlog in Nederlandsch-Indië over te gaan tot de inrichting van een proefinstallatie voor de bereiding van mosterdgas uit thiodiglycol en zoutzuur".[41] Over de achtergronden hiervan, het verloop van het besluitvormingsproces en de financiering is niets in de archieven teruggevonden, maar het vervolg is ruimschoots gedocumenteerd. Mogelijk was de toegenomen dreiging van Japan, ook op het gebied van de chemische oorlogvoering, reden deze stap te zetten. In de zomer van 1937 was de (Tweede) Sino-Japanse oorlog uitgebroken, waarin het Japanse leger vanaf het begin chemische wapens inzette.[42] Al in oktober van dat jaar diende China hierover een beklag in bij de Volkenbond, overigens zonder veel effect. Vermeldenswaard is ook dat reserve-luitenant-kolonel Schilderman, de voormalige directeur van de Militaire Gasschool in Nederland, in het *Indisch Militair Tijdschrift* van 1937 de aandacht vestigde op het profijt dat een verdediger kon hebben van de inzet van strijdgassen (vooral het sproeien van mosterdgas) tegen vijandelijke landingen.[43] Hoewel de bouw van overeenkomstige proefinstallaties in Nederland niet haalbaar was gebleken (zie met name p. 105), paste het in principe binnen het beleid om in vredestijd alleen die voorbereidingen te treffen die nodig waren om in tijden van internationale crisis chemische strijdmiddelen te kunnen aanmaken.

Ook al had Der Weduwen tijdens een vooroverleg reeds aangegeven dat er in Nederland nog geen vergelijkbaar project bestond, toch richtte het Commissariaat voor Indische Zaken zich formeel tot de Artillerie-Inrichtingen met de vraag of het staatsbedrijf in staat was op korte termijn een proefinstallatie voor de aanmaak van mosterdgas te leveren. Niet ten onrechte vermoedde het Commissariaat dat de Artillerie-Inrichtingen hiervoor interesse zouden tonen in het licht van de chemische verdedigingsvoorbereiding in Nederland zelf. De gewenste capaciteit werd gesteld op een productie van 100 tot 200 kg mosterdgas per dag, terwijl de installatie gedurende langere tijd ononderbroken in bedrijf moest kunnen zijn. De plannen moesten verder rekening houden met de bouw van een "opslagplaats voor mosterdgas c.q. voor projectielen gevuld met mosterdgas" en een "werkplaats voor het met mosterdgas vullen van projectielen". Het was de bedoeling de proefinstallatie eerst in Nederland op te bouwen en te beproeven, en daarna naar Nederlands-Indië te verschepen.

De Artillerie-Inrichtingen waren uiteraard niet geheel onvoorbereid, al was er geen praktische ervaring met het opzetten van een semitechnische installatie voor de aanmaak van mosterdgas. Het Scheikundig Laboratorium had op dit gebied immers al veel studie verricht. Bovendien konden de Artillerie-Inrichtingen teruggrijpen op de contacten die in de tweede helft van de jaren twintig met diverse Duitse leveranciers van mosterdgasinstallaties waren gelegd (zie p. 69 e.v.). Dit leidde ertoe dat Der Weduwen op 18 januari 1938 een bezoek aan Hamburg-Blankenese bracht om de hulp van mosterdgasspecialist Cmentek in te roepen. Deze bleek bereid de Artillerie-Inrichtingen een aanbieding te doen, die hij al op 21 januari per brief verzond.[44] Hierin sprak Cmentek de hoop uit dat Der Weduwen een goede indruk van hem had gekregen, aangezien een vertrouwensbasis "eine der Voraussetzungen fuer solche vertrauliche Angelegenheit ist". Der Weduwen had bij Cmentek thuis bovendien foto's te zien gekregen van een recentelijk door hem gebouwde mosterdgasfabriek, die hij als "eine mustergueltige Anlage" omschreef waarin al zijn kennis en ervaring was verwerkt. Hij liet tevens weten als enige keramische materialen te gebruiken die geheel tegen de inwerking van de gebruikte zuren bestand waren.

Cmentek ging uit van een proefinstallatie met een capaciteit van circa 200 kg/dag, die door vijf ongeschoolde arbeiders onder toezicht van een chemicus kon worden bediend. Dit was groot genoeg om een realistisch beeld te geven van de productie op industriële schaal, maar tegelijk klein genoeg om effectief te camoufleren en waarneming uit de lucht tegen te gaan. Aangezien de productie gemakkelijk tot 800 kg/dag kon worden opgevoerd, was "diese Studien-anlage" gelijk al "eine kriegsmaessige Anlage", liet Cmentek weten. Het was ook geen probleem om proefnemingen met kleine hoeveelheden mosterdgas te doen, terwijl de installatie jaren 'in de mottenballen' kon blijven totdat het nodig was om de productie te hervatten. Het geproduceerde mosterdgas was van zodanige kwaliteit dat het jarenlang in metalen vaten kon worden opgeslagen. Verder omvatte de installatie een "Fuell-kabine", een prototype van een installatie voor het vullen van bommen, granaten en vliegtuigtanks. Ook aan de veiligheid was gedacht. De installatie kon desnoods midden in de stad worden neergezet, terwijl de afvalproducten op verantwoorde wijze onschadelijk konden worden gemaakt. Het was bovendien eenvoudig mogelijk de installatie af te breken, de onderdelen te reinigen en haar elders weer op te bouwen. Waarschijnlijk was Cmentek er niet van op de hoogte dat de installatie voor Nederlands-Indië was bedoeld, al heeft hij dat wellicht later wel vernomen.

Voor de blauwdrukken van de installatie en alle bijbehorende documentatie rekende Cmentek 12.000 gulden. De benodigde onderdelen leverde hij niet zelf, maar deze moesten de Artillerie-Inrichtingen op zijn aanwijzingen deels bij gespecialiseerde Duitse firma's bestellen, en deels in eigen beheer (laten) aanmaken. Zowel voor het "Special-material aus Deutschland", als voor de overige onderdelen (glaswerk, ketels, leidingen) moest een bedrag van circa 9.000 mark worden gereserveerd. Hoewel de Artillerie-Inrichtingen met alle bouwplannen in de hand in staat moesten zijn de installatie geheel zelfstandig op te bouwen en in bedrijf te stellen, adviseerde Cmentek om hem hierbij als toezichthouder en adviseur in te huren. Niet alleen kon het staatsbedrijf dan optimaal profiteren van zijn grote ervaring op dit gebied, maar tevens waarschuwde hij dat "die psychologische Einstellung auch der besten und erfahrendsten Chemikers" niet opgewassen zou zijn tegen de complicaties en risico's van mosterdgasproductie op deze schaal. Voor zijn persoonlijke supervisie vroeg hij 3.000 gulden extra. De bouw zou circa vier maanden in beslag nemen, gerekend vanaf de ondertekening van het contract.

De Artillerie-Inrichtingen legden de offerte van Cmentek vervolgens "vrijblijvend" aan het Commissariaat voor Indische Zaken voor.[45] De kostprijs, inclusief arbeidsloon voor de opbouw van de installatie op het Hembrugterrein, werd op een bedrag van 40.000 gulden afgerond. Of het Commissariaat de offerte ter goedkeuring naar Nederlands-Indië heeft opgestuurd, is niet bekend, maar ligt voor de hand. Op 16 maart 1938 liet het Commissariaat weten akkoord te gaan met de aanbieding voor wat nu een "complete installatie voor de bereiding van mosterdgas" werd genoemd.[46] De maximale capaciteit van de door Cmentek voorgestelde installatie was immers veel groter dan aanvankelijk was gevraagd, al had de directie van het staatsbedrijf bij het aanbieden van de offerte een slag om de arm gehouden en aangegeven dat de dagproductie van 200 kg "tot het twee à drievoudige" kon worden opgevoerd in plaats van het viervoudige zoals Cmentek had aangegeven. Om geen misverstanden te laten bestaan, benadrukte het Commissariaat dat bij de uitwerking van de bouwplannen steeds met opstelling "in de tropen" rekening moest worden gehouden. Namens het KNIL zou ir. H.L. Ligtenberg de opbouw en beproeving op de voet volgen, zodat de overbrenging naar Nederlands-Indië en de bediening van de installatie zonder problemen zouden verlopen. Ten slotte wees het Commissariaat nog nadrukkelijk op strikte geheimhouding.

Op 30 en 31 maart 1938 bracht Der Weduwen een tweede bezoek aan Cmentek om het contract op te stellen.[47] Hierin was sprake van "den Bau einer Yperit [i.e. mosterdgas[48]]-fabrik (...) von circa 200 Kg Tagesleistung sowie dem Bau einer Fuelleinrichtung fuer Bomben, Granaten oder sonstige Behaelter". Duidelijk was omschreven dat de installatie demonteerbaar moest zijn en elders weer opgebouwd moest kunnen worden. Verder was vastgelegd dat de afvalproducten op correcte wijze onschadelijk zouden worden gemaakt, waarbij de Nederlandse vertaling van het contract expliciet het voorbehoud maakte "dat de desbetreffende instanties geen bezwaar zullen maken, deze afvalstoffen in openbaar water te brengen". De Artillerie-Inrichtingen gingen akkoord met Cmenteks aanbod om persoonlijk de leiding over de bouw en de inbedrijfstelling te nemen, waarbij hij toezegde al zijn kennis over mosterdgas – de aanmaak, het gebruik in oorlogstijd en de bescherming ertegen – over te dragen. Cmentek ondertekende het contract onmiddellijk, waarna het directielid van de Artillerie-Inrichtingen G. Houtwipper op 27 april zijn handtekening zette. De kostprijs van 40.000 gulden viel vermoedelijk aanmerkelijk lager uit dan in Indië was begroot, aangezien in januari 1939 melding werd gemaakt van "een meevaller van f100.000 wegens mindere kosten voor de proefinstallatie van de Pyr[otechnische] Werkplaats".[49]

Onmiddellijk daarna ging Cmentek aan het werk met de bouwtekeningen en beschrijvingen, zodat de Artillerie-Inrichtingen de apparatuur met de langste levertijd zo snel mogelijk konden gaan bestellen. Tot begin juni 1938 verzond Cmentek ten minste dertien brieven met bouwtekeningen, toelichtingen en diverse aanpassingen.[50] Vanuit Nederlands-Indië verstrekte ir. C.F. Mets, het hoofd van het Scheikundig Laboratorium van de Pyrotechnische Werkplaats, aanvullende aanwijzingen.[51]

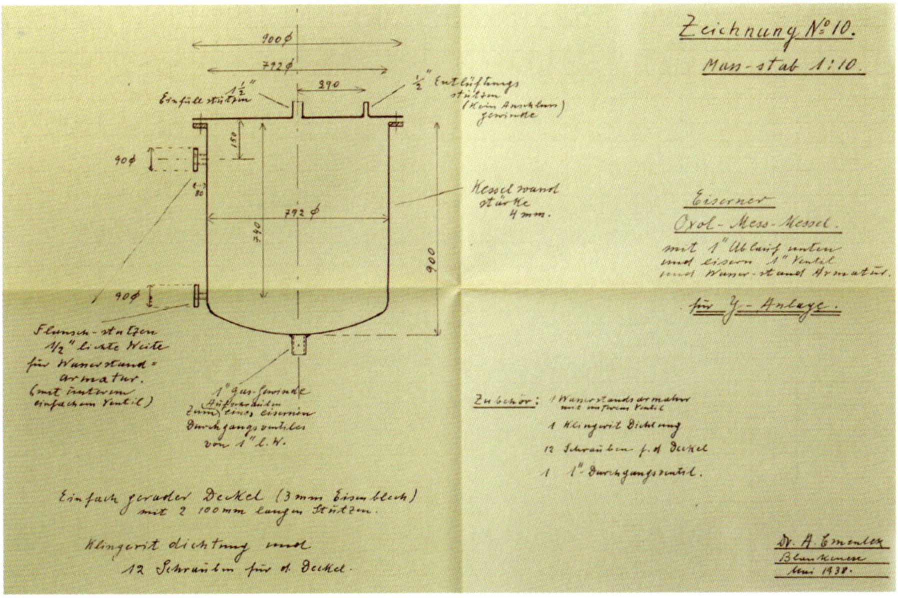

Een van de ontwerptekeningen van de Hamburgse mosterdgasspecialist A. Cmentek voor de mosterdgasinstallatie, 1938. Het betreft een metalen ketel voor thiodiglycol ('Oxol').

De Artillerie-Inrichtingen namen bij de bouwtechnische voorbereidingen in Hembrug de nodige geheimhouding in acht. De loods waarin de proefinstallatie onderdak zou vinden, werd in bestektekeningen uit augustus 1938 als "gebouw voor kaneelolieinstallatie" omschreven.[52] Daarnaast kwam er voor opslag van het aangemaakte mosterdgas een "kelder voor kaneelolie" (gebouw 397).[53] Ook de jaarverslagen van het Scheikundig Laboratorium spraken steevast over de "kaneelolieinstallatie".[54] Zelfs toen een van de werklieden die bij de opbouw en bediening van de installatie werkzaam was geweest, een mosterdgasbesmetting aan een van zijn voeten opliep, meldde het interne onderzoeksrapport slechts dat hij "vermoedelijk in aanraking [was] gekomen met oliehoudend zoutzuur".[55] Het rapport gaf als oorzaak hiervoor "het enkele malen voorgekomen euvel van lekken van eenige kranen" op. Keelklachten die hij en ook anderen hadden ervaren, werden aan "kaneeloliedamp" geweten. Wel maakte het rapport onomwonden melding van de aanwezigheid van Cmentek, die de leiding over de werkzaamheden had. Op zijn aanwijzingen was de afzuiginstallatie die in Indië wel zou worden gebruikt,[56] bij de opstelling in Hembrug achterwege gelaten. Hoewel het rapport constateerde dat er van "een grove onvoorzichtigheid" geen sprake was en dat "er evenmin fouten zijn gemaakt", werd bepaald dat het personeel voortaan gasmaskers diende te dragen. Tegen huidbesmettingen bood dit natuurlijk geen bescherming.

De installatie en de beproeving van de "kaneelolieinstallatie" vonden in de tweede helft van 1938 plaats. Gedetailleerde gegevens hierover ontbreken, mede omdat het toegezegde "uitvoe-

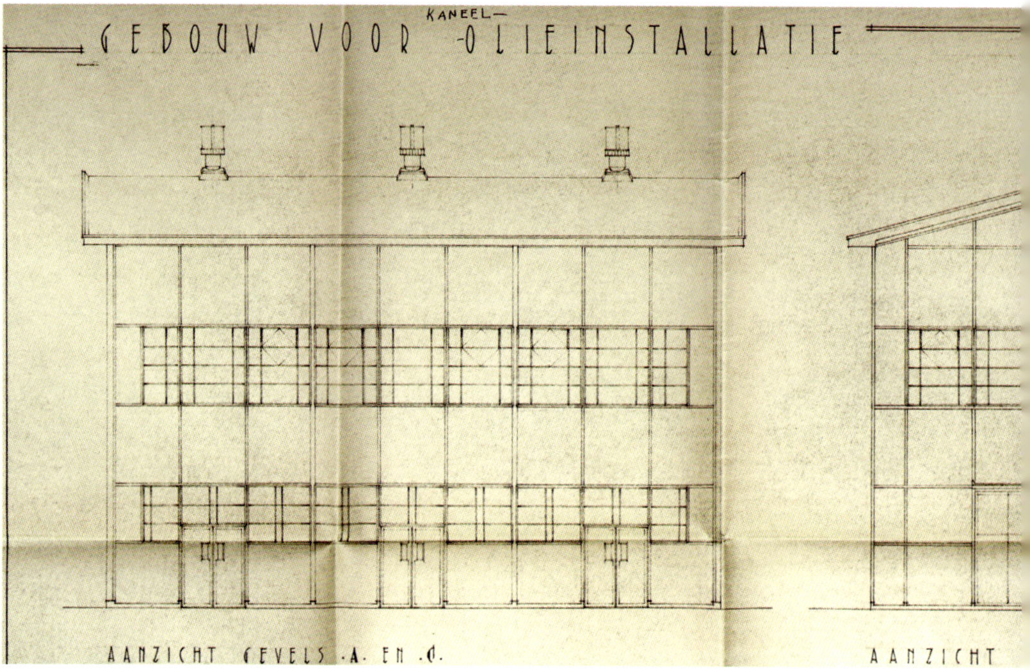

Bestektekening van de loods waarin de mosterdgasinstallatie in Hembrug wordt ondergebracht, 1938.

Het (bijna) voltooide gebouw voor de mosterdgasinstallatie op het terrein van de Artillerie-Inrichtingen, 1938. Vergelijking met de bestektekening leert dat de dakconstructie enigszins is aangepast, vermoedelijk om meer licht toe te laten.

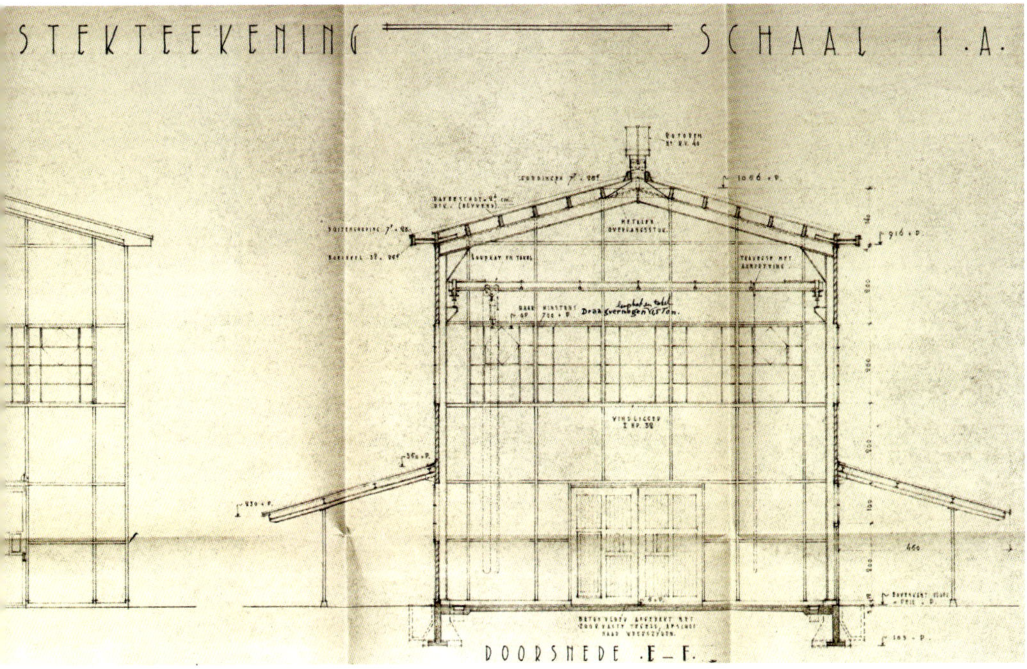

rig verslag" niet in de archieven is teruggevonden. Wel is bekend, dat er tijdens de beproeving in totaal minstens 1.000 kg mosterdgas is geproduceerd (zie p. 152). Voor de KL, die zelf geen realistische ervaring met de productie van strijdgassen kon opdoen, was de inbedrijfstelling van de mosterdgasinstallatie in Hembrug een buitenkans. Om "eenige routine met deze installatie te doen krijgen" werkte ir. O.E.V. Dingemans, die bij de Artillerie-Inrichtingen als reserveofficier voor speciale diensten in opleiding was, de gehele periode met Cmentek en Ligtenberg, de vertegenwoordiger van Koloniën, samen.[57] Tijdens diverse proefnemingen was bovendien de kapitein voor speciale diensten Brackman aanwezig. Tussen de bedrijven door sprak Cmentek eind oktober of begin november in Den Haag nog een publiek van genodigden toe over het onderwerp 'chemische strijdmiddelen'.[58] Na zijn vertrek vonden enkele aanvullende "bedrijfsproeven" plaats. De proefinstallatie is vervolgens in of kort na november 1938 gedemonteerd en naar Nederlands-Indië verscheept.[59] Hier werd zij in de loop van 1939 op de gronden van een artillerieschietterrein bij Batujajar, in de omgeving van Bandung op West-Java, in een ravijn opgesteld.[60] Het schietterrein was in gebruik bij de Indische Commissie van Proefneming, die nauwe banden met de Pyrotechnische Werkplaats onderhield. (Zie verder p. 129 e.v.)

De Artillerie-Inrichtingen verwierven in opdracht van het Commissariaat voor Indische Zaken niet alleen de proefinstallatie, maar kochten in januari 1939 op overeenkomstige wijze ook een grote voorraad thiodiglycol in.[61] Voor 65.000 gulden verkreeg het Indische Departement van Oorlog veertig ton thiodiglycol, waarmee een nagenoeg gelijke hoeveelheid mosterdgas kon worden aangemaakt. De overige benodigde grondstoffen, zoutzuur en zwavelzuur, waren in voldoende hoeveelheden in Indië te verkrijgen.[62] Als leverancier hadden de

Een serie opnamen met details van de opstelling van de mosterdgasinstallatie te Hembrug, 1938. Na de beproeving is de installatie gedemonteerd en naar Nederlands-Indië verplaatst.

Artillerie-Inrichtingen ditmaal niet een Europees, maar een Amerikaans chemisch bedrijf ingeschakeld, de *Carbide & Carbon Chemicals Corporation* (*Union Carbide*), mogelijk (mede) vanwege de toenemende oorlogsdreiging in Europa.[63] Vanwege "het zeer geheime karakter van deze aangelegenheid" werd in de definitieve versie van het contract en in de verdere correspondentie de "schuilnaam" 'glycol' gehanteerd. De keuring van de geleverde partij vond op 20 januari 1939 in Hembrug plaats.[64] Gezien de hoeveelheid thiodiglycol hoeft er geen twijfel over te bestaan dat het KNIL niet alleen proefnemingen – laat staan proefnemingen op beschermingsgebied – op het oog had, maar vooral de capaciteit wilde verwerven om, als dat nodig was, zelf chemische wapens te kunnen inzetten. De totale kosten waren relatief gering, in 1938 en 1939 iets meer dan 100.000 gulden vermeerderd met de uitgaven die voor de voorbereidingen in Indië zelf nodig waren. In 1939 bedroeg de totale Indische defensiebegroting ruim 130 miljoen gulden.[65]

Uit de correspondentie tussen het Commissariaat voor Indische Zaken en de Artillerie-Inrichtingen te Hembrug blijkt dat het KNIL eind jaren dertig niet alleen belangstelling voor de productie van mosterdgas aan de dag legde, maar ook de "technische bereiding" – dus op industriële schaal – van difenylcyaanarsine op het oog had.[66] Ruim tien jaar eerder, in 1927, was dit strijdgas al genoemd als mogelijk vulmiddel voor gasbrisantgranaten (zie p. 115). De gewenste productiecapaciteit bedroeg 200 kg per acht uur. Dit lijkt erop te wijzen dat ook in dit geval het KNIL niet alleen proefnemingen voor ogen had, maar zich op daadwerkelijke productie voor gebruik in oorlogstijd voorbereidde. Difenylcyaanarsine behoort, net als de meeste op arsineverbindingen gebaseerde strijdgassen, tot de categorie van de niesgassen. In de Eerste Wereldoorlog werden ze vooral als 'maskerbrekers' gebruikt, aangezien de destijds gebruikte filterbussen er geen bescherming tegen boden. Hoewel de niesgassen door de komst van nieuwe filterbussen hun grootste aantrekkingskracht verloren, bleven ze een belangrijk onderdeel van het chemische arsenaal van de meeste landen. Ook het Scheikundig Laboratorium van Der Weduwen besteedde er veel aandacht aan.

Desondanks waren de Artillerie-Inrichtingen met de industriële productie van difenylcyaanarsine niet vertrouwd. Er hadden nog slechts enkele proeven op semitechnische schaal plaatsgevonden (zie p. 110). Net als bij de bereiding van mosterdgas uit thiodiglycol, lag de grootste moeilijkheid bovendien niet in de technische aspecten van de productie van het strijdgas zelf, maar in het verkrijgen van de benodigde grondstoffen en/of tussenproducten in de gewenste kwaliteit (zuiverheid). Aan de basis van het productieproces stond difenylarsinezuur, dat via difenylchloorarsine in difenylcyaanarsine werd omgezet. Omdat productie in eigen beheer of door de nationale chemische industrie geen optie was, waren de Artillerie-Inrichtingen gedwongen over de grenzen te kijken. Het staatsbedrijf had eerder difenylarsinezuur uit Duitse oorlogsvoorraden gekocht, maar dit was betrekkelijk onzuiver en bovendien was er niet meer dan zes ton beschikbaar. Navraag bij de "ons goed bekende Duitsche adressen op het gebied van de bereiding van chemische strijdmiddelen" leerde, dat deze niet tot levering in staat waren.[67] Andere buitenlandse firma's die om een prijsopgaaf voor de levering van hoeveelheden van 1.000, 10.000 en 20.000 kg difenylarsinezuur waren gevraagd, reageerden op overeenkomstige wijze. Alleen de Britse firma *Imperial Chemical Industries* toonde interesse, maar vermoedelijk slechts als het niet bij een eenmalige order zou blijven. Bovendien zou de prijs vermoedelijk hoog zijn. Bij gebrek aan verdere gegevens is het niet mogelijk om vast te stellen of dit project nog een vervolg heeft gekregen.

Oorlogsvoorbereidingen in Indië

Over de onderzoeken en overige werkzaamheden op het gebied van de chemische strijdmiddelen in Nederlands-Indië zélf zijn we, bij gebrek aan bronnen, zo goed als niet geïnformeerd. Alleen de lotgevallen van de in 1939 in Batujajar opgestelde mosterdgasinstallatie laten zich op basis van enkele schetsmatige en fragmentarische aanwijzingen, grotendeels afkomstig uit latere (ooggetuigen)verslagen, enigermate reconstrueren.[68] De belangrijkste bron wordt gevormd door inlichtingen die de voormalige bedrijfsleider van de "mosterdgasfabriek" medio jaren zeventig heeft verstrekt (zie hiervoor p. 135). Hoewel deze bron de bedrijfsleider niet bij naam noemt, ging het zonder twijfel om ir. Ligtenberg,[69] die in 1938 namens het KNIL bij de opbouw en beproeving van de installatie in Hembrug betrokken was (p. 122).

Uit deze informatie blijkt dat de in 1939 aangeschafte voorraad van veertig ton thiodiglycol in Batujajar geheel in mosterdgas is omgezet. Dit gebeurde vermoedelijk al onmiddellijk in 1939. Het is vervolgens ter plaatse in stalen containers in ondergrondse bunkers opgeslagen. Afhankelijk van de gerealiseerde productiecapaciteit moet de installatie gedurende vijftig tot tweehonderd dagen in vol bedrijf zijn geweest. Later, na de capitulatie van Nederland in mei 1940, is er in de Verenigde Staten nog vijftig tot zestig ton thiodiglycol aangekocht, die opnieuw in zijn geheel tot mosterdgas is verwerkt. Dit is mogelijk gefinancierd uit de 245.000 gulden die in 1941 waren gereserveerd voor "aankoop van de voor den gasdienst benoodigde chemicaliën en rookkaarsen".[70] Aangezien de vijf beschikbare opslagbunkers in Batujajar slechts een gezamenlijke capaciteit van maximaal 50.000 liter (bijna 65 ton) hadden, is deze tweede productieslag bovengronds bewaard. Hiervoor werden de vaten gebruikt waarin de thiodiglycol was geleverd. In totaal beschikte het KNIL begin 1942, toen de Japanse aanval op Nederlands-Indië begon, derhalve over ongeveer 95 ton mosterdgas. Voor gebruik in oorlogstijd was deze voorraad erg klein, maar daarbij moeten we zeker bedenken dat het KNIL ervan zal zijn uitgegaan dat de productie na het begin van de vijandelijkheden op maximale capaciteit zou worden hervat.

Voor zover uit naoorlogse informatie valt op te maken, beschikte de mosterdgasfabriek in Batujajar over een omvangrijke vulinstallatie.[71] Of deze een uitbreiding was van de opstelling die in 1938 in Hembrug was opgebouwd en beproefd, is aannemelijk, maar niet met zekerheid vast te stellen. In elk geval bestond de vulinstallatie in Batujajar uit een drietal bommenvulstations die middels een "smalspoorlorriebaan" met het fabrieksgebouw en/of de opslagbunkers waren verbonden. Vier bommentransportwagens zijn later ter plaatse aangetroffen.

Dit geeft wellicht al aan dat het KNIL zijn voorbereidingen op een mogelijke chemische oorlog niet tot het aanmaken van een aanzienlijke bulkvoorraad mosterdgas beperkte. Ook de operationele inzet was voorbereid.[72] De 1^{e} Verkenningsafdeling van de Militaire Luchtvaart van het KNIL (ML-KNIL), die met Curtiss-Wright CW-22 Falcon-vliegtuigen was uitgerust, had het sproeien van mosterdgas vanuit afwerpbare sproeicontainers als neventaak. De ML-KNIL beproefde de aluminium sproeitanks in september en oktober 1941 te Andir, waarna ze aan de verkenningsafdeling te Cililitan ter beschikking werden gesteld.[73] Enkele monteurs van de afdeling kregen vervolgens een opleiding in het omgaan met mosterdgas en het gebruik van beschermende kleding. Ook werd het vullen (met onschadelijke simili) en het monteren van de tanks enkele malen door de zogeheten kaneelolieploeg geoefend – het gebruik van de codenaam 'kaneelolie' voor mosterdgas was dus niet tot Hembrug beperkt (zie p. 123). Wellicht waren hiervoor op het vliegveld een bulkvoorraad mosterdgas en een vulinstallatie aanwezig. Het is waarschijnlijk dat de Falcon-vliegers zich ook in het sproeien zelf hebben geoefend, maar daarover is niets bekend.

Het sproeien van mosterdgas werd in de jaren dertig algemeen als "de gevaarlijkste wijze van verspreiding" van strijdgassen gezien.[74] In de jaren 1935-1936 paste Italië deze techniek in de oorlog tegen Ethiopië voor het eerst op grote schaal toe, waarvan het *Indisch Militair Tijdschrift* al in 1936 melding maakte.[75] Hoe de ML-KNIL het sproeien van mosterdgas onder de knie had gekregen, is onbekend. Informatie hierover was deels in internationale publicaties te vinden,[76] maar het is eveneens mogelijk dat werd voortgebouwd op eigen (Nederlandse of Nederlands-Indische) proefnemingen waarbij vliegtuigen voor het verspreiden van rook of nevel, of voor het besproeien of bestuiven van gewassen werden gebruikt.[77]

Vermoedelijk beschikte het KNIL nog over andere inzetmiddelen voor mosterdgas. In 1947 somde KNIL-kapitein F. Sleebos, die voor de oorlog bij de Indische gasdienst werkzaam was geweest, in een notitie (zie p. 165) enkele voorbeelden op van de voorbereidingen die het vooroorlogse KNIL voor het "eigen gebruik van chemische strijdmiddelen" had getroffen.[78] Naast de mosterdgasfabriek in Batujajar en de al genoemde "gassproeitoestellen voor vliegtuigen" maakte hij melding van "draagbare en rijdende besmettingsinrichtingen" en mosterdgasgranaten. Meer details verstrekte Sleebos niet, maar het is wel zeker dat hij met de "besmettingsinrichtingen" doelde op sproeiapparaten voor het uitvoeren van terreinbesmettingen met mosterdgas.[79] Om wat voor installaties het precies ging, of deze operationeel inzetbaar waren en over welke aantallen het KNIL kon beschikken, is in het geheel niet bekend. Hetzelfde geldt voor de mosterdgasgranaten. In dit verband is het wel van belang te vermelden dat in 1949-1950 werd geconstateerd dat de bommenvulstations, de bommentransportwagentjes en de rails van de smalspoorlorriebaan in Batujajar slijtage vertoonden. Bovendien werden er ter plaatse lege granaten aangetroffen.[80] Welke conclusie hieraan moet worden verbonden, blijft onduidelijk. Het lijkt niettemin waarschijnlijk dat de gasdienst van het KNIL (ten minste) tests met het vullen en transporteren van gasmunitie heeft uitgevoerd.

Met de oorlogsverklaring aan Japan in december 1941 en de mobilisatie van het KNIL werd de oorlog ook voor Nederlands-Indië realiteit. Net als op het Europese strijdtoneel zagen in de Pacific beide partijen af van het gebruik van gifgassen.[81] De dreiging bleef niettemin continu in de lucht hangen.[82] Dit werd nog versterkt doordat de geallieerden rond deze tijd bewezen achtten dat het Japanse leger in de oorlog tegen China wél van chemische wapens, onder meer vliegtuigbommen met een mengsel van mosterdgas en lewisiet, gebruikmaakte. Eerder bestond over de geruchten hieromtrent nog enige twijfel.[83]

Tijdens de laatste fase van het Japanse offensief tegen Nederlands-Indië, op of rond 1 maart 1942, kreeg de 'kaneelolieploeg' van de 1e Verkenningsafdeling te Cikambar (West-Java) opdracht de sproeicontainers met mosterdgas te vullen en gereed te zetten.[84] Ze bleven echter ongebruikt. Wat hiermee en met eventuele overige installaties en voorraden op het vliegveld verder is gebeurd, is onbekend. Wel weten we dat kort voor de capitulatie ongeveer de helft van de mosterdgasvoorraad in Batujajar door verbranding in de open lucht is vernietigd.[85] Het zou gaan om de eerst aangemaakte voorraad van veertig ton, die in de ondergrondse bunkers lag opgeslagen. De resterende hoeveelheid mosterdgas, ruim vijftig ton in thiodiglycolvaten, bleef achter en viel in Japanse handen. Ook de mosterdgasinstallatie zelf bleef intact, hoewel niet uit te sluiten valt dat bepaalde delen mogelijk nog onbruikbaar zijn gemaakt. (Zie verder p. 133 e.v.)

De naweeën

Zowel in Nederland (Hembrug) als in Indonesië (Batujajar) heeft de mosterdgasinstallatie in letterlijke zin sporen nagelaten. Hoewel deze problematiek tot op de dag van vandaag doorloopt, ligt het voor de hand haar hier te behandelen. Het eerste incident deed zich overigens al in 1939 op het Hembrugterrein voor, enkele maanden nadat de proefinstallatie was ontmanteld en naar Nederlands-Indië was verscheept.[86] Vanaf april 1939 werd hier een hoofdpost voor de luchtbeschermingsdienst gebouwd, juist op de plaats waar in 1938 de afval- en reststoffen van de mosterdgasinstallatie in de grond waren gedumpt. Deze wijze van vernietiging was de "gebruikelijke methode", aangezien het mosterdgas onder invloed van regen- en grondwater in onschadelijke verbindingen (zoals thiodiglycol) zou ontleden. Dit was conform de aanwijzingen van de Duitse leverancier en adviseur Cmentek. Aangenomen werd dat het mosterdgas na verloop van circa drie maanden geheel onschadelijk zou zijn gemaakt en geen gevaar meer zou opleveren. Niettemin liepen enkele arbeiders tijdens de voorbereiding van de bouwwerkzaamheden een mosterdgasbesmetting op. De ernst van de klachten liep uiteen; het letsel van één van de getroffenen was als "ernstig" te kwalificeren.

Op 1 juni 1939 stelde het Tweede Kamerlid H. van Sleen (SDAP) vragen aan de minister van Defensie over de ongevallen op het Hembrugterrein.[87] Hierbij suggereerde hij dat er wellicht van "ernstig verzuim" van de kant van de Artillerie-Inrichtingen sprake was. Voor de beantwoording baseerde minister Van Dijk zich op het verslag van de Commissie van Onderzoek die de Artillerie-Inrichtingen naar aanleiding van "het ongeval met mosterdgas" had ingesteld. Tevens kreeg de Tweede Kamer een exemplaar van het rapport. In vergelijking met het onderzoeksrapport dat in 1938 na een eerder mosterdgasongeval was opgesteld (p. 123), maakte dit rapport ondubbelzinnig melding van "de fabricage van mosterdgas". Het liet echter onvermeld dat er in opdracht van het Ministerie van Koloniën een proefinstallatie in bedrijf was gesteld en dat deze inmiddels naar Nederlands-Indië was verscheept. Ook in zijn antwoord ging minister Van Dijk niet verder dan de mededeling dat de slachtoffers in aanraking waren gekomen met "resten van chemicaliën" die mosterdgas bevatten, "welke stof tot de 'gifgassen' moet worden gerekend".[88]

Op de schuldvraag wilde de minister, in navolging van het rapport, nauwelijks ingaan. Er was sprake van "een samenloop van omstandigheden, waarvoor geen personen kunnen worden aansprakelijk gesteld". De minister liet weten dat er adequate maatregelen waren getroffen om herhaling te voorkomen. Dat nam overigens niet weg dat de nieuwe instructie 'Bewaren, transport en vernietigen van strijdgassen', die het Scheikundig Laboratorium in 1939 uitvaardigde, het "begraven" nog steeds als de meest gebruikte methode vermeldde; voor hoeveelheden groter dan een kilogram was echter formele toestemming van het hoofd van het Scheikundig Laboratorium benodigd.[89] Verder werd overgegaan tot "systematische ontsmetting" van de omgeving van het (voormalige) Scheikundig Laboratorium.[90] Eind juli 1939 was dit afgerond. Later dat jaar volgde de ontsmetting van de omgeving van het semitechnisch laboratorium.[91] Het terrein kwam daarna vrij voor hergebruik, maar niet zonder een waarschuwing: "Bij het uitvoeren van graafwerkzaamheden is het wenschelijk, vooraf een contrôle door [het] S[cheikundig] L[aboratorium] te doen houden."

Het mosterdgas dat tijdens de beproeving van de installatie in Hembrug was aangemaakt, werd na de beëindiging hiervan niet vernietigd of anderszins van de hand gedaan, maar bleef bewaard. In augustus 1939 werd de voorraad van ongeveer 1.000 kg in een tank in de inmiddels gereedgekomen 'kaneeloliekelder' opgeslagen.[92] Mogelijk gebruikte het Scheikundig Laboratorium het mosterdgas voor beproevingen. Hoewel de Duitsers al kort na de capitulatie van Nederland van de aanwezigheid van deze voorraad op de hoogte raakten (zie p. 152), ondernamen zij vooralsnog geen actie. Hierin kwam pas verandering na de liquidatie van de Artillerie-Inrichtingen. Het mosterdgas is eind november 1943, of kort daarna, door de zorg van de materieeldienst van het Duitse leger in de duinen vernietigd.[93] De *Rüstungs-Inspektion Niederlande* hoopte dat "damit die diesseits hartnäckig betriebene Beseitigung der Gefahrenquelle endlich hundertprozentig gelingt".[94]

Hoewel zich begin jaren vijftig bij graafwerkzaamheden op het Hembrugterrein nog een mosterdgasongeval zou hebben voorgedaan,[95] was het daarna jarenlang stil rond dit onderwerp. Wel circuleerden er onder omwonenden en onder het op de locatie Hembrug werkzame defensiepersoneel geruchten. In 1990 besloot de kazernecommandant, luitenant-kolonel B.J.C.M. van Rijckevorsel, de achtergronden van deze geruchten te onderzoeken.[96] De aanleiding hiervoor was een briefing over milieuzaken die hij bij het Provinciaal Militair Commando Noord-Holland had bijgewoond. Al snel bleek hem dat de geruchten op waarheid waren gebaseerd en dat de mogelijkheid bestond dat er nog restanten mosterdgas in de grond zaten. Op grond hiervan informeerde hij op 18 januari 1990 de directeur Gebouwen, Werken en Terreinen (DGW&T) van het Ministerie van Defensie, generaal-majoor J.J. de Vos, en diens plaatsvervanger, brigadegeneraal E.N. Westerhuis. Laatstgenoemde liet hem vervolgens weten dat DGW&T een onderzoek zou instellen. In de tussentijd dienden zo weinig mogelijk mensen in de zaak betrokken te worden, met als richtlijn: "hoewel enerzijds niet extra geheimzinnig gedaan moest worden, er anderzijds zo min mogelijk publiciteit aan gegeven hoefde te worden".

Begin jaren negentig gaf ook de geplande afstoting van het Hembrugterrein door Defensie aanleiding tot verder onderzoek. Hierbij ging de aandacht vooral uit naar de mogelijke aanwezigheid in de bodem van zware metalen en andere giftige stoffen. Jarenlang was op het terrein munitie geproduceerd, eerst door de Artillerie-Inrichtingen en later door de firma Eurometaal. Ook het mosterdgas kwam ter sprake. Dit leidde ertoe dat het Ministerie van Defensie in januari 1994 voor het eerst details verstrekte over de productie van mosterdgas in Hembrug en Batujajar eind jaren dertig.[97] Op 4 februari 1994 stelden L. Sipkes en W.J. Willems (beiden GroenLinks) naar aanleiding hiervan Kamervragen, die door staatssecretaris A.B.M. Frinking op 16 maart 1994 zijn beantwoord.[98]

Nadat het Ingenieursbureau Oranjewoud in 1994 tijdens een oriënterend historisch onderzoek enkele documenten over de mosterdgasinstallatie in Hembrug had achterhaald, hebben DGW&T en de organisatie voor Toegepast Natuurwetenschappelijk Onderzoek (TNO) in de jaren 1994 en 1995 "specifiek voor het mosterdgas" een afzonderlijk onderzoek uitgevoerd. De resultaten hiervan zijn in een DGW&T-rapport neergelegd, getiteld 'Historisch onderzoek mosterdgas Hembrug'.[99]

Op grond van de resultaten van deze onderzoeken is op het Hembrugterrein bodemonderzoek uitgevoerd. Hierbij zijn onder andere leidingen opgegraven die mosterdgassporen bleken te bevatten. Vermoedelijk zijn deze leidingen na de ontmanteling van de proefinstallatie eind 1938 begraven. In 1999 heeft het Ministerie van Defensie officieel bevestigd dat de grond in Hembrug plaatselijk nog restanten mosterdgas bevat.[100] Daarbij ging het om zeer kleine hoeveelheden die onder meer in begraven leidingen waren achtergebleven. Het dossier is nog steeds niet gesloten. Er bestaan plannen om het terrein in de toekomst voor woningbouw te bestemmen, maar de vraag wie de saneringskosten moet betalen, is tot op heden onbeantwoord. Deze kosten zijn in 1994 voorlopig op vijfhonderd miljoen gulden geschat.[101] Zeer recent, in juli 2009, laaide de discussie opnieuw op, ditmaal over een strook grond van het voormalige Hembrugterrein die eerder niet in het onderzoek was betrokken.[102]

De problematiek in Indonesië was van een geheel andere orde. Zoals eerder is beschreven (p. 131), viel de mosterdgasfabriek in Batujajar, inclusief een deel van de mosterdgasvoorraad, in maart 1942 in Japanse handen. Het is vrijwel zeker dat het Japanse leger de voorraad onaangeroerd heeft gelaten en de mosterdgasinstallatie zelf niet in gebruik heeft genomen. In mei 1944 rapporteerde het Japanse leger dat er in Batujajar 50 ton mosterdgas aanwezig was, wat overeenkomt met de hoeveelheid die het KNIL in maart 1942 had achtergelaten.[103] Vermoedelijk hebben zich wat dit betreft ook in de roerige periode na de Japanse capitulatie tot het herstel van het Nederlandse gezag geen onregelmatigheden voorgedaan. Op 6 mei 1947 berichtte kapitein H.M. Tersteege uit Bandung dat "de mosterdgasfabriek te Batoedjadjar vrijwel geheel intact is, op enkele kleine glazen onderdelen na".[104] Ook de vulinstallatie bevond zich nog in goede staat.

Tersteege trof in Batujajar geen mosterdgas aan. "De reservoirs (voor het afgewerkte product) zijn vermoedelijk leeg", schreef hij, "ofschoon dit moeilijk nauwkeurig te beoordelen is. (...) Van de voorraden zijn nog aanwezig een dertigtal drums met thiodiglycol (oxol) benevens geringe restanten zwavelzuur en zoutzuur." Hij voegde hieraan nog toe dat de voorraad thiodiglycol inmiddels naar de Pyrotechnische Werkplaats (in Kiaracondong) was overgebracht.[105] Het relaas van Tersteege laat zich moeilijk met andere bronnen rijmen, aangezien vaststaat dat de ondergrondse opslagtanks in elk geval in 1949 met mosterdgas waren gevuld. Mogelijk heeft hij zich vergist en bevatten de opslagtanks wel degelijk mosterdgas.

Naast het rapporteren over de situatie ter plaatse onderzocht Tersteege of het mogelijk was de mosterdgasfabriek te ontmantelen. Het was de bedoeling de installatie daarna naar Nederland over te brengen. Tersteege achtte ontmanteling op zich mogelijk, maar praktisch moeilijk uitvoerbaar. Dit lag onder meer aan een gebrek aan "terzake geschoolde werkkrachten". Tersteege spande zich tot slot in om het terrein van de mosterdgasfabriek door militairen te laten bewaken, maar dat bleek niet eenvoudig. Als reden hiervoor gaf hij aan dat "niemand weet of wil weten tot wiens competentie dit behoort". Ook zijn eigen betrokkenheid stond overigens ter discussie, aangezien hij op eigen initiatief en zonder formele positie had gehandeld.

Pas in de loop van 1949 kwam er duidelijkheid over het lot van de installatie in Batujajar. De Leger Productie Bedrijven, die in 1947 waren ontstaan uit de bundeling van de bedrijven die voor de oorlog tot de Indische Artillerie-Inrichtingen hadden behoord, belastten een burgerwerknemer, L.A.W. Dijkstra, met de opdracht de "fabriek voor gasfabrikage" te ontmantelen.[106] Alle waardevolle onderdelen, zoals profielijzer en keramische vaten en gasleidingen, moesten indien mogelijk worden verkocht. Van overbrenging naar Nederland was geen sprake meer. Met dertig lokaal geworven arbeidskrachten ging Dijkstra aan het werk. Hoewel het hoofd van het Chemisch Laboratorium van de Leger Productie Bedrijven, kapitein dr. H.C. Heintzberger, na onderzoek had vastgesteld dat er geen gevaar voor mosterdgasbesmetting meer was, deden zich toch nog enkele ongevallen voor. Acht werknemers kwamen met achtergebleven restanten mosterdgas in aanraking. Eén geval werd als "ernstig" omschreven, maar de klachten waren na drie maanden niettemin "weer geheel goed gekomen".

Tijdens de werkzaamheden ontdekten Dijkstra en zijn werklieden dat de vijf ondergrondse opslagtanks met een vloeistof waren gevuld waarvan de geur "wel vreemd, doch niet te herkennen was als de karakteristieke knoflookgeur". Onderzoek door kapitein Heintzberger toonde aan dat dit inderdaad mosterdgas was, al vermoedde hij "dat het iets van zijn sterkte heeft verloren". Dijkstra schatte de hoeveelheid op circa zestig ton. De gas- en luchtleidingen die de voorraadtanks onderling verbonden, werden losgekoppeld en verwijderd, maar het vernietigen van de gevaarlijke inhoud behoorde niet tot zijn taken. Nadat de werkzaamheden op 21 maart 1950, geruime tijd na de soevereiniteitsoverdracht aan de Republiek Indonesië, waren afgerond, drong Dijkstra er in zijn eindrapport op aan het mosterdgas "zo spoedig mogelijk" te vernietigen. "Zou een of andere onverlaat deze vloeistof uit de voorraadtanks overhevelen in kleinere vaten en dit voor misdadige doeleinden willen gebruiken", schreef hij, "dan is de ramp niet te overzien."

Bij de overdracht van de Leger Productie Bedrijven, inclusief de locatie Batujajar, aan de Indonesische opvolger, de *Pabrik Sendjata dan Mesiu*, werd in een gentlemen's agreement afgesproken dat de Indonesiërs de verantwoordelijkheid voor het vernietigen van het mosterdgas zouden overnemen. Op 10 juni 1950 richtte Dijkstra zich tot de nieuwe directeur, kolonel ir.

M.O. Parlindoengan.[107] Na een uitvoerig algemeen exposé over de bereiding, kenmerken, tactische inzet en giftigheid van mosterdgas, gaf hij een overzicht van de verschillende mogelijkheden om de nog in Batujajar aanwezige voorraad op een veilige manier te vernietigen. Door geldgebrek kwam hiervan niets terecht. Daarna is de kwestie, zowel in Nederland als in Indonesië, in de vergetelheid geraakt.

Pas in 1975 kwam daar verandering in. In dat jaar besteedden de kranten de nodige aandacht aan een bericht dat in de Bondsrepubliek Duitsland een (geringe) hoeveelheid mosterdgas uit oude oorlogsvoorraden was verdwenen. Volgens (achteraf onjuist gebleken) geruchten hadden activisten van de terroristische organisatie *Rote Armee Fraktion* het mosterdgas ontvreemd (zie verder p. 334). Het bericht trok de aandacht van Dijkstra, die in de jaren vijftig naar Nederland was teruggekeerd. Hij begon zich nu af te vragen of de Indonesische regering de voorraad mosterdgas in Batujajar wel had vernietigd, zoals destijds was afgesproken. Dijkstra stelde vervolgens op eigen kracht een onderzoek in en informeerde de autoriteiten. Wat Nederland betreft, waren onder meer het ministerie van Buitenlandse Zaken en TNO betrokken.

De mededelingen van Dijkstra stuitten aanvankelijk op de nodige scepsis. Pas na archiefonderzoek en diverse interviews met voormalige hoofdrolspelers (onder wie de voormalige bedrijfsleider van de mosterdgasfabriek) werd duidelijk dat de mogelijkheid dat er in Indonesië nog een hoeveelheid mosterdgas van Nederlandse oorsprong lag, verre van denkbeeldig was. De Nederlandse regering nam vervolgens contact op met Indonesië. Dit leidde er uiteindelijk toe dat de Indonesische NBC-dienst eind 1977 ter plaatse een onderzoek instelde, waarbij deze de opslagplaatsen van het mosterdgas lokaliseerde en Dijkstra's vermoedens bevestigde. Overleg tussen de Indonesische en Nederlandse regeringen leverde de afspraak op dat Nederland (in casu TNO) de mosterdgasvoorraad zou vernietigen, waarbij Indonesië de logistieke ondersteuning en beveiliging zou verzorgen. Om de situatie ter plaatse in detail te bestuderen, ging in april 1978 een *fact finding mission* naar Batujajar, bestaande uit Dijkstra en de directeur Chemische Research van het TNO Prins Maurits Laboratorium, ir. M. van Zelm. Zij stelden onder meer vast dat vier van de vijf ondergrondse opslagtanks met in totaal ongeveer 35.000 liter (circa 45 ton) mosterdgas waren gevuld. De vijfde tank was leeg en doorgeroest. Vermoedelijk was de inhoud weggelekt.

Voor het vernietigen van het mosterdgas bestonden diverse opties. Na een zorgvuldige afweging, waarbij milieu- en veiligheidsaspecten van doorslaggevende betekenis waren, werd besloten het mosterdgas ter plaatse in speciaal voor dit doel te bouwen verbrandingsovens te verbranden. Hieraan ontleende het project zijn naam, operatie *Obong*, wat in de lokale taal (het Sundanees) 'verbranden' betekent.[108] In Batujajar bouwde het TNO-team onder leiding van Van Zelm de installatie op. Zij bestond uit twee verbrandingsovens en een centrale schoorsteen. Tussen 1 juni en 2 juli 1979 werd hier in totaal 32.290 liter mosterdgas verbrand. Het restant, ruim 2.500 liter, kwam niet voor verbranding in aanmerking. Vermoedelijk door de inwerking van regenwater was het mosterdgas in de laatste tank verontreinigd geraakt, waardoor er corrosie optrad in de pompen die het mosterdgas naar de verbrandingsovens moesten overpompen. Dit mosterdgas is door de zorg van de Indonesische regering door hydrolyse onschadelijk gemaakt.

Een van de containers met mosterdgas in een ondergrondse bunker te Batujajar, 1977. Deze foto is gemaakt nadat Indonesische NBC-specialisten, op aandringen vanuit Nederland, de achtergebleven mosterdgasvoorraad hebben herontdekt.

Op aandringen van Dijkstra is door het Indonesische leger in de bergen rond Bandung ook naar eventueel in maart 1942 voor de Japanners verborgen mosterdgasgranaten gezocht. Hierbij zijn diverse munitievondsten gedaan, maar er werden geen mosterdgasgranaten aangetroffen. Aangezien het huidige onderzoek nieuw bewijs heeft opgeleverd voor het vermoeden dat het KNIL over mosterdgasgranaten beschikte, kan de mogelijkheid dat er nog ergens dergelijke granaten verborgen liggen, niet geheel worden uitgesloten.

In 1982 maakten Indonesië en Nederland het succesvolle project *Obong* formeel wereldkundig door een verslag ervan aan de *Committee on Disarmament* (de naoorlogse opvolger van de Geneefse ontwapeningsbesprekingen) aan te bieden.[109] Kort daarvoor was het verhaal al grotendeels door het ANP naar buiten gebracht.[110] Bij die gelegenheid verzekerde een woordvoerder van het Ministerie van Buitenlandse Zaken dat het in Batujajar aangemaakte mosterdgas nooit was gebruikt: "geen druppel is ooit uit de opslagtanks gekomen". Internationaal kreeg de Nederlands-Indonesische samenwerking bij het vernietigen van de oude oorlogsvoorraad positieve aandacht. "Door een klein land was daar in miniatuur iets groots verricht", was de opinie.[111] De samenwerking en taakverdeling stond later model voor de behandeling van *abandoned chemical weapons* in het Chemisch Wapenverdrag van 1993 (zie p. 317).

M. van Zelm (links), directeur Chemische Research van het TNO Prins Maurits Laboratorium, en L.A.W. Dijkstra verkennen, vergezeld door Indonesische militairen, een van de mosterdgasbunkers te Batujajar, april 1978.

Dijkstra (links) en Van Zelm kijken toe hoe Indonesische militairen een gasfles bergen, april 1978.

De schoorsteen van de verbrandingsinstallatie te Batujajar wordt geplaatst.

Het Indonesische leger heeft, ter voorbereiding op operatie *Obong*, de mosterdgasbunkers van een overkapping voorzien, april 1979. Voor ontsmetting van het personeel is een douche geplaatst.

Het overpompen van het mosterdgas uit de ondergrondse containers.

De verbrandingsinstallatie te Batujajar in vol bedrijf.

Transport van het mosterdgas tussen de opslagbunkers en de verbrandingsinstallatie.

Een lading mosterdgas staat klaar voor vernietiging.

5 | Rond de Tweede Wereldoorlog 1932-1949

Het Centraal Laboratorium

Bij de behandeling van de chemische verdedigingsvoorbereiding in Nederland tijdens het Interbellum is een belangrijk aspect nog niet aan de orde geweest. Dit was het instituut van de officieren-scheikundige en vooral de instelling (in oorlogstijd) van het Centraal Laboratorium. Weliswaar lag hun hoofdtaak op het gebied van de gasbescherming, die hier verder niet uitgebreid wordt behandeld, maar het onderwerp is vooral om een andere reden van belang. Het Centraal Laboratorium vormde in feite de brug tussen de voor- en naoorlogse periode. De organisatorische én personele continuïteit in de periode 1939-1946 droeg ertoe bij dat de ervaringen uit de mobilisatiemaanden en de oorlogsjaren van invloed zijn geweest op de naoorlogse ontwikkelingen.

De organisatie van de gasdienst bij de KL telde in het Interbellum, naast gasofficieren, gasonderofficieren, gasverkenners en gasontsmetters bij de operationele eenheden, ook secties gasdienst bij de hogere staven van het Veldleger, de Vesting Holland en de Stelling van Den Helder.[1] Sinds 1927 werden bij deze secties reserveofficieren-scheikundige ingedeeld. Zij waren universitair opgeleide chemici, die op het gebied van de chemische oorlogvoering door zorg van de Militaire Gasschool en het Scheikundig Laboratorium van de Artillerie-Inrichtingen werden bijgeschoold. Hun taak in oorlogstijd bestond, naast het verstrekken van adviezen op het gebied van de gasbescherming, uit het kwalitatief en kwantitatief vaststellen van een vijandelijke inzet van chemische strijdmiddelen. Hiervoor gebruikten zij grond-, lucht- en watermonsters, scherven van mogelijke chemische munitie en blindgangers, die hun door de gasverkenners zouden worden aangereikt. Naast het bevestigen van het gebruik van reeds bekende chemische strijdmiddelen, moesten zij ook in staat zijn eventuele nieuwe strijdgassen te onderkennen en te analyseren.

Aan het begin van de jaren dertig drong het besef door dat met name deze laatste taak een te zware opgave betekende voor individueel werkende officieren-scheikundige te velde, die slechts over een eenvoudig veldlaboratorium beschikten en vermoedelijk afzonderlijk van elkaar met dezelfde onderzoeken bezig zouden zijn. Daarom werd besloten het scheikundig onderzoek te centraliseren. In oorlogstijd zou daarvoor een centraal laboratorium worden ingericht, dat in alle opzichten aan de eisen van een modern chemisch laboratorium diende te voldoen.[2] Hier zouden acht officieren-scheikundige werkzaam zijn. Hoewel het Scheikundig Laboratorium van de Artillerie-Inrichtingen al veel ervaring met deze werkzaamheden had, was het niet mogelijk deze instelling hiervoor aan te wijzen, aangezien het laboratorium van

Der Weduwen zich in mobilisatie- en oorlogstijd geheel op de ondersteuning van de oorlogsproductie, vooral van munitie, moest toeleggen. Er moest derhalve een nieuw orgaan komen. De rol van de officieren-scheikundige bij de staven te velde was voortaan beperkt tot die van adviseur. Om in het veld zonder chemische uitrusting en expertise toch de aanwezigheid van strijdgassen te kunnen aantonen, was een eenvoudige gasindicator nodig. Deze behoefde slechts onderscheid te kunnen maken tussen gewone strijdgassen, waartegen het dragen van het gasmasker voldoende bescherming bood, en op de huid werkende strijdmiddelen als mosterdgas en lewisiet, die tevens beschermende kleding vereisten. Eerder is al vermeld dat de ontwikkeling hiervan vanaf 1932 prioriteit kreeg (zie p. 106).

Na enige discussie gingen alle betrokken autoriteiten ermee akkoord het Centraal Laboratorium als afdeling VIIc van de Generale Staf onder te brengen in het Algemeen Hoofdkwartier van de opperbevelhebber van Land- en Zeemacht.[3] Deze organisatorische ophanging was bedoeld om in oorlogstijd iedere vorm van vertraging in de communicatie en besluitvorming over de mogelijke vijandelijke inzet van chemische wapens te voorkomen. Het gevolg was wel dat de in vredestijd meest betrokken instanties – de Inspectie der Genie en het Scheikundig Laboratorium van de Artillerie-Inrichtingen – geen rechtstreekse relatie met het Centraal Laboratorium onderhielden. In de praktijk leverde dit echter geen problemen op, mede omdat de Artillerie-Inrichtingen met de oorlogsvoorbereiding werden belast.[4] Als hoofd werd aangewezen de reserve-eerste luitenant De Boer, hoofd van het Natuurkundig Laboratorium van Philips en lid van de Commissie van Advies nopens Chemische en Aanverwante Verdedigingsvraagstukken (zie p. 106).

Naast de plaats in de organisatie, deed ook de vaststelling van de fysieke locatie van het Centraal Laboratorium veel stof opwaaien.[5] De Generale Staf achtte alleen een locatie in Den Haag, in de directe omgeving van het Algemeen Hoofdkwartier, acceptabel. Het in dit verband naar voren geschoven laboratorium van prof. dr. D.H. Wester – een deskundige op het gebied van de chemische strijdmiddelen – aan de Hogere Krijgsschool was echter te klein en beschikte niet over de juiste apparatuur. Voor de gespecialiseerde taak van het Centraal Laboratorium kwamen slechts de universiteitslaboratoria in aanmerking, waarbij de keuze uiteindelijk viel op de laboratoria voor organische en anorganische chemie van de Rijksuniversiteit Leiden, gelegen aan de Hugo de Grootstraat. De oorlogsbestemming van de laboratoria bleef geheim; zelfs voor een onderzoek naar de industriële verdedigingsvoorbereiding kon in 1938 aan de Centrale Organisatie TNO geen informatie worden verstrekt.[6]

Zoals gezegd, verzorgde de Militaire Gasschool in Utrecht, ondersteund door het Scheikundig Laboratorium in Hembrug, cursussen voor de (aspirant-)reserveofficieren-scheikundige om hen op hun oorlogstaak voor te bereiden. Om het realiteitsgehalte van deze opleiding te verhogen, werd er in 1933 naast laboratoriumproeven voor het eerst ook "een uitgebreide practische oefening te velde" in het curriculum opgenomen.[7] Bij deze oefening, die op het geniekamp bij Soesterberg werd gehouden, moesten de cursisten de aanwezigheid van diverse strijdgassen in het veld aantonen. Hiervoor kregen zij monsters van onder andere difenylcyaanarsine en adamsiet, die met wat zand waren verontreinigd. Ook kregen de cursisten gasprojectielen – oude chloorgasprojectielen van 15 cm uit 1918 (zie p. 57) – aangeboden die met verschillende strijdgassen waren gevuld.

De veldoefeningen, die later om het jaar in Oldebroek plaatsvonden, hadden, naast de opleiding en oefening van de officieren-scheikundige, nog een belangrijk nevendoel. Ze boden namelijk een uitgelezen gelegenheid om de procedures en uitrusting voor de detectie van strijdgassen praktisch te beproeven, en om de werking en verspreiding van strijdgassen te analyseren.[8] Jaren later, aan het begin van de jaren vijftig, oordeelde een van de voormalige officieren-scheikundige dat "men met het verrichten der terreinproeven weliswaar op de goede weg was, doch dat omvang en frequentie der proeven dermate gering waren, dat de ten opzichte van het buitenland bestaande achterstand pas na vele jaren ingehaald zou zijn".[9] Tijdens herhalingsoefeningen werden officieren-scheikundige ook bij het Scheikundig Laboratorium gedetacheerd. Hier voerden zij onder meer specifieke opdrachten voor de chemische oorlogsvoorbereiding uit, zoals onderzoek naar de bereiding van bepaalde strijdgassen.

De Militaire Gasschool en het Scheikundig Laboratorium van de Artillerie-Inrichtingen maakten voor opleidings-, oefenings- en onderzoeksdoeleinden niet alleen van oude chloorgasgranaten gebruik, maar ook van ander gasmaterieel dat tijdens de mobilisatiejaren 1914-1918 was aangemaakt. In 1926 stonden in een loods op Fort Vossegat bij Utrecht alle 25 aanvoertanks en nog 580 loopgraafketels plus diverse toebehoren (zie ook p. 57). De minister van Oorlog achtte het niet langer verantwoord geld uit te trekken voor het onderhoud van dit materieel waarvan de staat snel verslechterde.[10] Van een mogelijke operationele inzet was geen sprake meer,

Oefening van de Militaire Gasschool met loopgraafketels uit de Eerste Wereldoorlog, circa 1926.

Een loods met oude aanvoertanks die voor de bevoorrading met stikgassen waren bestemd, circa 1926.

aangezien "de methode van het gasblazen, waarvoor dit materieel gebruikt zou kunnen worden op den achtergrond is geraakt". Verkoop was evenmin een optie, zodat de minister voorstelde om het als "verbruiksmaterieel" beschikbaar te stellen aan de eerdergenoemde instanties. Onder meer hoopte hij dat de ketels van pas zouden komen bij de ontwikkeling van nevel- en rooktoestellen en sproei-installaties (zie hiervoor p. 75). Een voorstel daartoe leverde in 1930 de conclusie op dat modificatie vermoedelijk even duur zou zijn als aanschaf van nieuw materieel.[11] Een aantal loopgraafketels verkeerde in zo'n slechte staat, dat ze vermoedelijk als schroot zijn verkocht.[12] In 1932 resteerden er 473,[13] in 1936 was het aantal tot 57 afgenomen.[14]

Van de resterende ketels waren er 14 nog altijd met zwaveldioxide gevuld. Deze trokken de aandacht van de Artillerie-Inrichtingen, die de ketels voor "oriënteerende proeven" wilden gebruiken.[15] De proeven zouden aanvankelijk met chloor worden uitgevoerd, maar het minder gevaarlijke zwaveldioxide was voor de meeste proeven vermoedelijk net zo bruikbaar. Waarschijnlijk ging het hier om de veldoefeningen voor reserveofficieren-scheikundige van 1936, waar de cursisten onder meer het gedrag van gaswolken onderzochten. Bij deze experimenten maakten zij gebruik van met chloor en zwaveldioxide gevulde loopgraafketels, niet alleen middels het klassieke 'gasblazen', maar tevens door het springen van de ketels met een blokje trotyl.[16]

Tijdens de veldoefeningen voor reserveofficieren-scheikundige in 1936 worden oude loopgraafketels gebruikt voor het onderzoek naar het gedrag van gaswolken. Op deze foto wordt een blokje trotyl op een ketel bevestigd om deze te doen springen.

Bij de voormobilisatie op 25 augustus 1939 werd het Centraal Laboratorium geactiveerd.[17] Vijf dagen later kon het hoofd, reservekapitein-scheikundige De Boer, de opperbevelhebber van Land- en Zeemacht melden dat zijn laboratorium in Leiden "op oorlogsvoet" was gebracht en in staat was "de eventueele, haar te verstrekken opdrachten op het gebied van de herkenning en analyse van strijdgassen uit te voeren".[18] Aan werkzaamheden was gedurende deze maanden absoluut geen gebrek. Door de grote werkdruk werd, na aandringen van De Boer, het aantal officieren-scheikundige tot zestien uitgebreid.[19] Hoewel de Duitse legerleiding de Nederlandse militair attaché in Berlijn, majoor G.J. Sas, al in augustus 1939 had laten weten dat "Gaswerfermörser, sowie Abblasvorrichtungen und Gasmunition in der deutschen Armee nicht geführt werden",[20] nam het Algemeen Hoofdkwartier de dreiging van een mogelijke inzet van chemische wapens door Duitsland zeer serieus. Het Centraal Laboratorium analyseerde

Ook het oude 'gasblazen' wordt tijdens de veldoefeningen te Oldebroek toegepast, 1936.

gedurende de mobilisatietijd onder meer diverse inlichtingenrapportages over mogelijke nieuwe Duitse strijdgassen.[21] Deze informatie was afkomstig uit zeer uiteenlopende bronnen, waaronder een Nederlandse informant, H.W. de Vet uit Tilburg, die schijnbaar goed bekend was in de Duitse chemische industrie.[22] Daarnaast verstrekten Franse en Belgische militaire instanties strikt vertrouwelijke inlichtingen. Ook op het gebied van de chemische oorlogvoering hield het neutrale Nederland slechts met één potentiële vijand – Duitsland – echt rekening.

Het Centraal Laboratorium gaf in de mobilisatietijd verder gevraagd en ongevraagd adviezen over de bescherming tegen chemische strijdmiddelen.[23] In november 1939 trok De Boer, na overleg met het Scheikundig Laboratorium van de Artillerie-Inrichtingen en met de directeur van de Militaire Gasschool, aan de bel om te waarschuwen tegen een verkeerde toepassing van de ontsmettingsprocedure bij een mosterdgasbesmetting.[24] Hij wees erop dat de druppels mosterdgas op de huid nooit door wrijven en spoelen mochten worden verwijderd. Hierdoor zou de besmetting zich alleen maar verspreiden, zoals onderzoek in Nederland en in Nederlands-Indië had aangetoond.[25] In plaats daarvan moest de militair de druppels met krijt afdeppen en daarna droog behandelen met chloorkalk-magnesium. De Boer was dan ook weinig onder de indruk toen het Algemeen Hoofdkwartier hem in januari 1940 een doosje met *Losantintabletten* ter

Reserveofficieren-scheikundige in beschermende kleding oefenen zich in de detectie van mosterdgas in het terrein, 1936.

hand stelde, die bij de Duitsers in gebruik waren.[26] Deze tabletten moesten bij een mosterdgasbesmetting met water of speeksel worden gemengd en op de huid worden gesmeerd.

De Boer en de zijnen ontwikkelden in deze maanden een onschadelijke "vervangingsstof voor mosterdgas", die bestemd was om de verschillende handelingen bij een mosterdgasaanval en -besmetting zo realistisch mogelijk, maar zonder risico's, te kunnen oefenen.[27] Het nut hiervan werd door niemand betwijfeld. "Oefening is broodnoodig", schreef een stafofficier van het Algemeen Hoofdkwartier, "en kan meer ongelukken voorkomen dan de beschermingsmiddelen welke we voor het te besteden bedrag kunnen koopen." Desondanks schafte de legerleiding slechts een relatief geringe hoeveelheid "oefeningsmosterdgas" aan, met het argument dat "de troep ook andere dingen te doen heeft dan oefeningen in den gasdienst te houden". Om het "oefeningsmosterdgas" tijdens oefeningen gemakkelijk te kunnen hanteren, was het in metalen bussen met een inhoud van 2 kg verpakt.[28] Overigens constateerde de chef-staf van het Veldleger, kolonel A.H. Schimmel, nog in januari 1940 dat er bij de eenheden tekortkomingen op het gebied van de "gastucht en gasbescherming" bestonden.[29] Hoewel de troepen frequent met gasmaskers oefenden, werd de gasdienst zelden of nooit in grotere oefeningen geïntegreerd.[30]

Met het door het Centraal Laboratorium ontwikkelde 'oefeningsmosterdgas' kon het gemobiliseerde leger zich op een realistische manier bekwamen in het ontsmetten van met mosterdgas besmet terrein, 1940.

Van een eigen productie van strijdgassen die ter vergelding van een eventuele vijandelijke chemische wapeninzet konden worden gebruikt, zoals in het Interbellum voortdurend onderwerp van discussie was, was geen sprake. Ook werden geen nadere voorbereidingen hiertoe getroffen. In augustus 1939 was bij de Artillerie-Inrichtingen in Hembrug de semi-technische installatie voor de bereiding van chloorpicrine weliswaar enige tijd in bedrijf, maar dit was op verzoek van de afdeling Gasbescherming.[31] Kennelijk had zij voor onderzoeksdoeleinden behoefte aan grotere hoeveelheden van deze stof. Enkele maanden later, eind december 1939, liet Der Weduwen, het hoofd van het Scheikundig Laboratorium, een vraag over de "grondstoffenpositie" onbeantwoord omdat "er bij de weermacht over het algemeen geen belangstelling bestaat voor het gebruik of den aanmaak van strijdgassen".[32] Bovendien ontbrak de benodigde productiecapaciteit, aangezien er voor de chemische oorlogsvoorbereiding nooit geld was uitgetrokken.

In de archieven is slechts een enkele (moeilijk te duiden) verwijzing gevonden naar een mogelijke belangstelling van het Algemeen Hoofdkwartier op dit gebied. Op 6 september 1939 liet het hoofd van het Centraal Laboratorium, De Boer, aan majoor ir. J. Govers van het Algemeen Hoofdkwartier weten dat hij "omtrent de kaneelolie" (lees: mosterdgas) contact met Der Weduwen had opgenomen.[33] Deze zou Govers zelf benaderen of daartoe ir. Dingemans, "die de vorige installatie geheel heeft gebouwd", opdracht geven. Dit kan slechts als een verwijzing naar de voor Indië bestemde proefinstallatie worden opgevat (zie p. 125). Mogelijk ging het om de nieuwe proefinstallatie die het Scheikundig Laboratorium wilde opzetten (p. 110) of overwoog de legerleiding een mosterdgasinstallatie voor gebruik in eigen land te bouwen, maar de beschikbare gegevens staan niet toe conclusies te trekken. Dat geldt evenzeer voor het laatste voorval dat hier vermelding verdient. Toen Nederland in januari 1940 van een Belgische firma een aanbieding voor het leveren van een "strijdgas" kreeg, besliste de opperbevelhebber, generaal H.G. Winkelman, dat "geen officieel contact" met het buurland mocht worden opgenomen.[34] Het Centraal Laboratorium kon wel "langs anderen weg dan den officieelen" informatie inwinnen. Verder is hierover niets bekend.

De strijd in de meidagen van 1940 leverde ook voor het Centraal Laboratorium spannende dagen op. Hoewel de Duitsers geen chemische wapens inzetten, deden geruchten van het tegendeel niettemin de ronde. Op twee plaatsen, bij Amerongen op 11 mei en bij Soesterberg op 14 mei, zouden Duitse vliegtuigen glazen flessen met gifgassen hebben afgeworpen.[35] In het laatstgenoemde geval zouden twintig mensen na het inademen van de vrijgekomen gassen klachten hebben gekregen, zoals een benauwd gevoel op de borst en braakneigingen. Het Centraal Laboratorium slaagde er echter niet in bewijzen, zoals restanten van de glazen flessen, in handen te krijgen. Als er al een kern van waarheid in de geruchten zat, ging het misschien om afgeworpen rookkaarsen. Het waren overigens niet alleen Nederlandse militairen die de vijandelijke inzet van strijdgassen vreesden. Tijdens de gevechten om het vliegveld Valkenburg (bij Leiden) raakte een Duitse militair in paniek toen hij de ochtendnevel voor een mosterdgaswolk aanzag.[36] Door de korte duur van de strijd in de meidagen bleef de rol van het Centraal Laboratorium beperkt. Zodra de gevechten waren uitgebroken zou het laboratorium volgens de plannen versterking krijgen van de leden van de Commissie van Advies nopens Chemische en Aanverwante Verdedigingsvraagstukken, maar het is niet bekend of dit daadwerkelijk heeft plaatsgevonden.[37]

Om te voorkomen dat het archief van het Centraal Laboratorium – inclusief dat van de Commissie van Advies – in handen van de Duitsers zou vallen, kreeg De Boer op 14 mei opdracht met zijn plaatsvervanger, reservekapitein-scheikundige drs. J. van Ormondt, vanuit Scheveningen met een trawler de wijk naar Groot-Brittannië te nemen en het archief daar in veiligheid te brengen.[38] De achtergebleven bezetting van het Centraal Laboratorium, onder leiding van reservekapitein-scheikundige dr. P.A. Jonquière, droeg er na de capitulatie zorg voor dat de Duitsers uit de aangetroffen bescheiden en laboratoriumopstellingen niet konden opmaken wat voor onderzoek er was verricht. Ruim een week na de capitulatie kreeg het Centraal Laboratorium bezoek van enkele Duitse officieren, die zich van het uitgevoerde onderzoek op de hoogte kwamen stellen en met name moesten onderzoeken of er grotere hoeveelheden strijdgassen waren geproduceerd. Jonquière probeerde, naar eigen zeggen, hen met halve waarheden om de tuin te leiden. Het bleef bij dit enkele bezoek, waarop Jonquière concludeerde dat zijn poging "de werkelijke belangrijke resultaten te vernevelen" was geslaagd.[39] Kort daarna werd het Centraal Laboratorium gedemobiliseerd.

Het Scheikundig Laboratorium van de Artillerie-Inrichtingen, dat sinds 1939 aan de Julianalaan in Delft was gevestigd, had soortgelijke ervaringen.[40] Ook Der Weduwen nam na de capitulatie maatregelen om de lopende onderzoeken zoveel mogelijk aan de waarneming van de bezetter te onttrekken. De Duitsers kwamen hier al snel, twee of drie dagen na de capitulatie, poolshoogte nemen, maar konden weinig achterhalen. Wel legden zij bij een tweede bezoek, enkele dagen later, beslag op de complete reeks Nederlandse gasmaskers en proefmodellen. De Duitsers deden ook Hembrug aan, waar zij de in de 'kaneeloliekelder' opgeslagen voorraad van circa 1.000 kg mosterdgas aantroffen. Deze voorraad was in 1938 met de inmiddels naar Indië verscheepte installatie aangemaakt. Der Weduwen speldde de Duitsers het verhaal op de mouw dat de gebruikte installatie door brand was getroffen en daarna, mede vanwege de ongevallen die zich daarbij hadden voorgedaan, was afgebroken en vernietigd. Brandsporen ter plaatse leken zijn verhaal te bevestigen. (Het is overigens niet bekend of Duitse of Japanse inlichtingendiensten de werkelijke toedracht kenden.) Tot het eind van 1942 functioneerde het Scheikundig Laboratorium nog als onderdeel van het Staatsbedrijf der Artillerie-Inrichtingen-in-liquidatie; daarna ging het als algemeen laboratorium over naar de Centrale Organisatie TNO.[41] Door onderzoek te verrichten voor de Rijksinspectie Luchtbescherming en de bierbrouwindustrie wist Der Weduwen zijn laboratorium "ongeschonden" door de oorlogsjaren te loodsen.

De Londense periode

Dankzij de evacuatie van De Boer en Van Ormondt kreeg het Centraal Laboratorium een tweede leven in Engeland. Nadat beide officieren-scheikundige op Britse bodem waren gearriveerd, stelden zij het meegenomen archief ter beschikking van het Britse *War Office*. Tevens maakte De Boer voor de geallieerde autoriteiten een uitvoerig verslag op van de werkzaamheden van het Centraal Laboratorium in de mobilisatietijd en in de meidagen. De Boer en Van Ormondt zetten hun onderzoek vervolgens voort in dienst van het Britse *Ministry of Supply*, dat hen in het *Imperial College of Science and Technology* in South-Kensington onderbracht. De naam Centraal Laboratorium bleef ook in deze Londense periode bestaan. In overleg werd bepaald dat de Nederlanders zich vooral op het onderzoek naar de bescherming tegen koolmonoxide zouden richten, een voortzetting van onderzoek dat het Centraal Laboratorium al in Leiden in gang had gezet. In de loop van de oorlog kregen De Boer en Van Ormondt versterking van enkele andere chemici, die uit Nederland, Nederlands-Indië en Zuid-Afrika afkomstig waren. Onder hen was J.A. Cohen, een medicus van de Rijksuniversiteit Leiden die vanwege zijn joodse afkomst uit Nederland was gevlucht. De Boer bezorgde hem een tijdelijke aanstelling bij een prestigieuze biochemische onderzoeksgroep in Cambridge, opdat "de Nederlanders zeer nauw betrokken werden bij de uitvoering van de op dat ogenblik meest belovende chemische oorlogsresearch".[42] Dit onderzoek betrof "de enzymologische aspecten van de werking van strijdgassen".[43]

In de loop van 1941 kreeg De Boer zitting in de *Chemical Board*, het orgaan dat alle Britse werkzaamheden op het gebied van de chemische oorlogvoering coördineerde. Dit was bijzonder, omdat verder alleen de Britse *dominions* en de Verenigde Staten vertegenwoordigd waren.

De directe aanleiding hiervoor was een verzoek van de gasdienst in Nederlands-Indië, die nauwe contacten met zijn Britse equivalent wilde aanknopen voor het onderling uitwisselen van gegevens.[44] Vóór de oorlog had het Scheikundig Laboratorium van de Artillerie-Inrichtingen deze rol min of meer vervuld, maar daaraan was met de capitulatie van Nederland uiteraard een einde gekomen. De Boer functioneerde in de contacten tussen Nederlands-Indië en Groot-Brittannië als liaison, niet het minst omdat hij bij de Britten in hoog aanzien stond. Via De Boer verstrekte de gasdienst van het KNIL onder meer modellen van een paardengasmasker en geventileerde beschermende kleding aan de Britse collega's. Tevens bracht De Boer de geallieerden op de hoogte van de voordelen van de 'droge' tegenover de 'natte' behandeling van een mosterdgasbesmetting (zie p. 148). Omgekeerd stelden de Britten en Amerikanen onder meer inlichtingenrapporten ter beschikking over de Duitse, Italiaanse en Japanse voorbereidingen op het gebied van de chemische oorlogvoering. Aangezien de Japanners vermoedelijk blauwzuurgranaten in hun chemisch arsenaal hadden, waartegen de Britse en Nederlandse gasmaskers onvoldoende bescherming boden, gaf De Boer vanuit Londen hierover de nodige aanwijzingen.[45] Na de val van Nederlands-Indië in maart 1942 bleef De Boer lid van de *Chemical Board*, nu rechtstreeks namens de Nederlandse regering. In deze capaciteit en als hoofd van het Centraal Laboratorium werd hij in de loop van 1944 opgevolgd door Van Ormondt, aangezien De Boer zijn werkterrein naar het Militair Gezag verlegde, waar hij uiteindelijk in de tijdelijke rang van kolonel souschef-staf werd.

Het lidmaatschap van de *Chemical Board* verschafte De Boer en later Van Ormondt rechtstreekse inzage in de geallieerde (Britse) voorbereidingen op de chemische oorlogvoering, zowel in passieve als in actieve zin.[46] Bovendien kregen zij aan de hand van de al genoemde inlichtingenrapportages uitgebreid inzicht in de vijandelijke mogelijkheden op dit gebied.[47] "Van beide zijden zijn de voorbereidingen van een eventueelen gasoorlog enorm", schreef De Boer in 1943.[48] "Men weet het ook van elkaar, dat men offensief zoowel als defensief aan beide kanten veel heeft klaar liggen en veel heeft geprepareerd." Hij was ervan overtuigd dat alleen deze wederzijdse afschrikking voorkwam dat een van beide partijen tot de inzet van chemische wapens zou overgaan – tenzij in een wanhoopsoffensief of door een misverstand.[49] "Wanneer deze oorlog kan worden beëindigd, zonder dat van het gaswapen gebruik is gemaakt", aldus De Boer, "dan kan een ieder, die heeft bijgedragen tot de ontwikkeling en de voltooiing van de enorme voorbereidingen hier te lande, met voldoening op zijn werk terugzien." Anders dan de geallieerde inlichtingendiensten hield De Boer het overigens voor mogelijk, zoals later bleek terecht, dat de Duitsers geheel nieuwe strijdgassen zouden ontwikkelen of met andere vernieuwingen "van opzienbarend karakter" zouden komen, die de balans op het gebied van de chemische oorlogvoering zouden verstoren.[50]

In september 1944 leek de bevrijding van Nederland aanstaande. In afwachting daarvan kregen Van Ormondt en enkele van zijn medewerkers een extra taak opgedragen. De minister van Oorlog, jhr. ir. O.C.A. van Lidth de Jeude, stelde een Militair Bureau voor Wetenschappelijke Inlichtingen (MBWI) in om "ten snelste" inlichtingen te verzamelen over het wetenschappelijk onderzoek – niet beperkt tot de chemische strijdmiddelen of zelfs de chemie – dat in Nederland tijdens de bezettingsjaren in opdracht van de Duitsers was uitgevoerd.[51] Dit was niet alleen van belang om inzage te krijgen in de mogelijkheden van de Duitse oorlogsindustrie en wellicht om tegenmaatregelen tegen de invoering of de inzet van nieuwe wapens te treffen, maar had tevens ten doel om na afloop van de oorlog de hoogte van de door Duitsland te betalen schadevergoedingen vast te kunnen stellen. Het bureau moest daarnaast onderzoeken welke Nederlandse wetenschappers "actiever dan onder den drang der omstandigheden noodig was" aan dit onderzoek hadden meegewerkt, om na de oorlog de Nederlandse universiteiten en onderzoeksinstellingen van collaborateurs te kunnen zuiveren. Tenzij er in de eindfase van de oorlog tegen de verwachtingen in nog chemische strijdmiddelen zouden worden gebruikt, diende Van Ormondt aan het Militair Bureau voor Wetenschappelijke Inlichtingen prioriteit te geven.[52] Vanzelfsprekend kwam dit werk in een stroomversnelling met de (geleidelijke) bevrijding van het zuiden van Nederland in het najaar van 1944 en vooral na de capitulatie van Duitsland in mei 1945.

Voor zover uit de archieven valt na te gaan, lag het zwaartepunt van de werkzaamheden van het bureau op het verzamelen van inlichtingen over mogelijke collaborateurs. Verschillende verslagen van gesprekken met Nederlandse wetenschappers over het onderzoek dat zijzelf en hun collega-wetenschappers in oorlogstijd hadden uitgevoerd, hadden hierop betrekking.[53] Wellicht de bekendste affaire die Van Ormondt en de zijnen onderzochten, was die van de handelsmaatschappij Cellastic, die zich toelegde op het handelen in en het exploiteren van patenten en licenties. Deze aanvankelijk in Amsterdam en vanaf 1942 in Parijs gevestigde firma was in Duitse handen en fungeerde als een centrum van industriële spionage voor de Duitse oorlogsindustrie. Enkele Nederlandse wetenschappers onderhielden banden met Cellastic, vermoedelijk zonder te weten dat het bedrijf nauw met de *Abwehr* was verbonden.[54]

Het Militair Bureau voor Wetenschappelijke Inlichtingen fungeerde tevens als een aanspreekpunt voor geallieerde militairwetenschappelijke inlichtingendiensten, met name de Britse *MI 10* en de Amerikaanse *Alsos*.[55] Beide hadden tot taak inlichtingen te verzamelen over de Duitse vorderingen op militairwetenschappelijk gebied, waarbij de laatstgenoemde zich vooral op het Duitse nucleaire programma toelegde. Hoewel de wetenschappelijke leiding over *Alsos* in handen was van een van oorsprong Nederlandse geleerde, prof. dr. S.A. Goudsmit,[56] en de Nederlandse regering wellicht mede daarom op nauwere samenwerking aanstuurde, had Van Ormondt weinig op met de Amerikaanse dienst, die zelf nauwelijks informatie wilde delen. Hij gaf, mede "met het oog op de latere verhouding tot Engeland", de voorkeur aan samenwerking met *MI 10*.[57] De geallieerde diensten toonden in de eerste maanden van 1945 interesse in alle informatie die het Nederlandse bureau kon aanleveren over laboratoria in het vooroorlogse Nederland. Ook speelden de Nederlanders desgevraagd inlichtingen door die in de mobilisatiemaanden over de Duitse inspanningen op het gebied van de chemische strijdmiddelen waren vergaard. Hetzelfde gold voor informatie over de mogelijke productie van bacteriologische strijdmiddelen (anthrax, ofwel miltvuur) door Duitsland, al tekende Van Ormondt aan dat hij aan deze inlichtingen zelf weinig waarde hechtte.[58]

Zoals gezegd, hielden de geallieerde inlichtingendiensten geen rekening met mogelijke Duitse innovaties op het gebied van chemische wapens. De westerse geallieerde strijdkrachten die in de eerste maanden van 1945 Duitsland introkken, op de voet gevolgd door wetenschappelijke inlichtingenteams aangestuurd door de *Combined Intelligence Objectives Subcommittee* (CIOS), ontdekten echter dat daar in het diepste geheim een nieuwe generatie gifgassen was ontwikkeld. Het ging om de zogeheten zenuwgassen, waarvan tabun, sarin en soman de belangrijkste vertegenwoordigers waren.[59] Tabun was in 1936 door dr. G. Schrader van *IG Farben* ontdekt bij pesticidenonderzoek en volgens de daarvoor geldende procedures onder de aandacht van de overheid gebracht. Dit gaf de aanzet tot een grootschalig ontwikkelingsprogramma. In Groot-Brittannië was in de oorlogsjaren een enigszins vergelijkbaar zenuwgas, DFP, ontwikkeld, maar de Duitse varianten waren veel giftiger en leenden zich ook in andere opzichten beter voor militair gebruik. Alle zenuwgassen hebben gemeen dat ze de werking van een vitaal enzym (cholinesterase) blokkeren, waardoor de signaalverwerking in de zenuwen wordt verstoord. Het eerste teken van een zenuwgasbesmetting is meestal een sterke vernauwing van de pupillen (miosis) en vermindering van het gezichtsvermogen, gevolgd door onvrijwillige spiersamentrekkingen, die uiteindelijk de dood tot gevolg kunnen hebben.

Het productieprogramma van het eerst ontdekte zenuwgas, tabun, was tegen het einde van de oorlog het verst gevorderd. Grote voorraden waren inmiddels aangemaakt en in depots lag een indrukwekkend arsenaal aan gebruiksgerede munitie klaar. Met het giftiger, in 1938 ontdekte sarin waren de Duitsers nog niet zo ver, maar de eerste (proef)fabrieken voor de industriële productie ervan waren vrijwel gereed. Soman, dat pas in 1944 was ontdekt, was nog slechts in laboratoriumhoeveelheden beschikbaar. Alle voorraden, de laboratoria en productie-installaties, talrijke documenten en een groot aantal wetenschappers en officieren vielen aan het eind van de oorlog in handen van de westerse geallieerden en van de Sovjet-Unie. Hoewel dit slechts een van de vele wetenschapsgebieden was waarin de geallieerden geïnteresseerd waren, staken zij veel energie in het onderzoek naar de Duitse zenuwgassen. De oorlog in Europa was zo goed als ten einde, maar in de Pacific voorzagen zij nog een lange strijd. Vooral de vrees dat de Duitsers hun kennis over en ervaring met de zenuwgassen met de Japanners hadden gedeeld, gaf aan het militairwetenschappelijk onderzoek op dit gebied een hoge mate van actualiteit.[60] De Amerikanen en Britten schrokken bovendien van het bericht dat de Russen al in februari en maart 1945 de productiefaciliteiten voor tabun en sarin in Dyhernfurth en Falkenhagen, beide aan de Oder gelegen, nagenoeg onbeschadigd (maar ontdaan van de zenuwgasvoorraden) in handen hadden gekregen.[61] Zolang er geen betrouwbare methoden bestonden om zenuwgassen te detecteren en een besmetting te behandelen, was de balans tussen 'aanval' en 'verdediging' die op het gebied van de chemische strijdmiddelen sinds de Eerste Wereldoorlog had bestaan, verstoord. Wel werd vrij snel duidelijk dat de bestaande beschermingsuitrusting (gasmasker plus beschermende kleding) ook bij zenuwgassen afdoende was.

Uiteraard ging dit alles niet aan de Nederlandse officieren-scheikundige van het Londense Centraal Laboratorium voorbij. Eind april 1945 maakten zij na een bezoek aan Porton Down, het Britse onderzoekscentrum voor chemische oorlogvoering, al een eerste, voorlopig rapport op over 'T 2104', de Britse codenaam voor tabun.[62] Slechts enkele dagen daarvoor was hier het onderzoek naar de Duitse zenuwgassen gestart.[63] Het einde van de oorlog in Europa betekende echter dat er ook een einde aan de nauwe samenwerking op militairwetenschappelijk gebied kwam. Groot-Brittannië besloot in juni 1945 de informatieverstrekking over chemische strijdmiddelen aan de bondgenoten stop te zetten.[64] De Amerikanen deden hetzelfde. Nederlandse wetenschappers en militairen waren daarom niet welkom op het Duitse oefenterrein Raubkammer (Munsterlager), waar in de zomer van 1945 proefnemingen te velde met de Duitse zenuwgassen werden genomen.[65]

Van Ormondt en de zijnen legden zich hier niet zomaar bij neer. Zij onderkenden de noodzaak zo snel mogelijk meer kennis over de werking van zenuwgassen en met name over detectie en bescherming te verkrijgen.[66] Ook De Boer, die het "zeer belangrijk" vond "nu goed op de hoogte te blijven en de vernomen kennis ook voor ons land te verzekeren", besteedde aan zijn oude vakgebied weer meer tijd dan voorheen.[67] Het kwam nu goed uit dat de Nederlanders in de persoon van Cohen een uitmuntende bron van informatie hadden. Cohen was in Britse dienst teruggekeerd en op dat moment bij Porton Down gedetacheerd, waar hij leiding gaf aan de biochemische en farmacologische afdeling van het fysiologisch laboratorium. Hier was hij nauw betrokken bij het onderzoek naar de zojuist ontdekte Duitse zenuwgassen. Mede van zijn hand was onder andere een onderzoeksrapport met de titel 'Effect of T.2104 (Tabun) and T.2106 (Sarin) on the Choline-esterase content of Rabbit Serum and Rabbit Brain' van 4 januari 1946. Cohen was ten volle bereid Van Ormondt in de loop van 1945 en 1946 alle informatie te verschaffen waaraan deze behoefte had. Regelmatig speelde hij geheime onderzoeksrapporten door, die Van Ormondt dan "bliksemsnel" door zijn secretaresse liet overtypen.[68] Op deze wijze legde het Centraal Laboratorium onder andere de hand op het verslag van de ondervraging van prof. R. Kuhn, de Duitse wetenschapper die verantwoordelijk was geweest voor het farmacologisch onderzoek naar de nieuwe zenuwgassen en die soman had ontdekt.

Van Ormondt en zijn medewerker reserve-eerste luitenant E.W. Gorter kregen ook de gelegenheid zelf op zoek te gaan naar nieuwe informatie. Zij waren namelijk enige tijd als liaisonofficier aan de *Chemical Warfare*-staf van het *1st Canadian Army* toegevoegd en verzamelden in die hoedanigheid in Duitsland inlichtingen over het Duitse chemische wapenprogramma, onder andere in Munsterlager.[69] Dit stelde hen in staat "van de verkregen kennis bij de in gang zijnde onderzoekingen in Duitschland (in laboratoria, fabrieken, werkplaatsen en kampen) zooveel mogelijk voor Nederland mede te verzekeren". Bovendien wist Van Ormondt in Duitsland laboratoriumapparatuur te vorderen waarmee de in de oorlog verloren gegane uitrusting van het Centraal Laboratorium in Leiden opnieuw kon worden opgebouwd.[70]

Het ontstaan van de Rijksverdedigingsorganisatie

Vanaf eind 1944 besteedde Van Ormondt, op de achtergrond gesteund door De Boer, veel tijd en energie aan het uitdenken van en lobbyen voor een nieuwe opzet van het militairwetenschappelijk onderzoek in het naoorlogse Nederland.[71] De opdracht kwam van minister van Oorlog

J. van Ormondt, hier als reserve-luitenant-kolonel.

Van Lidth de Jeude, maar het initiatief was van Van Ormondt zelf uitgegaan, vermoedelijk ingegeven door het werk voor het Militair Bureau voor Wetenschappelijke Inlichtingen. Hij zette zich af tegen de situatie in het vooroorlogse Nederland en liet zich vooral inspireren door de positieve ervaringen die hij in oorlogstijd in Groot-Brittannië had opgedaan. Aan de basis van zijn ideeën stond de vaststelling dat "de nationale veiligheid eischt dat natuurwetenschappelijke research in de toekomst een belangrijker rol zal moeten spelen bij de voorbereiding der landsverdediging". De structuur die hem daarbij voor ogen stond, was op twee pijlers gebaseerd. In de eerste plaats moest de nieuwe organisatie zoveel mogelijk zijn geïntegreerd. Niet alleen dienden de krijgsmachtdelen nauw samen te werken waar het de ontwikkeling en toepassing van nieuwe militaire technologie betrof, maar ook moest er een betere coördinatie komen van het werk op verschillende wetenschapsgebieden en tussen civiel en militairwetenschappelijk onderzoek. Om een multidisciplinaire aanpak mogelijk te maken, dienden zoveel mogelijk vakgebieden te zijn vertegenwoordigd.

In de tweede plaats was Van Ormondt ervan overtuigd dat Nederland zijn heil, in ieder geval op het gebied van het militairwetenschappelijk onderzoek, moest zoeken in internationale samenwerking, vooral met Groot-Brittannië.[72] Ook wat dit betreft was er een scherp contrast met de situatie van vóór de oorlog. Van Ormondt wist zich hierin geruggensteund door minister Van Lidth de Jeude, die hem tijdens een onderhoud op 5 februari 1945 had gezegd dat Nederland na afloop van de oorlog een militair bondgenootschap met België en Groot-Brittannië zou nastreven.[73] Hoewel de minister aangaf dat samenwerking met België de eerste stap zou vormen, gaf Van Ormondt prioriteit aan de relatie met Groot-Brittannië (en de Verenigde Staten). Niet alleen was zijns inziens hiervan meer te verwachten, maar bovendien hoopte Van Ormondt voort te kunnen bouwen op de contacten die in de oorlog waren ontstaan.

Juist op militairwetenschappelijk gebied was Nederland, in de ogen van Van Ormondt, mogelijk een interessante partner in een toekomstig bondgenootschap. Tegenover de voorzitter van de *Chemical Board*, J. Davidson Pratt, formuleerde hij het als volgt: "We think that Holland's contribution in a military alliance with Britain though necessarily small in man power and raw materials, might become valuable in the field of military research if an attempt is made to coordinate a substantial part of its scientific organisation and talent for the purpose."[74] Gezien de achtergrond van Van Ormondt is het niet verwonderlijk dat het onderzoek naar chemische strijdmiddelen hierin een belangrijke plaats zou innemen. Hij voorzag onder meer een afspraak waarin Nederland in bepaalde gevallen het laboratoriumwerk zou uitvoeren en Groot-Brittannië het onderzoek zou overnemen op het moment dat veldproeven noodzakelijk werden. Hiervoor waren in Nederland vermoedelijk geen geschikte locaties, terwijl Groot-Brittannië met het uitvoeren van veldproeven veel meer ervaring had.

Hoewel Van Ormondts denkbeelden over de toekomst van militaire *research & development* al gevormd waren voordat de geallieerden het bestaan van de Duitse zenuwgassen ontdekten, maakte hij van deze nieuwe kennis in latere memoranda goed gebruik om zijn argumenten te onderbouwen. De ontdekking en ontwikkeling van deze nieuwe generatie strijdgassen was voortgekomen uit civiel pesticidenonderzoek, wat de noodzaak voor een intensieve samenwerking tussen civiel en militairwetenschappelijk onderzoek aantoonde. Verder demonstreerden de zenuwgassen dat ook op een vakgebied waar geen nieuwe ontwikkelingen meer werden verwacht, nog belangrijke innovaties mogelijk waren. De succesvolle geheimhouding door de Duitsers, tot slot, liet zien dat een totalitaire staat een revolutionair nieuw wapen kon ontwikkelen en in productie kon nemen, zonder dat buitenlandse inlichtingendiensten er weet van hadden. Hieruit trok Van Ormondt de les dat verbeterde methoden voor inlichtingenvergaring noodzakelijk waren. (Of hij voor de toekomst aan de dreiging vanuit de Sovjet-Unie dacht, is waarschijnlijk, maar niet met zekerheid vast te stellen.)

De toekomstige organisatie van het militairwetenschappelijk onderzoek diende in de ogen van Van Ormondt uit drie poten te bestaan. In de eerste plaats was een breed samengestelde wetenschappelijke adviesraad nodig. Deze moest niet alleen de kwaliteit van het militairwetenschappelijk onderzoek waarborgen, maar zou vooral als intermediair fungeren voor de contacten met civiele onderzoekslaboratoria (zowel in rijksdienst als bij de industrie). Om dieper op de materie te kunnen ingaan, diende deze adviesraad, anders dan zijn vooroorlogse voorgangers maar net als de Britse *Chemical Board*, over meerdere subcommissies te beschikken. In de tweede plaats was een militairwetenschappelijk inlichtingenapparaat nodig, enerzijds voor de uitwisseling van geclassificeerde onderzoeksgegevens met bondgenoten en anderzijds voor het vergaren van inlichtingen over de stand van zaken bij mogelijke tegenstanders. Dit apparaat zou bestaan uit het Militair Bureau voor Wetenschappelijke Inlichtingen, mogelijk aangevuld met militairwetenschappelijke attachés bij diverse ambassades. In de derde plaats diende de krijgsmacht over eigen onderzoeks- en ontwikkelingslaboratoria te beschikken. Het was voor Van Ormondt vanzelfsprekend dat zijn eigen Centraal Laboratorium, al was dat formeel een oorlogsorganisatie, in vredestijd zou blijven voortbestaan. Tijdens de mobilisatie van 1939-1940 had het Centraal Laboratorium, als onderdeel van het Algemeen Hoofdkwartier, al voor zowel Oorlog (de landmacht) als Marine gewerkt. Naast het Centraal (chemisch) Laboratorium was ten minste nog een fysisch laboratorium vereist. De voorganger hiervan was het na de capitulatie in mei 1940 opgeheven laboratorium van de Commissie voor Physische Strijdmiddelen op de Waalsdorpervlakte. Op de wat langere termijn was de oprichting van andere onderzoeksinstellingen, zoals een medisch(-biologisch) laboratorium, wenselijk.[75]

Gesteund door De Boer wist Van Ormondt zijn ideeën in het uiterst ingewikkelde krachtenspel in de laatste oorlogsmaanden en de periode na de Duitse capitulatie overeind te houden. De waarnemend chef van de Generale Staf, generaal-majoor A.Q.H. Dijxhoorn, omarmde de plannen, uiteraard in de veronderstelling dat het initiatief op dit gebied bij de Generale Staf zou komen te berusten.[76] Van Ormondt neigde daar eveneens toe, maar andere autoriteiten dachten er vanzelfsprekend anders over. De marine wilde bij voorkeur over eigen onderzoeksinstellingen (blijven) beschikken, terwijl aan landmachtzijde vooral luitenant-kolonel S.J. van den Bergh een tegengeluid liet horen.[77] Van den Bergh pleitte voor de oprichting van een Technische Staf die ook met wetenschappelijk onderzoek zou worden belast.

Te midden van deze omstandigheden bleef Van Ormondt, die regelmatig tussen Nederland en Groot-Brittannië heen en weer pendelde, op snelle besluitvorming aandringen.[78] Een eerste kwestie die de aandacht vroeg, was de huisvesting van het Centraal Laboratorium. In het eerste jaar na de bevrijding kon Van Ormondt zijn Londense kantoor aanhouden, maar tegelijk werd in de oude behuizing te Leiden onder de directe leiding van Jonquière een Nederlandse dependance opgebouwd. Voor de toekomst was echter een ander onderkomen noodzakelijk. Dit werd gevonden in Delft, waar het voormalig Scheikundig Laboratorium van de Artillerie-Inrichtingen, nu onder TNO-vlag (zie p. 152), aan de Julianalaan was gevestigd.[79] Aangezien de Julianalaan tijdens de oorlog door de bezetter tot Poortlandlaan was omgedoopt, stond dit laboratorium destijds als TNO-laboratorium 'Poortlandlaan' bekend. Vanaf september 1946 trad Der Weduwen als "huisbaas" van het Centraal Laboratorium op, hoewel de status ervan op dat moment nog niet formeel was geregeld. Deze situatie was Van Ormondt een doorn in het oog. In een brief aan De Boer schreef hij over de relatie met Der Weduwen onder meer het volgende: "Van security heeft hij geen benul en hij doet dan net of je een huurder bent die al begint lastig te zijn."[80]

Een tweede aandachtspunt, waar Van Ormondt persoonlijk belang bij had, was de status en salariëring van het toekomstig personeel van de krijgsmachtlaboratoria.[81] Alleen als de salarissen op (minstens) hetzelfde niveau zouden liggen als in de civiele sector, was het mogelijk om

In dit gebouw aan de Julianalaan (Poortlandlaan) te Delft is kort na de Tweede Wereldoorlog het Centraal Laboratorium gevestigd.

goede wetenschappers aan te trekken. Bovendien moest de definitieve organisatie op zo kort mogelijke termijn van de grond komen, om te voorkomen dat de beschikbare wetenschappers elders een betrekking zouden vinden. Dit gold zeker voor Van Ormondt, Cohen en Jonquière zelf, die na het aflopen van hun aanstelling als reserveofficier naar hun vooroorlogse banen – de eerste twee als onderzoeker bij de Rijksuniversiteit Leiden, de laatstgenoemde bij de Bataafse Petroleum Maatschappij – konden terugkeren.[82] Van Ormondt rekende er echter op dat hij het nieuwe chemisch laboratorium zou gaan leiden, met Jonquière als tweede man, terwijl Cohen hoopte het hoofd van een nieuw medisch-biologisch laboratorium te worden.

Om de samenwerking tussen militairwetenschappelijke en civiele onderzoeksinstellingen te bevorderen en tegelijk voor het militairwetenschappelijk personeel concurrerende arbeidsvoorwaarden te verkrijgen, kwam eind 1945 het idee naar voren de laboratoria van de krijgsmacht bij de TNO-organisatie onder te brengen. Hiervoor zou onder de koepel van de Centrale Organisatie TNO een afzonderlijke organisatie voor defensieonderzoek in het leven worden geroepen. TNO was in 1930 als semioverheidsorganisatie opgericht met de taak "te bevorderen, dat het toegepast natuur-wetenschappelijk onderzoek op de doelmatigste wijze dienstbaar wordt gemaakt aan het algemeen belang". Hierin was ook plaats voor zogeheten bijzondere organisaties, die een meer toegespitst werkterrein hadden. Zo waren er vóór de oorlog bijzondere organisaties voor de nijverheid, de landbouw, de landbouwnijverheid en de voeding tot stand gekomen. De Kroon benoemde de bestuursleden van de Centrale Organisatie TNO en de bijzondere organisaties, waarbij er speciaal op werd gelet dat het bedrijfsleven in de diverse besturen en commissies was vertegenwoordigd. Om de samenwerking tussen de Centrale Organisatie TNO, de bijzondere organisaties en de overheid te garanderen, namen ook gedelegeerden van de betrokken ministers zitting in de besturen.[83]

Een van de initiatiefnemers voor de oprichting van een bijzondere organisatie voor het militairwetenschappelijk onderzoek was De Boer, die samen met Van Ormondt voor een versterking en integratie van dit onderzoek had geijverd. Na afstemming met luitenant-kolonel Van den Bergh legde De Boer de definitieve plannen in februari 1946 in een 'Algemeen Voorstel' vast.[84] Hierin beschreef hij hoe een bijzondere organisatie voor natuurwetenschappelijk onderzoek (*research*) en ontwikkeling (*development*) voor de krijgsmacht eruit moest zien. In een apart memorandum zette hij de functionele relatie van de bijzondere organisatie tot de krijgsmacht uiteen.[85] Evenals Van Ormondt was De Boer er een groot voorstander van de militaire researchorganisatie zodanig in te richten dat zij gemakkelijk met haar Britse evenknie kon samenwerken.[86]

In het 'Algemeen Voorstel' hield De Boer rekening met een aantal beginselen. Ten eerste wilde hij voorkomen dat het research- en ontwikkelingswerk bij de ministeries van Oorlog en Marine zou worden gedupliceerd. Ten tweede moest het werk, gezien het tekort aan mankracht en middelen, zo doelmatig mogelijk worden gecoördineerd. Ten slotte wilde hij het contact tussen de militaire, wetenschappelijke en industriële werelden zoveel mogelijk vergemakkelijken en bevorderen. Allereerst werden daartoe twee militair-technische organen opgericht die onder meer tot taak hadden relevante onderzoeksprojecten aan te dragen: de Technische Staf[87] bij de landmacht – waarvan Van den Bergh het eerste hoofd werd – en het Bureau voor Wetenschappelijk Onderzoek bij de marine. Daarnaast werd op 1 juli 1946 de Rijksverdedigingsorganisatie Toegepast Natuurwetenschappelijk Onderzoek (RVO-TNO) opgericht.[88] De RVO-TNO had als formele taak "te bevorderen, dat het toegepast natuur-wetenschappelijk onderzoek op de doelmatigste wijze dienstbaar wordt gemaakt aan de Rijksverdediging". De formele goedkeuring zou echter nog enige tijd op zich laten wachten.

Het Centraal Laboratorium zou als permanente organisatie blijven bestaan en in de RVO-TNO-organisatie worden opgenomen. Daarmee waren De Boer en Van Ormondt in hun voornemen geslaagd om dit laboratorium een plaats in de militaire research- en development-organisatie te geven.[89] Vooruitlopend op de formele goedkeuring van de oprichting van de RVO-TNO wilden Van Ormondt en Cohen zo snel mogelijk na de verhuizing van het Centraal Laboratorium naar Delft – in september 1946 – beginnen met het onderzoek naar de Duitse zenuwgassen. Hiervoor zou in eerste instantie een hoeveelheid van 5 kg tabun en 5 kg sarin worden aangemaakt.[90] Naast chemisch onderzoek was echter ook farmacologisch onderzoek vereist om de werking van de zenuwgassen op proefdieren vast te stellen. Om deze reden, en om de onderzoekers als veiligheidsmaatregel geregeld een bloedonderzoek af te nemen, was samenwerking met de Geneeskundige Dienst van de landmacht gewenst. Op 7 september 1946 vond hierover overleg plaats tussen Van Ormondt en de chef van die dienst, generaal-majoor F. Daubenton.[91]

Als uitvloeisel hiervan werd een samenwerkingsverband opgezet met een farmacoloog van de Rijksuniversiteit Leiden, prof. dr. S.E. de Jongh, die laboratoriumruimte en verdere ondersteuning toezegde voor het farmacologisch onderzoek dat de Geneeskundige Dienst zou uitvoeren. Cohen, die tot zijn vlucht naar Engeland bij De Jongh had gewerkt en in Cambridge en Porton Down veel ervaring met het farmacologisch onderzoek naar zenuwgassen had opgedaan, trad als coördinator op. Hij en Van Ormondt probeerden bovendien de medewerking van de Geneeskundige Dienst te verkrijgen voor de oprichting van een medisch-biologisch laboratorium, waar het onderzoek in eigen beheer kon plaatsvinden.[92] Vanzelfsprekend kwam een dergelijk laboratorium ook ander medisch onderzoek ten goede. Zoals al gezegd, lag het in de bedoeling dat Cohen dit laboratorium zou gaan leiden.

In hun streven naar de totstandkoming van een medisch-biologisch laboratorium kregen Van Ormondt en Cohen de steun van de chef van de Technische Staf, kolonel Van den Bergh. Deze was – althans in de voorstelling van zaken door Van Ormondt – na lezing van een artikel over bacteriologische oorlogvoering in *Reader's Digest* "daar zoo door geschokt, dat hij meende onmiddellijk den grootst mogelijken trom te moeten roeren".[93] Hij riep op 8 oktober 1946 een vergadering bijeen, waar hij bij minister van Oorlog A.H.J.L. Fiévez de noodzaak bepleitte ook op dit gebied nader onderzoek te verrichten. Van Ormondt deelde Van den Berghs onrust niet, of althans niet in die mate, maar vond het niettemin nuttig dat de minister nog weer eens op het belang van het militairwetenschappelijk onderzoek werd gewezen en van de laatste stand van zaken op de hoogte werd gebracht.

De totstandkoming van de RVO-TNO nam intussen veel tijd in beslag. De koninklijke goedkeuring kwam eerst op 18 oktober 1946 af. Nog weer driekwart jaar later, in juni 1947, gingen de ministers van Oorlog en Marine over tot de benoeming van het bestuur. Zij vroegen daarvoor prof. dr. jhr. G.J. Elias (hoogleraar elektrotechniek Technische Hogeschool Delft),[94] prof. dr. G. Holst (natuurkundige en president-curator Technische Hogeschool Delft), prof. dr. G.J. Sizoo (hoogleraar natuurkunde Vrije Universiteit Amsterdam) en prof. dr. H.I. Waterman (hoogleraar chemische technologie Technische Hogeschool Delft). Daarnaast wees minister van Oorlog Fiévez generaal-majoor Govers, de opvolger van Van den Bergh als chef van de Technische Staf, aan als zijn gedelegeerde in het bestuur. Minister van Marine J.J.A. Schagen van Leeuwen deed datzelfde met schout-bij-nacht J.B. Meijer, het hoofd van het Bureau Wetenschappelijk Onderzoek van de marine. Het bestuur koos Sizoo uit zijn midden tot voorzitter. Pas nadat het bestuur was benoemd, konden de werkzaamheden formeel beginnen.[95]

Het Physisch Laboratorium van het Ministerie van Oorlog en het Centraal Laboratorium van de Generale Staf gingen per 1 januari 1948 naar de RVO-TNO over. De naam van het Centraal Laboratorium werd bij die gelegenheid gewijzigd in Chemisch Laboratorium. Het Medisch Biologisch Instituut, dat ook onder de RVO-TNO zou vallen, was op dat moment nog in oprichting. In oktober 1947 was Cohen als directeur van dit laboratorium aangewezen. Op 1 januari 1949 kwam ook het TNO-laboratorium 'Poortlandlaan' (het voormalig Scheikundig Laboratorium van de Artillerie-Inrichtingen) bij de RVO-TNO. Het kreeg de naam Technologisch Laboratorium.

Het onderzoeksprogramma van de laboratoria was gebaseerd op een zogenoemd werkplan. Dit plan bestond deels uit opdrachten, waaronder langetermijnopdrachten, en deels uit onderzoeken op eigen initiatief. De gedelegeerden van de ministers van Oorlog en Marine fungeerden daarbij als doorgeefluik voor de onderzoeksopdrachten die de krijgsmachtdelen verstrekten. Voor het ministerie van Oorlog waren de chef van de Generale Staf, de chef van de Luchtmachtstaf en de kwartiermeester-generaal daartoe gemachtigd; voor Marine waren dat de chef van de Marinestaf en de chef Materieel Zeemacht.[96] Nadat het conceptwerkplan door het dagelijks bestuur van de RVO-TNO was vastgesteld, ging het ter beoordeling naar de Verenigde Chefs van Staven en werd het om advies aan de Materieelraad gezonden. Tot slot werd het werkplan aan de ministers van Oorlog en Marine voorgelegd.[97] Het spreekt voor zich dat de laboratoria van de RVO-TNO bij hun werkzaamheden absolute geheimhouding dienden te betrachten.

Met de totstandkoming van de RVO-TNO hadden De Boer, Van Ormondt, Cohen en Jonquière een belangrijk, zij het zwaarbevochten, resultaat geboekt. De in hun ogen minstens zo belangrijke realisering van militairwetenschappelijke samenwerking met Groot-Brittannië en de Verenigde Staten verliep echter eveneens moeizaam. Beide landen hadden immers na het einde van de oorlog de uitwisseling van onderzoeksgegevens met de voormalige bondgenoten stopgezet (zie p. 156), en daar konden ook de persoonlijke contacten die in de loop van de oorlog in Londen waren opgebouwd weinig tot niets aan veranderen. Vooral Van Ormondt bleef in de eerste naoorlogse jaren deze materie steeds opnieuw aanbinden, zowel bij de Nederlandse autoriteiten als bij zijn Britse en Amerikaanse relaties.[98]

Het Chemisch Team

De opzet van een overkoepelende research- en developmentorganisatie betekende niet dat de krijgsmachtdelen het terrein van de chemische strijdmiddelen voortaan links lieten liggen. Vooral de landmacht moest zich op de chemische oorlogvoering voorbereiden en daarvoor was veel aanvullende, meer praktisch gerichte studie nodig. In september 1946 gaf de CGS, generaal mr. H.J. Kruls, de chef van de Technische Staf, Van den Bergh, opdracht een "studiecentrum" voor chemische oorlogvoering op te zetten. Kruls had vastgesteld dat er binnen de Koninklijke Landmacht nagenoeg geen instructie in de "gasbeschermingsdienst" werd gegeven en dat er geen materieel voor een dergelijke dienst was aangekocht. Alleen bij de opleidingsscholen voor officieren en kader werden er enkele lessen aan gewijd. Een specifiek opleidingscentrum (zoals de Militaire Gasschool vóór de oorlog) en een studiecentrum (uitgezonderd het Centraal Laboratorium) ontbraken vooralsnog. De oprichting van een "Legerschool voor Chemische Strijdmiddelen en Luchtbescherming" was wel gepland, maar nog niet gerealiseerd. Kruls was bevreesd dat de opgelopen achterstand in "kennis ten aanzien der chemische strijdmiddelen" alleen maar groter zou worden wanneer er niet snel iets werd gedaan. Daarbij doelde hij zowel op de gasbescherming, als op "het gebruik van strijdgassen en vlammenwerpers, nevels, rook e.d.". Het studiecentrum dat hij voor ogen had, zou niet alleen onderwerpen van technische aard moeten bestuderen, maar ook het op te richten opleidingscentrum van de nodige gegevens moeten voorzien. Voor zover mogelijk diende het studiecentrum de verschillende lesprogramma's alvast voor te bereiden.[99]

Conform de opdracht van de CGS installeerde generaal-majoor Van den Bergh op 19 december 1946 de zogenoemde Chemische Commissie van de Technische Staf. In deze commissie hadden zitting de gepensioneerde majoor der Artillerie ir. D.J. van Wijk, die als voorzitter fungeerde, reservekapitein der Artillerie ir. H.A.W. Scheuer en kapitein der Infanterie van het KNIL Sleebos. De commissie diende nauw samen te werken met het Centraal Laboratorium in Delft. Dit laboratorium (op dat moment nog ressorterend onder de Generale Staf) zou het onderzoekswerk doen, terwijl de Chemische Commissie de meer praktische zaken op zich zou nemen, zoals de werkzaamheden op het gebied van opleiding en instructie, en de uitvoering van de diverse te nemen maatregelen. Van Ormondt en Jonquière woonden de wekelijkse bijeenkomsten van de commissie als adviseurs bij. Ook Der Weduwen, die vóór de oorlog de spin in het web was geweest, was een rol als adviseur toebedacht, maar vermoedelijk is niet of nauwelijks van zijn diensten gebruikgemaakt.

De commissie stond al snel bekend als het 'Chemisch Team'. Van de drie leden was kapitein Sleebos verreweg het meest actief. Hij verrichtte niet alleen de meeste werkzaamheden, maar ontplooide ook de meeste initiatieven. Sleebos had voor de oorlog in Nederlands-Indië onderzoek op gastechnisch gebied gedaan en was met alle aspecten van de chemische en de biologische oorlogvoering bekend. Zijn kennis en ervaring hadden de chef van de Technische Staf ertoe bewogen hem als "tactisch chemisch tropen-expert" in zijn staf op te nemen. Het was de bedoeling dat de werkzaamheden ook het KNIL (en de Marine) ten goede zouden komen. Inschakeling van KNIL-officieren zoals Sleebos werd verantwoord met de argumentatie dat dit "een primair Indisch belang" diende, "want de strijd in N[ederlands] O[ost-]I[ndië] kan hierdoor beslist worden". In het vervolg van de werkzaamheden van het Chemisch Team speelde dit echter geen enkele rol.[100]

Het Chemisch Team moest zelf de grenzen van zijn werkzaamheden aftasten. Tijdens een van de voorbereidende vergaderingen kwam de vraag aan de orde of het Chemisch Team "de aanvallende of de verdedigende gasoorlog" moest bestuderen, want CGS Kruls had zich hierover volgens het team niet uitgelaten. De gebruikte terminologie – in plaats van het duidelijker onderscheid tussen actief en passief gebruik (zie p. 11) – zorgde hier mogelijk voor enige begripsverwarring. Tot de 'verdedigende gasoorlog' rekende het team namelijk zowel de "militaire verdediging, waarbij dus wèl met gassen aanvallend te werk gegaan kan worden" als "de verdediging van den man tegen de gasoorlog" met gasbeschermingsmiddelen, zoals gasmaskers en beschermende kleding. Op basis hiervan concludeerde het team dat zelfs bij een beperking tot de verdedigende gasoorlog "ook de bereiding van offensieve gassen wel degelijk onder onze competentie valt".[101] De beantwoording van de vraag of het team de aanvallende of de verdedigende gasoorlog moest bestuderen, was daarmee van ondergeschikt belang geworden. De conclusie luidde daarom dat er zowel onderzoek moest worden gedaan naar beschermende middelen, als naar strijdgassen.

In maart 1947 presenteerde kapitein Sleebos een ontwerpwerkprogramma voor het Chemisch Team. Naast de chemische oorlogvoering kregen hierin ook het gebruik van vlammenwerpers en de biologische oorlogvoering een plaats. Op het gebied van de chemische strijdmiddelen moest zowel aan de (passieve) bescherming tegen strijdgassen als aan de (actieve) eigen inzet van strijdgassen aandacht worden besteed. Het Chemisch Team diende zich bezig te houden met de bestudering van de verspreidingsmiddelen en -methoden voor chemische strijdmiddelen, maar ook met het ontwerpen en samenstellen van de nodige reglementen en voorschriften, de organisatie van een gasdienst, het opzetten van de nodige opleidingen en het doen van wetenschappelijk onderzoek. Voortbouwen op de vooroorlogse ervaringen was in Nederland nauwelijks mogelijk, zodat alles wat met dit onderwerp te maken had in beschouwing moest worden genomen en bestudeerd. Sleebos stelde vast dat het KNIL in dit opzicht verder was, aangezien in Nederlands-Indië voor de oorlog wél daadwerkelijke voorbereidingen waren getroffen voor het mogelijk actief gebruik van chemische strijdmiddelen. Hij verwees hierbij naar de bouw van de mosterdgasfabriek in Batujajar, de productie van mosterdgasgranaten en de ontwikkeling van gassproeitoestellen voor vliegtuigen en draagbare en rijdende sproeiapparaten voor het besmetten van terreinen (zie p. 130).[102]

Het ontwerpwerkprogramma dat Sleebos had opgesteld, was vooral bedoeld als leidraad voor de besprekingen die het Chemisch Team wekelijks hield. Tijdens de bijeenkomst van 14 maart 1947 stelden de leden een urgentieprogramma vast. Bovenaan de lijst stond de oprichting van een gasmaskercomité. Dit moest bestuderen welk gasmasker het meest geschikt was voor de landmacht. Het Chemisch Team had grote behoefte aan verschillende proefmodellen van gasmaskers en filterbussen die voor en tijdens de oorlog in gebruik waren. Aangezien de Duitsers de gasmaskerverzameling van de Artillerie-Inrichtingen tijdens de bezetting hadden geconfisqueerd (zie p. 152), was het Chemisch Team in 1946 begonnen met het aanleggen van een nieuwe collectie. Op verzoek van de chef van de Technische Staf had Kruls aan luitenant-generaal S.H. Spoor, de commandant van het leger in Nederlands-Indië, gevraagd om de uitgebreide collectie gasmaskers van het museum van de Gasschool te Bandung naar Nederland over te brengen en aan de Technische Staf over te dragen. Kruls greep tevens de gelegenheid aan om Spoor te verzoeken de onderzoeksgegevens die de Artillerie-Inrichtingen te Bandung op het gebied van chemische oorlogvoering hadden verzameld voordat de oorlog met Japan uitbrak, aan de Technische Staf beschikbaar te stellen.[103]

Hoewel het verkrijgen van gasbeschermingsmiddelen, vooral gasmaskers, bovenaan de urgentielijst van het Chemisch Team stond, hield ook het onderzoek naar chemische wapens – strijdgassen en inzetmiddelen (mortieren, granaten, raketten, vliegtuigbommen, mijnen etc.) – de gemoederen bezig. Sleebos stelde dat er voor de oorlog gezien het Protocol van Genève nauwelijks over actief gebruik was nagedacht, behalve als represaillemaatregel. Volgens hem was de situatie na de oorlog veranderd: "In tegenstelling met de toestand vóór de 2e Wereldoorlog zal de Kon[inklijke] Landm[acht] zich niet alleen toeleggen op de bescherming tegen Chemische strijdmiddelen, doch ook op het actief gebruik daarvan." Kennelijk overwoog Sleebos op dat moment zelfs de mogelijkheid dat Nederland in een conflict als eerste strijdgassen zou inzetten! Overigens hoefde het verwerven van strijdgassen niet in te houden dat deze in een conflict ook daadwerkelijk gebruikt zouden worden. De Tweede Wereldoorlog had immers aangetoond dat er van het bezit van chemische strijdmiddelen een dreiging uitging die ook preventief werkte. Eerst, zoals gezegd, moest het Nederlandse leger zich echter op de verwerving van gasbeschermingsmiddelen richten.[104]

In augustus 1947 schreef Sleebos een 'Concept-leidraad voor het ontwerpen van een voorstel betreffende een organisatie voor de Chemische Oorlogvoering'.[105] Hierin kwam opnieuw zowel de bescherming tegen chemische strijdmiddelen als het actief gebruik van strijdgassen aan bod. Sleebos dacht dat de gasbeschermingsorganisatie zoals die voor de oorlog in Nederland bestond, "in wezen gehandhaaf[d]" kon blijven. Wat betreft de actieve chemische oorlogvoering verkoos hij de Amerikaanse boven de Britse organisatie. De Engelsen kenden een gedecentraliseerde organisatie, dat wil zeggen dat gevechtseenheden zelf over chemische aanvalsmiddelen beschikten. Bij de Amerikanen vormde de *Chemical Warfare Service* een zelfstandige dienst, die onder meer gespecialiseerde legereenheden telde. Het grote voordeel van de Amerikaanse organisatie was de mogelijkheid een bijzonder "chemische zwaartepunt" of "zwaartezône" te creëren zonder daarbij – zoals in het Britse geval – de organieke verbanden te moeten verbreken. Het nadeel was dat de chemische troepen, zolang er geen strijdgassen zouden worden ingezet, werkloos zouden toezien.[106] Voor Sleebos woog dit nadeel echter niet op tegen de noodzaak chemische strijdmiddelen te allen tijde geconcentreerd te kunnen inzetten om de uitwerking ervan te maximaliseren; decentralisatie zou het rendement alleen maar doen afnemen.

Sleebos deed in zijn stuk ook een aantal aanbevelingen voor de praktische uitvoering van zijn leidraad. Zoals eerder gezegd, had de passieve kant van de chemische oorlogvoering prioriteit. Sleebos wilde daarom dat er allereerst een organisatie voor gasbescherming van de grond zou komen. Daarna zouden er zogeheten neveltroepen worden opgericht, die door het leggen van rook- of nevelschermen troepen, installaties en gebieden aan vijandelijke waarneming konden onttrekken, gevolgd door eenheden die met 'chemische mortieren' 4,2 inch waren uitgerust, een specifiek voor de actieve chemische oorlogvoering ontworpen wapen. Research en development zouden zich vervolgens moeten richten op de bestudering van de zenuwgassen, inclusief de nodige beschermingsmiddelen, "ten einde t.z.t. deze stoffen h.t.l. [hier te lande, JVW] te kunnen fabriceren". Met de "binnenlandse fabricage der overige benodigde 'oorlogschemicaliën' w.o. in de 1e plaats mosterdgas en nevelchemicaliën en aanmaak van desbetreffende verspreidingsmiddelen" kon in een wat later stadium worden begonnen. Tot slot zouden onderzoek en ontwikkeling zich met de studie naar chemische raketten en lanceerinrichtingen moeten bezighouden. Sleebos dacht – overigens niet ten onrechte – dat raketten "in de toekomst (...) een zeer voorname, zo niet overheersende rol zullen gaan spelen als verspreidingsmiddel voor strijdgassen". In de ogen van Sleebos zouden raketlanceerinstallaties de chemische mortieren op termijn vervangen. Parallel aan de geschetste ontwikkelingen zou de opleiding van personeel voor enerzijds de gasbescherming en anderzijds het actief gebruik van chemische strijdmiddelen moeten starten. Ten slotte zou er een "Gasdienst" moeten worden ingesteld, waarin naar Amerikaans voorbeeld "de gehele chemische oorlogvoering" zou worden ondergebracht. Zoals we nog zullen zien, zou de uitvoering van Sleebos' leidraad zich echter tot de passieve kant van de chemische oorlogvoering – de gasbescherming – beperken.[107]

Op 21 januari 1948 hield Sleebos een voordracht voor de Generale Staf waarin hij de standpunten van het Chemisch Team nader belichtte.[108] Hij leidde zijn betoog in met de beantwoording van de vraag waarom er in de Tweede Wereldoorlog geen chemische strijdmiddelen waren gebruikt. Sleebos stelde dat er aan het begin van de oorlog een technisch evenwicht bestond tussen 'aanval' en 'verdediging', tussen gasaanvalsmiddelen en gasbeschermingsmiddelen. Er was dus geen strategisch of tactisch voordeel te behalen door de inzet van strijdgassen. Bovendien waren de strijdende partijen bang dat de ander een chemische aanval met dezelfde middelen zou vergelden. De Duitsers, zo ging het betoog van Sleebos verder, ontdekten in de loop van de oorlog echter een nieuwe generatie strijdgassen, de zenuwgassen tabun, sarin en soman. Dit verstoorde het evenwicht en maakte een tactisch of zelfs strategisch voordeel mogelijk. Volgens Sleebos zagen de Duitsers van de inzet van deze middelen af toen de Britse premier Winston Churchill via de radio liet weten dat de Engelsen ook over een nieuw type strijdgas konden beschikken, bovendien "better and more". Pas achteraf bleek dat de Duitsers met hun zenuwgassen een enorme technische voorsprong op de geallieerden hadden. De Duitse zenuwgassen waren superieur en bovendien beschikte het Duitse leger inmiddels over een indrukwekkende voorraad. Sleebos sprak van een "narrow escape". Hij waarschuwde voor "het grote gevaar verbonden aan een technische achterstand. In het algemeen, en in het bijzonder op chemisch gebied."

Sleebos hield de Generale Staf voor dat het evenwicht tussen chemische aanvalsmiddelen en beschermingsmiddelen door de ontdekking van de zenuwgassen was verstoord. Hij vond dat Nederland zo snel mogelijk zelf over zenuwgassen moest kunnen beschikken. Niet zozeer om deze gassen als eerste te gebruiken, "doch eerder met het oog op wettige represailles, dus ter wille van de preventieve tendenz". Om het evenwicht te herstellen was daarnaast onderzoek nodig naar beschermingsmaterieel tegen zenuwgassen. Sleebos vond het onverantwoord als Nederland een afwachtende houding zou aannemen en in het geval van een chemische oorlog geheel op bondgenootschappelijke hulp zou vertrouwen. Die hulp zou dan zeker te laat komen. Hij waarschuwde voor "de met zekerheid desastreuze gevolgen indien niet reeds in vredestijd in dit opzicht passend onderzoek wordt verricht". Ook mocht er volgens Sleebos niet op worden gerekend dat in vredestijd alle benodigde kennis via inlichtingenvergaring kon worden verkregen. En "is het eenmaal oorlog dán is het onherroepelijk te laat om nog jaren vergende onderzoekingen te verrichten". Het was daarom van groot belang om in vredestijd zélf onderzoek te doen naar strijdgassen en beschermende middelen en deze ook in eigen land te produceren.

Alle inspanningen ten spijt slaagde het Chemisch Team er niet in de zelf geformuleerde doelstellingen te verwezenlijken, althans niet waar het de actieve voorbereiding op de chemische oorlogvoering betrof. Dit onderwerp keerde daarna ook nooit meer terug op de agenda van de Nederlandse krijgsmacht of enig onderdeel daarvan, vermoedelijk zonder dat daar een expliciete besluitvorming aan was voorafgegaan. Het Chemisch Team was en bleef toch vooral een klein studieclubje, met Sleebos – die in november 1949 tot voorzitter werd benoemd – als het meest actieve lid. Tussen 1947 en 1950 bestudeerde het Chemisch Team een aantal terugkerende onderwerpen, zoals vlammenwerpers, traangashandgranaten en gasmaskers. Daarnaast hield het zich bezig met de mogelijke organisatie voor chemische oorlogvoering, waarvan het ontwerp voor een militaire school voor chemische oorlogvoering en de opleiding van 'gasofficieren' een belangrijk deel uitmaakten. Vanaf 1948 kwam het Chemisch Team steeds minder frequent bijeen. Begin jaren vijftig werd het opgeheven. De exacte datum is uit de beschikbare bronnen niet op te maken.[109]

Naar de Verenigde Staten en Canada

Eind 1946, begin 1947 leidden de inspanningen van Van Ormondt om tot een nadere militair-wetenschappelijke samenwerking met Groot-Brittannië en de Verenigde Staten te komen tot een eerste, bescheiden resultaat. Groot-Brittannië ging akkoord met een verkennende militair-wetenschappelijke missie, die vooral als een "blijk van goed vertrouwen en waardeering" moest worden gezien.[110] Inhoudelijk interessanter was de reis die Van Ormondt naar de Verenigde Staten en Canada maakte. Op 15 februari 1947 vertrok hij met kapitein ir. G. Wilschut van de Technische Staf en reserveofficier van gezondheid eerste klasse dr. A.W.J.H. Hoitink van de Geneeskundige Dienst voor meer dan een halfjaar naar Amerika en Canada, om zich op de hoogte te laten stellen van de laatste stand van zaken.[111] De delegatie stond bekend als de 'studiecommissie voor chemische oorlogvoering'.

Het idee voor de studiereis bestond al veel langer. Op initiatief van de assistent militair attaché voor chemische oorlogvoering bij de Amerikaanse ambassade in Londen, luitenant-kolonel S.L. Weedon, had het hoofd van de Amerikaanse *Chemical Warfare Service*, generaal-majoor W.N. Porter, Nederland in oktober 1945 uitgenodigd om enkele officieren een studiereis naar de Verenigde Staten te laten maken om daar kennis te nemen van de Amerikaanse activiteiten op het gebied van de chemische oorlogvoering.[112] Van Ormondt kende Weedon uit de oorlog toen zij beiden als liaisonofficieren aan een aantal vergaderingen van de *Chemical Board* deelnamen. Na de oorlog werd Weedon assistent militair attaché in Londen, met de opdracht in Groot-Brittannië, Nederland, België en Frankrijk de contacten te onderhouden op het gebied van de chemische oorlogvoering. Weedon bracht enige malen een bezoek aan Nederland en Van Ormondt liet hem bij deze gelegenheden enige Nederlandse universiteitslaboratoria en industriële ondernemingen zien. "Tevens kon ik bij hem de indruk vestigen dat Nederland op het gebied der chemische oorlogvoering zeker niet zou indommelen en dat de bijdrage die Nederland, met zijn hoog research-potentieel in een bondgenootschap zou kunnen leveren, op het gebied der chemische oorlogvoering zeker niet te versmaden zou zijn."

Bij zijn tweede bezoek aan Nederland, in november 1945, sprak Weedon met de waarnemend CGS, generaal-majoor Dijxhoorn, over de studiereis en suggereerde om hiervoor Van Ormondt aan te wijzen. Van Ormondt stelde op zijn beurt voor dat ook een officier van de Technische Staf zou meegaan die de chemische wapens zou bestuderen. Hij wilde zich concentreren op de researchlaboratoria, zijn eigen werkgebied. Dijxhoorn vond dit een goed idee. Het plan werd aan het hoofd van de Technische Staf, kolonel Van den Bergh, voorgelegd, die kapitein Wilschut aanwees om Van Ormondt te vergezellen.[113]

De plannen liepen vertraging op toen Weedon werd gedemobiliseerd en zijn opvolger, kolonel G.C. Essmann, het project opnieuw moest opstarten. Het was bovendien aanvankelijk de bedoeling dat de Amerikaanse ambassade in Den Haag alles zou regelen, maar uiteindelijk moest Nederland via diplomatieke kanalen toch een formeel verzoek indienen. Dit zorgde opnieuw voor vertraging, volgens Van Ormondt door tegenwerking van "Intelligence menschen in Washington". Het gevolg was tevens dat de aanvankelijke Amerikaanse openheid plaatsmaakte voor een terughoudender opstelling. De Nederlanders zouden slechts toegang krijgen tot informatie met de classificatie *restricted*. Dit hield in dat over het onderzoek naar de Duitse zenuwgassen niet mocht worden gesproken, zelfs niet waar het detectie en bescherming betrof.[114] Pas eind 1946 kreeg de Nederlandse delegatie officieel toestemming van Amerikaanse zijde. Ondertussen was ook Hoitink aan de delegatie toegevoegd. Hij was geen deskundige op het gebied van strijdgassen, maar had al wel op andere gebieden zijn sporen als onderzoeker verdiend. Hij ging mee als afgevaardigde van de chef van de Geneeskundige Dienst.[115]

De reis begon op 15 februari 1947 zonder een door de Amerikanen goedgekeurd plan. Over de door de delegatie voorgenomen bezoeken aan militaire instanties in Canada waren in het geheel geen afspraken gemaakt. Van Ormondt rekende erop dat hij genoeg 'goodwill' in zijn tijd als liaisonofficier bij de *Chemical Warfare*-staf van het *1st Canadian Army* (zie p. 156) had opgebouwd om toegang te krijgen tot de belangrijkste onderzoeksinstellingen en informatiebronnen in Canada. De drie Nederlanders waren van plan zelf per auto door de Verenigde Staten en Canada te reizen. Zij hadden daartoe met Van den Bergh afgesproken dat ze in Amerika een *stationwagon* zouden kopen en deze na afloop van de reis mee naar Nederland zouden nemen, om te fungeren als dienstauto voor de RVO-TNO.[116]

In juli 1947 werd Van Ormondt geïnterviewd door een journalist van de *Rocky Mountain News*. Hij vertelde dat Nederland "has abandoned its traditional concept of neutrality". De studiecommissie waarvan hij deel uitmaakte, bezocht in de Verenigde Staten militaire researchinstellingen om zich onder meer op de hoogte te laten stellen van chemische oorlogvoering, geneeskunde en logistiek. "The Netherlands is determined not to fall behind in this type of work", liet Van Ormondt in het interview weten. "We have learned the lesson that the Netherlands is in too a strategic position to hope to maintain neutrality if another war comes. Our only choice of survival is working with a group of nations for common peace." Volgens de journalist had Van Ormondt "a healthy respect for the potentialities of chemical warfare, and he thinks there's no logical reason why various types of gas will not be used if World War III devastates the earth". Van Ormondt betoonde zich bij deze gelegenheid een uitgesproken voorstander van het gebruik van (niet-letale) chemische strijdmiddelen. "Despite the prevailing horror of gas, it is more humane than use of high explosives", zei hij. "New types of gas, in low concentration, only blind the population for a few days. That's better than being hit by a bomb fragment."[117]

Begin augustus kwamen de drie terug in Nederland. De *stationwagon* hadden ze meegenomen. Hoewel Van Ormondt af en toe het een en ander in de wandelgangen had opgevangen, had de studiecommissie geen geclassificeerde informatie mogen inzien of te horen gekregen. Per saldo had de reis daardoor niet aan de hooggespannen verwachtingen voldaan. Niettemin hadden de Nederlanders een redelijke indruk van de researchinstellingen en de onderzoeksfaciliteiten in de Verenigde Staten en in Canada verkregen.[118]

Het Chemisch Laboratorium onder Van Ormondt

Op 1 januari 1948 vond, zoals eerder gezegd, de formele reorganisatie van het Centraal Laboratorium tot Chemisch Laboratorium RVO-TNO plaats. Zowel de directeur, Van Ormondt, als zijn adjunct, Jonquière, demobiliseerden en gingen in burgerdienst over. Van Ormondt zou als directeur van het Chemisch Laboratorium tot 1965 – en ook daarna nog lange tijd als adviseur chemische research van de RVO-TNO – zijn stempel drukken op het defensieonderzoek op het gebied van de chemische oorlogvoering. Het is daarom belangrijk om hier wat dieper op zijn opvattingen in te gaan. Als uitgangspunt dient een voordracht die Van Ormondt op 30 januari 1948 aan de Hogere Krijgsschool hield. Hierin vertrouwde hij zijn visie op de chemische oorlogvoering aan staf en cursisten toe. Veel van zijn standpunten kwamen overeen met die welke Sleebos ruim een week eerder bij de Generale Staf naar voren had gebracht (zie p. 167).

Evenals Sleebos trok Van Ormondt uit het feit dat in de Tweede Wereldoorlog geen strijdgassen waren gebruikt, niet de conclusie dat deze middelen nooit meer zouden worden ingezet. Hij constateerde eerder “een levendige ontwikkeling”. Volgens Van Ormondt was het zo dat wie zich niet op een chemische oorlog voorbereidde, “volkomen weerloos staat tegenover een tegenstander, die dat wel heeft gedaan”. Zolang niet vaststond dat een tegenstander zich op geen enkele wijze op het actief gebruik van chemische strijdmiddelen voorbereidde, was het onderzoek op dit gebied bijzonder belangrijk. “Men moet voortdurend op de hoogte zijn van alle mogelijke wijzen van aanval en de verdediging hiertegen voorbereiden.”[119]

De wijze van oorlogvoering had volgens Van Ormondt de laatste decennia een opmerkelijke modernisering doorgemaakt. Het gehele researchapparaat waarover een land kon beschikken, werd voortaan ingezet. Chemici hadden niet alleen een aandeel in de ontwikkeling van de chemische oorlogvoering, maar hadden ook meegewerkt aan “het ontwikkelen en vervaardigen van talloze voor de moderne oorlog noodzakelijke stoffen: nieuwe springstoffen, synthetische benzine, synthetische rubber, nieuwe insecticiden, nieuwe geneesmiddelen en tenslotte samen met de physici de atoombom”. Dit leidde volgens Van Ormondt ertoe dat een land al in vredestijd moest beschikken over een researchorganisatie die voor de krijgsmacht belangrijke problemen in studie nam. In Nederland had de regering daartoe de RVO-TNO opgericht. Hij was ervan overtuigd dat de kwalitatieve (onderzoeks)bijdrage die Nederland op het gebied van de chemische oorlogvoering kon leveren, in internationaal opzicht belangrijker was dan de kwantitatieve bijdrage in militairen, die in vergelijking met andere bondgenoten altijd zeer klein zou zijn (vgl. p. 158).[120]

Hoewel het onderzoek naar chemische strijdmiddelen vrijwel geheel bij het Chemisch Laboratorium en het Medisch Biologisch Instituut plaatsvond, had aanvankelijk ook het Technologisch Laboratorium een taak op dit gebied. Het zou zich namelijk, op basis van de onderzoeksresultaten die de beide andere laboratoria zouden aanleveren, met de ontwikkeling van gasbeschermingsmaterieel bezighouden. Vanaf 1952 ging dit werk geleidelijk over naar het Chemisch Laboratorium. Als gevolg hiervan werd in 1966 de afdeling Gasbescherming van het Technologisch Laboratorium naar het Chemisch Laboratorium overgeplaatst.[121]

Onderzoekers van het Chemisch Laboratorium maakten met enige regelmaat op kleine schaal strijdgassen aan om deze te kunnen bestuderen. In samenwerking met onderzoekers van het Medisch Biologisch Instituut probeerden zij de toxiciteit ervan te bepalen. Begin jaren vijftig waren de onderzoekers zover gevorderd dat zij behoefte voelden hun experimenten in het open veld voort te zetten. Zij wilden onder meer weten welke concentraties er na de inzet van chemische strijdmiddelen optraden, op welke wijze de strijdgassen zich in het open veld verspreidden, welke mate van ontleding hierbij optrad en hoe persistent deze stoffen waren. De gegevens die de proeven in het terrein zouden opleveren waren vooral bedoeld voor de ontwikkeling van gasbeschermingsmaterieel (gasmaskers, beschermende kleding, detectie- en ontsmettingsmiddelen).[122]

Van Ormondt was al vlak na de oorlog in de gelegenheid geweest om, binnen zekere grenzen, kennis te nemen van de wijze waarop Groot-Brittannië en de Verenigde Staten onderzoek deden naar en proeven uitvoerden met chemische strijdmiddelen (zie p. 168). Engelse en Amerikaanse onderzoekers hadden al jarenlang ervaring met veldproeven ter aanvulling van laboratoriumonderzoek. Zij beschikten over permanente proefterreinen waar de uitwerking van de in de laboratoria ontwikkelde strijdgassen met uiteenlopende inzetmiddelen kon worden beoordeeld. Tevens kon daar de bruikbaarheid van nieuwe beschermingsmiddelen worden beproefd. Bij deze proefnemingen gebruikten de onderzoekers apparaten en methoden die zij vaak zelf in de laboratoria moesten ontwikkelen.[123] Nederland beschikte niet over deze mogelijkheden. Het was te klein en te dichtbevolkt voor het doen van grootschalige proeven met chemische strijdmiddelen in het open veld.

Nederlandse samenwerking met België en Frankrijk

Om goed op de hoogte te blijven van de laatste ontwikkelingen, was Van Ormondt constant op zoek naar nieuwe bronnen. Aangezien Groot-Brittannië en de Verenigde Staten na het einde van de oorlog niet langer informatie met de kleinere bondgenoten deelden (zie p. 156), zocht Nederland toenadering tot België (zie ook p. 158). Van Ormondt had vlak na de oorlog, in juli 1946, al eens een bezoek aan Brussel gebracht, waar een aantal Belgische officieren hem informeerde over de wijze waarop het Belgische leger militairwetenschappelijk onderzoek aanpakte. Hij was toen vooral geïnteresseerd in het laboratoriumonderzoek op het gebied van de chemische oorlogvoering. De Belgen vertelden hem dat zij een militair laboratorium (het *Établissement d'Application Chémique*, een afdeling van het *Centre d'Études Militaires*) in

Vilvoorde hadden waar ze onderzoek deden naar explosieve stoffen en gasbeschermingsmiddelen. Daarnaast deden zij er ook nog enig research naar strijdgassen.[124]

Twee jaar later, in juni 1948, troffen de directieleden van het *Établissement d'Application Chémique* (ETAC) en het Chemisch Laboratorium elkaar voor het eerst. Van Ormondt en Jonquière bespraken met de directeur van het ETAC, majoor I.F.M. Deladrier, en de scheikundige, luitenant Vassart, de researchprogramma's van beide laboratoria. Het doel van de bijeenkomst was het afstemmen van de research op het gebied van de chemische oorlogvoering, zodat er geen dubbel werk werd gedaan. Beide landen vonden het onderzoek naar zenuwgassen het meest urgent. De aanwezigen wisselden een aantal monsters en bereidingsvoorschriften van zenuwgassen uit, om ze onderling te kunnen vergelijken. Bovendien spraken zij af elkaar voortaan op de hoogte te stellen van nieuw ontdekte stoffen en verbindingen. Hoewel België een duidelijke voorsprong had op het gebied van de bereiding van zenuwgassen – en het logisch zou zijn geweest dat dit land zich hierop zou richten –, vonden beide landen research naar dit type strijdgassen zo belangrijk dat ze afspraken er allebei onderzoek naar te blijven doen.[125]

De samenwerking werd enige maanden later geformaliseerd door de instelling van de 'Belgisch-Nederlandse Bewapeningscommissie A, Subcommissie chemische oorlogvoering'. De eerste vergadering van de subcommissie vond plaats op 26 en 27 november 1948. Van Nederlandse zijde namen de leden van het Chemisch Team deel: Van Ormondt, die toen tijdelijk voorzitter was, Scheuer en Sleebos. Van Belgische zijde waren majoor Deladrier en luitenant Vassart van het ETAC aanwezig. De vergadering vond plaats op initiatief van Deladrier, die wilde inventariseren welke middelen nodig waren voor bescherming tegen zenuwgassen. In de daaropvolgende ontmoetingen bleef gasbeschermingsmaterieel het centrale onderwerp van gesprek. Gezien de ontdekking van zenuwgassen beschouwden de Belgische en de Nederlandse deskundigen de bestaande beschermingsmiddelen als "verouderd", vooral op het gebied van detectie en behandeling. Voordat de landen tot de aanschaf van nieuwe beschermingsmiddelen zouden overgaan, wilden zij eerst de eisen herzien.[126] Daarvoor was onderzoek nodig.

Op 17 maart 1948 hadden Frankrijk, Groot-Brittannië, België, Luxemburg en Nederland het Verdrag van Brussel gesloten, dat leidde tot de oprichting van de Westerse Unie, een militair samenwerkingsverband. In het *Army Advisory Committee* van de Westerse Unie uitten België en Nederland hun ongenoegen over het feit dat de meeste westerse bondgenoten afzonderlijk onderzoek naar chemische oorlogvoering deden en geen informatie met elkaar uitwisselden. Deze situatie leidde tot verspilling van geld en energie. In een vergadering van het *Army Advisory Committee* op 20 januari 1949 deelde de Britse gedelegeerde mee dat zijn land niet van plan was informatie te delen. Op aandringen van België en Nederland werd besloten de kwestie aan het *Permanent Military Committee* voor te leggen, waarbij ieder land zou opgeven welk personeel bij onderzoek was betrokken, welke installaties er werden gebruikt, hoever het onderzoek was gevorderd en hoeveel geld er aan werd besteed.[127]

Deze actie had weinig effect; Groot-Brittannië hield de deur vooralsnog gesloten. Ook de oprichting van de NAVO op 4 april 1949, waartoe naast de landen van de Westerse Unie en enkele andere Europese landen ook de Verenigde Staten en Canada toetraden en die begin jaren vijftig de rol van de Westerse Unie als het belangrijkste westerse militaire bondgenootschap zou overnemen, veranderde hier weinig aan. Wel vonden België en Nederland aansluiting bij Frankrijk. Eind 1949 bereikten de drie landen overeenstemming over een multilateraal samenwerkingsverband. Op 20 december sloten kolonel Mirambeau en kapitein Delga (Frankrijk), kolonel I.F.M. Lambert en luitenant-kolonel Deladrier (België) en Van Ormondt en de intussen tot luitenant-kolonel bevorderde Wilschut (Nederland) een overeenkomst om te komen tot een gezamenlijk researchprogramma voor chemische oorlogvoering. De volgende vraagstukken wilden de drie landen voortaan samen onderzoeken: de samenstelling van strijdgassen, de industriële (oorlogs)voorbereiding, opslagmethodes, verspreidingsmethodes, de giftigheid, de psychologische werking, therapieën, bescherming, detectie en ontsmetting.[128] De drie landen sloten de productie, het bezit en de opslag van chemische wapens niet bij voorbaat uit. Het convenant zou in de daaropvolgende jaren leiden tot een intensieve vorm van samenwerking.

6 | Veldproeven in de Sahara 1950-1953

Sahara 1950

Op 31 augustus 1950 lieten de Fransen tijdens een vergadering van de *Anti-Gas Equipment Working Party* van de Westerse Unie weten dat zij op korte termijn veldproeven met verschillende gifgassen, waaronder tabun, zouden houden op een Frans proefterrein in de Sahara. Na afloop van de bijeenkomst sprak de Franse vertegenwoordiger, luitenant-kolonel Bonnaud, de commandant van de *Groupement Arme Chimique* van de *Section Technique de l'Armée Française* uit Aubervilliers, met Van Ormondt. Bonnaud deelde hem mee dat op grond van het multilaterale akkoord dat Frankrijk, België en Nederland eind 1949 hadden gesloten, "de aanwezigheid van Nederlandse waarnemers bij deze proeven zeer zou worden toegejuicht". De chef van de Technische Staf, generaal-majoor L. Ezerman, was eveneens van mening dat Nederlandse aanwezigheid voor het onderzoek naar beschermende kleding zeer gewenst was. In oktober kregen Van Ormondt en luitenant-kolonel Sleebos van de Technische Staf van minister van Oorlog mr. W.F. Schokking toestemming om naar de Sahara af te reizen.[1]

Net als Nederland had ook Frankrijk het Protocol van Genève geratificeerd met het voorbehoud dat het terug zou kunnen slaan met chemische wapens als een andere staat deze middelen als eerste zou gebruiken. Tijdens de Eerste Wereldoorlog had het land op grote schaal strijdgassen geproduceerd en ingezet. Daarna concentreerde het onderzoek op het gebied van de chemische oorlogvoering zich bij de *Poudrerie Nationale du Bouchet*, in de buurt van Vert-le-Petit, even buiten Parijs. In april 1945 werd deze instelling bij de *Service de l'Arme Chimique* ondergebracht en veranderde de naam in *Centre d'Études du Bouchet* (CEB). Vlak na het einde van de oorlog wist een groep chemici van het CEB tabun, afkomstig uit in beslag genomen Duitse chemische wapens, te analyseren. In 1948 slaagden zij er zelf in tabun te synthetiseren, waarna zij een voorraad aanlegden om er proeven mee te kunnen doen.[2]

In aanvulling op het laboratoriumonderzoek deed het Franse leger in Algerije veldproeven met buitgemaakte Duitse tabunmunitie. Het Noord-Afrikaanse land was destijds een Franse kolonie die door de Fransen als een onlosmakelijk deel van Frankrijk werd beschouwd. Het Algerijnse proefterrein was in 1935 ingericht voor grootschalige experimenten met chemische strijdmiddelen, die vanwege het risico in Frankrijk zelf niet konden worden gehouden. Vlak voor de Tweede Wereldoorlog had het Franse vreemdelingenlegioen de testfaciliteiten in de woestijn verder uitgebreid.[3]

Het proefterrein lag op een hoogvlakte (*hamada*) in Zuid-Algerije en stond bekend als het *Centre d'Expérimentation Semi-Permanent*. Het Franse leger hield er jaarlijks in de winter en in

Luchtopname van de Algerijnse Sahara waar het Franse proefterrein voor chemische strijdmiddelen B2-Namous zich bevindt, 1958. Op de foto is duidelijk het contrast tussen de hoogvlakte en de Oued Namous te zien.

het vroege voorjaar proeven met chemische wapens, aangezien de klimatologische omstandigheden op de hoogvlakte in deze maanden het meest overeenkwamen met die in West-Europa. Het bestond uit een logistieke basis bij Beni Ounif met de codenaam 'B1' en het eigenlijke proefterrein met de codenaam 'B2-Namous' bij de Oued Namous, op ongeveer honderd kilometer van de grens met Marokko. Het proefterrein grensde aan de *oued* (wadi of droge rivierbedding), die de afmetingen van het terrein naar één zijde beperkte. De weinige gebouwen die er stonden, waren goed gecamoufleerd en vanuit de lucht niet te zien. Met uitzondering van een aantal nomaden was dit deel van de Algerijnse woestijn onbewoond en kaal, een ideaal terrein voor het testen van chemische strijdmiddelen. De nomaden werden via hun *kait* (leider) gewaarschuwd dat zij niet in de buurt van het terrein mochten komen wanneer het Franse leger er proeven hield. Het proefterrein lag in de buurt van de spoorlijn van de Algerijnse havenstad Oran naar Colomb-Béchar, een in 1905 gestichte Franse militaire post midden in de Sahara, waar zich ook een berucht strafkamp van het Franse vreemdelingenlegioen bevond. Ook was het door de lucht bereikbaar.[4]

Tussen 18 en 21 november 1950 bezochten Van Ormondt en Sleebos als waarnemers de Franse proefnemingen op het *Centre d'Expérimentation Semi-Permanent*.[5] Franse onderzoekers wilden nagaan welke concentraties tabun er in het veld achterbleven na een artilleriebeschie-

Van Ormondt in de woestijn, vrijwel zeker tijdens een van zijn bezoeken aan de Franse proefnemingen in de Sahara.

ting met chemische granaten. Om de proeven te analyseren, gebruikten zij een aantal apparaten voor het nemen van luchtmonsters. Daarnaast gebruikten zij proefdieren, waaronder schapen, konijnen en ratten, om de effecten van tabun te kunnen onderzoeken. Van Ormondt en Sleebos waren getuige van vier proeven, waarbij telkens 240 projectielen gevuld met in totaal 300 kg tabun werden verschoten.

Op veilige afstand keken Van Ormondt en Sleebos toe hoe een aantal met gasmaskers en beschermende kleding uitgeruste Franse onderzoekers onder leiding van het hoofd van het laboratorium van de *Groupement Arme Chimique*, dr. Pomarola, de apparaten voor het nemen van luchtmonsters en de proefdieren in het terrein plaatste. Op de commandopost, die aan de rand van het proefterrein lag, stelden militairen de windrichting en de windsterkte vast. Zodra deze gunstig waren, gaven zij aan de drie batterijen bevel tot vuren. Na stuksgewijs inschieten gingen de artilleristen over tot snelvuur, waarbij de 240 projectielen in ongeveer tien minuten op het doelgebied van 250 bij 150 meter werden afgevuurd. Vrijwel meteen daarna begaven de onderzoekers zich weer in het, nu zwaar besmette, terrein. Zij namen tien honden mee, die op planken waren vastgebonden en gedurende enige tijd op het terrein werden achtergelaten. Een aantal honden was onbehandeld, terwijl andere waren ingespoten met beschermende preparaten om de preventieve waarde hiervan te kunnen nagaan. De onderzoekers schakelden ondertussen de apparaten voor het nemen van luchtmonsters uit en verzamelden de monsterflesjes voor analyse van de inhoud. Ten slotte namen zij ook de honden en alle andere op het terrein aanwezige proefdieren mee terug naar het veldlaboratorium voor nader onderzoek. Bij terugkomst uit het besmette terrein werden de onderzoekers en het materieel grondig ontsmet met behulp van chloorkalkpoeder en hypochloride.

Na afloop van de proefnemingen vroeg luitenant-kolonel Bonnaud, de commandant van de *Groupement Arme Chimique* en leider van de proefnemingen, wat Van Ormondt van de resultaten vond. Van Ormondt was niet echt onder de indruk. Hij was van mening dat de Fransen te weinig aandacht aan het analyseren van de proeven hadden besteed. Zo deden zij geen poging om de grootte van de optredende gaswolken te bepalen, verzaakten zij de omvang van vloeistofbesmetting van de grond te onderzoeken en werden er veel te weinig proefdieren gebruikt. Van Ormondt wees Bonnaud erop dat uitbreiding van de apparatuur voor veldanalyse en velddetectie meer waardevolle onderzoeksgegevens zou opleveren. Bovendien liet Van Ormondt weten dat hij de volgende keer, mocht hij weer een uitnodiging ontvangen, liever actief aan de proeven wilde deelnemen. Van Ormondts gedachte daarbij was "dat voor Nederland hier een unieke gelegenheid zou bestaan om deel te nemen aan proefnemingen, zoals men ze in Nederland bij gebrek aan ruimte zeker nooit zal kunnen nemen". Bonnaud antwoordde hier positief tegenover te staan. Vooruitlopend op een formele uitnodiging om in het najaar van 1951 actief aan de proefnemingen in de Sahara deel te nemen, startte Van Ormondt in zijn laboratorium in Delft alvast met de voorbereidende werkzaamheden.[6]

In maart 1951 ontmoetten Bonnaud en Van Ormondt elkaar tijdens besprekingen in Londen. Bonnaud vertelde dat hij tijdens de volgende bijeenkomst met Van Ormondt wilde overleggen of Nederland een bijdrage aan de proefnemingen in het najaar kon leveren en waaruit die bijdrage dan zou bestaan. Tijdens de daaropvolgende ontmoeting, op 9 mei 1951 opnieuw in Londen, deelde Bonnaud Van Ormondt mee dat hij de proeven met tabun, zoals deze in het najaar van 1950 hadden plaatsgevonden, wilde herhalen. Hij wilde ditmaal echter niet alleen granaten met tabun verschieten, maar ook een viertal bommen, elk gevuld met 200 kg tabun, door vliegtuigen laten afwerpen. Hij vroeg Van Ormondt in hoeverre Nederland aan het analytische programma kon meewerken. De Fransen zouden zich op dit gebied beperken tot het perfectioneren van het kleine aantal per radiosignaal bestuurbare analyseapparaten. Van Ormondt antwoordde dat de voorbereidende werkzaamheden in Delft zover waren gevorderd dat de Nederlandse bijdrage zou kunnen bestaan uit een honderdtal luchtanalyseapparaten, enige duizenden detectorplaatjes om de graad van de vloeistofbesmetting van het proefterrein te kunnen beoordelen, en een tweetal eenvoudige apparaten voor het meten van de temperatuurgradiënt in de onderste luchtlagen.[7]

Nu vaststond dat de Fransen Nederland formeel zouden uitnodigen voor actieve deelname in de Sahara, nam Van Ormondt contact op met kapitein H. Heffener van de Generale Staf en met het hoofd van de Atomische, Biologische en Chemische School (ABC-school, de opvolger van de Militaire Gasschool), majoor G.A.A.P. Kloeg.[8] Van Ormondt en Heffener waren het er al snel over eens dat de Nederlandse delegatie moest bestaan uit een aantal wetenschappelijk medewerkers van het Chemisch Laboratorium en een aantal militaire vertegenwoordigers van de Technische Staf en de ABC-school. Met Kloeg sprak hij af dat het Chemisch Laboratorium de kosten voor het ontwikkelen van een aantal prototypen en een deel van het te gebruiken analysemateriaal op zich zou nemen. De resterende kosten voor het analysemateriaal waren voor de ABC-school. Dit materiaal zou na de proefnemingen eigendom van de ABC-school worden en bij demonstraties en veldproeven kunnen worden gebruikt.[9]

Van Ormondt meende dat actieve deelname aan de Franse proefnemingen in Algerije Nederland een aantal voordelen zou opleveren. In de eerste plaats dacht hij aan de ervaring die de Nederlandse deelnemers op zouden kunnen doen. Nederland bezat zelf geen chemische wapens en het lag niet in de verwachting dat het ooit over een eigen proefterrein zou kunnen beschikken waar zulke grootschalige proeven met zenuwgassen als in de Sahara mogelijk waren. Een kans als deze zou zich volgens Van Ormondt niet weer zo snel voordoen. In de tweede plaats sprak hij de verwachting uit dat de Franse proefnemingen alleen kans van slagen hadden wanneer Nederland een bijdrage zou leveren. De Fransen wilden namelijk antwoord op de vraag “welke militaire waarde tabun heeft als vulling in artillerie-munitie en in vliegtuigbommen”. Om de proefnemingen goed te kunnen analyseren was Nederlandse hulp daarbij onmisbaar. Ten slotte zouden de proeven waarschijnlijk ook door deskundigen van grote NAVO-landen worden bijgewoond, waardoor bij het slagen van de proeven de Nederlandse inspanningen “onmiskenbaar ook als een (...) bijdrage voor het gemeenschappelijke doel bekend worden”.[10]

Op 13 juni 1951 liet het bestuur van de RVO-TNO Van Ormondt weten dat het in principe akkoord ging met actieve deelname van het Chemisch Laboratorium aan de proefnemingen. Het bestuur stelde wel als voorwaarde dat de medewerkers van het laboratorium van een militaire delegatie deel uit zouden maken en dat de eindbeslissing over deelname bij de CGS lag. Het bestuur deelde Van Ormondts opvatting dat de bijdrage van het Chemisch Laboratorium zou kunnen bestaan uit het uitwerken van een nieuwe methode van waarneming en detectie en het ontwikkelen van prototypen van de hiervoor benodigde apparaten. Het Ministerie van Oorlog diende wel alle kosten voor de aanmaak van de door RVO-TNO ontwikkelde apparaten en detectoren te betalen.[11]

Een week later was Van Ormondt in Parijs, waar hij weer een ontmoeting had met luitenant-kolonel Bonnaud. Deze ging akkoord met het Nederlandse aanbod. Verder was hij bereid op 30 en 31 juli samen met de chef van zijn laboratorium, Pomarola, naar Nederland te komen voor een “voorproef” in het open veld van een aantal prototypen van analyse- en detectie-apparatuur die het Chemisch Laboratorium voor de proefnemingen in de Sahara had ontworpen. Bonnaud zegde bovendien toe de voor de voorproef benodigde 2 kg tabun en twee beschermende pakken mee naar Nederland te nemen. Van Ormondt had de indruk dat luitenant-kolonel Bonnaud en de Franse generale staf de contacten met Nederland wilden aanhalen. Het probleem was alleen dat de formele Franse uitnodiging tot bijwoning van de proeven in de Sahara “om technische redenen” nog enige tijd op zich zou laten wachten. Een Nederlands voorstel tot samenwerking op basis van de door de deskundigen gevoerde besprekingen zou de zaak kunnen bespoedigen. Kapitein Heffener van de Generale Staf liet echter weten dat het initiatief van Franse zijde moest komen. Zodra de Nederlandse Generale Staf een Franse uitnodiging had ontvangen, zou de staf op zijn beurt Bonnaud en Pomarola formeel voor de voorproef in Nederland uitnodigen.[12]

Harskamp 1951

Van Ormondt vroeg CGS Kruls toestemming om een deel van het Infanterie Schietkamp Harskamp te mogen gebruiken voor 'zijn' voorproef. In juli 1951 verleende de CGS zijn goedkeuring. Bovendien nodigde hij luitenant-kolonel Bonnaud en Pomarola formeel uit voor het bijwonen van de voorproef. Zij werden vergezeld door kapitein Moulin, eveneens een medewerker van de *Groupement Arme Chimique*.[13] We mogen aannemen dat de formele uitnodiging van de Franse generale staf voor deelname aan de proeven in de Sahara eindelijk was binnengekomen, maar geheel zeker is dit niet.

Op 30 en 31 juli 1951 vond in het doelenterrein van terrein F van de Harskamp de geplande voorproef in de open lucht plaats. Het Technologisch Laboratorium had een aantal granaten vervaardigd (elk met een inhoud van 200 gram tabun, dat door de Fransen beschikbaar was gesteld), die in de buurt van de opgestelde analyseapparatuur tot ontploffing werden gebracht. In de omgeving van het springpunt hadden medewerkers van het Chemisch Laboratorium een groot aantal papieren detectoren op de grond gelegd om de besmetting te kunnen meten en de detectoren op bruikbaarheid te beproeven. De gaswolk die na de ontploffing ontstond, was zeer klein en passeerde in enkele seconden de opgestelde analyseapparatuur. De aangezogen hoeveelheid lucht was echter te klein voor een goede analyse. Met de detectoren op de grond werden wel goede resultaten bereikt.

Een medisch adviseur van de RVO-TNO hield tijdens de proeven toezicht om zo nodig medische hulp te verlenen. Besmettingsgevallen deden zich echter niet voor. De ontsmetting van materieel en personeel na afloop van de proeven verliep op eenvoudige en snelle, zij het af en toe wat primitieve wijze. Voor het ontsmetten van de onderzoekers van het Chemisch Laboratorium had de commandant van het Infanterie Schietkamp een waterwagen ter beschikking gesteld. Het proefterrein bleef nog vier dagen lang verboden gebied, om te voorkomen dat er door onvoorziene omstandigheden toch personen zouden worden besmet. Daarna onderzochten medewerkers van het Chemisch Laboratorium het terrein en troffen geen sporen van tabun of ontsmettingsmiddelen meer aan. De commandant van het schietkamp gaf het terrein daarop weer vrij.[14]

Op 1 en 2 oktober 1951 vonden er wederom proeven met de analyse- en detectieapparatuur in de Harskamp plaats. De eerste dag werd gebruikt om de juiste opstelling van de apparatuur en de wijze van werken voor de Saharaproeven te bepalen. De volgende dag wekten de onderzoekers van het Chemisch Laboratorium een gaswolk van tabun op door het zenuwgas met behulp van een verstuiver te verspreiden. De gaswolk bleef twee minuten in de lucht hangen en kon ditmaal wel met luchtmonsters kwantitatief worden aangetoond. Het detectorpapier dat de onderzoekers met regelmatige tussenafstanden op de grond hadden uitgelegd, verkleurde, waardoor ze ook de omvang van de vloeistofbesmetting konden vaststellen. Onmiddellijk na de proef werd het gebruikte terrein ontsmet. De veiligheidsmaatregelen waren dezelfde als bij de proeven eind juli.[15]

Van Ormondt en zijn medewerkers waren verheugd over het resultaat van de proeven. De analyseapparaten werkten naar volle tevredenheid; de onderzoekers konden met de apparatuur de dichtheid van een gaswolk op ieder gewenst punt meten. Ze verwachtten dat er na de proeven in de Sahara meer gegevens beschikbaar zouden komen over het verloop van de concentratie strijdgas op verschillende afstanden van een springpunt. Deze informatie diende als uitgangspunt voor het bepalen van de capaciteit van de gasmaskervullingbus en de beschermingsduur die deze op bepaalde afstanden zou bieden. Tevens hoopten ze door het gebruik van detectoren op de grond meer gegevens te verkrijgen over de afstand waarop tabun als vloeistof in het terrein zou neerkomen, om daarmee te kunnen vaststellen tot op welke afstand dit zenuwgas niet alleen als "inademingsgif" maar ook als "aanrakingsgif" werkzaam zou zijn.[16]

Het bestuur van de RVO-TNO had Van Ormondt toestemming gegeven twee van zijn medewerkers naar de Sahara mee te nemen. Toen Van Ormondt begin september 1951 meer zicht had op de wijze waarop de Fransen de proeven zouden verrichten, bleek dat het onmogelijk was samen met twee assistenten gelijktijdig de verschillende analyse- en detectieapparaten te bedienen. Bovendien had Van Ormondt aanvankelijk aangenomen dat luitenant-kolonel Sleebos hem zou kunnen helpen. Het tegendeel was echter het geval: Sleebos zou een door hem ontworpen analyseapparaat meenemen en in de Sahara beproeven, waarbij Van Ormondt waarschijnlijk zelfs enige assistentie zou moeten verlenen. Hij vroeg en kreeg van het bestuur daarom toestemming een derde medewerker mee te nemen. Dit was de bij het Chemisch Laboratorium gedetacheerde dienstplichtig vaandrig drs. A.J.J. Ooms, die de proeven in burgerkleding zou bijwonen.[17]

Ondertussen had de nieuwe CGS, generaal B.R.P.F. Hasselman, minister van Oorlog en Marine ir. C. Staf in juli benaderd met de vraag of hij zijn goedkeuring wilde verlenen aan Nederlandse deelname aan de proeven in Beni Ounif. Om Staf te overtuigen wees Hasselman hem op de voordelen die Van Ormondt al eerder had aangevoerd. Het belangrijkste argument was dat er in Nederland geen proefterrein was waar grootschalige proefnemingen met zenuwgassen konden worden uitgevoerd. Bovendien beschikte Nederland helemaal niet over chemische wapens. Hasselman tekende hierbij nog wel aan dat er tijdens de deelname "geen geheim van enigerlei betekenis" zou worden prijsgegeven. Begin augustus gaf Staf zijn goedkeuring. Hij wees de commandant van de ABC-school, majoor Kloeg, aan tot leider van de Nederlandse delegatie. Via de Nederlandse militair attaché in Parijs werd de Franse generale staf van dit besluit op de hoogte gesteld.[18]

Sahara 1951

In oktober en november 1951 organiseerde de *Groupement Arme Chimique* in de Sahara proefnemingen met de zenuwgassen tabun en sarin. Enige tijd voor aanvang van de proeven had de

Nederlandse delegatie de benodigde laboratoriumuitrusting, chemicaliën en meetapparatuur naar Parijs gezonden, van waaruit de Fransen voor het verdere transport naar Beni Ounif zorgden. Bij de zending zaten ook 150 Nederlandse gasmaskers, die voor vergelijkende proeven aan de Franse autoriteiten beschikbaar waren gesteld. De Nederlandse delegatie, die de reis naar Algerije zou maken met de Amerikaanse *stationwagon* van de RVO-TNO en een voertuig van de landmacht, nam naast een groot aantal levende bananenvliegjes, ook een filmtoestel met filmmateriaal mee. Daarnaast behoorde ook het velddetectieapparaat van luitenant-kolonel Sleebos tot de uitrusting. Op 23 oktober vertrokken de Nederlandse delegatieleden naar Parijs, om van daaruit naar Marseille te reizen, waar ze de veerboot naar Algiers pakten. Van daar ging de reis via Saïda naar Beni Ounif, waar zij een week later midden in de nacht aankwamen.[19]

Op grond van het multilaterale akkoord nam naast een Franse en een Nederlandse, ook een Belgische delegatie aan de proeven deel. Het Belgische team had een aantal kleine saringranaten bij zich om de uitwerking ervan te kunnen analyseren. De Fransen vormden uiteraard de grootste groep. Deze bestond uit de commandant, plaatsvervangend commandant en officieren en technici van de *Groupement Arme Chimique* uit Aubervilliers, officieren en technici van het *Centre d'Études du Bouchet*, kader en soldaten van een chemische compagnie, een compagnie *Zouaven* (infanterie), een batterij artillerie, een tank met bemanning, twee vliegtuigen met bemanning en personeel van de fotodienst. Het Nederlandse team stond onder leiding van majoor Kloeg, het hoofd van de ABC-school. Een onderofficier van deze school verleende assistentie. Van de Technische Staf was luitenant-kolonel Sleebos aanwezig. Hij was speciaal belast met het bestuderen van het probleem van de detectie. Van RVO-TNO-zijde waren Van Ormondt, een research-assistent (Ooms), een technisch assistent en een laborant aanwezig. België had de commandant en twee toegevoegde officieren van het *Établissement d'Application Chémique* uit Vilvoorde gestuurd. Daarnaast waren er enkele waarnemers die gedurende langere of kortere tijd de proefnemingen bezochten. Onder hen bevonden zich generaal Blanc, de chef van de Franse generale staf, en een aantal van zijn stafofficieren, generaal Laveaud, de commandant van de *Section Technique de l'Armée Française*, vertegenwoordigers van de Franse marine, de Amerikaanse kolonel W.E. Williamson, assistent militair attaché voor chemische oorlogvoering te Parijs, en de Britse kolonel Wigburg van het *Chemical Defence Experimental Station* in Porton Down.[20]

De proefnemingen hadden met de nodige tegenslagen te kampen. Door slechte weersomstandigheden, een defect aan een vliegtuig dat bombardementsvluchten had moeten uitvoeren en de te geringe capaciteit van het Franse vulapparaat, waardoor maar de helft van het aantal beschikbare cilinders met strijdgassen kon worden gevuld, ging slechts de helft van de voorziene metingen door. Bovendien was het velddetectieapparaat van Sleebos tijdens de reis naar Beni Ounif defect geraakt. Sleebos kon het niet ter plekke repareren en daardoor ook niet in het veld beproeven. Wel gaf hij enkele demonstraties met de laboratoriumversie van het apparaat. Uiteindelijk nam de Nederlandse delegatie deel aan een aantal verschillende proeven: acht bombardementen met telkens vier bommen, waarbij elke bom met 75 kg tabun was gevuld; de detonatie van drie series kleine granaten, totaal bevattende 5 kg, door België geleverd sarin; en het sproeien van tabun met een in het terrein opgesteld Nederlands gasverstuivingsapparaat. Verder waren de Nederlanders aanwezig bij vergelijkende proeven met Franse, Amerikaanse en Nederlandse gasmaskers, een springoefening met landmijnen met mosterdgas en proeven met bommen gevuld met brandstichtende middelen en blauwzuur. Van Ormondt stelde na afloop van de proeven tevreden vast dat het Chemisch Laboratorium in staat was een volledig uitgerust team deskundigen te leveren dat onder vrij primitieve omstandigheden allerlei vragen over de uitwerking van zenuwgassen kon beantwoorden.[21]

De Fransen hadden in hun tijdschema geen rekening gehouden met tegenvallers, met als gevolg dat de proeven in een hoog tempo moesten worden uitgevoerd. Daar de bezetting van het Nederlandse team toch al aan de krappe kant was, werden de teamleden behoorlijk overbelast. Daarbij speelde ongetwijfeld een rol dat zij hun werkzaamheden in het veld in beschermende overkleding en met een opgezet gasmasker moesten uitvoeren. Tijdens de proefnemingen werkten de Nederlanders voor het eerst met tabun én sarin. De hoeveelheid sarin was echter te klein om definitieve conclusies te kunnen trekken. Ook een vergelijking met tabun was daardoor onmogelijk. De onderzoekers van de RVO-TNO hadden wel de indruk dat de uitwerking van sarin op proefdieren effectiever was dan die van tabun. Zij konden echter niet vaststellen of sarin zich in het terrein door zijn geur verraadde, voordat er zich bij de waarnemer ziekteverschijnselen voordeden. Van tabun wisten zij nu wel zeker dat het een zeer specifieke geur had. Ondanks alle onzekerheden stelde de delegatie van de RVO-TNO voor het volgende jaar alleen sarin voor de proefnemingen te gebruiken. Het stond wel vast dat dit strijdgas vluchtiger en meer toxisch was en zich minder door zijn geur verraadde. Het was daardoor in militair opzicht effectiever dan tabun.[22]

Het was voor Van Ormondt een uitgemaakte zaak dat de Nederlandse deelname aan de Saharaproeven moest worden voortgezet. Dat bleek onder meer op 7 december 1951, toen hij zijn directe collega's tijdens een bijeenkomst van directeuren, onderdirecteuren en werkgroepleiders van de RVO-TNO op de hoogte bracht van de proefnemingen. Hij stelde daarbij "dat deelname aan proeven te velde van groot belang" was, "aangezien men daarbij het effect kan nagaan van chemische wapens en de doelmatigheid van het gasbeschermingsmaterieel. Tevens kan men zich aan de hand van de opgedane ervaringen een beter oordeel vormen, of de basis voor het werk in het laboratorium goed is."[23]

Luitenant-kolonel Sleebos kon zich met de meeste conclusies en aanbevelingen van Van Ormondt en de zijnen verenigen. Ook hij was van mening dat tabun maar een geringe militaire waarde had. Over de proeven die de Belgen met hun eigen sarin deden, kon Sleebos nog maar weinig zeggen: "Deze dienen te worden gezien als voorlopige proeven ter ontwikkeling van Sarin-granaten. De proeven verkeerden nog in een te vroeg stadium om er enig militair commentaar aan te verbinden." Zoals we weten, sloot Sleebos persoonlijk het actieve gebruik van chemische wapens niet uit. Volgens hem moesten de proeven in de Sahara dan ook worden gezien "als de eerste stappen ten behoeve van de ontwikkeling van chemische wapens en gasbeschermingsmiddelen". Hij was enthousiast over de Frans-Nederlandse proefnemingen, waarmee "een begin is gemaakt met een ruime bondgenootschappelijke samenwerking op dit gebied". Sleebos hoopte dat de samenwerking in de toekomst zou worden voortgezet. "Gezien het volkomen ontbreken van geschikte proefterreinen en het volslagen gemis aan chemische wapens in Nederland, zou het verstandig zijn de tot stand gekomen Frans-Nederlandse samenwerking op basis van Nederlandse actieve bijdrage aan experimenten, te continueren." Hij wees in zijn verslag op de voordelen van het samenwerkingsverband. "Het spreekt vanzelf, dat door zo'n samenwerking tenslotte het noodzakelijke peil van kennis, kunde en ervaring op de voor iedere deelnemer voordeligste (goedkoopste) wijze zal kunnen worden bereikt."[24]

Sleebos ervoer het overigens als een gemis dat er geen beroepsofficieren van de KL bij de Frans-Belgisch-Nederlandse besprekingen ter voorbereiding op de proeven in de Sahara aanwezig waren geweest. Dit lag volgens hem aan de historisch gegroeide situatie "dat van Nederlandse zijde deskundigheid op het gebied der chemische oorlogvoering wel wat eenzijdig wordt uitgedragen (bij buitenlands contact) door een chemicus, terwijl de tactische en technische zijde, althans met het oog op onderhavige proefnemingen, buiten geding bleef". Weliswaar spraken de chemicus (Van Ormondt), de tacticus (Kloeg) en de technicus (Sleebos) elkaar in zowel Frans-Nederlands als in zuiver Nederlands verband en vond er een uitwisseling van inzichten plaats, maar dit was achteraf. Sleebos vond het logischer dat beroepsofficieren reeds bij de voorbesprekingen van de proefnemingen aanwezig zouden zijn. Daarbij dacht hij bijvoorbeeld aan een officier van de Generale Staf, bij voorkeur van de Sectie G4 (logistiek), een officier van de ABC-school of een gasdeskundige van de Technische Staf.[25] Sleebos wilde af van de situatie waarin Van Ormondt vrijwel in zijn eentje Nederland internationaal vertegenwoordigde op het gebied van de chemische oorlogvoering.

Voorbereidingen nieuwe proeven in de Sahara

Begin januari 1952 benaderde Van Ormondt kapitein Heffener van de Generale Staf voor overleg over mogelijke Nederlandse deelname aan volgende proefnemingen in de Sahara in het najaar. Heffener, die de CGS hierover moest adviseren, wilde eerst de verslagen van de proefnemingen in 1951 – die begin 1952 nog niet af waren – bestuderen. Hij had duidelijk twijfels over het nut van de proeven. Van luitenant-kolonel Sleebos had hij gehoord dat de organisatie van de proefnemingen en het rendement nogal te wensen overlieten. Bovendien vond hij het net als Sleebos maar niets dat "de RVO in militair milieu de Nederlandse belangen behartigt". Hij vond "het bespreken van de Nederlandse actieve deelname aan Franse proefnemingen een militaire aangelegenheid en daarbij in verband met het karakter, mogelijk een interservicezaak". Heffener zag het liefst dat het Comité Verenigde Chefs van Staven de lijnen zou uitzetten en zich zou uitspreken over de researchonderwerpen waarmee de RVO-TNO zich bezig zou moeten houden. Daarbij zou het zich moeten laten bijstaan door een soort interservice ABC-comité. Ook zouden de Verenigde Chefs van Staven een militair orgaan of vertegenwoordiger moeten aanwijzen die de onderhandelingen met de Fransen zou voeren. Heffener betreurde het dat een dergelijke werkwijze niet werd gevolgd: "de RVO gaat (...) door op de ingeslagen weg, en dit zal zo blijven tot deze aangelegenheid principieel is geregeld". Hij wees er tevens op dat, "hoe belangrijk de gehouden proefnemingen ook waren, de KL nog vele onopgeloste problemen heeft op chemisch gebied die *niet* worden beproefd; terwijl (...) voor de oplossing van die problemen te weinig tijd overblijft". Hij doelde daarbij op het "gasbeschermingsvraagstuk", dat zijns inziens "allerminst" was opgelost. Hij adviseerde CGS Hasselman Van Ormondt alleen toestemming te geven voor oriënterende besprekingen. Hij zou geen toezeggingen mogen doen zolang Hasselman nog geen definitief besluit had genomen over actieve deelname.[26]

Hasselman was het met kapitein Heffener eens dat het noodzakelijk was om duidelijk vast te leggen wat de RVO-TNO moest onderzoeken. Tot nu toe bleken "onderhandsche besprekingen en zachte wenken" niets op te leveren. "De heeren [van de RVO-TNO, JVW] knikken wel instemmend en zeggen dat zij het volkomen begrijpen, doch in de praktijk worden de zaken op de oude voet voortgezet." Hasselman steunde het voorstel van Heffener de Verenigde Chefs van Staven richting te laten geven aan het onderzoek van RVO-TNO, maar dacht niet dat zij dit als hun taak zagen.[27] Van het oorspronkelijke idee dat de Generale Staf, via de gedelegeerde van de minister van Oorlog bij de RVO-TNO, directe invloed had op het onderzoeksprogramma van de organisatie, om te garanderen dat aan de wensen van de landmacht zou worden voldaan, was tot dan toe niet veel terecht gekomen (zie p. 163). Deze kwestie werd pas enkele maanden later opgelost toen de voorzitter van de RVO-TNO, Sizoo, het initiatief nam tot de instelling van de Chemische Contact Commissie (zie p. 193).

Op 28 en 29 januari 1952 bezocht Van Ormondt Aubervilliers om met de Fransen en de Belgen over nieuwe proefnemingen te overleggen. Als eerste bespraken zij de ervaringen die in het voorafgaande jaar waren opgedaan. Zij stelden vast dat er onvoldoende uniformiteit bestond in de toegepaste analysemethoden en besloten om voortaan het Nederlandse systeem voor luchtanalyse en de Nederlandse methode voor vloeistofbepaling – met detectiepapiertjes in het veld – te gebruiken. Verder hadden de onderzoekers tot dan toe slechts kleine aantallen proefdieren gebruikt, op basis waarvan geen conclusies waren te trekken. Zij spraken daarom af de dierproeven te intensiveren. Voortaan zouden er grote aantallen proefdieren worden aangeschaft, die vlak voor de proeven door een bioloog op afwijkingen en ziektes zouden worden onderzocht, zodat er genoeg homogeen proefmaterieel zou overblijven om statistisch verantwoorde conclusies te trekken.[28]

De Fransen waren van plan hun vergelijkende beproeving van gasmaskers in 1952 voort te zetten. Daarnaast wilden zij luchtbombardementen en artilleriebeschietingen met tabun, artilleriebeschietingen met mosterdgas en "luchtaanvallen met blauwzuur-sproeiapparaten" uitvoeren. Hoewel uit de proeven in 1951 al enigszins was gebleken dat sarin van grotere militaire betekenis was dan tabun, zetten de Fransen hun proefnemingen met tabun voort, omdat zij nog niet in staat waren sarin op semitechnische schaal te produceren. De Belgen konden wel op korte termijn 50 kg sarin aanmaken. Ze wilden hiermee artillerieprojectielen van 105 mm vullen, die de Fransen vanaf een proefopstelling met een geringe schootsafstand zouden verschieten (eenzelfde opstelling als die van de Duitsers tijdens de oorlog op de *Heeresversuchsstelle*

Munster-Nord/Heeresversuchsstelle Raubkammer). De Belgen verwachtten hiermee betere resultaten te bereiken dan met het tot explosie brengen van projectielen in het veld. De Nederlanders zouden de proeven met sarin ondersteunen door het nemen en analyseren van luchtmonsters en het bepalen van de vloeistofbesmetting. Nederland wilde met drie Nederlandse verstuivingsapparaten een vergelijkende proef uitvoeren met een geringe hoeveelheid tabun, sarin en soman. Door deze proef met de drie genoemde zenuwgassen onder gelijke omstandigheden achter elkaar uit te voeren, moest het mogelijk zijn met een betrekkelijk geringe hoeveelheid "zetstoffen" vergelijkende metingen in het terrein te verrichten en vergelijkende waarnemingen met proefdieren te verkrijgen. Frankrijk en België wilden graag aan deze proeven deelnemen en zegden toe tabun en sarin te leveren. Nederland zou voor soman zorgen.[29]

Aangezien de Nederlandse militaire autoriteiten twijfelden of Nederland opnieuw aan de proeven in de Sahara zou moeten deelnemen, schreef Van Ormondt op 11 februari 1952 een pleidooi voor het doen van onderzoek naar chemische strijdmiddelen en voor proeven in het open veld. Volgens Van Ormondt diende de Generale Staf rekening te houden met een aantal 'feiten'. Het eerste 'feit' had de directeur van het Chemisch Laboratorium al vaker aangehaald, namelijk dat het gebruik van chemische wapens tegen een partij die hierop niet of onvoldoende was voorbereid, zeer grote voordelen opleverde. "Door zich op dit punt niet voor te bereiden, lokt men dus als het ware uit, dat deze wapens tegen ons zouden worden gebruikt." Het tweede 'feit' was dat een chemisch wapen een wetenschappelijk wapen bij uitstek was. Laboratoriumonderzoek zou volgens Van Ormondt telkens nieuwe wapens opleveren, die vervolgens om nieuwe beschermingsmiddelen vroegen, die op hun beurt door laboratoriumonderzoek moesten worden ontwikkeld.[30]

Van Ormondt benadrukte voor het eerst nadrukkelijk de passieve kant van het onderzoek naar chemische strijdmiddelen. "Het spreekt vanzelf, dat voor Nederland de onderzoekingen zich overwegend op het gebied der gasbescherming bewegen, al is het natuurlijk bij de studie van de te nemen gasbeschermingsmaatregelen nodig ook de aanvalsmethode, waartegen men zich wil beschermen, te kennen." Hij somde een vijftal gebieden op waarnaar het Chemisch Laboratorium begin 1952 onderzoek deed. Ten eerste onderzocht het laboratorium het absorberende vermogen van actieve kool, waarmee het mogelijk was een aantal schadelijke bestanddelen uit de lucht te verwijderen. De research op dit gebied was al tijdens de oorlog begonnen, maar nog steeds niet afgerond. Ten tweede bestudeerde het laboratorium de permeabiliteit van beschermende kleding. Aangezien er onder de nieuw ontdekte zenuwgassen ook gassen waren die bij contact met de huid giftig waren, was het van belang de doordringbaarheid van allerlei materialen te kennen. Ten derde wilde het laboratorium meer weten over de detectie van strijdgassen. Dit was nog belangrijker geworden na de ontdekking van zenuwgassen. De toxiciteit van dit soort strijdgassen was veel groter dan die van de klassieke strijdgassen, zodat tegen veel kleinere concentraties moest worden gewaarschuwd. Bovendien was de geur van zenuwgassen slechts zeer zwak, zodat het gas in het terrein in veel gevallen onopgemerkt zou blijven, tot het te laat was. Ten vierde deed het laboratorium onderzoek naar de bereiding en de eigenschappen van nieuwe strijdgassen. Het hield zich hier mee bezig "om met behulp van de studie van op kleine schaal bereide strijdgassen te komen tot de juiste beschermingsmiddelen daartegen. Het betreft hier een zeer omvangrijk gebied. De chemie is nog niet zo ver gevorderd, dat zij kan voorspellen wat de toxiciteit van een verbinding, die een bepaalde formule heeft, zal zijn. Het is daardoor nodig een groot aantal verbindingen te maken en deze op hun toxiciteit te onderzoeken".

Ten slotte verrichtte het laboratorium operationele research. Het was van belang om zoveel mogelijk te weten van de concentraties en besmettingen die in het veld zouden kunnen optreden. Daarvoor waren proeven in het veld nodig. "Proeven op dit gebied zijn bij de in Nederland bestaande afmetingen der militaire terreinen en de dichtheid der bevolking eromheen hier ten lande volkomen onmogelijk. Het valt daarom toe te juichen, dat wij in NATO-verband in de gelegenheid gesteld zijn in het buitenland aan dergelijke proeven deel te nemen. Het resultaat van dergelijke terreinproeven dient als basis voor verder laboratoriumonderzoek."[31]

Begin februari 1952 bracht Van Ormondt de voorzitter van de RVO-TNO, Sizoo, op de hoogte van de vorderingen van de besprekingen over de Nederlandse deelname aan de Franse proeven in de Sahara later dat jaar. Sizoo wees Van Ormondt bij die gelegenheid erop dat ook het bestuur van de RVO-TNO nog toestemming moest verlenen. Op 13 februari liet Sizoo in een vertrouwelijk schrijven aan Van Ormondt weten dat ook hij persoonlijk zeer twijfelde of het Chemisch Laboratorium wel aan de proeven moest deelnemen, gezien de geringe wetenschappelijke waarde ervan en de aanzienlijke kosten en tijd die ermee gemoeid gingen. Tot het bestuur van de RVO-TNO zich definitief over deelname aan de proeven had uitgesproken, mocht Van Ormondt aan de voorbereidingen meedoen onder voorwaarde dat hij steeds bleef benadrukken dat er over definitieve participatie nog geen enkel besluit was genomen.[32]

Een week later, op 18 en 19 februari, vonden er opnieuw voorbereidende besprekingen plaats, ditmaal op het bureau van het EtAC in Vilvoorde. Deelnemers aan deze bijeenkomst waren onder meer luitenant-kolonel Deladrier, het hoofd van het EtAC, luitenant-kolonel Bonnaud, het hoofd van de *Groupement Arme Chimique*, dr. Pomarola, de chef van het laboratorium van de *Groupement Arme Chimique*, en Van Ormondt. Deze laatste maakte meteen aan het begin van de bijeenkomst bekend dat er voor de Nederlandse deelname nog geen enkele toestemming was verkregen. Voortbordurend op de besprekingen van eind januari lieten de Fransen weten hun vergelijkende gasmaskerproeven met Engelse en Deense typen te willen uitbreiden. Om een deceptie als in 1951 te voorkomen, besloten de deelnemers dat de nadruk tijdens de proeven met zenuwgassen moest liggen op het verzamelen van zoveel mogelijk gegevens over damp- en vloeistofconcentraties. Verder spraken zij af dat er gelegenheid moest bestaan om alles te beproeven waaraan de deelnemende landen behoefte hadden. Zo dacht Van Ormondt aan het beproeven van Nederlandse gasbeschermingsmiddelen zoals het velddetectieapparaat van Sleebos, een aantal gasmaskervullingbussen, beschermende kleding, waaronder een nieuwe gascape, en ontsmettingsmiddelen voor materieel.[33]

Van Ormondt bleef ondertussen de Nederlandse deelname aan de Franse proeven in de Sahara promoten. Op 3 maart 1952 schreef hij een nieuwe nota om zijn critici te overtuigen. In dit stuk vatte hij nog eens kort en kernachtig samen waarom hij vond dat Nederland moest deelnemen. Volgens Van Ormondt was er in Nederland grote behoefte om de resultaten van laboratoriumonderzoek in het open veld te controleren. In Nederland zelf bestond hiervoor geen enkele gelegenheid; in de Sahara was het wel mogelijk en daar waren al een laboratorium en andere voorzieningen aanwezig. De Fransen waren bereid het vervoer van het benodigde materieel vanaf Parijs naar de Sahara voor hun rekening te nemen waardoor aan het bezwaar van de grote afstand tegemoet werd gekomen. Verder betoogde hij dat in de Sahara ook andere landen met materieel en personeel aan de Nederlandse proeven deelnamen, zodat er betere resultaten konden worden bereikt dan alleen met eigen middelen mogelijk was. Omgekeerd nam Nederland ook deel aan door andere landen opgezette proeven, zodat ook hiervan werd geprofiteerd, waardoor het rendement van de proeven werd verhoogd. Door het gezamenlijk verrichten van proeven werd Nederland in de gelegenheid gesteld te profiteren van de ervaring die andere NAVO-landen in de loop van de tijd hadden opgedaan. Alleen in de Verenigde Staten en in Canada lagen met B2-Namous vergelijkbare proefterreinen. De reis daar naartoe kostte meer tijd en geld dan de tocht naar de Sahara, "nog afgezien van het feit, dat deze terreinen ons niet ter beschikking staan en, naar zich laat aanzien, nooit ter beschikking zullen staan".[34]

Sizoo vroeg zich naar aanleiding van de bijeenkomst in Vilvoorde op 18 en 19 februari af wie de leiding zou hebben van een Nederlandse afvaardiging die eventueel aan de proeven in de Sahara zou deelnemen. In 1951 stond de Nederlandse delegatie formeel onder leiding van majoor Kloeg, waarbij medewerkers van het Chemisch Laboratorium assisteerden. Sizoo vond het vreemd dat bij de voorbereidende besprekingen voor de proefnemingen in 1952 geen militaire vertegenwoordigers aanwezig waren geweest, aangezien de Generale Staf commentaar had op het feit dat Van Ormondt en niet een militaire afgevaardigde Nederland op internationaal niveau vertegenwoordigde (zie p. 184). Hij wilde verder van Van Ormondt weten hoe de CGS dacht over Nederlandse deelname aan de proefnemingen, omdat diens standpunt bij een beslissing over een eventuele deelname van het Chemisch Laboratorium zwaar zou meewegen. In zijn reactie beaamde Van Ormondt dat het opmerkelijk was dat er geen vertegenwoordiger van de Generale Staf aan de voorbesprekingen in Parijs en Vilvoorde had deelgenomen. Nog voor de eerste bespreking in Parijs had hij samen met majoor Kloeg een poging gedaan om een kort verslag over het verloop van de proefnemingen in 1951 bij de souschef van de Generale Staf mondeling toe te lichten. Van Ormondt wilde tijdens deze gelegenheid ook de deelname aan de proefnemingen in het najaar van 1952 bespreken. Het was hem echter niet gelukt een persoonlijk onderhoud te krijgen. Hij kon Sizoo dan ook niet zeggen wat het standpunt van de CGS was. Overigens had hij de Generale Staf wel steeds op de hoogte gehouden over het doel en het verloop van de besprekingen.[35]

Van Ormondt greep de gelegenheid aan om Sizoo te overtuigen van het belang van de proefnemingen in de Sahara. Om diens bezwaren tegen deelname van het Chemisch Laboratorium weg te nemen, benadrukte hij dat de proefnemingen dit keer beter en vooral meer wetenschappelijk verantwoord zouden worden aangepakt. "De proeven hebben nu, op voorstel van Nederland en België, meer het karakter gekregen van in het veld uitgevoerde laboratoriumproeven." Daarnaast wees Van Ormondt erop dat de drie bekende zenuwgassen tijdens een vergelijkende proefneming onderling op hun militaire waarde zouden worden getest. Dit achtte hij van groot belang voor de Generale Staf. "Te verwachten is, dat als resultaat der proeven van 1952 eens en vooral zal worden uitgemaakt, dat van de ons bekende zetstoffen er een bij uitstek geschikt is voor het verkrijgen van bij inademing dodelijke c x t waarde, terwijl een andere zetstof de voorkeur zou verdienen voor het aanbrengen van langdurige besmetting met een vloeistof, die als zodanig door de huid binnendringt." De zenuwgassen die na de vergelijkende proefneming het meest geschikt leken, zouden voor bereiding op semitechnische schaal in aanmerking komen. Dit was nodig om grootschalige proeven mogelijk te maken waar kon worden onderzocht of "met zetstofwapens bepaalde tactische opdrachten kunnen worden uitgevoerd". (In zijn nota van 11 februari 1952 had Van Ormondt geschreven dat het voor de studie naar de meest efficiënte beschermingsmiddelen noodzakelijk was de mogelijke aanvalsmethoden van een vijand en de uitwerking daarvan te onderzoeken, zie p. 186.) Als klap op de vuurpijl liet Van Ormondt Sizoo weten dat het Chemisch Laboratorium er begin maart in was geslaagd om "een geheel nieuwe zetstof te bereiden, die tegelijk zeer toxisch is, die vermoedelijk zeer persistent is en die veel gemakkelijker kan worden bereid dan de zetstoffen, waar tot nu toe steeds aan gedacht is als men de combinatie hoge toxiciteit en grote persistentie wilde bereiken". Van Ormondt wilde tijdens de afsluitende bespreking in Parijs voorstellen om deze stof – zonder de samenstelling daarvan aan de andere deelnemende landen bekend te maken – in de vergelijkende proefneming op te nemen.[36]

Deze laatste voorbereidende bespreking vond plaats op 7 maart op het Franse ministerie van defensie. Naast een Franse, Belgische en Nederlandse delegatie – die laatste bestond overigens uit slechts één persoon, Van Ormondt – was er ook een afvaardiging uit Groot-Brittannië en uit de Verenigde Staten. Het was de bedoeling dat er een afspraak zou worden gemaakt over de gezamenlijk uit te voeren proeven in Beni Ounif. Het plan dat de Fransen, Belgen en Nederlanders in de voorbereidende besprekingen hadden opgesteld, was door Frankrijk en België wel, maar door Nederland nog niet goedgekeurd. De Engelsen en de Amerikanen wilden teams van deskundigen naar de Sahara sturen, die eventueel ook met eigen apparatuur aan de proeven konden deelnemen. De Franse en Belgische vertegenwoordigers gingen hiermee akkoord, maar Van Ormondt liet weten dat hij niet gemachtigd was om goedkeuring te verlenen. Hij vroeg de vertegenwoordiger van de Franse generale staf de Nederlandse Generale Staf schriftelijk te vragen zowel het gezamenlijke plan voor de proefnemingen als de deelname van de Engelsen en Amerikanen goed te keuren.[37]

De volgende dag kwamen de Franse, Belgische en Nederlandse delegaties opnieuw bij elkaar om de gezamenlijke vergelijkende beproeving van de zenuwgassen te bespreken. Belangrijkste punt daarbij was welk land voor wat voor soort zenuwgas zou zorgen. Aanvankelijk hadden ze afgesproken dat Frankrijk tabun, België sarin en Nederland soman zou leveren. Van Ormondt bracht de andere twee landen echter op de hoogte dat er in zijn laboratorium een nieuw zenuwgas was bereid dat in eigenschappen – in het bijzonder wat betreft toxiciteit en persistentie – veel overeenkomsten met soman vertoonde, maar dat veel makkelijker was te bereiden. Hij stelde de vraag aan de orde wat hij voor de komende proeven in de Sahara moest laten aanmaken. Zijn laboratorium was namelijk niet in staat om zowel soman als het nieuwe zenuwgas in de gewenste hoeveelheid van 6 kg te bereiden. Het bleek echter dat Frankrijk sinds de laatste proefnemingen in Beni Ounif in het *Centre d'Études du Bouchet* was begonnen met de productie van soman en in staat was 5 kg te leveren. Nederland zou de ontbrekende 1 kg soman en 6 kg van het nieuwe zenuwgas moeten aanmaken. Van Ormondt stelde voor om van alle te beproeven strijdgassen een liter met elkaar uit te wisselen om als basis voor analyses te gebruiken. De proefmonsters zouden in goed sluitende glazen flessen, omgeven door actieve kool en geplaatst in dichtgesoldeerde bussen, door toedoen van militair attachés of bij onderlinge bezoeken worden overhandigd. Om geheimhouding in de correspondentie rondom de komende proeven in de woestijn te waarborgen, spraken de landen af voortaan de volgende codes te gebruiken: tabun – A, sarin – B, cyclosarin – C, soman – D en de nieuwe Nederlandse stof – X.[38] De onderzoekers moesten geduld hebben, omdat de voorbereidingen nog vele maanden in beslag namen.

Vliehors 1952

Aangezien het Infanterie Schietkamp Harskamp vaak in gebruik was, kwam het niet langer voor proefnemingen met chemische strijdmiddelen in aanmerking. Van Ormondt ging daarom in het voorjaar van 1952 op zoek naar een nieuw proefterrein in Nederland. De meeste militaire terreinen bleken zich echter slecht voor dit doel te lenen. Ze waren in de eerste plaats te klein, zodat er een risico bestond dat bij een bepaalde windrichting en windsterkte buiten het terrein gevaarlijke concentraties gifgas zouden ontstaan. In de tweede plaats maakten de krijgsmachtdelen intensief van deze terreinen gebruik, zodat het vrijwel ondoenlijk was om af te wachten totdat eventuele restanten chemische strijdmiddelen onschadelijk zouden zijn geworden. Actieve ontsmetting was geen optie, omdat dit enorme hoeveelheden ontsmettingsmiddelen zou vergen.[39]

Op 15 en 17 maart 1952 bezochten Van Ormondt en zijn plaatsvervanger Jonquière de Vliehors, het oefenterrein van de luchtmacht op het Waddeneiland Vlieland. Het terrein voldeed wat betreft afmetingen en geïsoleerde ligging aan de wensen van Van Ormondt. De grootste moeilijkheid was de aanvoer van het benodigde materieel, maar met hulp van de marine moest hiervoor een werkbare oplossing zijn te vinden. Voor Van Ormondt was de Vliehors de ideale locatie voor de proeven met zenuwgassen die hij in juni 1952 wilde nemen ter voorbereiding op de eventuele deelname aan de Franse proefnemingen in de Sahara. Overigens wilde hij ook de Belgen voor de proefnemingen uitnodigen. Van Ormondt was van plan de Vliehors voortaan als vast proefterrein voor chemische oorlogvoering te gebruiken, als tijdens de proeven in juni zou blijken dat het oefenterrein geschikt was. Hij waarschuwde echter dat de Nederlandse proeven niet in de plaats konden treden "van die, welke in de Sahara kunnen worden genomen".[40]

De voorgenomen proefnemingen op de Vliehors vormden voor de instructeurs van de ABC-school en de specialisten van de andere krijgsmachtdelen een uitgelezen kans om daadwerkelijk met chemische strijdmiddelen te werken en hun kennis in de praktijk te testen. De ABC-school had in 1951 met het oog op de proeven in de Sahara veel analysemateriaal aangeschaft en wilde dit graag bij eventuele proeven weer gebruiken. Ook het Medisch Biologisch Instituut van de RVO-TNO had belangstelling voor de mogelijkheden die het proefterrein bood voor "het verrichten van proeven met mensen zowel als met dieren". Daarvoor zouden dan wel enige voorzieningen, zoals de bouw van kleine laboratoria voor onderzoek en van stallen voor dieren, moeten worden getroffen.[41]

Het was niet ongewoon dat er in laboratoria proeven met mensen plaatsvonden; bij veel onderzoek ontstond op een gegeven moment behoefte de onderzoeksresultaten die met dierproeven waren verkregen, met proefpersonen te toetsen. De onderzoekers van het Medisch Biologisch Laboratorium hadden tot begin jaren vijftig proeven op zichzelf en op andere medewerkers van het laboratorium gedaan. Zij hadden door herhaalde proefnemingen echter een overgevoeligheid ontwikkeld, waardoor de onderzoeksresultaten aan waarde verloren. Het laboratorium had ongeveer vijf vrijwilligers per week nodig, maar verwachtte niet dat er genoeg proefpersonen in de burgermaatschappij te vinden zouden zijn. Daarom wilde het vrijwilligers onder militairen werven. Zoals we nog zullen zien, gebruikte het *Chemical Defence Experimental Station* in Porton Down militairen als vrijwilligers, waarvoor zij een toelage en extra verlof kregen (zie p. 199).

De inspecteur van de Geneeskundige Dienst van de KL was het ermee eens dat sommige proeven op mensen moesten worden herhaald, maar wilde zich "mede om politieke redenen" niet associëren met het werven van vrijwilligers hiervoor. Hij opperde dat het Medisch Biologisch Laboratorium vrijwilligers moest zoeken via de ABC-school of tijdens de ABC-instructie bij de onderdelen. "De deskundigheid en ervaring der artsen, die de proefnemingen in het Medisch Biologisch Laboratorium verrichten, zijn ons een waarborg, dat aan de vrijwilligers hierbij geen ernstig letsel zal worden toegebracht. Indien experimenten met chemische strijdmiddelen worden gedaan, zal dit vóór de proefneming aan de betrokken vrijwilligers worden medegedeeld en hun nogmaals worden gevraagd of zij hiermee accoord gaan."

CGS Hasselman gaf echter geen toestemming om vrijwilligers onder militairen te werven. Hij vond dat het Medisch Biologisch Laboratorium de benodigde proefpersonen maar uit de burgermaatschappij moest betrekken, "waarbij wellicht het Nederlandse Rode Kruis zou kunnen worden ingeschakeld".[42] Het is onduidelijk of het Medisch Biologisch Laboratorium daadwerkelijk experimenten met vrijwilligers uit de burgermaatschappij heeft uitgevoerd.

De commandant van de ABC-school, majoor Kloeg, vroeg zich in mei 1952 af wie de leiding over de proeven op de Vliehors zou krijgen. In 1951 vonden de proeven in de Harskamp onder verantwoordelijkheid van het Chemisch Laboratorium plaats. Ook nu nam het Chemisch Laboratorium het initiatief, waarbij het om militaire assistentie van de ABC-school vroeg. Wanneer de proeven op de Vliehors doorgingen, zouden de Belgen volgens plan sarin meebrengen. Omdat het hier om militair personeel ging, moest de CGS de Belgische officieren toestemming geven om de proeven in Nederland bij te wonen. Voor Kloeg was het onduidelijk wie er dan de leidende partij was. Hetzelfde probleem speelde ook voor de delegatie die in het najaar naar de Sahara zou vertrekken. Hij vond dat de krijgsmacht hierin een zekere rol moest spelen: "het gaat hier niet alleen om militair personeel en materieel, doch ook om de aanschaffing van nieuw materieel c.q. beschikbaarstelling. Deze gelegenheid kan m.i. nooit een RVO-zaak alleen zijn, doch is zeer zeker van militair belang." Tot zijn grote tevredenheid had Kloeg in de wandelgangen echter vernomen dat er een commissie door de RVO-TNO en de militaire instanties in het leven zou worden geroepen die dit soort zaken zou gaan coördineren (zie p. 193).[43]

Eind juni 1952 sprak CGS Hasselman zich voor het eerst expliciet uit over de voorbereidende proefnemingen in Nederland. Hij onderschreef "het belang van het beschikbaar hebben van een veilig terrein voor het houden van veldproeven met moderne strijdgassen ten volle". Hij verzocht de inspecteur der Genie zoveel mogelijk mee te werken en gaf de commandant van de ABC-school opdracht nauw contact te onderhouden met de RVO. Hij moedigde een "nauwe en wederkerige samenwerking" op het gebied van de proefnemingen met chemische strijdmiddelen tussen de RVO-TNO en de ABC-school ten zeerste aan. Hij stelde wel als voorwaarde "dat de uit te voeren beproevingen zoveel mogelijk dienstbaar worden gemaakt aan de militaire (gasbeschermings-)belangen".[44]

Van 20 juni tot en met 7 juli 1952 verbleven medewerkers van het Chemisch Laboratorium en militairen van onder meer de ABC-school op Vlieland.[45] Er waren vijf proeven met verstuivingsapparaten en ongevaarlijke stoffen gepland, gevolgd door een 'eindproef' met de sarin die de Belgen hadden meegenomen.[46] Een van de doelen was het beproeven van onderzoeksmethoden, van analyseapparaten die op basis van de in de Sahara opgedane ervaringen waren aangepast, en van een aantal nieuwe, door het laboratorium ontworpen meetapparaten. Een en ander diende als voorbereiding op de proeven in de Sahara. Daarnaast wilden de onderzoekers een aantal formules controleren waarmee het mogelijk moest zijn de concentratie van een strijdgas op een gegeven afstand van een springpunt te voorspellen. Ten slotte wilde het Chemisch Laboratorium vaststellen of de Vliehors geschikt was als proefterrein.

Ondanks de slechte weersomstandigheden stelden de proeven de onderzoekers in staat zich een indruk te vormen van de kwaliteiten van een deel van de naar de Sahara mee te nemen analyseapparaten. In een aantal gevallen gaf dat aanleiding nog veranderingen aan te brengen. Daarnaast was het mogelijk geweest om methoden van analyse en detectie in het veld te beproeven. Niet onbelangrijk was daarbij dat het personeel dat naar de Sahara zou meegaan de gelegenheid had gekregen de nodige ervaring op te doen met onderzoekswerk in het open veld. De toetsing van de formules verliep voorspoedig en leverde een positief resultaat op. Voortaan konden ze bij het werk in de Sahara en bij alle verdere proeven worden gebruikt, "hetgeen als een belangrijke aanwinst is te beschouwen. Men zal nu bij voorbaat ongeveer de juiste opstelling van alle apparaturen kunnen kiezen en men zal achteraf bij de interpretatie der resultaten van de formules gebruik kunnen maken." De bruikbaarheid van de Vliehors als proefterrein, tot slot, werd door het Chemisch Laboratorium als redelijk beoordeeld.

Kapitein van de Technische Dienst dr. ir. G.M.M. Houben, die door de Generale Staf als waarnemer naar de proeven op Vlieland was gestuurd, ontpopte zich als een criticaster van de proefnemingen in het open veld. Hij was van mening dat veel van de proeven in het terrein gewoon in het laboratorium konden plaatsvinden. Hij begreep niet waarom Van Ormondt zo'n voorstander was van proefnemingen met chemische strijdmiddelen in het open veld. Hij vond bovendien dat de proeven die het Chemisch Laboratorium op de Vliehors uitvoerde gebrekkig waren voorbereid, dat veel van het materiaal niet vooraf in het laboratorium was getest en dat de formules in het geheel niet geschikt waren voor extrapolatie van onderzoeksgegevens. Het Chemisch Laboratorium opereerde in de ogen van Houben te veel op eigen initiatief. Net als kapitein Heffener in het voorgaande jaar vond hij dat de landmacht richtinggevend moest zijn wat betreft het onderzoek van de RVO-TNO. Daarom moest de Generale Staf het initiatief naar zich toetrekken en zelf vaststellen of en wanneer nieuwe veldproeven gewenst waren.[47]

Chemische Contact Commissie

Om de contacten tussen het Chemisch Laboratorium en de strijdkrachten te bevorderen deed Sizoo, de voorzitter van het bestuur van de RVO-TNO, in april 1952 het voorstel de zogenoemde Chemische Contact Commissie in te stellen. Er bestond al enige tijd een door het RVO-TNO-bestuur ingestelde Medische Contact Commissie, die de contacten moest onderhouden tussen de strijdkrachten en de onderzoekers die zich met de medische kant van de research naar de verdediging en bescherming tegen atomaire, biologische en chemische wapens (ABC-wapens) bezighielden. In deze commissie zaten vertegenwoordigers van de geneeskundige diensten van de drie krijgsmachtdelen. Na de opheffing van het Chemisch Team begin jaren vijftig (zie p. 168) werd de behoefte aan een georganiseerd contact tussen de strijdkrachten en de RVO-TNO-onderzoekers die zich met chemische oorlogvoering bezighielden, sterker gevoeld. Sizoo wilde dat vertegenwoordigers van de verschillende diensten die met chemische oorlogvoering van doen hadden, in de commissie zitting zouden nemen. Zij moesten zowel deskundig als bevoegd zijn om het onderzoek te kunnen en mogen volgen, advies uit te kunnen brengen en concrete verzoeken voor onderzoek van de kant van de krijgsmacht aan te kunnen geven. "In het algemeen zou het de taak der commissie zijn te bevorderen, dat het werk der Rijksverdedigingsorganisatie TNO zo nauw mogelijk zal aansluiten aan de behoeften der strijdkrachten ten aanzien van de genoemde wijzen van oorlogvoering."[48]

De Chemische Contact Commissie kwam op 17 juli 1952 voor het eerst bijeen. Sizoo was ervan de voorzitter. In de commissie zaten verder vertegenwoordigers van de chef van de Marinestaf, de chef van de Generale Staf, de chef van de Luchtmachtstaf, de genie en de materieeldiensten en de geneeskundige diensten van de drie krijgsmachtdelen, alsmede de directeuren van de laboratoria die samen de RVO-TNO vormden. Gemakshalve was voor de naam Chemische Contact Commissie gekozen. Het was echter de bedoeling dat de commissie zich zou bezighouden met alle problemen van de A-, B-, en C-oorlogvoering. De naam ABC-commissie was echter minder gewenst, omdat de landmacht al een commissie met vrijwel dezelfde naam had.

Vooralsnog richtte de aandacht van de commissie zich vooral op de chemische oorlogvoering. Van Ormondt gaf tijdens de eerste bijeenkomst een kort exposé over de stand van zaken bij zijn laboratorium. Hij gaf aan dat het onderzoek "uitsluitend op beschermingsmaatregelen gericht [was] en niet op wapens, hoewel kennis van de betreffende wapens daartoe toch noodzakelijk is". Met dit doel deed zijn laboratorium onderzoek naar nieuwe strijdgassen (zenuwgassen) en synthetiseerde het deze stoffen. Het onderzoek richtte zich aanvankelijk op de vraag welke zenuwgassen een tegenstander mogelijk zou kunnen inzetten en welke militair-belangrijke eigenschappen deze hadden. Omdat deze onderzoeksvragen niet alleen door het bestuderen van deze gassen op laboratoriumschaal konden worden beantwoord, waren de onderzoekers overgegaan tot proeven op grotere schaal in de open lucht. Nadat het laboratorium zijn kennis op het gebied van de zenuwgassen door onderzoek en proeven had uitgebreid en het voldoende zenuwgassen in voorraad had om er proeven mee te doen, was het zich gaan toeleggen op het onderzoek naar beschermingsmiddelen tegen deze nieuwe generatie strijdgassen. De research richtte zich nu op het aanpassen van het gasmasker, de beschermende kleding en de detectieapparatuur.[49]

Sahara 1952

Op 14 maart 1952 had de Franse generale staf Nederland formeel uitgenodigd om opnieuw samen met de Belgen deel te nemen aan de gezamenlijke proefnemingen in de Sahara. De Fransen tekenden aan dat de Amerikanen en Britten bij de proeven aanwezig wilden zijn en vroegen CGS Hasselman of hij daar bezwaar tegen had. "Gezien de nood op het gebied van de voorziening der strijdkrachten met gasbeschermingsmaterieel" achtte Hasselman "iedere vorm van samenwerking met andere NATO-landen niet anders dan toe te juichen." Op 2 juli vroeg Hasselman op zijn beurt goedkeuring aan minister van Oorlog Staf. Ruim twee weken later, op 19 juli, liet hij de Fransen weten dat Staf zijn fiat voor de Nederlandse deelname aan de proeven in de Sahara had gegeven. Ook de Amerikanen en Britten waren van harte welkom. Verdere onderhandelingen over het programma liet Hasselman over aan de directeur van het Chemisch Laboratorium, de commandant van de ABC-school en een officier van zijn staf.[50] Overigens verzocht Hasselman wel een aantal proeven met Nederlandse gasbeschermingsmiddelen aan het programma in de Sahara toe te voegen.

Op 24 en 25 juli waren Van Ormondt, majoor Kloeg en kapitein Heffener in Parijs om te bekijken of de proeven met het Nederlandse gasbeschermingsmaterieel een plaats in het onderzoeksprogramma konden krijgen. De Fransen hadden hier geen enkel bezwaar tegen en zegden toe waar mogelijk medewerking te zullen verlenen. Op 28 juli kwamen Van Ormondt en Ooms bijeen om het herziene plan te bekijken. Het was nu ook duidelijk dat de Nederlandse delegatie onder leiding zou staan van de directeur van het Chemisch Laboratorium, Van Ormondt. Onderzoekers van de RVO-TNO zouden de proeven uitvoeren die op verzoek van de Generale Staf aan het oorspronkelijke programma waren toegevoegd.[51]

De Fransen nodigden generaal Hasselman uit om de proefnemingen in de Sahara persoonlijk bij te wonen. Hasselman had deze uitnodiging in eerste instantie aangenomen en de Franse generale staf laten weten dat hij zou komen indien de omstandigheden dit toelieten.

In september werd echter duidelijk dat hij vanwege al lang van tevoren geprogrammeerde oefeningen van het bezoek moest afzien.[52]

Op 4 en 5 september 1952 hadden luitenant-kolonel Sleebos, majoor Kloeg en kapitein Houben in Frankrijk een ontmoeting met de kapiteins Duhamel en Moulin van de *Groupement Arme Chimique* van de *Section Technique de l'Armée*. Tijdens de bijeenkomst stond de uitbreiding van de militairwetenschappelijke samenwerking tussen beide landen centraal, die voorheen op de Frans-Belgisch-Nederlandse overeenkomst van 20 december 1949 was gebaseerd (zie p. 173). Opvallend afwezig was Van Ormondt, die tot dan toe vrijwel altijd de exclusieve gesprekspartner van de Fransen was geweest. De nauwere Frans-Nederlandse samenwerking, die op 4 september werd beklonken, was bedoeld "om op wetenschappelijk en militair-technisch gebied te komen tot een snellere oplossing van de meest urgente problemen". Onderdeel hiervan was een urgentieprogramma, waarin enkele concrete projecten waren ondergebracht die op de ontwikkeling en verbetering van de beschermingsmiddelen waren gericht. Van Nederlandse zijde had de Generale Staf samen met enkele leden van de Chemische Contact Commissie, na overleg met de laboratoria van de RVO-TNO, onderwerpen voor dit programma aangedragen. Minister van Oorlog Staf gaf CGS Hasselman op 24 november 1952 toestemming om het aangepaste verdrag met de Fransen te ondertekenen.[53]

Hoewel het gasbeschermingsmaterieel wat de Nederlandse Generale Staf betrof een hoge prioriteit had, kreeg het weinig aandacht tijdens de proefnemingen die van 20 oktober tot en met 19 november in de Sahara plaatsvonden. Het was in eerste plaats een Franse aangelegenheid. Er waren twee Franse teams, een van de *Groupement Arme Chimique* uit Aubervilliers en een van het *Centre d'Études du Bouchet*. Uit België was er een team van het *Établissement d'Application Chémique* uit Vilvoorde. Uit Nederland was er een gecombineerde delegatie van militairen en medewerkers van het Chemisch Laboratorium.[54] Er was ook een kleine Engelse en een kleine Amerikaanse delegatie. Op 27 oktober gaf kolonel Bonnaud, het hoofd van de *Groupement Arme Chimique*, een overzicht van de doelstellingen van de veldproeven: vaststellen welk ander zenuwgas het door de Fransen tot dan toe gebruikte tabun zou moeten vervangen; onderzoeken of er op een afstand van driehonderd tot vierhonderd meter van het punt van verspreiding nog gevaarlijke (dodelijke) concentraties (ct-waarden) zenuwgas optraden; bepalen welke gasconcentraties er werden verkregen bij de verspreiding van zenuwgas door middel van granaten; vaststellen welke de meest gunstige lading was voor een met zenuwgas gevulde 155 mm granaat; ten slotte het in het terrein beproeven van beschermende middelen.[55]

Kapitein Houben, die deel uitmaakte van de Nederlandse delegatie, kwam weer met een waslijst aan kritiek. In de eerste plaats toonde hij zich verbaasd over de doelen van de proeven. Vooral over het eerste doel, vaststellen welk zenuwgas tabun als chemisch strijdmiddel voor het Franse leger zou moeten vervangen, toonde hij zich verrast, zeker omdat de Nederlandse delegatie daarbij een belangrijke rol speelde. In het voortraject hadden de Nederlanders immers vergelijkende proefnemingen met verschillende soorten zenuwgassen voorgesteld. Bovendien leverde de Nederlandse delegatie personeel en apparatuur voor het meten en analyseren van de uitwerking van de strijdgassen. De onderzoeksgegevens die hieruit naar voren

GEHEIM

Bijlage 1.

Ex.Nr: 10

DEFINITIEF PLAN VOOR DE SAHARA PROEVEN 1952

Maandag 20 October	Franse Tabun sproeiproef. 150 kg in een minuut. Nederlandse analyse en detectie apparaten. Nederlandse gasmasker-beproeving.
Dinsdag, 21 October	Analyse en discussie. Voorbereiding voor volgende proef.
Woensdag, 22 October	Zelfde proef als op 20 October.
Donderdag, 23 October	Analyse en discussie. Voorbereiding voor volgende proef.
Vrijdag, 24 October	Nederlandse Tabun sproeiproef, max. 3 kg in 10 minuten. 40 kooien ieder met 6 ratten. Nederlandse analyse-apparaten.
Zaterdag, 25 October	Nederlandse Sarin sproeiproef, max. 3 kg in 10 minuten. 40 kooien ieder met 6 ratten. Nederlandse analyse apparaten. Opstellen van gemeenschappelijke verslagen.
Zondag, 26 October	Rust- of reservedag.
Maandag, 27 October	Belgische proef met kleine Sarin granaatjes. Nederlandse analyse apparaten.
Dinsdag, 28 October	Analyse en discussie. Voorbereiding voor volgende proef.
Woensdag, 29 October	Belgische proef met kleine Sarin granaatjes of 120 mm granaat. Nederlandse analyse-apparaten.
Donderdag, 30 October	Analyse en discussie. Voorbereiding voor volgende proef.
Vrijdag, 31 October	Belgische proef met 120 mm Sarin granaat. Nederlandse analyse-apparaten.
Zaterdag, 1 November	Opstellen van gemeenschappelijke verslagen. Voorbereiding voor volgende proeven.
Zondag, 2 November	Rust of reserve-dag.
Maandag, 3 November	Franse proef met 1 Sarin granaat van 120 mm, geschoten of in rust.
Dinsdag, 4 November	Analyse en discussie. Voorbereiding volgende proef.
Woensdag, 5 November	Franse proef met 1 geschoten Sarin granaat van 120 mm. Nederlandse analyse-apparaten.
Donderdag, 6 November	Analyse en discussie. Voorbereiding volgende proef.
Vrijdag, 7 November	Franse proef met 1 geschoten Sarin granaat van 120 mm. Nederlandse analyse apparaten.
Zaterdag, 8 November	Analyse en discussie. Opstellen van gemeenschappelijke verslagen. Voorbereiding der volgende proeven.
Zondag, 9 November	Rust- of reservedag.
Maandag, 10 November	Nederlandse sproeiproef met max. 3 kg Soman in 10 min. 40 kooien ieder met 6 ratten. Nederlandse analyse apparaten.

Bijlage 1, blds. 2.

Dinsdag, 11 November	Nederlandse sproeiproef met max. 3 kg "X" in 10 min. 40 kooien met 6 ratten. Nederlandse analyse apparaten.
Woensdag, 12 November	Nederlandse sproeiproef met max. 3 kg Soman "63" in 10 min. 40 kooien met zes ratten. Nederlandse analyse-apparaten.
Donderdag, 13 November	Reservedag voor de Nederlandse sproeiproeven.
Vrijdag, 14 November	Franse proef met 20 Tabun granaten in rust. Nederlandse analyse en detectie-apparaten. Nederlandse ontsmettingsproeven.
Zaterdag, 15 November	Analyse en discussies. Opstellen van gemeenschappelijke verslagen.
Zondag, 16 November	Rust- of reservedag.
Maandag, 17 November	Franse proef met 20 Tabun granaten in rust. Nederlandse analyse en detectie apparaten. Nederlandse ontsmettingsproeven.
Dinsdag, 18 November	Analyse en discussie. Voorbereiding voor volgende proef.
Woensdag, 19 November	Franse proef met 20 Tabun granaten in rust. Nederlandse analyse en detectie apparaten. Nederlandse ontsmettingsproeven.
Donderdag, 20 November	Analyse en discussies.
Vrijdag, 21 November	Opstelling van gemeenschappelijke rapporten.
saterdag, 22 November	Einde der proeven.

-o-o-okwamen, konden enerzijds gebruikt worden om eisen voor beschermingsmiddelen te formuleren, maar anderzijds ook om vast te stellen welk zenuwgas het meest geschikt was om een dodelijke ct-waarde onder diverse tactische omstandigheden te kunnen behalen. De belangstelling van Nederlandse zijde ging volgens Houben uiteraard uit naar het gebied van de beschermingsmiddelen. De proeven die de Fransen in de Sahara uitvoerden, hadden echter allemaal uitsluitend betrekking op de verspreidingsmogelijkheden van zenuwgassen. Uit verschillende uitlatingen van Franse zijde had Houben opgemaakt dat de Fransen van plan waren "een industrie te vestigen welke granaten en bommen zal gaan produceren, gevuld met zenuwgas". "Het komt mij vreemd voor", aldus Houben, "dat vooral met Nederlandse hulp moet worden uitgemaakt welke zenuwgas voor dit doel het meest geschikt is. Nog minder is het de taak van RVO/TNO mede te helpen onderzoeken welk type granaat het meest geschikt te achten zou zijn."

Daarnaast was hij erg geschrokken van de wijze waarop de proeven plaatsvonden en ook van de manier waarop de proeven werden geanalyseerd. "De meeste buitenlandse methoden moesten, de een na de ander, door het Nederlandse team worden gecorrigeerd; een droevige bevinding na zo vele jaren van samenwerking." De beproevingen van de beschermende middelen, die de Generale Staf zo wenselijk achtte, liepen op een mislukking uit. Er was te weinig tijd voor ingeruimd en ze vonden niet onder "militair realistische omstandigheden" plaats. Zowel het Belgische als de twee Franse teams werden volgens Houben slecht geleid. Hij was met de leiders van de Engelse en Amerikaanse teams tot de conclusie gekomen dat de Fransen voor dit soort proeven en voor het opzetten van "een verstandig research-programma" grote behoefte hadden aan goede leiding. "Het is niet voor niets dat Frankrijk op ABC-gebied zo graag met Nederland wil samenwerken." Houben had ook kritiek op Van Ormondt. Deze had meer oog voor kwantiteit dan voor kwaliteit en zijn kritische geest was zwak ontwikkeld. Houben adviseerde de CGS opnieuw het Chemisch Laboratorium in het vervolg alleen toestemming te verlenen voor nieuwe proefnemingen als dit noodzakelijk was voor de verdere ontwikkeling van beschermingsmiddelen. Hij vond dat de medewerkers van het laboratorium eerst maar eens een tijd lang "feitelijk laboratoriumwerk" moesten verrichten.

Hoewel ook Van Ormondt niet helemaal tevreden was over het verloop van de proeven, was hij minder negatief dan Houben. Het Nederlandse team had volgens hem een goede indruk gemaakt op de Amerikanen en de Engelsen. De Amerikaanse delegatieleider Milly, de wetenschappelijk leider van de afdeling veldproeven van het *US Army Chemical Center* in Edgewood, vond de Nederlandse bijdrage kwalitatief de beste. Hij vond dat Nederland eigenlijk een leidende rol bij de proefnemingen zou moeten krijgen. De Amerikaanse assistent militair attaché voor chemische oorlogvoering, kolonel Williamson, liet Van Ormondt weten dat hij, de directeur van het Medisch Biologisch Laboratorium Cohen en een aantal andere RVO-medewerkers zouden worden uitgenodigd voor een bezoek aan de Amerikaanse proefterreinen om daar "de gevolgde methodieken uit eigen aanschouwing te leren kennen". Ook de Britten nodigden de Nederlanders uit voor een bezoek aan hun onderzoeksfaciliteiten. Zij verstrekten de Nederlandse onderzoekers al tijdens de proefnemingen waardevolle gegevens over de in Porton Down gevolgde methodes. "Wij hebben dus sterk de indruk gekregen, dat onze deelneming in ieder geval dit bereikt heeft, dat enige deuren weer iets verder voor ons zullen worden geopend, hetgeen in de eerste plaats onze eigen kennis zeer ten goede zal komen."[56] Van Ormondt refereerde hier aan de omstandigheid dat zowel de Amerikanen als de Britten hun bondgenoten al enige jaren geen informatie over chemische strijdmiddelen meer hadden verstrekt (zie p. 156).[57]

Ook Houben ondervond dat de Amerikanen en Britten bereid waren hun kennis en ervaring met de Nederlanders te delen om het niveau van de proefnemingen in de Sahara "gelijk aan dat der Angelsaksische landen te maken". Dr. H. Cullumbine, de leider van het Britse team en hoofd van de fysiologische sectie in Porton Down, liet hem weten dat er in Groot-Brittannië op grote schaal met vrijwilligers werd geëxperimenteerd om meer te weten te komen over de gevaarlijke concentraties (oftewel dodelijke ct-waarden) van de verschillende zenuwgassen. Volgens Houben was Cullumbine "niet ongenegen vertrouwelijke mededelingen hieromtrent te doen".[58]

Al sinds 1916 ondergingen Britse vrijwilligers in Porton Down experimenten met verschillende potentiële chemische strijdmiddelen om de fysiologische gevolgen ervan te kunnen onderzoeken. Na de 'ontdekking' van de zenuwgassen hadden de Britten de experimenten op proefpersonen sterk geïntensiveerd. Onderzoekers van het *Chemical Defence Experimental Station* onder leiding van Cullumbine rekruteerden hiertoe vrijwilligers onder actief dienende militairen, met de toezegging dat zij een toelage en extra verlof kregen. De onderzoekers wezen de vrijwilligers echter niet voldoende op de risico's die er aan verbonden waren. Helemaal zonder gevaar waren deze experimenten namelijk niet. In maart 1953 zou de twintigjarige luchtmachtmilitair Ronald G. Maddison bij een experiment omkomen, waarna de proefnemingen met mensen werden stilgelegd. Pas nadat een commissie van deskundigen strenge voorschriften voor het doen van proeven met mensen had opgesteld, werden de testen in 1955 – maar met veel lagere doses – weer voortgezet.[59]

Ten tijde van de proefnemingen in Algerije was de Chemische Contact Commissie voor de tweede maal bijeengekomen. Speciale aandacht van de aanwezigen ging uit naar stof X, de 'Nederlandse' variant van het zenuwgas soman (zie ook p. 189). Sizoo informeerde bij de plaatsvervanger van Van Ormondt, Jonquière, of de nieuwe stof was meegenomen naar de Sahara. Sizoo had namelijk vernomen dat de stof tamelijk instabiel was en vroeg zich af of dit geen problemen zou opleveren, waardoor de proeven mogelijk zouden mislukken. Jonquière dacht niet dat dit het geval zou zijn. Stof X was ontwikkeld als alternatief voor soman, dat moeilijk en alleen tegen hoge kosten aan te maken was. Hoewel inmiddels was gebleken dat stof X minder stabiel was – en daardoor niet bruikbaar als chemisch strijdmiddel –, was het voor proefnemingen wellicht wel te gebruiken. Van alle geteste stoffen was stof X het giftigst gebleken. Sizoo concludeerde dat het Chemisch Laboratorium in aanloop naar de proeven in de Sahara had laten zien in staat te zijn op relatief grote schaal de benodigde stoffen te produceren. Jonquière noemde het een "krachtprestatie" en wees erop dat een dergelijke aanmaak van stoffen normaal op semitechnische schaal en niet in een laboratorium geschiedde.[60]

Hoewel de proefnemingen in de Sahara in het grootste geheim plaatsvonden, verscheen er in de *Journal d'Alger* een bericht over Nederlandse deelname aan Franse proefnemingen in de woestijn: "Une mission hollandaise quitte Alger après avoir collaboré à des essais de l'Armée française. Ce matin par l' 'El-Djezaïr', le professeur Van Ormondt, lieutenant-colonel de l'armée hollandaise, quittera Alger avec les autres membres de sa mission pour Marseille. Arrivée à Oran à la mi-octobre la mission du colonel Van Ormondt composé d'ingénieurs et de chimistes, avait été autorisée à participer à des essais menés par l'Armée française sur les territoires de la 10e Région, et plus spécialement dans les environs de Beni-Ounif."

De ware aard van de proeven bleef in nevelen gehuld, maar het bericht leidde wel tot verontwaardiging bij de Nederlandse ambassadeur in Parijs en de consul-generaal in Algiers. Zij waren al door verscheidene bronnen op de hoogte gebracht dat er Nederlandse officieren in Algerije waren, maar wisten daar formeel niets van. Het krantenbericht in de *Journal d'Alger* vormde voor de ambassadeur aanleiding om minister van Buitenlandse Zaken mr. J.W. Beyen een brief te schrijven met de vraag waarom deze militaire missie had nagelaten zich vooraf bij hem of bij de consul-generaal in Algiers te melden: "Zulks ware geheel consequent geweest, indien redenen aan het belang van de dienst ontleend dergelijke ruchtbaarheid niet hadden gedoogd. Nu dergelijke discretie anderzijds echter niet in acht werd genomen, is het alleszins begrijpelijk, dat de Consul-generaal zich over deze gang van zaken heeft verbaasd."[61]

Minister Beyen vroeg op zijn beurt opheldering bij minister van Oorlog en Marine Staf. Via de gedelegeerde van de minister van Oorlog bij de RVO-TNO bereikte het bericht Van Ormondt. Deze liet weten dat het een militaire Nederlandse delegatie was, die onder leiding van een militair, de kapitein Houben, aan de Franse proefnemingen had deelgenomen. Het bericht in de *Journal d'Alger* dat Van Ormondt de leider van de missie was, klopte niet. Ook was hij niet in zijn functie van reserve-luitenant-kolonel van de KL aanwezig. Van Ormondt verzekerde dat hij op geen enkele wijze ruchtbaarheid had gegeven aan de missie van de Nederlandse delegatie. Hij had dan ook geen enkele reden gezien om de consul-generaal in Algiers van haar aanwezigheid op de hoogte te stellen. Het Ministerie van Buitenlandse Zaken was volgens Van Ormondt op de hoogte van de voorbereidingen van de Nederlandse missie en had onder meer medewerking verleend bij het verzegelen van de auto's. Bovendien had hij zich op doorreis naar Marseille in verbinding gesteld met de Nederlandse militair attaché in Parijs. De Nederlandse ambassadeur had dus op de hoogte moeten zijn. Van Ormondt betreurde het dat de pers lucht had gekregen van de aanwezigheid van de Nederlandse delegatie in Algerije. Voor zover hij kon nagaan, waren de medewerkers van het Chemisch Laboratorium niet de bron van dit bericht.[62]

Van Ormondts relaas bevatte vreemd genoeg enige onjuistheden. Zo stond de Nederlandse delegatie wel degelijk onder zijn leiding, zij het dat hij niet in Algerije was in zijn functie van reserve-luitenant-kolonel van de KL, maar als directeur van het Chemisch Laboratorium (zie p. 194). Overigens kwam het wel vaker voor dat Van Ormondt zich met zijn militaire rang voorstelde. Opmerkelijker was dat hij kapitein Houben van de Generale Staf tot leider van de delegatie bombardeerde en hem zo als het ware voor de gang van zaken verantwoordelijk maakte. Hoe de vork precies in de steel zat en wie de bron van het krantenbericht was, is niet duidelijk geworden.

De vergelijkende proef met tabun, sarin, soman en stof X die in de Sahara had plaatsgevonden, bevestigde de eerdere vermoedens dat tabun in militair opzicht minder bruikbaar was dan sarin (zie p. 183). Voor een voortzetting van de proeven kwam daarom in het bijzonder sarin in aanmerking. Om de vereiste hoeveelheden van deze stof aan te maken was echter een semitechnische installatie nodig en de bouw hiervan zou enige tijd gaan duren. De deelnemende landen besloten daarom in 1953 geen proeven in de Sahara te houden. Dit bood hun de gelegenheid ook alle andere voorbereidingen goed te regelen. Hierbij dachten de Nederlanders onder meer aan de voorlichting die de Amerikanen en Engelsen aan de Nederlandse deskundigen wilden verstrekken, en aan het beter coördineren van de toe te passen analytische methodes. Om de zaak beter voor te bereiden, wilde Van Ormondt vanaf september 1953 op kleine schaal, met hoeveelheden van 1 kg sarin, veldproeven gaan doen in Nederland. De Belgen boden aan de sarin die na de proeven in de Sahara was overgebleven, voor deze proeven beschikbaar te stellen.[63]

De voorbereidingen die Van Ormondt trof, waren voor de gedelegeerde van de minister van Oorlog bij de RVO-TNO, kolonel ir. J.C. Kok, aanleiding de CGS in april 1953 te vragen of Nederland wel behoefte had aan verdere proefnemingen in het open veld. Kok vond daarbij dat "het formuleren van een juiste doelstelling ten aanzien van chemische wapens en daarmede primair samenhangende vraagstukken alsmede het globaal uitwerken van deze wensen tot een zeker aantal (veld-, gaskamer- of laboratorium-)proeven" niet door de RVO-TNO moest worden bepaald, maar een taak was voor een militaire commissie. De CGS was het niet met hem eens. Hij vond dat het bestuur van de RVO-TNO zelf moest beslissen in hoeverre het nodig was dat bepaalde laboratoria van de organisatie veldproeven organiseerden of er aan deelnamen. Of van militaire zijde aan dergelijke proefnemingen medewerking zou worden verleend, hing af van de militaire waarde van de veldproeven. Daarover moest de gedelegeerde van de minister per geval adviseren. De vraag of daarnaast ook militaire veldproeven noodzakelijk waren, was een zuiver militaire aangelegenheid. Het initiatief daartoe moest in beginsel van de commandant van de ABC-school uitgaan. De CGS achtte het niet nodig een militaire commissie met dit vraagstuk te belasten.[64]

In mei 1953 gaf Van Ormondt gehoor aan de uitnodiging van de Britten om een bezoek te brengen aan het *Chemical Defence Experimental Establishment* in Porton Down. Wat hij daar zag, maakte grote indruk op hem. De Britse onderzoekers lieten hem uitgebreid de laboratoriumapparatuur zien en lichtten de gebruikte methoden nader toe. Ook bracht hij een bezoek aan het grote proefterrein dat bij het chemische onderzoekscentrum hoorde. De Engelsen deden hoofdzakelijk onderzoek naar de uitwerking van saringranaten. Tot groot genoegen van Van Ormondt waren de Engelsen tot dezelfde conclusie gekomen als de Nederlanders. Zij hadden vastgesteld dat behalve het gebied waarin een dodelijke ct-waarde optrad, er een nog veel uitgestrekter gebied ontstond waarin een onbeschermde soldaat door miosis (vernauwing van de pupil in het oog) tijdelijk buiten gevecht werd gesteld. Hiernaar deden zij op dat moment veel onderzoek. Van Ormondt was echter teleurgesteld dat de Britten weinig belangstelling toonden voor vergelijkende proeven met verschillende zenuwgassen. De inzichten van de Engelsen over de eisen die aan een proefterrein moesten worden gesteld, kwamen overeen met die van Van Ormondt. Ook zij waren van mening dat een proefterrein niet al te groot hoefde te zijn als er slechts een geringe hoeveelheid zenuwgas werd gebruikt. Voor proeven met ongeveer 1 kg zenuwgas was een proefterrein van twee vierkante kilometer voldoende, uitgaande van een vaste opstelling in het midden. Dit kwam overeen met het standpunt van Van Ormondt dat een proefterrein in Nederland iets meer dan één vierkante kilometer groot moest zijn, maar dan met verwisselbare opstellingsplaatsen, die de onderzoekers afhankelijk van de windrichting zouden kunnen uitkiezen.[65]

Op zoek naar een nieuw proefterrein

Aangezien was gebleken dat de proefnemingen op de Vliehors toch teveel logistieke problemen met zich meebrachten, was kapitein Houben begin 1953 op zoek gegaan naar een ander terrein voor kleinschalige proeven met chemische strijdmiddelen. Van Ormondt bracht op 21 maart een bezoek aan het enige terrein dat Houben daarvoor geschikt achtte, namelijk het voormalige vliegveld Bergen (Noord-Holland). Volgens Houben was het niet meer in gebruik, maar de lokale opzichter van de genie kon Van Ormondt vertellen dat het ministerie het terrein aan boeren verpachtte, die er hun vee lieten grazen. Bovendien was er in de omgeving van het vliegveld de nodige bebouwing aanwezig, waardoor het houden van proeven in het open veld niet vrij van risico's was. Van Ormondt achtte het voormalige vliegveld daarom ongeschikt.[66]

Van Ormondt gaf zijn technische assistent, W.F. Hoppen, opdracht de zoektocht naar een geschikt proefterrein voort te zetten. Hoppen bracht daartoe in april een bezoek aan de Topografische Dienst in Delft, die hem daarbij kon ondersteunen. Een proefterrein moest aan een aantal voorwaarden voldoen: een oppervlakte van minimaal anderhalve vierkante kilometer, geen bebouwing en bewoning, vlakke, droge grond zonder of met slechts zeer lage plantengroei (wei of heide), afsluitbaar voor verkeer en wandelaars, vrij van 'inkijk' door omwonenden en voorbijgangers en minstens twee weken achter elkaar beschikbaar. Na bestudering van de kaarten van de Topografische Dienst bleek het hei- en vennengebied bij de 'Achelse Kluis', ten zuiden van Valkenswaard in Noord-Brabant, het meest in aanmerking te komen.[67]

Omdat dit gebied deels in Nederland en deels in België lag, nam Van Ormondt contact op met zijn Belgische gesprekspartner kolonel Deladrier, het hoofd van het *Établissement d'Application Chémique* in Vilvoorde. Deze liet Van Ormondt tijdens een bespreking op 31 juli 1953 weten dat de Belgische generale staf niet mee wilde werken aan een verzoek van Nederlandse zijde om het hei- en vennengebied voor proefnemingen te mogen inzetten. De Belgen vreesden onenigheid met omwonende boeren. Het Belgische leger had in het verleden in dezelfde omgeving een terrein voor het vernietigen van projectielen in gebruik genomen en hierover veel moeilijkheden met de lokale bevolking gekregen. De Belgische generale staf had wel een alternatief: het militaire kamp van Elsenborn, gelegen aan de Belgisch-Duitse grens bij Eupen op ongeveer 30 km van de Nederlandse grens. De Belgische generale staf had de commandant van het kamp al opdracht gegeven zijn medewerking te verlenen. Naast kamp Elsenborn hadden de Belgen ook de beschikking over het in Duitsland gelegen terrein Vogelsang, dat volgens Deladrier eveneens geschikt was voor proeven in het open veld. De Belgen waren van plan beide terreinen tot één groot kamp samen te voegen en op termijn aan de nog op te richten Europese Defensie Gemeenschap (zie p. 206) over te dragen. Volgens Deladrier was het van belang dat Van Ormondt de twee terreinen zo snel mogelijk kwam bekijken, zodat er tijdig rekening mee kon worden gehouden dat Nederland en België het als proefterrein voor chemische strijdmiddelen wilden gebruiken.[68]

Het duurde enige maanden voordat het zover was, maar op 29 en 30 december 1953 bezocht een Nederlandse delegatie bestaande uit Van Ormondt, Ooms en Hoppen van het Chemisch Laboratorium, luitenant-kolonel Kloeg van de ABC-school en kapitein Houben van de Generale Staf, de terreinen om te onderzoeken of ze geschikt waren voor het doen van voorproeven op kleine schaal. Kolonel Deladrier van het EtAC leidde de Nederlandse delegatie rond. De voorkeur ging uit naar het terrein op kamp Elsenborn. Het was ruimer en makkelijker te bereiken dan kamp Vogelsang. Het enige nadeel was de beveiliging; het was moeilijk om ongewenste bezoekers van het terrein te weren.[69]

Eind april 1954 bezocht een Nederlandse delegatie kamp Elsenborn opnieuw. Na dit bezoek lieten de Belgen weten dat aan de wens om een deel van het terrein permanent aan Nederland als proefterrein in gebruik te geven, niet kon worden voldaan. De Belgische militaire autoriteiten hadden er echter geen bezwaar tegen wanneer een deel van het terrein incidenteel door Nederland en België voor gezamenlijke proeven zou worden gebruikt. De directeur van het Chemisch Laboratorium kon hiervoor direct contact opnemen met het hoofd van het EtAC, kolonel Deladrier.[70]

Het belang van gasbescherming

Begin jaren vijftig waren velen binnen de NAVO ervan overtuigd dat inzet van chemische wapens in een grootschalig conflict "zeer waarschijnlijk" zou zijn.[71] De ontdekking van de zenuwgassen en verbetering van de inzetmiddelen (met name vanuit de lucht) droegen daar vooral aan bij. Tegen deze achtergrond ontstond tijdens de derde vergadering van de Chemische Contact Commissie op 24 februari 1953 een levendige discussie over de vraag wat het Chemisch Laboratorium nu eigenlijk moest onderzoeken.[72] Aanjager van de discussie was viceadmiraal b.d. A.S. Pinke, de voorzitter van de interservice ABC-Commissie. Hij was voor de vergadering uitgenodigd om zo het contact tussen beide commissies te verstevigen. Pinke had voornamelijk commentaar op de prioriteit die het laboratorium volgens hem aan fundamenteel onderzoek gaf. Hij zag weinig concrete resultaten, terwijl de strijdkrachten, in het bijzonder de landmacht, grote behoefte aan beschermende middelen tegen strijdgassen had. Hij stelde vast dat wanneer er onverhoopt een oorlog zou uitbreken, er geen geschikt gasmasker of beschermende kleding beschikbaar was. Zeker nu de ministeries van Oorlog en Marine met financiële moeilijkheden kampten, was het van het grootste belang dat de RVO-TNO onderzoek deed dat concrete resultaten opleverde om te voorkomen dat de subsidie zou worden verminderd. De militaire leden van de Chemische Contact Commissie dienden hierop toe te zien.

Kapitein Houben ontpopte zich tijdens de bijeenkomst onverwacht tot pleitbezorger van de RVO-TNO. Hij liet de aanwezigen weten dat de Generale Staf sinds kort een urgentieprogramma had opgesteld en dat aan de RVO-TNO had overhandigd. Het gasmasker en de beschermende kleding stonden bovenaan het wensenlijstje. Volgens Houben was het onderzoek naar de beschermende kleding in een vergevorderd stadium en was het gasmasker vrijwel gereed. Het Chemisch Laboratorium deed volgens hem wel degelijk praktisch onderzoek. Pinke maakte daarop duidelijk dat het bestuur van de RVO-TNO in het verleden meerdere malen had geklaagd over het feit dat de Generale Staf niet expliciet had aangegeven waaraan behoefte was. "Zolang deze leiding er niet is, is het begrijpelijk, dat de wetenschappelijke zijde van het werk in de laboratoria soms prevaleert boven de militaire zijde." Het verheugde hem dat hierin verandering was gekomen en dat de militair-urgente vragen voortaan voorop stonden.

Sizoo verdedigde de opzet van het onderzoek naar strijdgassen zoals dat bij de RVO-TNO plaatsvond. "Zij wil dit onderzoek op zodanige omvang verrichten, dat zij paraat is en om die paraatheid te bereiken moet het werk een zeker niveau hebben en is een zekere omvang van fundamentele research vereist. Daarom is al het (...) research-werk even urgent." Indien de krijgsmacht behoefte aan praktisch toepasbaar onderzoek had, diende zij dat zelf aan de RVO-TNO voor te leggen. Gelukkig gebeurde dat de laatste tijd steeds frequenter.

De discussie bracht de frictie tussen de RVO-TNO en de krijgsmacht aan de oppervlakte. Tot voor kort had de krijgsmacht weinig concrete belangstelling voor het onderzoeksprogramma van de RVO-TNO getoond. Door deze gang van zaken konden Van Ormondt en de zijnen lange tijd hun eigen weg gaan zonder rekening te hoeven houden met de wensen van de Generale Staf. De nadruk was daardoor op fundamenteel onderzoek komen te liggen. Hieraan kwam nu een einde. Het Chemisch Laboratorium moest zich hoofdzakelijk op de passieve kant van de chemische oorlogvoering – de ontwikkeling van beschermingsmiddelen – gaan richten.

In het voorjaar van 1954 bracht Van Ormondt de leden van de Chemische Contact Commissie op de hoogte van de laatste ontwikkelingen op het gebied van de beschermingsmiddelen tegen chemische oorlogvoering. Luitenant-kolonel Kloeg wees erop dat er bij de meeste militairen over dit onderwerp maar weinig bekend was. Van Ormondt stelde daarom voor een symposium over beschermingsmiddelen tegen chemische wapens te organiseren.[73]

Op 9 december 1954 vond in het Physisch Laboratorium van de RVO-TNO op de Waalsdorpervlakte het 'Symposium over Gasbeschermingsmaatregelen' plaats.[74] Een hele dag lang brachten onderzoekers van het Chemisch, het Physisch en het Medisch Biologisch Laboratorium van de RVO-TNO vertegenwoordigers van diverse krijgsmachtonderdelen op de hoogte van alle mogelijke gasbeschermingsmaatregelen, zoals gasmaskers, beschermende kleding, de ontsmetting van personeel en materieel, en de detectie van strijdgassen. Viceadmiraal Pinke, de voorzitter van het Comité Bescherming Strijdkrachten tegen ABC-gevaren (voorheen de interservice ABC-commissie), leidde de dag in. Hij ging in op de noodzaak van gasbeschermingsmaatregelen. Hij wees erop dat door de ontwikkeling van zenuwgassen het risico dat chemische strijdmiddelen zouden worden ingezet enorm was gestegen. De waarde van zenuwgassen als aanvalsmiddel kon volgens hem aanzienlijk worden verminderd door de strijdkrachten ertegen te beschermen, maar hij waarschuwde dat dit wel veel moeite zou kosten.

Van Ormondt ging, als de tweede spreker, dieper in op de wijze waarop militairen zich konden beschermen. Hij wees daarbij op het probleem dat er vrij weinig bekend was "omtrent de ontwikkeling van het chemische wapen bij een eventuele vijand of omtrent het tactische gebruik, dat die vijand ervan zou willen maken. Wij kunnen daarom niets anders doen dan de mogelijkheden, die wijzelf kennen, bestuderen." Dit geschiedde in de eerste plaats door in het Chemisch Laboratorium alle stoffen die eventueel als strijdgas in aanmerking zouden kunnen komen, op hun eigenschappen te onderzoeken. "Het gasbeschermingsmaterieel wordt dan zodanig ontwikkeld, dat rekening is gehouden met het gebruik van die strijdgassen, waarvan het gebruik redelijkerwijs verwacht kan worden." Door deelname aan veldproeven trachtte het Chemisch Laboratorium zich op de hoogte te stellen van de uitwerking van de chemische wapens. "Hierdoor wordt bij gebrek aan gegevens omtrent vijandelijke wapens verkregen, dat het ontwikkelde gasbeschermingsmaterieel toch zoveel mogelijk met de realiteit der chemische oorlogvoering rekening houdt." Hij wees er verder op dat de gasbeschermingsmaatregelen de militairen zo min mogelijk in hun handelen mochten beperken. "Dit betekent in het algemeen, dat niet het maximum aan bescherming kan worden geboden, doch dat een compromis moet worden aanvaard. Waar dit compromis moet liggen, kan pas worden beslist, als het risico kan worden beoordeeld." Volgens Van Ormondt was hiervoor voortdurend contact nodig tussen researchers en militaire instanties. Hij sprak de hoop uit dat het symposium een bijdrage zou leveren aan de bevordering van de onderlinge contacten.

Een gecensureerde weergave van Van Ormondts bijdrage voor het symposium verscheen in artikelvorm in *De Militaire Spectator* van 1956. Hij waarschuwde daarin wederom dat uit het feit dat er tijdens de Tweede Wereldoorlog geen chemische strijdmiddelen waren ingezet, niet mocht worden geconcludeerd dat chemische wapens nutteloos waren geworden en dat er daarom geen aandacht meer aan gasbescherming hoefde te worden besteed. "Een vijand, die zou weten, dat wij ons gasbeschermingsmaterieel verwaarloosd hadden, zou zeker niet nalaten hier snel gebruik van te maken, als hij daartoe in staat is", meende Van Ormondt. "Door dit te doen zou hij zijn zeer veel duurdere atoomwapens voor andere doelen kunnen sparen. Anderzijds zal een vijand, die weet dat ons gasbeschermingsmaterieel goed is en dat de troep er het juiste gebruik van weet te maken, er vermoedelijk van af zien chemische wapens anders dan onder bijzondere omstandigheden te gebruiken. *Het bezit van goed gasbeschermingsmaterieel kan derhalve het effect hebben, dat de vijand niet van strijdgas gebruik zal maken.*"[75]

Het bezit van goede gasbeschermingsmiddelen kon een vijandelijke inzet van chemische wapens echter nooit geheel voorkomen. Het grote verschil met een aanval met 'normale', brisante wapens, was dat het materieel praktisch niet werd beschadigd. Een vijand die installaties als vliegvelden, havens en industrieën intact in handen wilde krijgen met de bedoeling ze zelf weer spoedig te gebruiken, zou dus eerder chemische dan brisante wapens inzetten. Van Ormondt zag het chemische wapen – ook in het nucleaire tijdperk – als een wapen dat in staat was "om bepaalde militaire doeleinden op betrekkelijk eenvoudige en goedkope wijze te verwezenlijken".[76]

De West-Europese Unie en chemische wapens

In mei 1952 hadden Frankrijk, West-Duitsland, Nederland, België, Luxemburg en Italië een verdrag ondertekend dat voorzag in de oprichting van een Europese Defensie Gemeenschap (EDG), binnen welk kader ook een Europees leger zou worden opgericht. Het supranationale karakter van de EDG stuitte echter op weerstand van het Franse parlement, dat de ratificatie van het verdrag in augustus 1954 afwees. Onmiddellijk hierna nodigde Groot-Brittannië de zes EDG-staten, Canada en de Verenigde Staten in Londen uit voor verder overleg. Deze zogenoemde Conferentie van de Negen Mogendheden werd wel een succes. Dit leidde op 23 oktober tot de ondertekening van de Akkoorden van Parijs, waarbij een eind kwam aan de bezetting van de Bondsrepubliek en dit land samen met Italië tot het Verdrag van Brussel van 1948 toetrad. De Westerse Unie werd tegelijk omgezet in de West-Europese Unie (WEU). Hoewel de onderhandelingen in Londen op basis van gelijkheid hadden plaatsgevonden, moest de Bondsrepubliek enkele beperkingen aanvaarden. Zo zag zij af van iedere productie van ABC-wapens. Bovendien gaf zij toestemming dit door de andere verdragslanden te laten controleren.

Op 14 oktober 1954 bracht minister van Oorlog en Marine Staf verslag uit aan de Defensiecommissie over het verloop van de Londense conferentie. Hij vertelde dat de Benelux-landen tijdens de bijeenkomst impulsief hadden laten weten dezelfde beperkingen te accepteren als de Bondsrepubliek. De consequentie was dat controleurs van de andere landen onbeperkt toegang kregen tot alle laboratoria in de Benelux. De leden van de Defensiecommissie waren verbijsterd. Het Tweede Kamerlid H.A. Korthals (VVD) wilde van Staf weten hoe zo'n controle van ABC-wapens er eigenlijk uitzag. Het Eerste Kamerlid H. Algra (ARP) begreep niet dat de Beneluxlanden hier zo gemakkelijk toe waren overgegaan. Staf wees erop dat minister van Buitenlandse Zaken Beyen deze vragen eigenlijk moest beantwoorden, maar deelde vertrouwelijk mee dat het opmerkelijke initiatief te danken was aan een opwelling van de Belgische minister van buitenlandse zaken, P.-H.C. Spaak. Algra meende dat dit dan "dom" was gespeeld. De voorzitter van de Defensiecommissie, Tilanus, vroeg aan Staf hoe de Belgische minister van defensie, A. Spinoy, over de aanvaarde beperkingen en met name de controle dacht. Staf antwoordde dat hij de indruk had dat ook Spinoy met deze kwestie in zijn maag zat.[77]

De zaak liep voor de Benelux-landen met een sisser af. Tijdens de verdere onderhandelingen bleek de Duitse bondskanselier, K.H.J. Adenauer, er geen punt van te maken dat de

Benelux-landen de in een opwelling gedane toezeggingen wilden terugnemen. De Nederlandse regering beschouwde de bereidverklaring als vervallen.[78] Nederland bleef zichzelf, althans formeel, het recht voorbehouden om over chemische wapens te kunnen beschikken, ze zelf te produceren en zelfs eventueel in te zetten – uiteraard conform het Protocol van Genève en het voorbehoud dat het bij ratificatie had gemaakt.[79]

7 | Voorbereiding voor nieuwe veldproeven 1954-1958

Voorbereiding nieuwe Saharaproeven

Na de proeven in 1952 hadden de deelnemende landen besloten de volgende proefnemingen in de Sahara met een jaar uit te stellen, om in 1954 beter voorbereid te zijn. Op verzoek van de Fransen vond hierover op 8 februari 1954 een bespreking in Parijs plaats.[1] Van Nederlandse zijde waren aanwezig Van Ormondt en ir. J.H.C. van Mourik van het Chemisch Laboratorium, kapitein Houben van de Generale Staf en luitenant-kolonel Kloeg van de ABC-school, en van Franse zijde kapitein Bazire van het *Bureau Armet* en kapitein Collomp van de *Groupement Arme Chimique*. De Fransen waren van plan om in het najaar van 1954 samen met de Belgen en de Nederlanders in de Sahara proeven te doen met 105 mm granaten gevuld met sarin en met bommen van 250 kg gevuld met sarin, tabun, fosgeen of blauwzuur.

Tijdens de proefnemingen in 1952 was er telkens één granaat verschoten. De Fransen wilden nu echter in korte tijd een aantal van dertig tot vijftig schoten op een doelgebied van één hectare verschieten. Door op een groot aantal plaatsen doorlopend de concentratie sarin te meten, kon worden vastgesteld waar en wanneer een dodelijke ct-waarde optrad. De bommen, met een nuttige lading van circa 110-120 kg strijdgas en voorzien van een schokbuis, zouden per twee vanuit vliegtuigen worden afgeworpen met het doel de uitwerking van de vier genoemde strijdgassen te kunnen vergelijken. Naast meetapparatuur zouden de onderzoekers hiervoor ook een groot aantal proefdieren gebruiken.

De Nederlanders lieten weten het voorgestelde programma, dat ze als een logische voortzetting van de eerder verrichte proefnemingen zagen, zeer interessant te vinden en gaven aan in principe aan de proeven te willen deelnemen. Wel vonden ze de voorbereidingstijd veel te kort. De Franse gesprekspartners waren het hiermee eens en zegden toe de chef van de Franse generale staf te verzoeken de proeven met nog een jaar uit te stellen. In de loop van 1954 zouden de drie landen eerst voorproeven in België organiseren, waar ze de meetapparatuur op elkaar konden afstemmen om tot een betere analyse van de proeven te komen. De Fransen vroegen zich af of de Nederlanders ook zelf nog proeven in de Sahara wilden doen. Van Ormondt en Houben deelden mee dat Nederland graag al het gasbeschermingsmaterieel uitgebreid in het terrein wilde beproeven. Wellicht was ook het aerosolonderzoek, waaraan het Chemisch Laboratorium op dat moment werkte, tegen die tijd zover gevorderd dat proeven op grotere schaal gewenst waren.

Kapitein Houben had in Parijs ook nog een informele ontmoeting met de Amerikaanse assistent militair attaché voor chemische oorlogvoering, kolonel Williamson. De laatste vond het een prima ontwikkeling dat er in de Sahara grootschalige proeven plaatsvonden. Frankrijk, België en Nederland zouden tijdens een volgende oorlog niet onvoorbereid zijn op een eventuele chemische aanval. Bovendien zou een goede gasbescherming een vijand van de inzet van chemische strijdmiddelen kunnen afhouden. Williamson vertelde Houben verder dat de Verenigde Staten zelf de nodige moeilijkheden ondervonden bij de ontwikkeling van een eigen chemisch wapenarsenaal. Houben vertrouwde hem niet helemaal en dacht dat hij het Amerikaanse onderzoek naar zenuwgassen opzettelijk bagatelliseerde. Williamson achtte overigens een grotere Amerikaanse rol bij de opzet van de proeven in de Sahara onwaarschijnlijk.[2]

Na het overleg in Parijs wees Houben de CGS erop dat de Fransen in de Sahara aan de ontwikkeling van een eigen arsenaal van chemische wapens werkten. Hij had zich al eerder – naar aanleiding van de Saharaproeven in 1951 – afgevraagd of Nederlandse onderzoekers het Franse leger moesten helpen bij het beantwoorden van de vraag welk zenuwgas het meest geschikt was voor actief gebruik (zie p. 198). Hij vond het de hoogste tijd dat CGS Hasselman een eenduidig standpunt over deze kwestie innam. "Wanneer het gewenst wordt geacht aan deze ontwikkeling deel te nemen dan moge ik adviseren zo spoedig mogelijk Nederlandse wapen en munitiedeskundigen met de Fransen te doen samenwerken. Wanneer van Nederlandse zijde slechts belangstelling bestaat voor de resultaten van de door de Fransen ontwikkelde chemische munitie, ook dan zal medewerking moeten worden verleend door onze chemici (RVO/TNO)." Mochten beide zaken voor Nederland van weinig belang zijn, dan was deelname aan de proeven in de Sahara in zowel militair als wetenschappelijk opzicht volgens Houben ongewenst.[3] Onduidelijk is of Hasselman wat dit betreft nadere richtlijnen heeft verstrekt. Wel staat vast dat de voorbereidingen voor deelname aan de proeven gewoon doorgingen. Blijkbaar was het gewenst dat Nederland kennis nam van de onderzoeksresultaten.

De besprekingen werden op 4 maart in het bijzijn van de Belgische afgevaardigde, kolonel Deladrier, in Parijs voortgezet. Naast bovengenoemde proeven – bedoeld ter verificatie van al eerder verkregen onderzoeksgegevens, maar nu aan de hand van proefnemingen op grotere schaal – wilden de Fransen de uitwerking van enige nieuwe projectielen bestuderen: een nieuw projectiel van 105 mm, een nieuw mortierprojectiel van 120 mm en een raket van 150 mm, gelanceerd door een raketwerper met 22 buizen. Voor de proeven was in totaal twee ton sarin nodig, waarvan de Fransen en Belgen ieder één ton zouden leveren. Frankrijk zou alle andere strijdgassen aanmaken. De Nederlandse bijdrage zou zich beperken tot het aanleveren van zo'n 200 meetapparaten. In een bilateraal gesprek tussen Van Ormondt en kapitein Bazire van het *Bureau Armet* op 10 maart liet de laatste weten dat de Franse generale staf "grote betekenis" hechtte aan de proef met de raketwerper. "Indien de proeven met dit wapen zouden slagen, overweegt men", zo zei kapitein Bazire, "bepaalde infanterie-eenheden 10 van zulke raketwerpers te geven, zodat deze eenheid gelijktijdig 220 raketten, inhoudend ongeveer 1 ton strijdgas, op een doel zou kunnen werpen. Hiermede wordt beoogd een dodelijke CT[-waarde] aan te brengen, zelfs voordat het gasmasker kan worden opgezet."[4]

Om het belang van de voorgestelde proeven te onderstrepen, deelde Van Ormondt de voorzitter van het bestuur van de RVO-TNO mee dat hij van kolonel Williamson de stellige verzekering had gekregen dat Amerikaanse onderzoekers nog lang niet zover waren dat ze volledig inzicht hadden in de uitwerking van verschillende strijdgassen. Bovendien liet Van Ormondt Sizoo weten dat hij het betwijfelde of de Amerikanen hun onderzoeksresultaten ooit met hun Europese NAVO-partners zouden delen. Ook de commandant van de ABC-school, luitenant-kolonel Kloeg, gebruikte dit argument om de CGS van het belang van de proefnemingen in de Sahara te overtuigen. De proeven gaven volgens Kloeg inzicht "in de uitwerking van zenuwgassen, waarvan door Amerika en Engeland geen of slechts zeer summier gegevens worden verstrekt".[5]

Hasselman twijfelde sterk of Nederland – in casu de KL – wel aan de proeven in de Sahara moest meedoen. Om in de tussentijd misverstanden te vermijden liet hij weten dat hij allerminst overtuigd was "van de noodzaak c.q. wenselijkheid dat van Nederlandse militaire zijde aan eventueel t.z.t. in Afrika te houden beproevingen wordt deelgenomen".[6] Zijn aarzeling was niet zozeer ingegeven door de principiële vraag of Nederland wel moest meewerken aan een Frans chemisch wapenprogramma, zoals Houben die hem had voorgelegd, als wel door de kosten en de tijd die met een eventuele Nederlandse deelname waren gemoeid. Hij wilde zich eerst goed laten informeren, voordat hij een definitief besluit zou nemen.

Op 28 april kwam de ABC-werkcommissie van de landmacht op verzoek van de CGS bijeen. Deze commissie bestond uit officieren van de Generale Staf die zich met chemische oorlogvoering bezighielden en vertegenwoordigers van de inspecteur der Genie en het Adviesbureau Wetenschappelijk Onderzoek van de Generale Staf (de opvolger van de op 1 juli 1952 opgeheven Technische Staf). Voorzitter majoor Heffener legde het doel van de bijeenkomst als volgt uit: "Aangezien het rendement uit de eerder gehouden Saharaproeven voor Nederland zeer gering gebleken is, is de CGS momenteel huiverig voor verdere deelname en zal moeten komen vast te staan dat de in 1955 te houden proeven qua voorbereiding en opzet zodanig zullen zijn, dat Nederlandse deelneming gemotiveerd kan worden." Het Nederlandse belang was volgens de commissie gelegen in "de passieve zijde der gasoorlogvoering". Indien Nederland zich adequaat op de bescherming tegen een mogelijke chemische aanval wilde voorbereiden, moest het voldoende kennis hebben van het gedrag van zenuwgassen. De commandant van de ABC-school, luitenant-kolonel Kloeg, wees erop dat de Fransen hun onderzoeksresultaten alleen zouden delen, wanneer de Nederlanders actief aan de proeven zouden deelnemen. Nederland moest dus wel meedoen. Wel moest er zekerheid bestaan dat de opzet van de proeven zodanig was "dat er ook voor ons positieve resultaten kunnen worden verkregen". De rest van de commissie was het geheel met hem eens. Verder was de commissie van mening dat ondanks het feit dat het merendeel van de Nederlandse delegatie uit wetenschappelijk personeel van het Chemisch Laboratorium zou bestaan, de leiding in militaire handen moest liggen.[7]

Hasselman nam het advies van de ABC-werkcommissie over en stelde een aparte commissie in om de Nederlandse deelname aan de proeven inhoudelijk te coördineren, "zulks opdat in de voorstellen v.w.b. de Ned. deelname duidelijk tot uitdrukking komt en op elkaar zijn afgestemd: het doel van de Ned. wetenschappelijke deelname en de hiervoor benodigde personele en materiële middelen; het doel van de Ned. militaire deelname en de hiervoor benodigde middelen".[8] Deze zogeheten Saharacommissie kwam op 18 juni 1954 bijeen. Aanwezig waren luitenant-kolonel ir. L.W.C. Adank, dirigerend officier van gezondheid der tweede klasse W. de Graaf, luitenant ir. M. Vlig (de opvolger van Houben, die de dienst had verlaten), luitenant ir. J.A.M. ten Houte de Lange, allen van het Adviesbureau Wetenschappelijk Onderzoek van de Generale Staf, luitenant-kolonel Kloeg, als commandant van de ABC-school, luitenant-kolonel W. de Bruyne van de Inspectie der Artillerie, en Van Ormondt. Op verzoek van de voorzitter, luitenant-kolonel Adank, gaf Van Ormondt een kort overzicht van de onderzoeksresultaten die bij de experimenten in de Sahara in 1951 en 1952 waren bereikt. Hij en Kloeg gaven vervolgens een uiteenzetting over de voorlopige plannen voor de in 1955 te houden Saharaproeven, waarna de andere aanwezigen verschillende suggesties ter verbetering deden.[9]

De leden van de Saharacommissie, aangevuld met Ooms, vormden de Nederlandse delegatie tijdens de besprekingen met de Fransen en Belgen op 1 juli te Parijs.[10] Hier werd het programma voor de Saharaproeven nader uitgewerkt. De volgende dag vond er tevens afzonderlijk overleg plaats tussen de Fransen en Nederlanders in het kader van de in 1952 gesloten bilaterale overeenkomst (zie p. 195).[11] Zij spraken onder meer over het gezamenlijke onderzoeksprogramma op het gebied van de detectie, ontsmetting en synthese van strijdgassen.

Tijdens de beraadslagingen over de Saharaproeven kwam onder meer het gebruik van proefdieren ter sprake om de uitwerking van zenuwgassen onder realistische omstandigheden te kunnen onderzoeken. Voor alle te houden proeven waren in totaal ongeveer tienduizend muizen nodig. Elk land diende een bijdrage aan het fokken van deze dieren te leveren, waarvoor in het voorjaar 25 mannetjes en 250 wijfjes van één en dezelfde stam ter beschikking zouden worden gesteld. Belangrijker nog was het Franse voorstel om opnieuw de Verenigde Staten en Groot-Brittannië voor deelname aan de proeven in de Sahara uit te nodigen. Als deze landen wilden meedoen, moesten ze een uitgewerkt voorstel indienen waarin stond welke bijdrage zij konden leveren. De Franse militaire autoriteiten zouden het verzoek vervolgens in overweging nemen. Kolonel Deladrier was tot dit besluit gekomen vanwege de geringe Amerikaanse hulp in 1952. Van Ormondt liet weten dat hij een uitnodiging van de Amerikanen had gehad om in oktober 1954 naar de Verenigde Staten te komen om zich daar op de hoogte te laten stellen van de laatste stand van zaken op researchgebied. Kolonel Deladrier stelde daarop voor Van Ormondt een mandaat te verlenen om namens Frankrijk, België en Nederland informele besprekingen met de Amerikanen te voeren, in de hoop dat hun land actieve medewerking zou verlenen. Kolonel Williamson had Van Ormondt al laten weten dat de Verenigde Staten een dergelijk initiatief positief zouden benaderen.[12]

Na terugkeer in Nederland vroeg luitenant-kolonel Adank de CGS om een definitieve toezegging dat Nederland aan de proeven in de Sahara kon deelnemen. Wilde Nederland meer weten over de uitwerking van zenuwgassen, dan was "het nemen van veldproeven onvermijdelijk". Adank wees Hasselman erop dat dit soort proeven voor één land al gauw te kostbaar werden. "Nederland komt nu door deze gezamenlijke proefnemingen op betrekkelijk gemakkelijke wijze aan de noodzakelijke gegevens; onze krachtinspanning is n.l. vergeleken met de

Franse en Belgische zeer gering." Volgens Adank werd "Nederlandse deelname ten zeerste op prijs gesteld", zozeer zelfs dat de proeven op verzoek van Nederland tot 1955 waren uitgesteld. Reden daarvoor was dat "de Nederlandse deelname voor het slagen van de proefnemingen van grote waarde" was.[13]

Over de rol van de Verenigde Staten en Groot-Brittannië wilde Adank nog wel even kwijt dat actieve deelname van Angelsaksische zijde van niet te onderschatten belang zou zijn. Hierdoor zouden Frankrijk, België en Nederland niet alleen van Engels en Amerikaans materieel en ervaring gebruik kunnen maken, "doch bovendien opent dit de mogelijkheid tot een ruimere uitwisseling van gegevens". Adank wilde daarom de kans graag aangrijpen om Van Ormondt als intermediair in te zetten om zowel de Amerikanen als de Engelsen over te halen actief deel te nemen aan de komende Saharaproeven.[14]

Elsenborn 1954

Op 18 maart 1954 hadden Van Ormondt en kolonel Deladrier voor het eerst gesproken over voorproeven voor de Sahara die in de loop van 1954 in Elsenborn plaats zouden vinden. Zij kwamen overeen de proeven in september te houden. Eind augustus 1954 kwamen Frankrijk, België en Nederland in Vilvoorde bij elkaar om de kwestie verder te regelen. Het voornaamste doel van deze proeven was de onderlinge vergelijking van de luchtanalyseapparaten die de drie landen in de Sahara zouden gebruiken. Bovendien zou Nederland enige ontsmettingsproeven met sarin, mosterdgas en verdikt mosterdgas nemen. De ontsmettingsproeven waren een voortzetting van het "speurwerk" van de werkgroep Gasbeschermingsmaterieel van het Chemisch Laboratorium.[15]

Sinds enige tijd hield deze werkgroep zich binnen het laboratorium bezig met de bestudering van de mogelijkheden tot ontsmetting van met strijdgas besmette uitrustingsstukken. De voor dit onderzoek vereiste proeven werden tot dusver slechts op laboratoriumschaal uitgevoerd, met de daarbij gebruikelijke uiterst geringe hoeveelheden strijdgassen. Naarmate het onderzoek vorderde, vond de werkgroep het wenselijk de proefnemingen op grotere schaal – dat wil zeggen met grotere oppervlakken materieel en grotere hoeveelheden strijdgassen – in de open lucht voort te zetten. In Elsenborn zouden de gewenste proeven zonder gevaar voor de omgeving kunnen worden uitgevoerd.[16]

De proeven vonden plaats van 18 tot en met 28 september 1954. De Fransen, Belgen en Nederlanders hadden verschillende prototypen luchtanalyseapparaten meegenomen, die zij aan testen onderwierpen. De Belgen hadden voor de benodigde strijdgassen en granaten gezorgd en de Nederlanders voor sproeiapparaten. Nederland deed zelf ook een aantal ontsmettingsproeven met poncho's en een nieuw draagbaar ontsmettingsapparaat. België had hiervoor 2 kg sarin, 2 kg mosterdgas en 2 kg verdikt mosterdgas geleverd. De Franse delegatie, onder leiding van Pomarola, bestond uit vijf personen en de Belgische, onder leiding van kolonel Deladrier, uit zes. Nederland was met een grote delegatie van elf personen in Elsenborn aanwezig.[17] Het was voor het eerst dat de Nederlandse deelnemers met beschermende kleding van Nederlands fabricaat waren uitgerust. De medische verzorging tijdens de proeven was in handen van een Belgische militaire arts die al enige tijd bij het *Établissement d'Application Chémique* was gedetacheerd.[18]

Het was de bedoeling dat de deelnemende landen zes terreinproeven zouden uitvoeren. Bij de eerste proef zou met de Nederlandse verstuivers één liter DCP (dichloorpropeen, een pesticide die in plaats van een zenuwgas bij proefnemingen kon worden gebruikt) worden verstoven en bij de tweede proef één liter sarin. Bij de volgende vier proeven zou telkens een Belgische granaat (een aangepaste Amerikaanse 105 mm fosforgranaat) gevuld met één liter sarin tot ontploffing worden gebracht. In de ontstane gaswolken zouden dan concentratiemetingen worden gedaan met luchtanalyseapparaten van de verschillende types. Het geplande aantal van zes proeven werd uiteindelijk niet gehaald. Op 23 september lukte het niet de granaat tot ontploffing te brengen en de proef op 25 september ging niet door omdat de Franse ploeg vertrok.[19]

Tijdens de proeven in Elsenborn had Van Ormondt contact met kolonel Ch. Ailleret, een Franse verzetsheld en het hoofd van de *Commandement des Armes Spéciales*. De Franse generale staf had deze directie in november 1951 in het leven geroepen en voor het Franse nucleaire, biologische en chemische wapenprogramma verantwoordelijk gemaakt. Tevens had de Franse generale staf de coördinatie van het research- en developmentprogramma voor chemische en biologische wapens in augustus 1952 in handen gegeven van een aparte commissie, de *Commission des Études et Expérimentations Chimiques et Bactériologiques*, een orgaan dat rechtstreeks viel onder de *Commandement des Armes Spéciales*.[20]

Van Ormondt sprak met Ailleret over het mandaat waarmee hij namens Frankrijk, België en Nederland met de Amerikanen mocht onderhandelen over hun eventuele komst naar de Sahara. De gedelegeerde van de minister van Oorlog bij de RVO-TNO, kolonel Kok, had Van Ormondt in augustus laten weten dat Hasselman het onjuist vond hem een mandaat te verlenen. "Deze autoriteit stelt zich n.l. op het standpunt, dat gezien de omstandigheid dat Frankrijk bij deze veldproeven als gastheer optreedt, een uitnodiging tot deelname een zuiver Franse aangelegenheid is." Op zijn beurt liet Ailleret weten dat de Franse regering de Amerikanen toch geen uitnodiging tot deelname zou sturen, waardoor de kwestie van het mandaat automatisch kwam te vervallen. De Fransen waren tot deze beslissing gekomen, omdat de proeven in de Sahara naar hun mening ook wel zonder de Amerikanen konden plaatsvinden. Belangrijker was echter het feit dat de Fransen de Amerikanen al drie keer hadden uitgenodigd om naar de proeven in de Sahara te komen, zonder dat de Fransen op hun beurt een uitnodiging kregen om soortgelijke proeven in de Verenigde Staten bij te wonen. Ailleret liet weten dat wanneer de Amerikanen zelf om een uitnodiging zouden vragen, zij onmiddellijk toestemming zouden krijgen. Van Ormondt sprak ook met kapitein Bazire van het *Bureau Armet*. Deze lichtte het Franse standpunt nog eens toe. De Fransen hadden genoeg van de "ietwat eenzijdige verhouding". Zodra de Amerikanen serieuze belangstelling toonden, was een akkoord tot samenwerking echter zeer wel mogelijk. De Fransen waren alleen van mening "dat de eerste stap ditmaal niet van Frankrijk moest uitgaan". Het was dus meer een prestigekwestie.[21]

Tussen 10 en 29 oktober 1954 brachten Van Ormondt, zijn collega-directeur van het Medisch Biologisch Laboratorium Cohen en hun onderdirecteuren op uitnodiging van de Amerikaanse *Chief Chemical Corps* een bezoek aan het *US Army Chemical Center* in Edgewood.[22] Kolonel Williamson had de reis geregeld. "Bij dit bezoek werden vele belangrijke, ten dele geheime, informaties verkregen op het gebied van de ABC-oorlogvoering, die van grote waarde zijn voor het beleid van de krijgsmacht ten aanzien van de verdediging tegen de ABC strijdmiddelen." De belangstelling van de onderzoekers in Edgewood ging vooral uit naar zenuwgassen en wel in het bijzonder naar sarin. Verder werkten zij aan de ontwikkeling van een nieuw persistent strijdgas, bij voorkeur ook een zenuwgas. Het Amerikaanse onderzoek was in de eerste plaats gericht op het actief gebruik van chemische strijdmiddelen. Doordat alle aandacht uitging naar de strijdgassen die hiervoor naar Amerikaans oordeel het meest in aanmerking kwamen, werd de bestudering van andere strijdgassen verwaarloosd. De Nederlandse onderzoekers vonden die keuze riskant, aangezien het niet onmogelijk was dat de vijand deze middelen wel zou gebruiken. "Voor Nederland is het wellicht zaak zich niet al te slaafs aan deze eenzijdigheid in programma-opstelling te spiegelen aangezien alhier [in Nederland, JVW] de nadruk meer op de defensie ligt."

De Amerikanen gaven tot op zekere hoogte openheid van zaken. Sommige aspecten van de chemische oorlogvoering konden de Nederlanders vrijuit met de Amerikanen bespreken; daarbij mochten ze zelfs geheime stukken kopiëren. Over andere onderwerpen kwamen geen geheime stukken op tafel. "De grote openhartigheid, waarmede onze deskundigen bij dit bezoek met hun Amerikaanse collega's van gedachten konden wisselen, is ongetwijfeld mede te danken aan de erkenning aan Amerikaanse zijde van het hoge peil van het in Nederland op dit gebied verrichte fundamentele onderzoek", schreef de voorzitter van de RVO-TNO, Sizoo. De uitnodiging was daaraan ook te danken, zo hadden de Amerikanen hem in het verleden al meerdere malen verzekerd.

Het succes van de reis naar de Verenigde Staten was volgens Cohen het bewijs dat de nadruk op fundamenteel onderzoek, die de hoeksteen van het onderzoeksbeleid van de RVO-TNO vormde, een juiste keuze was geweest. "Alleen op dit gebied toch is een betrekkelijk kleine groep met beperkte materiële mogelijkheden en zonder een reusachtige industrie op de achtergrond in principe in staat qualitatieve resultaten te bereiken die voor Amerika van belang kunnen zijn. Zulks is niet wel mogelijk voor practisch-technisch gerichte ontwikkelingsresearch." Door uitwisseling van gegevens kregen de Nederlandse onderzoekers toegang tot praktisch bruikbare inlichtingen. "De verkregen gegevens zullen voor vele Nederlandse militaire autoriteiten van belang zijn. Dit geldt a fortiori voor de militaire instanties die bij de ABC-oorlogvoering betrokken zijn, hetzij bij de instructie van de troep en van specialisten hetzij bij ontsmetting, prophylaxe en behandeling."

Deelen en Elsenborn 1955

Eind december 1954 kwamen Frankrijk, België en Nederland weer bijeen om de voorgenomen proeven in de Sahara verder uit te werken. Frankrijk zag af van het testen van de nieuwe wapens, omdat die zeker niet vóór 1956 klaar zouden zijn. De proeven zouden zich beperken tot het verschieten van 105 mm en 155 mm granaten en het afwerpen van een aantal bommen van 250 kg. België zou voor alle benodigde sarin zorgen, terwijl Frankrijk fosgeen en blauwzuur zou leveren.[23]

Begin 1955 ging de CGS in principe akkoord met de voorgestelde plannen. Kort daarna gaf ook het bestuur van de RVO-TNO zijn goedkeuring voor deelname aan de proeven. Sizoo schreef Hasselman eind februari een brief waarin hij aandrong op een formele bevestiging van de goedkeuring, die hem tot dan toe slechts mondeling door de gedelegeerde van de minister van Oorlog bij de RVO-TNO was meegedeeld. Op 18 maart ontving Sizoo het langverwachte antwoord. Hasselman schreef dat nu ook staatssecretaris van Oorlog mr. F.J. Kranenburg zijn goedkeuring aan de Nederlandse deelname had gegeven. Hij had ook de Franse generale staf van de beslissing van de staatssecretaris op de hoogte gesteld. De verdere afwikkeling liet hij over aan de "wederzijdse deskundigen".[24]

Ondanks de mogelijkheid om proeven met chemische strijdmiddelen in het Belgische Elsenborn uit te voeren, bleef het Chemisch Laboratorium zoeken naar een geschikt proefterrein in Nederland zelf. Het laboratorium wilde graag een terrein voor ontsmettingsproeven in eigen land omdat dat minder voorbereidingstijd met zich meebracht. "Ontegenzeggelijk draagt de omstandigheid, dat dit soort ontsmettingsproeven veel minder risico voor de omgeving oplevert dan de doelbewuste verbreiding van een grote gaswolk, er toe bij, dat ook op een tamelijk klein oppervlak toch zonder gevaar voor de omgeving gewerkt kan worden." Het ging hier alleen om ontsmettingsproeven, "waarbij geen strijdgas opzettelijk in dampvorm wordt gebracht en derhalve slechts een kleine hoeveelheid vloeibaar strijdgas van de grootte orde van hoogstens 100 gram aan verdamping wordt blootgesteld" en waarbij "een veiligheidsmarge in de benedenwindse richting van 500 meter onder alle omstandigheden voldoende [is] te achten". Om ervoor te zorgen dat proefnemingen ook bij veranderende weersomstandigheden zouden kunnen plaatsvinden was een terrein van één vierkante kilometer nodig, "waarbij de eis gesteld moet worden, dat zich ongeveer in het midden een geschikte opstellingsplaats moet bevinden. Stappen om de beschikking over een dergelijk terrein in Nederland te krijgen zijn reeds genomen."[25] Het Chemisch Laboratorium had zijn oog laten vallen op het vliegveld Deelen in de buurt van Arnhem.

Op 1 april 1955 bezocht Van Ormondt het vliegveld. Hij sprak met een aantal plaatselijke luchtmachtautoriteiten en bekeek de locatie op haar bruikbaarheid. Er lag een stuk grond naast een niet gebruikte startbaan dat voor proefnemingen geschikt was en er waren voldoende faciliteiten om personeel en materieel onder te brengen. Nadat Van Ormondt persoonlijk had vastgesteld dat Deelen aan de eisen voldeed, wilde hij het terrein voor een aantal proeven gebruiken. In de laatste week van april zou er een demonstratie plaatsvinden van de gasverkennersuitrusting, waarbij DCP, mosterdgas, fosgeen en blauwzuur zouden worden gebruikt. De demonstratie was bedoeld voor de ABC-school van de landmacht, de overeenkomstige ABCD-School van de marine en het Bureau voor Wetenschappelijk Onderzoek van de Marinestaf. In de loop van de maand mei wilde Van Ormondt ook enkele ontsmettingsproeven doen. Deze proeven zouden bij het aanbreken van de dag moeten plaatsvinden en zouden slechts met geringe hoeveelheden strijdgassen (mosterdgas en zenuwgas) worden uitgevoerd, zodat het risico gering zou zijn. In juni was een generale repetitie gepland met het personeel en het materieel dat in het najaar naar de Sahara zou gaan. Mogelijk zouden zowel Frankrijk als België een kleine delegatie sturen die actief aan de proeven zou deelnemen.[26]

Op 26 april verleende de chef Luchtmachtstaf, luitenant-generaal A. Baretta, op verzoek van de voorzitter van de RVO-TNO, Sizoo, het Chemisch Laboratorium toestemming het vliegveld Deelen voor proefnemingen te gebruiken. In overeenstemming met de plannen (zij het met enige vertraging) vonden er in mei op het vliegveld een demonstratie van chemische detectiemiddelen en een vergelijkende beproeving van ontsmettingsmethoden plaats. Deze proeven maakten deel uit van een reeks voorbereidende proefnemingen voor de geplande Saharaproeven in het najaar van 1955.[27] Welke strijdgassen er precies zijn gebruikt, is niet bekend.

Om onderzoeksresultaten onderling te kunnen vergelijken, hadden Frankrijk, België en Nederland in het najaar van 1954 hun luchtanalyseapparaten in Elsenborn aan een aantal beproevingen in het open veld onderworpen. In mei 1955 vond er een vergelijkende laboratoriumproef met dezelfde apparaten plaats in het *Centre d'Études du Bouchet* in Aubervilliers. De Fransen hadden daar een 'gaskamer' van voldoende afmetingen. De Fransen, Belgen en Nederlanders kwamen tijdens deze beproevingen overeen dat er een gezamenlijke eindoefening voor de Saharaproeven in Elsenborn zou plaatsvinden, waarmee de aangekondigde Nederlandse generale repetitie in Deelen kwam te vervallen.[28]

Deze 'eindoefening' voor de Sahara vond plaats in de week van 13 tot en met 17 juni. België zorgde voor sarin- en fosgeengranaten, terwijl Nederland een cilinder met blauwzuur meenam. Van Nederlandse zijde was het volledige Saharateam aanwezig. Vanwege het slechte weer konden echter slechts twee proeven doorgaan. Op 14 juni werd er 5,3 kg blauwzuur uit de Nederlandse cilinder verstoven en de volgende dag werden er negen oude Belgische granaten van 6 cm, die de Belgen elk met 750 gram fosgeen hadden gevuld, tegelijkertijd tot explosie gebracht. De proefnemingen met sarin gingen niet door. De wind stond een aantal dagen in de richting van het één kilometer verderop gelegen dorp Elsenborn en vooraf was afgesproken dat de proeven om veiligheidsredenen in dat geval niet zouden doorgaan. Hierdoor kon een nieuw systeem voor het nemen van monsters van sarin, dat door het Chemisch Laboratorium was ontwikkeld, niet worden getest.[29]

De Nederlandse delegatie stelde voor de afgelaste proeven met sarin alsnog in Nederland op het vliegveld Deelen uit te voeren. Op 20 juli om 7.00 uur wekten medewerkers van het Chemisch Laboratorium met 1 kg door de Belgen geleverde sarin op een terrein van 100 bij 100 meter een gaswolk op. Uit veiligheidsoverwegingen mocht een strook van een kilometer in de benedenwindse richting een halfuur lang niet worden betreden, waarna de onderzoekers het doelterrein ontsmetten. De apparatuur voor het nemen van sarinmonsters bleek volstrekt niet aan de verwachtingen te voldoen. Binnen het Chemisch Laboratorium gingen daarom stemmen op, als de apparatuur niet op korte termijn kon worden verbeterd, de Saharaproeven nogmaals met een jaar uit te stellen.[30]

Op 25 augustus, twee maanden voordat de proeven in de Sahara zouden plaatsvinden, kwamen de Fransen, Belgen en Nederlanders in Parijs bijeen. Het programma voor de Saharaproeven, dat al was uitgekleed omdat de Fransen hun nieuwe wapens nog niet gereed hadden, dreigde door de Algerijnse onafhankelijkheidsoorlog (1954-1962) nog verder te worden ingekrompen. De proeven waarbij grotere aantallen met sarin gevulde granaten tegelijkertijd zouden worden afgeschoten, konden geen doorgang vinden omdat het Franse leger door de ontwikkelingen in Algerije geen batterij van 105 mm beschikbaar kon stellen. Alleen de proeven met de 155 mm granaten en een aantal vliegtuigbommen bleven over. Zowel Nederland als België liet weten dat veel te weinig te vinden om naar de Sahara af te reizen. Zij vonden het verstandiger om de Saharaproeven met een jaar uit te stellen, in de hoop dat dan het uitgebreide programma – het liefst nog met de nieuwe Franse wapens – wél kon worden uitgevoerd.[31]

Eind augustus 1955 liet de Franse generale staf weten met het uitstel van een jaar in te stemmen. Omdat de kleinschaligere, voorbereidende proeven in Elsenborn gewoon doorgingen, vond er in september opnieuw overleg tussen de drie landen plaats. Om te voorkomen dat een ongunstige windrichting de proefnemingen opnieuw zou verijdelen, had Van Ormondt met de Belgen geregeld dat een ander terrein, op grotere afstand van het dorp Elsenborn, voor de proefnemingen beschikbaar was. Nu was het mogelijk om bij iedere windrichting proeven te doen. De proeven vonden plaats in de periode van 10 tot 25 oktober 1955. Op het programma stonden de volgende experimenten: viermaal een explosie van een met 1 kg sarin gevulde granaat van 105 mm, een verstuivingsproef met 1 kg sarin en een verstuivingsproef met 10 kg fosgeen. In een concentrische cirkel rond het verspreidingspunt stelden de onderzoekers Franse, Belgische en Nederlandse analyseapparatuur en kooien met proefdieren (ratten en bananenvliegjes) op. Het voornaamste doel van de proefnemingen was een onderlinge vergelijking van de analyseapparatuur van de deelnemende landen.[32]

Deelen 1956

Op 16, 17 en 18 april 1956 vonden er op het vliegveld Deelen opnieuw proefnemingen plaats. De onderzoekers van het Chemisch Laboratorium, luitenant drs. L.A. Clarenburg, Hoppen en H.R.J. van Grootheest, wekten iedere dag een gaswolk op om de eigenschappen en de uitwerking ervan te bestuderen. De eerste gaswolk verkregen ze door verstuiving van DCP, de tweede door verstuiving van acetylazijnester – eveneens een ongevaarlijke stof – en de derde door verdamping van vloeibaar fosgeen. De proeven waren relatief onschuldig; na een paar minuten bestond er voor ongemaskerd personeel al geen risico meer.[33]

Enkele maanden later, van 10 tot 15 september 1956, vond er op vliegveld Deelen een tweede reeks onderzoekingen naar gaswolken plaats. Ditmaal onderzochten Hoppen en Clarenburg samen met luitenant drs. J.C.A.M. Witkamp gaswolken bestaande uit acetylazijnester, fosgeen en tabun. Evenals bij de vorige proefnemingen waren de hoeveelheden strijdgas zo gering dat het proefgebied binnen enkele minuten vrijwel zonder risico weer zonder gasmasker kon worden betreden. De proefneming met tabun, dat giftiger was en langer gevaar opleverde dan de andere twee, vergde wel extra nazorg. Het proefterrein werd na afloop ontsmet.[34]

Voortzetting voorbereidingen nieuwe Saharaproeven

Op 27 en 28 april 1956 ontmoetten Franse en Nederlandse deskundigen elkaar in Parijs om te spreken over gasbeschermingsmaterieel. Tijdens de bijeenkomst spraken zij ook over de proefnemingen die de Fransen in oktober en november van dat jaar in de Sahara wilden houden. De Fransen gaven aan dat zij slechts een klein aantal proeven wilden nemen, waarbij uitsluitend fosgeen- en blauwzuurbommen zouden worden gebruikt. Zij hadden al een uitnodiging naar de Generale Staf gestuurd met de vraag of Nederland aan de proeven wilde deelnemen. Van Ormondt liet de Fransen weten dat de Nederlanders vermoedelijk niet zouden meedoen. Hij sprak zijn twijfels uit of er in Nederland wel voldoende interesse bestond voor Saharaproeven zonder zenuwgassen.[35]

Nederland nam in 1956 inderdaad niet deel aan de Saharaproeven. De Belgen waren wel in Algerije aanwezig. In een gesprek dat Van Ormondt op 2 februari 1957 in Vilvoorde met kolonel Deladrier van het *Établissement d'Application Chémique* had, werd duidelijk dat de proefnemingen niet veel hadden opgeleverd. Deladrier constateerde dat er weinig was terechtgekomen van het voornemen om ct-waarden ook op grotere afstanden van het springpunt te meten. Dit zou de taak van de Nederlanders zijn geweest. De Belgische kolonel vermoedde dat de Franse generale staf de proeven in de Sahara, ondanks de minder gunstige omstandigheden waarin deze hadden plaatsgevonden, toch had doorgezet om te voorkomen dat het *Centre d'Expérimentation Semi-Permanent* in Algerije zou worden gesloten.[36]

Wellicht had de vrees voor sluiting te maken met de inkrimping van het Franse budget voor research en development op het gebied van de chemische en biologische strijdmiddelen. De Franse minister van defensie had in 1956 een Frans nucleair wapenprogramma gelanceerd. In verband daarmee was een deel van het budget voor het onderzoek naar chemische en biologische strijdmiddelen overgeheveld naar het nucleaire onderzoeksprogramma. De leden van de *Commission des Études et Expérimentations Chimiques et Bactériologiques* leverden felle kritiek op de budgetvermindering, zeker in het licht van de recente nieuwe ontwikkelingen op het gebied van de chemische oorlogvoering – de ontdekking van een geheel nieuwe familie zenuwgassen, de *Venomous agents* (zie p. 229).[37]

Van Ormondt informeerde in Vilvoorde tevens hoe het stond met de plannen voor terreinproeven in Elsenborn. Deladrier kon hierover nog niets definitiefs zeggen. Van Ormondt liet weten dat hij voorlopig op het vliegveld Deelen de proeven kon uitvoeren die het Chemisch Laboratorium voor de verdere bestudering van gaswolken en voor het testen van analyseapparaten nodig had. Maar wellicht zou het laboratorium in het najaar behoefte hebben aan proeven van grotere omvang, die slechts op het proefterrein in Elsenborn mogelijk zouden zijn. Van Ormondt sprak met zijn Belgische collega ook over een ander probleem waar het Chemisch Laboratorium mee kampte, namelijk de moeilijkheid om 'grotere' hoeveelheden strijdgassen aan te maken. Hij dacht dat het laboratorium in de loop van het jaar misschien wel behoefte zou krijgen aan 5 kg sarin. "In dat geval zouden wij er de voorkeur aan geven het Sarin tegen betaling van het ETAC te betrekken, waar men wel op de aanmaak van grotere hoeveelheden ingesteld is." Van Ormondt vroeg tevens aan Deladrier wat hij wist van het nieuwe

Een Franse atoomproef in de Sahara. Tussen 1960 en 1966 voerde Frankrijk in Algerije vier bovengrondse en dertien ondergrondse kernwapentests uit.

Franse proefterrein in het kamp van Mourmelon bij Châlons-sur-Marne. Deladrier wist dat de totstandkoming ervan vorderde, maar hij was er nog niet geweest en had de Fransen ook nog niet gesproken over de mogelijkheid het terrein voor gezamenlijke Frans-Belgisch-Nederlandse proefnemingen te gebruiken.[38]

Enkele maanden later, in april 1957, was Van Ormondt in de gelegenheid om zelf een bezoek te brengen aan het proefterrein in Mourmelon. Hij trof een modern ingericht terrein aan, voorzien van een geschutstoren en een permanent systeem voor het nemen van luchtmonsters. Weliswaar waren hier slechts proeven op kleinere schaal dan in de Sahara mogelijk, maar deze proeven zouden volgens hem door de goede proefopstelling geschikt zijn voor extrapolatie. Van Ormondt maakte een proef mee met een 150 mm raket gevuld met 4 kg sarin. Naar aanleiding daarvan merkte hij op dat de Fransen geen apparatuur hadden om de ct-waarden op grotere afstand van het springpunt te meten. De Nederlandse onderzoekers vonden deze gegevens juist van groot belang om te kunnen beoordelen tot op welke afstand nog doses te verwachten waren die militairen buiten gevecht zouden stellen. Bovendien deden de Fransen tot ergernis van Van Ormondt geen enkele poging de optredende aerosolvorming te bestuderen, een onderwerp waaraan het Chemisch Laboratorium – in de persoon van Clarenburg – op dat moment veel onderzoekscapaciteit besteedde. Generaal Ailleret, het hoofd van de *Commandement des Armes Spéciales*, liet Van Ormondt weten dat Nederland welkom was om een volgende keer aan de proeven in Mourmelon deel te nemen, zodat de Nederlandse onderzoekers de metingen konden verrichten die de Fransen zelf niet uitvoerden. De Fransen zouden een verzoek van Nederlandse zijde zeker honoreren. Omdat de voorbereidingstijd voor deelname aan de proeven van het Franse leger in augustus 1957 te kort was, ging Van Ormondt hier toen niet op in.[39]

Tijdens een Frans-Nederlandse ontmoeting op 10, 11 en 12 december 1957 kwamen de Fransen terug op de uitnodiging van generaal Ailleret. Zij gaven een overzicht van de voorlopige plannen voor 1958. Zij wilden in Mourmelon proeven doen met 105 mm granaten en 150 mm raketten gevuld met sarin, om na te gaan welke dampdoses op verschillende tijdstippen en plaatsen tot op vijftig meter afstand van het springpunt zouden voorkomen. Na ruggespraak met kolonel Kloeg van de Inspectie der Genie en hoofdingenieur Scheuer van het Adviesbureau Wetenschappelijk Onderzoek (voormalig lid van het Chemisch Team, zie p. 164) liet Van Ormondt weten dat Nederland in principe belangstelling had metingen te verrichten die de Fransen niet deden. Het ging om het bepalen van de vloeistofbesmetting in de onmiddellijke nabijheid van het springpunt en van de kleine dampdoses op grotere afstand. Voor deze laatste metingen zouden de Fransen het proefterrein moeten vergroten. Daarvoor moesten ze bomen omhakken en het terrein afvlakken. De Franse en Nederlandse delegaties spraken af dat de Fransen eerst een plan zouden opstellen, om dat in een later stadium gezamenlijk met de Belgen te bespreken.[40]

Op 4 maart 1958 kwamen de Fransen, Belgen en Nederlanders in Vilvoorde bijeen om het Franse plan te bespreken. De Fransen waren bereid het terrein in Mourmelon aan te passen. Dat zou hen vijf miljoen Franse francs kosten. In de tweede helft van mei wilden de Fransen tien proeven doen, waarvan in ieder geval zes met 155 mm granaten, elk gevuld met 4 kg sarin. Zij hadden al eerder proeven met deze granaten gedaan en de resultaten waren zodanig dat zij verder onderzoek gewenst achtten. Uit de proeven was namelijk gebleken dat bij de explosie een hoog rendement aan dampvormig sarin vrijkwam. Nederland zou bij deze proeven de op de grond optredende vloeistofconcentraties meten. De Fransen en Belgen zouden onderzoeken tot op welke afstand en binnen welke tijd dodelijke doses werden verkregen. Dit was belangrijk om te kunnen bepalen of militairen de gelegenheid hadden hun gasmasker op te zetten nog voordat er zich dodelijke concentraties hadden gevormd. De Nederlanders zouden bovendien metingen op 100 en 200 meter doen, om na te gaan tot op welke afstand nog doses zouden optreden die weliswaar niet dodelijk waren, maar een militair wel buiten gevecht zouden stellen. Tevens wilde het Chemisch Laboratorium de gelegenheid benutten om een nieuw ontwikkelde methode voor biochemische detectie van kleine hoeveelheden zenuwgas te beproeven.[41]

Op 28 maart 1958 verleende de nieuwe CGS, luitenant-generaal G.J. le Fèvre de Montigny, toestemming aan (dienstplichtig) vaandrig drs. H.P. Beets van het Adviesbureau Wetenschappelijk Onderzoek om aan de proeven in Mourmelon deel te nemen. Tevens hechtte hij er zijn goedkeuring aan dat Scheuer en kolonel Kloeg de proefnemingen enkele dagen als waarnemers zouden bijwonen. De plaatsvervangend gedelegeerde van de minister van Oorlog verzocht de voorzitter van de RVO-TNO daarop ook het personeel van het Chemisch Laboratorium toestemming te geven aan de proeven mee te doen. Die toestemming verleende het dagelijks bestuur op 24 april 1958.[42]

Mourmelon 1958

De proeven in Mourmelon vonden plaats in de periode van 13 tot en met 31 mei.[43] In het midden van het proefterrein, dat over een oppervlakte van 300 bij 300 meter van alle begroeiing was ontdaan, hadden de Fransen een zone van 60 bij 60 meter met een ijzeren omrastering afgezet. Binnen deze hekken waren twee stalen geraamten opgesteld van 16 en 20 meter hoog. De 16 meter hoge toren was bestemd voor het afschieten van 150 mm raketten en 105 mm granaten, terwijl de 20 meter hoge toren werd gebruikt voor het afschieten van 155 mm granaten. In dit gebied bevond zich tevens een betonnen bunker van waaruit onderzoekers de raketten en granaten konden afvuren en de meetapparatuur konden activeren. Tevens konden ze vanuit de bunker foto's en films van de explosies maken. Binnen het omrasterde deel van het proefterrein stonden op regelmatige afstand ijzeren palen met meetapparatuur, waardoor de Franse onderzoekers in staat waren concentratiemetingen te verrichten op dertig centimeter tot vier meter boven het maaiveld. De meetapparatuur was door ingegraven elektrische kabels met de regel- en analyseapparatuur in de bunker verbonden. Net buiten de omrastering stonden de meetinstrumenten van de Belgen opgesteld. De Nederlandse apparaten stonden deels binnen en deels buiten de omrastering. Op ongeveer 300 meter buiten het hekwerk was een tent opgesteld voor de meteorologische dienst van het Franse leger.

Er vonden in totaal acht proeven plaats, telkens met een 150 mm raket gevuld met 4 kg sarin. Voordat de Nederlanders arriveerden, hadden de Fransen al een aantal proeven met 105 mm granaten gedaan, maar door een breuk in het kanon konden er gedurende de resterende periode geen granaten van 105 mm meer worden verschoten.[44] (Over de voorgenomen proeven

Het doelgebied van het Franse proefterrein voor chemische strijdmiddelen in Mourmelon, 1958. Op de foto zijn duidelijk de torens te zien waarvan de granaten en raketten worden afgevuurd.

QUESTION SARIN.

Projectile autopropulsé
de 150 mm.

Annexe n° 2 au PV. n° 20

30 mai 1958.

SECRET

2001

Een proef met een 150 mm raket met sarin, vastgelegd voor het verslag van de proefnemingen te Mourmelon in 1958.

met de 155 mm granaat staat niets vermeld; deze gingen waarschijnlijk niet door.) Tijdens het afvuren van een schot moesten de personen die niet in de bunker zaten, zich verzamelen op een punt op ongeveer 300 meter afstand van de torens. Iedereen moest een gasmasker dragen, dat pas tien minuten na het schot af mocht. Binnen de omrastering waren alle onderzoekers en assistenten uitgerust met beschermende kleding en gasmaskers. Na afloop van het werk moesten deze personen hun kleding en schoeisel laten ontsmetten. Daarna moesten ze hun kleding en schoenen uittrekken en een douche nemen in een speciaal daartoe opgestelde douchetent. Er was steeds een arts aanwezig. Ondanks alle voorzorgsmaatregelen deden zich enkele lichte gasongevallen voor. Bij enkele Nederlandse deelnemers openbaarde zich bij een van de proeven een lichte vorm van miosis.

Tijdens de proefnemingen werden hoge ct-waarden gemeten. De onderzoekers concludeerden dat een grootschalige beschieting met sarinmunitie zou leiden tot een gaswolk die zich onder gunstige omstandigheden benedenwinds over een grote afstand zou uitstrekken en een groot gebied met een dodelijke dosis zou besmetten. Volgens hun berekeningen zouden er per hectare zeven tot negen raketten van 150 mm nodig zijn om militairen die niet waren gewaarschuwd of een slechte gasdiscipline bezaten – en dus geen gasmasker droegen – te kunnen doden. Uit de proeven bleek ook dat een derde tot de helft van het sarin als vloeistof op het terrein neerkwam en pas later verdampte. Sarin werkte dus niet alleen als een inademings-, maar ook als een aanrakingsgif. De Nederlandse onderzoekers merkten in hun verslag op dat deze eigenschap, die vanzelfsprekend van invloed was op de mogelijke toepassing in oorlogstijd, niet in de Amerikaanse voorschriften werd vermeld.

De in Mourmelon verkregen onderzoeksresultaten waren gebaseerd op proefnemingen met telkens één raket. Om de uitwerking van een grootschalige aanval met chemische strijdmiddelen te kunnen bestuderen, wilden de Fransen in het najaar van 1958 in de Sahara proeven doen met twaalf stukken van 105 mm en twee raketwerpers met 22 raketten van 150 mm. De Franse generale staf zegde toe de Nederlandse Generale Staf een uitnodiging te sturen voor deelname aan deze proeven.[45]

Dankzij het vele voorbereidende laboratoriumwerk en de ervaring die de landen in voorgaande veldproeven hadden opgedaan, verliepen de proeven in Mourmelon succesvol. De Fransen hadden deze proeven, in vergelijking met eerdere proefnemingen in de Sahara, veel systematischer opgezet en uitgevoerd. De meetapparatuur van de drie deelnemende landen was nu van uitstekende kwaliteit en tijdens meerdere veldproeven in onder meer Elsenborn op elkaar afgestemd. Zowel vlak bij het doel, als op kleine en grote afstand kon het effect van een gasaanval goed worden bestudeerd. De deelnemende landen beschouwden de onderzoeksresultaten dan ook als zeer betrouwbaar.[46]

Sahara 1958

Op 18 juli 1958 ontving de Generale Staf een formele uitnodiging van de Franse generale staf om deel te nemen aan de proefnemingen in de Sahara in het najaar van 1958. Met instemming van CGS Le Fèvre de Montigny en minister van Oorlog Staf nam een kleine Nederlandse delegatie, bestaande uit Clarenburg (leider), B.I. Ceulen (research-assistent) en J.E. van Det (laborant) van het Chemisch Laboratorium, deel aan de proefnemingen, die tussen 1 oktober en 10 november plaatsvonden. Van Ormondt woonde slechts een deel van de proeven bij, terwijl van militaire zijde hoofdingenieur Scheuer van het Adviesbureau Wetenschappelijk Onderzoek en kolonel Kloeg van de Inspectie der Genie beurtelings de proeven bezochten. Het Nederlandse team kon zo klein zijn, omdat de Fransen hadden toegezegd in het veld uitgebreide assistentie te verlenen.[47]

Deelname aan de proeven in de Sahara was door de onafhankelijkheidstrijd die in Algerije woedde, niet geheel zonder risico.[48] In tegenstelling tot begin jaren vijftig vond de reis niet met eigen vervoer plaats, maar werd de Nederlandse delegatie uit veiligheidsoverwegingen door de Franse luchtmacht vanuit Parijs naar Colomb-Béchar gevlogen. Van daaruit ging de reis over de weg verder naar Beni Ounif. De Fransen beschouwden de weg als veilig omdat gedurende de toen al drie jaar durende strijd er slechts éénmaal een teken van "vijandelijke activiteit in de vorm van een mijn [was] aangetroffen". "Het gehele gebied ligt, zo ver zuidelijk dat men er, gezien ook de zware militaire bezetting, tijdens ons verblijf veilig werken kan", aldus Van Ormondt, die op dit punt door de Fransen "grotendeels gerustgesteld" was.

Met twee raketwapens, die elk 22 raketten van 150 mm konden verschieten, en drie batterijen met elk vier stukken van 105 mm, wilden de Fransen gemiddeld iedere drie dagen een proef met sarin doen. In totaal zouden er twaalf proeven plaatsvinden. Het eerste doel van de proeven was de verificatie van de onderzoeksresultaten van Mourmelon, waar was onderzocht hoeveel schoten per hectare moesten worden gelost om een dodelijke dampdosis sarin te verkrijgen. In de Sahara wilden de Fransen nagaan of de berekende hoeveelheid munitie klopte. Bovendien wilden zij onderzoeken tot op welke afstand in de benedenwindse richting buiten gevecht stellende doses van het zenuwgas optraden.

In de loop der jaren was er tussen de Fransen, Belgen en Nederlanders een taakverdeling ontstaan. De Nederlanders beschikten over de nodige apparatuur en ervaring om zeer kleine concentraties van sarin te kunnen bepalen en verzorgden in de Sahara daarom het onderzoek op grote afstand van het springpunt. De Belgen hadden zich gespecialiseerd in concentratiebepalingen op de middellange afstand, terwijl de Fransen metingen verrichtten vlak bij het doel. Ongeveer tweehonderd Nederlandse luchtmonsterapparaten stonden – voor het eerst – in een cirkel op twee kilometer afstand van het doel om luchtmonsters te trekken die met een biochemische methode werden geanalyseerd. Met de Nederlandse apparaten was het mogelijk gegevens te krijgen over de verspreiding van een sarinwolk over grotere afstanden. Deze informatie wilden de Nederlanders gebruiken om een alarmeringssysteem voor zenuwgasaanvallen te construeren.

Op het proefterrein hadden de Fransen een vierkant van 200 bij 200 meter (het doel voor de artillerie) aangebracht, met hieromheen cirkels op 175 meter, 250 meter, 1.000 meter en 2.000 meter afstand.[49] De Franse equipe had de zorg voor de 1.000 meter cirkel, terwijl het Nederlandse team werkzaam was op de 2.000 meter cirkel. De artillerie en raketlanceerinrichtingen stonden op vijf kilometer afstand van het centrum van het proefterrein. De

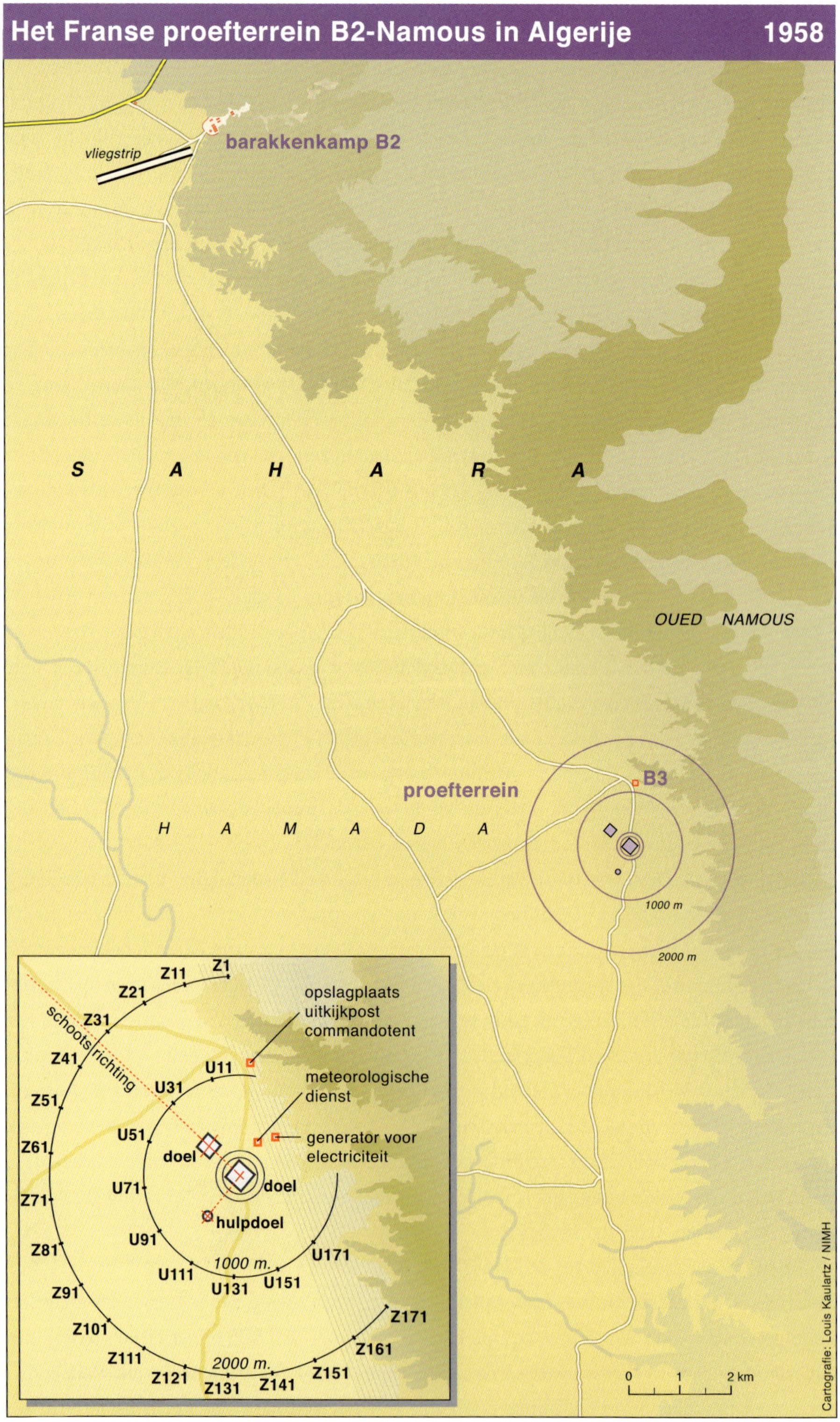
Het Franse proefterrein B2-Namous in Algerije
1958
vliegstrip
barakkenkamp B2
S A H A R A
OUED NAMOUS
proefterrein
B3
H A M A D A
1000 m
2000 m
Z1
Z11
Z21
Z31
Z41
Z51
Z61
Z71
Z81
Z91
Z101
Z111
Z121
Z131
Z141
Z151
Z161
Z171
U11
U31
U51
U71
U91
U111
U131
U151
U171
schootsrichting
opslagplaats
uitkijkpost
commandotent
meteorologische
dienst
generator voor
electriciteit
doel
doel
hulpdoel
1000 m.
2000 m.
0 1 2 km
Cartografie: Louis Kaulartz / NIMH

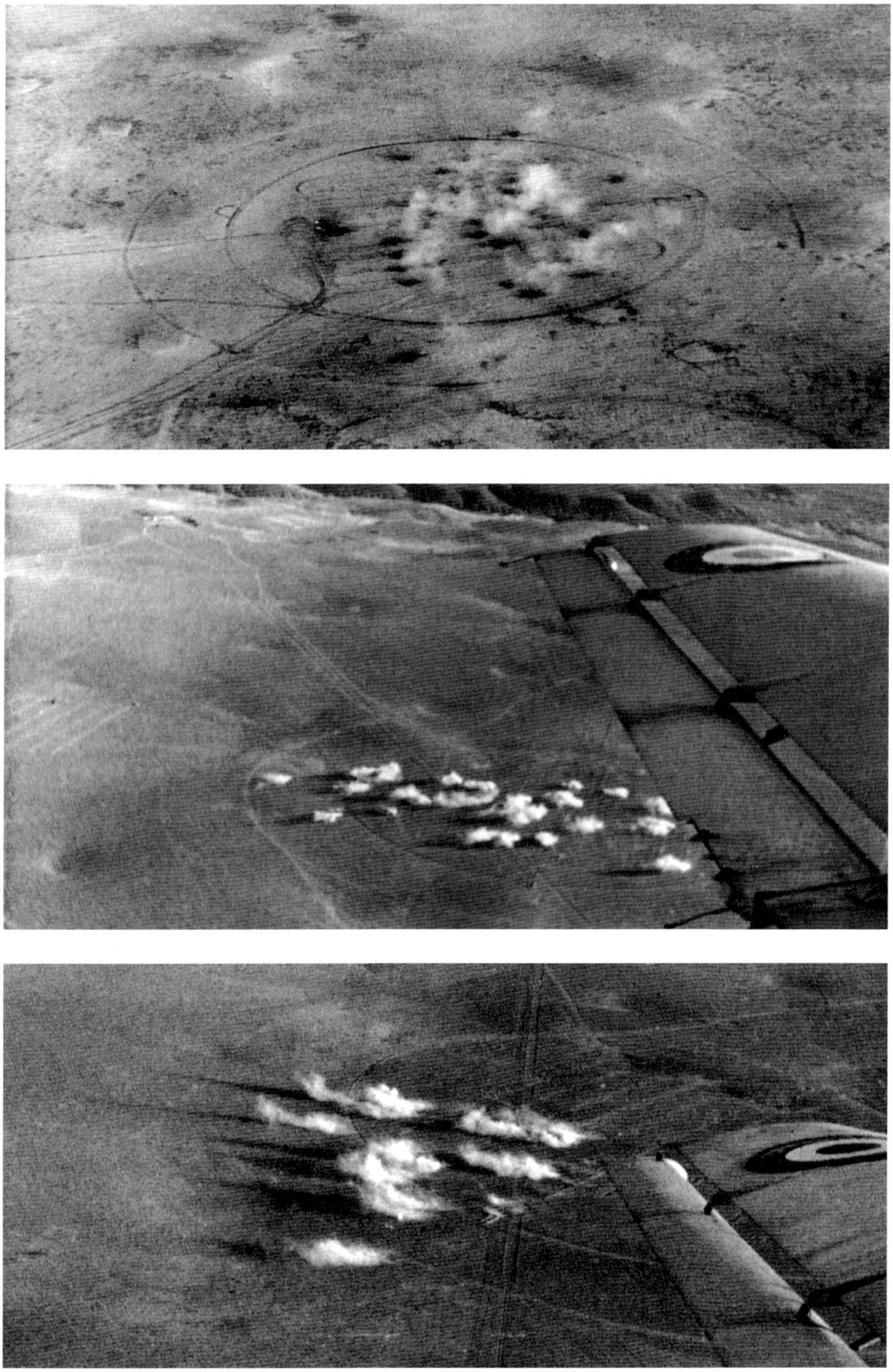

Vanuit de lucht worden de gaswolken die bij de proefnemingen op B2-Namous ontstaan, nauwkeurig gevolgd, 1958.

Tijdens de proefnemingen bij Beni Ounif is het proefterrein niet toegankelijk, 1958.

Een afgevuurde saringranaat, mogelijk een blindganger, wordt zorgvuldig gemarkeerd, 1958.

Fransen verschoten 105 mm granaten met elk 900 gram strijdgas en 150 mm raketten met een inhoud van 4,1 kg strijdgas. Voor het verschieten van de 105 mm granaten gebruikte het Franse leger twaalf stukken 105 mm artillerie. De 150 mm raketten verschoten de Fransen met een lanceerinrichting waarmee ze in tien seconden één salvo konden afgeven.

De Nederlandse delegatie verbleef van 8 oktober tot 13 november in de Sahara. Zij deed in totaal aan dertien proeven mee. Helaas waren de resultaten van slechts zes van deze proeven geschikt voor "theoretische bewerking" door de Nederlanders. Bij drie proeven woei de wind in de richting van de *oued*, die aan de rand van het proefterrein lag. De wolk passeerde bij deze proeven de 2.000 meter lijn op een plaats waar het niet mogelijk was monsterapparatuur op te stellen. Drie andere proeven kwamen niet in aanmerking omdat de wolk de 1.000 en 2.000 meter cirkel onder een sterk afwijkende hoek passeerde doordat de windrichting telkens veranderde. Er mislukte nog een proef doordat het silicapapier van de Fransen het sarin niet had afgevangen. Het mislukken van de proeven had in algemene zin te maken met de beslissing van de Fransen om vast te houden aan het afgesproken tijdstip waarop een proef zou plaatsvinden, zonder daarbij rekening te houden met de meteorologische voorspellingen. Volgens de Nederlandse delegatie hadden deze proeven kunnen slagen indien de Fransen bereid waren geweest het tijdstip van de proefneming aan te passen aan meer gunstige weersomstandigheden. Samenvattend stelden de onderzoekers van het Chemisch Laboratorium vast dat de theorie van de verspreiding van gaswolken nog in het begin van haar ontwikkeling stond. Er was nog veel theoretisch en experimenteel werk vereist om de materie volledig te doorgronden. De eerste proevenserie op grote schaal had in elk geval enige goede resultaten opgeleverd. De gemaakte fouten en onvolkomenheden zouden in de toekomst kunnen worden vermeden.

Onderzoek naar *Venomous agents*

Begin jaren vijftig ontdekten onderzoekers van het *Plant Protection Laboratory* van het Britse bedrijf *Imperial Chemical Industries* een nieuw, zeer effectief insectenbestrijdingsmiddel dat vooral geschikt was voor de bestrijding van mijten. Al snel bleek dat de stof ook giftig voor mensen was. Een onderzoeker van Porton Down maakte dit bekend tijdens een ontmoeting van Amerikaanse, Canadese en Britse militaire onderzoekers. *Imperial Chemical Industries* bracht het bestrijdingsmiddel in 1954 onder de naam *Amiton* op de markt, maar moest het al snel weer uit de handel nemen vanwege de lang aanhoudende giftigheid van de pesticide. Ondertussen hadden de Britse militaire autoriteiten het onderzoekscentrum in Porton Down al opdracht gegeven de toepassing van *Amiton* als mogelijk strijdgas te onderzoeken. *Amiton* en verwante stoffen bleken inderdaad erg giftig en persistent te zijn en konden via penetratie van de huid snel in de bloedbaan van de mens komen. Omdat de uitwerking van de stoffen sterk leek op die van slangengif (*snake venom*), duidden de Britse onderzoekers ze aan met de naam *Venomous agents* (*V-agents*). Ook de Amerikanen onderzochten het bestrijdingsmiddel. Onderzoekers van het *US Army Chemical Center* in Edgewood wisten een hele serie *V-agents* te synthetiseren, waaronder het uiterst giftige VX. Bij dierenproeven bleek dat VX bij inademing drie keer giftiger was dan sarin en bij penetratie van de huid duizend keer. Geëxtrapoleerd naar mensen zou een milligram VX op de huid een volwassen man binnen een kwartier kunnen doden. Theoretisch gezien – alleen bij directe toediening, bijvoorbeeld door een injectie – was een liter VX genoeg om een miljoen mensen te doden.[50] De Britten wilden de ontdekking van de *V-agents* aan de andere NAVO-partners bekendmaken. Ze waren door het *Tripartite Agreement* met de Verenigde Staten en Canada echter verplicht deze twee landen eerst om toestemming te vragen, voordat ze anderen op de hoogte mochten brengen.[51]

Omdat de RVO-TNO en het *Ministry of Supply* goede relaties onderhielden, informeerden de Engelsen de Nederlandse onderzoekers al ondershands over de *V-agents*. Dit gebeurde tijdens een bezoek aan het Chemisch Laboratorium in april 1957. De Engelsen verzochten de Nederlanders hierover nog geen mededelingen te doen aan andere landen en de verkregen gegevens over de V-stoffen voorlopig alleen voor eigen gebruik te verifiëren en uit te breiden. Van Ormondt zegde toe de gegevens als alleen voor Nederland bestemd te beschouwen.[52]

Op 12 september 1957 kwamen directie- en bestuursleden van de RVO-TNO, de gedelegeerden van de ministers van Oorlog en Marine en andere militaire autoriteiten bijeen om de 'ontdekking' van de *V-agents* te bespreken. De voorzitter van de RVO-TNO, Sizoo, wilde inventariseren welke consequenties de ontdekking van de *V-agents* had voor het onderzoek van het Chemisch Laboratorium. Kolonel Kloeg betoogde dat Nederland alleen passief onderzoek moest doen naar *V-agents* – dus alleen op zoek moest gaan naar efficiënte beschermende middelen. Hij verwachtte dat een eventuele vijand (lees: de Sovjet-Unie) de stof al kende en over niet al te lange tijd grote hoeveelheden zou kunnen bezitten. Van Ormondt was explicieter. Hij vertelde dat er bij de Generale Staf een NAVO-inlichtingenrapport was binnengekomen waarin stond dat de Sovjets ook op de hoogte waren van het bestaan van *V-agents*, dat zij in de loop van 1957 of 1958 met de aanmaak ervan zouden kunnen beginnen en in 1959-1960 een grote voorraad in bezit zouden kunnen hebben.[53] De aanwezigen kwamen onder meer tot de slotsom dat het Chemisch Laboratorium het onderzoek naar de 'Duitse' zenuwgassen en de beschermingsmiddelen daartegen zeker niet mocht laten versloffen, maar tegelijk onderzoek naar de nieuwe stoffen moest doen. De *V-agents* zouden in de toekomst vermoedelijk een belangrijke rol gaan spelen. Onderzoek door de RVO-TNO moest ervoor zorgen dat de gasbeschermingsmiddelen aan deze nieuwe generatie, zeer toxische zenuwgassen zouden worden aangepast.[54]

Terwijl de belangstelling in het veld voorlopig nog naar praktische proefnemingen met sarin uitging, verschoof de aandacht in het laboratorium naar de *V-agents*. In de loop van 1957 was het Chemisch Laboratorium van Delft naar het nieuwe laboratoriumgebouw van TNO aan de Lange Kleiweg in Rijswijk verhuisd. Het Technologisch Laboratorium en het Medisch Biologisch Laboratorium waren het Chemisch Laboratorium al voorgegaan. Minister Staf had het nieuwe laboratoriumcomplex in Rijswijk eerder dat jaar geopend. Het kreeg bij die gelegenheid de naam Prins Mauritsgebouw.[55]

Tijdens de vijftiende bijeenkomst van de Chemische Contact Commissie, op 23 juli 1958, kon Van Ormondt de aanwezigen meedelen dat zijn laboratorium erin was geslaagd een behoorlijke hoeveelheid van een *V-agent* (met de codenaam V1) aan te maken. Deze zou aan

In 1957 betrekt het Chemisch Laboratorium van RVO-TNO de nieuwe locatie aan de Lange Kleiweg in Rijswijk.

het Medisch Biologisch Laboratorium worden overgedragen voor onderzoek naar therapeutische middelen. Het Chemisch Laboratorium was inmiddels een onderzoek gestart naar ontsmettingsmogelijkheden en naar materialen die ondoorlaatbaar waren voor deze stoffen. Ook onderzoek naar de detectie van V-stoffen kreeg de nodige aandacht.[56]

V-agents waren niet alleen erg giftig, het was ook moeilijk om er iets tegen te doen als een vergiftiging eenmaal optrad. Aan de bereiding van deze stoffen waren dus nog meer gevaren verbonden dan bij andere strijdgassen. Om deze reden en omdat er – ook in andere landen – nog weinig ervaring met deze stoffen bestond, bleek het niet mogelijk het laboratoriumpersoneel honderd procent veiligheid te bieden. Het Chemisch Laboratorium moest dus bij het synthetiseren van de stof enig risico nemen. Aangezien V-stoffen bij opname door de huid nog gevaarlijker waren dan de Duitse zenuwgassen, was het van belang na te gaan hoe de bereiding van deze stoffen kon plaatsvinden zonder dat er contact met de huid optrad, en welke andere veiligheidsmaatregelen en welke apparatuur nodig waren. Zo moesten de onderzoekers handschoenen dragen waarvan de beschermtijd exact bekend was. Verder droegen zij een plastic schort dat van achteren sloot, en een plastic kap voor het gezicht. Onder de beschermende kleding droegen zij een soort sportkleding en ondergoed dat onmiddellijk na het werk werd uitgetrokken. Zij douchten zich dan en trokken andere kleding aan. Iedereen die met de V-stoffen werkte, wist precies welke eigenschappen de stoffen hadden en welke middelen nodig waren als er iets mis ging. Er was bovendien een alarmeringssysteem geïnstalleerd om bij een incident onmiddellijk medische hulp van het Medisch Biologisch Laboratorium in te kunnen roepen.[57]

Van Ormondt stelde tevreden vast dat de contacten met de Engelsen steeds nauwer werden. De twee landen hadden een onderlinge afspraak gemaakt om op bepaalde gebieden de research te 'poolen'. Daarvoor was een werkgroep opgericht die al een keer in Engeland had vergaderd en daarna een aantal projecten had voorgesteld die Nederland en Groot-Brittannië samen konden uitvoeren. Van Ormondt was van mening dat deze samenwerking zeer nuttig kon zijn.[58]

Contacten met inlichtingendiensten

Tijdens de Koude Oorlog ging de grootste dreiging van een tegen NAVO-landen gerichte inzet van chemische wapens uit van de Sovjet-Unie en haar bondgenoten, die zich in 1955, in reactie op de toetreding van de Bondsrepubliek Duitsland tot de NAVO, in het Warschaupact verenigden. Het Chemisch Laboratorium onderhield nauwe contacten met de Militaire Inlichtingendienst (MID), en met name met het bureau Wetenschappelijke Inlichtingen, over de voorbereidingen die de Sovjet-Unie en andere Warschaupactlanden op dit gebied troffen.

Van Ormondt stelde de inlichtingen die hij van de MID kreeg zeer op prijs. Deze betroffen niet alleen openbare bronnen, zoals wetenschappelijke artikelen uit Sovjettijdschriften, maar ook bijvoorbeeld verslagen van verhoren van personen uit de Sovjet-Unie en satellietstaten die informatie konden verschaffen over de voorbereidingen achter het IJzeren Gordijn op het gebied van de chemische oorlogvoering. Op zijn beurt voorzag het Chemisch Laboratorium de inlichtingen van een wetenschappelijke beoordeling. Van Ormondt – die tijdens en vlak na de oorlog zelf ervaring op inlichtingengebied had opgedaan – sprak overigens wel zijn twijfels uit over de betrouwbaarheid van inlichtingen wanneer die door ondeskundigen waren verkregen. "Een hoog percentage van de gegevens uit deze verhoren is van geringe technische waarde", concludeerde hij, "onder andere doordat de leiders van het verhoor onvoldoende deskundig waren." Overigens was het niet zo dat Van Ormondt er helemaal geen nut in zag: "Van tijd tot tijd echter stuit men op mededelingen die van onmiskenbaar belang zijn." Hij wilde daarom dit soort inlichtingen graag ontvangen.[59]

Van Ormondt besteedde ook veel tijd aan het onderhouden en uitbreiden van het internationale inlichtingennetwerk dat hij tijdens en vlak na de oorlog had opgebouwd. Deskundigen uit de Verenigde Staten, Groot-Brittannië en Frankrijk hielden hem op de hoogte van de laatste ontwikkelingen op het gebied van de chemische oorlogvoering. Deze informatie kwam niet alleen het Chemisch Laboratorium ten goede, aangezien de MID Van Ormondt had verzocht belangwekkende zaken door te spelen. Een voorbeeld hiervan waren de aanwijzingen dat de Sovjets en de Oost-Duitsers gezamenlijk proeven met chemische strijdmiddelen deden op een proefterrein in Jüterbog in Oost-Duitsland.[60]

De Amerikaanse assistent militair attaché voor chemische oorlogvoering, kolonel Williamson, stelde Van Ormondt in augustus 1953 voor het eerst van deze proeven op de hoogte.

In oktober en november 1953 bracht de directeur van het Chemisch Laboratorium een bezoek aan het *Bureau Armet* van de Franse generale staf, waar hij uitvoerig werd gebrieft. Het *Bureau Armet* beschikte over een rapport dat door kapitein Collomp en kapitein Moulin van de *Groupement Arme Chimique* in Aubervilliers was opgesteld, nadat zij in juli 1952 een bezoek aan Berlijn hadden gebracht. Daar hadden zij gesproken met een Duitse informant die bij de proeven betrokken was geweest. Na het bezoek aan het *Bureau Armet* bezocht Van Ormondt ook kolonel Williamson, die hem van de laatste Amerikaanse inlichtingen op de hoogte stelde. Van Ormondt kreeg van Williamson een vertrouwelijk rapport waarin verslag werd gedaan van proeven in de Verenigde Staten waarmee de Amerikanen hadden geprobeerd de uit Jüterbog verkregen gegevens te verifiëren.[61]

Van Ormondt was nu in staat de informatie van de Fransen en de Amerikanen te vergelijken en op hun waarheidsgehalte te toetsen. Bij Van Ormondt bestond enige twijfel over de betrouwbaarheid van het Franse inlichtingenrapport. De Duitse informant was namelijk ondervraagd door twee Franse deskundigen die slechts gebrekkig Duits spraken. Aangezien de inlichtingen op een groot aantal punten overeenstemden, leek het hem wel waarschijnlijk dat er inderdaad proefnemingen op het terrein bij Jüterbog plaatsvonden. De Sovjets en Oost-Duitsers gebruikten daarbij enige aan blauwzuur verwante verbindingen. Van Ormondt vermoedde dat deze verbindingen op een of andere wijze een gevaarlijker strijdgas konden vormen dan het blauwzuur zelf. Voor zover bekend, bevonden de proefnemingen zich nog in het beginstadium. Het leek Van Ormondt zeer de moeite waard de ontwikkelingen te blijven volgen. Hij dacht overigens niet dat de proeven op initiatief van de generale staf van het Rode Leger plaatsvonden. Het proefterrein lag daarvoor te dicht achter het IJzeren Gordijn. Waarschijnlijk was "dat tot het nemen der proeven besloten is door het toevallig samentreffen van Russische militairen, Duitse industrielen en chemici in de nabijheid van een chemische fabriek en een bij uitstek geschikt terrein". Aan het belang van de proeven deed dat echter niets af. "Wel is dan te verwachten, dat de Russische Generale Staf op het moment, dat zij overtuigd wordt van het belang der proeven deze verplaatst naar een veel minder gemakkelijk te bespieden terrein."[62]

Aan de hand van de verkregen inlichtingen deed het Chemisch Laboratorium ook zelf enig onderzoek. Verder stelde Van Ormondt de Militaire Inlichtingendienst op de hoogte. Omdat er bij hem toch enige twijfel over de betrouwbaarheid van de inlichtingen bleef bestaan, suggereerde hij dat ook van Nederlandse zijde inlichtingen zouden worden ingewonnen, "die wellicht met onze hulp, van meer waarde zouden kunnen zijn dan de tot nu toe verkregen inlichtingen".[63] Over het verdere verloop van deze kwestie is uit de beschikbare bronnen niets op te maken.

Een ander voorbeeld deed zich voor in 1956. Op 22 maart van dat jaar kwam op het Chemisch Laboratorium van de RVO-TNO een groep Nederlandse en Amerikaanse deskundigen bij elkaar om de *Intelligence Staff Study* '*Chemical Warfare Capabilities in the Soviet Union and Satellites*' te bespreken.[64] In dit geheime Amerikaanse rapport uit februari 1955 stond dat de Sovjets de beschikking hadden over een strijdgas dat zij zelf aanduidden met de naam 'tabun'. De grote vraag was of dit Sovjetzenuwgas hetzelfde strijdgas was als het Duitse tabun of een heel ander chemisch strijdmiddel. De groep bestond uit onder anderen luitenant-kolonel Schaf, de nieuwe Amerikaanse assistent militair attaché voor chemische oorlogvoering in Parijs en betrokken bij het opstellen van het rapport, dr. Kovach van de *US Naval Forces*, luitenant-kolonel Kloeg (Inspectie der Genie), Cohen (Medisch Biologisch Laboratorium), en Van Ormondt, Jonquière en Ooms van het Chemisch Laboratorium. De meningen van deze deskundigen liepen zo sterk uiteen dat ze niet tot een voor allen aanvaardbare conclusie konden komen. Volgens de Amerikanen leek het tabun van de Sovjets meer op sarin.

Luitenant-kolonel Schaf vertelde de aanwezigen dat de Amerikanen tijdens een recente beproeving de uitwerking van sarin op proefpersonen hadden onderzocht. Amerikaanse onderzoekers hadden hierbij een bataljon militairen met sarinmunitie beschoten. Het bataljon bestond uit manschappen die een goede gastraining hadden ontvangen, waarbij veel aandacht was besteed aan het snel en correct opzetten van het gasmasker, inclusief het inhouden van de adem en het sluiten van de ogen totdat het masker op het hoofd zat. Het aantal gasgewonden dat bij de proefneming was gevallen, was onverwacht laag. De Amerikanen waren hierdoor tot de conclusie gekomen dat sarin niet voor tactisch gebruik geschikt was. Het was niet mogelijk gebleken om in korte tijd de gewenste ct-waarde te bereiken, waardoor een goedgetrainde tegenstander die op tijd zijn gasmasker opzette een aanval redelijk kon pareren. De betekenis van sarin tegen minder goed getrainde troepen en bij strategische inzet bleef echter onaangetast. Wat voor sarin gold, moest volgens de Amerikaanse zienswijze ook voor het Sovjet-tabun gelden. Wel tekende Schaf daarbij aan dat de Sovjets per divisie over een veel grotere vuurkracht konden beschikken in de vorm van 120 en 240 mm mortieren, kanonnen van verschillend kaliber en raketwerpers. Zij zouden veel grotere gasovervallen kunnen uitvoeren dan een Amerikaanse divisie.

Volgens het Amerikaanse inlichtingenrapport zouden de Sovjets meer interesse hebben in het ontwikkelen van een maskerbreker dan in zeer toxische verbindingen. Een maskerbreker, een relatief onschuldige, irriterende stof die een gasmasker kan binnendringen door de actieve kool in de gasmaskervulling te neutraliseren of waartegen de kool niet volledig beschermt, zorgt ervoor dat de militair zijn gasmasker afzet. Daarna is het mogelijk de onbeschermde militair met betrekkelijk weinig toxische stoffen buiten gevecht te stellen. Bij een maskerbreker moet worden gedacht aan zeer vluchtige verbindingen met een laag moleculair gewicht. Gedurende de gehele Koude Oorlog bleef de vrees bestaan dat het Warschaupact over een effectieve maskerbreker zou beschikken.

Het is overigens niet duidelijk waarom de Amerikanen de inhoud van het geheime inlichtingenrapport met de Nederlanders wilden bespreken. Wellicht sloegen zij de bij het Chemisch Laboratorium en het Medisch Biologisch Laboratorium aanwezige kennis hoog aan en verwachtten zij een vruchtbare uitwisseling van gegevens. Niet onmogelijk is echter dat zij de informatie met Nederland en andere NAVO-bondgenoten deelden om hen van de Sovjet-Russische voorbereidingen op dit gebied op de hoogte te stellen en duidelijk te maken dat zij zich op een mogelijke chemische oorlog dienden voor te bereiden.

8 | Ontsmettingsproeven 1959-1968

Mourmelon 1959-1960

Na 1958 nam Nederland niet meer actief aan Franse proefnemingen in de Sahara deel. We weten dat de Fransen met deze proeven doorgingen, en ook dat Frankrijk de Nederlandse aanwezigheid nog steeds op prijs stelde. Van Ormondt was kennelijk niet van plan onderzoekers van zijn laboratorium naar een oorlogsgebied te sturen; de onafhankelijkheidsstrijd in Algerije woedde in alle hevigheid. Zoals we nog zullen zien, kreeg Nederland pas in 1965 weer een uitnodiging om de proefnemingen in de Sahara bij te wonen (zie p. 256).

In januari 1958 had de Franse minister van defensie het *Commandement des Armes Spéciales* van de generale staf ondergebracht bij de verenigde chefs van staven. De naam van het orgaan was daarbij veranderd in *Commandement Interarmées des Armes Spéciales*. Ook had hij de organisatie voor research en development op het gebied van biologische en chemische oorlogvoering laten reorganiseren. Voortaan werkte de *Commission des Études et Expérimentations Chimiques et Bactériologiques* voor de gehele krijgsmacht. In 1959 slaagden onderzoekers van het *Centre d'Études du Bouchet* erin om een eigen variant van VX (met de codenaam V4) te synthetiseren. In 1962 zouden Amerikaanse militaire onderzoekers – met toestemming van de Britten – alle bekende gegevens over *V-agents* aan de Fransen overdragen. In de daaropvolgende jaren werkten de Fransen aan de ontwikkeling van een eigen industrieel productieproces voor sarin en VX. Halverwege de jaren zestig slaagden de Fransen erin om enkele duizenden kilo's sarin en ruim 400 kg VX op semitechnische schaal aan te maken. Deze voorraden waren bestemd voor proefnemingen in onder meer de Sahara.[1]

Nederland bleef na 1958 wel actief deelnemen aan de proefnemingen in Mourmelon. De eerstvolgende proeven vonden van 21 september tot 3 oktober 1959 plaats. Dit was een voortzetting van de eerdere proefnemingen in Mourmelon en in de Sahara het jaar daarvoor. Het team dat het Chemisch Laboratorium naar Frankrijk stuurde, bestond uit zes man en stond onder leiding van Clarenburg.[2] Van Ormondt was alleen aan het begin en het einde van de proefnemingen aanwezig. Naast kolonel Kloeg en hoofdingenieur Scheuer woonden ook majoor ir. E. Zondag van de Inspectie der Genie en vaandrig drs. A.A. Holscher van het Adviesbureau Wetenschappelijk Onderzoek de proeven bij. De laatste twee waren ook actief betrokken bij de uitvoering van de proeven.[3]

De Fransen wilden in Mourmelon de uitwerking van een nieuw type 150 mm sarinraket onderzoeken. De Nederlandse bijdrage bestond uit het bestuderen van de vloeistofbesmetting in de buurt van het springpunt. Bovendien hadden de Nederlanders apparatuur aan de

Fransen ter beschikking gesteld voor het bepalen van de sarindampdoses op 200 meter afstand. Op de 200 meter-lijn beproefde de Nederlandse delegatie zelf het nieuwe prototype van de Nederlandse gasverkennerstas. Zij deed verder nog onderzoek naar de besmetting van uniformstof, met name om te bepalen hoelang druppels sarin op de kleding van militairen een gevaar konden opleveren. Er vonden in totaal negen proeven plaats, telkens met een 150 mm raket gevuld met 4 kg sarin. De experimentele proeven in Mourmelon bevestigden duidelijk de hypotheses over de vloeistofbesmetting die na de proeven van 1958 waren opgesteld.[4]

Een jaar later nam er weer een Nederlandse delegatie aan de proefnemingen in Mourmelon deel. Van 26 september tot 8 oktober 1960 was er een klein team van het Chemisch Laboratorium aanwezig, aangevuld met vaandrig ir. P. van Duursen van de sectie Adviezen (voorheen: het Adviesbureau) Wetenschappelijk Onderzoek van de Generale Staf. Kolonel Kloeg en hoofdingenieur Scheuer woonden als vertegenwoordigers van de krijgsmacht opnieuw een deel van de proeven bij. Nederland was gedurende deze proeven verantwoordelijk voor de bepaling van de graad van besmetting op grote afstand (350-600 meter) van het springpunt.[5]

Onderzoek naar *incapacitating agents*?

Op 15 december 1960 hield Van Ormondt een lezing waarin hij de gedelegeerden van de minister van Defensie[6] bij de RVO-TNO, het bestuur van de RVO-TNO, vertegenwoordigers van TNO en leden van de Chemische Contact Commissie op de hoogte stelde van de laatste ontwikkelingen op het gebied van de chemische oorlogvoering. Sinds kort was er veel belangstelling – eerst in de Verenigde Staten en later ook elders – voor het mogelijke gebruik van zogenoemde *incapacitating agents*. Dit waren strijdgassen die militairen snel buiten gevecht konden stellen, maar die in principe niet dodelijk waren. Tot de *incapacitating agents* behoorden ook de *psychochemicals*, waaronder hallucinogene middelen als LSD. De studie naar de *incapacitating agents* bevond zich begin jaren zestig nog in het beginstadium. Van Ormondt dacht dat "op een enkele uitzondering na, deze strijdmiddelen – zo dit ooit het geval zal zijn – nog niet het stadium van praktische bruikbaarheid" hadden bereikt.[7]

Van Ormondt vond een andere ontwikkeling van meer direct belang. Het moderne onderzoek naar chemische strijdmiddelen en inzetmiddelen had naar zijn mening een zodanig punt bereikt dat er een realistische mogelijkheid bestond dat een tegenstander chemische wapens voor een tactisch doel zou inzetten. Chemische wapens zouden hem in staat stellen een gebied ongeschonden in handen te krijgen. Volgens Van Ormondt zou dit voor de Sovjets de belangrijkste reden zijn om bij een aanval chemische strijdmiddelen in te zetten. "Deze overweging krijgt bijzondere betekenis voor het Europees gebied, waar er voor de Russen veel aan gelegen zal zijn om West Europa inclusief zijn industriegebieden, transportmiddelen, haveninstallaties etc. snel en intact in handen te krijgen."[8]

Van Ormondt twijfelde er niet aan dat de Sovjets chemische strijdmiddelen zouden inzetten. Hoewel gedetailleerde gegevens over het chemische wapenprogramma van de Sovjet-Unie ontbraken, gaven inlichtingendiensten aan dat ongeveer een zesde van de daar aangemaakte munitie uit chemische munitie bestond. Het Sovjetleger beschikte op ieder echelon over speciale chemische eenheden. Hoge Sovjetmilitairen hadden herhaaldelijk verklaard dat hun land in een toekomstige oorlog van alle mogelijke middelen gebruik zou maken. Uit open wetenschappelijke Sovjetliteratuur was op te maken dat Sovjetonderzoekers in hun laboratoria onderzoek deden naar verbindingen die sterk leken op de in het Westen bekende Duitse zenuwgassen en *V-agents* (zie noot 53 op p. 384). De Sovjetbevolking werd veel meer dan de bevolking in enig NAVO-land voorbereid op de mogelijkheden zich tegen chemische aanvallen te beschermen. Volgens Van Ormondt was het duidelijk dat de Sovjet-Unie zich voorbereidde "op het voeren van een chemische oorlog c.q. het zich verdedigen tegen chemische aanvallen".[9]

Op deze dreiging bestond volgens Van Ormondt maar één antwoord: het gebruik van goede beschermingsmiddelen. "Indien de NATO strijdkrachten zouden kunnen worden uitgerust met gasmaskers en met beschermende kleding, die zonder bezwaar vele uren kunnen worden gedragen, terwijl bovendien therapeutische en profylactische middelen ter beschikking zouden komen die het effect van de blootstelling aan zenuwgas grotendeels teniet doen, dan zal de aanval met zenuwgassen niet meer aantrekkelijk zijn en dus wellicht ook niet plaatsvinden." Van Ormondt vond dat "de Nederlandse militaire research" zich in het bijzonder op de ontwikkeling van beschermingsmiddelen tegen bestaande zenuwgassen moest richten, "liever dan zich reeds thans bezig te houden met het onderzoeken van in verder verschiet liggende mogelijkheden". Hij doelde daarbij op de in zijn ogen modieuze *incapacitating agents*, die nog lang niet – of misschien wel nooit – als wapen konden worden gebruikt.[10]

Kolonel Kloeg informeerde na afloop van de voordracht of het RVO-TNO-beleid was om alle aandacht op zenuwgassen te richten en de *incapacitating agents* buiten beschouwing te laten. Hij herinnerde eraan dat in Groot-Brittannië tijdens de oorlogsjaren het onderzoek op het gebied van nieuwe (zenuw)gassen te vroeg was stopgezet. Kloeg was van mening dat Nederland als klein land toekomstige mogelijkheden niet mocht verwaarlozen. Van Ormondts collega prof. Cohen, de directeur van het Medisch Biologisch Laboratorium, gaf antwoord. Het was niet zo dat de RVO-TNO geen aandacht voor fundamenteel onderzoek (naar *incapacitating agents*) had en zich uitsluitend op beschermingsmiddelen tegen zenuwgassen richtte. Een RVO-TNO delegatie was onlangs nog naar de Verenigde Staten geweest om zich op het gebied van de *incapacitating agents* op de hoogte te laten stellen. Daar kwam echter naar voren dat er in de geruchtmakende publicaties over deze stoffen vooral propaganda schuilde. "Men spreekt over stoffen, die in de medische wetenschap reeds lang bekend waren, maar waarvan de deskundigen vooralsnog menen, dat de militaire waarde twijfelachtig is. (...) Wij menen dus dat er momenteel inderdaad belangrijker zaken zijn om onze aandacht op te concentreren", aldus Cohen.[11]

Het besef dat "de dreiging van chemische oorlogvoering een zeer reële is", was de laatste jaren sterk toegenomen. Dat had Van Ormondt uit gesprekken met buitenlandse deskundigen opgemaakt. Ook in Nederland was er sprake van verhoogde belangstelling. Zo vroeg de souschef van de Generale Staf, brigadegeneraal H.L.T. Ubbink, Van Ormondt naar aanleiding van zijn voordracht om meer details over de moderne conceptie van chemische oorlogvoering. In zijn antwoord ging Van Ormondt opnieuw in op het herstel van het evenwicht tussen 'aanval' en 'verdediging': "Men is gaan inzien dat met behulp van de moderne strijdgassen als G en V agents en gebruik makend van verspreiding door multipele raketwerpers, missiles, sproeitanks bevestigd aan bemande en onbemande vliegtuigen etc., grote tactische en strategische voordelen te behalen zijn tegen een verdediger die hier niet op geprepareerd is. Allerwege wordt dus van de researchlaboratoria op het gebied der chemische oorlogvoering gevraagd dat zij met spoed die beschermingsmiddelen ontwikkelen en het inzicht in de mogelijkheden van de aanval zodanig verdiepen dat althans de bescherming tegen de thans bekende aanvalsmogelijkheden verzekerd is."[12]

Dat Van Ormondt niet alleen stond in zijn standpunt dat het bezit van goede gasbeschermingsmiddelen de beste verdediging tegen een chemische aanval was en de vijand eventueel van het gebruik van strijdgassen zou doen afzien, bleek uit het zogenoemde 'Von Karman-rapport',[13] dat was opgesteld voor de NATO *Standing Group*. Uit dit rapport bleek dat de NAVO een grote achterstand op het gebied van gasbeschermingsmiddelen had en dat dit een reëel gevaar opleverde: "Although chemical and bacterial weapons form no part of NATO's present defence plans their future possibilities for development are so enormous that we dare not ignore them. Development costs are relatively small, and the expenditure of quite modest amounts could easily result in a really major increase in offensive power. The danger is that research may give the enemy the possibility of delivering a completely devastating attack on unprepared military forces."[14]

In deze periode van toenemende aandacht voor chemische oorlogvoering werd het Chemisch Laboratorium geconfronteerd met een mogelijke inkrimping – of op zijn best: consolidatie – van het onderzoeksbudget. Van Ormondt waarschuwde het bestuur van de RVO-TNO dat dit gezien de groeiende aandacht voor chemische oorlogvoering een onjuiste beslissing zou zijn. Daarom vond hij het ook belangrijk dat de al langer geplande totstandkoming van een eigen 'gaskamercomplex' doorgang vond. Al in 1957 had Van Ormondt laten weten grote behoefte te hebben aan een gaskamercomplex om verschillende prototypen detectiematerieel, beschermende kleding en ontsmettingsmiddelen aan een realistische beproeving te kunnen onderwerpen. Het ging hier niet om een nieuw onderzoeksterrein, maar om de laatste fase van onderzoekingen "die slechts door realistische beproeving in het gaskamercomplex hun afsluiting kunnen vinden". De behoefte aan een eigen gaskamercomplex was recentelijk groter geworden, omdat de ontwikkeling van het gasbeschermingsmaterieel de laatste tijd enorme vorderingen had gemaakt. Niet alleen het Chemisch Laboratorium, maar ook het Medisch Biologisch Laboratorium en het Technologisch Laboratorium hadden laten weten behoefte aan een dergelijk complex te hebben. Bovendien dacht Van Ormondt dat een gaskamercomplex "een onontbeerlijk hulpmiddel voor de militaire ABC-scholen" was, die zelf niet over dergelijke middelen beschikten omdat hiervoor een laboratorium en technisch geschoold personeel nodig waren. In het gaskamercomplex zouden de ABC-scholen onder realistische condities onderwijs kunnen geven en gasbeschermingsmaterieel kunnen beproeven.[15]

Een jaar later, op 16 november 1961, kwamen de gedelegeerden van de minister van Defensie bij de RVO-TNO, het bestuur van de RVO-TNO en de leden van de Chemische Contact Commissie weer bijeen. Nu niet om zich op de hoogte te laten stellen van de laatste stand van zaken, maar om het onderzoeksprogramma van het Chemisch Laboratorium tegen het licht te houden. Een van de gedelegeerden van de minister van Defensie, luitenant-kolonel ir. C. Plooy, wilde dat het Chemisch Laboratorium toch onderzoek naar *incapacitating agents* zou gaan doen. "Wanneer men in staat zou zijn deze te ontwikkelen en in een conflict te gebruiken, dan zou dit een gunstige invloed hebben op de houding van de bevolking, waartegen men deze agents gebruikt", meende hij. Het ging immers om strijdgassen die niet dodelijk waren. Volgens de voorzitter van de RVO-TNO, prof. Sizoo, waren *incapacitating agents* echter chemische aanvalswapens. Hij wees erop dat Nederland het Protocol van Genève had ondertekend en dat dit volgens hem betekende dat Nederland geen chemische strijdmiddelen als aanvalswapen zou gebruiken. (Helemaal juist was dat niet, aangezien Nederland zich formeel het recht had voorbehouden om een eventueel vijandelijk gebruik van chemische wapens met dezelfde middelen te vergelden; zie met name p. 88.) Volgens Sizoo moest het onderzoek in Nederland zich uitsluitend op de verdediging tegen chemische strijdmiddelen richten. Beperkt onderzoek naar *incapacitating agents* was slechts verantwoord omdat "het laboratorium wetenschappelijk gesproken moet zorgen hierover in het internationale gesprek te kunnen meepraten". De plaatsvervangend directeur van het Chemisch Laboratorium, Jonquière, voegde hieraan toe dat bij de werkzaamheden van het laboratorium inderdaad het Protocol van Genève als richtsnoer gold. "Er wordt defensieve research verricht maar in offensieve geest. Dat wil zeggen dat men zich steeds dient af te vragen, welke de aanvalsmogelijkheden zijn, om na te kunnen gaan hoe men zich hiertegen zal moeten beschermen." Volgens luitenant-kolonel Plooy onderschreef deze opmerking zijn pleidooi om de *incapacitating agents* in het programma van het laboratorium op te nemen.[16]

Het bestuderen van de eigenschappen van *V-agents* en het onderzoek naar de bescherming tegen deze stoffen bleven begin jaren zestig centraal staan in het onderzoeksprogramma van het Chemisch Laboratorium. Van overschakelen op de studie van *incapacitating agents* was voorlopig geen sprake. "De redenen hiervoor zijn enerzijds dat meer en meer gebleken is dat onze kennis omtrent de V-agents, ook internationaal gezien, nog geenszins voldoende is om daarop algemeen bruikbare gasbeschermingsmaatregelen te baseren, terwijl anderzijds, ook nadat hierover met buitenlandse bezoekers uitvoerig van gedachten is gewisseld, niet gebleken is dat wij bij de huidige stand van het onderzoek reeds thans een nuttige bijdrage op het gebied der incapacitating agents zouden kunnen leveren."[17]

Ook de Amerikanen en Britten gaven er de voorkeur aan dat het Chemisch Laboratorium zijn aandacht op *V-agents* bleef richten, "omdat op die manier onze [Nederlandse] bijdrage in de gezamenlijke inspanning het best tot zijn recht komt". Door het voortgezet systematisch onderzoek was het Chemisch Laboratorium een aantal nieuwe V-stoffen met militair gezien belangrijke eigenschappen op het spoor gekomen. Aangezien bescherming van de huid tegen V-stoffen van het grootste belang was, besteedde het laboratorium ook veel aandacht aan onderzoek naar beschermende kleding. Daarnaast verrichtte het fundamenteel onderzoek naar zwavelhoudende varianten van sarin. Hieruit was naar voren gekomen dat "hier eveneens mogelijkheden liggen waarmee rekening moet worden gehouden". Net als in de Verenigde Staten en Groot-Brittannië was het besef ontstaan dat fundamenteel onderzoek naar nieuwe varianten zenuwgassen gewenst bleef om het gasbeschermingsmaterieel up-to-date te houden.[18]

Bilaterale en multilaterale samenwerking

Na de oorlog had Nederland met Frankrijk en België een multilateraal akkoord voor gezamenlijk onderzoek op het gebied van de chemische oorlogvoering gesloten (zie p. 173). Op basis van dit akkoord vonden de proefnemingen in de Sahara en Mourmelon plaats. Ook bestond er een bilaterale overeenkomst met België. Vanaf de jaren vijftig breidde het aantal samenwerkingsverbanden zich verder uit, soms specifiek gericht op de chemische oorlogvoering, maar vaak in een breder verband. Onder meer kwamen regelingen met de Verenigde Staten en Groot-Brittannië tot stand, landen die voorheen geen geclassificeerde informatie over dit onderwerp met bondgenoten uitwisselden.

In de loop van de jaren vijftig waren Nederland en Groot-Brittannië een 'Memorandum of understanding on the arrangements for collaboration between the United Kingdom and The Netherlands on defence research and development' overeengekomen.[19] Van Ormondt werd de Nederlandse voorzitter van de *Working Group no. 2: Chemical Defence, Medio-Biological and Radiological Defence*. Ook kolonel Kloeg en kolonel-arts D. Cowan hadden zitting in deze werkgroep, terwijl Ooms de Nederlandse secretaris was. De werkgroep besteedde onder meer aandacht aan het fundamenteel onderzoek naar mogelijke nieuwe strijdgassen. Begin jaren zestig werd ook Noorwegen lid. Tussen de RVO-TNO en het Noorse *Forsvaret Forsknings Institut* bestond reeds een bilaterale overeenkomst op het gebied van defensieresearch. De samenwerking had zich wat het Chemisch Laboratorium betrof tot dan toe beperkt tot het uitwisselen van gegevens en wederzijdse bezoeken. Met Canada was een soortgelijk verdrag, een *Memorandum of Understanding for the Exchange of Information on Defence Science*, tot stand gekomen.

De samenwerking van de RVO-TNO met de Verenigde Staten was geregeld in een aantal zogenoemde *Mutual Weapons Development Data Exchange Agreements*.[20] Deze *data exchange agreements* regelden het uitwisselen van informatie, onder meer op het gebied van de chemische oorlogvoering. Hierbij was het Chemisch Laboratorium betrokken. Begin jaren zestig omvatten de *agreements* vrijwel uitsluitend beschermende maatregelen (kleding en detectie). Er waren ook een aantal *agreements* voor het uitwisselen van fundamentele kennis over chemische strijdmiddelen opgesteld – onder meer aangaande aerosolen en de verspreiding van gaswolken –, maar deze waren wel door de RVO-TNO, maar nog niet door de Verenigde Staten ondertekend. Ook had de RVO-TNO een aantal *Mutual Weapons Development Projects* op het gebied van chemische oorlogvoering bij de Verenigde Staten aangevraagd. Anders dan de naam suggereert, ging het hierbij niet om de ontwikkeling van wapens, maar betrof het geza-

Proefterreinen en onderzoeksinstituten
1950-1968
landen waarmee Nederland op het gebied van het onderzoek naar chemische oorlogvoering samenwerkte
Porton Down
onderzoeksinstituut
Mourmelon
proefterrein
NOORWEGEN
Oslo
ATLANTISCHE
OCEAAN
NOORDZEE
DENEMARKEN
Kopenhagen
Dublin
IERLAND
VERENIGD
KONINKRIJK
Londen
Porton Down
Vlieland
Amsterdam
Harskamp
Rijswijk
Deelen
Munsterlager
NL
Zoersel
Brussel
Vilvoorde
WEST-
BELGIË
Bonn
DDR
Het Kanaal
Elsenborn
Mourmelon
L
Parijs
Aubervilliers
Luxemburg
Vert-le-Petit
DUITSLAND
FRANKRIJK
Bern
ZWITSERLAND
OOSTENRIJK
Golf van
Biskaje
ITALIË
PORTUGAL
Madrid
Lissabon
SPANJE
Corsica
Rome
Palma
Sardinië
Straat v. Gibraltar
MIDDELLANDSE ZEE
Algiers
Oran
Rabat
Tunis
Sicilië
MAROKKO
ALGERIJE
Beni Ounif
Colomb-Béchar
TUNESIË
Tripoli
Cartografie: Louis Kaulartz / NIMH

menlijke onderzoeksprojecten die deels door de Amerikanen werden gefinancierd. Een van deze *Projects* richtte zich op verder onderzoek naar het gedrag van aerosolen en gaswolken. Samen met het Medisch Biologisch Laboratorium zou er bovendien onderzoek plaatsvinden naar de therapie tegen zenuwgassen.

Wat betreft de multilaterale contacten was het overleg in FINABEL-verband één van de voornaamste. De FINABEL-organisatie was opgezet door de Generale Staven van Frankrijk, Italië, Nederland, Duitsland, België en Luxemburg. Van Ormondt en ir. F.L. Westerweel van het Chemisch Laboratorium waren lid van de *sous-groupes techniques* I en II van het *Comité de Protection* ABC *(Trousses de détection – Protection chimique)*. Westerweel was tevens lid van *sous-groupe* IV *(Épandages Aériennes)*. De FINABEL-landen werkten binnen deze verbanden aan de ontwikkeling van ontsmettingsmethoden en -middelen.

De samenwerking in NAVO-verband kreeg in 1961 een sterke stimulans door het al eerdergenoemde 'Von Karman-rapport' (zie p. 238). Dit rapport was aan de *NATO Standing Group* gepresenteerd om deze te informeren over de verwachte ontwikkelingen op het gebied van de chemische oorlogvoering, zodat daarmee rekening kon worden gehouden bij het opstellen van bewapeningsplannen. Daarmee had de chemische oorlogvoering binnen de NAVO voor het eerst een zekere status gekregen. Tot 1961 hielden de NAVO-landen er wel rekening mee, maar kenden geen gezamenlijke benadering op dit gebied. Chemische oorlogvoering beschouwden zij als een nationale verantwoordelijkheid. Aan deze situatie kwam een einde toen de *Ad hoc Mixed Working Group on Protection against* NBC *Warfare* van de *NATO Standing*

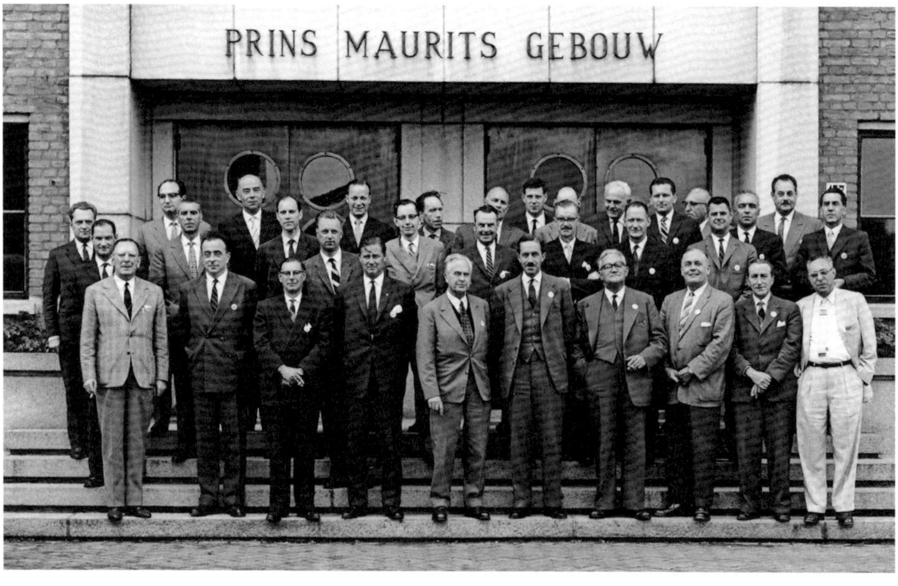

Het Chemisch Laboratorium van RVO-TNO treedt op als gastheer van de *Ad hoc Mixed Working Group on Protection against* NBC *Warfare* van de NAVO, 1962. Voorste rij, derde van rechts Van Ormondt.

Group de opdracht kreeg een NAVO-standpunt aangaande chemische oorlogvoering te formuleren, gebaseerd op het 'Von Karman-rapport'. Van Ormondt, kolonel Kloeg en kapitein-luitenant-ter-zee V.H. baron van Lawick waren lid van de *Ad hoc Mixed Working Group*. Van Ormondt was tevens lid van de *Technical Subgroup* van de werkgroep (de voormalige *Group of Experts on Equipment for Defence against Chemical Warfare*).[21]

Het bestuur van de RVO-TNO hechtte grote waarde aan internationale samenwerking. Het zag een aantal belangrijke voordelen. Ten eerste bood het onderzoekers van de RVO-TNO de mogelijkheid om met collega's ervaringen en kennis uit te wisselen, zonder zich zorgen te hoeven maken over het vertrouwelijke karakter van hun werk. Ten tweede was het mogelijk om onderzoekers naar zusterinstellingen in het buitenland te sturen om er voor langere tijd onderzoek te doen. Zo werd een medewerker van het Chemisch Laboratorium onder het *Canadian Defense Research Fellowship Program* naar het *Experimental Station* van de *Canadian Defense Research Board* te Suffield uitgezonden. Ten derde was uitwisseling van informatie van groot belang bij het oplossen van eigen vraagstukken. Ten vierde kon door onderlinge samenwerking worden voorkomen dat er op verschillende plekken hetzelfde onderzoek werd gedaan. Ten vijfde verkregen onderzoekers via de onderlinge contacten inlichtingen over "in gang zijnde ontwikkelingen, die via de militaire kanalen nog niet bekend waren gegeven met het gevolg dat de Nederlandse Krijgsmacht terzake vroegtijdig kon worden ingelicht en de gelegenheid kreeg zich op de consequenties daarvan te beraden". Het duidelijkste voorbeeld hiervan was dat medewerkers van het Chemisch Laboratorium zich al in een vroeg stadium via Britse collega's op de hoogte konden stellen van de ontdekking van *V-agents*. Ook wisten de Nederlanders al snel dat de Amerikanen onderzoek deden naar de *incapacitating agents*. Het zesde voordeel was dat Nederlandse onderzoekers door de internationale contacten gebruik konden maken van faciliteiten – vooral proefterreinen – die in Nederland niet aanwezig waren. Als laatste voordeel kan hier worden genoemd de buitenlandse financiële steun die de RVO-TNO voor fundamenteel onderzoek ontving. Zo ondersteunden de Verenigde Staten de Nederlandse chemische defensieresearch in de periode 1961-1965 met ruim een half miljoen dollar. Dat dit land de Nederlandse "researchprojecten voor steun in aanmerking liet komen", zagen de militairwetenschappelijk onderzoekers "als een indicatie voor de waardering van de kwaliteit van het in Nederland verrichte onderzoek".[22]

Mourmelon en Munsterlager 1961-1962

In 1961 namen Nederlandse delegaties zowel in het voor- als in het najaar deel aan proefnemingen in Mourmelon. In het voorjaar waren er twee teams van het Chemisch Laboratorium gelijktijdig actief. De proeven waren gezamenlijk door het Chemisch Laboratorium, de sectie Adviezen Wetenschappelijk Onderzoek van de KL en de Inspectie der Genie met hun buitenlandse partners uitgewerkt en waren een voortzetting van de proeven van 1959 met de sarinraket van 150 mm. Het team dat tussen 12 mei en 3 juni in Frankrijk actief was, stond onder

Belgische militairen demonstreren hun ontsmettingsprocedures tijdens de FINABEL-oefening *Charlotte*, 1962.

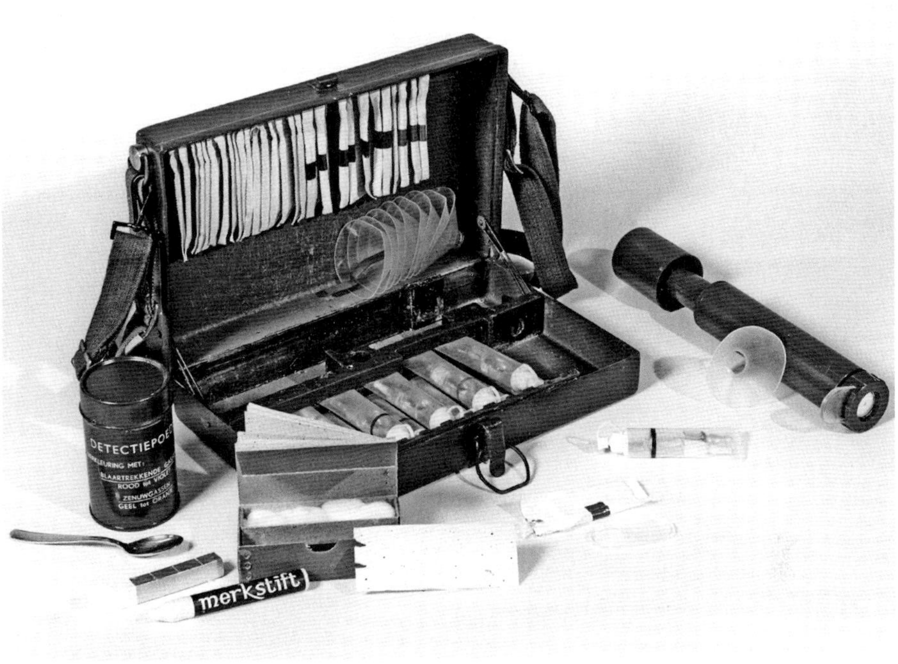

Een Nederlandse detectiekit voor chemische strijdmiddelen, 1962.

leiding van Clarenburg. Op verzoek van de Nederlanders hadden de Fransen een 300 meter-cirkel aan de meetopstelling toegevoegd, om de Nederlandse onderzoekers in staat te stellen ook op deze afstand metingen van de dampdosis te verrichten. Naast het team van Clarenburg was er tussen 15 en 20 mei nog een equipe onder leiding van Westerweel in Mourmelon. Dit team was aanwezig om de Nederlandse gasverkennersuitrusting en een prototype voor directe zenuwgasdetectie in het veld te beproeven. Westerweel kreeg daarbij ondersteuning van majoor Zondag van de sectie ABC van de Inspectie der Genie en van kapitein ir. R.J. van Erven van de eerdergenoemde sectie Adviezen Wetenschappelijk Onderzoek.[23] Clarenburgs team deed dus fundamenteel onderzoek en dat van Westerweel praktische research naar beschermingsmiddelen.

Tussen 11 en 16 september vonden er in Mourmelon proeven plaats waarbij vanuit een laagvliegend vliegtuig simili werden gesproeid.[24] Deze proeven waren een voorbereiding op grootschalige ontsmettingsproeven die ruim een halfjaar later in FINABEL-verband in Munsterlager zouden worden gehouden. Onderzoekers, onder leiding van Westerweel, gebruikten deze gelegenheid om Nederlandse prototypen van ondoordringbare (impermeabele), slechts éénmaal te gebruiken, beschermende kleding te beproeven.

De FINABEL-proeven vonden plaats in mei en juni 1962. Tijdens oefening *Charlotte* werden grote groepen militairen uit Frankrijk, Italië, Nederland, Duitsland en België en hun materieel door sproeivliegtuigen met simili in het open veld besmet. Daarna volgden grootschalige ontsmettingsproeven. Net als andere landen was Nederland met een grote delegatie op het oefenterrein van de *Bundeswehr* 'Munster-Nord' aanwezig. 8 officieren, 8 onderofficieren en 6 soldaten, uitgerust met 8 motorvoertuigen, vormden de te ontsmetten eenheid. Daarnaast was er een speciale (ad hoc) ontsmettingseenheid van de ABC-school ter grootte van 3 officieren, 7 onderofficieren en 47 manschappen. De Nederlandse delegatie testte in Munsterlager Nederlandse gasbeschermingsmiddelen, waaronder gasmaskers, poncho's, gaspakken en ontsmettingspoeder.[25]

Zoersel en Mourmelon 1964

Nu Nederland niet meer aan de Saharaproeven deelnam, waren de banden met de Fransen en Belgen minder hecht geworden. Het Belgische ETAC te Vilvoorde was inmiddels gereorganiseerd en heette nu *Établissement ABC* (EtABC). "De laatste jaren zijn er alleen incidentele bezoeken van de Belgen bij ons geweest, terwijl wij reeds geruime tijd geen bezoek meer aan het EtABC gebracht hebben", schreef Van Ormondt in januari 1963 in een brief aan de voorzitter van de RVO-TNO.[26] Om de banden weer aan te halen nodigde de RVO-TNO op initiatief van Sizoo de Belgische collega's in maart uit voor een bezoek aan de laboratoria in Rijswijk. De Belgen nodigden de Nederlanders op hun beurt uit voor een tegenbezoek aan het EtABC. De wederzijdse bezoeken leidden een nieuwe periode van samenwerking in. Hierin stonden niet langer proefnemingen voor het fundamenteel onderzoek naar de uitwerking van strijdgassen centraal, maar lag de nadruk op praktische ontsmettingsproeven.

Ook de contacten met Frankrijk werden geïntensiveerd. Op 12 en 13 maart 1964 kwamen Frankrijk, België en Nederland weer in Parijs bijeen om nieuwe veldproeven voor Mourmelon te bespreken. De Fransen hadden in 1963 weer grootschalige proefnemingen in de Sahara gehouden. Algerije was in maart 1962 weliswaar onafhankelijk geworden, maar tegen alle verwachtingen in had Frankrijk het proefterrein in de buurt van Beni Ounif niet hoeven te verlaten. Volgens het Verdrag van Évian had de Algerijnse regering Frankrijk toestemming gegeven het proefterrein nog vijf jaar lang te gebruiken. De proeven in 1963 hadden de "juistheid van de berekeningswijze van munitieverbruik uit de resultaten van metingen rondom één enkel projectiel" bevestigd. De Fransen wilden hun proefnemingen in Mourmelon voortzetten, maar hadden daarbij wel de hulp van de Belgen en de Nederlanders nodig. Nederland en België namen van 5 oktober tot 2 november 1964 aan een twintigtal proeven met een 155 mm saringranaat deel, waarbij Nederland zich vooral met het nemen en analyseren van luchtmonsters bezighield.[27]

Tijdens de bijeenkomst kwamen tevens de ontsmettingsproeven ter sprake die België in Elsenborn wilde uitvoeren. Het *Centre d'Études Militaires* had het voornemen in mei en juni 1964 tien proeven te doen waarbij telkens twee voertuigen werden besmet en ontsmet, om te bepalen hoeveel chemicaliën, oplosmiddelen en ontsmettingsmiddelen hiervoor nodig waren. Op grond van het Belgisch-Nederlandse akkoord vroegen de Belgen de Nederlanders een bijdrage te leveren. Ook de Fransen hadden hun hulp toegezegd. De Nederlandse bijdrage zou bestaan uit het doen van metingen om de mate van besmetting en ontsmetting te kunnen vaststellen. Daarvoor zou een kleine delegatie van het Chemisch Laboratorium naar Elsenborn afreizen. Verder zou een militaire afvaardiging, bestaande uit de commandant en een onderofficier van de ABC-school en de hoofdofficier toegevoegd voor ABC-zaken van de Inspectie der Genie, gedurende twee dagen de ontsmettingsproeven bezoeken. De proefnemingen, uitgevoerd met verdikt mosterdgas, vonden van 19 mei tot 6 juni plaats, weliswaar niet in Elsenborn, maar in Zoersel bij Oostmalle.[28]

Tijdens een vergadering van de Chemische Contact Commissie op 3 december 1964 gaf Van Ormondt een overzicht van de resultaten van de ontsmettingsproeven in Zoersel. De onderzoekers hadden gehoopt praktisch toepasbare conclusies te kunnen trekken met betrekking tot ontsmettingsmiddelen en -methoden, maar de resultaten vielen tegen. De stap van een eenvoudige laboratoriumproef naar het ontsmetten van een compleet militair voertuig was te groot gebleken. De onderzoekers dachten nu dat het beter was eerst proeven op semitechnische schaal – met stalen platen en stukken canvas – te doen voor ze de volgende stap zouden zetten. Om op semitechnische schaal eigen ontsmettingsproeven te kunnen doen, liet de RVO-TNO even buiten het Chemisch Laboratorium in Rijswijk een ontsmettingsplaats inrichten. De onderzoekers zouden daar materieel met een oppervlak van ten hoogste één vierkante meter reproduceerbaar (dat wil zeggen telkens op exact dezelfde wijze) met verdikt mosterdgas kunnen besmetten en onder alle klimatologische omstandigheden verschillende ontsmettingsmiddelen, -methoden en -apparatuur kunnen beproeven. Nadat er in eigen huis – in het laboratorium en op de ontsmettingsplaats – proeven hadden plaatsgevonden, zouden er in de loop van 1965 weer grootschalige ontsmettingsproeven in het veld worden georganiseerd.[29]

In september 1965 nam het Chemisch Laboratorium de semitechnische ontsmettingsplaats in gebruik. Vooraf, tijdens een vergadering van het bestuur van de RVO-TNO in juli, had generaal-majoor-arts dr. H.J. van der Giessen nog wel geïnformeerd naar de afvoer van het afvalwater. Volgens Van Ormondt bestond er geen gevaar voor besmetting naar buiten, aangezien het afvalwater via een diepe put vol ontsmettingsmiddelen naar het riool werd geleid.[30] Van september tot december 1965 voerde het Chemisch Laboratorium op de ontsmettingsplaats testseries met simili uit. Vanaf het begin van 1966 begon het eigenlijke onderzoek met verdikt mosterdgas, waarbij de onderzoekers vooral aandacht besteedden aan de ontsmetting van kleine objecten (dekzeilen en ander afdekmateriaal, geverfd materiaal, textiel en dergelijke) en delen van vliegtuigen.[31]

Het Chemisch Laboratorium had voor dit onderzoek relatief grote hoeveelheden mosterdgas nodig. Omdat het laboratorium zelf niet de faciliteiten bezat om mosterdgas in grotere hoeveelheden te produceren, schreef het enige zusterlaboratoria in het buitenland aan met de vraag of zij hulp konden bieden. Een van de buitenlandse laboratoria die reageerden, was het Franse *Centre d'Études du Bouchet* dat 10 kg verdikt mosterdgas leverde. De Inspectie der Genie trad hierbij als tussenpersoon op en regelde het vervoer. Het Chemisch Laboratorium zou zorgen voor een ontsmettingsequipe en de bijbehorende middelen en apparatuur voor het geval er onderweg iets mis zou gaan.[32]

In 1964 voeren België, Frankrijk en Nederland voor het eerst ontsmettingsproeven in Zoersel uit.

Op de semitechnische ontsmettingsplaats in Rijswijk kan het Chemisch Laboratorium met zelfontwikkelde apparatuur materialen onder gecontroleerde omstandigheden be- en ontsmetten, circa 1966-1968.

Behalve de semitechnische ontsmettingsplaats richtte het Chemisch Laboratorium in Rijswijk ook nog een ander proefterrein in. Op de zogenoemde 'enclave' met een oppervlakte van circa twee hectare konden de onderzoekers bestuderen hoe een gaswolk zich onder verschillende meteorologische omstandigheden gedroeg. Als gas gebruikten zij zwaveldioxide, dat vanuit een puntbron werd verspreid. Op verschillende concentrische cirkels stond meetapparatuur opgesteld. Hiermee konden de onderzoekers de concentraties meten die onder wisselende weersomstandigheden op verschillende afstanden en verschillende hoogtes optraden. Op deze manier probeerden de onderzoekers modellen te bouwen die betrouwbare voorspellingen konden doen over het gedrag van gaswolken in het oorlogsterrein.[33]

De onderzoekers vergeleken de eerste resultaten van de proefnemingen op de 'enclave' onder meer met een Amerikaans model dat oorspronkelijk was bedoeld om eenheden te velde in staat te stellen de *fall out* na een nucleaire aanval te voorspellen. Hetzelfde model moest volgens de Amerikanen ook van toepassing zijn op het gedrag van een gifgaswolk. Het Nederlandse onderzoek wees echter uit dat deze veronderstelling niet geheel opging. Deels lag dit wellicht aan de verschillen tussen nucleaire *fall out* en gifgaswolken, maar daarnaast was ook de Amerikaanse diffusietheorie nog onvoldoende ontwikkeld. De Amerikanen toonden daarom veel aandacht voor het onderzoek van het Chemisch Laboratorium en ondersteunden het project zelfs financieel. Met de Amerikanen hoopte Van Ormondt dat het onderzoek uiteindelijk zou leiden tot een model dat het gedrag van een (gif)gaswolk onder de meest uiteenlopende klimatologische omstandigheden zou kunnen voorspellen.[34]

De semitechnische ontsmettingsplaats en de 'enclave' vormden min of meer de erfenis van Van Ormondt. Op 1 november 1965 nam hij afscheid als directeur van het Chemisch Laboratorium en werd hij benoemd tot adviseur voor chemische research bij de RVO-TNO. Ooms volgde hem op als directeur. Tijdens een bestuursvergadering van de RVO-TNO in juli had Van Ormondt een korte beschouwing gegeven over het beleid dat hij na de oorlog had gevoerd. In de periode dat hij het Chemisch Laboratorium had geleid, had hij er altijd over gewaakt dat er een evenwicht bestond tussen fundamenteel onderzoek en het meer praktisch gerichte onderzoekswerk dat zijn laboratorium voor de krijgmacht moest uitvoeren. Hij was van mening dat fundamenteel onderzoek tot belangrijke doorbraken had geleid, en daarnaast vaak de sleutel was geweest om toegang te krijgen tot de zusterinstellingen in het buitenland. De buitenlandse onderzoekers beschouwden de Nederlandse onderzoeksresultaten als een zeer welkome aanvulling op hun eigen werk. In ruil daarvoor kreeg het Chemisch Laboratorium informatie die meer op het praktische vlak lag, en ook bepaalde *starting points* voor verder onderzoek. Van Ormondt meende dat met dat beleid over het algemeen behoorlijke resultaten waren verkregen.[35]

De ontsmettingsproeven in Zoersel 1965-1968

In juni en juli 1965 werden de Frans-Belgisch-Nederlandse ontsmettingsproeven in Zoersel voortgezet. Op 28 en 29 april 1965 vonden er op het ETABC in Vilvoorde voorbesprekingen tussen de deelnemende landen plaats. Het programma was gebaseerd op de resultaten van de gezamenlijke proefnemingen in 1964 en vervolgonderzoek in de afzonderlijke landen. Bij de besprekingen waren voor Nederland dr. L. Ginjaar, dr. A.W. Kaandorp en Clarenburg namens de RVO-TNO en majoor Van Erven van de afdeling ABC-aangelegenheden van de Inspectie der Genie aanwezig. Op de laatste dag was ook Van Ormondt in Vilvoorde.[36]

Voor de ontsmettingsproeven, die plaatsvonden van 8 juni tot en met 3 juli 1965, werd opnieuw verdikt mosterdgas gebruikt.[37] De proefnemingen werden uitgevoerd met een vrachtwagen waarop aan beide zijden metalen platen waren gemonteerd. Het mosterdgas werd verspoten met twee pneumatische verfpistolen die op een elektrisch aangedreven karretje waren gemonteerd. Rails aan beide zijden van het te besmetten voertuig maakten het mogelijk het karretje met de verfpistolen langs het voertuig te bewegen zonder dat de afstand van verfpistool tot voertuig veranderde. De besmettingstijd was telkens dertig minuten. Vervolgens werd het voertuig met verschillende soorten ontsmettingsmiddelen en -apparatuur ontsmet. De belangrijkste conclusie was dat het ontsmettingsmiddel 'DS2' het effectiefst was. Daarnaast werd vastgesteld dat de verdamping van mosterdgas op een besmet oppervlak aanzienlijk kon zijn. Dit laatste was belangrijk bij ontsmettingsprocedures die op volledige ontsmetting waren gericht.[38]

Het jaar daarop vonden er in Zoersel opnieuw ontsmettingsproeven plaats. Tijdens de proeven in 1964 en 1965 waren telkens slechts drie tot vier Nederlanders (medewerkers van het Chemisch Laboratorium) aanwezig geweest, terwijl beide andere landen teams van vijftien tot twintig personen (veelal militairen) hadden gestuurd. Dit had tot gevolg dat de technische uitvoering van de ontsmettingsproeven bij de Franse en Belgische teams berustte, terwijl de Nederlanders zich noodgedwongen met het werk in het laboratorium bezighielden. De nieuwe directeur van het Chemisch Laboratorium, Ooms, wilde deze taakverdeling graag doorbreken. De voorgenomen oprichting van een NBC-ontsmettingscompagnie bij de KL kwam hem daarbij goed van pas. Volgens Ooms vormden de proeven in Zoersel een uitgelezen kans "om militair personeel te laten deelnemen aan ontsmettingsproeven onder realistische omstandigheden welke in Nederland voorlopig niet kunnen worden gedaan".[39]

De proefnemingen vonden plaats in de periode van 5 september tot 7 oktober 1966. Het Nederlandse team, versterkt met een officier en twee onderofficieren van de ABC-school, nam ditmaal ook aan de ontsmetting zelf deel en voerde daarna een zeer groot aantal analyses uit voor het bepalen van de overblijvende besmetting.[40] Het onderzoek richtte zich op een groot aantal factoren die mogelijk van invloed waren, zoals de duur van de besmetting, de duur van de ontsmetting en de gebruikte hoeveelheden strijdgas en ontsmettingsmiddel. Net als bij de voorgaande proeven gebruikten de onderzoekers verdikt mosterdgas om het materieel te besmetten. Er werden nu echter meer voertuigen gebruikt, waaronder een tank, terwijl tevens een onderzoek naar de ontsmetting van dekkleden op het programma stond. Een ander belangrijk verschil betrof de gebruikte besmettingsapparatuur. In 1965 werkten de Belgen nog met twee mosterdgasspuiten die op een karretje waren gemonteerd. In 1966 beschikten zij over een buizenstelsel met zes spuiten, dat langs een rail over het te besmetten voertuig kon worden bewogen. Bij een van de proefnemingen besmetten de Belgen een bemande tank met simili (verdikt, gekleurd water), waarna de bemanning opdracht kreeg de tank te verlaten. Daarbij

Tijdens de ontsmettingsproeven in Zoersel in 1965 wordt nieuwe apparatuur gebruikt waarmee een besmetting gecontroleerd kan worden uitgevoerd.

Verschillende ontsmettingsmiddelen worden in Zoersel beproefd, 1965.

De nieuwe besmettingsinstallatie in Zoersel, 1966.

moest zij eerst het gasmasker opzetten en de beschermende kleding aandoen. Het doel was vast te stellen op welke wijze een tankbemanning in onbesmet terrein het beste een besmette tank zou kunnen verlaten en wat voor hulpmiddelen daarbij nodig waren. Het belangrijkste resultaat van de proefnemingen in 1966 was de algemene indruk dat DS2 goed te gebruiken was voor het voorlopig ontsmetten van voertuigen, waarna deze zonder risico weer konden worden gebruikt. De onderzoekers meenden verder dat DS2 ook voor volledige ontsmetting geschikt was als hierbij een op een autowasinstallatie lijkende inrichting zou worden gebruikt.[41]

Na drie campagnes ontsmettingsproeven te Zoersel (1964-1966) stelde Ooms vast dat de eerste fase van het onderzoek, namelijk het bepalen van het beste ontsmettingsmiddel, was afgesloten. In de volgende fase zou het Chemisch Laboratorium onderzoek doen naar de optimale ontsmettingsprocedures voor verschillende soorten materieel. Wegens de uitgebreide voorbereidingen die hiervoor nodig waren, kon deze fase echter pas in 1968 beginnen. Duidelijk was in elk geval dat internationale proeven zoals in Zoersel voor Nederland van grote betekenis waren. Ze sloten goed aan bij het semitechnische ontsmettingsonderzoek in Rijswijk.[42] Overigens vonden ook in het Duitse Munsterlager, in een breder internationaal verband, ontsmettingsproeven plaats (zie hiervoor p. 277).

In mei en juni 1968 was Zoersel voor de laatste keer het decor voor gezamenlijke Belgisch-Frans-Nederlandse ontsmettingsproeven.[43] Dit jaar waren de spuitpistolen van de besmet-

Ieder jaar wordt de apparatuur voor de proefnemingen in Zoersel verder verbeterd. In 1968 kan in de 'wasstraat' zowel de besmetting als de ontsmetting reproduceerbaar worden uitgevoerd.

tingsinstallatie afzonderlijk regelbaar, om een voertuig zo gelijkmatig mogelijk met verdikt mosterdgas te besmetten. Naast de besmettingsbrug was er nu ook een ontsmettingsbrug, waarmee een ontsmetting zoveel mogelijk reproduceerbaar kon worden uitgevoerd. De Belgen hadden de campagne in Zoersel in twee delen gesplitst: drie weken in mei en twee weken in juni. In de tussenliggende periode werden de resultaten van de eerste periode geanalyseerd en een nieuw programma voor de nog uit te voeren experimenten opgesteld. De gebruikte voertuigen waren een ambulance en een aanhangwagen, die echter uitsluitend dienden voor de bevestiging van monsterplaatjes. In de tweede periode werden ook ontsmettingsproeven op een Leopardtank uitgevoerd. Het Franse team voerde tevens ontsmettingsproeven uit op verschillende wapens en op een radio-installatie. In juni deed het Nederlandse team onder meer een waterzuiveringsproef volgens een pas ontwikkeld procedé. Tijdens deze proef werd water onder meer met VX besmet.[44]

Sahara 1965 en 1966

Nadat Nederland voor het laatst in 1958 actief aan de proeven in de Sahara had deelgenomen, waren er, waarschijnlijk vanwege de onveilige situatie ter plaatse, geen Nederlandse onderzoekers meer in Algerije geweest. In augustus 1965 ontving de Generale Staf voor het eerst weer een uitnodiging van de Franse generale staf om twee waarnemers naar de Sahara te sturen. Het is uit de beschikbare bronnen overigens niet op te maken waarom Nederland niet werd uitgenodigd om *actief* deel te nemen. De Generale Staf was van plan majoor Van Erven van de afdeling ABC-aangelegenheden van de Inspectie der Genie en eerste luitenant apotheker drs. D.M.W. Elskamp van de Inspectie van de Militair Geneeskundige Dienst af te vaardigen. Om ook de RVO-TNO in staat te stellen een waarnemer te sturen, zouden de beide militairen elkaar in de Sahara afwisselen. Aangezien Elskamp bij het Medisch Biologisch Laboratorium was gedetacheerd en dit laboratorium dus toch al in de Sahara vertegenwoordigd zou zijn, en omdat de proeven geheel op het onderzoeksterrein van het Chemisch Laboratorium lagen, lag het voor de hand namens de RVO-TNO een medewerker van het laatstgenoemde laboratorium aan te wijzen. De keuze viel op Clarenburg, de leider van de Nederlandse delegatie die in 1958 voor de laatste maal actief aan de proeven in de Sahara had deelgenomen.[45]

Van Ormondt liet zich nog wel door de Fransen op de hoogte stellen over de veiligheidssituatie ter plekke, voordat hij besloot een medewerker van zijn laboratorium naar Algerije te sturen. Aan het begin van 1965 had hij kolonel Moulin van de *Groupement Armes Chimique et Biologique* van de *Section Technique de l'Armée* gesproken, die de leiding over de proeven in de Sahara had. Moulin had hem verteld dat de Franse en Algerijnse regering waren overeengekomen dat de Fransen het terrein bij Beni Ounif nog enkele jaren mochten gebruiken. De onderzoekers zouden rechtstreeks vanuit Parijs naar Colomb-Béchar worden gevlogen, waar nog een Frans garnizoen lag. Na deze geruststellende mededeling had Van Ormondt laten weten een aan Nederland gerichte uitnodiging welwillend tegemoet te zullen treden. "Toen hij mij dezelfde vraag enige jaren geleden stelde", aldus Van Ormondt, "heb ik als mijn mening te kennen gegeven dat althans de RVO, gezien de toen nog bestaande toestand in Algerije, vermoedelijk verstek zou laten gaan. Hierop is dat jaar [en de daaropvolgende jaren, JVW] toen geen Franse uitnodiging tot ons gericht."[46]

De Nederlandse belangstelling voor de proeven in 1965 was niet alleen ingegeven door de veranderde situatie in Algerije. De Fransen zouden namelijk voor het eerst een *v-agent* gebruiken, de Franse VX-variant V4 (zie p. 235). "Het doel van de proeven, de uitwerking van een luchtaanval van vliegtuigen die een V-agent versproeien in het terrein is voor ons van bijzondere interesse", schreef Van Ormondt aan het bestuur van RVO-TNO.[47] "Over deze uitwerking wat betreft verspreiding en grootte der druppels en aerosoldeeltjes en de persistentie daarvan in het terrein zijn nog onvoldoende gegevens bekend." Deze gegevens waren van groot belang bij het ontwikkelen van beschermingsmiddelen (gasmasker, beschermende kleding, detectie en ontsmetting) en voor het inschatten van de militair-tactische consequenties van een dergelijke aanval. Ook de Fransen benadrukten in de aan Nederland gerichte uitnodiging dat het doel van de proeven vooral op het gebied van de gasbescherming lag.

Uiteindelijk werden de proeven niet met vliegtuigen uitgevoerd. In plaats daarvan verrichtten de Fransen een serie van dertig vrijwel identieke proefnemingen waarbij ze een 155 mm granaat gevuld met V4 vanaf een geschutstoren van twintig meter hoog verschoten en deze op een vaste hoogte boven het terrein tot ontploffing brachten, om daarna het patroon van de besmetting te bepalen. Daarnaast bestudeerden ze in een aantal gevallen ook de persistentie in het terrein. Clarenburg kon persoonlijk vaststellen dat een granaat met een V-lading die op enige hoogte boven de grond tot ontploffing werd gebracht, "een machtig anti-personeel wapen" was. Een eerste schatting van de onderzoekers ter plekke wees uit "dat het oppervlak waarover dodelijke c.q. buitengevechtstellende doses kunnen worden opgelopen door zich aldaar bevindende manschappen, ongeveer 10x zo groot is als het oppervlak bestreken door een overeenkomstige sarin-granaat".[48]

In juni 1966 schreef Ooms een notitie waarin hij de samenwerking tussen Frankrijk en Nederland op het gebied van de chemische oorlogvoering evalueerde. Daarin gaf hij aan dat de samenwerking in de loop der jaren steeds beter was geworden, mede omdat Frankrijk steeds meer moeite deed om goede onderzoeksresultaten te behalen. Regelmatig wisselden de Fransen en Nederlanders gegevens, rapporten, stoffen en prototypen van detectiemiddelen, gasmaskers en beschermende kleding uit. Wat betreft het onderzoek naar de verspreiding van gas- en aerosolwolken hadden de Fransen, aldus Ooms, de Nederlanders in het verleden in staat gesteld regelmatig metingen te verrichten bij Franse veldproeven in de Sahara en in Mourmelon. Bovendien mochten de Nederlanders hun detectieapparatuur tijdens Franse veldproeven testen. Daarnaast was er een intensieve samenwerking tussen het Chemisch Laboratorium en de *Groupement Armes Chimique et Biologique* op het gebied van meteorologische berekeningen. Op het terrein van de ontsmetting was er sprake van een taakverdeling. Het Franse accent lag op de ontwikkeling van ontsmettingsapparatuur en onderzoek naar de effectiviteit van ontsmettingsmiddelen, terwijl de Nederlanders onderzochten welke factoren de ontsmettingsprocedure in de praktijk bepaalden. "Samenvattend kan gesteld

De Fransen passen tijdens de proefnemingen met v-agents in de Sahara een rigoureus pakket aan veiligheidsmaatregelen en ontsmettingsprocedures toe, 1966.

worden dat de Frans-Nederlandse bilaterale samenwerking van zeer groot belang is voor het Chemisch Laboratorium. De uitwisseling van gegevens is zeer goed en beslist niet eenzijdig. Over het algemeen zijn de Fransen tegenover ons zeer openhartig en vertellen ons veel meer dan bij multilaterale contacten als NATO en FINABEL." De directeur van het Chemisch Laboratorium wilde de bilaterale samenwerking met Frankrijk dan ook graag voortzetten.[49]

Die kans kreeg Ooms toen hij van de Franse generale staf een uitnodiging ontving om gedurende de week van 19 tot 26 november 1966 in de Sahara veldproeven bij te wonen. "Aangezien dit de laatste serie proeven is die in de Sahara zullen worden gehouden, stel ik deze uitnodiging zeer op prijs", schreef hij aan het bestuur van de RVO-TNO.[50] In overleg met kolonel Kloeg, het hoofd NBC-zaken bij de Inspectie der Genie, besloot Ooms ook Van Ormondt, de adviseur voor chemische research bij de RVO-TNO, en luitenant-kolonel C.M. Schuddebeurs, het hoofd van de NBC-school (voorheen de ABC-school), naar Beni Ounif mee te nemen. Een actieve deelname van Nederland zat er opnieuw niet in. Majoor Van Erven had hierover tijdens zijn verblijf in Beni Ounif in 1965 met kolonel Moulin gesproken, maar deze had het niet mogelijk geacht.[51]

De proeven waren een voortzetting van die in 1965.[52] Het prototype van de 155 mm VX-granaat had een aantal modificaties ondergaan om het rendement te verhogen. Daarnaast hadden de Fransen de meetapparatuur en de meetmethoden aangepast, zodat zij de uitwerking van de granaat nauwkeuriger konden onderzoeken. De proefprojectielen werden schuin naar beneden verschoten vanaf een dertig meter hoge toren die zich op ongeveer veertig meter van het midden van het doelterrein bevond. Op deze wijze werd het laatste deel van de baan van een artilleriegranaat nagebootst. Op ongeveer tien meter boven het midden van het doelterrein hing een paneel. De granaat was voorzien van een schokbuis, waardoor het projectiel direct achter het paneel op ongeveer 9,5 meter hoogte tot ontploffing kwam. Op een straal van 50 meter rond het springpunt stonden ruim veertig masten opgesteld. Aan elke mast waren tien monsterpunten aangebracht. Hierdoor konden de onderzoekers de verticale uitbreiding van de VX-wolk bepalen. Om ook de horizontale verspreiding te kunnen vaststellen, werden er op de grond langs concentrische cirkels rondom het springpunt metingen verricht. Het aantal cirkels was sinds 1965 verder vergroot. De Fransen hadden stralen van 10, 20, 30, 40, 50, 65, 80, 100, 150, 275 en 500 meter aangebracht. Dit was niet voldoende om de wolk geheel te kunnen 'vangen', maar de Fransen hadden eenvoudigweg niet genoeg middelen om nog meer monsters te kunnen nemen. Zij misten de hulp van de Nederlanders. Tot en met 1958 – toen Nederland nog actief aan de proeven deelnam – had de Nederlandse bijdrage onder andere bestaan uit het nemen van monsters op zeer grote afstand (tot twee kilometer).

Aangezien VX een uiterst giftig zenuwgas is, hadden de Fransen een indrukwekkend pakket aan veiligheidsmaatregelen ontwikkeld. Ooms, Van Ormondt en Schuddebeurs konden zich hiervan overtuigen door zelf ook het besmette terrein in te gaan. Ze kregen een tricot onderpak voor het absorberen van zweet, een butylrubber overpak en plastic overschoenen om over hun rubberlaarzen aan te trekken. Over het gasmasker droegen ze een katoenen lap als beschermkap om te voorkomen dat het masker door aanraking zou kunnen worden besmet. Deze lappen waren in verschillende kleuren uitgevoerd om personen in het terrein te kunnen herkennen. De Franse onderzoekers probeerden verder ieder contact met besmette voorwerpen te vermijden. Zo voerden zij alle bewerkingen met tangen uit. Na terugkomst uit het veld werd de beschermende kleding ontsmet en volgens een vaste procedure uitgetrokken. Daarna namen ze een warme douche. Ten slotte werd een bloedmonster afgenomen om met een door de Canadezen ontwikkeld systeem het bloedcholinesterase-gehalte te bepalen. De overschoenen en de katoenen lappen werden verbrand. De veiligheidsmaatregelen bleken zeer goed te werken. Er deed zich geen enkel ongeval voor.

Bij de proefnemingen in 1965 was vastgesteld dat het rendement van de VX-granaat veel lager was dan verwacht (slechts 30%), mogelijk doordat een deel van de lading bij het detoneren van het projectiel verbrandde. Om hieraan het hoofd te bieden werden er nu proeven gedaan met gemodificeerde versies van de granaat, die minder springstof, een andere explosieve stof of een andere constructie hadden. Door bij de proeven ook de (relatief geringe) hoeveelheid dampvormig VX te bepalen, kon het rendement bovendien nauwkeuriger worden vastgesteld. De verbeteringen die aan de granaat waren aangebracht, leken succesvol te zijn. Uit de voorlopige resultaten, die nog voor het vertrek van de Nederlanders bekend werden, bleek dat het rendement tot circa 70% was toegenomen.

Hoewel de uitwerking van een enkele VX-granaat een belangrijk gegeven was, waren de Fransen vooral geïnteresseerd in het resultaat van een beschieting met meerdere granaten. Op basis van eerdere proefnemingen in Mourmelon en de Sahara hadden zij een wiskundige methode ontwikkeld om aan de hand van de uitwerking van één projectiel uit te rekenen hoeveel projectielen nodig waren om een oppervlakte van een hectare met een bepaalde besmettingsgraad te bedekken. Het model was getoetst met saringranaten (dampwerking), maar zou naar verwachting ook voor VX (vloeistofwerking) opgaan. De Fransen gingen daarbij uit van een besmetting met 0,5 gram VX per vierkante meter, voldoende om een (onbeschermde) militair met een dodelijke dosis VX-druppels – die door de gewone gevechtskleding heen dringt – te besmetten. Door het verbeteren van het rendement van de VX-granaat zouden er minder granaten nodig zijn om het gewenste tactisch effect te bereiken, en werd het rendabel "om tot definitieve aanmaak over te gaan". Het in 1966 geboekte resultaat was daarvoor ruim voldoende.

De drie Nederlanders beschreven in hun verslagen het verloop en de resultaten van de proefnemingen in de Sahara in nuchtere bewoordingen, net als hun voorgangers in andere jaren. "Met name hebben wij doen uitkomen", lichtten Ooms en Van Ormondt in een begeleidende brief toe, "welke consequenties ten aanzien van de gasbescherming het gebruik van een dergelijk wapen [een artilleriegranaat met VX, JVW] met zich mee zou brengen."[53] Of dat ook voor de Fransen het belangrijkste doel van de Saharaproeven was, staat ter discussie. Door gebruik te maken van prototypen van sarin- en VX-granaten konden de Franse onderzoekers de bestaande beschermingsmiddelen onder de meest realistische omstandigheden testen en degelijk onderbouwde eisen formuleren waaraan nieuwe beschermingsmiddelen dienden te voldoen.[54] Het lijkt echter waarschijnlijk dat de Fransen zich tegelijkertijd verzekerden van de noodzakelijke kennis en ervaring voor het opbouwen van een eigen chemisch wapenarsenaal, al is Frankrijk vermoedelijk niet tot industriële productie overgegaan.[55] Eerder al hadden de Fransen zich in deze zin tegenover Houben (p. 198) en Van Ormondt (p. 210) uitgelaten. Aan het verkrijgen van de daarvoor noodzakelijke kennis en ervaring heeft de Frans-Nederlandse samenwerking ten minste op indirecte wijze bijgedragen.

Aangezien de geheime overeenkomst tussen de Franse en Algerijnse regering over het gebruik van het proefterrein B2-Namous in 1967 zou aflopen (zie p. 246), verwachtten de Nederlandse delegatieleden dat er "helaas" een einde aan de reeks proefnemingen was gekomen. "Dit is dubbel te betreuren", meenden Ooms en Van Ormondt, "nu dit gebeurt in een fase van het onderzoek, waarin (...) nog vele vragen onbeantwoord zijn. Het is zeker de moeite waard van een eventuele voortzetting van de proeven, hoe en waar deze dan ook moge geschieden, kennis te nemen." Luitenant-kolonel Schuddebeurs liet zich in overeenkomstige bewoordingen uit. Nog voordat de Nederlanders hun verslagen konden indienen, kwamen de Fransen en Algerijnen echter een verlenging van het geheime akkoord overeen. "Vanzelfsprekend geldt hiervoor eerst recht onze aanbeveling om het verdere verloop der proeven met aandacht te blijven volgen", reageerde Van Ormondt.[56] Pas in 1978 begon Frankrijk met de ontmanteling van het proefterrein en in 1981 werd het woestijngebied definitief aan de Algerijnse regering overgedragen.[57] Nederland zou na 1966 echter niet meer voor de Franse proefnemingen in de Sahara worden uitgenodigd. Uit de beschikbare bronnen is helaas niet op te maken waarom de Nederlandse militairen en onderzoekers niet meer welkom waren. Mogelijk speelde mee dat Frankrijk zich in 1966 uit de militaire structuur van de NAVO had teruggetrokken.

Nadat in 1968 ook de ontsmettingsproeven in Zoersel stopten (zie p. 255), kwam er een einde aan de deelname van Nederlandse militairen en militairwetenschappelijk onderzoekers aan (grootschalige) proefnemingen met chemische strijdmiddelen in het open veld. Grote gevolgen voor het onderzoek had dit echter niet. Het Chemisch Laboratorium had, onder meer tijdens de proeven in de Sahara, genoeg kennis opgedaan om het gedrag en de uitwerking van de belangrijkste strijdgassen in formules en theorieën te vangen. Hierdoor waren de onderzoekers in staat modellen op te stellen die werden gebruikt om mogelijke scenario's door te rekenen (Operationele Research, zie p. 291). De opkomst van computers speelde hierbij een belangrijke rol. Zoals nog zal blijken, was het Chemisch Laboratorium in staat zijn werkzaamheden grotendeels tot het laboratorium te beperken. Computersimulaties namen voortaan de plaats van proefnemingen in het open veld in (zie p. 291).

Overzicht veldproeven, 1950-1968

Locatie:	Tijdstip:	Deelname:	Hoofddoel:	Gebruikte stoffen:
Sahara	november 1950	waarnemers	uitwerking	tabun
Harskamp	juni 1951	actief	uitwerking	tabun
Harskamp	oktober 1951	actief	uitwerking	tabun
Sahara	okt.-nov. 1951	actief	uitwerking	tabun, sarin
Vliehors	juni-juli 1952	actief	uitwerking	simili, sarin
Sahara	okt.-nov. 1952	actief	uitwerking	tabun, sarin, soman, stof x
Elsenborn	september 1954	actief	uitwerking	mosterdgas, verdikt mosterdgas, simili, sarin
Deelen	mei 1955	actief	uitwerking en ontsmetting	onbekend
Elsenborn	juni 1955	actief	uitwerking	fosgeen, blauwzuur
Deelen	juli 1955	actief	uitwerking	sarin
Elsenborn	oktober 1955	actief	uitwerking	sarin, fosgeen
Deelen	april 1956	actief	uitwerking	simili, fosgeen
Deelen	september 1956	actief	uitwerking	simili, fosgeen, tabun
Mourmelon	mei-juni 1958	actief	uitwerking	sarin
Sahara	okt.-nov. 1958	actief	uitwerking	sarin
Mourmelon	sept.-okt. 1959	actief	uitwerking	sarin
Mourmelon	sept.-okt. 1960	actief	uitwerking	sarin
Mourmelon	mei-juni 1961	actief	uitwerking	sarin
Mourmelon	september 1961	actief	ontsmetting	simili
Munsterlager	mei-juni 1962	actief	ontsmetting	simili
Zoersel	mei-juni 1964	actief	ontsmetting	verdikt mosterdgas
Mourmelon	okt.-nov. 1964	actief	uitwerking	sarin
Zoersel	juni-juli 1965	actief	ontsmetting	verdikt mosterdgas
Sahara	november 1965	waarnemers	uitwerking	VX
Zoersel	sept.-okt. 1966	actief	ontsmetting	verdikt mosterdgas
Sahara	november 1966	waarnemers	uitwerking	VX
Zoersel	mei-juni 1968	actief	ontsmetting	verdikt mosterdgas, VX

9 | Inzet van chemische strijdmiddelen 1968-1978

Jemen

Sinds het verschijnen van het 'Von Karman-rapport' begin jaren zestig (zie p. 238) was er binnen de NAVO groeiende aandacht voor chemische oorlogvoering. In de jaarlijkse rapportage van de NATO *Standing Group* was er sindsdien sprake van een "chemical warfare threat". Deze was gebaseerd op inlichtingen over de Sovjetdoctrine betreffende chemische oorlogvoering, het arsenaal van chemische wapens bij de Sovjetstrijdkrachten en de training van Sovjetmilitairen in het gebruik daarvan. De NAVO-strijdkrachten moesten tegen de "chemical warfare threat" worden beschermd. Dit hield voor Nederland in dat de krijgsmacht moest worden uitgerust met en geoefend in het gebruik van gasbeschermingsmaterieel. Zonodig dienden Nederlandse militairen hun taak voor enige tijd in een besmette omgeving te kunnen uitvoeren. De

Aandacht voor NBC-ontsmetting bij de Koninklijke Luchtmacht. Op de foto een Republic RF-84F Thunderflash, circa 1961-1962.

Nederlandse strijdkrachten zouden evenwel niet met chemische strijdmiddelen voor actieve chemische oorlogvoering worden uitgerust. De Nederlandse voorbereidingen beperkten zich nadrukkelijk tot het passieve aspect.[1]

De dreiging van chemische wapens werd in de loop van de jaren zestig steeds reëler. In de tweede helft van dat decennium stapelden de bewijzen zich op dat Egypte in Jemen chemische strijdmiddelen inzette.[2] De Egyptische president Nasser was het kleine Arabische koninkrijk in 1962 binnengevallen om een groep Jemenitische officieren te steunen die een staatsgreep had gepleegd. De jonge vorst Imam Ahmed, die zijn net gestorven vader had opgevolgd, was naar de bergen in het noorden van het land gevlucht, van waaruit hij met steun van Saudi-Arabië en andere Arabische monarchieën het verzet tegen de nieuwe machthebbers leidde. De monarchistische troepen opereerden vanuit grotten die bestand waren tegen aanvallen met conventionele wapens. Al snel begon Egypte te experimenteren met de inzet van chemische wapens om de guerrillastrijders uit hun grotten te jagen. Eerst met niet-letale soorten, zoals traangas, maar al snel ook met fosgeen en mosterdgas.

Saudi-Arabië diende in de zomer van 1963 een formele klacht tegen Egypte in bij de Verenigde Naties, waarna de Verenigde Staten en Groot-Brittannië een onderzoek instelden. De strijd in Jemen zette zich ondertussen voort. Nadat het Egyptische leger in maart 1966 een groot offensief in het noorden van het land was begonnen, wierp de Egyptische luchtmacht tegen het einde van dat jaar vliegtuigbommen met chemische strijdmiddelen af op het royalistische dorp Halbal. Begin januari 1967 vond opnieuw een aanval met chemische wapens plaats, nu op de dorpen Hadda en Kitaf en nabijgelegen grotten, waarbij meer dan honderd mensen omkwamen. De aanvallen gingen in het voorjaar van 1967 door. Saudi-Arabië bracht met enige regelmaat medische rapporten naar buiten waarin melding werd gemaakt van het gebruik van zenuwgassen. Sommige bronnen spraken over sarin, en in één bericht werd zelfs gesproken over een *V-agent*. Langzamerhand raakten de Verenigde Staten en Groot-Brittannië ervan doordrongen dat er inderdaad van aanvallen met chemische wapens sprake was. Het Internationale Rode Kruis Comité was inmiddels een eigen onderzoek gestart. Een team van deze organisatie vond ter plaatse bomfragmenten met cyrillische opschriften die met chemische strijdmiddelen waren besmet, volgens sommigen een aanwijzing dat de Sovjet-Unie chemische wapens aan Egypte leverde. Het was ook mogelijk dat Egypte, dat enige jaren daarvoor een eigen chemisch wapenprogramma was gestart, in 1967 zelf zenuwgassen had ontwikkeld.

Ondanks alle bewijzen die wezen op het gebruik van chemische strijdmiddelen in Jemen, waren de reacties vanuit de internationale gemeenschap overwegend lauw. Noch de secretaris-generaal van de Verenigde Naties, noch een van de grote mogendheden vroeg om een officieel onderzoek of legde de zaak voor aan de VN-Veiligheidsraad (VR) dan wel aan het Internationaal Gerechtshof in Den Haag. Hoewel de Verenigde Staten zich grote zorgen maakten over het mogelijke gebruik van zenuwgassen, bleven hun protesten tot de achterkamers van de diplomatie beperkt. De verklaring hiervoor was wellicht het feit dat de Verenigde Staten in Vietnam zelf ontbladeringsmiddelen en oproergassen gebruikten. Om deze reden vreesde dit land de kritiek die het ten beurt zou vallen wanneer het Egypte en de Sovjet-Unie openlijk voor het gebruik van chemische strijdmiddelen zou veroordelen. De Verenigde Staten hadden het Protocol van Genève overigens nog niet geratificeerd, en claimden bovendien dat dit verdrag geen betrekking had op het gebruik van ontbladeringsmiddelen en oproergassen in oorlogstijd.

In dezelfde periode dat de oorlog in Jemen escaleerde, maakte Egypte zich op voor een oorlog tegen Israël. In mei 1967 waarschuwde de Israëlische inlichtingendienst dat Egypte een enorme legermacht in de Sinaï aan het opbouwen was. Een tweede aanwijzing was het vertrek – op 'dwingend' verzoek van Nasser – van de VN-interpositiemacht (de *United Nations Emergency Force*, UNEF) uit het Israëlisch-Egyptische grensgebied, waardoor Israël zijn buffer verloor. Een derde indicatie was het bevel van Nasser aan de Egyptische marine om de Israëlische havenstad Eilat aan het einde van de Golf van Akaba (Rode Zee) te blokkeren. Ook andere Arabische staten in het Midden-Oosten – Syrië, Jordanië en Irak – bereidden zich op een oorlog tegen Israël voor.[3]

Eind mei vond een verkenningseenheid van de Israëlische militaire inlichtingendienst in de Sinaïwoestijn in de buurt van El Arish een bunker met daarin zes 105 mm granaten met een chemische lading.[4] Een mobiel laboratorium van het Israëlische leger onderzocht de monsters die de verkenningseenheid had meegenomen en stelde vast dat de granaten met sarin waren gevuld. Hoewel de granaten klaar waren voor gebruik, stelde de kleine hoeveelheid wapens – het tactische effect van zulke kleine aantallen chemische wapens was slechts zeer beperkt – de Israëli's voor raadsels. Niettemin leidde de ontdekking tot een verwoede poging van de Israëlische regering de burgerbevolking zo snel mogelijk van beschermingsmiddelen tegen chemische wapens te voorzien. Zowel van de Verenigde Staten als van West-Duitsland kreeg het land enkele tienduizenden gasmaskers – een druppel op een gloeiende plaat. Ook wist Israël de hand te leggen op duizenden automatische injectoren met antidoten tegen zenuwgassen. Overigens dreigde Israël met chemische wapens terug te slaan indien andere landen dergelijke strijdmiddelen als eerste zouden inzetten. Het land werd er al langer van 'verdacht' aan een eigen chemisch wapenarsenaal te werken.

De oplopende spanning in het Midden-Oosten kwam op 5 juni 1967 tot een uitbarsting. De Israëlische luchtmacht vernietigde in een *preemptive air strike* vrijwel alle vliegtuigen van de Egyptische luchtmacht op de grond. In de daaropvolgende grondoorlog versloeg het Israëlische leger binnen zes dagen de legers van Egypte, Syrië, Jordanië en Irak. Wederzijdse afschrikking en de korte duur van de oorlog voorkwamen waarschijnlijk de inzet van chemische strijdmiddelen. Na Egypte's vernederende verlies, trok president Nasser zich uit Jemen terug en probeerde hij de relatie met Saudi-Arabië te verbeteren.

Het Amerikaanse beleid

Hoewel de Verenigde Staten het Protocol van Genève pas in 1975 ratificeerden, had het land lange tijd wel de regel gehanteerd dat het alleen chemische wapens zou inzetten als de tegenstander hiertoe als eerste was overgegaan. In 1956 hadden de Amerikanen deze *no-first-use*

Inzet van het ontbladeringsmiddel *Agent Orange* door de Verenigde Staten in Vietnam, 19 september 1966.

regel echter laten vallen. Chemische wapens kregen toen dezelfde status als kernwapens. Overigens maakte de Amerikaanse regering deze koerswijziging pas eind jaren zestig publiekelijk bekend. De Verenigde Staten wilden kunnen beschikken over een veelzijdig wapenpakket, waarmee ze ook kleinschalige oorlogen konden uitvechten. Zenuwgassen, oproergassen en ontbladeringsmiddelen vormden een onderdeel van dit pakket. Deze opstelling resulteerde eind jaren vijftig in een vijfjarenplan voor onderzoek, ontwikkeling, modernisering en uitbreiding van het Amerikaanse chemisch wapenarsenaal. Uiteindelijk leidde dit tot de inzet van niet-letale chemische wapens in de oorlog in Vietnam. Dit was een eclatant succes voor het *US Chemical Corps*. Officieren van dit korps voerden namelijk al lange tijd campagne om chemische wapens als 'normale' strijdmiddelen geaccepteerd te krijgen.[5]

De strijd in Vietnam leidde echter vrijwel tegelijkertijd tot een herbezinning op het Amerikaanse beleid aangaande chemische strijdmiddelen. De grootschalige inzet van ontbladeringsmiddelen (*Agent Orange*) en oproergassen (CS-gassen) in Vietnam bracht wereldwijde verontwaardiging teweeg. De negatieve reacties werden nog sterker toen bekend werd dat in maart 1968 na een proefneming met het zenuwgas VX op de *Dugway Proving Ground* in het noordwesten van de staat Utah, meer dan vierduizend schapen in de nabijgelegen *Skull Valley* de dood hadden gevonden. Vlak na het begin van de proefneming was de wind 180 graden gedraaid en was de gaswolk een heel andere kant uitgewaaid dan het *Chemical Corps* op grond van de weersvoorspellingen had verwacht. De grote aandacht in de media leidde in 1969 tot hoorzittingen over de gevaren van het beproeven van chemische strijdmiddelen in het open veld voor milieu en gezondheid. In dezelfde periode brak er bovendien grote verontwaardiging uit toen bekend werd dat de Amerikaanse regering in de eerste helft van de jaren zestig in het geheim mosterdgas en zenuwgassen naar het Japanse eiland Okinawa – dat de Verenigde Staten sinds het einde van de Tweede Wereldoorlog bezet hielden – had laten overbrengen. Dit werd wereldkundig gemaakt in een artikel in *The Wall Street Journal*, waarin stond dat een onderhoudsploeg van het *Chemical Corps* in de zomer van 1969 na het aantreffen van een lekkende sarinbom, de eerste verschijnselen van zenuwgasvergiftiging had vertoond. In dezelfde tijd maakte de Amerikaanse regering bekend dat de Verenigde Staten zonder medeweten van de West-Duitse regering in het geheim chemische wapens in de Bondsrepubliek hadden opgeslagen. Duitse oppositiepartijen riepen woedend om een parlementair onderzoek.[6]

Mede onder druk van alle protesten nam president Richard M. Nixon in 1969 een aantal belangrijke besluiten. Ten eerste zouden de Verenigde Staten zich weer aan de *no-first-use* regel gaan houden. In de tweede plaats legde hij het Protocol van Genève ter goedkeuring voor aan het Congres. (Dit zou in 1975 leiden tot de ratificatie van het Protocol van Genève, waarbij de Verenigde Staten net als veel andere landen, waaronder Nederland, zich het recht voorbehielden een aanval met chemische wapens met gelijke middelen te vergelden. Bovendien bleven zij van mening dat het Protocol het gebruik van oproergassen en ontbladeringsmiddelen niet uitsloot.) Ten derde kondigde de president aan de productie van chemische wapens voor onbepaalde tijd te stoppen. Ten slotte namen de Verenigde Staten eenzijdig het besluit tot ontwapening van biologische wapens. Bovendien nam het Congres op eigen initiatief eind 1969 een wet aan die de ontwikkeling, opslag en vernietiging van chemische wapens aan strenge controles onderwierp. De nieuwe wet legde de mogelijkheden om chemische wapens in het open veld te beproeven, aan banden. De bureaucratische hindernissen werden hierdoor zo groot, dat proefnemingen in het open veld in de Verenigde Staten zelf vrijwel onmogelijk werden.[7]

Kritiek op de Nederlandse research

Ook in Nederland leidde de inzet van chemische strijdmiddelen in Vietnam tot grote verontwaardiging. De kritiek richtte zich met name op het onderzoek dat de RVO-TNO op het gebied van de biologische en chemische oorlogvoering deed. Vooral het deel van het onderzoekswerk dat door de Verenigde Staten werd gefinancierd, lag onder vuur.

Tweede Kamerlid M.J.J.A. Imkamp (D66) was de eerste die deze kwesties aan de orde stelde. In de openbare vergadering van de Vaste Commissie voor Defensie op 23 oktober 1968 vroeg hij minister van Defensie W. den Toom of de RVO-TNO onderzoek op chemisch-biologisch gebied deed. Den Toom bevestigde dit en voegde eraan toe dat dit in "zuiver defensieve zin" was. Op de vraag van Imkamp hoe in dit verband onderscheid tussen 'offensief' en 'defensief' kon worden gemaakt, legde Den Toom uit dat Defensie niet zocht naar nieuwe chemische strijdmiddelen, maar wel naar middelen ter verdediging tegen eventuele nieuwe strijdgassen. Imkamp wilde verder van de minister weten of er een bilateraal akkoord tussen de Verenigde Staten en Nederland bestond voor het uitwisselen van gegevens, met name op chemisch-biologisch gebied. Nadat de minister had geantwoord dat het bestaan van een dergelijke overeenkomst bij hem niet bekend was, informeerde Imkamp of er wellicht gegevens werden uitgewisseld zonder bilateraal akkoord. Den Toom verzekerde hem dat er alleen op basis van een formele overeenkomst gegevens zouden worden uitgewisseld en voegde hier enigszins geprikkeld aan toe: "Als er geen bilateraal akkoord bestaat, worden dus geen gegevens uitgewisseld."[8]

Kennelijk wist Den Toom niet dat er wel degelijk bilaterale overeenkomsten tussen Nederland (in casu de RVO-TNO) en de Verenigde Staten bestonden om informatie uit te wisselen, de *Mutual Weapons Development Data Exchange Agreements*. Bovendien financierde de Verenigde Staten Nederlandse onderzoeksprojecten in het kader van de *Mutual Weapons Development Projects* (zie p. 240). Waarschijnlijk brachten zijn ambtenaren de minister na afloop van de vergadering van deze afspraken op de hoogte. Om de Tweede Kamer alsnog van de juiste informatie te voorzien, schreef hij op 21 november een brief waarin hij dieper op het onderzoek van de RVO-TNO inging. Hij schreef dat de RVO-TNO alleen wetenschappelijk onderzoek deed dat was gericht op de verdediging tegen chemische en biologische aanvalsmiddelen. "De onderzoekingen omvatten zeer beslist niet de eigen ontwikkeling van strijdmiddelen. In overeenstemming met het feit dat de Regering zich gebonden heeft in de Conventie van Genève is dit onderzoek dus volledig defensief gericht." Dat de minister hier het protocol van 1925 niet geheel juist interpreteerde, behoeft op deze plaats geen nadere toelichting. Den Toom ging in

Schrijver Jan Wolkers is een van de demonstranten in Amsterdam die het gebruik van chemische strijdmiddelen door de VS in Vietnam bekritiseert, 14 januari 1968.

zijn brief eveneens in op de financiële bijdragen voor fundamenteel onderzoek die het Medisch Biologisch Laboratorium en het Chemisch Laboratorium van de RVO-TNO van de Amerikaanse regering hadden ontvangen, respectievelijk op het gebied van de preventie (profylaxe) en de behandeling van een zenuwgasbesmetting, en de verspreiding van aerosolen in de atmosfeer. De minister verklaarde dat de leiding van beide onderzoeksprojecten volkomen in handen van de betreffende laboratoria lag. Het onderzoek dat ze deden was van algemeen wetenschappelijk belang, niet geheim en de resultaten zouden volgens de minister volledig in de wetenschappelijke literatuur worden gepubliceerd.[9]

Het militairwetenschappelijk onderzoek van de RVO-TNO kwam vanaf 1968 ook in het publieke debat over de relatie tussen ethiek en wetenschap onder vuur te liggen. De oorlog in Vietnam had dit debat een belangrijke impuls gegeven. De kritiek richtte zich vooral op het Medisch Biologisch Laboratorium. Het Chemisch Laboratorium wist grotendeels buiten het zicht van de critici te blijven. Het Verbond van Wetenschappelijke Onderzoekers (VWO) speelde bij dit dispuut een voortrekkersrol. Het VWO was in 1946 door geëngageerde wetenschappers opgericht als reactie op de atoombewapening en de rol die natuurwetenschappers daarbij speelden. De leden van het VWO vonden dat natuurwetenschappers een bijzondere verantwoordelijkheid hadden. Astronoom M. Minnaert, tussen 1947 en 1951 voorzitter van het VWO, vond dat ingenieurs net als medici een soort beroepseed moesten afleggen. Hij verkondigde die mening in 1966 in een rede voor het Studium Generale in Delft. Minnaert vond dat onderzoekers geen medewerking moesten verlenen aan militaire research en aan het ontwikkelen van wapentechnologie, om te voorkomen dat zij zouden meewerken aan het voeren van oorlogen. Hij sprak de aanwezige Delftse studenten direct aan: "Ik zou zo gaarne willen dat u in uw leven, in uw toekomst gelukkig zou zijn. Het gevoel iets op te bouwen, bij te dragen tot het geluk van de mensheid. Dat gevoel zult u nooit hebben als u zich wijdt aan het bedenken van wapens. Wilt u daar uw mooie, bloeiende jonge leven aan schenken?" Van Minnaert mochten universiteiten geen banden onderhouden met instituten die militair onderzoek deden, geen subsidies van het Ministerie van Defensie aanvaarden, niet aan NAVO-seminars meedoen en geen onderzoeksresultaten geheimhouden. Wetenschappelijk onderzoekers hadden juist de plicht volksvertegenwoordigers voor te lichten over de gevaren van biologische en chemische oorlogvoering.[10]

Het VWO organiseerde vanaf 1968 met enige regelmaat symposia en congressen waar het onderzoek naar biologische en chemische oorlogvoering centraal stond. Er was vooral discussie over de vraag of wetenschappelijk onderzoekers zich voor dergelijk onderzoek mochten lenen. De bacteriologe Ch.A. Ruys hekelde tijdens een van die symposia het onderzoek naar biologische en chemische oorlogvoering. Zij vond dat wetenschappers een eigen verantwoordelijkheid hadden. Persoonlijk weigerde zij elke medewerking aan onderzoek van de RVO-TNO op het gebied van biologische en chemische strijdmiddelen, zelfs als dit alleen op bescherming was gericht, omdat ook dit onderzoek altijd in het geheim plaatsvond. Tevens was er op de VWO-symposia veel kritiek op de financiële ondersteuning door de Verenigde Staten van een deel van het onderzoek van de RVO-TNO. In de daaropvolgende jaren bleef het

VWO de onderzoekswerkzaamheden van de RVO-TNO kritisch volgen. Zo riep het in 1972 medewerkers van het Medisch Biologisch Laboratorium op het onderzoek in defensieverband te staken en zich te wijden aan maatschappelijk zinvol werk.[11]

Om de aanhoudende kritiek op de onderzoekswerkzaamheden van de RVO-TNO te kunnen pareren, schreef Van Ormondt – op dat moment adviseur voor chemische research van de RVO-TNO – op 9 december 1968 een memorandum over de wijze waarop de medewerkers met (negatieve) publiciteit moesten omgaan. Hij zette de belangrijkste argumenten nog eens op een rijtje. Hij wees erop dat Nederland zich tot nu toe letterlijk aan het Protocol van Genève had gehouden, al was zijn interpretatie daarvan niet geheel correct. De Nederlandse krijgsmacht was niet met chemische of biologische strijdmiddelen uitgerust; dit soort wapens werden niet in Nederland aangemaakt en ook niet uit andere landen ingevoerd. Wel hielden de laboratoria van de RVO-TNO zich bezig met de problemen die de bescherming tegen chemische en biologische strijdmiddelen met zich meebracht. Het was logisch dat deze laboratoria daarvoor over kleine hoeveelheden chemische en biologische strijdmiddelen beschikten.

Er was volgens Van Ormondt een zeer duidelijk onderscheid te maken tussen de aanmaak van een beperkte hoeveelheid strijdgassen op laboratoriumschaal, die nodig was voor het ontwikkelen en testen van beschermingsmiddelen, en de aanmaak van chemische strijdmiddelen op grote (technische) schaal. Dat laatste, evenals de productie van inzetmiddelen voor de verspreiding van strijdgassen, was in Nederland (althans sinds de Tweede Wereldoorlog) nooit in studie genomen. "Men kan gerust stellen dat, als de Nederlandse strijdkrachten ooit met chemische wapens zouden worden aangevallen, zij niet in staat zullen zijn deze aanval met gelijke munt terug te betalen." Het enige wat de Nederlandse regering, de militaire autoriteiten en dus ook de RVO-TNO wilden doen, was de strijdkrachten, en voor zover mogelijk ook de burgerbevolking, beschermen tegen de gevolgen van een biologische of chemische aanval, aldus Van Ormondt.[12]

Het was volgens hem vanzelfsprekend dat Nederland bij de ontwikkeling van gasbeschermingsmaterieel contacten met de NAVO-partners onderhield. De uitwisseling van researchresultaten kwam aan alle bondgenoten ten goede. Critici vroegen zich echter af of andere NAVO-landen de Nederlandse onderzoeksresultaten niet zouden misbruiken en voor het ontwikkelen van actieve chemische strijdmiddelen zouden aanwenden.[13] Zij dachten hierbij in het bijzonder aan de Verenigde Staten. Hierdoor zou Nederland in hun ogen het Protocol van Genève schenden en bijdragen aan de opbouw van het arsenaal aan chemische strijdmiddelen van een bondgenoot. Hiervan was volgens Van Ormondt echter geen enkel voorbeeld bekend: "Het Nederlandse standpunt is steeds gerespecteerd en nog nooit heeft men in een RVO-laboratorium aan een onderzoek met offensieve doelstelling meegewerkt." Door onderzoeksresultaten met NAVO-bondgenoten te delen, had Nederland ervoor gezorgd dat de gasbeschermingsmiddelen ook bij hen zoveel mogelijk aan de potentiële dreiging werden aangepast. "Van een *directe* Nederlandse bijdrage aan het chemische aanvalpotentieel van de NATO-landen is geen sprake [onze cursivering, HR/JVW]."[14] De adviseur voor chemische research van de RVO-TNO gaf hier een enigszins gekleurde voorstelling van zaken. Door het delen van kennis en expertise had Nederland in de jaren vijftig mogelijk wel een *indirecte* bijdrage geleverd aan een Frans chemisch wapenprogramma (zie p. 261-262). Datzelfde was ook voor de contacten met de Verenigde Staten niet geheel uit te sluiten.

De argumenten die Van Ormondt in zijn memorandum benoemde, werden door zijn RVO-TNO-collega's in de media uitgedragen.[15] Het actualiteitenprogramma *Brandpunt* besteedde op 24 februari 1969 op de televisie aandacht aan de militaire research door het Medisch Biologisch Laboratorium. Het was voor het eerst dat er een televisieploeg in het laboratorium werd toegelaten. Na de reportage was in de uitzending een discussie te zien tussen de eerdergenoemde bacteriologe Ruys en de directeur van het Medisch Biologisch Laboratorium, prof. Cohen, over de eigen verantwoordelijkheid van wetenschappers ten aanzien van defensiegerelateerd onderzoek. Ruys herhaalde haar standpunt dat wetenschappers vanuit ethisch standpunt niet aan dergelijk onderzoek mochten deelnemen, terwijl Cohen vond dat "een regering die deze research nalaat zich aan een misdadige omissie schuldig maakt en een arts die om principiële redenen medewerking hieraan weigert laakbaar is".[16] Nieuw was deze discussie uiteraard niet – en evenmin het door Cohen ingenomen standpunt. In 1952 boog de Inspectie van de Geneeskundige Dienst van de KL zich over het vraagstuk wat de opstelling van een medicus moest zijn die bij onderzoek toevallig een mogelijk biologisch wapen op het spoor kwam. Stafofficieren van de inspectie meenden dat hij deze kennis onmiddellijk aan de bevoegde instanties kenbaar moest maken, zonder zijn eigen (of algemeen-maatschappelijke) ethische opvatttingen over de toelaatbaarheid van biologische oorlogvoering hierin te betrekken. De ABC-commissie van de landmacht achtte zichzelf overigens niet bevoegd een oordeel over dit medisch-ethisch dilemma te vellen.[17]

Voorafgaand aan de uitzending van *Brandpunt* interviewde een journalist van *Trouw* de voorzitter van RVO-TNO, prof. dr. Sizoo. Op de vraag in hoeverre Nederland medeplichtig was aan de Amerikaanse biologische en chemische oorlogvoering in Vietnam, antwoordde Sizoo dat de Amerikanen geen biologische wapens in het land gebruikten. De chemische strijdmiddelen die de Verenigde Staten inzetten, waren bovendien niet dodelijk. Sizoo vond het daarom misleidend om van een Amerikaanse biologische of chemische oorlog te spreken. De journalist legde Sizoo ook de vraag voor of het gebruik van NBC-wapens ethisch aanvaardbaar was. Sizoo vond het gebruik van geen enkel wapen ethisch aanvaardbaar. "De RVO heeft echter te maken met de concrete stand van zaken, die het noodzakelijk maakt te rekenen met de mogelijkheid van een aanval met NBC-wapens. Nederland heeft zich letterlijk aan de Conventie van Genève gehouden en heeft geen enkele voorbereiding getroffen voor het bezit- of gebruik van B- en C-wapens."[18] Hier past overigens opnieuw de kanttekening dat het protocol dergelijke voorbereidingen op zich niet verbood.

Voortzetting internationale samenwerking

Op 22 en 23 mei 1975 vond er in Rijswijk een internationaal symposium plaats over het onderzoek van de RVO-TNO op het gebied van de chemische oorlogvoering. De twee voordrachten van de directeur van het Chemisch Laboratorium, Ooms, gaven niet alleen een goed beeld van de stand van zaken, maar ook van zijn eigen opvattingen over chemische oorlogvoering en de mogelijke verdediging daartegen. In zijn bijdrage 'What can be done to diminish the chemical threat' ging Ooms in op de dreiging die uitging van het chemisch wapenbezit van een mogelijke tegenstander. Volgens hem waren er drie mogelijkheden om deze dreiging aan te pakken: afschrikking, verdediging en ontwapening. De gebruikelijke manier van afschrikking was (dreigen met) vergelding, beter nog vergelding met gelijke middelen. Dit was een van de uitgangspunten van het beleid van de Verenigde Staten en naar de mening van Ooms niet ten onrechte. Volgens hem was afschrikking door *retaliation* de belangrijkste reden waarom de Duitsers tijdens de Tweede Wereldoorlog geen chemische wapens hadden gebruikt. Omdat Nederland geen chemische wapens bezat en niet de intentie had deze te verwerven, was dit beleid voor Nederland geen optie.[19] Dat Nederland – net als op nucleair gebied – in NAVO-verband op de afschrikking door het (vooral) Amerikaanse chemisch wapenarsenaal kon rekenen, liet Ooms onvermeld.

Volgens Ooms was de verdediging tegen de inzet van chemische wapens door goede beschermingsmaatregelen ook een vorm van afschrikking, namelijk 'afschrikking door ontmoediging'. Een vijand die wist dat een tegenstander zich goed op een chemische aanval had voorbereid, zou zich bedenken om zijn plannen door te zetten, omdat hij de gewenste resultaten toch niet zou behalen. Dit was voor een land als Nederland de belangrijkste bijdrage ter vermindering van de chemische dreiging.[20]

De laatste mogelijkheid om chemische oorlogvoering te voorkomen was volgens Ooms ontwapening. Ontwapeningsafspraken konden leiden tot vermindering van de dreiging. Ooms – vanaf 1969 nauw betrokken bij ontwapeningsbesprekingen onder auspiciën van de Verenigde Naties – waarschuwde echter voor te veel enthousiasme over onderhandelingen. "Gaarne zou ik er hier nogmaals op willen wijzen hoe gevaarlijk het is om juist in een tijd dat er onderhandeld of althans gesproken wordt over mogelijkheden van wapenbeheersingsmogelijkheden de inspanning betreffende beschermende maatregelen te verminderen. Dat is dus precies wat de tegenstander wil en ik kan u verzekeren dat aan de overzijde van een dergelijke houding geen sprake is. De uitrustingsstukken die eind 1973 [na de Oktoberoorlog, JVW] gevonden zijn in Egypte en Syrië geven eens te meer aan dat van de zijde van het Warschau Pakt veel aandacht aan dit aspect wordt geschonken."[21]

In zijn tweede lezing 'Chemische Defensie Research in de practijk' ging Ooms dieper in op het research- en ontwikkelingswerk dat het Chemisch Laboratorium in samenwerking met het Medisch Biologisch Laboratorium op het gebied van de beschermingsmiddelen deed. Hij wees op een belangrijk punt dat het onderzoek de komende jaren zou gaan beheersen. Over het algemeen boden de bestaande gasbeschermingsmiddelen een redelijke mate van bescherming tegen een aanval met de bekende strijdgassen. Een werkelijke 'afschrikking door ontmoediging' kon echter pas worden verkregen als een militair niet alleen een chemische aanval kon overleven, maar ook zijn taak zonder veel hinder van zijn beschermende uitrusting geruime tijd in besmet gebied zou kunnen blijven uitvoeren. Juist op dit terrein ontbraken nog veel

De directeur van het Chemisch Laboratorium, A.J.J. Ooms (links), geeft uitleg tijdens een bezoek van Prins Bernhard.

gegevens. Het was daarom noodzakelijk in de eerstkomende jaren vooral aan dit aspect veel aandacht te besteden.[22]

Het zal duidelijk zijn dat het Chemisch Laboratorium niet in staat was dit probleem alleen op te lossen. Daarom zette dit laboratorium ook onder Ooms de samenwerking op nationaal en internationaal niveau voort. Op nationaal niveau werkte het Chemisch Laboratorium vooral samen met andere instituten binnen TNO, maar ook met de Militaire Inlichtingendienst. Het Chemisch Laboratorium kreeg onder meer inzage in inlichtingenrapporten van diverse NAVO-partners om zich van de laatste ontwikkelingen op de hoogte te kunnen houden (zie ook p. 232 e.v.). Het was geen eenrichtingsverkeer: het laboratorium ontving inlichtingen van de dienst en de dienst kon op zijn beurt een beroep doen op de expertise van het Chemisch Laboratorium. Zo ontving het laboratorium in augustus 1969 twee rapporten die de MID van een bevriende inlichtingendienst had gekregen. Een van de rapporten bevatte inlichtingen over chemische wapens van de Sovjets en een lijst met chemische verbindingen van (mogelijke) strijdgassen en andere relevante stoffen, die van een overgelopen wetenschapper uit het Oostblok afkomstig waren. De MID vroeg het laboratorium om een beoordeling. Na overleg met de collega's van het Medisch Biologisch Laboratorium besloot het Chemisch Laboratorium een opvallende verbinding te synthetiseren en nader te onderzoeken. Het Medisch Biologisch Laboratorium onderzocht de toxiciteit. Hieruit bleek dat het om een zeer giftige stof ging.[23]

Op internationaal niveau werden de contacten met de NAVO-bondgenoten Verenigde Staten, Canada en België én met Frankrijk voortgezet. Onderzoekers brachten bezoeken aan elkaars researchinstellingen en wisselden gegevens uit. Bovendien wisselde het Chemisch Laboratorium ongeclassificeerd materiaal uit met zusterinstellingen in Israël en Zweden. Er was ook nog steeds sprake van een nauwe samenwerking tussen de FINABEL-landen op het gebied van de ontsmetting.[24]

De samenwerking in FINABEL-verband leidde vanaf medio jaren zestig tevens tot de intensivering van de contacten met de Bondsrepubliek Duitsland. Het Chemisch Laboratorium voerde met de *Erprobungsstelle 53 der Bundeswehr für ABC-Schutz* in Munsterlager een gemeenschappelijk werkprogramma op het gebied van de ontsmetting uit. Op 12 en 13 oktober 1965 brachten ir. L. de Lavieter en Kaandorp van het Chemisch Laboratorium, in gezelschap van majoor Van Erven van de afdeling ABC-aangelegenheden van de Inspectie der Genie en een aantal Franse en Belgische collega's, een bezoek aan Munsterlager. Zij bezochten daar de *Erprobungsstelle 53* (op het voormalige, in de Tweede Wereldoorlog gebruikte, gifgasproefterrein *Heeresversuchsstelle Munster-Nord/Heeresversuchsstelle Raubkammer*) die op dat moment nog in aanbouw was.[25] De Duitsers hadden een budget van 25 miljoen Duitse marken tot hun beschikking voor de bouw van een hypermodern complex voor ontsmettingsproeven, dat onder meer een chemisch laboratorium met een eigen bibliotheek en een enorme proefhal voor het uitvoeren van NBC-ontsmettingsproeven omvatte. Rondom het complex was honderden hectare aan ruimte beschikbaar voor allerlei mogelijke proefnemingen. Tijdens een rondgang over het terrein zagen De Lavieter en Kaandorp dat het Duitse leger een ruim assortiment aan ontsmettingsapparatuur had.[26]

De Duitsers hadden de Fransen, de Belgen en de Nederlanders uitgenodigd voor overleg over een gezamenlijk programma voor ontsmettingsproeven. Aanvankelijk waren zij van plan de proeven met vier verschillende strijdgassen, een tiental militaire voertuigen en klein materieel (handwapens etc.), acht verschillende ontsmettingsmiddelen en zo'n negen ontsmettingsapparaten uit te voeren. Het uitvoeren van een dergelijk programma zou echter enige tientallen jaren vergen. De Fransen, Belgen en Nederlanders suggereerden dat de Duitse proeven beter konden aansluiten op de veldproeven die al in Zoersel waren gehouden (zie p. 251 e.v.). "Dit zou het beste kunnen gebeuren als in Munsterlager gelijksoortige experimenten zouden plaats vinden als in Zoersel '65, maar dan met verdikt Tabun." Dit voorstel werd aangenomen en vormde het uitgangspunt voor Duits-Frans-Belgisch-Nederlandse ontsmettingsproeven met verdikt mosterdgas en verdikt tabun die in de daaropvolgende jaren in de grote ontsmettingshal op Munsterlager plaatsvonden.[27] Over het verdere verloop van deze 'overdekte' ontsmettingsproeven is uit de beschikbare bronnen niets op te maken.

Contacten met Israël

Vanaf de eerste helft van de jaren zestig bestonden er ook contacten tussen het Chemisch Laboratorium en verschillende researchinstellingen in Israël. In oktober 1963 bezocht Van

Ormondt een aantal laboratoria in Israël en in februari 1964 brachten twee Israëlische onderzoekers een tegenbezoek aan het Chemisch Laboratorium. In beide gevallen ging het om het uitwisselen van informatie over elkaars methodieken. Het bezoek aan Nederland vond plaats op ongeclassificeerde basis, wat zoveel wil zeggen dat er geen gerubriceerde informatie werd uitgewisseld. In juli 1964 bracht dr. Clarenburg een kort bezoek aan Israël, waar hij aanwezig was bij sproeiproeven uit vliegtuigen met simili. Clarenburg – die veel ervaring met aerosolonderzoek had opgedaan, onder meer in de Sahara – heeft de Israëlische onderzoekers van adviezen voorzien over de wijze waarop ze hun meetapparatuur het beste in het terrein konden opstellen.[28]

In oktober 1966 brachten Ooms en drs. H.L. Boter een bezoek aan het *Israel Institute for Biological Research* in Ness Ziona. Dit onderzoeksinstituut was in 1952 opgericht als een dependance van het *Weiszman Institute of Science*. Het instituut werd voor een groot deel gesponsord door de Israëlische staat. Het deed naar eigen zeggen fundamentele en toegepaste research op het gebied van klinische en experimentele epidemiologie, luchtverontreiniging, polymeerchemie, insecticiden en de ontwikkeling en screening van nieuwe geneesmiddelen. Het was gelieerd aan de Universiteit van Tel Aviv en veel wetenschappers van het instituut gaven daar les. Het deed ook onderzoek op contractbasis, onder andere voor het ministerie van defensie.[29]

Het bestaan van het *Israel Institute for Biological Research* was lange tijd geheim en de ligging was op geen enkele kaart aangegeven. Bekend is dat het instituut in de jaren zestig onderzoek deed naar zenuwgassen. Of Israël ook eigen chemische wapens bezat of bezit, is altijd een goed bewaard geheim gebleven.[30] Er zijn aanwijzingen dat Israël in de tweede helft van de jaren vijftig een eigen ontwikkelingsprogramma voor chemische strijdmiddelen startte, als alternatief voor nucleaire wapens en om te kunnen terugslaan in het geval het land met gifgassen zou worden aangevallen. Rapporten van de Amerikaanse *Central Intelligence Agency* (CIA) gaven aan dat Israël en Frankrijk in 1960 op het gebied van de chemische oorlogvoering samenwerkten. Israëlische onderzoekers waren dat jaar aanwezig bij Franse proefnemingen op het proefterrein B2-Namous in Algerije.[31] Dat laatste zegt uiteraard niets over de vraag of Israël nu wel of niet eigen chemische wapens bezat of bezit. Het kan immers ook – net als in het geval van Nederland – om de passieve kant van de chemische oorlogvoering (gasbeschermingsmaterieel) zijn gegaan.

Op uitnodiging van het *Israel Institute for Biological Research* brachten de directeuren van het Chemisch Laboratorium en het Medisch Biologisch Laboratorium, Ooms en Cohen, in november 1967 een bezoek aan Israël om NBC-materieel te bekijken dat het Israëlische leger in juni 1967 tijdens de Zesdaagse Oorlog op zijn buurlanden had buitgemaakt (zie p. 267). Het NBC-materieel lag deels in het genoemde instituut en deels in het magazijn van de Israëlische militaire inlichtingendienst. Tevens bezochten Ooms en Cohen een terrein waar buitgemaakte tanks, gepantserde voertuigen en geschut stonden opgesteld. Voor hen vormde het bezoek een unieke gelegenheid om van dichtbij het gasbeschermingsmaterieel van de Sovjets te bekijken en kennis te nemen van de resultaten van het onderzoek dat het *Israel Institute for Biological Research* met dit materieel had gedaan.[32]

Het Israëlische leger had een zeer grote hoeveelheid gasbeschermingsmaterieel in de Sinaïwoestijn en in Syrië gevonden. De eerste conclusie was dan ook dat alle onderdelen van zowel het Egyptische als het Syrische leger volledig met gasbeschermingsmaterieel waren uitgerust. De NBC-organisatie van beide legers vertoonde veel overeenkomsten met die van de Sovjetstrijdkrachten. Elke divisie had een eigen NBC-compagnie, bestaande uit drie pelotons, waarvan één voor onderhoud van het gasbeschermingsmaterieel en twee voor detectie en ontsmetting. Elk regiment had een peloton van dertig man voor detectie en ontsmettingswerkzaamheden, terwijl elk bataljon een eigen sergeant-instructeur NBC-bescherming had. Al het buitgemaakte NBC-materieel was afkomstig uit de Sovjet-Unie. Het meeste materieel was al bekend uit het Oost-Duitse *Handbuch für Unteroffiziere des Chemischen Dienstes* uit 1966. Ooms en Cohen kwamen in het verslag van hun bezoek aan Israël tot de conclusie dat de Egyptische en Syrische legers – en dus ook het Sovjetleger – zeer duidelijk rekening hielden met chemische oorlogvoering en zich tegen chemische aanvallen redelijk konden beschermen.[33]

Tijdens het bezoek kwamen ook de aanvallen met chemische wapens in Jemen ter sprake (zie p. 266). Het viel de twee directeuren op dat de Israëlische onderzoekers en militairen niet veel meer wisten dan zijzelf. De Israëli's waren ervan overtuigd dat er zenuwgassen waren gebruikt. Ooms en Cohen hielden zo hun twijfels; bij geen enkel slachtoffer waren verschijnselen van zenuwgasvergiftiging geconstateerd. De Israëli's vermoedden dat de Egyptenaren mengsels van verschillende strijdgassen gebruikten. Ze hadden er geen verklaring voor waarom dat gebeurde. Het hoofd van de Israëlische Technische Inlichtingendienst geloofde overigens niet dat de Sovjet-Unie bij de inzet van chemische wapens in Jemen betrokken was, maar dat Egypte dit zelf op touw had gezet. Dit baseerde hij niet op inlichtingen, maar puur op zijn eigen intuïtie.[34]

Op 20 en 27 februari 1968 bezocht een medewerker van het *Israel Institute for Biological Research* het Chemisch Laboratorium in Rijswijk. Deze medewerker liet weten dat Israël van plan was grote aantallen gasmaskers voor de eigen bevolking aan te schaffen. (Een jaar eerder had Israël in de aanloop naar de Zesdaagse Oorlog al tienduizenden gasmaskers voor civiel gebruik aangekocht, zie p. 267.) Hiervoor kwam het Engelse civiele gasmasker in aanmerking, op voorwaarde dat het aan de Israëlische eisen voldeed. Aangezien het Chemisch Laboratorium het Engelse bevolkingsmasker ook al enige tijd aan een onderzoek wilde onderwerpen, vormde dit een gunstige gelegenheid om tot samenwerking te komen. Het Chemisch Laboratorium zou het uitlaatventiel bestuderen, lek- en doorslagproeven doen en aerosolpenetratieproeven uitvoeren, terwijl het Israëlische instituut sarinproeven op de gasfilterbus zou verrichten. Het Israëlische instituut zou tegelijk ook de Nederlandse gasfilterbus aan testen met sarin onderwerpen. Ooms was zeer ingenomen met de mogelijkheid om met de Israëli's samen te werken. Hij vroeg het bestuur van de RVO-TNO op 18 maart om toestemming: "Ik kan U (...) mede delen dat wij deze samenwerking zeer zouden toejuichen, omdat enerzijds wij toch van plan waren deze onderzoekingen te verrichten, terwijl anderzijds wij veel nut kunnen hebben van de experimenten met sarin, welke in Israel zullen worden uitgevoerd." Het bestuur ging akkoord.[35]

De medewerker van het *Israel Institute for Biological Research* kwam twee maanden later opnieuw naar Nederland om in het Chemisch Laboratorium de Nederlandse aanpak van het gasmaskeronderzoek te bestuderen, terwijl TNO-medewerker Van Zelm namens het Chemisch Laboratorium naar Ness Ziona ging om daar de techniek voor het bepalen van sarin-doorslagtijden van gasmaskerfilterelementen te bekijken. Het Chemisch Laboratorium had deze techniek al langere tijd op het researchprogramma staan, maar had het onderzoek ernaar tot dan toe nog steeds niet gerealiseerd.[36]

De contacten werden in de daaropvolgende jaren voortgezet.[37] In oktober 1973 vocht Israël weer een oorlog uit met zijn buurlanden. Net als tijdens de Zesdaagse Oorlog maakte het Israëlische leger opnieuw grote hoeveelheden gasbeschermingsmaterieel uit de Sovjet-Unie buit. In februari 1974 kreeg het Chemisch Laboratorium van de wetenschappelijk attaché van de Israëlische ambassade in Parijs een uitnodiging om het materieel te komen bezichtigen. Ooms wilde deze gelegenheid opnieuw benutten om de kennis van het Chemisch Laboratorium aan te vullen: "Het komt mij voor dat dit een unieke gelegenheid is kennis te nemen van deze uitrustingsstukken en een gedachtenwisseling hierover met medewerkers van het Israel Institute for Biological Research te voeren." Het RVO-bestuur gaf Ooms toestemming om Van Zelm opnieuw naar Ness Ziona te sturen.[38]

Van Zelm had in Israël vooral contact met het hoofd van de Chemische Afdeling van het *Israel Institute for Biological Research*. Deze liet Van Zelm herhaalde malen weten dat naar zijn mening de Sovjets hadden gekozen voor soman als standaardzenuwgas. De werking van een in de persoonlijke medische beschermingskit aangetroffen antistof zou hiervoor een aanwijzing zijn. Hoewel zijn gesprekspartner geen harde bewijzen kon overleggen, meende Van Zelm dat aan diens oordeel wel degelijk waarde moest worden gehecht. Hij vermoedde dat de Israëli nog over andere inlichtingen beschikte, die hij niet wilde of kon onthullen. Op een directe vraag van Van Zelm of er ook chemische munitie was aangetroffen, antwoordde hij dat dit niet het geval was.[39]

Al het gasbeschermingsmaterieel dat het Israëlische leger tijdens de Oktoberoorlog had buitgemaakt, was afkomstig van het Egyptische front. Veel van dit materieel kwam uit de Sovjet-Unie, hoewel het Israëlische leger ook materieel uit andere Warschaupactlanden had aangetroffen. Daarnaast had het door de Egyptenaren zelfgemaakte uitrustingen gevonden, die op hun beurt op de uitrusting van het Sovjetleger waren gebaseerd. Het buitgemaakte materieel gaf een goede indruk van de technische eigenschappen van de beschermende uitrusting tegen chemische strijdmiddelen. Maar Van Zelm kon zich geen goed beeld vormen van de aantallen uitrustingsstukken – in het bijzonder de collectieve uitrustingsstukken zoals detectoren en detectiemiddelen – waarover elke Egyptische legereenheid kon beschikken. Volgens zijn Israëlische gastheer werden ze "veel" en "vaak" aangetroffen, maar met een dergelijke mededeling kon hij niet veel.[40]

In 1977 moest de Nederlandse krijgsmacht een beslissing nemen over de vervanging van de automatische injector, die werd gebruikt als eerste hulp bij zenuwgasvergiftiging, en van het huidontsmettingspoeder voor chemische strijdmiddelen. Om het Ministerie van Defensie goed te kunnen adviseren wilde de directeur van het Chemisch Laboratorium informatie uit andere landen verzamelen. Ooms wilde meer weten over de uitwerking van chemische strijdmiddelen waaraan verdikkers waren toegevoegd, over de profylaxe en therapie voor zenuwgasvergiftiging en over huidontsmetting. Een van de landen die op zijn lijstje stond, was Israël. Eind mei, begin juni 1977 bezocht dr. H. Kienhuis, het hoofd van de Afdeling Organische Chemie en Biochemie, onder meer het *Israel Institute for Biological Research*, wat hem een schat aan informatie opleverde over onderwerpen als de dreigingsevaluatie van potentiële chemische strijdmiddelen, de detectie en identificatie van chemische strijdmiddelen, de profylaxe en therapie van zenuwgasvergiftiging, huidontsmetting en de wijze waarop eenheden van het Israëlische leger werden getraind om zich tegen chemische aanvallen te beschermen.[41]

Het Chemisch Laboratorium beschouwde het contact met Israël van zeer grote waarde. In de ogen van het laboratorium verrichtte dit land zeer interessante research en development op het gebied van beschermende middelen tegen chemische strijdmiddelen. De Israëlische onderzoeksinstituten deden doelgericht onderzoek, dat van hoog wetenschappelijk niveau was. Onder invloed van de voortdurende dreiging van een militaire confrontatie met de omringende Arabische landen, vond het onderzoek naar gasbeschermingsmaterieel in Israël in een realistische omgeving plaats. Via het op de Arabische landen buitgemaakt materieel wist Israël veel over de beschermende middelen waarover deze landen en de Warschaupactlanden, waarvan ze hun uitrusting betrokken, beschikten. Groot voordeel was bovendien dat Israël zeer positief stond tegenover contact met Nederland en zeer bereidwillig was om zijn kennis met het Chemisch Laboratorium te delen.[42]

Zoals gebruikelijk ging het om een wederzijdse uitwisseling van kennis en informatie. Deze contacten hebben zich vrijwel zeker tot het gebied van het gasbeschermingsmaterieel beperkt. Het Chemisch Laboratorium kon hierbij profiteren van de kennis die Israël had. Zoals gezegd, was deze informatie van bijzondere waarde omdat het land zich omringd wist door landen die door de Sovjet-Unie werden gesteund. De inlichtingen die het Chemisch Laboratorium op deze wijze verkreeg, stelde het overigens ook ter beschikking van de MID en de opvolger daarvan, de Landmacht Inlichtingendienst (LAMID).[43] Het Chemisch Laboratorium fungeerde in dit geval intern als ware het een militairwetenschappelijk inlichtingenbureau (een langgekoesterde wens van Van Ormondt, zie p. 158).

Het Chemisch Laboratorium bleef ook na de jaren zeventig contact met Israël onderhouden. Dat bleek onder meer toen het Tweede Kamerlid J. Marijnissen (SP), naar aanleiding van een uitzending van het tv-programma *Nova* op 18 maart 1999, vragen stelde aan de ministers van Economische Zaken en Buitenlandse Zaken over de levering (in 1996) van het zenuwgas soman door het TNO Prins Maurits Laboratorium aan het *Israel Institute for Biological Research*.[44] Het betrof vier monsters van 1 tot 5 milligram, bestemd voor medisch gerelateerd laboratoriumonderzoek. Tegen de achtergrond van de geldende internationale afspraken over exportcontrole in het verband van de Australië Groep (zie p. 297) vond de Nederlandse regering de leverantie toelaatbaar, zeker omdat het ging om een zeer geringe hoeveelheid die het *Israel Institute for Biological Research* voor onderzoek naar beschermingsmiddelen gebruikte.[45] Offensief militair gebruik was uitgesloten.

Het begin van de chemische ontwapening

Vanaf de tweede helft van de jaren zestig was er op internationaal niveau steeds meer aandacht voor chemische en biologische strijdmiddelen. De inzet van chemische strijdmiddelen door Egypte in Jemen in 1967 was aanleiding voor de Verenigde Naties om de secretaris-generaal opdracht te geven een rapport uit te brengen over chemische en biologische wapens. Dit rapport gaf de aanzet tot een nieuwe ronde van onderhandelingen over een verdrag tot algehele uitbanning van deze wapens. Zweden zorgde ervoor dat dit onderwerp in 1968 opnieuw op de agenda van de Geneefse Ontwapeningscommissie werd geplaatst. Hierbij speelde ook mee dat het Amerikaanse gebruik van ontbladeringsmiddelen in Vietnam ruime aandacht in de internationale media kreeg. Het bleek al snel dat het afsluiten van een afzonderlijk verdrag voor de destijds minder bruikbaar geachte biologische wapens eenvoudiger en sneller te realiseren was dan één gezamenlijk akkoord over biologische en chemische wapens. Een Brits ontwerpverdrag uit 1969 – door de Verenigde Staten en de Sovjet-Unie aangepast en enigszins afgezwakt – vormde de basis voor het Biologisch Wapenverdrag, dat in april 1972 werd gesloten en dat in 1975 in werking trad. Hoewel de Geneefse onderhandelingen over chemische ontwapening voortgingen, wilden ze niet vlotten. Het grootste struikelblok was – net als in het Interbellum – de verificatie van een verbod op het ontwikkelen, bezitten en gebruiken van chemische wapens. Terwijl de Verenigde Staten en andere westerse landen aandrongen op een strikte internationale controle op de naleving van het verbod, stonden de Sovjet-Unie en haar medestanders op het standpunt dat nationale verificatie afdoende was en daarnaast ook het maximum haalbare. Ook over de reikwijdte van de verdragsbepalingen bestond geen eensgezindheid.[46]

Nederland speelde bij de onderhandelingen een actieve rol. Het streefde een algeheel verbod op de productie en de opslag van chemische strijdmiddelen na, waarbij vooral de zenuwgassen aan een streng verificatieregime moesten worden onderworpen. Verder diende er een internationale organisatie te komen die eventuele afspraken kon verifiëren. Het Chemisch Laboratorium van de RVO-TNO leverde een bijdrage aan de verificatiekwestie in de vorm van een algemene formule die zenuwgassen kon onderscheiden van andere stoffen en een uiterst gevoelige methode om de productie van stoffen, die voor het aanmaken van strijdgassen geschikt waren, te kunnen aantonen door het controleren van rivierwater in de buurt van chemische installaties.[47]

Vooral de methode om verdachte componenten in het afvalwater van chemische fabrieken te kunnen bepalen, was van groot belang om ontwapeningsafspraken te kunnen verifiëren. Het Chemisch Laboratorium was erin geslaagd een methode te ontwikkelen die een normaal uitgerust chemisch laboratorium kon uitvoeren. Voor nadere identificatie van verdachte chemische stoffen was echter een zeer geavanceerd laboratorium nodig. Bij het ontwikkelen van de methode voor dit aanvullende onderzoek werd vanzelfsprekend rekening gehouden met de mogelijkheid dat kwaadwillende landen een poging zouden doen om het restafval te maskeren. De methode kon echter uiterst kleine hoeveelheden – die bij productie onvermijdelijk in het water zouden terechtkomen – aantonen.[48]

Chemische dreiging vanuit de Sovjet-Unie

Vanaf de tweede helft van de jaren zeventig nam de vrees toe dat de Sovjet-Unie in een conflict chemische strijdmiddelen zou inzetten. Die vrees werd onder meer gevoed door de *First International Sacharov Hearing* te Kopenhagen in 1975, waar voormalige Sovjetburgers verklaringen over mensenrechtenschendingen in de Sovjet-Unie aflegden. Ook de Russische experimenten op het gebied van de chemische oorlogvoering kwamen hier ter sprake. Schokkend was met name de getuigenis van Luba Markish, destijds een studente chemie. Zij vertelde dat in februari 1969 twintig zwangere vrouwen in Kaliningrad aan experimenten met gifgassen waren onderworpen, met het doel het effect op de ongeboren vrucht te onderzoeken. De gevolgen waren rampzalig. Markish was ook zelf een slachtoffer van proeven met gifgas en had ernstige longschade en brandwonden in haar gezicht opgelopen. Van Ormondt, nog steeds adviseur voor chemische research voor RVO-TNO, hield er rekening mee dat het gifgas waaraan Markish zou zijn blootgesteld, het nog steeds onbekende huid- en longaantastende gif was dat in de periode 1966-1967 in Jemen was gebruikt.[49]

Met stijgende ongerustheid registreerden de inlichtingendiensten in het Westen dat de strijdkrachten van de Warschaupactlanden bij hun grote oefeningen steeds sterker de nadruk legden op het inzetten van chemische strijdmiddelen. In december 1975 spraken de NAVO-ministers na hun bijeenkomst in Brussel in hun slotcommuniqué voor het eerst over de "for-

De Sovjetstrijdkrachten bereiden zich voor op chemische oorlogvoering, 1974.

midabele bekwaamheid" van de Sovjet-Unie en haar bondgenoten op het gebied van chemische oorlogvoering.[50]

De chemische dreiging die uitging van de land-, lucht- en raketstrijdkrachten van het Warschaupact kwam ook tot uitdrukking in een Nederlands inlichtingenrapport van de staf van het Eerste Legerkorps uit 1977.[51] De Nederlandse strijdkrachten moesten er rekening mee houden dat de Warschaupactlanden het tactisch en strategisch gebruik van chemische strijdmiddelen – naast de inzet van kernwapens – niet zouden schuwen. Door een efficiënte NBC-training en een constant programma voor verbetering van NBC-middelen waren de landen van het Warschaupact in staat om militaire operaties uit te voeren in een met strijdgassen vergiftigde omgeving. Het pact beschikte volgens het rapport over een uitgebreid arsenaal van grond- en luchtwapens waarmee het chemische munitie kon verschieten op doelen in heel West-Europa.[52]

In hetzelfde jaar startten de Verenigde Staten en de Sovjet-Unie, buiten de Geneefse Ontwapeningscommissie om, bilaterale besprekingen over chemische wapens. Ook deze onderhandelingen leverden aanvankelijk niet veel op. De Sovjet-Unie ontkende namelijk chemische wapens te bezitten en verzette zich hardnekkig tegen verificatie door internationale inspectieteams. Toch legden beide landen het eerste fundament voor een allesomvattend chemisch wapenverdrag. Zo stelden zij een eerste ontwerp op voor de paragraaf waarin de vernietiging van chemische wapens en van de productiefaciliteiten voor deze wapens zou worden geregeld. Bovendien bereikten beide landen overeenstemming over een termijn van tien jaar waarin, na de totstandkoming van een allesomvattend verdrag, alle verdragsstaten hun chemisch wapenarsenaal dienden te vernietigen.[53]

Het bilaterale overleg tussen de Verenigde Staten en de Sovjet-Unie leidde tot wrevel bij andere staten. Deze dachten dat multilateraal overleg een grotere kans bood om tot een allesomvattend chemisch wapenverdrag te komen. Op 17 maart 1980 stelde de Geneefse Ontwapeningscommissie daartoe de 'Ad Hoc Werkgroep Chemische Wapens' in. Omdat de Amerikanen door de halsstarrigheid van de Sovjet-Unie op het cruciale punt van de verificatie inmiddels tot de conclusie waren gekomen dat serieuze onderhandelingen met dat land niet meer mogelijk waren, wilden zij niet dat deze werkgroep een onderhandelingsmandaat kreeg. Al snel bleek dat de Verenigde Staten het enige land was dat zich hiertegen verzette. Tijdens de 36e Algemene Vergadering van de VN in 1981 moesten de Amerikanen hun tegenstand opgeven. Alle andere staten steunden een Pools-Canadese resolutie waarin de Geneefse Ontwapeningscommissie werd opgeroepen de werkgroep een onderhandelingsmandaat te geven. In 1984 werd de 'Ad Hoc Werkgroep Chemische Wapens' omgedoopt in de 'Ad Hoc Commissie Chemische Wapens', met de expliciete opdracht een allesomvattend chemisch wapenverdrag tot stand te brengen.[54]

Het Prins Maurits Laboratorium

Op 1 januari 1978 gingen het Chemisch Laboratorium en het Technologisch Laboratorium op in het 'Prins Maurits Laboratorium TNO, Instituut voor chemische en technologische research van de Rijksverdedigingsorganisatie TNO'.[55] Het voormalige Chemisch Laboratorium werd de 'Afdeling Chemische Research' en het Technologisch Laboratorium de 'Afdeling Technologische Research'. Het TNO Prins Maurits Laboratorium (PML) stond onder leiding van Ooms, die samen met directeur Chemische Research Van Zelm en directeur Technologische Research dr. ir. H.J. Pasman het directieteam vormde. Het Medisch Biologisch Laboratorium, dat eveneens in het Prins Mauritsgebouw was gehuisvest, verliet de RVO-TNO en werd opgenomen in de Gezondheidsorganisatie TNO.

De voornaamste taak van de Afdeling Chemische Research bleef chemisch onderzoek en ontwikkelingswerk voor de krijgsmacht. Om daarnaast nieuwe financieringsbronnen aan te boren, moest de research zich waar mogelijk ook op problemen in de civiele sector richten. De voornaamste werkgebieden van de afdeling werden begin 1978 nog eens op een rijtje gezet: de bepaling van karakteristieke eigenschappen van toxische stoffen (in het bijzonder chemische strijdmiddelen), de bestudering van het werkmechanisme van deze stoffen, de ontwikkeling van detectie- en alarmeringssystemen voor atmosferische contaminatie, de evaluatie en ontwikkeling van beschermingsmiddelen en -materialen (kleding, filtermedia), de ontsmetting en reiniging van met chemische strijdmiddelen en andere toxische stoffen besmet materieel, en de bestudering van vraagstukken op het gebied van ontwapening en wapenbeheersing en de hiermee verbonden controle. Vooral dat laatste was een taak die sinds begin jaren zeventig het werkveld van het Chemisch Laboratorium was ingeslopen.

Op 5 september 1978 waren de criteria voor onderzoek naar chemische strijdmiddelen onderwerp van gesprek voor vertegenwoordigers van de Landmacht-, Luchtmacht- en Marinestaf en medewerkers van het PML. In het verleden had het Chemisch Laboratorium steeds fundamenteel onderzoek gedaan naar mogelijk nieuwe chemische strijdmiddelen ten behoeve van de ontwikkeling van adequate beschermende maatregelen. Telkens als er in de literatuur een stof werd beschreven die mogelijk als chemisch strijdmiddel kon worden gebruikt, onderzocht het laboratorium in hoeverre de bestaande detectiemiddelen deze stof konden aantonen en of de beschermende uitrusting nog voldeed. Het aantal potentiële chemische strijdmiddelen groeide echter constant, terwijl de inlichtingen hierover – vooral betreffende de gifgassen waarover de Sovjet-Unie kon beschikken – slechts summier waren. Omdat de Afdeling Chemische Research onmogelijk alle nieuwe stoffen kon bestuderen, moest zij keuzes maken. Zo kwamen instabiele stoffen niet voor nader onderzoek in aanmerking. Wel interessant waren minder giftige stoffen die niet gedetecteerd konden worden of niet-giftige stoffen waarop de detectieapparatuur juist wel aansloeg, om zo de troepen in het veld te misleiden. De invoering van binaire chemische wapens (die uit twee of meer op zich minder gevaarlijke bestanddelen bestaan die pas door samenvoeging een effectief chemisch strijdmiddel vormen) compliceerde het onderzoek bijzonder, want daardoor was het moeilijker geworden om verdachte stoffen in de wetenschappelijke literatuur of via inlichtingen op het spoor te komen.[56]

De fusie van het Chemisch Laboratorium en het Technologisch Laboratorium liep vooruit op een grote reorganisatie die TNO begin jaren tachtig zou inzetten. In de jaren daarvoor was er onvrede ontstaan over het functioneren van de organisatie. TNO had een sterke groei doorgemaakt en de bestaande structuur voldeed niet langer. De directie stelde een aantal commissies en werkgroepen in die met adviezen, nota's en plannen moesten komen voor een nieuwe TNO-organisatie. Na een langdurig en ingewikkeld proces van voorbereiding en anticiperende maatregelen – zoals de oprichting van het PML – werd op 1 januari 1981 een nieuwe organisatiestructuur ingevoerd. Alle bijzondere organisaties, waaronder de RVO-TNO, werden opgeheven. Alle taken, rechten en verplichtingen van de bijzondere organisaties gingen over naar de Centrale Organisatie TNO. Er ontstond zo een organisatie met een centraal bestuur, centrale stafgroepen en een indeling in hoofdgroepen, waaronder de Hoofdgroep voor Defensieonderzoek.

TNO kende volgens de nieuwe organisatiestructuur een Raad van Toezicht TNO. Het defensieonderzoek viel echter niet onder deze raad, maar onder een apart toezichthoudend orgaan, de Raad voor het Defensieonderzoek TNO, die in feite de plaats innam van het bestuur van de RVO-TNO. De Raad voor het Defensieonderzoek stelde het beleid voor de Hoofdgroep voor Defensieonderzoek vast. In de raad zaten een door de minister van Defensie benoemd lid, de coördinator Wetenschappelijk Onderzoek Defensie, de drie hoofden Wetenschappelijk Onderzoek van de krijgsmachtdelen, de directeur Militair-Geneeskundige Diensten, een door de minister van Onderwijs en Wetenschappen aangewezen lid en drie wetenschappelijk deskundigen. De vertegenwoordiger van de minister van Defensie was tevens de voorzitter van de raad en had in die hoedanigheid zitting in het centrale TNO-bestuur, waar hij belast was met het beleid aangaande het defensieonderzoek. Hiervoor legde hij verantwoording af aan de minister van Defensie. In de Raad voor het Defensieonderzoek beschikte hij over het zogenoemde 'recht van verzet', wat inhield dat hij de uitvoering van een door de raad genomen besluit kon schorsen en aan de minister van Defensie kon voorleggen. Op deze wijze behield de minister van Defensie in hoge mate zeggenschap over het defensieonderzoek door TNO.[57]

10 | Chemische ontwapening 1979-1995

Stand van zaken chemische bewapening

Voor zover bekend beschikten aan het begin van de jaren tachtig slechts enkele landen in de wereld over chemische wapens.[1] Binnen het Warschaupact had in elk geval de Sovjet-Unie een omvangrijk chemisch wapenarsenaal. Hierover en over de belangrijke plaats die de Sovjet-strijdkrachten aan chemische oorlogvoering leken toe te kennen, bestond in het Westen veel onvrede. De daadwerkelijke omvang van het chemisch wapenarsenaal van de Sovjet-Unie was echter onbekend. In het Westen circuleerden de meest uiteenlopende schattingen. Wel was duidelijk dat vijf tot dertig procent van de Sovjetmunitie een chemische lading had, althans van het deel dat in Oost-Europa en het westen van de Sovjet-Unie lag opgeslagen. Volgens inlichtingen beschikte het land over sarin, soman, blauwzuur en mosterdgas. Naar aanleiding van de gebeurtenissen in Zuidoost-Azië – waarover later meer (p. 289 e.v.) – dachten vooral de Amerikanen dat de Sovjet-Unie ook de beschikking had over mycotoxinen (giftige stoffen die door schimmels werden gevormd).

Binnen de NAVO hadden alleen de Verenigde Staten en Frankrijk nog chemische wapens, aangezien Groot-Brittannië zijn chemisch wapenarsenaal enige tijd geleden had vernietigd.[2] Over de omvang van het Franse potentieel was vrijwel niets bekend. De Verenigde Staten hadden hun arsenaal sinds de koerswijziging van president Nixon in 1969 (zie p. 269) niet meer uitgebreid of aangevuld. In 1979 besloot president Jimmy Carter echter om een aanvang te maken met de modernisering van het Amerikaanse chemisch wapenarsenaal door de productie van binaire chemische wapens voor te bereiden. Omdat deze wapens, zoals gezegd, uit twee of meer minder gevaarlijke bestandsdelen bestonden die pas na menging een effectief chemisch strijdmiddel zouden vormen, konden ze makkelijker en veiliger worden vervoerd en opgeslagen. Tot nu toe hadden het Huis van Afgevaardigden en de Senaat voorstellen om tot de productie van binaire chemische wapens over te gaan, afgewezen.

De meeste Amerikaanse chemische wapens lagen in de Verenigde Staten zelf. Het arsenaal omvatte artilleriegranaten, vliegtuigbommen, landmijnen en vliegtuigsproeitanks. Daarnaast waren er chemische strijdmiddelen in bulkvoorraad aanwezig. De strijdgassen waarover de Amerikanen konden beschikken waren sarin en VX, en oude voorraden mosterdgas uit de Tweede Wereldoorlog. Hoewel de Amerikanen opener waren over hun chemische capaciteit dan de Sovjet-Unie, hadden zij nooit officiële mededelingen gedaan over de exacte omvang van hun chemisch arsenaal. De schatting was dat de Verenigde Staten circa 42.000 ton chemische strijdmiddelen hadden, waarvan ongeveer de helft uit zenuwgassen bestond. Een deel

Moedjahedienstrijders in Afghanistan beschermen zich met (Russische!) gasmaskers tegen de mogelijke inzet van chemische strijdmiddelen door de Sovjet-Unie, 31 maart 1981.

van dit arsenaal – met sarin gevulde clusterbommen, 115 mm raketten en artilleriegranaten – was verouderd en stond op de nominatie te worden vernietigd in het *Tooele Army Depot*.

Buiten de Verenigde Staten beschikten de Amerikanen lange tijd over geheime operationele voorraden chemische wapens op het Japanse eiland Okinawa en in de Bondsrepubliek Duitsland. Nadat de aanwezigheid van chemische wapens op Okinawa was uitgelekt, zagen de Verenigde Staten zich gedwongen deze wapens – circa 300.000 stuks munitie met mosterdgas, sarin en VX – in 1971 over te brengen naar het Johnston Island in de Stille Oceaan om later te worden vernietigd. Pas in 1990 werden ook de wapens uit de Bondsrepubliek teruggenomen. Het ging om circa 120.000 artilleriegranaten met sarin en VX.[3] Deze voorraad was naar schatting genoeg voor ongeveer twee weken chemische operaties.[4]

Inzet in Zuidoost-Azië en Afghanistan?

Halverwege de jaren zeventig groeide in het Westen de ongerustheid over het mogelijke gebruik van door de Sovjet-Unie aan Laos en Vietnam geleverde chemische wapens in Laos zelf en in Cambodja. Vanaf begin jaren tachtig kwam daarbij ook de vrees dat de Sovjet-Unie zelf chemische wapens zou inzetten in Afghanistan, waar het Sovjetleger in 1979 was binnengevallen. In april 1980 maakte Matthew Nimetz, de *under secretary of state for security assistance, science and technology* van het Amerikaanse ministerie van buitenlandse zaken, bekend dat de Amerikaanse regering zich steeds meer zorgen begon te maken over het toenemende aantal berichten over het vermeende gebruik van chemische strijdmiddelen in Zuidoost-Azië en Afghanistan. Bovendien liet hij weten dat er in april 1979 in de Russische stad Sverdlovsk een ernstige epidemie was uitgebroken, die vermoedelijk het gevolg was van een ongeluk met biologische wapens (anthrax).[5] Dit incident wakkerde het wantrouwen tegenover de Sovjet-Unie sterk aan; het land had in 1975 immers het Biologisch Wapenverdrag geratificeerd.

Onder diegenen die overtuigd raakten van de inzet van chemische strijdmiddelen in Afghanistan was ook de Nederlandse journalist B. de Bruin.[6] In juni 1980 filmde hij Russische MI-24 helikopters die het dorp Charbagh Safar, gelegen in Zuidoost-Afghanistan op acht kilometer van de stad Jalalabad, bombardeerden. Volgens De Bruin produceerden de afgeworpen bommen een gele wolk. Vijf uur na de aanval trok hij het dorp binnen waar hij het zwartgeblakerde, maar niet verbrande lijk van een moedjahedienstrijder fotografeerde. Militaire deskundigen aan wie hij de foto's naderhand liet zien, vermoedden het gebruik van napalm. Hoewel napalm een chemisch strijdmiddel was dat niet onder het regime van het Protocol van Genève viel, werd het in de publieke opinie als een mensonwaardig strijdmiddel beschouwd. De Bruin ondervond naar eigen zeggen zelf ook gifgasverschijnselen. Enkele uren na het bezoek aan het dorp raakte de huid van zijn handen en zijn gezicht geïrriteerd, waarna zich blaasjes ontwikkelden. Een dag later voelde zijn gezicht nog opgezwollen aan. Daarna verdwenen de verschijnselen. Afghaanse guerrilla's vertelden De Bruin dat de Russen het gebruik van chemische strijdmiddelen probeerden te maskeren door achteraf napalm te verspreiden. Een expert van de universiteit van Bonn, die De Bruin had onderzocht en aan wie de journalist foto's en filmbeelden had laten zien, verklaarde hem als een betrouwbare getuige te beschouwen en geloofde dat de Russen in Afghanistan inderdaad chemische wapens gebruikten. Het PML-TNO kon dit echter niet bevestigen. Van Zelm, die op 26 september 1980 met de Duitse deskundige had gesproken, was niet overtuigd door het bewijsmateriaal.[7]

De aanhoudende geruchtenstroom over de inzet van chemische strijdmiddelen in Zuidoost-Azië en Afghanistan was voor enkele westerse landen in 1980 aanleiding de Verenigde Naties een onderzoek te laten instellen. Op 12 december 1980 nam de Algemene Vergadering van de Verenigde Naties een daartoe strekkende resolutie aan (met tegenstemmen van de Warschaupactlanden). Op grond van deze resolutie (35/144C) benoemde de secretaris-generaal vier deskundigen, afkomstig uit Egypte, Kenia, de Filipijnen en Peru. Hoewel de groep deskundigen haar werk serieus en onpartijdig deed, was ze niet in staat om tot duidelijke conclusies te komen. Laos en Afghanistan weigerden de deskundigen toe te laten en de autoriteiten van Cambodja konden de veiligheid van de groep in de gebieden waar opstandelingen actief waren, niet garanderen. Daardoor kon de groep geen monsters verzamelen waarvan de herkomst ondubbelzinnig vaststond. De groep bracht in december 1982 haar eindrapport uit. Ze kwam tot de vage slotsom dat "it could not disregard the circumstantial evidence suggestive of the possible use of some sort of toxic chemical substance in some instances".[8]

De Verenigde Staten waren ondertussen een eigen campagne gestart om aan te tonen dat er chemische strijdmiddelen in Laos, Cambodja en Afghanistan werden gebruikt en dat de Sovjet-Unie hierbij betrokken was. Op 13 september 1981 beschuldigde minister van buitenlandse zaken Alexander M. Haig de Sovjet-Unie ervan mycotoxinen aan haar bondgenoten in Vietnam en Laos te leveren en deze gifgassoort ook zelf in Afghanistan te gebruiken. In de media stond het vermeende gebruik van mycotoxinen al snel bekend als 'Yellow Rain', naar de gele regenwolken die ooggetuigen meenden te hebben gezien.[9]

Op 6 oktober 1981 gaf een Amerikaans team van vijf man in Nederland een besloten briefing over het gebruik van chemische strijdmiddelen in Laos, Cambodja en Afghanistan. Het team maakte een rondreis door Europa en bestond uit vertegenwoordigers van het ministerie van buitenlandse zaken, het ministerie van defensie en de CIA. Het werd geleid door Richard R. Burt, de directeur van het *Bureau of Politico-Military Affairs* van het *State Department*. Het gehoor bestond uit een select gezelschap van vertegenwoordigers van de ministeries van Buitenlandse Zaken en Defensie en van de Nederlandse inlichtingendiensten. Ook Van Zelm, de directeur van de Afdeling Chemische Research van het PML, was voor deze besloten bijeenkomst uitgenodigd. Daarnaast gaf het Amerikaanse team nog een briefing aan Nederlandse journalisten.[10]

Niet iedereen was overtuigd door de bewijzen die de Amerikaanse regering meende te hebben. Richard Burt verscheen op 10 november 1981 voor een subcomité van de Senaat met bewijzen die de beweringen van Haig moesten ondersteunen. Volgens Burt hadden de Amerikanen de 'smoking gun' (het waterdichte bewijs) gevonden. Op 22 maart 1982 stuurde Haig een rapport met de titel *Chemical Warfare in Southeast Asia and Afghanistan* (Special Report no. 98, US Department of State) naar het Amerikaanse Congres. Burt maakte op 30 maart 1982 aan een subcomité van het Huis van Afgevaardigden bekend dat het gebruik van chemische wapens in Laos, Cambodja en Afghanistan meerdere malen was bevestigd door getuigenissen uit de eerste hand. In november 1982 verscheen een herziene versie van het rapport van Haig, met de titel *Chemical Warfare in Southeast Asia and Afghanistan: An Update* (Special Report no. 104, US Department of State) waarin de nieuwe minister van buitenlandse zaken, George P. Schultz, opnieuw schreef overduidelijk bewijzen te hebben gevonden dat in Laos, Cambodja en Afghanistan chemische wapens werden gebruikt. Desondanks konden alle getuigenissen en rapporten niet iedereen overtuigen; de controverse of er in de genoemde landen nu wel of niet mycotoxinen tegen opstandelingen zijn ingezet, blijft de gemoederen tot op de dag van vandaag bezighouden.[11]

De opschudding over het mogelijke gebruik van chemische strijdmiddelen in Zuidoost-Azië en Afghanistan leidde in 1982 tot extra werkzaamheden voor het PML. Door "de gebeurtenissen in Z.O. Azië en de daarover door de Verenigde Staten gegeven informaties" zag het PML zich "genoodzaakt aandacht te schenken aan mycotoxinen als mogelijke chemische dreiging". De medewerkers bestudeerden literatuur en analyseerden deze verbindingen. Bovendien onderzocht het PML in opdracht van de ministeries van Defensie en Buitenlandse Zaken monsters uit Afghanistan, die de eerdergenoemde groep VN-deskundigen had weten te bemachtigen en voor laboratoriumonderzoek naar Nederland had gestuurd.[12]

Op 13 december 1982 kwamen medewerkers van de LAMID en het PML in de Prinses Julianakazerne in Den Haag bijeen om de dreiging van een mogelijke chemische oorlog te bespreken. Het was duidelijk dat de aanwezigen de chemische dreiging, gezien de grote voorraden chemische strijdmiddelen waarover de Sovjet-Unie volgens inlichtingen kon beschikken en het (vermeende) gebruik van strijdgassen in Afghanistan en Zuidoost-Azië, serieus namen. Tot dan toe was er binnen de KL relatief weinig aandacht geweest voor de mogelijkheid dat het Warschaupact in een toekomstig conflict daadwerkelijk chemische strijdmiddelen zou inzetten. De aandacht was vooral naar het gebruik van kernwapens uitgegaan. Nu duidelijk werd dat het Warschaupact over het vermogen beschikte om chemische wapens (tactisch én strategisch) offensief in te zetten, wilden inlichtingenofficieren graag meer inzicht krijgen in deze problematiek en in de mogelijke gevolgen voor de landmacht. Zij vroegen het PML een zogenoemde 'Operations Research Studie Chemische Oorlogvoering' uit te voeren. Bij 'Operations Research' of operationele research (OR) bouwen onderzoekers een mathematisch model, waarmee zij vervolgens op de computer mogelijke scenario's kunnen doorrekenen. De inlichtingenofficieren wilden dat het PML een model voor de langere termijn zou ontwerpen, dat het laboratorium daarna regelmatig zou evalueren en aanpassen. De OR-studie ging echter niet door. De Landmachtstaf vond de dreiging niet urgent genoeg om middelen hiervoor vrij te maken.[13]

Niettemin maakte het PML in de tweede helft van de jaren tachtig een grote sprong voorwaarts op het gebied van computersimulaties.[14] De computermodellen hiervoor werden deels in eigen beheer ontwikkeld, deels in samenwerking met de *United States Air Force*. Met deze technologie was het mogelijk chemische aanvallen in verschillende scenario's na te bootsen en te evalueren, zonder de noodzaak van proefnemingen in het open veld. De modellen die hieraan ten grondslag lagen waren mede gebaseerd op eerder veldonderzoek, zoals de Frans-Belgisch-Nederlandse proefnemingen in de Sahara uit de jaren vijftig (zie ook p. 262).

In de simulatiemodellen werden drie soorten parameters gebruikt: parameters gerelateerd aan het wapensysteem (o.a. soort, aantal, vulstof), meteorologische parameters (windrichting en -snelheid, atmosferische stabiliteit, etc.) en doelparameters (afmetingen, aantal manschappen, etc.). In de programma's waren atmosferische diffusiemodellen opgenomen en modellen waarmee de verdamping van chemische strijdmiddelen kon worden beschreven. Zodoende beschikte het PML begin jaren negentig over modellen waarmee alle mogelijke soorten chemische aanvallen op verschillende doelen konden worden gesimuleerd. Het gebruik van de computersimulatietechnologie bij een onderzoek naar de NBC-bescherming binnen de Nederlandse krijgsmacht leidde onder andere tot de invoering van het NBC-neuskapje. De PML-onderzoekers leverden verder een belangrijke bijdrage aan een uitgebreide studie over de gevolgen van chemische aanvallen op vliegvelden in Europa, die binnen het *Air Subpanel* van het *NBC Defence Subpanel* van de NAVO werd verricht.

Het Nederlandse standpunt over een chemisch wapenverdrag

Door de eerdergenoemde ontwikkelingen nam, zoals gezegd, de belangstelling voor het vraagstuk van de chemische oorlogvoering in de loop van de jaren tachtig toe. Enerzijds was er volop aandacht voor de chemische dreiging. De Sovjet-Unie beschikte waarschijnlijk over een groot arsenaal chemische strijdmiddelen – en was bereid dit in te zetten –, terwijl de Amerikanen, na het eenzijdig moratorium van 1969, overwogen weer met de productie van chemische strijdmiddelen (namelijk binaire chemische wapens) te beginnen. Er dreigde zelfs een chemische wapenwedloop. Anderzijds was er veel aandacht voor chemische ontwapening. De 'Ad Hoc Werkgroep Chemische Wapens' had enige vooruitgang geboekt bij het bespreken van onderdelen van een allesomvattend chemisch wapenverdrag. De Nederlandse regering dacht dat een dergelijk verdrag binnen handbereik was, als alle partijen maar bereid waren de resterende problemen samen op te lossen.[15]

De Nederlandse regering was een groot voorstander van een verdrag dat de ontwikkeling, de productie en de opslag van alle chemische strijdmiddelen zou verbieden en tot de vernietiging van de bestaande voorraden zou leiden, en hoopte dat dit snel tot stand zou komen. In de Algemene Vergadering van de Verenigde Naties steunde Nederland de resoluties om onderhandelingen op het gebied van chemische strijdmiddelen aan te moedigen. Ook in de Geneefse Ontwapeningscommissie maakte Nederland zich sterk voor de spoedige totstandkoming van een verdrag. Hierbij speelde de in Nederland aanwezige deskundigheid een grote rol. Vooral het PML was hierbij betrokken. Zo had het laboratorium in het verleden een methode ontwikkeld om 'verdachte' componenten in het afvalwater van een chemisch bedrijf op te sporen (zie p. 282). Over de ontwikkeling van deze methode had Nederland verschillende malen verslag gedaan in de Geneefse Ontwapeningscommissie. Bovendien stelde Ooms in januari 1983 een lijst op van zogenaamde sleutelvoorlopers, de directe voorlopers, ofwel tussenproducten, om chemische wapens te kunnen maken. De meeste landen gebruikten deze lijst als basis voor verdere onderhandelingen die moesten leiden tot een chemisch wapenverdrag.[16] Het grote probleem was uiteraard dat veel stoffen die voor de aanmaak van strijdgassen benodigd waren, ook een legitieme toepassing in de civiele chemische industrie hadden (*dual use*-problematiek). De productie van en handel in deze stoffen kon niet geheel verboden worden, maar moest wel streng gecontroleerd worden.

De verificatiekwestie bleef de grootste hinderpaal bij de totstandkoming van een chemisch wapenverdrag. Hoewel ook Nederland van mening was dat goede verificatiebepalingen van groot belang waren, vond het dat het tot stand komen van een verdrag niet alleen van een waterdichte verificatie mocht afhangen. In juli 1980 gaf Nederland in de Geneefse Ontwapeningscommissie aan dat er garanties voor de naleving van een chemisch wapenverdrag konden worden verkregen indien alle partijen overeenstemming zouden kunnen bereiken over drie, onderling samenhangende, voorwaarden: een goede definitie van het toepassingsbereik van het verdrag, een redelijk systeem van verificatiemethoden en een toereikend systeem van beschermingsmaatregelen. Volgens Nederland was het niet nodig dat elk van deze drie voorwaarden optimaal werd vervuld. De onderlinge samenhang van de voorwaarden maakte het volgens Nederland voor alle partijen onaantrekkelijk om zich aan de verplichtingen van het verdrag te onttrekken. In juli 1981 deed Nederland een aantal voorstellen voor een consultatie- en klachtenprocedure alsook voor verificatiemaatregelen als onderdeel van een chemisch wapenverdrag. Ten slotte gaf Nederland in maart 1982 samen met Indonesië in de Geneefse Ontwapeningscommissie openheid van zaken over de vernietiging van circa 45 ton mosterdgas op West-Java (zie p. 136).[17]

Berichten in de media dat de Amerikaanse Senaat in september 1980 had besloten meer dan drie miljoen dollar uit te trekken voor de bouw van een proeffabriek voor binaire chemische wapens, leidden in oktober 1980 tot vragen van de Tweede Kamerleden Frinking en J. de Boer, beiden van het CDA. Zij vroegen zich af of het wel verstandig was om nieuwe chemische wapens aan te maken nu een spoedige overeenstemming over een chemisch ontwapeningsverdrag binnen handbereik lag. Minister van Binnenlandse Zaken H. Wiegel beantwoordde de Kamervragen voor minister van Buitenlandse Zaken dr. C.A. van der Klaauw, die afwezig was. Wiegel wees erop dat het nog enkele jaren zou duren voor er een verdrag was. Als de Amerikanen nu zouden besluiten hun chemisch wapenarsenaal niet te moderniseren, zouden zij een nog grotere achterstand op de Sovjet-Unie oplopen dan ze al hadden. En indien er onverhoopt geen verdrag tot stand zou komen, zouden de Verenigde Staten geen capaciteit op het gebied van de chemische strijdmiddelen meer hebben die zij tegenover het chemisch wapenarsenaal van de Sovjet-Unie konden stellen. Frinking en De Boer vroegen zich tevens af of de Nederlandse regering bereid was de Amerikanen mee te delen dat Nederland chemische bewapening altijd had afgewezen en niet bereid was chemische wapens in de Nederlandse krijgsmacht op te nemen of op Nederlands grondgebied op te slaan. Wiegel antwoordde dat de Amerikaanse regering heel goed wist dat Nederland niet van plan was zijn strijdkrachten met chemische wapens uit te rusten. De kwestie van de opslag van Amerikaanse chemische strijdmiddelen op Nederlands grondgebied was volgens Wiegel nooit aan de orde geweest.[18]

De NAVO-doctrine aangaande chemische strijdmiddelen had twee gezichten, al lag de nadruk – anders dan bij de nucleaire bewapening – duidelijk op de bescherming.[19] De NAVO-landen waren zich ervan bewust dat goede gasbeschermingsmiddelen en -maatregelen van groot belang waren, zeker gezien de offensieve capaciteit voor chemische oorlogvoering waarover het Warschaupact zou beschikken. Een evaluatie had uitgewezen dat het NAVO-gasbeschermingsmaterieel nog lang niet optimaal was.[20] Een voortgaande ontwikkeling van dit materieel en betere NBC-trainingen moesten de overlevingskansen van NAVO-militairen verbeteren en een vijandelijke aanval met chemische wapens minder effectief maken. Daarnaast beschikte de NAVO via de inzetcapaciteit van de Verenigde Staten over een "beperkte CW[=*chemical warfare*]-vergeldingscapaciteit". Sinds 1967 was de NAVO-strategie gebaseerd op de *flexible response*. Volgens deze strategie moest de NAVO beschikken over een scala aan middelen om op flexibele wijze te kunnen reageren op agressie van buiten het verdragsgebied. Essentieel in deze doctrine was dat de tegenstander niet wist welk middel de NAVO zou toepassen. Om een oorlog te voorkomen vertrouwde het bondgenootschap op de afschrikkingskracht van nucleaire en conventionele wapens, maar het aanhouden van een (beperkt) arsenaal aan chemische wapens breidde het scala aan defensieve middelen uit en was in militair opzicht het beste antwoord op een vijandelijke inzet van deze wapens (*retaliation in kind*). Het openhouden van de mogelijkheid om chemische strijdmiddelen in te kunnen zetten, paste dus prima in de strategie van de *flexible response*.

De afschrikkende werking van het chemisch wapenarsenaal van de NAVO in Europa was slechts beperkt. Alleen de Amerikaanse troepen in West-Duitsland beschikten over een geringe hoeveelheid chemische wapens (zie p. 289). Om de afschrikkingskracht te vergroten diende de NAVO (lees: de Verenigde Staten) het arsenaal aan chemische wapens op te voeren. Daar kwam nog bij dat de Amerikaanse president Ronald Reagan begin 1982 verklaarde dat zijn land zelfs een overwicht op het gebied van chemische strijdmiddelen moest opbouwen, om vanuit een sterke positie met de Sovjet-Unie te kunnen onderhandelen over chemische ontwapening.

Tijdens de behandeling van het NAVO-deel van de begrotingen van Buitenlandse Zaken en Defensie in de Tweede Kamer op 9 en 10 februari 1982 werd het voornemen van president Reagan door zowel de oppositie- als de regeringspartijen sterk bekritiseerd.[21] De oppositiepartijen wilden dat de Nederlandse regering het Amerikaanse besluit zou veroordelen en zich tegen de productie van zenuwgassen zou uitspreken. Om te voorkomen dat alleen de Verenigde Staten zouden worden veroordeeld, diende buitenlandwoordvoerder van D66 H.A. Schaper namens de drie regeringspartijen (CDA, PvdA en D66) een motie in. Hierin stond ook een verwijzing naar het chemisch wapenarsenaal van de Sovjet-Unie en het vermeende gebruik van chemische strijdmiddelen in Zuidoost-Azië en Afghanistan. Enkele dagen later nam de Tweede Kamer deze motie aan.

In dezelfde motie stelde de Tweede Kamer vast dat Nederland geen chemische wapens bezat en ook niet van plan was ze te verwerven. De Kamer wilde ook niet dat er chemische wapens in Nederland werden opgeslagen en was tegen het gebruik van deze wapens door de Nederlandse krijgsmacht. De Kamer verzocht de regering te bevorderen dat de andere NAVO-landen deze standpunten overnamen. Volgens de Kamer vormde een allesomvattend globaal chemisch wapenverdrag in combinatie met goede gasbeschermingsmiddelen de beste waarborg tegen chemische oorlogvoering. Daarom moest de Nederlandse regering enerzijds zorgen voor een adequate bescherming tegen chemische wapens en anderzijds al het mogelijke doen om een verdrag tot stand te brengen dat voorzag in een verbod op de ontwikkeling, productie en opslag van chemische strijdmiddelen, en de vernietiging van bestaande voorraden. Daarnaast constateerde de Kamer dat het Nederlandse voorbehoud bij het Protocol van Genève nog steeds van kracht was, waardoor vergelding met chemische wapens door Nederland althans theoretisch mogelijk was. De Kamer wilde dat de regering ernstig overwoog dit voorbehoud in te trekken.[22]

Op 15 juni 1982 droeg minister-president mr. A.A.M. van Agt de Nederlandse standpunten over chemische oorlogvoering uit op de tweede bijzondere zitting van de Algemene Vergadering van de Verenigde Naties. Hij verklaarde dat de Nederlandse strijdkrachten niet over chemische strijdmiddelen beschikten, dat de Nederlandse regering niet overwoog om ze in te voeren en dat zij tegen de opslag van chemische wapens op Nederlands grondgebied was.[23]

Het voorbehoud bij het Protocol van Genève

Minister van Buitenlandse Zaken mr. M. van der Stoel had de Tweede Kamer in 1982 toegezegd de verschillende implicaties van het intrekken van het voorbehoud bij het Protocol van Genève te zullen onderzoeken. In de 'Nota betreffende chemische wapens', die zijn opvolger mr. H. van den Broek en minister van Defensie mr. J. de Ruiter op 13 april 1983 aan de Tweede Kamer aanboden, schreven zij dat belangrijke overwegingen pleitten voor het intrekken van het voorbehoud van "wederkerige naleving". Ten eerste sloot dit aan bij de Nederlandse opvatting dat stationering van chemische wapens op Nederlands grondgebied onwenselijk was. Aangezien de Nederlandse strijdkrachten geen chemische wapens hadden en de productie ervan in Nederland niet aan de orde was, betekende dit feitelijk dat Nederland de optie van een tegenaanval met chemische strijdmiddelen had opgegeven. Het intrekken van het voorbehoud zou hiervan slechts de politieke consequentie zijn. Ten tweede zou dit een belangrijk signaal vormen om te komen tot een allesomvattend chemisch wapenverdrag. Het effect van de intrekking van het voorbehoud zou het grootst zijn wanneer Nederland dat niet alleen zou doen, maar gezamenlijk met NAVO-bondgenoten die eveneens een voorbehoud hadden gemaakt. Met het oog hierop was Nederland in 1983 een consultatieprocedure in de NAVO gestart. De uitkomst van deze consultaties zou bepalen of Nederland samen met anderen, eenzijdig of misschien wel helemaal niet tot de intrekking van het voorbehoud zou overgaan. "In het laatste geval zou er sprake dienen te zijn van zwaarwegende bondgenootschappelijke argumenten die zich tegen eenzijdige intrekking van het voorbehoud zouden verzetten", aldus de beide bewindslieden.[24]

Op 28 maart 1984 informeerde Van den Broek zijn Defensiecollega De Ruiter over de resultaten van de consultatieronde. Uit het NAVO-overleg was gebleken dat geen van de betrokken bondgenoten samen met Nederland wilde optrekken om tot herroeping van het wederkerigheidsbeginsel over te gaan. Ook een eenzijdig Nederlands besluit daartoe werd door de andere bondgenoten onwenselijk geacht. De door de bondgenoten "in niet mis verstane bewoordingen te berde gebrachte bezwaren" lieten zich als volgt samenvatten: Ten eerste wekte herroeping van het voorbehoud de indruk dat Nederland het chemisch wapenarsenaal van de Amerikanen afwees, ondanks het feit dat de Amerikaanse chemische wapencapaciteit een wezenlijk element vormde van de NAVO-afschrikkingsstrategie gebaseerd op *flexible response*. Ten tweede zou een dergelijke stap bij de Sovjet-Unie de onjuiste indruk wekken dat Nederland zich geen zorgen maakte over de dreiging die uitging van het enorme chemisch wapenarsenaal van de Sovjetstrijdkrachten. Beide punten zouden de druk op de Sovjet-Unie bij de Geneefse onderhandelingen over een verbod op chemische wapens sterk verminderen, net op het moment dat Moskou op het punt stond om enkele belangrijke concessies te doen. Als derde viel intrekking slecht te rijmen met de aanwijzingen dat de Sovjet-Unie en andere landen in Afghanistan en Zuidoost-Azië chemische wapens gebruikten. Ten slotte meende Van den Broek dat eenzijdige herroeping "een volstrekt inhoudsloos gebaar" was "en kan daarom nauwelijks als politiek-'vertrouwenwekkend' worden gekarakteriseerd".[25]

Zoals gezegd zou van intrekking worden afgezien als de NAVO-bondgenoten "zwaarwegende" bezwaren hadden. Volgens de minister van Buitenlandse Zaken moesten "de vierkant afwijzende reacties van de bondgenoten en de hierboven genoemde argumenten in het licht van de reeds op andere gebieden bestaande precaire positie van Nederland binnen de NAVO als bepaald zwaarwegende factoren worden beschouwd". Met zijn verwijzing naar de "precaire positie van Nederland binnen de NAVO" refereerde de minister aan de voorgenomen bezuinigingen op defensie en de verwachting dat Nederland nucleaire taken van de krijgsmacht zou afstoten. Volgens Van den Broek was al het mogelijke gedaan om aan de wens van de Tweede Kamer tegemoet te komen en de NAVO-bondgenoten voor het Nederlandse voornemen te winnen. Er was dus "serieus gevolg gegeven aan het verzoek vervat in de motie Schaper om intrekking 'ernstig te overwegen'". Genoemde overwegingen dwongen de minister evenwel "om ten aanzien van het voorstel tot intrekking van het voorbehoud een afwijzend standpunt in te nemen".[26]

De kwestie kwam op 11 april 1984 in de Tweede Kamer aan de orde. Twee Kamerleden dienden daarbij ieder een motie in waarin de regering werd opgeroepen het voorbehoud onmiddellijk in te trekken. Van den Broek liet weten dat hoewel de regering aanvankelijk achter de intrekking van het voorbehoud had gestaan, zij nu tot een andere conclusie was gekomen. Hij vertelde de Kamer dat hij zich had laten leiden door de afwijzende reacties van de NAVO-bondgenoten, maar dat de regering het zelf ook niet het juiste moment vond gezien de stand van zaken bij de onderhandelingen in Genève. "Wij geven er de voorkeur aan, deze beslissing nog enige tijd aan te houden en af te wachten hoe de situatie in Genève zich ontwikkelt." Van den Broek wees aanvaarding van de moties daarom van de hand. Op de vraag wanneer dan wel het moment zou zijn aangebroken om het voorbehoud in te trekken, bleef Van den Broek vaag. Volgens hem ging van intrekking een verkeerd signaal uit zolang er nog geen chemisch ontwapeningsverdrag was getekend.[27] Het wachten was dus op een allesomvattend globaal chemisch wapenakkoord.

De oorlog tussen Iran en Irak

Tussen 1980 en 1988 vochten Irak en Iran een slepende oorlog uit. Tijdens deze strijd beschuldigden beide landen elkaar van het gebruik van chemische wapens. De Iraakse leider Saddam Hoessein dacht te kunnen profiteren van de relatieve chaos die er in Iran na de Iraanse Revolutie van 1979 bestond, en viel het land in september 1980 binnen. Aanvankelijk wist Irak – dat over veel beter materieel beschikte – militaire successen te boeken, maar na verloop van tijd herstelde Iran zich. Het laatstgenoemde land, dat een aanzienlijk grotere bevolking telde, vertrouwde vooral op de massale inzet van mankracht. Om zich staande te kunnen houden, besloot het Iraakse regime chemische wapens in te zetten. Voor de productie van chemische strijdmiddelen liet het op 50 km ten noordwesten van de hoofdstad Bagdad een grote chemische fabriek bouwen. Het complex kreeg de deknaam *State Establishment for Pesticide Production* (SEPP).[28]

Het was Irak dat Iran in augustus 1981 als eerste van het gebruik van chemische strijdmiddelen beschuldigde. Vanaf medio 1982 kwamen er echter steeds vaker berichten naar buiten over het gebruik van strijdgassen door de troepen van Saddam Hoessein. Aanvankelijk maakte het Iraakse leger alleen van traangas gebruik, maar vanaf 1983 werd ook mosterdgas gebruikt. Op 3 november 1983 legde Iran voor het eerst een beschuldiging tegen Irak voor aan de VN-Veiligheidsraad. De Verenigde Naties begonnen een onderzoek en op 26 maart 1984 verscheen een VN-rapport waarin het VN-onderzoeksteam de inzet van gifgassen door Irak bevestigde. Op initiatief van (tijdelijk lid) Nederland gaf de Veiligheidsraad een verklaring af waarin het gebruik van chemische wapens in de oorlog werd veroordeeld, overigens zonder Irak als schuldige aan te wijzen. Uit angst dat het militant-islamitische Iran de overwinning zou behalen, weigerden de westerse landen Irak met politieke of economische sancties onder druk te zetten.[29]

Buitenlandse bedrijven – waaronder veel westerse en ook Nederlandse ondernemingen – hadden Irak geholpen bij de verwerving van een eigen chemisch wapenarsenaal. Zij hadden grondstoffen geleverd die voor productie van chemische strijdmiddelen konden worden gebruikt en hadden geassisteerd bij de bouw van chemische fabrieken, zoals het SEPP. Enkele westerse landen hadden daarop hun exportbepalingen aangescherpt; om bepaalde producten of kennis uit te voeren waren voortaan vergunningen nodig. Om verdere proliferatie van chemische (en biologische) wapens te voorkomen was het echter gewenst dat alle westerse landen samen zouden optrekken. In april 1985 richtten vijftien westerse landen daarom op initiatief van Australië de zogenoemde 'Australië Groep' op. Naast de meeste West-Europese landen, waaronder Nederland, behoorden ook de Verenigde Staten, Japan, Canada en vanzelf-

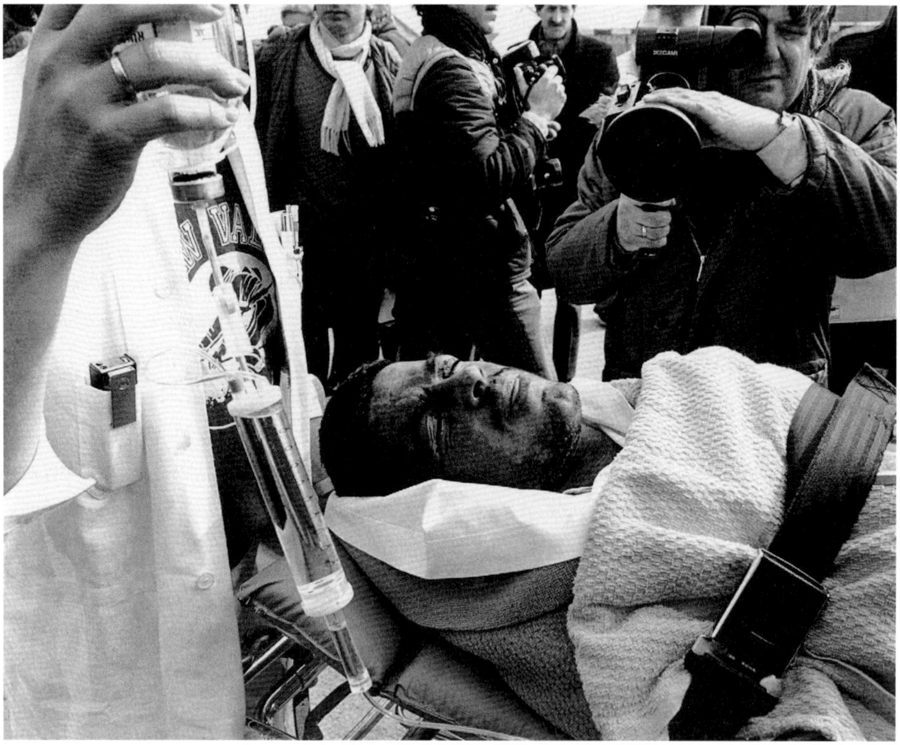

Een Iraans gifgasslachtoffer arriveert op Schiphol voor behandeling in Nederland, 19 maart 1984.

sprekend Australië ertoe. In juni 1985 kwamen de oprichters in de Australische ambassade in Brussel bijeen om een gemeenschappelijke lijst vast te stellen, waarop grondstoffen en tussenproducten stonden die voor de aanmaak van chemische (en biologische) strijdmiddelen konden worden gebruikt. Om verdere verspreiding van chemische (en biologische) wapens te voorkomen voerden de deelnemende landen een streng nationaal exportcontrolebeleid. (Nederland zette sleutelvoorlopers en materieel voor de bouw van chemische installaties op de lijst behorende bij het 'Uitvoerbesluit strategische goederen 1963'.) Voorts hielden zij elkaar op de hoogte van besluiten om het transport van omstreden goederen naar bepaalde bestemmingen tegen te houden en wisselden ze inlichtingen uit over landen die streefden naar de ontwikkeling en de productie van eigen chemische (en biologische) wapens. Het aantal deelnemende landen zou zich overigens in de loop van de tijd uitbreiden tot ruim dertig.[30]

Om de rest van de wereld ervan te overtuigen dat Irak chemische wapens inzette, vroeg Iran regelmatig westerse landen om medische bijstand voor de behandeling van slachtoffers van gifgasaanvallen. De Iraanse slachtoffers die naar westerse ziekenhuizen werden gestuurd, kregen persmappen mee gevuld met feitenoverzichten en fotomateriaal. Het PML deed in 1984 (en in 1986) onderzoek naar urinemonsters van Iraanse gifgasslachtoffers die werden behandeld in academische ziekenhuizen in Utrecht en Gent. Het laboratoriumonderzoek bevestigde het vermoeden dat de Iraanse militairen met mosterdgas waren besmet.[31]

Omdat de westerse wereld niet adequaat op de Iraanse beschuldigingen reageerde en verzuimde Irak onder druk te zetten om te stoppen met de chemische aanvallen, én om met gelijke middelen te kunnen terugslaan, begon Iran in 1984 met de ontwikkeling van eigen chemische wapens (o.a. mosterdgas, fosgeen en blauwzuur). De Iraanse leider Ayatollah Khomeini had echter op religieuze gronden bezwaren tegen de inzet van chemische strijdmiddelen. Pas toen de chemische aanvallen van Iraakse zijde bleven doorgaan, gaf hij onder druk van de legerleiding toch toestemming. In 1987 en 1988 voerde Iran enkele aanvallen met chemische strijdmiddelen uit, maar deze stelden door het gebrek aan training en ervaring in militair opzicht weinig voor. In de eindfase van de oorlog besloot Khomeini de chemische aanvallen te stoppen. Hij wilde in elk geval als morele winnaar uit de strijd komen.[32]

Eind 1987 lanceerde Saddam Hoessein de zogenoemde *al-Anfal*-campagne, die was gericht op de onderdrukking van de Koerdische bevolkingsgroep in vooral het noorden van Irak. Tijdens de oorlog met Iran waren Koerdische rebellen (*peshmerga's*) uit Irak een verbond aangegaan met het Iraanse leger om gezamenlijk tegen het regime in Bagdad te strijden. Saddam's neef Ali Hassan al-Majid kreeg de opdracht de Koerdische rebellie neer te slaan. Ali Hassan – die later de bijnaam 'Ali Chemicali' kreeg – trad ongekend hard op, waarbij hij massa-executies en de inzet van chemische strijdmiddelen tegen onschuldige burgers niet schuwde. De beruchtste Iraakse aanval met chemische wapens vond plaats op 16 maart 1988. De Iraakse luchtmacht bombardeerde de Koerdische stad Halabja in het noordoosten van Irak met chemische strijdmiddelen, waaronder mogelijk sarin. (Halabja werd op dat moment beheerst

Slachtoffers van de Iraakse gifgasaanval op Halabja, 16 maart 1988.

door het Iraanse leger en Koerdische opstandelingen. 'Technisch' gezien maakte deze aanval geen deel uit van de *al-Anfal*-campagne, maar van de oorlog tussen beide landen.) Er vielen tussen de tweeduizend en vijfduizend doden en vele duizenden gewonden.[33]

De VN-Veiligheidsraad had in juli 1987 al unaniem resolutie 598 aangenomen, waarin de strijdende partijen werden opgeroepen alle vijandelijkheden te staken en zich achter de vooroorlogse grenzen terug te trekken. Irak accepteerde de resolutie, maar Iran weigerde vooralsnog omdat het dacht militair aan de winnende hand te zijn. Nadat Iran met een aantal militaire tegenvallers te maken had gekregen en Irak de druk opvoerde door te dreigen de Iraanse hoofdstad Teheran te bestoken met middellangeafstandsraketten die van een zenuwgaslading waren voorzien, accepteerde Khomeini de resolutie alsnog. De oorlog tussen Iran en Irak eindigde op 20 augustus 1988 in een wapenstilstand.[34]

Aan het begin van de 21e eeuw zou de Nederlandse regering van hypocrisie worden beticht. Toen werd steeds meer bekend van het feit dat de Nederlandse bedrijven Melchemie en KBS tot en met 1984 grote hoeveelheden grondstoffen aan Irak hadden geleverd, die het land voor de productie van gifgassen had gebruikt. Als verdediging voerde de Nederlandse regering aan dat het ging om grondstoffen die op het moment van levering niet waren onderworpen aan een vergunningplicht. Vanaf het ogenblik dat de VN-Veiligheidsraad het gebruik van chemische strijdmiddelen in de oorlog tussen Iran en Irak had veroordeeld en de Australië Groep (zie p. 297) was opgericht, ging Nederland een stringenter exportbeleid voeren. De Nederlandse 'gifgashandelaar' F. van Anraat dook echter in het gat dat was ontstaan en gold na 1984 als een van de belangrijkste leveranciers van chemicaliën aan Irak en andere landen in het Midden-Oosten. Op 9 mei 2007 werd hij door het gerechtshof in Den Haag wegens medeplichtigheid aan oorlogsmisdaden tot zeventien jaar cel veroordeeld.[35]

De voortzetting van de chemische wapenonderhandelingen

In 1984 kondigde de vicepresident van de Verenigde Staten, George H.W. Bush, in een rede tot de Geneefse Ontwapeningscommissie een baanbrekend ontwerpverdrag voor een verbod op chemische wapens aan. Bush lanceerde daarbij het principe van zogenoemde 'uitdagingsinspecties', die "anytime, anywhere, without the right of refusal" zouden kunnen plaatsvinden, om daarmee daadwerkelijke naleving van een chemisch wapenverdrag te kunnen afdwingen. Of Bush werkelijk de intentie had een allesomvattend verdrag dichterbij te brengen, valt te betwijfelen. Vermoedelijk rekende hij erop – naar later bleek terecht – dat de Sovjet-Unie nooit met de onaangekondigde inspecties op haar grondgebied akkoord zou gaan. Volgens de Sovjet-Unie was verificatie eigenlijk een vorm van gelegaliseerde spionage.[36]

In 1985 gaf het Amerikaanse Congres zijn goedkeuring aan de productie van binaire chemische wapens. Dit besluit was gebaseerd op een risicoanalyse waaruit bleek dat het gevaar van een aanval met chemische wapens door het Warschaupact reëel moest worden geacht. De Amerikanen wilden de nieuwe wapens na overleg met de NAVO-partners ook in Europa stationeren, maar zagen daarvan af na negatieve reacties van de bondgenoten. De Nederlandse regering had al in 1983 in de 'Nota betreffende chemische wapens' duidelijk gemaakt afwijzend te staan tegenover een Amerikaans besluit om binaire wapens in productie te nemen.[37]

Met het aantreden van partijleider Michail Gorbatsjov in 1985 veranderde de opstelling van de Sovjet-Unie radicaal. In januari 1986 verklaarde Gorbatsjov bereid te zijn de productie van chemische wapens stop te zetten en internationale verificatie-inspecties toegang te verlenen tot de chemische industrieën in de Sovjet-Unie. De uitdagingsinspecties zonder waarschuwing vooraf wees hij op dat moment nog af. In augustus 1987 liet de Sovjetminister van buitenlandse zaken, Eduard Sjevardnadze, echter aan de Geneefse Ontwapeningscommissie weten ook uitdagingsinspecties niet langer uit de weg te gaan. De Amerikanen, die lange tijd blufpoker hadden gespeeld in de veronderstelling dat de Sovjet-Unie toch tegen zou zijn, werden hierdoor in het nauw gedreven. Tot grote irritatie van Groot-Brittannië en andere landen probeerden Amerikaanse diplomaten tijdens de verdere onderhandelingen nog wel voorwaarden aan de uitdagingsinspecties te verbinden, maar dat mislukte.[38]

Om te laten zien dat hij openheid (*Glasnost*) hoog in het vaandel had staan, liet Gorbatsjov 'zijn' Rode Leger op 3 en 4 oktober 1987 een 'open huis' organiseren op het negenhonderd kilometer zuidoostelijk van Moskou gelegen grote militaire complex in Shikhany, waar de Sovjets een groot chemisch onderzoekscentrum hadden.[39] De Sovjetluchtmacht vloog diplomaten en militaire waarnemers uit 45 landen, VN-vertegenwoordigers van de Geneefse Ontwapenings-

Een Russische officier geeft uitleg over het chemisch wapenarsenaal van de Sovjet-Unie tijdens het 'open huis' in Shikhany, 3-4 oktober 1987.

De Sovjet-Unie demonstreert in Shikhany mobiele installaties voor de vernietiging van CW-voorraden, 3-4 oktober 1987.

commissie en journalisten uit de Sovjet-Unie en de rest van de wereld naar het geheime complex op de uitgestrekte Russische steppe. In Shikhany toonde het Rode Leger zijn chemisch wapenarsenaal. In een *static display* stonden negentien verschillende inzetmiddelen opgesteld: artilleriegranaten en -raketten, vliegtuigbommen, chemische koppen voor raketten, sproeitanks voor vliegtuigen en zelfs chemische handgranaten. Officieren gaven geduldig uitleg over de soort munitie en de gebruikte vulstof. Toen de aanwezigen aan de plaatsvervangend commandant van de chemische troepen van het Rode Leger, luitenant-generaal A. Koentsevitsj, vroegen of ze nu alles te zien kregen, antwoordde hij dat hier alle mogelijke chemische strijdmiddelen en inzetmiddelen te zien waren waarover het Sovjetleger op dat moment beschikte. Hij voegde eraan toe dat de Sovjet-Unie geen binaire chemische wapens had en dat het land geen chemische strijdmiddelen in andere landen had opgeslagen.[40]

Jaren later bleek dat de Sovjetgeneraal niet de gehele waarheid had gesproken. Het Rode Leger toonde in Shikhany maar vier van de veertien in de Sovjet-Unie bekende soorten *V-agents*. Bovendien waren niet alle chemische wapens te zien die met soman waren gevuld. Belangrijker was dat de generaal verzweeg dat de Sovjet-Unie al sinds begin jaren zeventig onder de codenaam *Foliant* aan een vierde generatie chemische wapens werkte – de 'klassieke' chemische wapens zoals fosgeen en mosterdgas werden beschouwd als de eerste, de *G-agents* als de tweede en de *V-agents* als de derde generatie.[41] De nieuwe wapens moesten giftiger, stabieler, persistenter en eenvoudiger te produceren zijn dan de bestaande chemische strijdmiddelen. In 1983 waren zij bovendien begonnen met de ontwikkeling van binaire versies van zenuwgassen. In tegenstelling tot in de Verenigde Staten, waar het Amerikaanse Congres het debat over de ontwikkeling en productie van binaire wapens al jarenlang openlijk voerde, konden de Sovjetwetenschappers in het grootste geheim werken. De interesse van de Sovjet-Unie voor binaire wapens was vooral ingegeven door de bedoeling de controle op de naleving van een toekomstig chemisch wapenverdrag te ontduiken door componenten te gebruiken die normaal in de chemische industrie werden gebruikt. De eerste binaire formule die de *Foliant*-onderzoekers wisten te ontwikkelen, was voor R-33, de Sovjetversie van VX (zie noot 53 op p. 384). De formule had de codenaam *Novichok* (Russisch voor nieuwkomer) gekregen. Later volgden binaire varianten van *fourth generation agents*, zoals A-232 (*Novichok*-5).[42]

Tussen de buitenlandse bezoekers in Shikhany bevonden zich ook vier Nederlanders: twee diplomaten van de permanente vertegenwoordiging bij de VN in Genève, ambassadeur drs. R.J. van Schaik en drs. R. Milders, verder de directeur Algemene Beleidszaken van het Ministerie van Defensie, drs. D.J. Barth, en het hoofd van de Researchgroep Analytische Chemie van het PML, Boter. Laatstgenoemde analyseerde in zijn verslag de ter beschikking gestelde informatie in detail. Zijn conclusie luidde dat in het arsenaal van het Rode Leger enkele chemische strijdmiddelen waren opgenomen waarvan niet eerder bekend was dat de Sovjets erover beschikten. Het ging onder meer om verdikte varianten van lewisiet en VX. Aangezien het Nederlandse gasbeschermingsmaterieel niet expliciet op deze stoffen was getest, bestond er een zeker risico. Nader onderzoek was nodig. De Militaire Inlichtingendienst, die door het laboratorium op de hoogte was gebracht, zag door de verminderde oorlogsdreiging, de verwachting dat een eventuele oorlog conventioneel zou blijven en het feit dat de Nederlandse beschermingsmiddelen wel enige bescherming boden echter "geen enkele reden tot ongerustheid".[43]

Het bezoek aan Shikhany leverde volgens de medewerker van het PML geen concrete informatie op over nieuwe ontwikkelingen. Er waren echter wel sterke signalen dat de Sovjet-Unie nieuwe chemische strijdmiddelen zou hebben ontwikkeld. Het PML dacht aan maskerbrekers, die door de bestaande filters van gasmaskers en filters van collectief beschermende ruimten onvoldoende werden afgevangen. De inlichtingen waren weinig specifiek, maar de ernst ervan dwong het PML deze mogelijkheden wel grondig te bestuderen. Al enige decennia leefde er in het Westen de angst dat de Sovjets over een maskerbreker beschikten (zie p. 234). Dat de Sovjets ondertussen aan een nieuwe generatie zenuwgassen werkten, was bij de MID (en ook bij andere westerse inlichtingendiensten) onbekend. Wel wist de dienst dat de Sovjet-Unie aan de ontwikkeling van binaire chemische wapens werkte.[44]

Na Shikhany intensiveerden de Verenigde Staten en de Sovjet-Unie het bilaterale overleg over chemische strijdmiddelen. In december 1989 sloten zij een overeenkomst – het *Wyoming Memorandum of Understanding* – waarin zij afspraken informatie over hun voorraden chemische wapens uit te wisselen, en inspecties op elkaars grondgebied toe te staan. In juni 1990 sloten de twee landen het *Bilateral Destruction Agreement* (BDA – officiële titel: *US-Soviet Agreement on Destruction and Non-production of Chemical Weapons and on Measures to Facilitate*

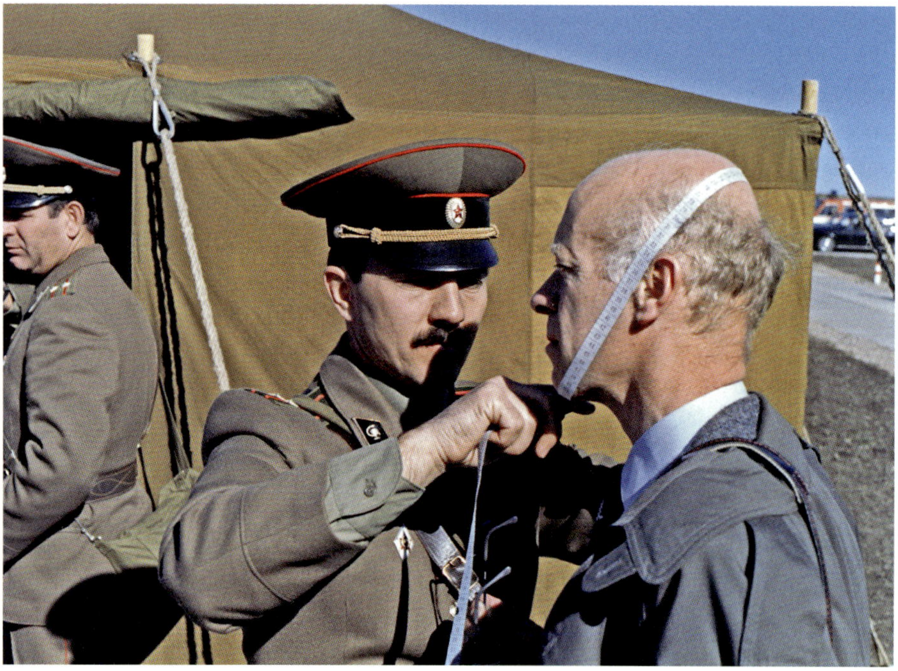

De buitenlandse bezoekers in Shikhany kunnen de effectiviteit van de Russische gasmaskers zelf uitproberen, 3-4 oktober 1987. Op de bovenste foto neemt een Russische militair de maat op van het hoofd van de TNO-vertegenwoordiger, H.L. Boter.

the Multilateral Chemical Weapons Convention), dat voorzag in de reductie van de chemische wapenarsenalen in beide landen tot maximaal 5.000 ton in het jaar 2002. Omdat de Sovjet-Unie een diepe knieval had moeten maken – het land zou meer chemische wapens moeten vernietigen dan de Verenigde Staten –, zetten de Verenigde Staten de productie van binaire chemische wapens weer stop. Ten slotte besloot het Amerikaanse Congres in december 1991 de Russische Federatie (de opvolger van de Sovjet-Unie) met 400 miljoen dollar bij te staan bij de vernietiging van de chemische wapenvoorraden van de voormalige Sovjet-Unie.[45]

De aandacht voor het gebruik van chemische wapens stond door de chemische aanval op Halabja in maart 1988 weer volop in de belangstelling (zie p. 299). Aangezien Irak de Koerdische stad pas vijf maanden later heroverde, kon het Iraanse leger de aanval voor propagandistische doeleinden uitbuiten. Hordes buitenlandse journalisten, persfotografen en camerateams werden vanuit Teheran overbracht om verslag te doen vanuit de 'spookstad' vol lijken. Naar aanleiding van de aanval op Halabja kwamen op initiatief van Frankrijk en de Verenigde Staten alle verdragsstaten van het Protocol van Genève en andere geïnteresseerde staten in Parijs bijeen. De *Paris Conference on the Prohibition of Chemical Weapons* had vooral een symbolische waarde. De aanwezige ministers herbevestigden het Protocol van 1925 en deden een oproep om zo spoedig mogelijk een allesomvattend verdrag voor chemische wapens tot stand te brengen. Bovendien riepen zij op de bevoegdheden van de secretaris-generaal van de VN te versterken om gevallen van vermeend gebruik van chemische strijdmiddelen te onderzoeken.[46]

Hoewel de totstandkoming van een allesomvattend chemisch wapenverdrag nog enkele jaren zou vergen, ontstond er – mede door het succesvolle verloop van het bilaterale overleg tussen de Verenigde Staten en de Sovjet-Unie – een euforische stemming. Het PML waarschuwde in zijn jaarverslag over 1988 dat er tussen de ratificering van een chemisch wapenverdrag en het moment dat het volledig zou zijn geëffectueerd, een periode van vele jaren zou liggen. "Wanneer daarnaast nog sprake is van de ontwikkeling van nieuwe generaties chemische wapens, waartegen een groot deel van de huidige beschermingsmiddelen niet effectief is, dan is het duidelijk dat de internationale situatie geen reden geeft tot vermindering van de activiteiten op het gebied van de bescherming tegen chemische wapens." Het bericht dat het Ministerie van Defensie het voornemen had het budget voor chemisch onderzoek met twintig tot dertig procent te laten krimpen, werd door het PML dan ook met verbijstering ontvangen. De directeur van de Afdeling Chemische Research, Van Zelm, liet in een vergadering van de Contact Commissie voor NBC-bescherming (voorheen de Chemische Contact Commissie) op 31 mei 1989 weten dat deze stap hem zeer zou verbazen. Hij wees de aanwezigen erop dat er het afgelopen jaar steeds meer aanwijzingen waren, onder andere verwoord in *Soviet Science and Technology*, dat de Sovjets een "mask breaking agent" hadden. Deze aanwijzingen maakten onderzoek volgens Van Zelm hard nodig. Hij wees er bovendien op dat de onderhandelingen in Genève nog geen akkoord hadden opgeleverd en verwachtte dat dit ook niet op korte termijn zou gebeuren, onder meer door de verificatieproblematiek. Hij sprak de vrees uit dat de deskundigheid op chemisch gebied verloren zou gaan wanneer er bepaalde onderzoeksprogramma's door het inkrimpen van het budget niet konden doorgaan.[47]

In 1990 kreeg het PML te horen dat Defensie de subsidie voor onderzoek naar chemische oorlogvoering daadwerkelijk zou verminderen. De directie van het PML informeerde daarop bij het Ministerie van Defensie welke kant het onderzoek op diende te gaan. Het ministerie kon die vraag echter nog niet beantwoorden. Na de val van de Berlijnse Muur in november 1989 waren de politieke verhoudingen in de wereld in hoog tempo veranderd. Minister-president drs. R.F.M. Lubbers had laten weten dat de coalitiepartijen de defensieorganisatie naar aanleiding van de internationale ontwikkelingen aan een kritische beschouwing zouden onderwerpen. Minister van Defensie A.L. ter Beek zou een nieuwe defensienota uitbrengen. Het ministerie kon het PML pas meer vertellen als het wist wat er in die defensienota kwam te staan. Bij het PML leefde in elk geval de overtuiging dat "gezien de toenemende dreiging vanuit o.m. het Midden-Oosten en de plannen voor lichtere mobiele eenheden, in te zetten voor crisisbeheersing in internationaal verband, juist meer aandacht aan chemische research zou moeten worden besteed". Van Zelm waarschuwde dat door een rigoureuze afslanking van het defensieapparaat onvermijdelijk expertise verloren zou gaan die later niet weer kon worden opgebouwd. Verder was hij van mening "dat de krijgsmacht de chemische dreiging in Europa dikwijls sterk onderschat. Ook wanneer op dat gebied een verdrag tussen de VS en de Sovjet Unie wordt ondertekend [namelijk het *Bilateral Destruction Agreement*, JVW], zal de dreiging nog tot na het jaar 2000 blijven bestaan."[48] De Golfoorlog, die enkele maanden later uitbrak, zou Van Zelm gelijk geven; opnieuw werd de westerse wereld erop geattendeerd dat er nog geen einde was gekomen aan de dreiging van chemische wapens.

De Golfoorlog

De Iraakse economie, die voor een groot deel van de olieproductie afhankelijk was, had ernstig geleden onder de oorlog met Iran. Mede daarom richtte Saddam Hoessein zijn aandacht na deze oorlog op Koeweit en viel hij het oliestaatje op 2 augustus 1990 binnen. De Iraakse leider annexeerde het veroverde gebied als een nieuwe provincie van Irak. Enkele dagen later waarschuwde de Amerikaanse president, George H.W. Bush, dat de wereld de bezetting van Koeweit niet zou accepteren.[49]

Terwijl de Verenigde Staten met instemming van Saudi-Arabië een grote legermacht in de regio opbouwden en naar bondgenoten zochten om Irak uit Koeweit te verdrijven, ontving de Nederlandse minister van Buitenlandse Zaken, Van den Broek, via zijn ambassadeur in Bagdad een curieus officieus verzoek van Irak. Het Iraakse leger verzocht Nederland om "humanitaire redenen" zijn medische staf te trainen in het bestrijden van de gevolgen van chemische oorlogvoering. Het Iraakse leger verwachtte namelijk dat er binnen korte tijd grote aantallen mensen het slachtoffer van chemische strijdmiddelen zouden kunnen worden. "Men vermeed te zeggen welke partij in dat geval het initiatief tot het gebruik van dergelijke wapens zou nemen", schreef de ambassadeur in een telegram aan Van den Broek. Het Iraakse leger had Nederland uitgekozen omdat het land over de juiste expertise beschikte en rijk genoeg was om ook de kosten te dragen. De ambassadeur liet het Ministerie van Buiten-

Nederlandse journalisten krijgen bij de Koninklijke Marine in Den Helder een gascursus alvorens ze naar de Golf worden uitgezonden, 10 januari 1991.

landse Zaken weten dat hij niet op het verzoek zou ingaan, zolang er geen formeel verzoek van de Iraakse regering binnen zou komen. Hij liet tevens weten dat hij er zonder tegenbericht van uitging "dat het Iraakse verzoek uwerzijds om voor de hand liggende redenen zal worden afgewezen". Eind september antwoordde Van den Broek instemmend.[50]

Ondertussen hadden de Verenigde Staten een grote invasiemacht in Saudi-Arabië opgebouwd en de VN-Veiligheidsraad ervan overtuigd om het Iraakse regime een ultimatum te stellen zich uiterlijk 15 januari 1991 uit Koeweit terug te trekken (VR-resolutie 678). Het Iraakse leger bereidde zich ondertussen voor op de strijd. Het legde grote wapenvoorraden aan, inclusief chemische wapens. Tussen december 1990 en januari 1991 produceerde het gifgascomplex *Muthanna State Establishment* (voorheen het *State Establishment for Pesticide Production* – SEPP, zie p. 297) een ton sarin en cyclosarin per dag en gebruikte het een mix van deze twee gifgassen om meer dan achtduizend artilleriegranaten van een chemische lading te voorzien.[51] Vlak voordat het ultimatum afliep, sloot het Iraakse leger Muthanna. De voorraden chemische wapens werden over het land verspreid. Hoewel hij niet exact aangaf wanneer chemische wapens mochten worden gebruikt, autoriseerde Saddam Hoessein vlak voor het uitbreken van de oorlog het gebruik van chemische wapens tegen Israël, Saudi-Arabië en de Amerikaanse strijdkrachten. Omdat hij het 'gewone' leger niet vertrouwde, plaatste hij de chemische wapens onder controle van zijn eigen interne veiligheidsdienst, de Speciale Republikeinse Garde (niet te verwarren met de Republikeinse Garde). Om Israël van een verrassingsaanval te weerhouden, gaf hij de commandant van de raketeenheid van de Speciale Republikeinse Garde de machtiging terug te slaan met Scud middellangeafstandsraketten met een chemische lading.[52]

Begin 1991 kwam de voorspelling die het PML een halfjaar eerder had gedaan uit: Nederlandse eenheden die bij de oorlog werden betrokken, kregen op directe wijze te maken met de chemische dreiging die van Irak uitging. In januari 1991 vroeg Turkije de Nederlandse regering om een luchtverdedigingseenheid tegen mogelijke Iraakse vergeldingsaanvallen met vliegtuigen en Scud-raketten. Turkije nam weliswaar niet actief deel aan de strijd, maar had de kant van de Verenigde Staten gekozen en de vliegbasis Incirlik aan de coalitietroepen beschikbaar gesteld. Na toestemming van de Nederlandse regering vertrokken medio januari twee squadrons van de Koninklijke Luchtmacht met tien Patriot-lanceerinrichtingen naar de vliegbasis Diyarbakir bij de gelijknamige stad in Zuidoost-Turkije. De eerste lanceerinrichtingen waren op 17 januari operationeel. Op die dag startten de coalitietroepen de luchtoor-

Ter bescherming tegen Iraakse aanvallen met vliegtuigen of Scud-raketten, mogelijk met chemische lading, ontplooit de Koninklijke Luchtmacht Patriot-lanceerinrichtingen bij de Turkse stad Diyarbakir, januari 1991.

log tegen Irak. Enkele weken later stuurde Nederland op verzoek van de NAVO tevens twee squadrons met zes HAWK-lanceerinrichtingen naar Diyarbakir.[53]

Nadat vliegtuigen van de anti-Iraakse coalitie waren begonnen doelen in Irak te bombarderen, lanceerde Hoessein zijn eerste Scuds. De meeste van de in totaal 85 afgevuurde raketten schoot Irak in de loop van de strijd af op Israël en Saudi-Arabië, hoewel er ook enkele in Bahrein en Qatar terechtkwamen. Geen van de raketten was van een chemische lading voorzien. De materiële schade bleef door hun onnauwkeurigheid en geringe explosieve lading beperkt. Wel waren er dodelijke slachtoffers te betreuren. Dieptepunt was de inslag van een Scud op een legeringsgebouw in Khobar (Saudi-Arabië) op 25 februari 1991, waarbij 27 Amerikaanse militairen de dood vonden. De coalitietroepen deden er alles aan de mobiele Scud-lanceerplatformen op te sporen en te vernietigen, maar slaagden daar nauwelijks in. Tot het eind van de Golfoorlog bleef er een grote dreiging van de middellangeafstandsraketten uitgaan, zeker omdat de coalitietroepen er rekening mee bleven houden dat Irak ze van een chemische lading zou voorzien.[54]

Hoewel Irak geen Scud-raketten op Turkije afvuurde, verkeerde het Nederlandse personeel op de vliegbasis Diyarbakir regelmatig in grote spanning. Zodra er een Scud werd afgevuurd, kregen de Nederlanders via de Amerikaanse systemen een telefoontje. De eerste vijf minuten was namelijk niet duidelijk waar zo'n raket naar toeging. Het toenmalige hoofd van het Bureau

De luchtverdediging bij Diyarbakir wordt met HAWK-lanceerinrichtingen versterkt, februari 1991.

Actieve Luchtverdediging, majoor P.A.A. Oppers, vertelde hierover: "Met name de eerste keren was dat best spannend. Er was immers een gerede kans dat de Scuds voorzien waren van een NBC-lading. Als we dan onze gasmaskers opzetten, kregen we wel heel erg het gevoel dat het nu echt menens was."[55]

Eind februari 1991 leek de chemische dreiging voor de Nederlandse luchtverdedigingseenheid op de vliegbasis Diyarbakir wel heel dichtbij te komen. De chemische meetapparatuur in een Spurfuchs – een gepantserd NBC-verkenningsvoertuig – van de Duitse *Bundeswehr* sloeg op 20 februari alarm na het neerstorten van een Amerikaanse F-16. Bij het ongeval was hydrazine vrijgekomen, een gevaarlijke stof die in het noodsysteem van een F-16 wordt gebruikt. De apparatuur in de Fuchs signaleerde echter cyclosarin. Het Nederlandse detachement zocht direct contact met het PML – de chemische 'vraagbaak' voor de Nederlandse eenheden in het Midden-Oosten – en legde de vraag voor of er een chemische verwantschap bestond tussen hydrazine en cyclosarin. Het PML liet echter weten dat dit niet het geval was en dat er geen verklaring voor de melding was.[56]

Op 22 februari detecteerde de Duitse Fuchs opnieuw een hoge concentratie cyclosarin, ditmaal zonder dat er hydrazine was vrijgekomen. De Nederlandse militairen zetten onmiddellijk hun gasmaskers op en lieten hun gasverkenningsuitrusting en CAM (*Chemical Agent Monitor*, een apparaat om chemische stoffen te detecteren) metingen doen. Beide detectiemiddelen onderkenden geen bekende chemische strijdmiddelen. Op advies van het PML zetten de Nederlandse militairen hun gasmaskers weer af. Volgens het laboratorium was er sprake van een "vals positief signaal", waarop de leiding van de Nederlandse eenheid vroeg of de chemische meetapparatuur in de Fuchs wellicht te licht was afgesteld. Volgens het PML was dat niet het geval; de Nederlandse gasverkenningsuitrusting hanteerde veel lagere drempelwaarden. Het PML vroeg de Nederlanders op de vliegbasis monsters te nemen. Daarvoor stuurde het laboratorium speciale monsternameapparatuur naar Diyarbakir. Wellicht zou analyse van de monsters duidelijk maken welke stof de metingen had verstoord.[57] Hoewel uit de bronnen niet is op te maken of het PML over deze kwestie uitsluitsel heeft kunnen geven, zou nader onderzoek hebben uitgewezen dat de detectieapparatuur op stoffen reageerde die vrijkwamen bij de verbranding van inferieure bruinkool, waarmee de inwoners van Diyarbakir hun kachels stookten.[58]

Zoals gezegd schoot Irak vanaf het begin van de luchtoorlog een groot aantal Scuds – in totaal veertig – op Israël af. De Israëli's beschikten niet over Patriots om zich tegen de Iraakse raketten te kunnen verdedigen. Minister-president Lubbers deed daarom op 18 januari 1991 het aanbod een Nederlands Patriot-squadron naar het land te sturen. Israël ging hierop aanvankelijk niet in, maar kwam daar na enkele weken – toen de situatie steeds hachelijker werd – op terug. Op 19 februari vertrokken de kwartiermakers naar Israël, vier dagen daarna gevolgd door de rest van de luchtverdedigingseenheid, die was uitgerust met acht Patriot-lanceerinrichtingen. Op 25 februari – de grondoorlog was een dag eerder begonnen – kwam het materieel aan in de haven van Haifa, waarna het transport naar Mount Eytan op ongeveer 10 km van Jeruzalem begon.

Ondanks het feit dat de Scuds relatief weinig schade aanrichtten, waren ze een geducht en effectief terreurwapen, dat de Israëlische bevolking psychologisch in zijn greep hield. Vooral de vrees dat de Irakezen de raketten van een chemische lading zouden voorzien, maakte elk Scud-alarm tot een ware beproeving. De Nederlandse militairen in Israël ondervonden dit aan den lijve. Onderweg naar Mount Eytan moest de colonne tweemaal halthouden. Sergeant-majoor C.E. d'Oliveyra was er bij: "Nadat we de systemen opgehaald hadden gingen we op weg. (...) Toen we even later de snelweg waren opgedraaid, volgde het eerste Scud-alarm. Binnen drie seconden lagen we met ons gasmasker op in een greppel naast de weg. Op zo'n moment dringt de realiteit redelijk tot je door, zeker toen kort erna nog een keer alarm werd geslagen."[59]

Het Nederlandse squadron was samen met twee Israëlische en vier Amerikaanse eenheden niet alleen verantwoordelijk voor de luchtverdediging tegen Scuds, maar ook tegen vijandelijke vliegtuigen. Er bestond de vrees dat radiografisch bestuurde Iraakse MIG's met een chemische lading via het Jordaanse luchtruim Israël zouden bereiken. Volgens Israëlische richtlijnen dienden de luchtverdedigingseenheden deze vliegtuigen op maximale afstand uit de lucht te schieten, dat wil zeggen boven Jordaans grondgebied. Geen prettig vooruitzicht voor het buurland van Israël, waar de brokstukken en de giftige lading van de vliegtuigen zouden neerkomen. De leiding van de luchtverdedigingseenheid informeerde in Den Haag of het Israëlische voorschrift ook voor het Nederlandse squadron gold. Zij kreeg daarop te horen dat het squadron de Israëlische bevelen in een dergelijk geval moest opvolgen. Nederland

Een Patriot-lanceerinrichting in Israël, februari-maart 1991. In de verte is de stad Jeruzalem te zien.

bleef een mogelijk internationaal incident bespaard, aangezien een dergelijke aanval nooit heeft plaatsgevonden.[60]

Op 24 februari 1991 zetten gevechtseenheden van de anti-Iraakse coalitie de grondaanval in. Na een korte strijd bevrijdden zij op 27 februari de Koeweitse hoofdstad. Het Iraakse leger vluchtte terug naar het thuisland. Op 3 april legde de Veiligheidsraad Irak de verplichting op zijn massavernietigingswapens onder toezicht van de VN te vernietigen (VR-resolutie 687). De ontmanteling van het Iraakse nucleaire programma viel daarbij onder het *International Atomic Energy Agency* (IAEA). Voor de vernietiging van de biologische en chemische wapens en de rakettechnologie waarover Irak beschikte, riep de Veiligheidsraad een speciale commissie in het leven, de *United Nations Special Commission* (UNSCOM). Irak verklaarde 10.000 stuks chemische munitie en ongeveer 1.000 ton bulkvoorraad chemische strijdmiddelen in bezit te hebben.[61]

Op 11 april 1991 kwamen vertegenwoordigers van Buitenlandse Zaken, Defensie en het PML-TNO bijeen om te spreken over de bijdrage die Nederland aan de uitvoering van VR-resolutie 687 zou kunnen leveren. Nederland had dit reeds aan de Verenigde Staten toegezegd. Het was bereid deskundigen en expertise beschikbaar te stellen. De belangrijkste werkzaamheden zouden bestaan uit het inspecteren van locaties waar mogelijk chemische wapens lagen opgeslagen en het analyseren van monsters in het laboratorium. “Nederland heeft in de CW-onderhandelingen in Genève een hoog profiel, zeker ook op technisch gebied. Nederland behoort tot een kleine groep landen met praktische ervaring op het terrein van CW-verificatie.” (Zie hiervoor p. 282.) Op basis van die ervaring moest het mogelijk zijn ten minste één inspectieteam te leveren. De aanwezigen dachten dat andere landen misschien beter waren uitgerust voor het inspecteren van productiefaciliteiten voor chemische wapens. Hetzelfde gold volgens hen – ondanks de Nederlandse *Obong*-ervaring (zie p. 135) – voor de daadwerkelijke vernietiging van chemische wapens. “Nederlandse experts zouden derhalve dienen te worden ingezet bij opsporing, verificatie en monstername/analyse in CW-opslagplaatsen.” De aanwezigen zagen eveneens een rol weggelegd voor de Nederlandse militaire inlichtingendiensten. Zij zouden kunnen helpen bij het identificeren van niet door Irak aangemelde faciliteiten. Tijdens de bijeenkomst werd voorgesteld Ooms, die inmiddels afscheid had genomen als directeur van het PML, naar voren te schuiven als het Nederlandse kandidaat-lid voor UNSCOM.[62] Hij kon daarbij onder meer putten uit de ervaring die het PML met operatie *Obong* had opgedaan. De ministers van Defensie en Buitenlandse Zaken brachten de volgende dag het Nederlandse parlement van het aanbod op de hoogte.

Op 19 april startte UNSCOM onder leiding van de Zweedse diplomaat Rolf Ekéus haar werkzaamheden. Twintig landen, waaronder Nederland, namen deel aan deze speciale VN-commissie. Zij had tot taak de voortgang van de ontwapening te volgen en te evalueren, en hiervan verslag te doen aan de secretaris-generaal en de Veiligheidsraad. De leden van UNSCOM, onder wie Ooms, speelden een actieve rol in de onderhandelingen met hoge Iraakse functionarissen. Om de Iraakse opgaven over de voortgang van de werkzaamheden te controleren, voerden inspectieteams van UNSCOM (die uit specialisten uit de VN-lidstaten, leden van de commissie en medewerkers van het VN-secretariaat bestonden) ter plekke inspecties uit.

De foto's op deze en de volgende pagina's geven een impressie van de vernietiging van het Iraakse chemisch wapenarsenaal op het *Muthanna State Establishment* door de *Chemical Destruction Group* van UNSCOM, 1993-1994.

In 1991 waren bij twee van deze inspecties ook medewerkers van het PML-TNO betrokken. Tot het allereerste UNSCOM-inspectieteam behoorden twee chemisch experts van het PML en een infrastructuurdeskundige van het Ministerie van Defensie, luchtmacht-kolonel H. Vroman. Vooral het vijfde inspectieteam kreeg veel belangstelling. In oktober 1991 verrichtte het onderzoek in het *Muthanna State Establishment* ter voorbereiding op de definitieve vernietiging van dit gifgascomplex. Het team van vijftig man stond onder leiding van Van Zelm, de directeur Chemische Research van het PML die in het verleden persoonlijk leiding had gegeven aan operatie *Obong*.[63]

Het Ministerie van Defensie stelde tussen juni 1991 en november 1998 veertien specialisten op NBC-gebied – officieren en onderofficieren van de land- en luchtmacht – voor periodes tussen de twee en zeven maanden aan UNSCOM beschikbaar.[64] Een van hen, luitenant-kolonel C. Wolterbeek, zou meerdere malen naar Irak gaan, onder meer als het hoofd van de *Chemical Destruction Group* (juni 1993 - februari 1994). In maart 1996 onderzocht een UNSCOM-inspectieteam onder leiding van Wolterbeek (opnieuw) de gebombardeerde kantoren van het *Muthanna State Establishment*. Wolterbeek en zijn teamleden troffen onder het puin meer dan vijfduizend pagina's geclassificeerde Iraakse documenten aan, inclusief memo's, organogrammen, officiele correspondentie, bandopnames, computerdisks en wetenschappelijke artikelen. Er zat ook een telefoonlijst bij met namen van wetenschappers en seniormanagers die aan het Iraakse chemische wapenprogramma hadden gewerkt. Het team van Wolterbeek ontdekte ook een kluis waarin allerlei geheime rapporten zaten met informatie over de productie van VX. De documenten bewezen dat Irak tussen de 50 en 100 ton VX moest hebben gehad of nog had, wat het land tot dan toe altijd had ontkend.[65]

Irak was overigens weinig behulpzaam bij de uitvoering van VR-resolutie 687. Dit zou uiteindelijk op 31 oktober 1998 leiden tot de stopzetting van alle Iraakse medewerking aan de uitvoering van het VN-vernietigingsprogramma, waarna UNSCOM zich in november 1998 uit Irak terugtrok.[66]

De totstandkoming van het Chemisch Wapenverdrag

President George H.W. Bush maakte in mei 1991 bekend dat de Verenigde Staten zich verplichtten de onderhandelingen over een chemisch wapenverdrag uiterlijk in de zomer van 1992 succesvol af te ronden. Tevens kondigde hij aan dat zijn land na de inwerkingtreding van dit verdrag zijn totale chemische wapenvoorraad zou vernietigen – en dus niet langer een veiligheidsvoorraad aan chemische wapens zou aanhouden – en het recht op vergelding zou opgeven. Deze belangrijke koerswijziging werd waarschijnlijk mede ingegeven door de ervaringen die de Amerikanen tijdens de Golfoorlog hadden opgedaan. Hoewel Irak de beschikking had over chemische wapens, had gedreigd deze in te zetten en in het verleden al had bewezen dit ook daadwerkelijk te doen, had het tijdens de Golfoorlog geen strijdgassen gebruikt. Hiervoor werden twee verklaringen gegeven. Ten eerste vreesde Irak dat de Verenigde Staten en hun bondgenoten een aanval met chemische strijdmiddelen wellicht met kernwapens zouden vergelden. Ten tweede waren de coalitietroepen op de inzet van chemische wapens voorbereid en hadden zij hun gasbeschermingsmaatregelen op orde, waardoor het effect van een chemische aanval gering zou zijn.[67]

De Amerikaanse beleidswijziging leidde tot een aanmerkelijke intensivering van de onderhandelingen in de Geneefse Ontwapeningscommissie. In de eerste helft van 1991 slaagden de onderhandelaars in Genève erin de belangrijkste obstakels op weg naar een allesomvattend verdrag te slechten. Er werd een compromisoplossing voor de kwestie van de uitdagingsinspecties gevonden. Om te voorkomen dat deze voor (industriële) spionage konden worden misbruikt, werden de nodige waarborgen in de verdragstekst ingebouwd. Verder bereikten de onderhandelaars overeenstemming over handelsbeperkingen tegen landen die niet tot het Chemisch Wapenverdrag zouden toetreden. Tevens werd er een regeling getroffen voor het opruimen van oude, onbruikbare voorraden chemische wapens die vóór 1946 waren geproduceerd (*old chemical weapons* – OCW). Een overeenkomstige regeling kwamen de onderhandelaars overeen voor chemische wapens (inclusief OCW) die staten na 1925 zonder toestemming op het grondgebied van andere staten hadden achtergelaten (*abandoned chemical weapons* – ACW).[68] Operatie *Obong*, inmiddels meer dan bekend in internationale kringen, vormde het schoolvoorbeeld van de wijze waarop landen het probleem van ACW konden aanpakken.

Ook in Nederland zelf speelde een ACW-kwestie. In een bunker bij Bloemendaal lag een voorraad chemische strijdmiddelen die de Duitsers in de Tweede Wereldoorlog hadden achtergelaten. De bunker was in 1985 bij sloopwerkzaamheden 'herontdekt'. De Explosieven Opruimingsdienst van de Koninklijke Landmacht (EODKL) had de inhoud van de bunker onderzocht en een schatting gemaakt van de aanwezige hoeveelheid. Er lag een voorraad *Clark I* (difenylchloorarsine), een relatief ongevaarlijk strijdgas uit de *Blaukreuz*-categorie. Toen bleek dat er in Nederland geen regeling bestond voor het opruimen van chemische strijdmiddelen, was de bunker in afwachting van een definitieve oplossing weer afgesloten. In 1987 leek zich een oplossing aan te dienen via de *Wet Herstelbetalingen*. De Bondsrepubliek zou de kosten voor het opruimen, geschat op 135.000 gulden, op zich nemen. Toen echter een aannemer de bunker in mei 1987 heropende, bleek de hoeveelheid veel groter te zijn dan de EODKL in eerste instantie had geschat. Opnieuw werd de bunker gesloten. Een klein deel van de voorraad dat al uit de bunker was gehaald, werd in een speciale container opgeslagen en op de gemeentewerf van Bloemendaal neergezet. Later verhuisde de container naar het bedrijf TTS in Amsterdam, dat toestemming had voor de opslag van chemisch afval.[69]

In februari 1992, tijdens het interdepartementale overleg over de nationale uitvoering van het toekomstig chemisch wapenverdrag, kwam de 'Duitse' bunker in Bloemendaal ter sprake. De defensievertegenwoordiger zette uiteen dat Nederland bij herhaling had laten weten dat zijn strijdkrachten niet over chemische wapens beschikten. "Mocht in Nederland nog enig spoor van CW te vinden zijn dan is dat marginaal", stelde hij. "De oude CW-voorraden in Bloemendaal vormen een apart geval, waarvoor een ander regeling wordt getroffen." Op de vergadering van 21 mei deelde de vertegenwoordiger van het Ministerie van Economische Zaken mee dat er voor de chemische wapens in Bloemendaal een oplossing was gevonden. Ze waren "verwijderd" en

De secretaris-generaal van de VN, Boutros Boutros-Ghali (links), en de Franse president François Mitterrand (tweede van links) bij de ondertekening van het Chemisch Wapenverdrag, 14 januari 1993.

"voor verdere verwerking" naar Duitsland vervoerd. In november 1992 kon de Directie Juridische Zaken van het Ministerie van Defensie tevreden constateren dat de consequenties van het chemisch wapenverdrag voor Nederland slechts gering waren, omdat "voor zover bekend geen oude dan wel achtergelaten CW meer op Nederlands grondgebied" lagen.[70]

In de tweede helft van 1991 begon de Nederlandse regering met de voorbereidingen voor de nationale uitvoering van het chemisch wapenverdrag. Nederland had zich al in 1988 kandidaat gesteld voor de zetel van de organisatie die voor de uitvoering van het verdrag verantwoordelijk was. Om die reden was het van belang de nationale uitvoering met spoed te realiseren, om te voorkomen dat het verdrag in werking zou treden terwijl Nederland het nog niet had geratificeerd. Nederland moest onder meer opgeven of het chemische wapens dan wel productiefaciliteiten daarvoor bezat. Dat was uiteraard niet het geval. Wel meldde Nederland het PML aan als laboratorium waar door het verdrag verboden stoffen in zeer kleine hoeveelheden voor onderzoeksdoeleinden aanwezig waren. Hierdoor zou het PML voortaan aan internationale (uitdagings)inspecties kunnen worden onderworpen.[71]

Het Chemisch Wapenverdrag werd op 13, 14 en 15 januari 1993 voor ondertekening opengesteld.[72] Het zou formeel in werking treden 180 dagen nadat 65 landen het verdrag hadden geratificeerd, en in elk geval niet eerder dan twee jaar na ondertekening. Een van de laatste punten van onderhandeling was de toekomstige locatie van de organisatie die voor de uitvoering van het Chemisch Wapenverdrag werd opgezet, de *Organisation for the Prohibition of Chemical Weapons* (OPCW). Op 1 juni 1988 had minister van Buitenlandse Zaken Van den Broek hiervoor Den Haag (waar al diverse internationale instellingen waren gevestigd) in de Algemene Vergadering van de VN kandidaat gesteld. Op 6 februari 1990 herhaalde Van den Broek deze kandidatuur in een rede voor de Geneefse Ontwapeningscommissie. Hierna volgde een intensieve wervingscampagne. In augustus 1991 ontvingen het Ministerie van Buitenlandse Zaken, de gemeente Den Haag en het PML-TNO 39 ambassadeurs bij de Geneefse Ontwapeningscommissie. In mei 1992 brachten de ambassadeurs een tweede bezoek aan Den Haag. Het Ministerie van Buitenlandse Zaken en de gemeente Den Haag organiseerden een symposium onder de titel 'OPCW: The first Five Years'. Tijdens die gelegenheid waren ook minister-president Lubbers, minister van Defensie Ter Beek en minister van Buitenlandse Zaken Van den Broek aanwezig. Enkele weken later, op 19 juni 1992, wees de Geneefse Ontwapeningscommissie de 'internationale stad van recht en vrede', zoals de hofstad zich noemt, aan als zetel voor de OPCW.[73]

De kennis en expertise van het in Rijswijk gevestigde PML-TNO vormde een belangrijk pluspunt in de overweging om de zetel van de OPCW in Den Haag te vestigen. Het PML speelde sinds het begin van de jaren zeventig een adviserende rol in de onderhandelingen over het chemisch wapenverdrag. Daarnaast hield het laboratorium zich sinds 1974 bezig met het ontwikkelen van verificatiemethoden voor de Geneefse Ontwapeningscommissie (zie p. 282). Bovendien stond het op de lijst van laboratoria die door de secretaris-generaal van de VN voor onderzoek naar de mogelijke inzet van chemische strijdmiddelen konden worden ingeschakeld. In het verleden was er ook daadwerkelijk een beroep op het PML gedaan om vermeend gebruik te onderzoeken (zie bijvoorbeeld p. 291).[74]

Na vele jaren onderhandelen was er in 1993 eindelijk een allesomvattend globaal chemisch wapenverdrag. De landen die het verdrag ratificeerden, ontzegden zich onder meer het recht om "under any circumstances", dus ook tegen niet-verdragslanden, als vergelding van een eerdere chemische aanval of in andere situaties dan formele oorlogstijd, zelf chemische wapens te gebruiken.[75] Het Nederlandse voorbehoud bij het Protocol van Genève, dat de Nederlandse regering nog steeds niet had ingetrokken, zou dus bij de inwerkingtreding van het Chemisch Wapenverdrag zijn betekenis verliezen. Het nieuwe strategische concept van de NAVO, tot stand gekomen na de val van de Muur, was geheel in lijn met het nieuwe verdrag. Hierin stond onder meer dat de "alliance strategy is not dependent on chemical warfare capability". Inmiddels had Spanje zijn voorbehoud bij het Protocol van Genève al ingetrokken, terwijl de Verenigde Staten in mei 1991 hadden aangekondigd bij de inwerkingtreding van het Chemisch Wapenverdrag af te zien van het recht op vergelding. Niets stond het herroepen van het Nederlandse voorbehoud nog in de weg.[76]

Hoewel strikt genomen het voorbehoud zijn juridische waarde bleef behouden als het Chemisch Wapenverdrag onverhoopt niet formeel in werking zou treden, was voor Nederland de tijd aangebroken het voorbehoud in te trekken. Dat kon pas nadat het parlement daarvoor formeel toestemming had gegeven. Dit zou worden gevraagd bij de parlementaire goedkeuring van het Chemisch Wapenverdrag en de daaruit voortvloeiende nationale uitvoeringswetgeving. Wel kondigde minister van Buitenlandse Zaken Van den Broek in januari 1993 in zijn rede bij de ondertekening van het Chemisch Wapenverdrag in Parijs de intrekking van het Nederlandse voorbehoud alvast aan.

De start van de werkzaamheden van de OPCW was gekoppeld aan de inwerkingtreding van het Chemisch Wapenverdrag. Op zijn vroegst zou dat op 13 januari 1995 plaatsvinden. In aanloop hiernaartoe begon op 8 februari 1993 in Den Haag de Voorbereidende Commissie (*Preparatory Commission* – PrepCom) haar werkzaamheden. De PrepCom was belast met de nadere uitwerking van de verdragsbepalingen en alle voorbereidingen voor de oprichting van de OPCW. Om ervoor te zorgen dat de OPCW onmiddellijk na de inwerkingtreding van het verdrag met haar controletaken zou kunnen starten, verzorgde het PML de opleiding van ongeveer 150 inspecteurs. Op verzoek van het Ministerie van Buitenlandse Zaken participeerde het PML tevens in een aantal technische werkgroepen van de PrepCom, zoals die over Training, Analyse en Uitrusting/Laboratorium.[77]

De Bijlmerramp

Kort voor de totstandkoming van het Chemisch Wapenverdrag stortte een *El Al*-Boeing neer op de Amsterdamse woonwijk de Bijlmermeer. Bij de ramp, die plaatsvond op 4 oktober 1992, kwamen de drie bemanningsleden om en verloren 43 mensen op de grond hun leven. Het was lange tijd onduidelijk wat het vliegtuig nu precies vervoerde. Na de ramp vertoonden reddingswerkers en bewoners van de Bijlmer chronische medische en psychische klachten die ze toeschreven aan een onbekende giftige stof die bij de crash zou zijn vrijgekomen. Na lang aandringen startte het Nederlandse parlement een formeel onderzoek, dat uitmondde in een parlementaire enquête onder voorzitterschap van Th.A.M. Meijer (CDA).[78]

Het *NRC Handelsblad* wachtte de resultaten van de parlementaire enquête niet af. Op 30 september 1998 maakte de krant de resultaten van een eigen onderzoek bekend. Volgens de vrachtdocumenten had de *El Al*-Boeing 240 kg DMMP (dimethyl methylfosfonaat) aan boord, een sleutelvoorloper van sarin volgens het Chemisch Wapenverdrag. DMMP kan bij bepaalde proefnemingen en bij het kalibreren van detectieapparatuur ook in plaats van sarin worden gebruikt. De lading DMMP was bestemd voor het *Israel Institute for Biological Research* in Ness Ziona. Met 240 kg DMMP was theoretisch ongeveer 270 kg sarin te maken. Volgens deskundigen had een dergelijke hoeveelheid geen enkele militaire betekenis en wees het ook niet op industriële productie. De hoeveelheid was echter veel te groot voor laboratoriumonderzoek, waarvoor slechts zeer kleine hoeveelheden nodig waren. De hoeveelheid wees eerder op het gebruik voor proefnemingen in het open veld, zoals voor onderzoek naar de uitwerking en verspreiding van deze stof of voor ontsmettingsproeven.[79]

Hoewel DMMP op de lijst stond van chemicaliën die aan een strikte exportcontrole waren onderworpen, had de Amerikaanse overheid het Amerikaanse bedrijf *Solkatronic* toch een vergunning gegeven om het naar Israël te exporteren. Korte tijd na de ramp deed *Shalom*

Chemicals of Ness Ziona een gelijke bestelling bij *Solkatronic*. Dit bedrijf kreeg opnieuw een exportvergunning. Volgens de Israëlische krant *Ha'aretz* bestond er echter helemaal geen bedrijf met de naam *Shalom Chemicals of Ness Ziona*. Waarschijnlijk was het een dekmantelfirma van het *Israel Institute for Biological Research*. De Israëlische overheid wees ondertussen de aantijgingen in het artikel in het *NRC Handelsblad* van de hand en ontkende dat het vliegtuig DMMP had vervoerd. Twaalf uur later liet een voorlichter van *El Al* echter weten dat de vliegmaatschappij wel degelijk DMMP en andere chemicaliën had vervoerd, maar dat de lading strikt voor defensieve doeleinden zou worden gebruikt, onder meer voor het testen van gasmaskers en beschermende filters, waarmee veel civiele schuilkelders in Israël waren uitgerust. "We fly sugar, which can be used for cake, but that doesn't mean we're flying a cake", redeneerde de voorlichter.[80]

Hoewel er veel bekend was geworden over de lading, bleef er een sluier over het incident hangen. Ook de commissie-Meijer, die haar eindrapport 'Een beladen vlucht' op 22 april 1999 presenteerde, kon geen duidelijkheid verschaffen. Zij wilde geen uitspraak doen over de lading "aangezien niemand, om evidente redenen, meer in staat is deze lading te controleren en zo de vrachtpapieren te verifiëren". In haar eindconclusie lichtte de commissie deze argumentatie nog toe met de constatering dat de lading "vrijwel geheel is verbrand". Een directe relatie tussen de gezondheidsklachten en de ramp kon volgens de commissie niet worden aangetoond.[81]

Voortgaande chemische dreiging

Ondertekening van het Chemisch Wapenverdrag in 1993 betekende niet dat de Nederlandse regering de ogen sloot voor de mogelijkheid dat er nog steeds landen waren die eventueel chemische wapens zouden kunnen inzetten. Na het einde van de Koude Oorlog waren de risico's van een wereldwijde proliferatie van chemische wapens en de technische kennis om ze te produceren, eerder toe- dan afgenomen. Met name in het Midden-Oosten en in Oost-Azië bevond zich een groot aantal landen die in staat werden geacht om (binnen afzienbare tijd) chemische wapens te produceren. Dit beeld werd nog eens bevestigd toen enkele van deze landen een afwachtende houding aannamen ten aanzien van de ondertekening van het Chemisch Wapenverdrag. Zolang de werking van het verdrag niet werkelijk universeel was, diende de Nederlandse krijgsmacht rekening te blijven houden met de inzet van chemische wapens en moest het over adequate beschermingsmiddelen blijven beschikken.[82]

Door de veranderde internationale verhoudingen na het einde van de Koude Oorlog nam de betekenis van overzeese crisisbeheersingsoperaties en overige zogeheten *out of area*-operaties in VN-, NAVO- of ander multinationaal verband voor de Nederlandse krijgsmacht sterk toe. Voor het PML was dit reden om het onderzoek op het gebied van de chemische oorlogvoering voort te zetten. Een operatie in een gebied en onder klimatologische omstandigheden die afweken van die waarvoor de strijdkrachten in West-Europa waren getraind en uitgerust, noopte tot het nemen van speciale gasbeschermingsmaatregelen. De kennis die het PML in de loop van de jaren had opgebouwd, kwam goed van pas bij de advisering van de Nederlandse krijgsmacht op dit terrein. In die gevallen waarin het PML over onvoldoende kennis beschikte, kon het zich via buitenlandse relaties snel en gemakkelijk van de laatste stand van zaken op de hoogte laten stellen. Zo werd onder andere overleg gepleegd met het *Chemical and Biological Defence Establishment* in Groot-Brittannië en met instanties in de Verenigde Staten. De in vele jaren opgebouwde samenwerking betaalde zich uit.[83]

Aan het einde van 1993 meldde het PML dat het zijn aandacht zou gaan richten op de zogenoemde *mid-spectrum agents*, een groep toxische moleculen van natuurlijke oorsprong (ergens tussen biologische en chemische wapens in). "De enorme toename in kennis met betrekking tot dergelijke agentia (bioregulatoren en toxines) heeft geleid tot grote verontrusting dat deze kennis kan resulteren in het (mis)gebruik van toxines en bioregulatoren als strijdmiddelen. De te verwachten problemen om het gebruik van deze agentia als strijdmiddel vast te stellen (verificatie van gebruik), hebben extra voeding aan deze verontrusting gegeven." *Mid-spectrum agents* boden kwaadwillende landen de mogelijkheid om controle van het Chemisch Wapenverdrag te ontduiken. Verder werkte het PML aan de totstandkoming van de zogenoemde database chemische defensie. Het moderne optreden van Nederlandse krijgsmachteenheden in vaak heel verschillende gebieden, maakte het noodzakelijk allerlei gegevens over chemische oorlogvoering paraat te hebben, bijvoorbeeld om heel snel een risicoanalyse te kunnen uitvoeren.[84]

Onderzoek naar chemische strijdmiddelen en gasbeschermingsmiddelen bleef dus van groot belang. Zeker toen in de loop van 1993 duidelijk werd dat de Russen in elk geval tot het begin van dat jaar waren doorgegaan met de ontwikkeling van nieuwe chemische strijdmiddelen. In september 1992 was in de Amerikaanse krant *Baltimore Sun* een interview verschenen met de Russische chemicus Vil S. Mirzayanov, een oud-medewerker van het Organisch Chemisch en Technologisch Instituut (GOSNIIOKhT), onder de titel 'Ex-Soviet Scientist Says Gorbachev's Regime Created New Nerve Gas in '91'. Mirzayanov vertelde in het interview dat hij tot voor kort betrokken was bij de ontwikkeling van nieuwe zenuwgassen. De Russen waren er volgens hem in geslaagd een nieuw binair chemisch wapen te creëren. Over de aard ervan was toen nog niet meer bekend dan dat het een zenuwgas betrof, aangeduid met de naam *Novichok*. Dit gas zou nog giftiger zijn dan VX (zie ook p. 303).[85]

Er ontstond nogal wat opschudding over de onthullingen van klokkenluider Mirzayanov, vooral omdat hij beweerde dat de nieuwe stoffen waarover de Russen konden beschikken, niet werden gedekt door het Chemisch Wapenverdrag. Hij publiceerde samen met Amerikanen een artikel waarin ze de namen van verschillende stoffen noemden, maar niet de structuurformules. Voor het PML was dit een reden om actie te ondernemen. In de eerste plaats probeerde het laboratorium informatie in te winnen bij Duitse, Britse en Amerikaanse collega's. Het PML vermoedde dat deze bondgenoten wel iets wisten, maar hun kennis in dit geval niet met de Nederlandse onderzoekers wilden delen. In de tweede plaats deden de onderzoekers van het PML op basis van de schaars beschikbare informatie een uitvoerig literatuuronderzoek. Daarbij vonden zij publicaties van de hoofdontwikkelaars uit eind jaren zestig en begin jaren zeventig, waaruit bleek dat de Russen al heel lang aan bepaalde stoffen werkten.

Bovendien gaf deze informatie aanwijzingen over de aard van die verbindingen. Het PML legde deze informatie begin 1996 voor aan de Militaire Inlichtingendienst.[86]

In 1993 kwam ook meer informatie naar buiten over het ongeluk met biologische wapens in Sverdlovsk in 1979. Een Amerikaans team had ter plekke een uitvoerig onderzoek gedaan en definitief vastgesteld dat het incident, waarbij sporen van anthrax waren vrijgekomen, verband hield met een militair-biologisch wapenprogramma. De Sovjet-Unie had in 1975 het Biologisch Wapenverdrag geratificeerd, maar was daarna dus nog doorgegaan met het ontwikkelen van biologische wapens. Beide gevallen toonden volgens betrokkenen de betrekkelijkheid van internationale verdragen aan.[87]

In dezelfde periode werd ook meer bekend over het chemisch wapenprogramma van Joegoslavië. In 1991 hadden de deelrepublieken Slovenië en Kroatië zich van de federale volksrepubliek afgescheiden. Servië liet dit echter niet zomaar toe en zette het Joegoslavische federale leger (*Jugoslovenska Narodna Armija* – JNA) in tegen de 'afvallige' deelrepublieken. Begin 1992 brak ook oorlog uit in de deelrepubliek Bosnië. Om te voorkomen dat de strijd verder zou escaleren, stuurde de VN in maart 1992 troepen die de strijdende partijen uit elkaar moesten houden en hulp verleenden aan de burgerbevolking. Ook Nederland droeg bij aan de VN-troepenmacht. De Nederlandse bijdrage bestond aanvankelijk uit een aantal stafofficieren en een verbindingsbataljon. Vanaf november 1992 kwam daar een transporteenheid bij, die in Bosnië het vervoer van humanitaire hulpgoederen ging verzorgen. Ook Belgische militairen maakten deel uit van deze transporteenheid.

Lange tijd bestond er geen duidelijkheid over de vraag of het Joegoslavische leger chemische wapens bezat. In het najaar van 1992 kreeg de MID – zoals de LAMID sinds begin 1988 weer heette – de beschikking over informatie dat Joegoslavië in het verleden een eigen chemische productiecapaciteit had gehad en dat er wellicht nog voorraden chemische strijdmiddelen op Joegoslavisch grondgebied aanwezig waren. Deze informatie kon echter niet worden bevestigd. Vanaf 1965 zou Joegoslavië onderzoek hebben gedaan naar mosterdgas en sarin, terwijl het in het begin van de jaren zeventig korte tijd zou hebben gewerkt aan het opstarten van een eigen chemische industriële productiecapaciteit. Na 1976 zou Joegoslavië de productie op kleine schaal hebben hervat – nu voor onderzoeks- en testdoeleinden. Het JNA zou testen hebben uitgevoerd met 155 mm granaten, 128 mm raketten en chemische landmijnen. Het onderzoek in het laboratorium zou zich naast mosterdgas en sarin ook op andere chemische strijdmiddelen hebben gericht, waaronder adamsiet, chloorpicrine en traan- en braakgassen (CS en CN). Alleen van deze laatste twee was met zekerheid te zeggen dat ze in productie waren genomen en bij het JNA aanwezig waren. Vlak voor het uiteenvallen van Joegoslavië waren er nieuwe plannen gemaakt voor de industriële productie van mosterdgas en sarin. De grondstoffen hiervoor waren in Bosnië opgeslagen en bovendien had Joegoslavië in de Bosnische stad Mostar een productiefaciliteit voor chemische wapens laten bouwen. Vanwege het uitbreken van de oorlog was de productie vermoedelijk niet van start gegaan. Begin 1992 hadden de Serven deze fabriek ontmanteld en naar Servië overgebracht. Volgens een schatting van de inlichtingenofficieren zouden de Serven zes tot twaalf maanden nodig hebben om op industriële schaal chemische strijdmiddelen te kunnen produceren. Het JNA was wel al in staat kleine hoeveelheden mosterdgas en sarin aan te maken. Deze werden volgens de inlichtingen gebruikt om de inzetmiddelen (sproeitanks, vliegtuigbommen, granaten en raketten) te beproeven. De inlichtingenofficieren verwachtten overigens dat het JNA, uit vrees voor onvermijdelijke internationale repercussies, ervoor zou terugschrikken daadwerkelijk chemische strijdmiddelen op het Joegoslavische strijdtoneel in te zetten.[88]

In 1993 bevestigden twee Kroatische generaals de informatie van de westerse militaire inlichtingendiensten en vertelden dat het Joegoslavische leger inderdaad mosterd- en zenuwgas in zijn arsenaal had. De strijdgassen waren geproduceerd in Mostar, maar het JNA had de voorraden ondertussen naar Servisch grondgebied gebracht. Eind 1993 maakte de Kroatische hoogleraar Zlatko Binenfeld tijdens een symposium in Warschau – waar de effectuering van het Chemisch Wapenverdrag werd besproken – tamelijk onverwacht publiekelijk bekend dat het voormalige Joegoslavië een omvangrijk chemisch wapenprogramma kende. Binenfeld had niet alleen een generaalsrang, maar was ook adviseur van de JNA geweest. Hij was verbonden aan een laboratorium voor organische chemie aan de universiteit van Zagreb en publiceerde al sinds de jaren zestig over zenuwgassen. Hij was als insider goed op de hoogte van de werkelijke situatie.[89]

Vanaf maart 1994 was een Nederlands infanteriebataljon (*Dutchbat*) binnen de VN-operatie UNPROFOR belast met het toezicht op de naleving van de wapenstilstand tussen de strijdende partijen in de *safe areas* Srebrenica en Tuzla in Bosnië-Herzegovina. Al vanaf het begin van het uitbreken van de strijd op Bosnisch grondgebied waren er berichten dat de strijdende partijen elkaar met chemische wapens bestookten, al waren er geen bewijzen voor het gebruik van letale chemische strijdmiddelen.[90] Op 11 november 1994 zouden Bosnische-Serviërs in de omgeving van Velika Jelica met artilleriegranaten op moslimmilitairen hebben geschoten, waarbij elke tweede granaat een gele wolk veroorzaakte. Op verzoek van de moslims bezochten officieren van een Scandinavisch bataljon een veldhospitaal waarin zeventien soldaten waren opgenomen met verschijnselen als rode gezichten, zweten en vermoeidheid. Na drie uur waren de meesten echter weer opgeknapt. Vermoedelijk ging het om een krachtig traangas. Het incident speelde zich op slechts 10 km van Simin Han af, waar de A-compagnie van *Dutchbat* was gelegen. De KL Crisisstaf werd door deze aanval gealarmeerd. Enkele dagen later bezocht een *Dutchbat*-arts in het ziekenhuis van Tuzla drie Bosnische militairen die met ademhalingsmoeilijkheden en geïrriteerde slijmvliezen waren opgenomen. Eén patiënt had tijdelijke verlammingsverschijnselen. Ook hier verdwenen de verschijnselen na drie uur. De Nederlandse arts kon niet vaststellen om welk gas het ging.[91]

Twee verschillende debriefingsverklaringen van Nederlandse militairen beschrijven mogelijk deze of soortgelijke voorvallen. Eén verslag gaat in op gevechten bij Visoko en in de Sapna-duim (waar de A-compagnie was gelegerd), waar het Bosnisch-Servisch leger aanvallen met chemische wapens zou hebben uitgevoerd. Ook hier ging het om een geelkleurig gas. Ongeveer veertig Bosnische militairen kregen vergiftigingsverschijnselen die na enkele uren weer verdwenen. Een tweede verslag meldde dat een hoge commandant van het Bosnische leger de A-compagnie van *Dutchbat* had gebeld met de mededeling dat de Bosnische-Serviërs chemische wapens hadden gebruikt. De slachtoffers waren naar een veldhospitaal overgebracht, maar na enkele uren weer hersteld. De generaal dacht dat het hier ging om een zware vorm van traangas. Ook waren de moslims beschoten met granaten waar gele rook uitkwam. Als tegenmaatregel had het Bosnische leger atropine-injectoren (bedoeld als antistof tegen zenuwgassen) aan de eigen militairen uitgedeeld. Omdat de chemische middelen niet op grote schaal werden gebruikt, dacht de leiding van *Dutchbat* geen hinder van de strijdgassen te ondervinden. Wel werden de vragen van de *Dutchbat*-leiding over dit soort middelen aan Den Haag voorgelegd.

Het Genieopleidingscentrum, dat de meldingen onderzocht, kon zonder nadere informatie over uitwerkingsverschijnselen, opschriften op niet-ontplofte granaten en monsters geen conclusies trekken. Het vond de verschijnselen niet direct typerend voor een traangasaanval, al lag het gebruik van traangas voor de hand omdat deze stoffen in grote hoeveelheden in het voormalige Joegoslavië lagen opgeslagen. De KL Crisisstaf trok wel de conclusie dat er traangas was ingezet.[92] Het mogelijke gebruik van chemische strijdmiddelen wierp de vraag op of de Nederlandse militairen wel over de juiste beschermingsmiddelen beschikten. In overeenstemming met het advies van de VN aan de troepenleverende landen hadden de Nederlandse militairen wel een gasmasker, maar geen beschermende kleding mee. (Waarschijnlijk ging de VN ervan uit dat de strijdende partijen alleen traangas zouden gebruiken.) Zo nodig kon binnen 24 uur beschermende kleding vanuit Nederland worden aangeleverd. Binnen 72 uur konden alle Nederlandse militairen dan in theorie over beschermende kleding beschikken.[93] Om snel te kunnen reageren was het echter verstandig om ter plaatse een voorraad beschermende kleding op te leggen. Aangezien de Bosnische-Serviërs de aanvoerlijnen naar de *safe areas* streng controleerden en slechts mondjesmaat levensmiddelen, munitie, reservedelen en brandstof toelieten, was de verwachting dat zij geen *clearance* voor gasbeschermingsmiddelen zouden geven wanneer de Nederlanders die in een 'crashactie' naar Srebrenica zouden willen opvoeren.

Hier mag niet onvermeld blijven dat verschillende personen die deel uitmaakten van de stoet vluchtelingen die na de val van Srebrenica op 11 juli 1995 naar Tuzla trok, meenden dat zij onderweg door het Bosnisch-Servische leger met chemische wapens waren bestookt. *Human Rights Watch* deed er ruim twee jaar onderzoek naar en interviewde 35 ooggetuigen. De aandacht ging daarbij uit naar het mogelijke gebruik van BZ, dat in de arsenalen van het JNA aanwezig was. BZ was een *incapacitating agent* met een sterk hallucinerende werking. Een JNA-voorschrift uit 1981 gaf aan dat BZ uitermate geschikt was om gewapende groepen in een hinderlaag zodanig te desoriënteren dat zij niet langer als gevechtseenheid konden optreden, waardoor het doden of gevangennemen werd vergemakkelijkt. BZ veroorzaakte na een uur geestelijke verwarring die enkele uren tot dagen kon aanhouden. Vooral in terreingedeelten waar de vluchtelingen niet makkelijk konden ontsnappen, zoals in het beboste en ruige terrein tussen Srebrenica en Tuzla, zou de inzet van BZ effectief kunnen zijn. BZ zou immers kunnen leiden tot het uitbreken van onderlinge gevechten, schreeuwen, in het wilde weg schieten en het verlaten van schuilplaatsen. De vluchtelingen zouden zich nog maar moeilijk kunnen onttrekken aan de waarneming door de Bosnische-Serviërs. *Human Rights Watch* concludeerde dat het gebruik van BZ niet kon worden uitgesloten, maar dat harde bewijzen ontbraken.[94]

Een mogelijke verklaring voor de beschuldiging van de vluchtende moslims kon worden gevonden in de omstandigheden waaronder de tocht naar Tuzla plaatsvond. De vluchtelingen hadden te maken met angst, stress, uitputting, gebrek aan voedsel en water en de voortdurende dreiging om door het Bosnisch-Servische leger te worden beschoten. Dit kon leiden tot psychotische verschijnselen of vreemd en agressief gedrag. Dat was maar bij een relatief gering aantal mensen gebeurd. Wanneer er sprake was geweest van beschieting met chemische strijdmiddelen zouden veel meer mensen of groepen van deze verschijnselen last moeten hebben gehad.[95]

Het rapport van *Human Rights Watch* en de daaropvolgende media-aandacht leidde in november 1998 tot Kamervragen. De Nederlandse regering gaf aan dat zij niet over aanwijzingen beschikte dat de voorraden chemische wapens van het JNA ook daadwerkelijk waren gebruikt. Ook de OPCW kon geen uitsluitsel geven.[96]

De inwerkingtreding van het Chemisch Wapenverdrag

Na de ondertekening van het Chemisch Wapenverdrag in 1993 werd al snel duidelijk dat de Russische Federatie grote moeite zou hebben om binnen tien jaar al haar chemische wapens te vernietigen. Er waren grote technologische, sociale en financiële problemen. De Russen wilden hun chemische wapens niet zomaar vernietigen, maar converteren tot 'nuttige' producten. Hiervoor moesten nieuwe processen worden bedacht, wat veel tijd en geld kostte. Vooral dat laatste had het land niet. Ook speelde mee dat de Russische bevolking ernstige bezwaren had tegen de bouw van vernietigingsinstallaties in haar woongebied. De Amerikaanse regering ondervond vergelijkbare problemen. Zij had ervoor gekozen om haar chemische wapens te verbranden. Hiertegen was enorm veel verzet, onder meer van *Greenpeace*. Er was aldus een situatie ontstaan waarin de twee landen die de meeste chemische wapens bezaten, mogelijk niet aan de verplichtingen van het Chemisch Wapenverdrag zouden kunnen voldoen. Het was nog maar de vraag of ze het verdrag wel zouden ratificeren. In Nederland en andere landen leefde de vrees dat het niet ratificeren van het verdrag door de twee grootmachten een negatieve uitstraling zou hebben op andere staten die over chemische wapens beschikten.[97]

Het Chemisch Wapenverdrag werd op 25 april 1995 in de Tweede Kamer besproken. Alle woordvoerders spraken van een historisch moment in de geschiedenis van de ontwapening. Enkele sprekers spraken hun zorg uit over de mogelijkheid dat de Russische Federatie het verdrag niet zou ratificeren en dat andere landen haar voorbeeld zouden volgen. De Tweede Kamer nam een motie van de leden G.D. Roethof (D66), M. van den Doel (VVD) en M. Houda (PvdA) aan, waarin de regering werd opgeroepen de Russische Federatie te helpen bij het vernietigen van haar chemische wapens, omdat het succes van het Chemisch Wapenverdrag afhing van ratificering door dit land. Op 2 mei 1995 nam de Tweede Kamer het Chemisch Wapenverdrag aan. Enkele weken later, op 6 juni, behandelde de Eerste Kamer het verdrag. Ook Eerste Kamerleden uitten hun ongerustheid over de problemen van de Russische Federatie bij het vernietigen van haar chemisch wapenarsenaal. Minister van Buitenlandse Zaken mr. H.A.F.M.O van Mierlo maakte duidelijk dat er al overleg plaatsvond met de Russische autoriteiten om te bekijken op welke wijze Nederland kon bijdragen. De Russische Federatie had ten minste één miljard dollar extra steun nodig. Van Mierlo kon nog niet aangeven welke financiele bijdrage Nederland zou leveren. De Eerste Kamer aanvaardde het verdrag zonder verdere stemming. Nu de regering ook de toestemming van de Eerste Kamer had, kon Nederland het Chemisch Wapenverdrag ratificeren en het voorbehoud bij het Protocol van Genève definitief intrekken.[98]

Mede door de motie van Roethof, Van den Doel en Houda bood de Nederlandse regering de Russische Federatie hulp aan bij het opruimen van haar voorraden chemische wapens. Kolonel-generaal Stanislav Petrov, het hoofd van de Russische chemische, bacteriologische en radiologische troepen, bracht in de loop van 1995 een bezoek aan minister van Defensie dr. ir. J.J.C. Voorhoeve voor nader overleg. Na het bezoek van Petrov volgde een uitnodiging voor een tegenbezoek aan de Russische Federatie. Tussen 10 en 17 december 1995 bezocht een Nederlandse delegatie Rusland. Vertegenwoordigers van de ministeries van Defensie en

Een westerse delegatie bezoekt de Russische stad Kambarka in het kader van steunverlening bij de vernietiging van de CW-voorraden van de voormalige Sovjet-Unie, december 1995. Tot de delegatie behoren P. van den IJssel (Buitenlandse Zaken, vijfde van links), B.W. Bargerbos en luitenant-kolonel A.A.J. Wijnmaalen (Ministerie van Defensie, resp. eerste van links en zesde van rechts) en Van Zelm en M.S. Nieuwenhuizen (TNO, resp. vijfde en derde van rechts).

Het *Deseret Chemical Depot* bij Tooele in de Amerikaanse staat Utah, 4 oktober 2001. Op de voorgrond de bunkers waarin Amerikaanse chemische wapens zijn opgeslagen. De vernietiging van deze wapens vindt plaats in de fabriek op de achtergrond.

De vernietiging van chemische wapens is een kostbare en risicovolle operatie. In deze containers in het *Tooele Army Depot* bevinden zich M-55 raketten met een sarinlading, 12 juni 1995.

Buitenlandse Zaken en twee deskundigen van het PML-TNO (Van Zelm en dr. ir. M.S. Nieuwenhuizen) bezochten de industriestad Kambarka om te bekijken of Nederland kon helpen bij het opruimen van de voorraad lewisiet die daar lag. Minister van Defensie Voorhoeve maakte in de eerste helft van 1997 bekend dat Nederland tien miljoen gulden uittrok voor de steunverlening aan Rusland. Hoewel Kambarka later uit beeld verdween, raakte Nederland in de loop der jaren, meestal samen met andere westerse landen, betrokken bij de bouw van vernietigingsinstallaties in Gorni en Shchuch'ye.[99]

Op 29 april 1997 trad het Chemisch Wapenverdrag formeel in werking. Ruim 90 landen hadden het verdrag toen geratificeerd, inclusief de Verenigde Staten, maar exclusief Rusland. De Russische Federatie ratificeerde het verdrag enkele maanden later, op 5 november 1997. Twee jaar later was het aantal landen dat het verdrag had bekrachtigd, tot 126 opgelopen. Daarvan had echter nog maar 70% een volledige opgave gedaan van het eventuele bezit van chemische wapens en/of installaties waar zulke wapens mogelijk zouden kunnen worden geproduceerd. Ondertussen had er al een groot aantal inspecties plaatsgevonden om de declaraties te verifiëren. De Russische Federatie maakte in de loop van 1997 bekend dat zij niet kon voldoen aan de eis om binnen tien jaar alle chemische wapens te vernietigen; de financiering daarvan bleef een probleem.[100]

Niet alleen Rusland, maar ook de Verenigde Staten bleken grote moeite te hebben met de vernietiging van hun chemisch wapenarsenaal. Beide landen kregen vijf jaar uitstel en moeten hun voorraden nu in 2012 hebben vernietigd. Rusland beweert nog steeds dat dat lukt, maar leunt daarbij zwaar op de financiële steun van de Verenigde Staten. Dat laatste land bleef zijn eigen problemen met de vernietiging van zijn voorraden chemische wapens houden. Zo stelde de Amerikaanse president George W. Bush tijdens zijn regeerperiode de fondsen voor de vernietiging naar beneden bij. Hij had het geld namelijk hard nodig voor de oorlogen in Irak en Afghanistan. Ondertussen doet zich bij het uitbannen van alle chemische wapens nog een ander probleem voor. Zowel Rusland als de Verenigde Staten werken aan de ontwikkeling van een nieuwe generatie niet-letale wapens, inclusief *incapacitating agents*. Het Chemisch Wapenverdrag verbiedt het gebruik van *incapacitating agents* (en traangassen) voor oorlogvoering. Beide landen behouden zich echter het recht voor om deze wapens voor contraterroristische operaties in het eigen land in te zetten.[101]

De dreiging die van de proliferatie van chemische wapens uitging, bleef na 1997 bestaan en nam in de daaropvolgende jaren alleen maar verder toe. Tot aan de totstandkoming van het Chemisch Wapenverdrag in 1993 hadden alleen de Verenigde Staten en Rusland toegegeven over chemische wapens te beschikken. Bij de inwerkingtreding van het verdrag in april 1997 was echter bekend dat nog tien andere landen chemische wapens in bezit hadden of bezig waren aan de ontwikkeling ervan. Zo bezaten China, India, Irak, Iran, Libië, Noord-Korea en Syrië aanzienlijke programma's voor de ontwikkeling van chemische strijdmiddelen. Bovendien beschikten zij over direct inzetbare chemische wapens en omvangrijke productiefaciliteiten. Van deze landen traden China, India en Iran in de loop van 1997 toe tot het Chemisch Wapenverdrag. Het was de vraag of de andere landen ook tot het verdrag zouden toetreden en, indien ze dat deden, of ze zich wel aan de afspraken zouden houden.[102] Dat laatste gold natuurlijk ook voor landen die het verdrag al eerder hadden geratificeerd.

Nu, ruim twaalf jaar na de inwerkingtreding van het Chemisch Wapenverdrag, hebben vijf landen (Angola, Noord-Korea, Egypte, Somalië en Syrië) het verdrag (nog) niet ondertekend. Israël en Myanmar hebben het wel ondertekend, maar nog niet geratificeerd.[103] Israël is een geval apart. Het maakte deel uit van de groep landen die als eerste het Chemisch Wapenverdrag ondertekende en Israëlische deskundigen en diplomaten werkten actief mee aan de voorbereidingen die de PrepCom in Den Haag trof in de aanloop naar de inwerkingtreding van het verdrag. De positieve houding van Israël was te danken aan de ontspanning die er tussen 1993 en 1997 in het Midden-Oosten bestond door het Oslo Vredesproces. Na 1997 kwam hieraan een einde en begonnen de buurlanden van Israël weer met de productie van zenuwgassen en inzetmiddelen, waaronder ook langeafstandsraketten. Hoewel Israëlische voorstanders van het Chemisch Wapenverdrag argumenteerden dat Israël geen chemische wapens nodig had om hard terug te kunnen slaan, wezen anderen erop dat Israël zijn nucleaire wapens zou moeten inzetten om een chemische aanval door Egypte of Syrië te vergelden. De kans dat er in dat geval een grootschalig nucleair conflict zou uitbreken, werd hierdoor vergroot. Israël maakte bekend dat het pas tot ratificering van het Chemisch Wapenverdrag zou overgaan wanneer zijn Arabische buurlanden dat ook deden. Op hun beurt lieten Egypte, Irak, Libië, Syrië en Libanon weten het Chemisch Wapenverdrag te boycotten zolang Israël het nucleaire non-proliferatieverdrag niet had getekend.[104] Overigens hebben Irak, Libië en Libanon het verdrag ondertussen wel ondertekend en geratificeerd.

11 | Chemisch (contra)terrorisme

De massale dreiging die de Koude Oorlog kenmerkte, is na de val van de Muur verdwenen. Dat geldt ook voor de voorspelbaarheid van landen die vroeger tot de invloedssfeer van de Sovjet-Unie werden gerekend. De dreiging is veel diffuser geworden en beperkt zich niet langer meer tot interstatelijk geweld. Ook de proliferatie van chemische wapens beperkt zich niet meer tot staten alleen. Het is ondertussen gebleken dat ook terroristische groeperingen belangstelling hebben voor chemische wapens en zelfs bereid zijn deze te gebruiken.[1] De dreiging die uitgaat van aanslagen met chemische (en ook met biologische, radiologische en nucleaire) middelen (CBRN-terrorisme) geldt onder deskundigen als de *sum of all fears* op het gebied van terrorisme.[2] In dit hoofdstuk wordt kort ingegaan op de dreiging die uitgaat van chemisch terrorisme. Om te beginnen wordt echter het (mogelijk) gebruik van chemische strijdmiddelen bij het beëindigen van terroristische acties besproken. In dit kader spreken we hier van chemisch contraterrorisme.

Het gebruik van chemische strijdmiddelen bij contraterrorisme

In augustus 1970 werd Nederland opgeschrikt door een gijzelingsactie van Molukse jongeren in de woning van de Indonesische ambassadeur in Wassenaar. Het was het begin van een lange reeks van gijzelingsacties in de jaren zeventig.[3] In oktober 1972 vond een kortstondige gijzeling plaats van een koor in de Scheveningse gevangenis en in september 1974 was er de bezetting van de Franse ambassade door de terroristische organisatie het Japanse Rode Leger. In december 1975 volgden de treinkaping bij Wijster en de bezetting van het Indonesische consulaat in Amsterdam; in mei en juni 1977 de kaping van een trein bij De Punt en de bezetting van een lagere school in Bovensmilde; en in maart 1978 de bezetting van het provinciehuis van Drenthe. Bij al deze laatstgenoemde acties waren Molukse jongeren betrokken.

De mislukte bevrijdingsactie van negen Israëlische sportlieden tijdens de Olympische Spelen in München in september 1972, waarbij naast de negen Israëli's ook een Duitse agent en vijf van de acht gijzelnemers omkwamen, maakte wereldwijd veel indruk. Hierdoor ontstond het besef dat er speciale eenheden en methoden moesten komen om in de toekomst tegen dergelijke acties op te treden. Ook de Nederlandse regering trof een uitgebreid pakket aan maatregelen. Zo werden er bijzondere bijstandseenheden voor precisieschutters (BBE-Rijkspolitie en BBE-Krijgsmacht) opgericht, kwam er een speciale eenheid voor *close-combat* (BBE-Mariniers), zorgde de Afzettingseenheid van de Koninklijke Landmacht voor eenheden die bij een gijzeling ter plaatse de omgeving konden afzetten en kreeg de Binnenlandse Veiligheidsdienst (BVD) opdracht inlichtingen over mogelijke terreuracties te vergaren. Een interdepartementale werkgroep, de Ambtelijke Stuurgroep Terroristische Acties (ASTA), coördineerde, begeleidde en stimuleerde alle maatregelen tegen terroristische acties.

In december 1972, enige maanden na de desastreus verlopen bevrijdingsactie in München, ontving de voorzitter van de RVO-TNO, prof. ir. H. Dirksen, een vertrouwelijk schrijven van J. de Pooter, de voorzitter van de subcommissie bewapening en uitrusting van de ASTA. In een van de vergaderingen van de subcommissie was de vraag gerezen of het mogelijk was om met chemische strijdmiddelen een einde aan eventuele terreuracties te maken. De subcommissie dacht daarbij aan zeer snel werkende verdovende of weerloos makende middelen (*incapacitating agents*), die door een injectie of door verspreiding in de atmosfeer konden worden ingezet. Ook informeerden zij naar letale chemische middelen, die terreurbestrijders als ultiem middel konden inzetten indien "bij de verspreiding daarvan enigermate selectief te werk zou kunnen worden gegaan". De Pooter wilde van het RVO-bestuur weten of er een oriënterend gesprek tussen het Chemisch Laboratorium en de subcommissie mogelijk was.[4]

In 1970 hadden medewerkers van het Chemisch Laboratorium de mogelijkheden om grote groepen mensen tijdelijk uit te schakelen al eens geïnventariseerd. De precieze aanleiding hiervoor is niet uit de beschikbare bronnen op te maken. Hoewel er dus enig voorwerk was gedaan, vond Ooms het geen goed idee om deze kennis met anderen te delen. Hij wees het RVO-bestuur erop dat bij het gebruik van chemische strijdmiddelen ethische en morele problemen een rol speelden: "Uiteraard zullen weinigen zich verzetten tegen de *intentie* voor gebruik tegen terroristen doch als dit gepaard gaat met het opbouwen van een *potentie* van offensief te gebruiken chemische wapens dan lijken conflictsituaties, met name voor de bij advies en onderzoek noodzakelijke medici, welhaast onvermijdelijk."[5] Daarbij refereerde hij aan de maatschappelijke discussie die eind jaren zestig, begin jaren zeventig werd gevoerd (zie hiervoor p. 272).

Het RVO-bestuur kon zich vinden in de twijfels van Ooms. Het gaf de medewerkers van het Chemisch Laboratorium toestemming om het gesprek met de leden van de subcommissie aan te gaan, maar liet tevens weten dat het twijfels had "ten aanzien van de wenselijkheid om een opdracht van genoemde commissie te aanvaarden".[6] Begin maart 1973 bracht een aantal leden van de subcommissie een bezoek aan het laboratorium voor een oriënterend gesprek. In de ASTA-vergadering van 9 maart 1973 lieten zij de overige leden van de stuurgroep weten dat aan het gebruik van verdovende gassen voor het uitschakelen van gijzelnemers praktische bezwaren kleefden. Een verdovend gas maakte namelijk geen onderscheid tussen gijzelaars en gijzelnemers.[7] In het archief van het Chemisch Laboratorium is verder niets meer aangetroffen over contacten met de ASTA.

Zowel het RVO-bestuur als de medewerkers betoonden een zekere mate van terughoudendheid wanneer het ging om onderzoek naar het gebruik van *incapacitating agents*, de buitengevechtstellende strijdgassen zonder directe dodelijke werking. Bijvoorbeeld toen een wachtmeester van de Rijkspolitie anderhalf jaar later, in september 1974, op persoonlijke titel informeerde naar “de mogelijkheden voor toepassingen van buitengevechtstellende gassen voor overmeestering van geweldplegers zoals de Japanners die personen gegijzeld hebben in Den Haag [de bezetting van de Franse ambassade door leden van het Japanse Rode Leger, HR/JVW]”, hield het Chemisch Laboratorium de boot af. De adjunct-directeur van het Chemisch Laboratorium, Kienhuis, deelde de wachtmeester mee dat het laboratorium dergelijke informatie niet met iedereen deelde “i.v.m. het gevaar dat deze inlichtingen onjuist geïnterpreteerd zullen worden”. Hij wees de politieman “op de grote gevoeligheid van deze zaak waaraan allerlei medische en ethische aspecten zitten”. Kienhuis was wel bereid de wachtmeester niet geclassificeerde informatie op dit gebied te sturen, maar daarmee was de zaak wat hem betrof afgedaan.[8]

In de zomer van 1976 bevrijdde de Franse politie met gebruik van een nieuw gas drie gegijzelde gevangenisbewaarders. De Franse politie had al enige tijd proeven gedaan op vrijwilligers onder haar eigen medewerkers om de effectiviteit van het gas te beproeven. Toen tijdens een opstand in de gevangenis van Lisieux – waar Frankrijks beruchtste gevangenen zaten – een aantal gedetineerden drie gevangenisbewaarders gijzelde, deed zich de gelegenheid voor het nieuwe gas voor de eerste maal in te zetten. De gevangenisdirectie hield de gijzelnemers bezig, totdat een speciale contraterrorisme-eenheid van de nationale politie arriveerde. De leider van de eenheid vertelde hoe de bevrijdingsoperatie verliep: “Nog geen twee seconden, nadat wij het gas gebruikt hadden, hapten de bandieten zodanig naar lucht, dat zij gemakkelijk overmeesterd konden worden. Een derde, die nog probeerde zijn mes te gebruiken, slaagde erin slechts een klein krasje op de kin van zijn bewaker te maken, voordat ook hij happend naar lucht, door een karate-stoot van een van mijn mannen buiten gevecht werd gesteld. Binnen luttele minuten was de operatie achter de rug.” Volgens de Franse politie was het gebruikte gas niets anders dan gewoon traangas, maar van een veel hogere concentratie. Van Ormondt wees adjunct-directeur van het Chemisch Laboratorium Kienhuis op het gebruik van dit gas om gijzelnemers buiten gevecht te stellen. Kienhuis reageerde dat bij een toekomstig contact met de medewerkers van het *Centre d’Études du Bouchet* moest worden nagevraagd “of het hier echt iets nieuws” betrof.[9]

Het gebruik van gas om gijzelnemers uit te schakelen kwam in Nederland in 1977 opnieuw aan de orde, toen Molukse jongeren een trein kaapten en een lagere school bezetten. Op 10 juni 1977 kwam de voltallige ministerraad bijeen om een aanstaande aanval op de trein bij De Punt te bespreken. Minister-president drs. J.M. den Uyl liet weten dat hij de ontwikkelingen in de gijzelingszaak zorgwekkend vond, dat de bemiddelingspogingen op niets waren uitgelopen en dat niets erop wees dat de gijzelnemers zich zouden overgeven. Hij wilde van zijn collega-ministers weten hoe er nu verder moest worden gehandeld. Minister van Onderwijs en Wetenschappen dr. J.A. van Kemenade vroeg zich af of het mogelijk was de gijzelnemers met chemische strijdmiddelen uit te schakelen. Maar het bleef bij deze ene opmerking. Overigens debatteerden de ministers evenmin over andere mogelijkheden. Minister van Justitie Van Agt, de hoofdverantwoordelijke voor terrorismebestrijding, zag al het gepraat als een gepasseerd station. Er was volgens hem nog maar één antwoord mogelijk: de gijzeling met geweld beëindigen.[10] Het gebruik van een verdovend gas behoorde daarbij duidelijk niet tot een van de opties.

Dat het gebruik van een verdovend gas tot een groot fiasco kan leiden, blijkt uit de wijze waarop de Russische Federatie in oktober 2000 een einde maakte aan een gijzeling van een grote groep mensen in het Dubrovka Theater in Moskou. De Russische autoriteiten weigerden te onderhandelen. Na een belegering van drie dagen maakten Russische *special forces* een einde aan de gijzeling door een verdovingsgas via het airconditioningsysteem in het theater te spuiten. Het gas verdoofde de gijzelnemers, die in de daaropvolgende schietpartij omkwamen of door de *special forces* standrechtelijk werden neergeschoten. Daarnaast kwamen echter ook 129 gijzelaars om, van wie 127 door de gevolgen van het verdovingsgas.[11]

Angst voor het mogelijk gebruik van strijdgassen door terroristen

Vanaf het begin van de jaren zeventig was er niet alleen sprake van een toename van het aantal terroristische acties, maar groeide ook de angst dat extremisten zouden beschikken over chemische strijdmiddelen, waarmee op relatief eenvoudige wijze veel slachtoffers gemaakt zouden kunnen worden. Ook het Chemisch Laboratorium van RVO-TNO besteedde hier de nodige aandacht aan.

In de eerste helft van de jaren zeventig besloot het in de Bondsrepubliek Duitsland gelegerde *British Army of the Rhine* (BAOR) dat een deel van zijn voorraden chemische wapens overbodig waren geworden en moesten worden opgeruimd. Het ging hier om mosterdgas dat voor het overgrote deel in de Eerste Wereldoorlog was geproduceerd en eind jaren zeventig sterk was verouderd. Het BAOR gaf opdracht het mosterdgas naar *Erprobungsstelle 53* in Munsterlager over te brengen, met de bedoeling de chemische wapens op termijn te vernietigen.[12] Op 27 april 1975 stelden bewakers van *Erprobungsstelle 53* in Munsterlager vast dat iemand het kamp was binnengedrongen. Alle aanwezige voorraden werden geteld. Na de inventarisatie bleek dat er twee 1-litercontainers van het Britse mosterdgas waren beschadigd en dat er twee waren verdwenen.[13]

De beschuldigende vinger wees al snel naar de links-terroristische organisatie *Rote Armee Fraktion* (RAF), die de Bondsrepubliek sinds 1968 in haar greep hield. In aanloop naar een strafproces tegen de RAF-top (Andreas Baader, Ulrike Meinhof, Gudrun Ensslin en Jan-Carl Raspe) – beter bekend als het Baader-Meinhofproces, dat vanaf 21 mei 1975 werd gehouden – verschenen berichten in de media dat leden van de RAF 53 (waarschijnlijk onjuist afgeleid van *Erprobungsstelle 53*) containers met mosterdgas hadden gestolen. Volgens de krantenberichten wilden zij met het strijdgas de RAF-top uit de gevangenis bevrijden. De berichten in de media leidden tot grote ongerustheid, ook in Nederland, waar de RAF eveneens actief was. Voor het eerst werd de burgerbevolking geconfronteerd met de dreiging dat terroristen chemische strijdmiddelen zouden kunnen gebruiken voor sabotagedoeleinden of gijzelingsacties. In navolging van Duitsland en mede op instigatie van het Medisch Biologisch Laboratorium van de RVO-TNO, namen de

Nederlandse autoriteiten voorzorgsmaatregelen om slachtoffers van een mosterdgasaanval te kunnen behandelen.[14]

Na een systematisch onderzoek van een stuk bos naast de *Erprobungsstelle* vond de Duitse politie de twee vermiste 1-litercontainers met mosterdgas terug. Ze lagen op ongeveer 20 cm diepte begraven. Na nader onderzoek concludeerde de Duitse justitie enkele maanden later dat het geen terroristen waren die de diefstal hadden gepleegd. De hoofdverdachte was sergeant-majoor P. Lichters, de leider van de explosievenopruimingsdienst van de regio Munster. De officier van justitie dacht dat Lichters door een diefstal te ensceneren aandacht had willen vragen voor de miserabele toestand waarin gifgassen van verschillende landen en uit de beide wereldoorlogen in Munsterlager lagen opgeslagen. Tegen Lichters, die in het verleden al vaker tegen de misstanden had geageerd, werden verschillende rechtszaken gevoerd, maar hij bekende geen schuld. De 'geënsceneerde' diefstal vormde voor het Duitse ministerie van defensie de directe aanleiding om de veiligheidsmaatregelen voor het terrein waar de voorraden chemische strijdmiddelen lagen opgeslagen, aanzienlijk te verbeteren. Ook liet het ministerie op het proefterrein een fabriek voor het vernietigen van gifgassen bouwen, die in 1980 in gebruik werd genomen.[15]

De angst dat terroristen mogelijk gifgassen zouden gebruiken, nam in de loop van de jaren zeventig eerder toe dan af. In februari 1976 rolden de Duitse en de Oostenrijkse politie een gifgasbende op die op het punt stond spuitbussen met tabun te leveren aan potentiële bankrovers en terreurgroepen. In hetzelfde jaar ontdekten Amerikaanse autoriteiten een pakje met een springlading die was vastgemaakt aan een capsule met zenuwgas. Het pakje was in een Arabisch land op de post gedaan. Het hoofd van een Amerikaanse federale terreurbestrijdingsorganisatie verklaarde dat Libië het land zou kunnen zijn dat terroristen van de nieuwste wapens voorzag. Het had genoeg geld, en internationaal gezochte terroristen als 'Carlos' opereerden vanuit dit land.[16]

Dreiging chemisch terrorisme

De vrees dat terroristen over chemische strijdmiddelen konden beschikken, nam in de jaren tachtig en aan het begin van de jaren negentig alleen maar verder toe. Aanleiding hiervoor waren het gebruik van strijdgassen tijdens de oorlog tussen Iran en Irak, de aanval met chemische wapens door het Iraakse leger op Halabja en de dreiging die er tijdens de Golfoorlog van het Iraakse chemische wapenprogramma uitging. Desondanks beschouwden veel deskundigen tot halverwege de jaren negentig chemisch terrorisme toch vooral als een theoretische dreiging: het was technisch mogelijk, maar waarschijnlijk was het niet.[17]

Halverwege de jaren negentig moesten terrorisme-experts dit beeld echter bijstellen. Op 20 maart 1995, ruim een maand voor de Tweede Kamer het Chemisch Wapenverdrag behandelde, vond in de metro van Tokio namelijk een terroristische aanslag met sarin plaats. Er vielen bij de aanslag door de 'Sekte van de Hoogste Waarheid' (*Aum Shinrikyo*) twaalf doden en ruim duizend gewonden. Het was bovendien niet de eerste keer dat deze sekte een aanslag

Het straatbeeld in Tokio na de terroristische aanslag met sarin door de 'Sekte van de Hoogste Waarheid', 20 maart 1995. Twaalf mensen kwamen om het leven.

met sarin pleegde. Op 27 juni 1994 hadden sekteleden sarin in een gerechtsgebouw in Matsumoto gespoten, met de bedoeling de rechters te doden die een rechtszaak tegen de sekte voorzaten. Bij deze aanslag waren zeven doden en meer dan tweehonderd gewonden gevallen. Ook de drie rechters waren ziek geworden en niet in staat geweest de rechtszaak voort te zetten. Aanvankelijk was de oorzaak onbekend gebleven, totdat deze zaak met de aanslag in Tokio in verband werd gebracht en nader onderzoek volgde.[18]

Het PML kwam door de aanslag in de Japanse metro volop in het nieuws. Niet alleen de Nederlandse media, maar ook de Japanse tv kwam in Rijswijk op bezoek, om zich nader te laten informeren over de gevaren van de inzet van chemische strijdmiddelen door terroristische groeperingen. Het PML had een nieuwe methode voor biomonitoring ontwikkeld, die kon worden gebruikt om een zenuwgasbesmetting aan te tonen, zelfs al waren de monsters meerdere jaren oud. De Researchgroep Chemische Toxicologie onderzocht het bloed van de slachtoffers van de aanslagen in Matsumoto en in Tokio en stelde onomstotelijk vast dat er sarin in zat.[19]

Over de reële dreiging die van chemisch terrorisme uitgaat, bestaat geen overeenstemming.[20] Van de verschillende vormen van chemisch, biologisch, radiologisch en nucleair terrorisme (CBRN-terrorisme) geldt chemisch terrorisme wel als een van de meest reële. Het produceren van eenvoudige strijdgassen als chloorgas is gemakkelijk te realiseren, aangezien de benodigde chemische kennis wijdverspreid is en de grondstoffen gewoon in de super- of bouwmarkt te koop zijn. Het is voor terroristische groeperingen echter moeilijk om complexe strijdgassen, zoals mosterdgas en met name zenuwgassen, aan te maken. Er moeten vele technische en andere problemen worden overwonnen, zoals de aankoop van de benodigde grondstoffen in de vereiste hoeveelheden en het ontwikkelen van een productieproces waarmee een voldoende zuiver eindproduct kan worden gesynthetiseerd. Daarnaast stelt ook de omgang met en het vervoer van de stoffen hoge eisen, en is het niet eenvoudig om effectieve inzetmiddelen te ontwikkelen. De 'Sekte van de Hoogste Waarheid' beschikte over een groot aantal trouwe volgelingen en over ruime financiële middelen, die haar in staat stelden de benodigde kennis in de voormalige Sovjet-Unie te verwerven en in Japan een volledig uitgerust laboratorium voor onderzoek en productie van sarin te bouwen. Toch slaagde de sekte er niet in grote hoeveelheden zenuwgas met een hoge zuiverheidsgraad aan te maken en deze voor langere tijd op te slaan. Als deze problemen zouden zijn overwonnen en er minder primitieve inzetmiddelen waren gebruikt, hadden de aanslagen nog veel meer slachtoffers kunnen veroorzaken.[21] Het geval van *Aum Shinrikyo* laat zien dat het ook voor een goed geoutilleerde terroristische groepering moeilijk is om bruikbare chemische wapens te produceren. Wel zaaide de sekte veel paniek en wist enige tijd wereldwijd de media te beheersen.

De aanslagen met gifgassen in Japan tonen aan dat de waarde van het Chemisch Wapenverdrag slechts betrekkelijk is. Het blijft immers mogelijk dat staten – ook al hebben zij het verdrag ondertekend – en terroristische groeperingen chemische strijdmiddelen aanmaken en gebruiken. Wanneer kennis en deskundigheid zich verder verspreiden, zijn meer groeperingen en zelfs individuen in staat een aanslag met chemische strijdmiddelen te plegen, ook op Nederlands grondgebied. Om de gevaren van mogelijke terroristische aanslagen met chemische wapens in te perken, gaf de Nederlandse overheid de inlichtingen- en veiligheidsdiensten na 1995 opdracht de risico's zo goed mogelijk in kaart te brengen.[22] De MID richtte zich daarbij in het bijzonder op de risico's van de proliferatie op militair gebied, terwijl de BVD probeerde te voorkomen dat risicolanden of terroristische groeperingen in Nederland grondstoffen voor de productie van chemische wapens zouden aankopen. Ook de criminele inlichtingen- en analysedienst van de Economische Controledienst van het Ministerie van Economische Zaken speelde een rol bij de informatievergaring. Deze dienst verzamelde binnen Nederland informatie om terroristische aanslagen met chemische en biologische strijdmiddelen te voorkomen. Op internationaal niveau hadden de landen die deelnamen in de Australië Groep (zie p. 297) contactpunten ingesteld om elkaar over terroristische activiteiten op de hoogte te houden. In Nederland was de BVD het contactpunt. Indien inlichtingen- en veiligheidsdiensten aanwijzingen hadden dat er een terroristische aanslag met chemische strijdmiddelen in Nederland op handen was, stonden bijzondere bijstandseenheden van de politie en de krijgsmacht klaar om zo nodig een preventieve actie uit te voeren, gericht op het verijdelen van de aanslag en het tijdig onschadelijk maken van de terroristen. Deze eenheden waren voor dat geval uitgerust met gasmaskers en beschermende kleding. Ondanks de aanslagen in Japan schatten (inlichtingen)deskundigen aan het eind van de twintigste eeuw het gevaar voor de inzet van chemische strijdmiddelen door terroristen, nog steeds niet groot in.

De terroristische dreiging – en daarmee de vrees voor aanslagen met chemische wapens – nam na 11 september 2001 echter sterk toe. Voor Osama Bin Laden en zijn Al Qaida-netwerk gold het verwerven van chemische strijdmiddelen (en andere CBRN-wapens) ook al voor 11 september als een heilige plicht.[23] Nadat Bin Laden in 1992 niet langer welkom was in Saudi-Arabië, week hij met zijn organisatie uit naar Soedan, waar zijn zakenimperium al langere tijd gevestigd was en met wiens leider, Hasan al-Turabi, hij bevriend was. Bin Laden werd ervan verdacht al-Turabi te helpen met het bemachtigen van chemische wapens voor gebruik in de oorlog tegen de opstandige christenen in het zuiden van Soedan. Naast enkele handelsmaatschappijen en constructiebedrijven had Bin Laden in Soedan ook een agrarisch onderzoekslaboratorium. Na de aanslagen op de Amerikaanse ambassades in Kenia en Tanzania op 7 augustus 1998 – volgens de Amerikanen het werk van Bin Laden – vernietigden de Verenigde Staten twee weken later met kruisraketten het Al Shifa farmaceutisch complex in Khartoem, waarvan de eigenaren banden met Al Qaida zouden hebben. De Amerikaanse president Bill Clinton beweerde dat deze installatie voor de productie van VX werd gebruikt. Harde bewijzen voor deze bewering zijn echter nooit geleverd. De vondst van EMPTA, een bekende sleutelvoorloper voor VX, in een bodemmonster vormde voor de Amerikanen de belangrijkste reden om tot deze preventieve actie over te gaan. Ook uit Afghanistan – naar welk land Bin Laden was uitgeweken toen de Soedanese regering hem in 1996 had uitgewezen – kwamen steeds vaker berichten dat Al Qaida belangstelling voor gifgassen had. Nadat de Verenigde Staten in oktober 2001 Afghanistan waren binnengevallen, ontdekten Amerikaanse militairen op meerdere plaatsen, onder meer in Kabul en Khwost, schuilplaatsen van Al Qaida met laboratoriumbenodigdheden, honderden liters chemicaliën, formules voor de productie van zenuwgassen en handleidingen voor chemische oorlogvoering.

Het Chemisch Wapenverdrag, dat na moeizame onderhandelingen uiteindelijk in 1993 tot stand is gekomen, is onvoldoende geëquipeerd om het gebruik van chemische wapens door terroristische organisaties (of onwillige staten) geheel te kunnen uitsluiten. De vraag of terroristen door aanslagen met gifgassen daadwerkelijk in staat zijn massale paniek en grote aantallen slachtoffers te veroorzaken, is daarom niet slechts een academisch twistpunt. Ook in het nieuwe millennium behoudt de vrees voor de inzet van chemische strijdmiddelen zijn plaats in het brede spectrum van dreigingen waarmee de moderne samenleving wordt geconfronteerd.

Conclusie

In mei 1915, enkele weken nadat tijdens de Eerste Wereldoorlog voor het eerst op grote schaal dodelijke strijdgassen waren ingezet, begon ook de gemobiliseerde Nederlandse krijgsmacht zich op het actief gebruik van deze middelen voor te bereiden. Of aan deze beslissing een inhoudelijke discussie is voorafgegaan, is niet meer uit de bronnen op te maken. Vermoedelijk nam de Nederlandse legerleiding, zoals ook die van de oorlogvoerende landen, een pragmatische houding aan. De introductie van strijdgassen werd als een vaststaand feit geaccepteerd, waarop elke moderne krijgsmacht zich diende voor te bereiden. Deze voorbereiding hield niet alleen de ontwikkeling en invoering van de noodzakelijke (passieve) beschermingsmiddelen in, maar omvatte ook de mogelijkheid om zélf (actief) strijdgassen in te zetten. Met de nodige vertraging verwierf het Nederlandse leger deze capaciteit in de loop van 1917 en 1918, al was het ingevoerde materieel op dat moment in tactisch opzicht al verouderd. Het einde van de oorlog bracht abrupt een einde aan de ontwikkeling van moderner gasmaterieel.

De vanzelfsprekendheid waarmee de Nederlandse krijgsmacht zich op de chemische oorlogvoering voorbereidde, gaf ook in het Interbellum de toon aan. Hoewel een maatschappelijk debat over de gasoorlog op gang kwam, zette de politieke en militaire leiding van de krijgsmacht geen fundamentele vraagtekens bij de behoefte om in oorlogstijd over chemische wapens te (kunnen) beschikken. Of dat ook inhield dat Nederland al in vredestijd over voorraden strijdgassen, de benodigde inzetmiddelen en de bijbehorende productiefaciliteiten diende te beschikken, was geen uitgemaakte zaak. Tot 1928 waren de opeenvolgende ministers van Oorlog geneigd deze vraag bevestigend te beantwoorden. In dat jaar besloot minister Lambooy echter dat het zou volstaan als Nederland zich in vredestijd zodanig zou voorbereiden, dat het in crisis- of oorlogstijd zonder veel vertraging de benodigde middelen kon aanmaken. Tot het uitbreken van de Tweede Wereldoorlog stond deze beleidslijn niet meer ter discussie, al was niet altijd duidelijk welke voorbereidingen wel en welke niet waren toegestaan. Het krappe defensiebudget, de geringe ontwikkeling van de chemische industrie in Nederland en de voorrang die aan de invoering en modernisering van de beschermingsmiddelen tegen strijdgassen werd gegeven, stelden overigens beperkingen aan wat mogelijk was. De voorbereidingen kwamen hierdoor het stadium van het laboratoriumonderzoek nauwelijks te boven.

De door minister Lambooy in 1928 geïnitieerde koerswijziging was mede een gevolg van de brede, zij het niet algemene, acceptatie van een nieuw verbod op het gebruik van chemische (en bacteriologische) wapens, het Protocol van Genève van 17 juni 1925. De invloed van dit verdrag op de Nederlandse houding tegenover chemische wapens moet evenwel niet worden overschat. Omgekeerd beïnvloedde de overtuiging dat het gebruik van strijdgassen in een toekomstige oorlog onontkoombaar kon zijn, de opstelling van Nederland bij de ondertekening en ratificatie van het protocol en bij de voortgaande ontwapeningsbesprekingen in Genève. Het voorbehoud bij het protocol, waarbij Nederland zich het recht voorbehield strijdgassen in te zetten indien de vijand dergelijke wapens als eerste zou gebruiken, was hiervan het resultaat. Veel andere landen waren Nederland hierin overigens voorgegaan.

De laatste factor die in de periode tot de Tweede Wereldoorlog de Nederlandse houding op het gebied van de chemische oorlogvoering sterk beïnvloedde, was de positie van Nederland als een kleine, neutrale mogendheid. Het land beschikte zelf niet over praktische oorlogservaring op dit gebied en was geheel op zichzelf aangewezen. Pogingen om toegang te krijgen tot de in andere landen gedurende de Eerste Wereldoorlog opgebouwde kennis en ervaring, liepen meestal op niets uit. Onderzoek en ontwikkeling verliepen hierdoor traag en sloten niet altijd bij internationale ontwikkelingen aan. Dit was vooral tijdens de Eerste Wereldoorlog pijnlijk duidelijk geworden.

Terwijl de toenemende oorlogsdreiging in de jaren dertig in Nederland zelf geen intensivering van de chemische oorlogsvoorbereiding tot gevolg had, was de situatie in Nederlands-Indië geheel anders. Nadat eerdere pogingen van het KNIL om zich ook in actief opzicht op de chemische oorlogvoering voor te bereiden, op verzet waren gestuit, leidde de dreiging van Japan, dat het Protocol van Genève niet had ondertekend en in de oorlog met China strijdgassen inzette, in 1937 tot het besluit een (proef)fabriek voor mosterdgas op te zetten. De benodigde kennis en ervaring werd, via het Scheikundig Laboratorium van de Nederlandse Artillerie-Inrichtingen, betrokken van een Duitse mosterdgasspecialist. Bovendien werd de inzet van dit strijdmiddel vanuit vliegtuigen praktisch voorbereid en mogelijk was het KNIL ook met andere inzetmiddelen en strijdgassen aan het experimenteren. Mede omdat het Japanse leger bij de aanval op Nederlands-Indië geen gebruik van chemische strijdmiddelen maakte, bleef de inzet hiervan door het KNIL eveneens achterwege.

De realiteit – zij het op veilige afstand van Nederland – van de chemische oorlogvoering tijdens de Eerste Wereldoorlog was ongetwijfeld de belangrijkste reden dat Nederlandse gezagsdragers (ministers van Oorlog/Defensie, chefs van de Generale Staf en andere militaire autoriteiten) tot aan de Tweede Wereldoorlog vasthielden aan de gedachte dat het land in oorlogstijd een aanval met chemische wapens met gelijke middelen moest kunnen vergelden. Mogelijk droeg de ervaring van de Tweede Wereldoorlog, waarin juist geen gebruik van strijdgassen werd gemaakt, ertoe bij dat na 1945 de inzet van chemische wapens voor Nederland geen optie meer was. Afgezien van de weinig realistische (om niet te zeggen: wilde) plannen van een aantal officieren in de eerste jaren na de oorlog om het Nederlandse leger van een uitgebreid chemisch arsenaal te voorzien, beperkten alle discussies over en voorbereidingen op de chemische oorlogvoering zich voortaan tot de passieve aspecten: detectie, preventie, bescherming en behandeling. Of hieraan een bewuste (politieke) keuze ten grondslag lag, is niet duidelijk geworden.

Mogelijk was ook de veranderde internationale positie van Nederland van invloed. Nederland gaf na de oorlog zijn traditionele neutraliteit op en vertrouwde voor zijn veiligheid voortaan

Nederlandse militairen oefenen met stikgassen, 1917. Deze foto verscheen destijds in een reportage in het weekblad *Het Leven* (zie p. 43).

op de steun van bondgenoten binnen een westerse alliantie. Enkele van deze bondgenoten – vooral de Verenigde Staten – beschikten over een chemisch wapenarsenaal, waarmee een zekere afschrikking was gegarandeerd en een mogelijkheid tot vergelding aanwezig was. Afschrikking en vergelding bestonden daarnaast ook in de vorm van de 'atoomparaplu' van de Verenigde Staten (en in mindere mate Groot-Brittannië en Frankrijk) waaronder de NAVO-bondgenoten konden 'schuilen'. Vooral in de strategie van de *flexible response*, die in de tweede helft van de jaren zestig de oude strategie van de *massive retaliation* ging vervangen, was er daarnaast nog ruimte voor een 'gasparaplu'; zeker omdat het Warschaupact zich in zowel passief als actief opzicht volledig op een chemische oorlog leek voor te bereiden. Dankzij het Amerikaanse chemisch wapenarsenaal zou de NAVO bij een aanval met chemische strijdmiddelen niet onmiddellijk naar de nucleaire wapens hoeven te grijpen. Nog in de jaren tachtig vertrouwde Nederland hierop.

De bondgenootschappelijke samenwerking werd niet alleen van bovenaf opgelegd. Het Chemisch Laboratorium van de Rijksverdedigingsorganisatie-TNO, de organisatie die sinds 1946 voor het militairwetenschappelijk onderzoek verantwoordelijk was, zocht ook zelf nadrukkelijk naar internationale contacten. De basis hiervoor was gelegd in de Tweede Wereldoorlog, toen een klein groepje Nederlandse reserveofficieren-scheikundige in Londen het werk van het vooroorlogse Centraal Laboratorium voortzette. Van Ormondt en de zijnen waren ervan overtuigd dat Nederland alleen voldoende kennis kon opbouwen, bijvoorbeeld op het nieuwe terrein van de zenuwgassen, door onderzoeksgegevens met andere landen uit te wisselen. Om een interessante partner voor een dergelijke uitwisseling te zijn, moest het Nederlandse onderzoek op een hoog peil staan. De voorkeur ging uit naar fundamenteel onderzoek, aangezien een klein land met relatief beperkte middelen hier een nuttige bijdrage kon leveren.

De Nederlandse onderzoeksinspanning op het gebied van de (bescherming tegen) chemische strijdmiddelen wierp al snel vruchten af. Naast contacten met de Verenigde Staten, Groot-Brittannië en enkele andere (NAVO-)landen, was gedurende de jaren vijftig en zestig vooral de samenwerking met Frankrijk en België zeer intensief. Nederland – zowel de RVO-TNO als de krijgsmacht – leverde in verschillende jaren als actief deelnemer een belangrijke bijdrage aan de Franse proefnemingen met chemische strijdmiddelen in de Algerijnse Sahara; in andere jaren stuurde Nederland waarnemers naar Algerije. Kleinschaliger proeven in het open veld vonden in Frankrijk, België en Nederland plaats. De resultaten waren van groot belang voor de ontwikkeling van detectie- en ontsmettingsmiddelen, maar kwamen tevens het Franse experimentele ontwikkelingsprogramma van chemische wapens ten goede. De scheidslijn tussen bescherming en actieve voorbereiding was in dit geval wel erg dun. Slechts weinigen zetten hier echter vraagtekens bij. Vanaf het einde van de jaren zestig beperkte het onderzoek zich vooral tot het laboratorium en simulatie door computers. Het schemergebied tussen actieve en passieve voorbereiding is daarbij tot op heden een gevoelige kwestie gebleven.

In de jaren zestig werden de besprekingen over een nieuw, breder chemisch wapenverdrag, die begin jaren dertig waren afgebroken, opnieuw opgestart. Na een moeizaam begin kregen de onderhandelingen door het naderend einde van de Koude Oorlog in de loop van de jaren tachtig meer vaart, met de totstandkoming van het Chemisch Wapenverdrag in 1993 en de inwerkingtreding ervan in 1997 als gevolg. Nederland speelde in dit proces een rol van betekenis, niet het minst door de persoonlijke inzet van Van Ormondts opvolger als directeur van het Chemisch Laboratorium, Ooms. Dit laatste liet onverlet dat de Nederlandse houding ten aanzien van de wenselijkheid van internationale afspraken onveranderd was gebleven. Zowel in de tweede helft van de jaren twintig, als in de jaren tachtig streefde Nederland naar een geloofwaardig chemisch wapenverdrag dat voldoende waarborgen bevatte tegen een mogelijke schending ervan. De gedetailleerde verificatiemechanismen die in het verdrag van 1993 zijn opgenomen (en die in nationale wetgeving van de verdragsstaten worden geïmplementeerd), zoals internationale uitdagingsinspecties, komen hieraan tegemoet. Onder deze voorwaarden was Nederland bereid door het intrekken van het voorbehoud bij het Protocol van Genève geheel af te zien van de mogelijkheid om in uiterste noodzaak chemische wapens in te zetten. Toch kan ook het moderne Chemisch Wapenverdrag het gebruik van chemische wapens door kwaadwillenden (zoals de aanslag in de metro van Tokio in 1995) niet geheel uitsluiten. Waakzaamheid blijft derhalve geboden.

Nawoord

De geest in de fles is het product van intensieve samenwerking, in de eerste plaats van de beide auteurs. Drs. H. Roozenbeek was binnen dit auteursteam verantwoordelijk voor de inleidende paragrafen en de periode tot en met 1945, terwijl drs. J.T.W.H. van Woensel de naoorlogse periode voor zijn rekening nam. W. de Vreeze BA ondersteunde hen gedurende enige tijd bij het archiefonderzoek en schreef conceptteksten voor enkele (deel)aspecten.

De auteurs hebben bij de totstandkoming van dit boek kunnen profiteren van de bereidwillige ondersteuning in raad en daad door een groot aantal instellingen en personen. Zij willen hen daarvoor hartelijk danken. Op deze plaats noemen wij het bureau Semi-Statische Archiefdiensten van het Ministerie van Defensie in Rijswijk (met name Herman van Bruggen, Eileen Wolse en Rokus van den Bout), André Postma van het DienstenCentrum Documentaire Informatie, het Nationaal Archief in Den Haag, TNO Defensie en Veiligheid in Rijswijk (in het bijzonder ook Hélène Tuit-van Meerten en haar medewerkers), het Geniemuseum in Vught (Hans Sonnemans en Jos van Dongen), drs. S. Harmsma van ReGister en, *last but not least*, de Militaire Inlichtingen- en Veiligheidsdienst. Bijzondere dank gaat uit naar Eva Trevisan, bibliothecaresse van de *Organisation for the Prohibition of Chemical Weapons* (OPCW) in Den Haag, die de onderzoekers allerhartelijkst ontving en waar mogelijk hielp. Voor nadere informatie over de Militaire Luchtvaart van het KNIL konden de auteurs profiteren van de grote kennis op dit gebied van dr. P.C. Boer van de Faculteit Militaire Wetenschappen van de Nederlandse Defensie Academie (NLDA) en van G.J. Casius.

Binnen het NIMH konden de auteurs veelvuldig dankbaar gebruikmaken van de kennis en ervaring van hun collega's. Zij zijn hen daarvoor zeer erkentelijk. Prof. dr. J. Hoffenaar, die als projectleider optrad, en drs. P.H. Kamphuis, de directeur van het NIMH, hebben het gehele manuscript kritisch meegelezen en van opbouwende kritiek voorzien. Mw. prof. dr. P.M.H. Groen deed datzelfde voor het hoofdstuk over Nederlands-Indië. Buiten het NIMH traden brigadegeneraal b.d. J.M.J. Bosch, drs. G.A. Kuiper, het hoofd van het Bureau Secretaris-Generaal van het Ministerie van Defensie, en dr. ir. M.S. Nieuwenhuizen, namens TNO Defensie en Veiligheid, als meelezers op. Zij hebben de tekst nauwgezet doorgenomen, tal van nuttige kanttekeningen geplaatst en bruikbare suggesties gedaan. De auteurs willen hen zeer hartelijk danken voor hun bereidheid het omvangrijke manuscript zo kritisch door te nemen. Daarnaast fungeerde Maarten Nieuwenhuizen gedurende het gehele traject als een onvermoeibare vraagbaak en steunpilaar voor de auteurs, zowel vanwege zijn grote kennis en ervaring, als vanuit zijn minstens even grote persoonlijke betrokkenheid.

Ook in de fase waarin het manuscript een boek werd, stonden de auteurs niet alleen. Okke Groot verrichtte de beeldresearch in de collecties van het NIMH en scande beeldmateriaal dat derden ter beschikking stelden. Michael Horrée verzorgde op zijn vertrouwde, consciëntieuze wijze de bureauredactie en stelde de registers samen. Louis Kaulartz ondersteunde de auteurs bij de fotoselectie, bewerkte het beeldmateriaal en maakte de kaarten en schema's. Dr. D.J. Suchard van de Sectie Vertalingen van de Defensiestaf droeg in korte tijd zorg voor een uitstekende Engelse vertaling van de samenvatting. Uitgeverij Boom was bereid het boek uit te geven en heeft vakwerk afgeleverd. De samenwerking met Boom, in de persoon van Geert van der Meulen en Aranka van der Borgh, liet opnieuw niets te wensen over. Datzelfde gold evenzeer voor Boekhorst design, dat de opmaak van het boek verzorgde.

Herman Roozenbeek
Jeoffrey van Woensel

Noten

INLEIDING

1. M. Traa, 'Speeltuin Sahara' (deel 1 uit de serie 'De Russen komen! Geheimen uit de Koude Oorlog'), *HP/De Tijd* 22 februari 2008, 24-31.
2. HTK 2007-2008, Aanhangsel 3271-3272, nr. 1613, vragen van Van Velzen (SP) aan MinDef over 'deelname Nederland aan experimenten met chemische wapens', ingezonden 21 februari 2008, met antwoord van minister Van Middelkoop (Defensie), ontvangen 10 maart 2008.
3. Zie m.n.: K. Knip, 'Gifgas à l'improviste. Nederlanders testten zelfgemaakt zenuwgas in de Sahara', *NRC Handelsblad*, Bijlage Wetenschap en Onderwijs, 8-9 maart 2008, 41.
4. G. Plunkett, *Chemical Warfare in Australia. Australia's involvement in chemical warfare 1914-1945*. Australian Military History Publications (Loftus 2007).
5. Zie: <www.kent.ac.uk/history/research/Research-Projects/schmidtres.html>, 12 februari 2009; <www.kent.ac.uk/porton-down-project/PortonProjectPage1.html>, 12 februari 2009.
6. C.R. Paige, Canada and Chemical Warfare, 1939-1945 (Doctoraalscriptie University of Saskatchewan, Saskatoon 2009), zie: <library2.usak.ca/theses/available/etd-02252009-160109/unrestricted/Canadian ChemicalWarfare.pdf>, 23 april 2009.
7. Naast de hier genoemde studies signaleren wij nog: L.P. Schmit, 'Nederland en de gifgasoorlogvoering in de Eerste Wereldoorlog' in: *Armamentaria. Jaarboek Legermuseum* 36 (2001) 117-134; N.P.M. Nuij, 'Schrikbeeld gehuld in nevelen. Nederlandse defensie en chemische oorlogvoering, 1918-1939', *Militaire Spectator* 170 (2001) 532-542; N.P.M. Nuij, 'De dauw des doods. Nederland en de dreiging van chemische oorlogvoering 1918-1939' in: P. Pierik en Martin Ros red., *Vierde Bulletin van de Tweede Wereldoorlog* (Soesterberg 2002) 390-426; W. de Vreeze, 'De Aangelegenheid dient als van volstrekte geheimen aard te worden beschouwd'. De ontwikkeling van strijdgassen ten behoeve van de oorlogsmachine in Nederland tijdens de Eerste Wereldoorlog en het interbellum (Bachelorscriptie Geschiedenis EUR, Rotterdam 2007).
8. B.J. Martens, De Nederlandse flirt met gifgas. Activiteiten en ideeën op het gebied van chemische wapens, 1915-1940 (Doctoraalscriptie Nieuwste Geschiedenis KUN, Nijmegen 1993).
9. W. Klinkert, 'Het is een ingenieursoorlog: chemie in militaire dienst in Nederland 1914-1915' in: H. Andriessen en P. Pierik red., *De Grote Oorlog. Kroniek 1914 - 1918* XIV (Soesterberg 2007) 250-290.
10. De documenten die voor deze studie zijn gebruikt, staan in het notenapparaat vermeld op de wijze zoals de auteurs ze tijdens het onderzoek aantroffen. Het deel van het archief van de Rijksverdedigingsorganisatie TNO dat vóór de inventarisatie van dit archief is doorgenomen, is opgenomen onder de naam 'Rijksverdedigingsorganisatie TNO, Chemisch Laboratorium' (RVO-TNO CL); het deel dat na de inventarisatie is ingezien, staat vermeld als 'Ministerie van Defensie, Rijksverdedigingsorganisatie TNO, 1925-1979' (MVD RVO-TNO, 1925-1979).
11. Zie hiervoor: C.E.A. Wegman, 'Chemische oorlogvoering. 1. Algemeen', *Mars in Cathedra* 150 (1981) 1830-1840, aldaar 1837-1839.
12. Zie bijv.: H. Leeflang, 'Biologische en chemische strijdmiddelen en hun eventuele tactische gebruik', *De Militaire Spectator* 139 (1970) 25-29, 72-79 en 105-111, aldaar 105-111.
13. Aan deze eis behoeft echter niet altijd te worden voldaan. In oorlogstijd is de tijd tussen productie en gebruik vaak kort, zodat ook minder stabiele strijdgassen te gebruiken zijn. Ook binaire strijdgassen behoeven niet stabiel te zijn, aangezien het strijdgas pas wordt aangemaakt op het moment dat het wordt ingezet.

14. Het beste recente overzicht van de geschiedenis van chemische oorlogvoering is: J.B. Tucker, *War of Nerves. Chemical Warfare from World War I to Al-Qaeda* (New York 2006); zie verder o.a.: R. Harris en J. Paxman, *Higher form of killing. The secret story of gas and germ warfare* (Londen 1982); E.M. Spiers, *Chemical Warfare* (Urbana en Chicago 1986); E.M. Spiers, *Chemical Weaponry. A Continuing Challenge* (Basingstoke 1989); K. Coleman, *A History of Chemical Warfare* (Basingstoke 2005); N.J. McCamley, *The Secret History of Chemical Warfare* (Barnsley 2006). Verder zijn ook de zes door SIPRI (*Stockholm International Peace Research Institute*) tussen 1971 en 1973 uitgegeven delen 'The Problem of Chemical and Biological Warfare. A study of the historical, technical, military, legal and political aspects of CBW, and possible disarmament measures' aan te bevelen, evenals het beknopte overzicht van J. Perry Robinson, 'The negotiations on the Chemical Weapons Convention: a historical overview' in: M. Bothe, N. Ronzitti en A. Rosas red., *The new Chemical Weapons Convention – Implementation and prospects* (Den Haag 1998) 17-36.
15. Voor de toepassing in de Oudheid, zie: A. Mayor, *Greek Fire, Poison Arrows and Scorpion Bombs. Biological and Chemical Warfare in the Ancient World* (Woodstock, New York en Londen 2003). Vergelijk ook: E.R.J. Wils, 'Misverstanden over gifgas' in: H. Andriessen, P. Pierik en L. Dorrestijn red., *De Grote Oorlog. Kroniek 1914 - 1918* XIX (Soesterberg 2009) 145-150.
16. Zie o.a.: *NRC Handelsblad* 22 januari 2009.
17. Perry Robinson, 'Historical overview', 17. Perry Robinson constateert terecht dat de militair-technische beperkingen van chemische wapens de totstandkoming van het verbod op het gebruik van deze wapens hebben bevorderd. Daarnaast speelde volgens hem ook de eeuwenoude en vrijwel universele afkeer van het gebruik van gif en vergiftigde wapens een belangrijke rol.
18. Zie voor een complete lijst: Perry Robinson, 'Historical overview', 33-36.
19. De omvang hiervan is pas relatief recent bekend geworden; zie: R. Kunz en R.-D. Müller, *Giftgas gegen Abd el Krim. Deutschland, Spanien und der Gaskrieg in Spanisch-Marokko 1922-1927* [Einzelschriften zur Militärgeschichte 34] (Freiburg 1990); S. Balfour, *Deadly Embrace. Morocco and the Road to the Spanish Civil War* (Oxford 2002) 123-156.
20. Voor een Nederlands protest, zie: *NRC* 7 juli 1936.
21. Zie o.a.: P. Williams en D. Wallace, *Unit 731. The Japanese army's secret of secrets* (Londen enz. 1989).
22. Hier zij kort aangetekend dat het giftige Zyklon B, waarmee veel joden in de concentratiekampen zijn omgebracht, niet als strijdgas voor militair gebruik bedoeld of geschikt was. Het was een insectenverdelgingsmiddel met blauwzuur als werkzame stof. Om het hanteerbaar te maken, was het blauwzuur aan een vaste stof gebonden. Voor de ontwikkeling was onder anderen Fritz Haber (zelf overigens van joodse afkomst) verantwoordelijk. Zie hiervoor bijv.: Tucker, *War of Nerves*, 44-45; E.R.J. Wils, 'Fritz Haber: Een chemicus als krijger' in: H. Andriessen en P. Pierik red., *De Grote Oorlog. Kroniek 1914 - 1918* XIV (Soesterberg 2007) 133-174, aldaar 159-161.
23. *Reichstagsprotokolle*, 1939/42, *3. Sitzung*, 1 september 1939.
24. Ontleend aan: Tucker, *War of Nerves*, 60. Voor Churchill, zie: R.V. Jones, *Reflections on Intelligence* (Londen 1989) 251-254.
25. Afhankelijk van de keuze of blaartrekkende stoffen als mosterdgas en lewisiet al dan niet als een aparte generatie strijdgassen worden beschouwd, vormden de *G-agents* de tweede of de derde generatie strijdgassen.
26. Zie hiervoor: Jones, *Reflections*, 254-256; Tucker, *War of Nerves*, 55.
27. Voor de plaats van chemische wapens in de NAVO-strategie van de Koude Oorlog, zie bijv.: E. Terzuolo, *NATO and Weapons of Mass Destruction. Regional alliance, global threats* (Londen en New York 2006) 1-9.
28. Soms worden de *V-agents* tot dezelfde generatie strijdgassen als de *G-agents* gerekend; anderen beschouwen deze stoffen als een geheel nieuwe generatie.
29. Deze wordt, afhankelijk van de bij de classificatie gemaakte keuzes, als de derde of vierde generatie strijdgassen beschouwd.
30. Over de munitie op de Paardenmarkt (en over het mogelijke gevaar daarvan voor Nederland) zijn in de jaren negentig diverse Kamervragen gesteld; zie: HTK 1994-1995, Aanhangsel 1787-1788, nr. 876; HTK 1997-1998, Aanhangsel 2609 en 2615-2616, nr. 1275 en 1278; HEK 1997-1998, Aanhangsel

45-46, nr. 22 (vergelijk ook: HTK 1994-1995, 1395-1396, nr. 686). Zie ook: 'De Paardenmarkt. Een oude munitiestortplaats voor de Belgische kust', <www.mumm.ac.be/Downloads/Paardenmarkt_.pdf>.

31. Zie voor een complete lijst: Perry Robinson, 'Historical overview', 33-36. Deze lijst omvat naast de inzet van letale chemische strijdmiddelen ook het gebruik van traangassen, ontbladeringsmiddelen e.d.

HOOFDSTUK 1

1. Zie: Klinkert, 'Ingenieursoorlog', 252.
2. NL-HaNA, Generale Staf Landmacht, 1914-1940, 2.13.70, inv.nr. 2: Van Dorp aan Berkhout, 22 mei 1915.
3. Tucker, *War of Nerves*, 18.
4. Deze brief (nr. 242 Geheim) is niet in de archieven teruggevonden. Vermoedelijk ging deze alleen over de beproeving en productie van dimethylsulfaat. Op dezelfde dag stuurde de directie van de Artillerie-Inrichtingen de opperbevelhebber ook een brief over fosgeen (nr. 238 Geheim). Ook deze brief is slechts uit refertes bekend.
5. NL-HaNA, Generale Staf Landmacht, 1914-1940, 2.13.70, inv.nr. 2: OLZ aan DAI nr. 719 Zeer Geheim Spoed, 13 juni 1915.
6. Ibidem, DAI aan OLZ nr. 247 Geheim, 17 juni 1915.
7. Ibidem, MVO aan OLZ Litt. C 84 Persoonlijk, 6 juli 1915.
8. Ibidem, OLZ aan DAI nr. 802 Zeer Geheim Spoed Persoonlijk, 9 juli 1915.
9. Ibidem, Aantekening in de marge van de brief van DAI aan OLZ nr. 247 Geheim, 17 juni 1915.
10. Snijders bewerkstelligde dat de bedrijfschef van de Sociëteit voor Chemische Industrie, A. Roosdorp, die sinds de mobilisatie als militair apothekersbediende bij het Militair Hospitaal in Utrecht werkzaam was, met verlof werd gezonden om zijn werkzaamheden in Katwijk te hervatten. Zie: ibidem, IGDL aan OLZ nr. 174 Zeer Geheim Persoonlijk, 12 juli 1915; OLZ aan IGDL nr. 1027 Zeer Geheim Persoonlijk, 4 september 1915. Hierom had de directeur van de fabriek, Van Dorp, gevraagd. Of ook zijn verzoek om beschikbaarstelling van de scheikundige van de Amsterdamse gasfabriek, dr. A. Stoffel, werd gehonoreerd, is niet bekend. (Voor de vrijstelling van gemobiliseerde militairen voor het gifgasprogramma, zie verder ook: ibidem, inv.nr. 304: Berkhout aan Merens, 31 augustus 1915; Merens aan Berkhout, 16 september 1915.)
11. In diverse correspondentie wordt Merens bovendien aangeschreven als hoofd van de Afdeling (of Sectie) V van het Algemeen Hoofdkwartier (of juister: van de Generale Staf binnen het Algemeen Hoofdkwartier), kortweg GS V; zie bijv.: ibidem, inv.nr. 625: De Reede aan Merens, 17 december 1917; ibidem, inv.nr. 628: Thonus aan Merens, 26 juni 1917; C-Groep Naarden aan Merens nr. 6873 H.C., 23 november 1917. Hierover is verder niets bekend; wel zij opgemerkt dat tijdens de mobilisatietijd ook het bureau luchtvaart van het Algemeen Hoofdkwartier als GS V werd aangeduid.
12. Ook minister Bosboom had in zijn brief van 6 juli geschreven, dat "de onderwerpelijke aangelegenheid als van volstrekt geheimen aard dient te worden beschouwd". Vermoedelijk refereerde hij hiermee aan een suggestie van Snijders in zijn (niet in het archief aangetroffen) schrijven van 21 juni.
13. Zie noot 4.
14. NL-HaNA, Generale Staf Landmacht, 1914-1940, 2.13.70, inv.nr. 2: DAI aan OLZ nr. 291 Geheim Spoed, 8 juli 1915.
15. Ibidem, inv.nr. 304: Berkhout aan Merens, 28 september 1915.
16. Ibidem, Stheeman aan Berkhout, 7 september 1915; Berkhout aan Merens, 28 september 1915.
17. Ibidem, inv.nr. 2: DAI aan OLZ nr. 516 Geheim, 15 december 1915.
18. Ibidem, MVO aan OLZ Litt. Z 173 Persoonlijk, 31 december 1915.
19. Ibidem.
20. Ibidem.
21. Ibidem, DAI aan MVO nr. 423 Geheim, 13 oktober 1915; MVO aan OLZ, DAV en DAI Litt. W 136, 18 oktober 1915.
22. De "pulverisateurs" hadden een inhoud van 13 liter; de gascilinders 14 liter.
23. Het was echter ook mogelijk om een vloeistof als dimethylsulfaat vanuit dergelijke cilinders te verspreiden indien een drijfgas werd gebruikt (zie p. 27).
24. NL-HaNA, Generale Staf Landmacht, 1914-1940, 2.13.70, inv.nr. 3: MVO aan OLZ Litt. L 69, 16 mei 1916. De minister reageerde hierbij op de brief van OLZ nr. 1823 Zeer Geheim, 8 mei 1916; deze brief, die vermoedelijk veel details over de plannen bevatte, is niet in de archieven aangetroffen.

25. Ibidem, inv.nr. 304: MVO aan OLZ, 25 september 1915.
26. NL-HaNA, Directeur Materieel Landmacht, 2.13.68.01, inv.nr. 1: Nota MVO en MVM betreffende de instelling van het Munitiebureau, 30 juni/1 juli 1915. Zie: N. Bosboom, *In moeilijke omstandigheden. Augustus 1914 - Mei 1917* (Gorinchem 1933) 117-118; Klinkert, 'Ingenieursoorlog', 254.
27. Klinkert, 'Ingenieursoorlog', 253.
28. NL-HaNA, Directeur Materieel Landmacht, 2.13.68.01, inv.nr. 2: Maandverslag Munitiebureau mei 1916.
29. NL-HaNA, Generale Staf Landmacht, 1914-1940, 2.13.70, inv.nr. 3: MVO aan OLZ Litt. L 69, 16 mei 1916.
30. Klinkert, 'Ingenieursoorlog', 256.
31. NL-HaNA, Generale Staf Landmacht, 1914-1940, 2.13.70, inv.nr. 494: IdvgA aan C-Dep 2 RvgA nr. 1320 Zeer Geheim Persoonlijk, 5 april 1917. Voor De Reede, zie verder o.a.: ibidem, inv.nr. 624: vz Munitiebureau aan OLZ, 17 september 1917; ibidem, inv.nr. 713: Merens aan ondercommandant Stelling Hellevoetsluis OLZ nr. 113998 (GS nr. 1733) Geheim z.d. [eind februari 1918]; ibidem, inv.nr. 753: OLZ aan de chef Inundatiën bezuiden de Lek OLZ nr. 144955 (GS nr. 12401), 2 januari 1919; ibidem, inv.nr. 755: vz Munitiebureau aan OLZ, 10 juni 1919.
32. Zie m.n.: ibidem, inv.nr. 803: De Reede aan Munitiebureau, 27 april 1918.
33. Deze richtlijn stond in een schrijven van OLZ nr. 3013 Zeer Geheim, 7 maart 1917, waarnaar werd verwezen in: ibidem, inv.nr. 494: IdvgA aan C-Dep 2 RvgA nr. 1320 Zeer Geheim Persoonlijk, 5 april 1917.
34. NL-HaNA, Directeur Materieel Landmacht, 2.13.68.01, inv.nr. 2: Maandverslagen Munitiebureau mei en juni 1916. Zie: Klinkert, 'Ingenieursoorlog', 256.
35. NL-HaNA, Generale Staf Landmacht, 1914-1940, 2.13.70, inv.nr. 497: Van Roijen aan MVO, 18 juli 1916.
36. Ibidem, Van Roijen aan MVO, 4 oktober 1916.
37. NL-HaNA, Directeur Materieel Landmacht, 2.13.68.01, inv.nr. 2: Maandverslagen Munitiebureau juni-juli en augustus-september 1917.
38. Ibidem, Maandverslagen Munitiebureau juli, augustus-september en oktober-november 1916.
39. Klinkert, 'Ingenieursoorlog', 265; E. Bloembergen, *75 jaar superfosfaat* (Utrecht 1953) 85-86.
40. NL-HaNA, Generale Staf Landmacht, 1914-1940, 2.13.70, inv.nr. 4: Van Roijen aan MVO, 4 mei 1917; OLZ aan MVO nr. 4257 Zeer Geheim, 29 december 1917; ibidem, inv.nr. 624: 'Opgave betreffende Materieel, Munitie, Kleeding enz.', 17 september 1917. Zie ook: Bosboom, *In moeilijke omstandigheden*, 143.
41. Ibidem, inv.nr. 625: De Reede aan Merens, 8 december 1917.
42. NL-HaNA, Directeur Materieel Landmacht, 2.13.68.01, inv.nr. 2: Maandverslag Munitiebureau oktober-november 1916; NL-HaNA, Generale Staf Landmacht, 1914-1940, 2.13.70, inv.nr. 4: Van Roijen aan MVO, 18 december 1917; ibidem, inv.nr. 624: [De Reede] aan Munitiebureau, 9 maart 1918; ibidem, inv.nr. 625: De Reede aan Merens, 8 december 1917. De drie schepen hadden een capaciteit van totaal 520 ton; daarnaast waren nog een kleiner schip (de *Nieuwe Zorg*) en een tank op het terrein van de fabriek bij Kralingsche Veer in gebruik. Zie ook: NL-HaNA, Generale Staf Landmacht, 1914-1940, 2.13.70, inv.nr. 4: OLZ aan MVO nr. 4257 Zeer Geheim, 29 december 1917.
43. NL-HaNA, Generale Staf Landmacht, 1914-1940, 2.13.70, inv.nr. 494: IdvgA aan C-Dep 2 RvgA nr. 1320 Zeer Geheim Persoonlijk, 5 april 1917. Deze verwijzing is ontleend aan Klinkert, 'Ingenieursoorlog', 266.
44. NL-HaNA, Generale Staf Landmacht, 1914-1940, 2.13.70, inv.nr. 4: MVO aan OLZ en Munitiebureau Litt. R 133, 16 oktober 1917.
45. Ibidem, Van Roijen aan MVO, 4 mei 1917.
46. Ibidem, OLZ aan MVO nr. 425 Zeer Geheim, 29 december 1917.
47. Ibidem.
48. In mei 1919 bedroeg de voorraad 692 ton: ibidem, inv.nr. 755: vz Munitiebureau aan MVO, 2 mei 1919. Hoeveel zwaveldioxide er tijdens oefeningen is 'verbruikt', is niet vast te stellen.
49. NL-HaNA, Directeur Materieel Landmacht, 2.13.68.01, inv.nr. 2: Maandverslag Munitiebureau juli 1916; NL-HaNA, Generale Staf Landmacht, 1914-1940, 2.13.70, inv.nr. 624: Opgave 'Voorraden ten dienste van den strijd door middel van verstikkende gassen' van elnt V.d. Linde, 3 januari 191[7]. De opdracht tot de aanschaf van het materieel was verstrekt door de OLZ in zijn brief nr. 1823 Zeer Geheim, 8 mei 1916; zie hiervoor: NL-HaNA, Generale Staf Landmacht, 1914-1940, 2.13.70, inv.nr. 4: Van Roijen aan MVO, 18 december 1917.

50. NL-HaNA, Generale Staf Landmacht, 1914-1940, 2.13.70, inv.nr. 627: Merens aan C-NHW nr. 3824 Zeer Geheim, 4 september 1917.
51. Deze opdracht was verstrekt door de OLZ in zijn brief nr. 4053 Zeer Geheim, 1 november 1917; zie hiervoor: ibidem, inv.nr. 4: Van Roijen aan MVO, 18 december 1917; OLZ aan MVO nr. 4257 Zeer Geheim, 29 december 1917.
52. Zie voor de diverse aanschaffingen: ibidem, vz Munitiebureau aan MVO, 18 december 1917, met bijlagen; ibidem, inv.nr. 624: Merens aan V.d. Linde, 19 november 1917, met bijlagen; Opgave 'voorraden ten dienste van den strijd door middel van verstikkende gassen' van elnt V.d. Linde, 3 januari 191[7]; Rapport van elnt V.d. Linde, 11 april 1917.
53. Deze cilinders waren eigendom van de Artillerie-Inrichtingen; zie: ibidem, Merens aan V.d. Linde, 19 november 1917; ibidem, inv.nr. 755: vz Munitiebureau Van Roijen aan MVO, 2 mei 1919. Mogelijk maakten de in 1915 aangeschafte 335 gascilinders (zie p. 29) hiervan deel uit.
54. Ibidem, inv.nr. 4: OLZ aan MVO nr. 425 Zeer Geheim, 29 december 1917.
55. Zie ook: ibidem, vz Munitiebureau aan MVO, 4 mei 1917.
56. In sommige overzichten wordt een aantal van 6.901 ketels genoemd; in december 1917 is bij Korpershoek namelijk nog een proefexemplaar van een kleinere ketel besteld.
57. Aanvankelijk werden ook hiervoor rubberen slangen besteld, maar aangezien deze niet bleken te voldoen, is de opdracht opgezegd. De elf inmiddels geleverde slangen zijn wel gebruikt.
58. NL-HaNA, Generale Staf Landmacht, 1914-1940, 2.13.70, inv.nr. 624: Grondijs aan Merens, [20 of 21] februari 1917.
59. Ibidem, Van Stolk aan Merens, 11, 12 en 14 mei 1917.
60. De aanvoertanks beschikten over zestien aftapkranen. Of dit prototype minder kranen telde, of dat er slechts twaalf bij de proef in gebruik waren, is onbekend.
61. NL-HaNA, Generale Staf Landmacht, 1914-1940, 2.13.70, inv.nr. 626: Van Stolk aan Merens, 30 juni 1917.
62. Zie hiervoor in het algemeen: NL-HaNA, Directeur Materieel Landmacht, 2.13.68.01, inv.nr. 2: Maandverslagen Munitiebureau augustus en september 1915; A. Lemmers, *Van werf tot facilitair complex. 350 jaar marinegeschiedenis op Kattenburg* (Den Haag 2005) 142.
63. NL-HaNA, Generale Staf Landmacht, 1914-1940, 2.13.70, inv.nr. 4: Van Roijen aan MVO, 18 december 1917. Zie de opeenvolgende rapportages van het beschikbare materieel in: ibidem, inv.nr. 624, met name de 'Stand op 1 maart 1918 van de afleveringen op de bestellingen, die (...) ten behoeve voor het strijdmiddel met verstikkende gassen, door het Munitiebureau werden gedaan'; ibidem, inv.nr. 705: 'Overzicht van de uitbreidingen, die met het meest van belang zijnde artilleriematerieel hebben plaats gehad', december 1917.
64. Ibidem, inv.nr. 4: OLZ aan MVO nr. 425 Zeer Geheim, 29 december 1917.
65. Ibidem, inv.nr. 624: vz Munitiebureau aan OLZ, 17 september 1917 en een ongedateerde notitie over dezelfde aangelegenheid.
66. Zie ook: Klinkert, 'Ingenieursoorlog', 270-275.
67. NL-HaNA, Generale Staf Landmacht, 1914-1940, 2.13.70, inv.nr. 555: IGDL aan MVO nr. 174, 7 september 1915 met de goedkeuring van OLZ onder nr. 31987 (GS nr. 9188), 10 september 1915; MVO aan IGDL VIe Afd. nr. 449, 24 september 1915; OLZ aan IGDL nr. 34013 (GS nr. 9752) Geheim, 30 september 1915.
68. Ibidem, OLZ aan MVO nr. 65279 (GS nr. 8109) Geheim, 7 oktober 1916.
69. Ibidem, IGDL aan OLZ nr. 2649/16 Geheim, 25 juni 1917.
70. Zie o.a.: ibidem, IGDL aan OLZ nr. 2649/16 Geheim, 21 augustus 1917, 28 augustus 1917 en 12 september 1917.
71. Ibidem, Van Waegeningh aan OLZ nr. 47 Geheim, 16 mei 1918; vz Munitiebureau aan MVO, 19 april 1919. Zie ook: Klinkert, 'Ingenieursoorlog', 271-272.
72. Het voorschrift 'Tactische en technische wenken voor de landmacht' uit 1916 besteedde slechts (en in het kort) aandacht aan de bescherming tegen gasaanvallen.
73. Zie: NL-HaNA, Generale Staf Landmacht, 1914-1940, 2.13.70, inv.nr. 627: C-Stelling van 't Hollandsch Diep en het Volkerak aan Merens Sectie I nr. 1313 Geheim, 28 maart 1917.
74. Ibidem, inv.nr. 625: OLZ aan de commandanten van de I^e^ Divisie, de Nieuwe Hollandse Waterlinie en de Stelling van Amsterdam nr. 78027 Geheim (GS nr. 1420), 19 februari 1917.

75. Ibidem, inv.nr. 626: 'Instructie voor den Commandant der gascompagnie', z.d.; 'Instructie commandant gascompagnie voor wat betreft den autodienst', z.d.
76. Terwijl het voorschrift duidelijk maakt dat bij de gasstations de officier van de "autodienst" onder de gasofficier viel, ging de bovengenoemde instructie kennelijk van de omgekeerde verhouding uit. Voor de Depotafdeling van de Motordienst, zie o.a.: H. Roozenbeek red., *In dienst van de troep. Bevoorrading en transport bij de Koninklijke Landmacht* (Amsterdam 2008) 56.
77. NL-HaNA, Generale Staf Landmacht, 1914-1940, 2.13.70, inv.nr. 626: Directeur Etappen- en Verkeerswezen aan C-Etappen Vaartuigen Depot Rotterdam A nr. 2595 MV Geheim, 4 juli 1917; C-Vrijwillig Landstormkorps Motor Vaar- en Voerwezen aan directeur Etappen- en Verkeerswezen nr. 6, 4 januari 1918.
78. Ibidem, inv.nr. 625: OLZ aan Snijders aan de commandanten van de I^e Divisie, de Nieuwe Hollandse Waterlinie en de Stelling van Amsterdam nr. 78027 Geheim (GS nr. 1420), 19 februari 1917.
79. Ibidem, 'Nominatieve opgave van Personeel van den technischen gasdienst bij de gascompagnie', z.d.; 'Kader gascompagnie. Volgorde van vermoedelijke geschiktheid', z.d.
80. Ibidem, Thonus aan Merens, 28 juni 1917; ibidem, inv.nr. 803: Merens aan C-Garnizoensdetachement Den Haag v/h Depotbataljon Grenadiers en Jagers, 2 oktober 1918 en C-Garnizoensdetachement Den Haag v/h Depotbataljon Grenadiers en Jagers aan Merens, 10 oktober 1918, met bijlage.
81. Ibidem, inv.nr. 803: Merens aan C-Depotafdeling Motordienst, 20 juni 1918; C-Depotafdeling Motordienst aan Merens, 21 juni 1918; Merens aan C-II RVgA, 3 juli 1918 en C-II RVgA aan Merens, 8 juli 1918. In de periode 1944-1946 stond Kloppers overigens als commandant van het Korps Motortransport Nederland aan de wieg van de naoorlogse Aan- en Afvoertroepen (AAT); zie: Roozenbeek, *In dienst van de troep*, 75.
82. NL-HaNA, Generale Staf Landmacht, 1914-1940, 2.13.70, inv.nr. 625: Nota van IdI nr. 711 Geheim, 17 april 1917; Merens aan C-Depot III IB, 12 december 1917 met de daaropvolgende correspondentie; Merens aan C-Garnizoensdetachement depot Grenadiers en Jagers te Den Haag, 17 december 1917; Merens aan C-Depotbataljon Grenadiers en Jagers, 19 december 1917; ibidem, inv.nr. 626: 'Opgave van personeel bestemd voor de gascompagnie', 30 november 1917; ibidem, inv.nr. 803: Merens aan C-garnizoensdetachement Den Haag v/h Depotbataljon Grenadiers en Jagers, 2 oktober 1918. Voor de versterking van de gascompagnie met onderofficierskader, zie: ibidem, inv.nr. 803: Merens aan IdI, 13 mei 1918.
83. Ibidem, inv.nr. 624: Van Stolk aan Merens, 11 mei 1917.
84. Ibidem, inv.nr. 625: De Reede aan Merens, 8 en 17 december 1917. Op deze opleidingen heeft vermoedelijk ook een andere brief van De Reede betrekking, waar vermoedelijk een fout in de datering is gemaakt: ibidem, inv.nr. 713: De Reede aan Merens, 17 december 1918.
85. Ibidem, inv.nr. 4: OLZ aan MVO nr. 425 Zeer Geheim, 29 december 1917; ibidem, inv.nr. 624: C-Groep Gorinchem aan hoofdoff gasdienst nr. 1747 Zeer Geheim, 17 april 1918; Thonus aan Merens, 11 mei 1918; ibidem, inv.nr. 626: 'Instructie voor den Commandant der gascompagnie', z.d.; omslag 'Aanwijzingen voor den Commandant van een op te richten gasstation', z.d. [na 11 juli 1918]; ibidem, inv.nr. 627: OLZ aan C-Groep Woudrichem nr. 3554 Zeer Geheim, 2 juli 1917; C-Groep Woudrichem aan OLZ, 519 Geheim, 25 juli 1917; Merens aan C-NHW nr. 3824 Zeer Geheim, 4 september 1917; OLZ aan MVO nr. 3939 Zeer Geheim, 3 oktober 1917; Minister van Waterstaat aan MVO nr. 65, 26 oktober 1917; MVO aan OLZ Litt. W 146, 9 november 1917; OLZ aan C-NHW nr. 4103 Zeer Geheim, 14 november 1917; Chef Inundatiën bez. de Lek aan Merens nr. 643 Geheim, 17 april 1918; ibidem, inv.nr. 628: OLZ aan C-Groep Woudrichem nr. 3576 Zeer Geheim, 6 juli 1917.
86. Ibidem, inv.nr. 753: Chef van de Inundatiën bez. de Lek (NHW) aan hoofdoff gasdienst nr. 1973 Geheim, 27 november 1918; idem aan OLZ a.i. nr. 305, 13 februari 1919.
87. De aanvoertanks en loopgraafketels leenden zich overigens, zo bleek, niet voor langdurige opslag van zwaveldioxide; zie: ibidem, inv.nr. 624: Thonus aan Merens, 21 december 1917; ibidem, inv.nr. 4: OLZ aan MVO nr. 425 Zeer Geheim, 29 december 1917.
88. NL-HaNA, Generale Staf Landmacht, 1914-1940, 2.13.70, inv.nr. 713: De Reede aan

Merens, 22 april 1918; ibidem, inv.nr. 803: Merens aan C-garnizoensdetachement depotbataljon Grenadiers en Jagers, 24 en 25 april en 27 mei 1918; Van Stolk aan Merens, 28 mei 1918.

89. Ibidem, inv.nr. 713: C.B. Wisboom aan Merens, 27 juni 1918; Merens aan Wisboom, 29 juni 1918.

90. Ibidem, inv.nr. 627: 'Rapport (...) betreffende het zoeken van aanlegplaatsen c.a. tot het vervoer per automobiel van stikgassen gelegen aan den Oostelijken Vechtoever tusschen Muiden en Weesp en Uitermeer en Overmeer', aangeboden door C-Stelling van Amsterdam aan Merens nr. 26208 Geheim, 18 juli 1917; Merens aan C-NHW nr. 3824 Zeer Geheim, 4 september 1917; 'Nota omtrent gasstations in de groep Naarden van de NHWL', aangeboden door Merens aan C-NHW nr. 3985 Zeer Geheim, 15 oktober 1917; Merens aan C-NHW en aan C-Stelling van Amsterdam nr. 4131 Zeer Geheim, 19 november 1917; Merens aan chef Inundatiën bez. de Lek, 16 november 1917.

91. Zie de correspondentie in: ibidem, inv.nr. 628. Het is niet precies bekend wanneer de eerste oefening plaatsvond. Luitenant Thonus woonde vermoedelijk voor het eerst op 20 en 23 juni 1917 oefeningen bij, waarna hij zichzelf in staat achtte "in den vervolge de leiding op mij te kunnen nemen". Hij wilde nog wel graag een "vulling" onder leiding van luitenant Van Stolk bijwonen en een bezoek brengen aan de fabrieken waar het gas en de ketels werden geproduceerd.

92. NL-HaNA, Generale Staf Landmacht, 1914-1940, 2.13.70, inv.nr. 624: OLZ aan de commandanten van de I[e], II[e], III[e] en IV[e] Divisie en van de groepen Lunetten en Woudrichem, 30 oktober 1917; Merens aan de commandant van de Groep Naarden, 8 november 1917.

93. Ibidem, inv.nr. 4: Merens aan C-III[e] Divisie nr. 3944 Zeer Geheim, 3 oktober 1917.

94. Ibidem, inv.nr. 628: C-III[e] Divisie aan de brigade-, regiments- en bataljonscommandanten van de infanterie nr. 5952G Zeer Geheim, 27 september 1917. Deze brief noemt in de beschrijving van de opzet van de oefening zelfs de bijbehorende pagina's van het voorschrift. De inhoud van de brief is grotendeels gebaseerd op het eerdere schrijven van overste Merens aan de divisiecommandant nr. 3851 Zeer Geheim van 12 september 1917.

95. Zie bijv.: ibidem, inv.nr. 713: Van Stolk aan Merens, 19 maart 1918.

96. Ibidem, Ondercommandant Stelling Hellevoetsluis aan Merens Sectie I nr. 784, 21 februari 1918. De ondercommandant had zelf om de oefeningen gevraagd, zie: Ondercommandant Stelling Hellevoetsluis aan OLZ Sectie I nr. 4047 L Geheim, 15 november 1917.

97. Ibidem, Merens aan Ondercommandant Stelling Hellevoetsluis OLZ nr. 113998 (GS nr. 1733) Geheim z.d. [eind februari 1918]. Zie ook: ibidem, inv.nr. 628: Merens aan C-III[e] Divisie nr. 3851 Zeer Geheim, 12 september 1917.

98. De datum is niet precies bekend. De eerste oefening met stikgassen vond plaats bij de IV[e] Divisie op 28 juni 1917; zie: ibidem, inv. nr. 628: CV aan hoofdoff gasdienst Sectie I[1] nr. 2355 Geheim, 21 juni 1917. De locatie was de Rechte Heide ten zuiden van Tilburg.

99. Ibidem, inv.nr. 628.

100. D. Engelen, *De Militaire Inlichtingen Dienst 1914-2000* (Den Haag 2000) 27.

101. NL-HaNA, Generale Staf Landmacht, 1914-1940, 2.13.70, inv.nr. 627: Merens aan C-NHW nr. 3824 Zeer Geheim, 4 september 1917.

102. Ibidem, inv.nr. 3: DAI aan OLZ nr. 75 Geheim, 8 maart 1916. Het bijgevoegde verslag van de proeven, gedateerd 29 februari 1916, was opgesteld door Berkhout.

103. Ibidem, Verslag 'Proeven met projectielen gevuld met SO_2, gehouden te Oldebroek op 25 en 26 mei 1916' van Merens, 6 juni 1916; verslag 'Proeven met SO_2 projectielen op 6 en 7 juli 1916' van Merens, 18 juli 1916.

104. Ibidem, OLZ aan DAI nr. 1913 Zeer Geheim, 2 juni 1916; DAI aan OLZ, 15 juni 1916.

105. Ibidem, Verslag 'Proeven met projectielen gevuld met SO_2, gehouden te Oldebroek op 25 en 26 mei 1916' van Merens, 6 juni 1916.

106. Ibidem, OLZ aan IdvgA nr. 2233 Zeer Geheim, 26 augustus 1916.

107. Nog beter was het om nieuwe stalen mortiergranaten in productie te nemen, die door de geringere wanddikte een grotere gaslading konden bevatten, maar dat was volgens het Munitiebureau niet haalbaar.

108. NL-HaNA, Generale Staf Landmacht, 1914-1940, 2.13.70, inv.nr. 274: OLZ aan MVO nr. 68692 Geheim, 5 december 1916.

109. Ibidem, MVO aan OLZ, DAV, DAI en Munitiebureau Litt. F 22, 16 februari 1917.

110. Ibidem, OLZ aan MVO, 5 december 1916; Notitie van Merens, 1 maart 1917; OLZ aan vz Munitiebureau nr. 79669 (GS nr. 1788), 8 maart 1917.
111. Ibidem, inv.nr. 3: OLZ aan DAV nr. 3797 Zeer Geheim, 31 augustus 1917.
112. De weergave van Klinkert, 'Ingenieursoorlog', 263-264, is wat te kort door de bocht.
113. NL-HaNA, Directeur Materieel Landmacht, 2.13.68.01, inv.nr. 3: Verslag bespreking op 11 september 1917; NL-HaNA, Generale Staf Landmacht, 1914-1940, 2.13.70, inv.nr. 274: DAV aan OLZ nr. 12 AV Zeer Geheim Persoonlijk, 14 januari 1918.
114. De Commissie van Proefneming werd bij de mobilisatie in 1914 ontbonden; medio 1915 is een Tijdelijke Commisie van Proefneming ingesteld.
115. NL-HaNA, Directeur Materieel Landmacht, 2.13.68.01, inv.nr. 3: vz Munitiebureau aan DAV, 1 oktober 1917; DAV aan OLZ nr. 12 AV Zeer Geheim Persoonlijk, 14 januari 1918.
116. Of dit onderzoek verband hield met de proefnemingen met dimethylsulfaat in 1915, is niet bekend.
117. NL-HaNA, Directeur Materieel Landmacht, 2.13.68.01, inv.nr. 3: vz Munitiebureau aan DAV, 1 oktober 1917; ibidem, inv.nr. 2: Maandverslag Munitiebureau augustus-september 1917.
118. Ibidem, inv.nr. 3: vz Munitiebureau aan OLZ, 3 januari 1918; DAV aan OLZ nr. 12 AV Zeer Geheim Persoonlijk, 14 januari 1918. Scheltema heeft de brief van Van Roijen overigens niet aan de opperbevelhebber doorgezonden, maar de inhoud ervan in zijn eigen brief verwerkt.
119. Ibidem, inv.nr. 2: Maandverslag Munitiebureau april-mei 1917; NL-HaNA, Generale Staf Landmacht, 1914-1940, 2.13.70, inv.nr. 3: OLZ aan DAV nr. 3797 Zeer Geheim, 31 augustus 1917.
120. NL-HaNA, Directeur Materieel Landmacht, 2.13.68.01, inv.nr. 2: Maandverslag Munitiebureau oktober-november 1917.
121. Ibidem, inv.nr. 3: OLZ aan DAV nr. 111218 (GS nr. 496) Zeer Geheim Persoonlijk, 30 januari 1918. Zie ook de commentaren in de marge van de brief van DAV van 14 januari 1918 in: NL-HaNA, Generale Staf Landmacht, 1914-1940, 2.13.70, inv.nr. 274.
122. NL-HaNA, Directeur Materieel Landmacht, 2.13.68.01, inv.nr. 3: vz Munitiebureau aan DAI, 23 februari 1918; vz Munitiebureau aan DAV, 28 februari 1918; NL-HaNA, Generale Staf Landmacht, 1914-1940, 2.13.70, inv.nr. 274: vz Munitiebureau aan lkol Huizer (GS), 28 februari 1918.
123. NL-HaNA, Generale Staf Landmacht, 1914-1940, 2.13.70, inv.nr. 274: DAV aan OLZ nr. 17 Zeer Geheim Persoonlijk, 18 februari 1918.
124. NL-HaNA, Directeur Materieel Landmacht, 2.13.68.01, inv.nr. 3: vz Munitiebureau aan DAI, 23 februari 1918.
125. Ibidem, vz TCVP aan DAV nr. 2324 Zeer Geheim, 18 april 1918; ibidem, inv.nr. 2: Maandverslag Munitiebureau februari-april 1918.
126. Ibidem, inv.nr. 3: vz TCVP aan DAV nr. 2481 Geheim Persoonlijk, 24 juni 1918. Voor de voorbereidingen, zie: ibidem, correspondentie met IdvgA en directeur Artillerie Schietschool bij het schrijven van vz TCVP aan DAV nr. 2324 Zeer Geheim, 18 april 1918; vz TCVP aan directeur Artillerie Schietschool nr. 2365 Zeer Geheim, 9 mei 1918.
127. Ibidem, vz Munitiebureau aan DAV, 22 mei 1918; vz Munitiebureau aan vz TCVP, 15 juli 1918.
128. Ibidem, vz Munitiebureau aan vz TCVP, 15 juli 1918; vz Munitiebureau aan DAV, 16 juli 1918; DAV aan DAI nr. 29[b] Zeer Geheim, 18 juli 1918; DAI aan DAV nr. 663 Geheim, 19 juli 1918; vz TCVP aan vz Munitiebureau nr. 2576 Geheim Persoonlijk, 25 juli 1918; ibidem, inv.nr. 2: Maandverslag Munitiebureau mei-juli 1918.
129. Ibidem, inv.nr. 3: Merens aan DAV, 13 mei 1918.
130. Ibidem, DAV aan vz TCVP nr. 29[c] Zeer Geheim Persoonlijk, 15 juli 1918.
131. Ibidem, vz TCVP aan DAV nr. 2561 Zeer Geheim, 23 juli 1918.
132. Ibidem, vz Munitiebureau aan DAV, 16 juli en 16 augustus 1918.
133. Ibidem, DAV aan vz Munitiebureau ad nr. 32 Zeer Geheim Persoonlijk, 9 augustus 1918.
134. Ibidem, vz Munitiebureau aan MVO, 2 oktober 1918.
135. Ibidem, vz Munitiebureau aan DAV, 16 juli 1918.
136. Ibidem, vz Munitiebureau aan DAV, 16 augustus 1918.
137. Ibidem, vz Munitiebureau aan MVO, 2 oktober 1918.
138. NL-HaNA, Generale Staf Landmacht, 1914-1940, 2.13.70, inv.nr. 624: Van Waegeningh aan vz Munitiebureau, 15 juni 1918.
139. NL-HaNA, Directeur Materieel Landmacht, 2.13.68.01, inv.nr. 3: OLZ aan DAV nr. 5375

Zeer Geheim, 29 juli 1918.
140. Ibidem, DAV aan vz Munitiebureau ad nr. 32 Zeer Geheim Persoonlijk, 24 augustus en 28 september 1918.
141. Ibidem, vz Munitiebureau aan DAV, 16 augustus 1918.
142. Ibidem, vz Munitiebureau aan DAV, 26 augustus 1918.
143. Ibidem, vz Munitiebureau aan DAV, 19 oktober 1918.
144. Ibidem, vz Munitiebureau aan MVO, 2 oktober 1918.
145. Ibidem, inv.nr. 2: Maandverslag Munitiebureau augustus-oktober 1918; ibidem, inv. nr. 3: DAV aan IdvgA nr. 44 Zeer Geheim Persoonlijk, 31 oktober 1918.
146. Ibidem, DAV aan vz TCVP nr. 38 Zeer Geheim, 5 oktober 1918.
147. Ibidem, vz TCVP aan DAV nr. 2816 Zeer Geheim Persoonlijk, 12 oktober 1918.
148. Dit was van belang omdat de inslag van de gasprojectielen op afstand niet waarneembaar was. Alleen door het kanon met gewone granaten in te schieten, kon worden verzekerd dat het doel werd getroffen.
149. NL-HaNA, Directeur Materieel Landmacht, 2.13.68.01, inv.nr. 3: DAV aan vz Munitiebureau nr. 39 Zeer Geheim Persoonlijk, 18 oktober 1918.
150. Ibidem, vz Munitiebureau aan DAV, 22 oktober 1918.
151. Ibidem, vz Munitiebureau aan DAV, 19 oktober 1918. Bij deze brief waren blauwdrukken van het oude en nieuwe ontwerp van het gasprojectiel gevoegd.
152. Ibidem, Merens aan DAV, 21 oktober 1918.
153. Over deze proefnemingen met dieren is verder niets bekend.
154. NL-HaNA, Directeur Materieel Landmacht, 2.13.68.01, inv.nr. 3: DAV aan IdvgA nr. 44 Zeer Geheim Persoonlijk, 31 oktober 1918 (met de instemming van IdvgA, 5 november 1918, zoals aangetekend op het exemplaar van deze brief in: NL-HaNA, Chefs Artillerie, 2.13.61, inv.nr. 596); DAV aan OLZ nr. 45 Zeer Geheim Persoonlijk, 8 november 1918.
155. NL-HaNA, Directeur Materieel Landmacht, 2.13.68.01, inv.nr. 3: DAV aan OLZ nr. 45 Zeer Geheim Persoonlijk, 8 november 1918.
156. Zie hiervoor ook: ibidem, DAV aan vz Munitiebureau ad nr. 32 Zeer Geheim Persoonlijk, 24 augustus 1918; vz Munitiebureau aan DAV, 19 oktober 1918.
157. Het is niet duidelijk hoe men tot dit aantal kwam. Op basis van het aantal vuurmonden van dit kaliber (75) en het aantal op te leggen schoten per vuurmond (1.000) zou dit 7.500 moeten zijn; zie: ibidem, MVO Litt. O 168, 13 december 1916; notitie van DAV, 18 maart 1918.
158. Ibidem, OLZ aan DAV nr. 143926 (GS nr. 11402), 18 december 1918.
159. Elout tekende zijn commentaar in de marge van de brief aan; zie ook: NL-HaNA, Generale Staf Landmacht, 1914-1940, 2.13.70, inv.nr. 274: DAV aan CGS nr. 83 Zeer Geheim Persoonlijk, 12 april 1920.
160. NL-HaNA, Directeur Materieel Landmacht, 2.13.68.01, inv.nr. 3: DAV aan vz Munitiebureau nr. 8920 AV, 30 december 1918.
161. Ibidem, vz Munitiebureau aan DAV, 9 januari 1919.
162. NL-HaNA, Generale Staf Landmacht, 1914-1940, 2.13.70, inv.nr. 755: OLZ aan vz Munitiebureau nr. 141916 (GS nr. 11817) Geheim, 21 november 1918; vz Munitiebureau aan OLZ, 26 november 1918.
163. Ibidem, OLZ aan CV nr. 8107, 7 oktober 1919; CV aan OLZ Sectie I nr. 3102, 3 november 1919; OLZ aan DAV nr. 8671, 11 november 1919.
164. Ibidem, vz Munitiebureau aan MVO, 2 mei 1919. Op de brief staat in het kort het antwoord van de minister, dat niet in het archief is teruggevonden, aangetekend. Zie ook: ibidem, OLZ aan Munitiebureau in liquidatie nr. 7663, 19 september 1919.
165. Ibidem, vz Munitiebureau aan OLZ, 10 juni 1919; OLZ aan directeur-AVP nr. 5265, 21 juni 1919; notitie van De Reede, 28 juni 1919; directeur-AVP aan OLZ nr. 1039, 21 juli 1919.
166. Ibidem, inv.nr. 753, dossier GS 12401 (1918): C-NHW aan OLZ a.i. Sectie I nr. 4173, 19 (en 28) april 1919; vz Munitiebureau aan OLZ a.i., 7 mei 1919; OLZ aan vz Munitiebureau, 9 mei 1919; OLZ aan stellingcommandanten (m.u.v. NHW) e.a. nr. GS 3770, 10 mei 1919.
167. Ibidem, Chef Inundatiën bez. de Lek aan hoofdoff gasdienst nr. 1973 Geheim, 27 november 1918; OLZ aan C-NHW nr. 143098 (GS 12401), 4 december 1918; C-NHW aan OLZ Sectie V nr. 26609, 24 december 1918; OLZ aan chef Inundatiën bez. de Lek nr. 144955 (GS 12401), 2 januari 1919; chef Inundatiën bez. de Lek aan OLZ a.i. nr. 305, 13 februari 1919; OLZ aan chef Inundatiën bez. de Lek nr. GS 1753, 5 maart 1919; De Reede aan Prins, 21 november 1919.
168. NL-HaNA, Directeur Materieel Landmacht,

2.13.68.01, inv.nr. 3: DAV aan Munitiebureau in liquidatie nr. 530 AV Geheim, 23 januari 1920.
169. Ibidem, Munitiebureau in liquidatie aan DAV, 29 januari 1920.
170. Ibidem, DAI aan DAV nr. 339, 12 februari 1920.
171. L.A. van Roijen, 'De mobilisatie van de economische hulpbronnen van het land, voornamelijk wat betreft den aanmaak van munitie en ander oorlogsmaterieel', *Orgaan der Vereeniging ter beoefening van de krijgswetenschap* (1920-1921) 214-242, aldaar 226-227. In de vele aan (aspecten van) de gasoorlog gewijde artikelen die in het Interbellum in de militaire vakbladen verschenen, kwamen de Nederlandse voorbereidingen ten tijde van de Eerste Wereldoorlog in het geheel niet aan bod; vergelijk bijv. D.H. Hiensch, 'De Gasoorlog', *De Militaire Spectator* 92 (1923) 98-109, 229-239, 282-289, 344-353 en 448-452.
172. Het is overigens opmerkelijk dat Koninklijke/*Shell* geen enkele rol speelde, hoewel deze multinational ook in deze jaren al in de chemische industrie actief was. Zie: E. Homburg, 'Operating on Several Fronts: The Trans-National Activities of Royal Dutch/Shell, 1914-1918' in: R. MacLeod en J.A. Johnson red., *Frontline and Factory. Comparative Perspectives on the Chemical Industry at War, 1914-1924* [New Studies in the History of Science and Technology. Archimedes XVI] (Dordrecht 2006) 123-144.

HOOFDSTUK 2

1. Elout had hiertoe op 22 september 1919 nog telefonisch opdracht gekregen; NL-HaNA, Generale Staf Landmacht, 1914-1940, 2.13.70, inv.nr. 274: Notitie, 14 april 1920 bij het schrijven van DAV, 18 februari 1918.
2. Ibidem, DAV aan Gey van Pittius nr. 77 Zeer Geheim, 21 januari 1920.
3. Ibidem, inv.nr. 555: vz Munitiebureau aan MVO, 3 september 1918; MVO aan Munitiebureau Litt. P 133 Geheim, 12 oktober 1918; NL-HaNA, Directeur Materieel Landmacht, 2.13.68.01, inv.nr. 2: Maandverslag Munitiebureau augustus-oktober 1918.
4. NL-HaNA, Generale Staf Landmacht, 1914-1940, 2.13.70, inv.nr. 555: MVO aan OLZ VIe Afd. nr. 146, 5 december 1918; OLZ aan vz Munitiebureau nr. 143037 (GS nr. 12386), 11 december 1918; vz Munitiebureau aan OLZ, 23 januari 1919; IGDL aan OLZ nr. 82/18, 26 februari 1919; OLZ aan MVO nr. 1930, 6 maart 1919; MVO aan OLZ VIe Afd. nr. 236, 24 april 1919; OLZ aan MVO nr. 3918, 18 juni 1919.
5. Ibidem, MVO aan OLZ Litt. P 133 Geheim, 12 oktober 1918; NL-HaNA, Directeur Materieel Landmacht, 2.13.68.01, inv.nr. 3: vz Munitiebureau aan DAV, 9 januari 1919. In dit verband past ook het voornemen om lkol Merens in de commissie van advies op te nemen; zie: NL-HaNA, Generale Staf Landmacht, 1914-1940, 2.13.70, inv.nr. 555: vz Munitiebureau aan OLZ, 6 november 1918.
6. NL-HaNA, Generale Staf Landmacht, 1914-1940, 2.13.70, inv.nr. 274: DAV aan Gey van Pittius nr. 77 Zeer Geheim, 21 januari 1920.
7. Ibidem, Gey van Pittius aan DAV nr. 521 Persoonlijk, 20 februari 1920.
8. Ibidem, DAV aan vz CVP nr. 77 Zeer Geheim Persoonlijk, 26 februari 1920.
9. Ibidem, vz CVP aan DAV nr. 171 Zeer Geheim Persoonlijk, 23 maart 1920.
10. Ibidem, DAV aan Gey van Pittius nr. 83 Zeer Geheim Persoonlijk, 27 maart 1920; Gey van Pittius aan DAV, 3 april 1920.
11. Ibidem, DAV aan CGS nr. 83 Zeer Geheim Persoonlijk, 12 april 1920.
12. Zie: R. van Diepen, *Voor Volkenbond en vrede. Nederland en het streven naar een nieuwe wereldorde 1919-1946* (Amsterdam 1999) 25.
13. NL-HaNA, Generale Staf Landmacht, 1914-1940, 2.13.70, inv.nr. 274: CGS aan DAV nr. 1388 Geheim, 3 mei 1920.
14. NL-HaNA, Directeur Materieel Landmacht, 2.13.68.01, inv.nr. 3: DAV aan Gey van Pittius, 6 mei 1920.
15. De Duitse aanduidingen werden overigens redelijk goed geïdentificeerd. Met *Gelbkreuz* werd o.a. mosterdgas bedoeld; onder *Grünkreuz* vielen fosgeen, difosgeen, chloorpicrine en vergelijkbare strijdgassen; *Blaukreuz* omvatte diverse niesgassen, zoals de *Clark*-varianten.
16. NL-HaNA, Generale Staf Landmacht, 1914-1940, 2.13.70, inv.nr. 274: DAV aan CGS nr. 87 Zeer Geheim Persoonlijk, 12 mei 1920; CGS aan DAV, 15 mei 1920.
17. Ibidem, DAV aan de militair attachés in Berlijn en Parijs en aan de voormalig militair attaché in Londen nr. 88 Zeer Geheim Persoonlijk, 28 mei 1920, doorgezonden door CGS onder nr. 1968 Geheim Persoonlijk, 31 mei 1920.

18. NL-HaNA, Directeur Materieel Landmacht, 2.13.68.01, inv.nr. 3: Militair attaché in Parijs aan CGS nr. Q 327 Geheim, 28 juni 1920. Het is opmerkelijk dat De Quay enkele maanden eerder de inlichtingenafdeling van de Generale Staf (GS III) wél gedetailleerde informatie kon verstrekken; zie: NL-HaNA, Generale Staf Landmacht, 1914-1940, 2.13.70, inv.nr. 274: Militair attaché in Parijs aan CGS nr. Q 269, 8 januari 1920. De voormalige militair attaché in Londen, kolonel J.C.C. Tonnet, liet tegelijkertijd weten dat het Britse *War Office* geen informatie over gasprojectielen mocht verstrekken; zie: ibidem, Tonnet aan CGS nr. 1104, 12 januari 1920.
19. NL-HaNA, Directeur Materieel Landmacht, 2.13.68.01, inv.nr. 3: Militair attaché in Berlijn aan DAV nr. 3172 IJ Geheim, 11 juli 1920.
20. NL-HaNA, Generale Staf Landmacht, 1914-1940, 2.13.70, inv.nr. 274: Wnd-DAV aan MVO nr. 6186 AV Geheim, 3 december 1920. De functie van directeur voor Aanschaffing en Verstrekking van Artilleriematerieel werd opgeheven; ervoor de plaats kwam de functie van directeur voor het Artilleriematerieel.
21. Ibidem, Onderschrift van wnd-CGS nr. 3835 Geheim, 14 december 1920. Voor de verschillende kanonnen en houwitsers waarvoor gasmunitie beschikbaar moest komen, zie: NL-HaNA, Directeur Materieel Landmacht, 2.13.68.01, inv.nr. 8: wnd-CGS aan MVO nr. 1044 Geheim, 11 april 1921.
22. NL-HaNA, Generale Staf Landmacht, 1914-1940, 2.13.70, inv.nr. 274: MVO aan CGS en aan DAV en DAI IVe Afd. nr. 181, 30 juni 1921.
23. HTK 1921-1922, 971 (Kolthek) en 1057 (Van Dijk).
24. NL-HaNA, Generale Staf Landmacht, 1914-1940, 2.13.70, inv.nr. 992: CGS aan MVO nr. 2088 Geheim, 13 oktober 1922; MVO aan CGS Geheim Litt. M 5, 18 januari 1923; nota van MVO Geheim Litt. I 18, 24 februari 1923.
25. Ibidem, Memorandum van MVO Geheim Litt. Q 111, 19 november 1923.
26. Ibidem, Nota van MVO Geheim Litt. I 18, 24 februari 1923.
27. Ibidem, CGS aan MVO nr. 2088 Geheim, 13 oktober 1922.
28. Ibidem, CGS aan MVO nr. 965 Geheim, 30 maart 1925.
29. Ibidem, 'Beknopt verslag van de bespreking omtrent de samenstelling van den gasdienst op 30 October 1924'; CGS aan MVO nr. 965 Geheim, 30 maart 1925. Voor een overzicht van de "chemische dienst" zoals die in de jaren dertig binnen de KL was georganiseerd, zie: Collectie NIMH, Nederlandse leger: organisatie en mobilisatie (1922-1940), inv.nr. 246.
30. Op de opleiding van de reserve-gasofficieren zal hier niet verder worden ingegaan; zie o.m.: NL-HaNA, Chefs Artillerie, 2.13.61, inv.nr. 720: IdA aan MVO nr. 7434, 2 december 1925; MVO aan CV IIe Afd. nr. 48, 16 december 1925; ibidem, inv.nr. 722: IdA aan MVO nr. 581, 25 januari 1926; IdA aan CV d.t.v. IdG nr. 582, 25 januari 1926; directeur Militaire Gasschool aan IdA, 25 januari 1927; MVO aan CV, CGS, IdI, IdC, IdA en IdG IIe Afd. nr. 80, 16 augustus 1927. Vergelijk ook de opmerkingen hierover in: NL-HaNA, Legercommissie, 2.13.74, inv.nr. 45: 'Verslag van de door den Kapitein van den Generalen Staf P.W. Best gedane mededeelingen betreffende den gasdienst, in de vergadering op Zaterdag 13 maart 1926.' J.M.H. van Aanholt en A. Schwing debatteerden in 1927 over dit onderwerp in *De Militaire Spectator*.
31. Dit gold al voor de gasmaskerofficieren tijdens de mobilisatie van 1914-1918; zie: Klinkert, 'Ingenieursoorlog', 276.
32. NL-HaNA, Generale Staf Landmacht, 1914-1940, 2.13.70, inv.nr. 992: CGS aan MVO nr. 965 Geheim, 30 maart 1925; NL-HaNA, Artillerie-Inrichtingen, 2.13.86, inv.nr. 2606: 'Kort geschiedkundig overzicht samengesteld ter gelegenheid van het tienjarig bestaan van de Militaire Gasschool' door elnt Th.A.J. van Erp, aangeboden bij brief van directeur Militaire Gasschool nr. 327 A, 19 mei 1936. Zie voor de geschiedenis van de Militaire Gasschool ook: E.L.A. Kersing, 'Van Militaire gasschool naar Nucleaire, biologische en chemische school', *Militaire Spectator* 145 (1976) 203-208, aldaar 203-204.
33. NL-HaNA, Generale Staf Landmacht, 1914-1940, 2.13.70, inv.nr. 992: MVO aan CGS e.a. Geheim Litt. H 109, 2 december 1925.
34. De taakverdeling tussen IdG en IdA gold in 1937 nog steeds; zie: NL-HaNA, Chefs Artillerie, 2.13.61, inv.nr. 850: MVD aan CV, CGS e.a. Geheim Litt. F 134, 2 juli 1937.
35. NL-HaNA, Generale Staf Landmacht, 1914-1940, 2.13.70, inv.nr. 992: CGS aan MVO nr. 3193 Geheim, 11 december 1925; zie ook de aantekeningen van de zijde van de Generale

Staf, gevoegd bij de brieven van MVO aan CGS van 2 december 1925 (zie noot 33) en van 18 augustus 1926 (zie noot 38).

36. Ibidem, MVO aan CGS Geheim Litt. S 117, 30 december 1925.
37. Zie de aantekeningen bij: ibidem, MVO aan CGS Geheim Litt. R 61, 18 augustus 1926.
38. NL-HaNA, Artillerie-Inrichtingen, 2.13.86, inv.nr. 2404: MVO aan verzendlijst Geheim Litt. C 39, 25 mei 1926; NL-HaNA, Generale Staf Landmacht, 1914-1940, 2.13.70, inv.nr. 992: MVO aan CGS Geheim Litt. R 61, 18 augustus 1926. De Tweede Kamer vroeg zich bij de behandeling van de begroting voor 1928 af, of de commissie, naast het werk dat bij de Artillerie-Inrichtingen op dit gebied werd verricht, wel bestaansrecht had; zie: HTK 1927-1928, Bijlage A, Staatsbegroting 1928, hoofdstuk VIII, nr. 10, Voorlopig verslag, 16 november 1927 en nr. 11, Memorie van Antwoord. Kennelijk waren niet alle hoogleraren bereid om in de commissie zitting te nemen. Waarschijnlijk doelde de Leidse hoogleraar E. Cohen op het lidmaatschap van de Commissie van Advies toen hij in een interview in de *NRC* van 27 mei 1928 het volgende liet optekenen: "Overal werken ze nu aan die chemische verdelging. Ook in ons land, al is is 't hier wel vooral om 't afweren te doen. Men heeft mij er ook in willen betrekken, maar ik wil er niets van weten!"; zie hiervoor ook: J.B.Th. Hugenholtz, 'Oorlogsdienst geweigerd door een scheikundige', *Kerk en Vrede* 4-2/3 (1928-1929) 6-7; L. van Bergen, *De zwaargewonden eerst? Het Nederlandsche Roode Kruis en het vraagstuk van oorlog en vrede 1867-1945* (Rotterdam 1994) 340.
39. NL-HaNA, Generale Staf Landmacht, 1914-1940, 2.13.70, inv.nr. 992: MVO aan CCS Geheim Litt. I 66, 17 juli 1923.
40. Zie voor deze argumentatie ook: HTK 1924-1925, Bijlage A, Staatsbegroting 1925, hoofdstuk VIII, nr. 9, Memorie van Antwoord, 12 december 1924.
41. NL-HaNA, Generale Staf Landmacht, 1914-1940, 2.13.70, inv.nr. 992: MVO aan CCS Geheim Litt. G 21, 5 maart 1923.
42. HTK 1924-1925, Bijlage A, Staatsbegroting 1925, hoofdstuk VIII, nr. 8, Voorlopig verslag, 13 november 1924 en nr. 9, Memorie van Antwoord, 12 december 1924.
43. HTK 1924-1925, 1316-1319.
44. NL-HaNA, Generale Staf Landmacht, 1914-1940, 2.13.70, inv.nr. 992: VZ CCS aan MVO nr. 74 Geheim, 19 maart 1925.
45. Ibidem, CGS aan MVO nr. 868 Geheim, 26 maart 1925.
46. Ibidem, MVO aan CGS, CCS en DAI Geheim Litt. E 34, 25 april 1925. Klinkert, 'Ingenieursoorlog', 282-283, suggereert dat de aanschaf daadwerkelijk heeft plaatsgevonden. Zoals zal blijken, is dat onjuist.
47. NL-HaNA, Generale Staf Landmacht, 1914-1940, 2.13.70, inv.nr. 992: DAI aan DVO nr. 121 Geheim, 22 mei 1925.
48. Ibidem, MVO aan DAI Geheim Litt. N 49, 12 juni 1925. Martens, De Nederlandse flirt met gifgas, 34-35, suggereert dat de aanpak van de Artillerie-Inrichtingen slechts tot vertraging leidde en er toe bijdroeg dat de plannen uiteindelijk op niets uitliepen. Dat is te kort door de bocht. De Nederlandsche Springstoffenfabriek zou, naar mag worden aangenomen, ook niet zonder meer in staat zijn geweest het mosterdgas te produceren, terwijl het uiteindelijke besluit om geen strijdgassen aan te schaffen of te produceren van bovenaf is opgelegd.
49. NL-HaNA, Generale Staf Landmacht, 1914-1940, 2.13.70, inv.nr. 992: DAI aan DVO nr. 250 Geheim, 7 oktober 1925.
50. Dit was ingegeven door opmerkingen van de inspecteur der Artillerie; zie p. 74.
51. NL-HaNA, Generale Staf Landmacht, 1914-1940, 2.13.70, inv.nr. 992: MVO aan DAI Geheim Litt. F 101, 7 november 1925.
52. NL-HaNA, Artillerie-Inrichtingen, 2.13.86, inv.nr. 2404: Jaarverslag CCS september 1924 - augustus 1925.
53. Van de correspondentie over deze aangelegenheid is slechts een deel in de archieven teruggevonden. Een uitvoerige samenvatting wordt echter gegeven in: ibidem, inv. nr. 1364: DAI aan MVO Technische Zaken nr. 230 Geheim, 14 april 1931.
54. Dit is af te leiden uit de aanbiedingen van de *Société Chimique des Usines du Rhône*, Steffen & Heymann en Stoltzenberg; zie hieronder.
55. Verdrag van Versailles van 28 juni 1919, art. 170 en 171. Dit laatste artikel luidt: "L'emploi des gaz asphyxiants, toxiques ou similaires, ainsi que de tous liquides, matières ou procédés analogues, étant prohibé, la fabrication et l'importation en sont rigoureusement interdites en Allemagne. Il en est de même du matériel spécialement destiné à la fabrication, à la conservation ou à l'usage desdits produits ou procédés. (...)"

56. In 1927-1928 leverde Nederland als lid van de Volkenbondsraad personeel voor de onderzoekscommissies die in Duitsland en in andere landen de naleving van de vredesverdragen controleerden. Op chemisch gebied werd hiervoor onder anderen ir. A.J. der Weduwen aangewezen, het hoofd van het Scheikundig Laboratorium van de Artillerie-Inrichtingen. Zie: NL-HaNA, Artillerie-Inrichtingen, 2.13.86, inv.nr. 2589: CGS aan DAI nr. 63, 17 januari 1927; ibidem, inv.nr. 2591: CGS aan DAI nr. 4472, 17 november 1928.
57. De Duitse "Großchemie" vreesde dat de illegale betrokkenheid bij de handel in chemische strijdmiddelen aanleiding zou geven tot internationale repercussies, die de positie van de industrie zou aantasten; R.-D. Müller, 'Die deutschen Gaskriegsvorbereitungen 1919-1945. Mit Giftgas zur Weltmacht?', *Militärgeschichtliche Mitteilungen* nr. 1 (1980) 25-54, aldaar 28; H. Schweer, *Die Geschichte der Chemischen Fabrik Stoltzenberg bis zum Ende des Zweiten Weltkrieges. Ein Überblick über die Zeit von 1923 bis 1945 unter Einbeziehung des historischen Umfeldes mit einem Ausblick auf die Entwicklung nach 1945* (Diepholz, Stuttgart en Berlijn 2008) 42.
58. NL-HaNA, Artillerie-Inrichtingen, 2.13.86, inv.nr. 2589: *Société Chimique des Usines du Rhône* aan DAI, 27 januari 1926.
59. Ibidem, inv.nr. 2596: Jaarverslag 1930 van SL-AI, nr. 1008/'31.
60. Zie o.a.: H.G. Brauch en R.-D. Müller red., *Chemische Kriegführung – Chemische Abrüstung. Dokumente und Kommentare. Tl. I: Dokumente aus deutschen und amerikanischen Archiven* [Militärpolitik und Rüstungsbegrenzung 1] (Berlijn 1985) 131-139; Schweer, *Geschichte der Chemischen Fabrik Stoltzenberg*, 65-67. Voor de aandacht vanuit Nederland voor dit incident, zie o.m.: NL-HaNA, Generale Staf Landmacht, 1914-1940, 2.13.70, inv. nr. 993: CGS aan MVO nr. 2412, 21 juni 1928; NL-HaNA, Artillerie-Inrichtingen, 2.13.86, inv.nr. 2591: MinBuZa aan MVD Afd. Volkenbondzaken nr. 32990, 25 oktober 1928.
61. Müller, 'Die deutschen Gaskriegsvorbereitungen', 26-30; Kunz en Müller, *Giftgas gegen Abd el Krim*; Schweer, *Geschichte der Chemischen Fabrik Stoltzenberg*.
62. Schweer, *Geschichte der Chemischen Fabrik Stoltzenberg*, 31 en 49-50.
63. Voor de Spaanse gasoorlog in Marokko zie, naast het aangehaalde boek van Kunz en Müller, ook: Balfour, *Deadly Embrace*, 123-156. Balfour wijst er in noot 19 op p. 129 op dat dit onderwerp in de Spaanse militaire geschiedschrijving is verzwegen (hij spreekt over "deliberate omissions").
64. M. Zeidler, *Reichswehr und Rote Armee 1920-1933. Wege und Stationen einer ungewöhnlichen Zusammenarbeit* (München 1993) m.n. 78-82 en 97-100.
65. Müller, 'Die deutschen Gaskriegsvorbereitungen', 29-30; Schweer, *Geschichte der Chemischen Fabrik Stoltzenberg*, 79.
66. E.M. Spiers, *Chemical and Biological Weapons: A Study of Proliferation* (Basingstoke 1994) 8; Schweer, *Geschichte der Chemischen Fabrik Stoltzenberg*, 63-65 en 83-87.
67. Kunz en Müller, *Giftgas gegen Abd el Krim*, 94. Er waren in deze jaren overigens wel meer wetenschappers die hun diensten aanboden, onder meer aan de Artillerie-Inrichtingen. Dit gold bijvoorbeeld voor dr. G. Demeter, een voormalig employé van Stoltzenberg, en voor dr. W. Metzener, voor wie Cmentek een warme aanbevelingsbrief schreef. Demeter: NL-HaNA, Artillerie-Inrichtingen, 2.13.86, inv.nr. 2596: Notitie nr. 1024/'31. Metzener: ibidem, inv.nr. 2590: Freundlich aan DAI, 8 maart 1928; Cmentek aan DAI, 17 maart 1928; DAI aan Metzener Technische Zaken nr. 1391/'28, 20 maart 1928; Metzener aan DAI, 24 maart 1928; DAI aan DVO Technische Zaken nr. 1710, 11 april 1928; MVO aan DAI Geheim Litt. H 40, 2 mei 1928; DAI aan Metzener Technische Zaken nr. 2682/'28, 20 juni 1928; ibidem, inv.nr. 2592: DAI aan DVD nr. 6 Geheim, 3 januari 1929.
68. Zie hiervoor vooral: Zeidler, *Reichswehr und Rote Armee*, 123-127, 139-143, 198-204 en 287-291.
69. Schweer, *Geschichte der Chemischen Fabrik Stoltzenberg*, 89-92.
70. Brauch en Müller, *Chemische Kriegführung – Chemische Abrüstung*, 331-359; Schweer, *Geschichte der Chemischen Fabrik Stoltzenberg*, 93-94.
71. Voor Stoltzenberg, vergelijk: Schweer, *Geschichte der Chemischen Fabrik Stoltzenberg*, 48.
72. NL-HaNA, Artillerie-Inrichtingen, 2.13.86, inv.nr. 2589: DAI aan Steffen & Heymann Afd. Aanschaffing nr. 1103 A/P (Conf), 30 januari 1926. Het schrijven van Steffen en Heymann, waarop deze brief een reactie was, is later zoekgeraakt; zie: ibidem, inv.

nr. 830: Brievenboek geheime correspondentie DAI 1927, nr. 241.

73. Ibidem, inv.nr. 2589: Steffen & Heymann aan DAI, 26 februari 1926.
74. Ook tegenwoordig wordt het op thiodiglycol gebaseerde productieproces gezien als de eenvoudigste methode om mosterdgas te produceren; zie bijv.: Spiers, *Chemical and Biological Weapons*, 28.
75. NL-HaNA, Artillerie-Inrichtingen, 2.13.86, inv.nr. 2589: Steffen & Heymann aan DAI, 4 maart 1926; op 6 maart 1926 verschaften zij nog wat nadere informatie.
76. Ibidem, DAI aan Steffen & Heymann nr. 93 Geheim, 17 maart 1926.
77. Zie bijv. ook Kunz en Müller, *Giftgas gegen Abd el Krim*, 67: "Als Stoltzenberg [door Spanje] gefragt wurde, ob er denn 'trotz Versailles' auch 'fertige Kampfgase' liefern könne, zögerte er nicht."
78. Cmentek: NL-HaNA, Artillerie-Inrichtingen, 2.13.86, inv.nr. 830: Brievenboek geheime correspondentie DAI 1927, nr. 3, 110, 121, 129, 140, 182, 490; ibidem, inv.nr. 2595: Cmentek aan DAI, 8 november 1930. In deze correspondentie is sprake van een gepland bezoek van Cmentek aan Hembrug en van een uitnodiging aan de Artillerie-Inrichtingen om een mosterdgasinstallatie in de omgeving van Hamburg te bezoeken; het is niet bekend of deze bezoeken daadwerkelijk hebben plaatsgevonden. Stoltzenberg: ibidem, inv.nr. 2590: DAI aan DVO nr. 226 Geheim, 11 april 1928. In 1930 heeft Der Weduwen de fabriek van Stoltzenberg bezocht; zie: ibidem, inv.nr. 2596: Jaarverslag 1930 van SL-AI, nr. 1008/'31.
79. Zie hiervoor: Schweer, *Geschichte der Chemischen Fabrik Stoltzenberg*, 70 en 77.
80. NL-HaNA, Artillerie-Inrichtingen, 2.13.86, inv.nr. 2590: DAI aan MVO nr. 226 Geheim, 11 april 1928; MVO aan DAI Geheim Litt. H 53, 20 juni 1928; ibidem, inv.nr. 2591: IdG aan DAI nr. 4074, 30 oktober 1928; directeur-Militaire Gasschool aan DAI nr. 438, 8 november 1928; DAI aan directeur-Militaire Gasschool nr. 650 Geheim, 10 november 1928; ibidem, inv.nr. 2592: directeur-Militaire Gasschool aan IGDL nr. 121, 5 april 1929.
81. Ibidem, inv.nr. 832: Brievenboek geheime correspondentie DAI 1928, nr. 28: DAI aan Cmentek, 14 januari 1928.
82. Ibidem, inv.nr. 1353: 'Rapport der op 22 februari 1923, bij de LEGERPLAATS OLDEBROEK genomen proeven met gasprojectielen gevuld met chloorpikrine' van ir. A.J. der Weduwen nr. 250/23, DAI aan DAM nr. 737, 8 maart 1923.
83. Een door de Commissie voor Chemische Strijdmiddelen geïnitieerde beproeving in 1924 van het gebruik van de lichte 'bommenwerper' van 2½ cm als gaswerper (zie p. 48), werd al snel afgebroken. De Generale Staf zag weinig nut in dit project, omdat het beperkte bereik van dit – toch al weinig effectieve – geschut zich niet voor de toepassing van gasgranaten leende. Zie: NL-HaNA, Generale Staf Landmacht, 1914-1940, 2.13.70, inv.nr. 992: vz CCS aan MVO nr. 7 Geheim, 16 februari 1924 en MVO aan CCS Geheim Litt. I 46, 20 mei 1924; zie echter ook: MVO aan De Reede Geheim Litt. P 106, 19 november 1924.
84. Ibidem, vz CCS aan MVO nr. 74 Geheim, 19 maart 1925; NL-HaNA, Artillerie-Inrichtingen, 2.13.86, inv.nr. 2404: Jaarverslag CCS september 1924 –augustus 1925.
85. NL-HaNA, Generale Staf Landmacht, 1914-1940, 2.13.70, inv.nr. 992: vz CCS aan CGS nr. 181 Geheim, 27 juli 1925.
86. Ibidem, commentaar in de marge bij de brief van vz CCS aan MVO nr. 74 Geheim, 19 maart 1925.
87. Ibidem, Advies IdA nr. 4692 Geheim, 14 augustus 1925.
88. Ibidem, Aantekeningen van GS, 28 augustus 1925 bij de brief van vz CCS, 27 juli 1925 (zie noot 85) en het advies van IdA, 14 augustus 1925 (zie noot 87).
89. Ibidem, CGS aan vz CCS nr. 2287 Geheim, 21 september 1925.
90. Ibidem, vz CCS aan MVO nr. 68 Geheim, 2 april 1926.
91. Ibidem, inv.nr. 993: MVO aan CGS e.a. Geheim Litt. N 30, 13 april 1927. In algemeen toegankelijke publicaties werd uiteraard geen relatie met het eventueel sproeien van mosterdgas gelegd; zie bijv.: S. Schilderman, 'De Chemische Oorlogvoering', *Wetenschappelijk Jaarbericht van de Vereeniging ter beoefening van de krijgswetenschap* 18 (1928) 266-282, aldaar 280-281.
92. NL-HaNA, Generale Staf Landmacht, 1914-1940, 2.13.70, inv.nr. 1408: CCS aan CGS nr. 113 Geheim, 3 juni 1926; ibidem, inv.nr. 993: aantekening van de Generale Staf bij DAI aan DVD nr. 514 Geheim, 28 september 1928; NL-HaNA, Artillerie-Inrichtingen, 2.13.86, inv.nr. 2396: IdG aan MVD nr. 4030 Geheim, 24 oktober 1929; NL-HaNA, Chefs Artillerie,

2.13.61, inv.nr. 739: IdG aan MVD nr. 3972 Geheim, 22 oktober 1928; CGS aan IdG, 7 november 1928; ibidem, inv.nr. 740: C-Stelling van Den Helder aan IdA nr. 16 Geheim, 15 januari 1929; C-Hr.Ms. Vliegkamp 'de Kooy' aan C-Marine te Willemsoord nr. 73, 15 juni 1929.

93. Zie: J. Goldblat, *CB Disarmament Negotiations, 1920-1970.* [The Problem of Chemical and Biological Warfare. A study of the historical, technical, military, legal and political aspects of CBW, and possible disarmament measures. Volume IV] (Stockholm en Londen 1971) 46-48.

94. NL-HaNA, BuZa / A-dossiers, 1919-1940, 2.05.21, inv.nr. 1491: MVM aan MinBuZa nr. 54, 26 augustus 1924; zie ook: ibidem, inv. nr. 1797: MVM aan MinBuZa nr. 62, 6 januari 1923.

95. Ibidem, inv.nr. 1548: MVO aan MinBuZa Geheim Litt. O 104, 14 november 1924.

96. Ibidem, inv.nr. 1492: MVO aan MinBuZa Geheim Litt. IJ 51, 19 juni 1925.

97. Zie o.m. Goldblat, *CB Disarmament Negotiations*, 58-71.

98. Zie vooral de invloedrijke lezing van P.W. Best op 28 november 1924: 'De invloed van chemische strijdmiddelen op de oorlogvoering', *Orgaan der Vereeniging ter beoefening van de krijgswetenschap* (1924-1925) 79-172. Best was in deze jaren binnen de Generale Staf onder meer belast met het onderwerp chemische oorlogvoering.

99. Hier wordt aan de Nederlandse opstelling tijdens de ontwapeningsbesprekingen in Genève slechts aandacht besteed voor zover deze thematiek van direct belang is voor de discussie over de vraag of (en op welke wijze) de Nederlandse krijgsmacht zich in actieve zin op de chemische oorlogvoering diende voor te bereiden.

100. NL-HaNA, Generale Staf Landmacht, 1914-1940, 2.13.70, inv.nr. 1408: 'Instructie voor de Nederlandsche Delegatie bij de Voorbereidende Commissie voor de Conferentie betreffende ontwapening' van MinBuZa, MVO en MVM, aangeboden door MVO aan CGS, Geheim Litt. I 35, 8 mei 1926. Vermoedelijk had de minister van Koloniën geen stem in het kapittel.

101. Goldblat, *CB Disarmament Negotiations*, 74-75.

102. NL-HaNA, Generale Staf Landmacht, 1914-1940, 2.13.70, inv.nr. 1408: Nederlandse Delegatie bij de Voorbereidende Ontwapeningsconferentie aan CGS nr. 80 Geheim, 26 mei 1926.

103. NL-HaNA, Artillerie-Inrichtingen, 2.13.86, inv.nr. 2589: Schilderman aan CGS nr. 182 Geheim, 31 mei 1926. Zie ook het exemplaar van deze brief in: NL-HaNA, Inspectie der Genie, 2.13.45, inv.nr. 1165.

104. NL-HaNA, Inspectie der Genie, 2.13.45, inv. nr. 1165: DAI aan IdG, 2 juni 1926.

105. Ibidem, IdG aan CGS nr. 1309 Geheim, 4 juni 1926.

106. Of Schilderman ook zo ver wilde gaan, is de vraag. Zie: S. Schilderman, 'De gasoorlog en de verdediging daartegen, ook met het oog op de burgerbevolking', *Orgaan der Vereeniging ter beoefening van de krijgswetenschap* (1932-1933) 163-252, aldaar 249.

107. NL-HaNA, Generale Staf Landmacht, 1914-1940, 2.13.70, inv.nr. 1408: CCS aan CGS nr. 113 Geheim, 3 juni 1926.

108. Zie bijv.: J.F. van Kervel, 'Is de chemische oorlogvoering noodeloos wreed, is zij in de toekomst wederom te verwachten en moet daarom ons leger van aanvals- en verdedigingsmiddelen ten aanzien van de chemische oorlogvoering voorzien zijn?', *De Militaire Spectator* 97 (1928) 30-47, aldaar 31-38; A.A. Schwing, 'Eenige opmerkingen over No. 52. Handleiding Gasbeschermingsdienst', *De Militaire Spectator* 98 (1929) 324-337, aldaar 325; NL-HaNA, Legercommissie, 2.13.74, inv.nr. 45: Notitie 'Enkele opmerkingen betreffende het gebruikmaken van chemische strijdmiddelen' van officier van gezondheid 2e klasse J.C. Diehl, uitgereikt aan de leden van de Legercommissie op 9 oktober 1926 (voor de opvattingen van Diehl m.b.t. de gasoorlog, zie ook: Van Bergen, *De zwaargewonden eerst?*, 308). Minister Van Dijk had zich al in december 1924 in gelijke zin uitgelaten tegenover de Tweede Kamer; zie: HTK 1924-1925, Bijlage A, Staatsbegroting 1925, hoofdstuk VIII, nr. 9, Memorie van Antwoord, 12 december 1924; HTK 1924-1925, 1317. Voor een moderne, kritische beschouwing van deze redenering, zie: A. Boserup, J. Perry Robinson en R. Neild (in samenwerking met S. Hirdman), *The Prevention of CBW* [The Problem of Chemical and Biological Warfare. A study of the historical, technical, military, legal and political aspects of CBW, and possible disarmament measures. Volume V] (Stockholm en Londen 1971) Appendix 1, 124 e.v.

109. Zie m.n.: A.J. Maas, *Nationale Ontwapening? De lucht- en gasoorlog en prof. dr. D. van Embden. Eene weerlegging van de propaganda voor nationale weerloosheid* (Den Haag 1924).
110. Zie: M.R.H. Calmeyer, 'De oorlog van morgen', *De Militaire Spectator* 104 (1935) 462-465 en 515-519; 105 (1936) 13-15, 105-108, 179-181, 267-269 en 344-346, aldaar 15.
111. *NRC* 1 oktober 1924, Ochtendblad A 1-2.
112. NL-HaNA, Generale Staf Landmacht, 1914-1940, 2.13.70, inv.nr. 1408: CGS aan de Nederlandse delegatie bij de Voorbereidende Ontwapeningsconferentie nr. 1563 Geheim, 5 juni 1926.
113. Ibidem, Nederlandse delegatie aan MVO nr. 553 Geheim, 1 oktober 1926.
114. Ibidem, Directeur Militaire Gasschool aan CGS nr. 364 Geheim, 8 oktober 1926. Deze brief is ingrijpend geredigeerd door IdG; zie ook het exemplaar in: NL-HaNA, Artillerie-Inrichtingen, 2.13.86, inv.nr. 2589.
115. NL-HaNA, Generale Staf Landmacht, 1914-1940, 2.13.70, inv.nr. 1408: IdG aan CGS nr. 2442 Geheim, 11 oktober 1926.
116. Ibidem, MVO aan Nederlandse delegatie bij de Voorbereidende Ontwapeningsconferentie Geheim Litt. X 77, 13 oktober 1926.
117. NL-HaNA, BuZa / A-dossiers, 1919-1940, 2.05.21, inv.nr. 1548: MVO aan MinBuZa Geheim Litt. A 32, 21 april 1927, doorgezonden door MinBuZa aan Loudon bij telegram nr. 3, 22 april 1927.
118. Ibidem, Loudon aan MinBuZa, 12 april 1927.
119. NL-HaNA, Artillerie-Inrichtingen, 2.13.86, inv.nr. 2589: Nederlandse delegatie aan MinBuZa nr. 940, 26 april 1927; NL-HaNA, Generale Staf Landmacht, 1914-1940, 2.13.70, inv.nr. 1247: Weekverslag Nederlandse delegatie nr. 6, 25 april 1927.
120. NL-HaNA, Inspectie der Genie, 2.13.45, inv. nr. 1177: IdG aan MVO nr. 1421 Geheim d.d. 27 mei 1927.
121. NL-HaNA, Generale Staf Landmacht, 1914-1940, 2.13.70, inv.nr. 1247: CGS aan MVO nr. 2867 Geheim, 23 juli 1927. Zie ook: ibidem, aantekeningen GS II, 5 augustus 1927.
122. Zie voor deze redenering ook: ibidem, Weekverslag Nederlandse delegatie nr. 6, 25 april 1927.
123. Ibidem, Aantekeningen GS II, 5 augustus 1927.
124. Ibidem, CGS aan MVO nr. 2973 Geheim, 29 september 1927.
125. NL-HaNA, Artillerie-Inrichtingen, 2.13.86, inv.nr. 2590: MVO aan MinBuZa Geheim Litt. N 30, 28 maart 1928.

HOOFDSTUK 3

1. HTK 1926-1927, Bijlage A, Staatsbegroting 1927, hoofdstuk VIII, nr. 8, Voorlopig Verslag, 23 november 1926 en nr. 10, Memorie van Antwoord, 9 december 1926. Overigens had Frankrijk het protocol al op 10 mei 1926 geratificeerd; vermoedelijk was dit in Den Haag nog onbekend.
2. NL-HaNA, BuZa / A-dossiers, 1919-1940, 2.05.21, inv.nr. 1548: MVO aan MinBuZa Geheim Litt. N, 4 januari 1927.
3. HTK 1927-1928, Bijlage A, Staatsbegroting 1928, hoofdstuk VIII, nr. 10, Voorlopig verslag, 16 november 1927 en nr. 11, Memorie van Antwoord.
4. Zie ook: NL-HaNA, BuZa / A-dossiers, 1919-1940, 2.05.21, inv.nr. 1492: MVO aan MinBuZa 1e Afd. nr. 9, 25 augustus 1927.
5. HTK 1927-1928, 1058 en 1068.
6. HEK 1927-1928, 1097-1101. Beraadslaging op 13 juli 1928 m.b.t. 'Goedkeuring van het Verdrag nopens het toezicht op den internationalen handel in wapenen, munitie en oorlogsmaterieel van 17 juni 1925'. Het punt was ook al aan de orde gekomen in het Voorlopig Verslag en de Memorie van Antwoord; zie: HEK 1927-1928, 1042-1043. Zie ook: NL-HaNA, Generale Staf Landmacht, 1914-1940, 2.13.70, inv.nr. 993: IdG aan MVO nr. 75 Geheim, 5 januari 1928; CGS aan MVO nr. 54 Geheim, 23 januari 1928.
7. Zie: HTK 1924-1925, Bijlage A, Staatsbegroting 1925, hoofdstuk VIII, nr. 9, Memorie van Antwoord, 12 december 1924; HTK 1924-1925, 1317.
8. NL-HaNA, BuZa / A-dossiers, 1919-1940, 2.05.21, inv.nr. 1548: MVD aan MinBuZa Geheim Litt. R 34, 11 april 1929.
9. Het principe van de wederkerigheid gold voor alle internationale verdragen; zie voor een eigentijdse toepassing op de Geneefse conventies bijv.: Van Bergen, *De zwaargewonden eerst?*, 168-169, 171.
10. NL-HaNA, Gezantschap Frankrijk, 2.05.102, inv.nr. 1648: MinBuZa aan Carsten, 6 mei 1929.
11. Ibidem, Tijdelijk zaakgelastigde Parijs aan MinBuZa, 13 mei 1929.
12. In september 1928 werden de departementen van Oorlog en Marine samengevoegd tot het Ministerie van Defensie.

13. HTK 1929-1930, Bijlagen, 238.3 (Memorie van Toelichting).
14. HTK 1929-1930, Bijlagen, 238.4 (Voorlopig Verslag, vastgesteld op 11 maart 1930) en 238.5 (Memorie van Antwoord van 15 mei 1930).
15. HTK 1929-1930, 2195-2208.
16. Zie ook: HEK 1927-1928, 1043: "Voorbereidingen voor een bacteriologischen oorlog worden niet getroffen."
17. Zie voor dezelfde redenering ook: HEK 1929-1930, Bijlage A, Rijksbegroting 1930, hoofdstuk VIII, Voorlopig verslag, 7 februari 1930 en Memorie van Antwoord.
18. HEK 1929-1930, 679-688 en 694.
19. *Staatsblad* 1930, nr. 345; het protocol zelf is daarna – in een Nederlandse vertaling – gepubliceerd onder nr. 422.
20. NL-HaNA, Gezantschap Frankrijk, 2.05.102, inv.nr. 1648: MinBuZa aan Loudon, 22 oktober 1930.
21. In 1970 wees de Nederlandse afgevaardigde bij de Conference of the Committee on Disarmament erop dat Nederland hiermee een van de eerste landen was die het gebruik van biologische wapens had afgezworen; zie: J. Perry Robinson (met medewerking van C.-G. Hedén en H. von Schreeb), *CB Weapons Today* [The Problem of Chemical and Biological Warfare. A study of the historical, technical, military, legal and political aspects of CBW, and possible disarmament measures. Volume II] (Stockhom, New York en Londen 1973) 186. Daarbij moet wel worden bedacht dat ook die landen die bij toetreding tot het protocol geen voorbehoud hadden gemaakt, eveneens geheel van het gebruik van bacteriologische wapens afzagen.
22. NL-HaNA, Generale Staf Landmacht, 1914-1940, 2.13.70, inv.nr. 993: Aantekening van GS I, 28 maart 1930 bij de brief van IdG aan MVD nr. 1280, 26 maart 1930.
23. Ibidem, Aantekening van VOBO, 31 maart 1930 bij de brief van IdG aan MVD nr. 1280, 26 maart 1930.
24. Ibidem, Aantekening op de brief van IdG aan MVD nr. 4030 Geheim, 24 oktober 1929.
25. HEK 1928-1929, 360.
26. NL-HaNA, Generale Staf Landmacht, 1914-1940, 2.13.70, inv.nr. 1704: Bijlage bij de brief van CGS nr. 2039 Geheim, 27 juni 1927.
27. Dit landmachtstandpunt was eind 1935 desgevraagd meegedeeld aan ambtenaren van het Ministerie van Koloniën: NL-HaNA, Koloniën / Geheim archief, 2.10.36.51, inv.nr. 465: Nota 'Defensieve toerusting met gasprojectielen van het Kon. Ned. Ind. Leger' van de 6e Afd. (MVK), 12 december 1935.
28. J. Osborne red., *Handbook of Pre-1946 Chemical Weapons* (2e druk; z.p. 2006).
29. HTK 1926-1927, Bijlage A, Staatsbegroting 1927, hoofdstuk VIII, nr. 8, Voorlopig verslag, 23 november 1926 en nr. 10, Memorie van Antwoord, 9 december 1926.
30. HTK 1927-1928, Bijlage A, Staatsbegroting 1928, hoofdstuk VIII, nr. 10, Voorlopig verslag, 16 november 1927 en nr. 11, Memorie van Antwoord.
31. HEK 1927-1928, 354-355: Staatsbegroting 1928, hoofdstuk VIII, Voorlopig verslag.
32. HEK, 1927-1928, 541: Staatsbegroting 1928, hoofdstuk VIII, Memorie van Antwoord.
33. Zie ook: HEK 1927-1928, 1042-1043.
34. Zie o.a.: NL-HaNA, Artillerie-Inrichtingen, 2.13.86, inv.nr. 2589: 'Overzicht over den toestand van de Gasdienst AI' van Der Weduwen, 24 januari 1927.
35. Ibidem, inv.nr. 2396: IdG aan CGS nr. 1889 Geheim, 15 mei 1928.
36. NL-HaNA, Generale Staf Landmacht, 1914-1940, 2.13.70, inv.nr. 993: IdG aan MVO nr. 1340 Geheim, 10 april 1928.
37. De reactie van de minister is niet in de archieven aangetroffen, maar wordt vermeld in een brief van de CGS; zie: NL-HaNA, Artillerie-Inrichtingen, 2.13.86, inv.nr. 2396: CGS aan IdG nr. 1884 Geheim, 3 mei 1928.
38. Zie ook: ibidem, inv.nr. 2592: IdG aan CGS nr. 2193 Geheim, 18 juni 1929.
39. Ibidem, inv.nr. 2396: IdG aan CGS nr. 1889 Geheim, 15 mei 1928.
40. Ibidem, inv.nr. 2590: CGS aan DAI nr. 2126 Geheim, 21 mei 1928; DAI aan CGS nr. 294 Geheim, 23 mei 1928; ibidem, inv.nr. 2396: CGS aan DAI nr. 2328 Geheim, 12 juni 1928; DAI aan CGS nr. 350 Geheim, 14 juni 1928.
41. Zie: ibidem, inv.nr. 2592: 'Verslag omtrent de bereiding van diphenylarsinezuur en diphenylchloorarsine volgens de "Duitsche methode"', SL-AI nr. 1060/'29, 25 februari 1929.
42. Ibidem, Jaarverslag 1928 van SL-AI, nr. 1022/'29; ibidem, inv.nr. 2594: Jaarverslag 1929 van SL-AI, nr. 1034/'30. Kappelmeier was daarna in ieder geval nog lid van de Nationale Gascommissie, die was belast met (onderzoek naar) de bescherming van de burgerbevolking tegen (aero)chemische oorlogvoering; zie: Van Bergen, *De zwaarge-*

wonden eerst?, 310.
43. NL-HaNA, Artillerie-Inrichtingen, 2.13.86, inv.nr. 2589: 'Overzicht over den toestand van de Gasdienst AI' van Der Weduwen, 24 januari 1927; ibidem, inv.nr. 2592: Jaarverslag 1928 van SL-AI, nr. 1022/'29.
44. Ibidem, inv.nr. 2592: 'Verslag omtrent de bereiding van diphenylarsinezuur en diphenylchloorarsine volgens de "Duitsche methode"', SL-AI nr. 1060/'29, 25 februari 1929.
45. Ibidem, inv.nr. 2591: 'Verslag omtrent de technische bereiding van chloorpicrine', SL-AI nr. 1296/'28, 19 september 1928.
46. Ibidem, inv.nr. 2592: Jaarverslag 1928 van SL-AI nr. 1022/'29.
47. Ibidem, inv.nr. 2591: 'Verslag omtrent het vullen van gasprojectielen', SL-AI nr. 1295/'28, 21 september 1928.
48. Ibidem, inv.nr. 2594: Jaarverslag 1929 van SL-AI, nr. 1034/'30.
49. Frahm: ibidem, inv.nr. 2591: DAI aan VZ CVA nr. 550 Geheim, 15 oktober 1928; VZ CVA aan DAI, 25 oktober 1928; DAI aan VZ CVA nr. 606 Geheim, 29 oktober 1928. Brackman: ibidem, inv.nr. 2594: 'Verslag omtrent de semitechnische installatie voor de bereiding van mosterdgas', SL-AI nr. 1127/'30.
50. Ibidem, inv.nr. 2592: DAI aan DVD nr. 8 Geheim, 4 januari 1929 en nr. 166 Geheim, 8 mei 1929.
51. Ibidem, inv.nr. 2591: Der Weduwen aan Van Meerburg SL nr. 1352 Vertrouwelijk, 6 december 1928; Van Meerburg aan Der Weduwen, 21 december 1928; Der Weduwen aan Van Meerburg SL nr. 1368, 3 januari 1929.
52. Ibidem, inv.nr. 2592: MVD aan DAI Geheim Litt. M 49, 21 mei 1929.
53. Ibidem, DAI aan DVD nr. 210 Geheim, 31 mei 1929.
54. Ibidem, inv.nr. 2593: VZ CVA aan MVD nr. 9 Geheim, 26 juni 1929; MVD aan VZ CVA Geheim Litt. T 82, 23 augustus 1929. In 1930 deed prof. Jakob verslag van de proefnemingen met twee monsters mosterdgas die volgens verschillende procedés waren bereid; zie: ibidem, inv.nr. 2594: Verslag van farmacologische proefnemingen met twee monsters mosterdgas, aangeboden door secretaris- CVA aan DAI nr. 15 Geheim, 8 april 1930.
55. Ibidem, inv.nr. 2404: Commissie van Advies nopens Chemische Strijdmiddelen aan MVD nr. 13 Geheim, 8 september 1928.
56. A.J. der Weduwen, *Onderzoekmethoden voor de beoordeeling van gasmasker-vullingbussen.* [Mededeelingen van het Scheikundig Laboratorium der Artillerie-Inrichtingen, nr. 7] (december 1928).
57. NL-HaNA, Artillerie-Inrichtingen, 2.13.86, inv.nr. 2592: IdG aan CGS nr. 2193 Geheim, 18 juni 1929; IdG aan directeur-Militaire Gasschool nr. 2193 Geheim, 18 juni 1929.
58. HEK 1928-1929, 360: Rijksbegroting 1929, hoofdstuk VIII, Memorie van Antwoord. Vergelijk ook een jaar later de reactie van zijn opvolger Deckers: HEK 1929-1930, Bijlage A, Rijksbegroting 1930, hoofdstuk VIII, Memorie van Antwoord.
59. NL-HaNA, Artillerie-Inrichtingen, 2.13.86, inv.nr. 2593: DAI aan bestuur-Vereeniging van de Nederlandsche Chemische Industrie nr. 340 Geheim, 23 augustus 1929. In 1928 waren met enkele bestuursleden al oriënterende gesprekken gevoerd; ibidem, inv.nr. 2592: Jaarverslag 1928 van SL-AI, nr. 1022/'29.
60. Ibidem, inv.nr. 2594: Bestuur-Vereeniging van de Nederlandsche Chemische Industrie aan DAI, 18 januari 1930.
61. Ibidem, DAI aan "verschillende particuliere fabrieken" nr. 34 Geheim, 22 februari 1930.
62. HTK 1929-1930, Aanhangsel, nr. 209.
63. HEK 1929-1930, 680.
64. NL-HaNA, Generale Staf Landmacht, 1914-1940, 2.13.70, inv.nr. 993: IdG aan MVD nr. 1280, 26 maart 1930.
65. Ibidem, Diverse aantekeningen, 28, 29 en 31 maart 1930 bij de brief van IdG van 26 maart 1930.
66. Ibidem, CGS aan MVD nr. 1123 Geheim, 7 april 1930.
67. Ibidem, inv.nr. 994: MVD aan CGS Geheim Litt. V 4, 9 januari 1931.
68. Ibidem, inv.nr. 993: CV aan CGS nr. 416 Geheim, 24 juli 1930. Ook verschillende Kamerleden maakten zich zorgen over het tempo waarin in algemene zin chemische en fysische strijdmiddelen beschikbaar kwamen; zie: HTK 1928-1929, Bijlage A, Rijksbegroting 1929, hoofdstuk VIII, nr. 32, Voorlopig Verslag en nr. 33, Memorie van Antwoord.
69. NL-HaNA, Generale Staf Landmacht, 1914-1940, 2.13.70, inv.nr. 993: CV aan CGS nr. 444 Geheim, 11 augustus 1930; MVD aan CV Geheim Litt. X 100, 26 september 1930.
70. Ibidem, inv.nr. 995: IdG aan MVD nr. 395 Geheim, 31 januari 1933; MVD aan IdG Geheim Litt. X 38, 20 maart 1933.

71. Ibidem, inv.nr. 993: IdG aan MVD nr. 1706 Geheim, 23 april 1930.
72. Ibidem, CGS aan MVO nr. 1465 Geheim, 29 april 1930.
73. Ibidem, MVD aan CGS Geheim Litt. IJ 57, 31 mei 1930.
74. NL-HaNA, Artillerie-Inrichtingen, 2.13.86, inv.nr. 2596: Jaarverslag 1930 van SL-AI, nr. 1008/'31.
75. Ibidem, inv.nr. 1364: DAI aan MVO Technische Zaken nr. 230 Geheim, 14 april 1931; zie ook: ibidem, inv.nr. 1362: 'Verslag omtrent de, in 1930 in verband met de Chemische Verdedigingsvoorbereiding, verrichte werkzaamheden' van Der Weduwen, aangeboden door DAI aan IdG, 8 januari 1931.
76. In de correspondentie zijn zowel optimistische als pessimistische beoordelingen van de Nederlandse mogelijkheden te vinden; vergelijk bijv.: NL-HaNA, Generale Staf Landmacht, 1914-1940, 2.13.70, inv.nr. 1408: MVO aan Nederlandse Delegatie bij de Voorbereidende Ontwapeningsconferentie Geheim Litt. X 77, 13 oktober 1926; NL-HaNA, Artillerie-Inrichtingen, 2.13.86, inv. nr. 2590: MVO aan MinBuZa Geheim Litt. N 30, 28 maart 1928.
77. Het is opmerkelijk dat in dit geval het probleem van de opslag van aangemaakte voorraden mosterdgas kennelijk niet speelde.
78. NL-HaNA, Artillerie-Inrichtingen, 2.13.86, inv.nr. 1364: IdG aan DAI nr. 1869 Geheim, 19 mei 1931.
79. NL-HaNA, Generale Staf Landmacht, 1914-1940, 2.13.70, inv.nr. 994: Aantekeningen in de marge bij de stukken van DAI en IdG; aantekening, 21 mei 1931; zie ook: aantekeningen bij IdG aan MVD nr. 1241 Geheim, 31 maart 1931.
80. Voor een vergelijkbaar voorbeeld van een verkeerde interpretatie, in dit geval van het beleid van de minister aangaande de aanmaak van chemische strijdmiddelen, zie: ibidem, inv.nr. 993: IdG aan MVD nr. 4030 Geheim, 24 oktober 1929 met de daarbij gemaakte aantekeningen in de marge.
81. Ibidem, inv.nr. 994: CGS aan MVO nr. 1911 Geheim, 4 juni 1931.
82. Ibidem, IdG aan MVD nr. 2081 Geheim, 5 juni 1931 met de bijgevoegde aantekeningen, 8 juni 1931; CGS aan MVD nr. 2140 Geheim, 11 juni 1931. Voor de opleiding van gasverkenners en -ontsmetters, zie bijv.: NL-HaNA, Chefs Artillerie, 2.13.61, inv.nr. 736: dossier nr. 2399 (1928). Een aardig detail is dat de kandidaten voor de functie van gasverkenner aanvankelijk willekeurig gekozen moesten worden uit de niet-rokers. De "scherpte van het reukvermogen" was voor deze functie zeer belangrijk, maar mogelijkheden om dit te testen bestonden nog niet. Zie: ibidem, IdG aan IdA nr. 1442, 16 april 1928. Later kreeg men hiervoor de beschikking over een reukmeetinstallatie; zie: Schilderman, 'Gasoorlog', 197-198; C. Mattern en J. Idzerda, 'Waarnemen van oorlogschemicaliën in de atmospheer met behulp van het reukorgaan', *De Militaire Spectator* 97 (1928) 421-434.
83. NL-HaNA, Generale Staf Landmacht, 1914-1940, 2.13.70, inv.nr. 994: MVD aan DAI Geheim Litt. G 85, 27 juli 1931.
84. Zie ook: ibidem, IdG aan MVD nr. 3974 Geheim, 15 oktober 1931; MVD aan DAI Geheim Litt. L 122, 29 november 1931; MVD aan IdG, DAI e.a. Geheim Litt. N 130, 18 november 1931.
85. NL-HaNA, Artillerie-Inrichtingen, 2.13.86, inv.nr. 2598: Der Weduwen aan kap Burgdorffer nr. 1038/'32, 4 juni 1932; zie ook: ibidem, inv.nr. 1382: DAI aan IdG, 31 augustus 1939.
86. Zie ook een notitie over dit onderwerp in: NL-HaNA, Generale Staf Landmacht, 1914-1940, 2.13.70, inv.nr. 1704.
87. Bij de mobilisatie was 150 ton chloorkalk "gereserveerd" voor militair gebruik; zie: NL-HaNA, Artillerie-Inrichtingen, 2.13.86, inv.nr. 2363: Verslag van de vergadering ter voorbereiding van de oprichting van het COW en het Directorium COW, 31 augustus 1939.
88. Ibidem, inv.nr. 2598: Jaarverslag 1931 van SL-AI, nr. 1102/'32.
89. Ibidem, inv.nr. 2644: diverse stukken over proefnemingen in 1936.
90. NL-HaNA, Generale Staf Landmacht, 1914-1940, 2.13.70, inv.nr. 994: IdG aan MVD nr. 2024 Geheim, 18 mei 1932; ibidem, inv.nr. 995: IdG aan MVD nr. 171 Geheim, 7 februari 1934. Dit onderzoek leverde overigens geen bruikbare "indicator" op.
91. Zie o.a.: NL-HaNA, Artillerie-Inrichtingen, 2.13.86, inv.nr. 2592: VZ CVA aan MVD Geheim nr. 6, 31 mei 1929.
92. Ibidem, inv.nr. 2596: Jaarverslag 1930 van SL-AI, nr. 1008/'31; DAI aan SL-AI, 28 januari

1931; notitie van Der Weduwen nr. 1010/'31, 30 januari 1931; ibidem, inv.nr. 2404: 'Overzicht van de werkzaamheden van de Commissie van Advies nopens Chemische Strijdmiddelen' van DAI, 22 juni 1933.

93. Ibidem, inv.nr. 2601: Der Weduwen aan De Boer nr. 1068/'33, 8 december 1933; De Boer aan Der Weduwen, 10 december 1933; vgl. ook de brieven aan prof. Waterman en prof. Kluyver nr. 1064/'33 resp. nr. 1065/'33, 2 december 1933.
94. Ibidem, inv.nr. 2404: Besluit MVD Geheim Litt. C 91, 21 juni 1934. Voor de toespraak van MVD bij de installatie van de commissie, zie: ibidem, inv.nr. 2363: Der Weduwen aan Directorium COW, 28 oktober 1939. Voor de afstemming met het COW tijdens de mobilisatie, zie: ibidem, inv.nr. 2364: naast diverse vergaderverslagen van het Directorium COW vooral: notitie 'Commissie van advies nopens chemische en aanverwante verdedigings-vraagstukken (Chemische Commissie)', 16 januari 1940; 'Toelichting tot de voorstellen, welke (...) zijn gedaan t.a.v. de werkwijze der commissie', bijlage bij het verslag van de 100e vergadering van het Directorium COW, 26 februari 1940; 'Richtlijnen voor de werkwijze van de Commissie van Advies nopens Chemische en Aanverwante Verdedigingsvraagstukken en voor de samenwerking tusschen het Directorium COW en deze commissie', aangeboden bij brief van vz Directorium COW en vz CVA aan MVD nr. 163 U Geheim, 19 maart 1940, bijlage bij het verslag van de 105e vergadering van het Directorium COW, 18 maart 1940.
95. Zie o.a.: ibidem, inv.nr. 2605: vz CVA aan DAI nr. 43/'35, 19 december 1935.
96. Ibidem, inv.nr. 2608: Contract vz CVA en proefpersoon, bijlage bij: vz CVA aan DAI nr. 100-8, 7 september 1937.
97. Ibidem, MVD aan CVA Ve Afd. nr. 11, 29 januari 1937.
98. Ibidem, vz CVA aan DAI nr. 100-8, 7 september 1937.
99. Zie: ibidem, Overeenkomst DAI en proefpersoon.
100. DGW&T-rapport 'Historisch onderzoek mosterdgas Hembrug', Kruiswijk aan DAI, 8 september 1937; DAI aan Kruiswijk, 20 september 1937; Kruiswijk aan DAI, 22 september 1937.
101. NL-HaNA, Artillerie-Inrichtingen, 2.13.86, inv.nr. 2916: weekrapport SL-AI nr. 44 van 30 oktober-4 november 1939; nr. 45 van 6-11 november 1939.
102. Ibidem, inv.nr. 1390: Der Weduwen aan DAI nr. SL 924, 5 januari 1940; DAI aan Der Weduwen, 10 januari 1940.
103. Ibidem, inv.nr. 2607: 'Verslag omtrent de in 1936 in verband met de chemische verdedigingsvoorbereiding verrichte werkzaamheden' nr. SL 1067/'36, 26 oktober 1936; ibidem, inv.nr. 2608: DAI aan Regeeringscommissariaat voor Industrieele Verdedigingsvoorbereiding nr. 2552 Geheim, 26 november 1937.
104. Ibidem, inv.nr. 2611: 'Verslag bezoek aan de MEKOG op 25-10-'38' van SL-AI, 27 oktober 1938; zie ook: ibidem, inv.nr. 2605: Notitie SL-AI nr. 1082/1935.
105. Ibidem, inv.nr. 2614: Jaarverslag 1939 van SL-AI nr. 1002/'40; zie ook: ibidem, inv.nr. 1382: Der Weduwen aan DAI nr. SL 916, 4 januari 1940.
106. Zie hiervoor o.a.: ibidem, inv.nr. 1353: Diverse verslagen van majoor Schilderman, 22 juli 1929, 28 oktober 1929 en 21 januari 1930; MVD aan DAI Ve Afd. nr. 13, 25 januari 1932; DAI aan IdG Technische Zaken nr. 727, 2 maart 1932; MVD aan DML en DAI IVe Afd. B nr. 35, 21 april 1932.
107. Ibidem, inv.nr. 2612: Jaarverslag 1938 van SL-AI nr. 1002/'39.
108. Ibidem, inv.nr. 2611: 'Het Scheikundig Laboratorium der Artillerie-Inrichtingen. Toestand vóór 1 December 1938' van ir. H.A.D. Gravendeel, SL-AI nr. 1109/1938. Zie ook: ibidem, inv.nr. 2916: weekrapport SL-AI nr. 29 van 17-22 juli 1939; nr. 30 van 24-29 juli 1939; nr. 31 van 31 juli-5 augustus 1939; nr. 32 van 7-12 augustus 1939; nr. 33 van 7-19 augustus 1939; nr. 36 van 4-9 september 1939; nr. 43 van 23-28 oktober 1939.
109. Ibidem, inv.nr. 2614: Jaarverslag 1939 van SL-AI nr. 1002/'40.
110. Ibidem, 'Samenvatting van een rapport over de bereiding van thiodiglycol uit aethyleenoxyde en zwavelwaterstof' van ir. O.E.V. Dingemans, september 1940.

HOOFDSTUK 4

1. Zie de relevante correspondentie in: NL-HaNA, Generale Staf Landmacht, 1914-1940, 2.13.70, inv.nr. 555.
2. McCamley, *Secret History*, 92-94.
3. Zie o.a.: NL-HaNA, Koloniën / Londen, 2.10.45, inv.nr. 689: Nota's De Boer, 22 en 31 januari 1942.

4. NL-HaNA, Commissariaat Indische Zaken, 2.10.49, inv.nr. 3139: Legercommandant aan GG nr. 137/VIIA Spoed, 22 oktober 1927, doorgezonden door GG aan MVK onder nr. 782/13/CIZ, 29 oktober 1927; zie ook: ibidem, MVO aan MVK IIe Afd. nr. 56, 3 november 1927.
5. NL-HaNA, BuZa / A-dossiers, 1919-1940, 2.05.21, inv.nr. 1492: MVK aan MinBuZa 7[e] Afd. nr. 43, 15 juni 1925; zie ook: ibidem, inv. nr. 1797: MVK aan MinBuZa nr. 47, 5 februari 1923.
6. De correspondentie hierover is niet in de archieven teruggevonden, maar laat zich reconstrueren op basis van latere briefwisseling; zie m.n. de in de volgende noot genoemde brief.
7. NL-HaNA, Commissariaat Indische Zaken, 2.10.49, inv.nr. 3139: Legercommandant aan GG nr. 174/VIIA Zeer Geheim, 9 maart 1928.
8. Ibidem, gouvernementssecretaris aan legercommandant nr. 53/D Geheim, 20 maart 1928. Voor de politiek-strategische context, zie: H.Th. Bussemaker, *Paradise in Peril. Western Colonial Power and Japanese Expansion in South-East Asia 1905-1941* (Amsterdam 2001) 381.
9. NL-HaNA, Commissariaat Indische Zaken, 2.10.49, inv.nr. 3139: GG aan MVK nr. 214/5, 20 maart 1928 en MVK aan MVO CIZ Afd. C nr. 36, 5 mei 1928.
10. Ibidem, MVO aan MVK II[e] Afd. nr. 41, 6 juni 1928.
11. Ibidem, Nota 'Voorbereiding tot het voeren van den gasoorlog door het Indische Leger' van de 6[e] Afdeling, 23 juni 1928.
12. Het Commissariaat ontwikkelde zich echter niet tot een volwaardig agentschap en bleef onderdeel van het departement. Zie hiervoor: B. de Graaff, *'Kalm temidden van woedende golven'. Het ministerie van Koloniën en zijn taakomgeving 1912-1940* (Den Haag 1997) 134-143.
13. NL-HaNA, Commissariaat Indische Zaken, 2.10.49, inv.nr. 3139: Aantekening van CIZ, 25 juni 1928 op de in noot 11 genoemde nota.
14. Ibidem, MVK aan GG CIZ Afd. C nr. 30/424, 4 juli 1928.
15. NL-HaNA, Artillerie-Inrichtingen, 2.13.86, inv.nr. 1916: H-III[e] Afd. DVO [Bandung] aan H-Afd. G [CIZ, MVK] nr. 199/III Geheim, 23 september 1927.
16. Ibidem, Schulman aan H-Afd. G, CIZ, 31 maart 1929 en H-Afd. G, CIZ aan DAI nr. 204/G, 10 april 1929.
17. Ibidem, Aantekening van Der Weduwen, 15 april 1929 op de in noot 16 genoemde brief van H-Afd. G.
18. Ibidem, DAI aan H-Afd. G, CIZ Technische Zaken nr. 1594, 20 april 1929.
19. NL-HaNA, BuZa / A-dossiers, 1919-1940, 2.05.21, inv.nr. 1074: MVD aan MinBuZa Geheim Litt. T 10, 30 januari 1930. Deze informatie is toevallig bewaard gebleven in correspondentie over de vraag of het de Hollandsche Industrie en Handelmaatschappij was toegestaan om aan het buitenland gasgranaten te leveren; zie hiervoor verder: ibidem, MVD aan Hollandsche Industrie en Handelmaatschappij, 13 maart 1929; Hollandsche Industrie en Handelmaatschappij aan MVJ, 20 maart 1929; MinBuZa aan MVJ, 3 juni 1929; MVJ aan Hollandsche Industrie en Handelmaatschappij, 12 juni 1929; MVD aan MinBuZa, 1 juli 1929; MinBuZa aan MVD, 29 juli 1929.
20. Eerste luitenant (KNIL) A.G. Mantel schreef in 1930/31 in opdracht van de afdeling Artillerie van het Indische Departement van Oorlog een verslag over de constructie van gasgranaten; zie: NL-HaNA, Artillerie-Inrichtingen, 2.13.86, inv.nr. 2597: verslag van elnt Mantel, 16 februari 1931; NL-HaNA, Generale Staf Landmacht, 1914-1940, 2.13.70, inv.nr. 994: Feber aan MVD nr. 31 Geheim, 11 maart 1931.
21. *Gedenkboek Technische Werkplaatsen van het Koninklijk Nederlands Indonesisch Leger. Artillerie-Inrichtingen 1923-1942. Leger-Productie-Bedrijven 1947-1949* (z.p. z.j. (1949 of 1950)) 22-23. De Pyrotechnische Werkplaats beschikte daarnaast nog over een Scheikundig Laboratorium, dat zich slechts met chemische onderzoekingen op het gebied van conventionele munitie bezighield. De situatie was dus anders dan bij de Artillerie-Inrichtingen in Hembrug.
22. Deze tekst is afkomstig uit de 'Beschouwingen over de taak, de inrichting en het personeel van de Artillerie-Inrichtingen (enz.)', opgesteld ter gelegenheid van het bezoek van de gouverneur-generaal op 1 oktober 1937, overgenomen in het eerder aangehaalde *Gedenkboek Technische Werkplaatsen van het Koninklijk Nederlands Indonesisch Leger*.
23. *Bijdrage tot de kennis der werking van het mosterdgas op de huid en van den invloed der meest gebruikte 'ontsmettingsmiddelen' op het beloop der aandoeningen* [Mededeelingen uit de gaslaboratoria van het Koninklijk Neder-

lands-Indisch Leger 1] (1938). Zie ook: J.P. van der Schroeff, *Bijdrage tot de kennis der werking van dichloor-diaethyl-sulfide (mosterdgas) op de blanke en de meer gepigmenteerde huid* (Bandung 1937).
24. SSA, MVD RVO-TNO, 1925-1979, inv.nr. 895: 'Beknopt overzicht van de gasopleiding bij het KNIL 1933-1942' van kap (KNIL) F. Sleebos, 31 maart 1947.
25. NL-HaNA, Artillerie-Inrichtingen, 2.13.86, inv.nr. 832: Brievenboek geheime correspondentie DAI 1929, nr. 94: GS Bandung aan DAI nr. 15/1.VII A, 18 februari 1929 en nr. 98: DAI aan GS Bandung, 20 maart 1929.
26. Ibidem, inv.nr. 2592: DAI aan H-Afd. G, CIZ Technische Zaken nr. 2753 Geheim, 18 juni 1929.
27. Ibidem, inv.nr. 1980: H-Afd. G, CIZ aan DAI, nr. 1531/G Spoed, 5 november 1935 en DAI aan H-Afd. G, CIZ Technische Zaken nr. 5694, 10 december 1935; ibidem, inv.nr. 2404: DAI aan H-Afd. G CIZ nr. 1894 Geheim, 13 november 1935.
28. Ibidem, inv.nr. 1980: H-Afd. G, CIZ aan DAI nr. 2381/G, 19 december 1936 en DAI aan H-Afd. G, CIZ Technische Zaken nr. 6969/36, 18 februari 1937. Zie ook de briefwisseling over de bestelling van 10 kg lewisiet en 5 kg difosgeen in 1939: ibidem, H-Afd. G, CIZ aan DAI nr. 4032/G, 2 oktober 1939 en nr. 5164/G, 7 december 1939; DAI aan H-Afd. G, CIZ nr. 3349, 27 december 1939 en nr. 254, 12 januari 1940.
29. Ibidem, inv.nr. 2606: DAI aan H-Afd. G, CIZ Technische Zaken nr. 122, 20 februari 1936.
30. Ibidem, inv.nr. 1980: DAI aan H-Afd. G, CIZ Technische Zaken nr. 5694, 10 december 1935; ibidem, inv.nr. 2606: Jaarverslag 1935 van SL-AI nr. 1004/'36; DAI aan H-Afd. G, CIZ Technische Zaken nr. 122, 20 februari 1936.
31. Ibidem, inv.nr. 2404: DAI aan H-Afd. G, CIZ nr. 1894 Geheim, 13 november 1935.
32. NL-HaNA, Koloniën / Geheim archief, 2.10.36.51, inv.nr. 431: Gezant Wenen L.G. van Hoorn aan MinBuza nr. 978/501, 19 juli 1934; MinBuza aan MVK Afd. DZ (GA) nr. 3716, 25 juli 1934; MVK aan MinBuza Lr. A 21 Geheim, 27 juli 1934.
33. Ibidem, inv.nr. 465: Legercommandant aan GG nr. 949/VII A-7 Geheim, 1 november 1935.
34. Ibidem, GG aan MVK nr. 261, 5 december 1935.
35. NL-HaNA, BuZa / A-dossiers, 1919-1940, 2.05.21, inv.nr. 1549: 'Aantekening aan Zijne Excellentie' van afd. Volkenbondzaken, december 1935.
36. Goldblat, *CB Disarmament Negotiations*, 172.
37. NL-HaNA, Koloniën / Geheim archief, 2.10.36.51, inv.nr. 465: Nota 'Defensieve toerusting met gasprojectielen van het Kon. Ned. Ind. Leger' van de 6e Afd., 12 december 1935.
38. Ibidem, MVK aan GG Lr. J 27 nr. 148 Geheim, 17 december 1935.
39. Ibidem, inv.nr. 583: Legercommandant aan GG nr. 722/VII A-15 Geheim, 6 augustus 1938, opgenomen in het dossier bij MVK aan GG nr. H 26, 25 april 1940.
40. Zie: *Nederlands-Indië contra Japan* II, 243-244.
41. NL-HaNA, Artillerie-Inrichtingen, 2.13.86, inv.nr. 2404: H-Afd. G CIZ aan DAI Afd. G. nr. 2692/G Zeer Geheim, 12 november 1937.
42. Zie o.a.: Coleman, *History of Chemical Warfare*, 50-51; Spiers, *Chemical Weaponry*, 88-93; McCamley, *Secret History*, 48-52.
43. S. Schilderman, 'Strijdgassen tegen landingen', *Indisch Militair Tijdschrift* 68 (1937) 111-113; zie ook, van dezelfde auteur: 'Gebruik van strijdgassen in den bewegingsoorlog', *Indisch Militair Tijdschrift* 68 (1937) 892-895. Begin 1938 ontving het KNIL bovendien de eerste inlichtingen over het gebruik van strijdgassen door het Japanse leger van een informant, de in China woonachtige kol b.d. van de KL H.D. de Frémery; zie: G. Teitler en K.W. Radtke red., *A Dutch spy in China. Reports on the First Phase of the Sino-Japanese War (1937-1939)* (Leiden 1999) 138-140, 146, 218.
44. NL-HaNA, Artillerie-Inrichtingen, 2.13.86, inv.nr. 2404: Cmentek aan DAI, 21 januari 1938.
45. Ibidem, DAI aan CIZ nr. 230 Geheim, 2 februari 1938.
46. Ibidem, H-Afd. G CIZ aan DAI Afd. G no. 814/G Geheim, 16 maart 1938.
47. Ibidem, DAI aan Cmentek nr. 1226 Geheim, 27 april 1938 en Cmentek aan DAI, 1 mei 1938; hierbij bevindt zich ook een exemplaar van het ondertekende contract. Zie: F. Peeters en H. Pen, 'Duits expert hielp Nederland na Eerste Wereldoorlog met gifgas', *Het Parool* 12 maart 1994.
48. Deze benaming was ontleend aan het feit dat mosterdgas voor het eerst in juli 1917 bij Ieper was ingezet.
49. NL-HaNA, Koloniën / Geheim archief, 2.10.36.51, inv.nr. 539: gouvernementssecretaris aan de Raad van Nederlands-Indië nr.

18/B Geheim, 20 januari 1939.
50. NL-HaNA, Artillerie-Inrichtingen, 2.13.86, inv.nr. 2404: Cmentek aan DAI nr. 4, 20 mei 1938, nr. 5, 22 mei 1938 en nr. 6, 26 mei 1938; de overige correspondentie is alleen bekend uit de vermelding in het brievenboek: ibidem, inv.nr. 836: Brievenboek geheime correspondentie DAI 1938.
51. Ibidem, inv.nr. 1980: Nota Mets t.b.v. IdA nr. 429/13/660.2 Geheim Spoed, 10 oktober 1938.
52. Ibidem, inv.nr. 2003: Bestektekeningen uit juli/augustus 1938 van het "gebouw voor kaneelolieinstallatie", behorend bij TZ nr. 5843 Geheim, 27 augustus 1938.
53. Deze bestektekening met bijgevoegde notities is opgenomen in het DGW&T-rapport 'Historisch onderzoek mosterdgas Hembrug'.
54. NL-HaNA, Artillerie-Inrichtingen, 2.13.86, inv.nr. 2612: Jaarverslag 1938 van SL-AI NA nr. 1002/'39; ibidem, inv.nr. 2614: Jaarverslag 1939 van SL-AI nr. 1002/'40; zie bijv. ook: ibidem, inv.nr. 2611: 'Het Scheikundig Laboratorium der Artillerie-Inrichtingen. Toestand vóór 1 December 1938' van ir. H.A.D. Gravendeel, SL-AI nr. 1109/1938.
55. Ibidem, inv.nr. 2611: 'Verslag ongeval Vosbergen' van Der Weduwen en Scheper, 15 december 1938.
56. Voor de verwerving hiervan, zie: ibidem, inv.nr. 2238: notitie nr. 2387, 25 mei 1939.
57. Ibidem, inv.nr. 2612: Jaarverslag 1938 van SL-AI.
58. Tot het gehoor behoorden ook universitaire wetenschappers; zie: ibidem, inv.nr. 1011: notities van 25 oktober 1938.
59. Ibidem, inv.nr. 2614: Jaarverslag 1939 van SL-AI.
60. Collectie NIMH, dossier 'Dijkstra': 'Statische berekening v/d staalconstructies v/e proefinstallatie voor de PW te Batoedjadjar' van Technisch Bureau en Constructiewerkplaats De Unie te Bandoeng, februari 1939.
61. NL-HaNA, Artillerie-Inrichtingen, 2.13.86, inv.nr. 1980: DAI aan H-Afd. G, CIZ Technische Zaken nr. 314, 17 januari 1939 en H-Afd. G, CIZ aan DAI nr. 181/G Geheim, 21 januari 1939; in dit dossier ook het op 14 resp. [21?] februari 1939 ondertekende contract. Vergelijk: ibidem, inv.nr. 2238: notitie nr. 6454.
62. Dat gold niet voor het droog zoutzuurgas, dat mogelijk als alternatief kon dienen. Zie hiervoor: ibidem, inv.nr. 1980: Nota Mets t.b.v. IdA nr. 429/13/660.2 Geheim Spoed, 10 oktober 1938.
63. Al in augustus 1938 waren monsters thiodiglycol van andere aanbieders o.a. door Ligtenberg onderzocht; ibidem, inv.nr. 2238: notitie nr. 4609 (vergelijk nr. 5365), 24 augustus 1938.
64. Ibidem, notitie nr. 400-401, 20 januari 1939.
65. De Graaff, *Het ministerie van Koloniën*, 444.
66. NL-HaNA, Artillerie-Inrichtingen, 2.13.86, inv.nr. 2611: DAI aan H-Afd. G, CIZ Technische Zaken nr. 9682 Geheim, 15 december 1938; DAI aan vertegenwoordigers van diverse chemische firma's Aanschaffing nr. 10541 A/7131, 24 december 1938; ibidem, inv. nr. 2612: DAI aan H-Afd. G CIZ Technische Zaken 2225 Geheim, 6 april 1939.
67. Er was o.a. contact met Cmentek: ibidem, inv.nr. 2237: notitie nr. 2084, 22 maart 1938.
68. Zie vooral: SSA, RVO-TNO CL, Numerieke Reeks, doos 150, NR 1976, vanaf 2100: 'Notitie met betrekking tot opgeslagen mosterdgas', bijlage bij Van Zelm aan Warmenhoven (MinBuza) nr. 76 C 889 Confidentieel, 7 november 1976; Collectie NIMH, dossiers 'Dijkstra' en 'Hembrug/Batujajar'.
69. Dit vindt bevestiging in: SSA, MVD RVO-TNO, 1925-1979, inv.nr. 895: Tersteege aan Sleebos, 6 mei 1947, bijlage bij verslag bijeenkomst Chemisch Team op 27 mei 1947.
70. NL-HaNA, Koloniën / Geheim archief, 2.10.36.51, inv.nr. 583: Legercommandant aan GG nr. 410/VIIA-3 Geheim, 16 maart 1940.
71. Collectie NIMH, dossier 'Dijkstra': Dijkstra aan D-LPB, 29 maart 1950. M. Haug, 'Historical chemical weapons sites in the Asia-Pacific region. Indonesia' (1996; aangepast 2002), een niet meer toegankelijke internetpublicatie aanwezig in de bibliotheek van de OPCW, meldt derhalve ten onrechte dat "reports make no mention of a filling facility in the area".
72. G. Casius en T. Postma, *40 jaar luchtvaart in Indië* (Alkmaar 1986) 84; P.C. Boer e.a., *De luchtstrijd om Indië. Operaties van de Militaire Luchtvaart KNIL in de periode december 1941 - maart 1942* (Houten 1990) 205. Deze informatie is afkomstig uit interviews met oud-medewerkers van de ML-KNIL. Bevestiging van het bestaan van "gassproeitoestellen voor vliegtuigen" is te vinden in: SSA, MVD RVO-TNO, 1925-1979, inv.nr. 895: Notitie 'Ontwerp-werkprogramma voor het Chemisch Team' van Sleebos, 14 maart 1947.
73. Mededeling per e-mail van P.C. Boer aan J.M.J. Bosch, 20 augustus 2009.

74. Zie bijv.: A.W. Claasen, 'De chemische oorlogvoering', *Wetenschappelijk Jaarbericht van de Vereeniging ter beoefening van de krijgswetenschap* 28 (1938-1939) 200-221, aldaar 220.
75. S. Schilderman, 'Het gebruik van strijdgassen in den Italiaansch-Abessijnschen Oorlog en de daaruit te trekken lessen', *Indisch Militair Tijdschrift* 67 (1936) 883-886. Zie o.a.: Coleman, *History of Chemical Warfare*, 47-49; Spiers, *Chemical Weaponry*, 84-88; McCamley, *Secret History*, 41-47; Tucker, *War of Nerves*, 29.
76. Zie bijv.: Claasen, 'Chemische oorlogvoering', 220-221.
77. Voor de eerstgenoemde proefnemingen, zie ook p. 75. Verder is vermeldenswaard dat de Artillerie-Inrichtingen in Hembrug tegen het einde van 1936 een apparaat voor het sproeien voor nevelzuren hadden ontwikkeld; zie: NL-HaNA, Artillerie-Inrichtingen, 2.13.86, inv.nr. 2607: DAI aan IdG nr. 2054 Geheim, 10 december 1936. Proefnemingen met het bestuiven van gewassen vanuit vliegtuigen vonden in Nederlands-Indië onder meer in 1928 plaats; zie: G.J. Berenschot, 'Het Leger in Nederlandsch-Indië', *Wetenschappelijk Jaarbericht van de Vereeniging ter beoefening van de krijgswetenschap* 18 (1928) 333-369, aldaar 364.
78. SSA, MVD RVO-TNO, 1925-1979, inv.nr. 895: Notitie 'Ontwerp-werkprogramma voor het Chemisch Team' van Sleebos, 14 maart 1947.
79. Ook over deze middelen was in de jaren dertig het een en ander in de internationale vakliteratuur terug te vinden; zie bijv.: Claasen, 'Chemische oorlogvoering', 220-221. In 1936 schafte het KNIL enkele sproeiapparaten aan voor het verspreiden van (ongevaarlijke) oefengassen tijdens oefeningen in het terrein; zie: J.J. Mojet, 'Het Leger in Nederlandsch-Indië', *Wetenschappelijk Jaarbericht van de Vereeniging ter beoefening van de krijgswetenschap* 26 (1936) 372-414, aldaar 396.
80. Collectie NIMH, dossier 'Dijkstra': Dijkstra aan D-LPB, 29 maart 1950.
81. Voor een overzicht van de geallieerde activiteiten op dit gebied, zie: M. Haug, 'Allied chemical weapons in the Asia-Pacific theatre during World War II', *OPCW Synthesis* septembernummer (2001) 20-21.
82. Ook de dreiging van de toepassing door Japan van bacteriologische oorlogvoering (met name gele koorts) werd serieus genomen; zie: NL-HaNA, Koloniën / Londen, 2.10.45, inv.nr. 689: Militair attaché Washington aan GG, 10 juni 1941; GG aan militair attaché Washington nr. 79 Zeer Geheim, 13 juni 1941; militair attaché Washington aan GG nr. 284/C Geheim Eigenhandig, 19 juni 1941; GG aan MVK nr. 38/2 Geheim, 19 juli 1941; MVK aan GG nr. 3387/0202005 Geheim, 5 november 1941; SSA, MVD RVO-TNO, 1925-1979, inv.nr. 895: F. Sleebos, 'De chemische oorlogvoering en hare aspecten in een toekomstoorlog', 21 januari 1948. Zie ook: Williams en Wallace, *Unit 731*, m.n. 91-93.
83. NL-HaNA, Koloniën / Londen, 2.10.45, inv.nr. 689: Gerbrandy aan Landvoogd Batavia nr. BR/142 Geheim Cijfer (MVK nr. 212/020203), 12 januari 1942.
84. Boer, *Luchtstrijd om Indië*, 205.
85. SSA, RVO-TNO CL, Numerieke Reeks, doos 150, NR 1976, vanaf 2100: 'Notitie met betrekking tot opgeslagen mosterdgas', bijlage bij Van Zelm aan Warmenhoven (MinBuza) nr. 76 C 889 Confidentieel, 7 november 1976.
86. NL-HaNA, Tweede Kamer, 1815-1945, 2.02.22, inv.nr. 929: 'Verslag van de Commissie van Onderzoek ingesteld naar aanleiding van het ongeval met mosterdgas op het terrein van de fabriek Hembrug der Artillerie-Inrichtingen', 19 juni 1939.
87. HTK 1938-1939, Aanhangsel, nr. 94.
88. Zie overigens: HTK 1993-1994, Aanhangsel 765-766, nr. 376. In reactie op de vraag van de Kamerleden Sipkes en Willems "Is de Kamer in het verleden geïnformeerd over de produktie van zulke gassen [verwijzend naar de productie van mosterdgas in Hembrug en Batujajar, HR]? Zo neen, waarom niet?", verwees staatssecretaris Frinking naar het antwoord van minister Van Dijk van 27 juni 1939. Gezien de inhoud van dit antwoord, was de reactie van de staatssecretaris ten minste onvolledig. De Kamer was overigens al in 1983 over de productie van mosterdgas in Nederlands-Indië geïnformeerd; zie: HTK 1982-1983, nr. 17 858, ondernr. 1-2, 'Nota betreffende chemische wapens' van MinBuza en MinDef, 13 april 1983.
89. NL-HaNA, Artillerie-Inrichtingen, 2.13.86, inv.nr. 2613: Instructie 'Bewaren, transport en vernietigen van strijdgassen' van H-Afd. Org. Scheikunde nr. 1063/1939, 1 augustus 1939.
90. Ibidem, inv.nr. 2614: Jaarverslag 1939 van SL-AI nr. 1002/'40; ibidem, inv.nr. 2916:

weekrapport SL-AI nr. 27 van 3-8 juli 1939; nr. 29 van 17-22 juli 1939; nr. 30 van 24-29 juli 1939.

91. Ibidem, weekrapport SL-AI nr. 37 van 11-16 september 1939; nr. 38 van 18-23 september 1939; nr. 39 van 25-30 september 1939; nr. 40 van 2-7 oktober 1939; nr. 41 van 9-14 oktober 1939.
92. Ibidem, inv.nr. 2916: weekrapport SL-AI nr. 33 van 7-19 augustus 1939; nr. 34 van 21-26 augustus 1939; SSA, MVD RVO-TNO, 1925-1979, inv.nr. 891: Verslag 'Lotgevallen van het scheikundig laboratorium der Artillerie-Inrichtingen, gedurende de Duitsche bezetting', aangeboden bij brief van Der Weduwen aan CL nr. 1008-2-'45, 18 juni 1945. Zie ook: <www.stelling-amsterdam.nl/stelling/extra/mosterdgas>, waar de hoeveelheid als "maximaal drie ton" wordt aangeduid.
93. NL-HaNA, Artillerie-Inrichtingen, 2.13.86, inv.nr. 2082: Von Keyserlingk (Rheinmetall-Borsig AG, Dienststelle AI) aan Rüstungs-Inspektion Niederlande, Abt. Heer II nr. B 556, 27 november 1943; Rüstungs-Inspektion Niederlande, Abt. Heer II aan Afwikkelingsbureau AI nr. 14364/43, 2 december 1943; Afwikkelingsbureau AI aan Rüstungs-Inspektion Niederlande, Abt. Heer II nr. 2285, 31 december 1943; Afwikkelingsbureau AI aan Feldzeugstab Holland nr. 2286, 31 december 1943. Verder was er nog een voorraad van 500 kg thiodiglycol, die eveneens moest worden vernietigd: ibidem, inv.nr. 2087: Der Weduwen aan Afwikkelingsbureau AI nr. 1062/'43, 12 november 1943; ibidem, inv.nr. 2083: Afwikkelingsbureau AI aan Chemisch Laboratorium TNO nr. 166, 9 februari 1944; Rüstungs-Inspektion Niederlande, Abt. Heer II aan Afwikkelingsbureau AI nr. 1834/44, 14 februari 1944; Afwikkelingsbureau AI aan Rüstungs-Inspektion Niederlande, Abt. Heer II nr. 289, 26 februari 1944; Der Weduwen aan Afwikkelingsbureau AI nr. 1062-12-'43, 29 februari 1944.
94. Of de mosterdgasvoorraad destijds inderdaad geheel is vernietigd, is niet honderd procent zeker. Er zouden aanwijzingen zijn dat de Duitsers twee vaten mosterdgas, elk met een inhoud van 240 liter, over het hoofd hebben gezien. Canadese troepen zouden deze in 1945 hebben ontdekt en in een bunker in de duinen bij Haarlem hebben opgeborgen. Pas in de jaren zestig, toen de bunker werd gesloopt, zou het mosterdgas definitief zijn vernietigd. Zie: <www.stelling-amsterdam.nl/stelling/extra/mosterdgas> en de digitale nieuwsbrieven nr. 175 van 15 november 2004 en nr. 257 van 11 december 2006 op deze website. Deze kwestie wordt in verband gebracht met de vondst van "houders met strijdgassen" in 1985, eveneens in een bunker in de duinen bij Haarlem. Hier gaat het echter niet om Nederlands mosterdgas, maar om Duitse chemische strijdmiddelen; zie p. 317. Wellicht is er ook een verband met de kwestie die in noot 109 op p. 377 wordt genoemd.
95. DGW&T-rapport 'Historisch onderzoek mosterdgas Hembrug', interview dhr. Van Suntenmaartensdijk.
96. Notitie 'Kaneelolieopslag' van lkol B.J.C.M. van Rijckevorsel, 18 januari 1990, opgenomen in het DGW&T-rapport 'Historisch onderzoek mosterdgas Hembrug' uit 1994.
97. *De Telegraaf* 28 januari 1994; *Drentse Courant* 29 januari 1994.
98. HTK 1993-1994, Aanhangsel 765-766, nr. 376.
99. Zie o.a.: Website Stelling van Amsterdam, <www.stelling-amsterdam.nl>.
100. *Dagblad Zaanstreek* 20 oktober 1999.
101. *De Telegraaf* 28 januari 1994; *Dagblad Zaanstreek* en *Drentse Courant* 29 januari 1994.
102. *Dagblad Zaanstreek* 11 juli 2009.
103. M. Haug, 'Historical chemical weapons sites in the Asia-Pacific region. Indonesia' (1996; aangepast 2002), bibliotheek OPCW.
104. SSA, MVD RVO-TNO, 1925-1979, inv.nr. 895: Tersteege aan Sleebos, 6 mei 1947, bijlage bij verslag bijeenkomst Chemisch Team op 27 mei 1947. Sleebos heeft de brief van Tersteege overigens niet letterlijk overgenomen, maar samengevat en mogelijk geparafraseerd. Tersteege was een militair apotheker van het KNIL met veel kennis op het gebied van de gasbescherming; zie: SSA, HKGS 1947-1954, doos 31-34 [71.41-71.45], 71.45 1947-1954 (chemische oorlogvoering), chef TS aan CGS nr. 61227.301-0 Geheim, 27 december 1946.
105. Als we uitgaan van drums van circa 200 liter ging het om ongeveer 7.500 kg thiodiglycol.
106. Collectie NIMH, dossier 'Dijkstra': Dijkstra aan D-LPB, 29 maart 1950.
107. Collectie NIMH, dossier 'Hembrug/Batujajar': Dijkstra aan D-PSM, 10 juni 1950.

108. Zie de opeenvolgende rapporten 'De vernietiging van een voorraad mosterdgas', Archief TNO D&V.
109. 'Indonesia and the Netherlands – Working Document – destruction of about 45 tons of mustard agent at Batujajar, West-Java, Indonesia', *Committee on Disarmament* nr. CD/270, 31 maart 1982. Zie ook: M. van Zelm, 'Project Obong', een paper voor de *Workshop on Verification of Destruction of Chemical Weapons* te Salt Lake City op 15-16 november 1983; M. van Zelm, 'Verification of destruction of CW agents: The Obong operation' in: H.G. Brauch red., *Verification and Arms Control. Implications for European Security. The Results of the Sixth International AFES-PRESS Conference. Part I: Abstracts and discussions* (Mosbach 1990) 152. Ook het parlement werd geïnformeerd; zie: HTK 1982-1983, nr. 17 858, ondernr. 1-2, 'Nota betreffende chemische wapens' van MinBuZa en MinDef, 13 april 1983.
110. ANP-telex 'Nederland produceerde oorlogsgas in Indië', 12 november 1981.
111. SSA, MVD, D83/555: PV New York aan MinBuZa nr. 9613/2290, 13 december 1983.

HOOFDSTUK 5

1. Zie voor een korte algemene beschrijving van deze organisatie: Schilderman, 'Gasoorlog', 196-201.
2. NL-HaNA, Generale Staf Landmacht, 1914-1940, 2.13.70, inv.nr. 994: IdG aan MVD nr. 2024 Geheim, 18 mei 1932.
3. NL-HaNA, Artillerie-Inrichtingen, 2.13.86, inv.nr. 2403: CGS aan IdG nr. 4183 Geheim, 21 november 1932; IdG aan DAI nr. 5315 Geheim, 23 december 1932; DAI aan IdG nr. 52 Geheim, 10 februari 1933; IdG aan CGS nr. 1062 Geheim, 21 maart 1933; CGS aan IdG nr. 1007 Geheim, 28 maart 1933.
4. Ibidem, notitie van DAI, 8 januari 1936 op schrijven van IdG, 13 november 1935; IdG aan CGS nr. 81 G, 16 januari 1936; NL-HaNA, Econ. Verdedigingsvoorbereiding, 2.13.68.06, inv.nr. 76: DAI aan Der Weduwen, 3 november 1938.
5. NL-HaNA, Generale Staf Landmacht, 1914-1940, 2.13.70, inv.nr. 995: IdG aan CGS nr. 3334A, 30 oktober 1935 en CGS aan IdG nr. 4195, 11 november 1935; NL-HaNA, Artillerie-Inrichtingen, 2.13.86, inv.nr. 2403: aantekening van DAI, 8 januari 1936 op de notitie van IdG, 13 november 1935 bij CGS aan IdG nr. 4195 Geheim, 11 november 1935; DAI aan curatoren RU Leiden en TH Delft nr. 876 Geheim, 16 mei 1936; IdG aan directeur HKS nr. 929 G, 30 mei 1936; DAI aan IdG nr. 1540 Geheim, 8 september 1936 met het rapport van De Boer en Der Weduwen, 12 juni 1936, doorgezonden door IdG aan CGS onder nr. 1536 G, 14 september 1936; CGS aan IdG nr. 3531 Geheim, 10 oktober 1936.
6. NL-HaNA, Econ. Verdedigingsvoorbereiding, 2.13.68.06, inv.nr. 74: RU Leiden aan TNO, 18 februari 1938; secretaris Centrale Organisatie TNO aan Regeeringscommissaris voor de Industrieele Verdedigingsvoorbereiding nr. 38 A 58/279 lab., 2 maart 1938.
7. NL-HaNA, Artillerie-Inrichtingen, 2.13.86. inv.nr. 2601: 'Verslag van de cursus voor Reserve-Officieren Scheikundigen 17-29 juli 1933' nr. 1034/'33, 15 augustus 1933. Zie verder: ibidem, inv.nrs. 1350 en 2632; inv.nr. 2607: DAI aan IdG nr. 2082 Geheim, 17 december 1936 met bijlage.
8. SSA, RVO-TNO CL, Rapporten en verslagen (1946 t/m 1953), doos 229, bundel 535: Nota terreinproeven van Van Ormondt, 3 maart 1952.
9. Ibidem.
10. NL-HaNA, Generale Staf Landmacht, 1914-1940, 2.13.70, inv.nr. 992: MVO aan CCS Geheim Litt. G 21, 5 maart 1923; NL-HaNA, Artillerie-Inrichtingen, 2.13.86, inv.nr. 2589: C-RGnTr aan MVO nr. 6069, 30 oktober 1926; MVO Geheim Litt. M 96, 20 december 1926.
11. NL-HaNA, Generale Staf Landmacht, 1914-1940, 2.13.70, inv.nr. 994: DAI aan DVD TZ nr. 625, 19 maart 1930; MVD aan IdG V[e] Afd. nr. 102, 29 mei 1931.
12. NL-HaNA, Artillerie-Inrichtingen, 2.13.86, inv.nr. 2589: C-RGnTr aan MVO nr. 568 Geheim, 27 januari 1928; ibidem, inv.nr. 2590: MVO aan C-RGnTr Geheim Litt. K 25, 12 maart 1928.
13. Ibidem, inv.nr. 833: Brievenboek geheime correspondentie DAI 1932, nr. 404: kap vsd RGnTr nr. 2195 SD Geheim, 14 oktober 1932.
14. Ibidem, inv.nr. 2404: kap vsd RGnTr aan DAI nr. 189 G, 18 februari 1936.
15. Ibidem, inv.nr. 833: Brievenboek geheime correspondentie DAI 1933, nr. 56: kap vsd RGnTr, 16 februari 1933; ibidem, inv.nr. 2404: kap vsd RGnTr aan DAI nr. 189 G, 18 februari 1936; DAI aan kap vsd RGnTr nr. 392 Geheim d.d. 22 februari 1936.
16. Ibidem, inv.nr. 2607: verslag veldoefening reserveofficieren-scheikundige, bijlage bij

DAI aan IdG nr. 2082 Geheim, 17 december 1936.

17. SSA, MVD RVO-TNO, 1925-1979, inv.nr. 859: H-CL aan OLZ nr. 1 Geheim, 25 augustus 1939.
18. Ibidem, H-CL aan OLZ nr. 6, 30 augustus 1939.
19. Ibidem, H-CL aan OLZ nr. 79 Geheim, 4 oktober 1939, nr. 100 Geheim, 20 oktober 1939, nr. 363 Zeer Geheim, 4 maart 1940 en nr. 439 Zeer Geheim, 12 april 1940; OLZ aan H-CL nr. 8005/39 A Geheim, 22 februari 1940 en nr. 4042 A Zeer Geheim, 2 april 1940; SSA, RVO-TNO CL, Rapporten en verslagen (1946 t/m 1953), doos 226, dossicr 516 I: Van Ormondt aan Sizoo nr. 48/348 Streng vertrouwelijk, 5 mei 1948.
20. NL-HaNA, Generale Staf Landmacht, 1914-1940, 2.13.70, inv.nr. 996: Sas aan MVD nr. 303 Geheim, 16 augustus 1939.
21. Zie de relevante stukken in: NL-HaNA, Artillerie-Inrichtingen, 2.13.86, inv.nr. 2705; NL-HaNA, Generale Staf Landmacht, 1914-1940, 2.13.70, inv.nr. 996; SSA, MVD RVO-TNO, 1925-1979, inv.nr. 880.
22. De Vet had al eerder inlichtingen verschaft: NL-HaNA, Artillerie-Inrichtingen, 2.13.86, inv.nr. 2607: DAI aan MVD nr. 1390 Geheim, 8 augustus 1936 met de bijgevoegde stukken; ibidem, inv.nr. 2608: GS Afd. IIIb aan Der Weduwen nr. 43628 Geheim, 7 april 1937 en Der Weduwen aan CGS, 9 april 1937. Der Weduwen oordeelde uiteindelijk dat De Vet "er toch eigenlijk niet veel van afweet" en dat de door hem aangedragen inlichtingen in de algemeen beschikbare literatuur waren terug te vinden.
23. Zie ook: NL-HaNA, Generale Staf Landmacht, 1914-1940, 2.13.70, inv.nr. 996: H-CL aan H-Sectie II, AHK nr. 78 Geheim, 4 oktober 1939; H-CL aan OLZ nr. 135 Geheim, 8 november 1939; H-CL aan H-Sectie II, AHK nr. 363 Zeer Geheim, 4 maart 1940. De Boer initieerde ook de aanmaak van tussenzetbussen die bescherming moesten bieden tegen strijdgassen waartegen de standaardfilterbus geen verweer bood; zie: SSA, MVD RVO-TNO, 1925-1979, inv.nr. 863: H-CL aan OLZ nr. 136, 8 november 1939; OLZ aan MVD nr. 9652 Zeer Geheim, 10 november 1939; MVD aan OLZ Zeer Geheim nr. 748, 27 december 1939.
24. NL-HaNA, Generale Staf Landmacht, 1914-1940, 2.13.70, inv.nr. 996: H-CL aan OLZ nr. 137 Geheim, 8 november 1939, met de bijgevoegde aantekening van IGDL, 24 november 1939.
25. Zie o.a.: *Bijdrage tot de kennis der werking van het mosterdgas op de huid*, 71.
26. NL-HaNA, Generale Staf Landmacht, 1914-1940, 2.13.70, inv.nr. 996: OLZ aan H-CL nr. 264 Geheim, 10 januari 1940 en H-CL aan OLZ nr. 287 Geheim, 18 januari 1940.
27. Ibidem, brief van C-Militaire Gasschool nr. 120A, 9 oktober 1939; nota van OLZ voor IdG en CV, 21 oktober 1939; OLZ aan MVD nr. 8048 Geheim, 21 november 1939. (Zie ook het dossier hierover in: SSA, MVD RVO-TNO, 1925-1979, inv.nr. 862; en: Claasen, 'Chemische oorlogvoering', 211.) Voor de bereiding, zie: NL-HaNA, Artillerie-Inrichtingen, 2.13.86, inv.nr. 2613: Notitie Perdok, 20 januari 1939.
28. Osborne, *Pre-1946 Chemical Weapons*. Deze publicatie van de OPCW identificeert de bus ten onrechte als een met mosterdgas gevulde "chemical mine". Osborne heeft zich laten misleiden door de naam "oefeningsmosterdgas", die als alternatief voor de oorspronkelijke benaming "mosterdgas-attrape" (of "mosterdgassurrogaat": NL-HaNA, Artillerie-Inrichtingen, 2.13.86, inv. nr. 2238: notitie nr. 5974) werd gehanteerd.
29. NL-HaNA, Generale Staf Landmacht, 1914-1940, 2.13.70, inv.nr. 996: schrijven chef-staf Veldleger nr. 493 Geheim, 18 januari 1940.
30. Voor de beschikbaarheid van gasmaskers tijdens de mobilisatie, zie: ibidem, MVD aan directeur Militaire Gasschool Geheim Litt. N 245, 29 juli 1939; CV aan OLZ nr. 2642 Geheim, 11 september 1939; OLZ aan CV nr. 7213 Geheim, 3 november 1939; OLZ aan IdG nr. 9599 Geheim, 4 december 1939; OLZ aan MVD nr. 987 Geheim, 5 februari 1940.
31. NL-HaNA, Artillerie-Inrichtingen, 2.13.86, inv.nr. 2916: weekrapport SL-AI nr. 31 van 31 juli-5 augustus 1939; nr. 32 van 7-12 augustus 1939; nr. 33 van 7-19 augustus 1939. Vergelijk: ibidem, weekrapport SL-AI nr. 37 van 18-23 september 1939; nr. 39 van 25-30 september 1939; nr. 43 van 23-28 oktober 1939.
32. Ibidem, inv.nr. 1382: Der Weduwen aan DAI nr. SL 916, 4 januari 1940.
33. SSA, MVD RVO-TNO, 1925-1979, inv.nr. 862: H-CL aan maj Govers nr. 19 Geheim, 6 september 1939.
34. NL-HaNA, Artillerie-Inrichtingen, 2.13.86, inv.nr. 2364: Verslag 89e vergadering Directorium COW, 29 januari 1940; verslag 100e vergadering Directorium COW, 26 februari 1940; 'Overzicht van de vergaderin-

gen van het Directorium COW over februari 1940'. Deze archiefverwijzing is ontleend aan Martens, De Nederlandse flirt met gifgas, 54; Martens heeft echter slechts het vergaderverslag van 29 januari gezien en liet het antwoord van de opperbevelhebber daarom onvermeld. Of de aanbieding in eerste instantie nog aan Winkelmans voorganger, generaal I.H. Reijnders, is voorgelegd, is mogelijk, maar gezien de data onwaarschijnlijk.

35. NL-HaNA, Defensie (Londen), 2.13.71, inv. nr. 3165: Van Ormondt aan Mrosovsky, 27 januari 1945.
36. J. Portengen, *Herleefd verleden. Strijd om Valkenburg ZH in mei 1940* (Delft 1995) 195-196.
37. SSA, MVD RVO-TNO, 1925-1979, inv.nr. 859: Backer aan De Boer, 3 mei 1940 en De Boer aan Backer nr. 480 Zeer Geheim, 6 mei 1940.
38. Zie o.a.: SSA, RVO-TNO CL, Rapporten en verslagen (1946 t/m 1953), doos 226, dossier 516 I: Van Ormondt aan Sizoo nr. 48/348 Streng vertrouwelijk, 5 mei 1948.
39. SSA, MVD RVO-TNO, 1925-1979, inv.nr. 891: 'Kort verslag van de belangrijkste gebeurtenissen plaats gehad hebbende op het Centraal Laboratorium te Leiden, gedurende mijn commando van 14 mei tot 13 juni 1940' van Jonquière, 1 augustus 1945.
40. Ibidem, Verslag 'Lotgevallen van het scheikundig laboratorium der Artillerie-Inrichtingen, gedurende de Duitsche bezetting', aangeboden bij brief van Der Weduwen aan CL nr. 1008-2-'45, 18 juni 1945.
41. Zie hiervoor: ibidem, inv.nrs. 2639 en 2767. TNO ging daarbij akkoord met de bepaling dat zij het Scheikundig Laboratorium alleen zou gebruiken voor scheikundig onderzoek voor de Nederlandse industrie of in opdracht van de Nederlandse overheid "zum Schutz der Bevölkerung gegen Gasangriffe".
42. SSA, MVD RVO-TNO, 1925-1979, inv.nr. 887: 'Rapport betreffende researchwerk ten dienste van de chemische oorlogsvoering verricht door dr. J.A. Cohen (...)'.
43. Zie voor de achtergronden van dit onderzoek: Archief TNO D&V, 'Aanval en verdediging in den chemischen oorlog' van Van Ormondt, 23 december 1946, vooral p. 9.
44. NL-HaNA, Koloniën / Londen, 2.10.45, inv. nr. 689: H-Afd. G aan *Director of Military Intelligence*, *War Office* nr. 1486, 15 maart 1941; *War Office* aan H-Afd. G nr. 0146/1272/MIL, 8 augustus 1941; H-Afd. G aan *War Office* nr. 2522/0202003, 20 augustus 1941. In het genoemde inv.nr. zijn veel voorbeelden van deze onderlinge uitwisseling van gegevens te vinden.
45. Ibidem, Gerbrandy aan Landvoogd Batavia nr. BR/142 Geheim Cijfer (MVK nr. 212/020203), 12 januari 1942.
46. Zie o.a.: NL-HaNA, Defensie (Londen), 2.13.71, inv.nr. 3080.
47. Zie: ibidem, inv.nr. 3083.
48. NL-HaNA, Koloniën / Londen, 2.10.45, inv. nr. 689: Notitie 'Strijdgassen' van De Boer van 1 januari 1943, verzonden aan de gouverneurs van Curaçao en Suriname bij brief van MVK nr. 1175/020203 resp. 1176/020203 Geheim, 13 maart 1943.
49. Ibidem; SSA, MVD RVO-TNO, 1925-1979, inv. nr. 884: De Boer aan MVO, 7 juni 1945. De Boer wees er o.a. op dat beide partijen over grote voorraden chemische wapens beschikten en deze soms kort achter het front beschikbaar hielden, wat de mogelijkheid van een dergelijk misverstand vergrootte, bijv. indien een chemisch-wapendepot door vijandelijke artillerie of luchtbombardementen zou worden getroffen en er strijdgassen zouden vrijkomen. Tijdens de oorlog hebben zich verschillende van deze incidenten voorgedaan. Voor een ander misverstand, waarbij de Duitsers de Amerikaanse aanvoer van brandstof (*gas*) aanvankelijk verkeerd interpreteerden, zie: R.V. Jones, *Most Secret War. British Scientific Intelligence 1939-1945* (Londen 1978) 125.
50. NL-HaNA, Koloniën / Londen, 2.10.45, inv. nr. 689: 'Eenige Aantekeningen betreffende "Notes on German Chemical Warfare"' van De Boer, 11 februari 1942.
51. SSA, MVD RVO-TNO, 1925-1979, inv.nr. 891: Beschikking van MVO Afd. I C nr. 12, 13 september 1944.
52. Ibidem, inv.nr. 893: 'Opdracht aan den kapitein J. van Ormondt' van De Boer, 13 september 1944.
53. Ibidem, inv.nrs. 884 en 891.
54. L. de Jong, *Het Koninkrijk der Nederlanden in de Tweede Wereldoorlog VII, Mei '43 - juni '44, eerste helft* (Den Haag 1976) 571, noot 3; D. van Delft, 'Preventing theft: The Kamerlingh Onnes Laboratory in wartime' in: A. Maas en H. Hooijmaijers red., *Scientific research in World War II. What scientists did in the war* [Routledge studies in modern history 7] (Londen en New York

2009) 62-76, aldaar 71-73. Zie ook: SSA, MVD RVO-TNO, 1925-1979, inv.nr. 891: 'Eenige gegevens over Rudolf Ruscheweyh', Jonquière aan Einthoven, 8 mei 1946.

55. Zie: NL-HaNA, Defensie (Londen), 2.13.71, inv.nr. 3165.
56. Zie: S.A. Goudsmit, *Alsos* (New York 1947). Goudsmit was onder meer aanwezig bij de ondervraging door het MBWI van prof. W.J. de Haas, die banden met Cellastic had onderhouden; zie: Van Delft, 'Preventing theft', 65-66 en 71-72. In 1947 sprak Van Ormondt in het kader van de 'missie' naar Amerika met Goudsmit over zijn werk voor de *Alsos*: SSA, MVD RVO-TNO, 1925-1979, inv.nr. 888.
57. NL-HaNA, Defensie (Londen), 2.13.71, inv. nr. 3165: 'Kort verslag van de bespreking met Capt. P. Mrosovsky', 25 januari 1945.
58. SSA, MVD RVO-TNO, 1925-1979, inv.nr. 891: Van Ormondt aan Mrosovsky, 3 februari 1945.
59. Zie: Tucker, *War of Nerves*, 24-63.
60. Zie o.a.: G.B. Carter, *Chemical and Biological Defence at Porton Down 1916-2000* (Londen 2000) 56-57.
61. Zie hiervoor: Tucker, *War of Nerves*, 70-74.
62. SSA, MVD RVO-TNO, 1925-1979, inv.nr. 891: 'Eenige voorloopige gegevens betreffende T 2104'.
63. Zie: Tucker, *War of Nerves*, 85.
64. SSA, MVD RVO-TNO, 1925-1979, inv.nr. 887: 'Rapport betreffende researchwerk ten dienste van de chemische oorlogsvoering verricht door dr. J.A. Cohen (...)'.
65. Ibidem, inv.nr. 886: Verslag van een bezoek aan Porton Down op 1 juli 1946; zie ook: NL-HaNA, Defensie / Ordedienst / Bevelhebber Strijdkrachten, 2.13.137, inv.nr. 856: Brievenboek BNS nr. 4790, CGS aan BNS nr. 102, 19 juni 1945.
66. Zie ook: Archief TNO D&V, 'Aanval en verdediging in den chemischen oorlog' van Van Ormondt, 23 december 1946.
67. SSA, MVD RVO-TNO, 1925-1979, inv.nr. 884: De Boer aan MVO, 7 juni 1945.
68. Ibidem, inv.nr. 886: Van Ormondt aan De Boer, 17 juli 1946; Verslag van Van Ormondt van een bezoek aan Porton Down op 1 juli 1946; ibidem, inv.nr. 884: Verslag van Van Ormondt van een bespreking met lkol Forbes Wels op 22 augustus 1946.
69. Ibidem, inv.nr. 884: De Boer aan MVO, 7 juni 1945; ibidem, inv.nr. 894: Van Ormondt aan CGS, 19 november 1945.
70. De laboratoriumuitrusting van de organische en anorganische laboratoria in Leiden was in 1944 naar Duitsland afgevoerd; zie: De Jong, *Koninkrijk der Nederlanden in de Tweede Wereldoorlog* VII, 573-574.
71. NL-HaNA, Defensie (Londen), 2.13.71, inv. nr. 3165: Van Ormondt aan De Boer, 12 februari 1945; SSA, MVD RVO-TNO, 1925-1979, inv.nr. 884: Van Ormondt aan Davidson Pratt, 26 februari 1945; notitie 'The Future Development of Military Research in the Netherlands', juli 1946; ibidem, inv.nr. 891: Memorandum nr. 8 van Van Ormondt, augustus 1945.
72. Ook De Boer ijverde hiervoor; zie bijv.: NL-HaNA, Defensie (Londen), 2.13.71, inv. nr. 3165: De Boer aan MVO, 23 oktober 1945.
73. Ibidem, verslag bespreking met MVO op 5 februari 1945; Van Ormondt aan De Boer, 12 februari 1945.
74. SSA, MVD RVO-TNO, 1925-1979, inv.nr. 884: Van Ormondt aan Davidson Pratt, 26 februari 1945.
75. Het was overigens de bedoeling dat er in Nederlands-Indië een parallelle organisatie zou komen. Met dit doel stuurden De Boer en Van Ormondt een van hun medewerkers, Frahm, naar Indië. Zie: SSA, MVD RVO-TNO, 1925-1979, inv.nr. 884: De Boer aan Frahm, 17 september 1945; verslag bespreking Van Ormondt met Frahm, 1 oktober 1945; ibidem, inv.nr. 895: verslag vergadering installatie Chemisch Team op 19 december 1946.
76. Ibidem, inv.nr. 884: Dijxhoorn aan MVO nr. 614, 14 september 1945.
77. Zie voor de discussies hierover: SSA, MVD RVO-TNO, 1925-1979, inv.nr. 884.
78. Ibidem, inv.nr. 894: Van Ormondt aan CGS, 19 november 1945.
79. Klinkert, 'Ingenieursoorlog', 283, kent Der Weduwen ten onrechte een centrale rol toe bij de oprichting van de RVO-TNO.
80. SSA, MVD RVO-TNO, 1925-1979, inv.nr. 886: Van Ormondt aan De Boer, 16 en 19 september 1946.
81. Zie bijv. ook: ibidem, inv.nr. 884: Verslag bespreking Van Ormondt met CGS, 22 november 1945; notitie 'The Future Development of Military Research in the Netherlands', juli 1946.
82. Ibidem, Van Ormondt aan algemeen secretaris TNO, 11 januari 1947.
83. SSA, RVO-TNO CL, Rapporten en verslagen (1946 t/m 1953), doos 226, dossier 516 I,

'Research in Nederland (met 3 bijlagen)'.

84. SSA, MVD RVO-TNO, 1925-1979, inv.nr. 894: 'Algemeen Voorstel' (Geheim) van De Boer, 28 februari 1946.
85. Ibidem, 'De Functionneele Plaats van de Research- en Ontwikkelingsinstituten bij het Ministerie van Oorlog' (Zeer Geheim) van De Boer, 28 februari 1946.
86. SSA, RVO-TNO CL, Rapporten en verslagen (1946 t/m 1953), doos 226, dossier 516 I, Van Ormondt aan vz RVO-TNO, 5 mei 1948.
87. Niet te verwarren met de latere Technische Staf, het in 1954 opgerichte dienstvak waarin officieren Hogere Technische Vorming waren ondergebracht.
88. SSA, RVO-TNO CL, Rapporten en verslagen (1946 t/m 1953), doos 226, dossier 516 I, 'Research in Nederland (met 3 bijlagen)'.
89. Archief TNO D&V, 'Verslag van een bespreking met Prof. H.I. Waterman en Prof. J.H. de Boer op 28-9-'46' van Jonquière, 1 oktober 1946; SSA, RVO-TNO CL, Rapporten en verslagen (1946 t/m 1953), doos 226, dossier 516 I, 'Eenige aanteekeningen over urgente problemen verband houdende met de overdracht van het Centraal Laboratorium aan de Rijksverdedigingsorganisatie TNO' van Jonquière, 13 juni 1947.
90. SSA, MVD RVO-TNO, 1925-1979, inv.nr. 886: Van Ormondt aan De Boer, 15 augustus 1946.
91. Ibidem, inv.nr. 884: Verslag gesprek van Van Ormondt met Daubenton, 7 september 1946; notitie van Van Ormondt, 18 september 1946; ibidem, inv.nr. 886: Van Ormondt aan De Boer, 21 november 1946.
92. Zie ook: ibidem, inv.nr. 884: Notitie van Cohen, 21 september 1946.
93. Ibidem, inv.nr. 886: Van Ormondt aan De Boer, 10 oktober 1946; NL-HaNA, Inspecties van Wapens en Dienstvakken, 2.13.158, inv. nr. 242: Verslag van de bespreking over bacteriologische oorlogvoering nr. 247 Zeer Geheim, 30 oktober 1946.
94. Elias was voor de oorlog voorzitter van de in 1924 door MVO Van Dijk ingestelde Commissie voor Physische Strijdmiddelen, die (naar analogie van de een jaar eerder opgerichte Commissie voor Chemische Strijdmiddelen, zie p. 63) de mogelijkheden onderzocht om fysische hulpmiddelen ten bate van de krijgsmacht in te zetten. Sinds december 1927 beschikte deze commissie over een eigen laboratorium op de Waalsdorpervlakte (zie ook p. 159). Aanvankelijk werd dit uit een oogpunt van geheimhouding als 'het Meetgebouw' aangeduid; later kreeg het de naam Physisch Laboratorium.
95. SSA, RVO-TNO CL, Rapporten en verslagen (1946 t/m 1953), doos 226, dossier 516 I, 'Research in Nederland (met 3 bijlagen)'. Zie ook: G.J. Sizoo, 'Het toegepast natuurwetenschappelijk onderzoek ten behoeve van de rijksverdediging', *De Militaire Spectator* 120 (1951) 519-523, aldaar 521.
96. SSA, RVO-TNO CL, Rapporten en verslagen (1946 t/m 1953), doos 226, dossier 516 I, 'Research in Nederland (met 3 bijlagen)'; zie ook: Sizoo, 'Toegepast natuurwetenschappelijk onderzoek', 521-522; *Bescherming tegen toxische stoffen, 1948-1973. Chemisch Laboratorium TNO* (Rijswijk 1973) 9; M. van Zelm, '40 Jaar chemisch defensieonderzoek in Nederland' in: Th.M. Groothuizen red., *Prins Maurits Laboratorium TNO. Veelzijdig en dynamisch. 37 voorbeelden van onderzoek* (Rijswijk 1988) 14-18, aldaar 14-15.
97. SSA, RVO-TNO CL, S-nr. Ru 3, inv.nr. 7, Verslagen en bijeenkomsten van TNO-directeuren Centrale Organisatie 1956-1959, Verslag van de 118e bijeenkomst van TNO-directeuren op 7 januari 1959.
98. Zie bijvoorbeeld: SSA, MVD RVO-TNO, 1925-1979, inv.nr. 886, Verslag bezoek van Van Ormondt aan Porton Down, 1 juli 1946; NL-HaNA, Defensie (Londen), 2.13.71, inv. nr. 3165, Van Ormondt aan Schoonenberg, 10 augustus 1946; 'Gegevens voor het antwoord op de door het Foreign Office gevraagde nadere inlichtingen', vermoedelijk januari of februari 1947.
99. SSA, MVD RVO-TNO, 1925-1979, inv.nr. 895, CGS aan chef TS, 9 september 1946.
100. Ibidem, verslag van de bespreking ten kantore van de Technische Staf op 19 december 1946; SSA, HKGS 1947-1954, doos 31-34 [71.41-71.45], 71.45 1947-1954 (chemische oorlogvoering), chef TS, genmaj S.J. van den Bergh, aan CGS, 27 december 1946.
101. SSA, MVD RVO-TNO, 1925-1979, inv.nr. 895, Verslag van de 2e vergadering van het 'Chemisch Team' op 7 december 1946.
102. Ibidem, Ontwerp-werkprogramma voor het Chemisch Team, opgemaakt naar aanleiding van de 10e bijeenkomst van het Chemisch Team op 7 Maart 1947 door kap F. Sleebos.
103. Ibidem, verslag van de 11e bijeenkomst van het Chemisch Team op 14 maart 1947; ibidem, HKGS 1947-1954, doos 31-34 [71.41-

71.45], 71.45 1947-1954 (chemische oorlogvoering), chef TS Van den Bergh aan CGS, 27 december 1946.

104. SSA, MVD RVO-TNO, 1925-1979, inv.nr. 895, Verslag van de 23e bijeenkomst van het Chemisch Team op 10 juli 1947; 'Conceptleidraad voor het ontwerpen van een voorstel betreffende een organisatie voor de Chemische Oorlogvoering', kap Sleebos, 25 augustus 1947.

105. Ibidem, 'Concept-leidraad voor het ontwerpen van een voorstel betreffende een organisatie voor de Chemische Oorlogvoering', kap Sleebos, 25 augustus 1947.

106. In de Tweede Wereldoorlog werden de *chemical mortar battalions* van de Amerikaanse *Chemical Warfare Service*, uitgerust met de 4,2 inch mortier, echter voor het verschieten van rook- en *high explosive*-munitie ingezet; zie: R. Walk, 'Gas, Gas Masks, and Smelly Clothing: The Unsung Heroes of the Chemical Warfare Service During World War II', *CML Army Chemical Review* juli-december (2007) 43-49 (zie ook: <www.wood.army.mil/chmdsd/pdf/Jul-DeC%202007/Walk-Unsung_Heroes.pdf>, 23 april 2009).

107. Volgens het 'Legerplan 1952' zou de KL een aparte gasdienst krijgen; zie: Collectie NIMH, inv.nr. 727/5, 'Legeropbouw aangepast aan het Legerplan 1952'. De samenstelling was gebaseerd op de *Chemical Warfare Service*-organisatie van het Amerikaanse leger. Deze kende een groot aantal *chemical mortar battalions*, die met 'chemische mortieren' 4,2 inch waren uitgerust en een actieve taak, namelijk het verschieten van chemische munitie, hadden; zie: Walk, 'Unsung Heroes'. Aangezien het legerplan aangaf dat de precieze samenstelling van de gasdienst nog moest worden vastgesteld, is onduidelijk of de Nederlandse gasdienst ook een actieve taak was toegedacht. De gasdienst is in elk geval nooit van de grond gekomen.

108. SSA, MVD RVO-TNO, 1925-1979, inv.nr. 895, 'De chemische oorlogvoering en hare aspecten in een toekomstoorlog', voordracht gehouden door Sleebos voor de officieren van de Generale Staf op 21 januari 1948.

109. Het Chemisch Team besteedde in 1947 enige aandacht aan een "mosterdgaskwestie in Amsterdam". Hierover is verder niets bekend. Zie: ibidem, Verslag van de 25e bijeenkomst van het Chemisch Team op 23 juli 1947.

110. Ibidem, inv.nr. 886, Van Ormondt aan De Boer, 16 september 1946; ibidem, inv.nr. 884, Van Ormondt aan Van den Bergh, 5 november 1946.

111. Ibidem, inv.nr. 1390, Dienstreis studiecommissie voor chemische oorlogvoering naar de VS in 1947.

112. NL-HaNA, Defensie (Londen), 2.13.71, inv. nr. 3165, De Boer aan MVO, 23 oktober 1945.

113. SSA, MVD RVO-TNO, 1925-1979, inv.nr. 1390, Dienstreis studiecommissie voor chemische oorlogvoering naar de VS in 1947.

114. NL-HaNA, Defensie (Londen), 2.13.71, inv. nr. 3165, US Mil. Att. aan Van Ormondt, 27 september 1946; 'Note concerning the proposed visit of two Netherlands CW officers to US CW Installations' van Van Ormondt; SSA, MVD RVO-TNO, 1925-1979, inv.nr. 884, Notitie van Van Ormondt, 25 juli 1946; Roos aan Van Ormondt nr. 5025/E, 3 december 1946; ibidem, inv.nr. 886, Van Ormondt aan De Boer, 16 september 1946.

115. SSA, MVD RVO-TNO, 1925-1979, inv.nr. 1390, Dienstreis studiecommissie voor chemische oorlogvoering naar de VS in 1947.

116. Ibidem.

117. Duncan Clark, 'Holland has given up neutrality, say three officers touring US', *Rocky Mountain News* (opgenomen als bijlage II bij het Verslag van de 25e bijeenkomst van het Chemisch Team op 23 juli 1947, zie: SSA, MVD RVO-TNO, 1925-1979, inv.nr. 895).

118. Zie: SSA, MVD RVO-TNO, 1925-1979, inv.nr. 888, Verslagen van de "Nederlandsche Missie in Amerika".

119. SSA, RVO-TNO CL, Rapporten en verslagen (1946 t/m 1953), doos 226, dossier 516 I, 'Chemische oorlogvoering', voordracht gehouden door Van Ormondt voor HKS op 30 januari 1948. Zie ook: Archief TNO D&V, 'Aanval en verdediging in den chemischen oorlog' van Van Ormondt, 23 december 1946.

120. SSA, RVO-TNO CL, Rapporten en verslagen (1946 t/m 1953), doos 226, dossier 516 I, 'Chemische oorlogvoering', voordracht gehouden door Van Ormondt voor HKS op 30 januari 1948.

121. Zie: ibidem, doos 225, Map 5, Sizoo aan gedelegeerde van MVO, gedelegeerde van MVM e.a., 5 maart 1952; Van Zelm, '40 Jaar chemisch defensieonderzoek in Nederland', 16.

122. SSA, RVO-TNO CL, Rapporten en verslagen (1946 t/m 1953), doos 229, bundel 535, 'Terreinproeven', 'Nota betreffende terrein-

proeven op het gebied der chemische oorlogvoering' van Van Ormondt, 3 maart 1952.

123. Ibidem.

124. SSA, MVD RVO-TNO, 1925-1979, inv.nr. 900, 'Kort verslag van de bespreking in Brussel op 20 juli 1946' van Van Ormondt, 24 juli 1946.

125. Ibidem, 'Kort verslag van het bezoek op 3, 4 en 5 juni 1948 van major Deladrier en lt. Vassart, respectievelijk directeur en scheikundige van het ETAC te Vilvoorde (Belgie) aan het Centraal Laboratorium te Delft en het Medisch-Biologisch Instituut i.o. van de Rijksverdedigingsorganisatie te Leiden' van Van Ormondt, 7 juni 1948; NL-HaNA, Inspecties van Wapens en Dienstvakken, 2.13.158, inv.nr. 285, 'Voorlopig rapport betreffende de toxiciteit van zenuwgassen', Medisch-Biologisch Instituut RVO-TNO, 12 augustus 1948 (aangeboden bij brief van RVO-TNO aan IGDKL, 6 oktober 1948).

126. SSA, TSKL 1947-1952, Bundel 47, 'Kort verslag van de besprekingen over chemische oorlogvoering, gehouden op 25, 26 en 27 november te den Haag en Delft' van Deladrier en Van Ormondt; ibidem, Sleebos aan chef TS, 28 november 1949.

127. SSA, MPA HKGS 1948-1955, inv.nr. [00259]. In dit verband moet vermoedelijk ook het onderzoek worden gezien dat de Technische Staf begin 1949 uitvoerde. Hiertoe behoorde o.m. een inventarisatie van de productie van relevante chemische stoffen door de Nederlandse industrie. Zie: SSA, TSKL 1947-1952, Bundel 74, chef TS aan MinEZ nr. 92 U-00 Zeer Geheim, 7 februari 1949; MinEZ aan chef TS nr. 36 Zeer Geheim, 25 februari 1949; chef TS aan CGS nr. 202 U-00 Zeer Geheim, 4 maart 1949.

128. SSA, MPA HKGS 1948-1955, inv.nr. 760, Stukken betreffende realisatie van de samenwerking tussen Nederland, België en Frankrijk in het kader van research op het gebied van chemische oorlogvoering, 1949-1951, 'Procès Verbal de la réunion tenue à Bruxelles le 20.12.1949 entre les délégués de la Belgique, de la France et des Pays-Bas, Object: Guerre Chimique'; 'Aantekeningen betrekking hebbende op de samenwerking met België en Frankrijk'.

HOOFDSTUK 6

1. SSA, TSKL 1947-1952, Bundel 74, chef TS, genmaj L. Ezerman, aan CGS, 11 september en 16 oktober 1950.
2. Tucker, *War of Nerves*, 117.
3. Ibidem, 117-118.
4. Ibidem, 118; SSA, RVO-TNO CL, Rapporten en verslagen (1946 t/m 1953), doos 230, bundel 546, Bijeenkomst van directeuren en onderdirecteuren der laboratoria en leiders der werkgroepen van RVO-TNO op 7 december 1951.
5. SSA, RVO-TNO CL, Rapporten en verslagen (1946 t/m 1953), doos 229, bundel 534, 'Saharaproeven', 'Nota betreffende mogelijke Nederlandse deelneming aan een Franse proefneming' van Van Ormondt, 31 mei 1951.
6. Ibidem.
7. Ibidem.
8. Op 1 januari 1951 was majoor Kloeg, die vóór 1940 als leraar aan de Militaire Gasschool verbonden was geweest, belast met het formeren van de ABC-school. Met de oprichting hiervan werd aan de wens van CGS Kruls voldaan (zie p. 163). Zie: Kersing, 'Militaire gasschool', 205.
9. SSA, RVO-TNO CL, Rapporten en verslagen (1946 t/m 1953), doos 229, bundel 534, 'Saharaproeven', 'Nota betreffende mogelijke Nederlandse deelneming aan een Franse proefneming' van Van Ormondt, 31 mei 1951.
10. Ibidem.
11. Ibidem, Sizoo aan Van Ormondt, 13 juni 1951.
12. Ibidem, Van Ormondt aan vz RVO-TNO, 30 juni 1951; 'Kort verslag van de op 19 en 20 juni te Parijs gevoerde besprekingen' van Van Ormondt.
13. SSA, TSKL 1947-1952, Bundel 74, CGS aan C-ABC-School, 28 juli 1951; 'Le Général de Corps d'Armée Blanc, Chef d'Etat Major de l'Armée à Monsieur le Lieutenant Général Chef d'Etat-Major Général de l'Armée Royale Néerlandaise', 6 augustus 1951.
14. SSA, RVO-TNO CL, Rapporten en verslagen (1946 t/m 1953), doos 229, bundel 534, 'Saharaproeven', C-ABC-school maj Kloeg aan de Generale Staf, 19 oktober 1951.
15. Ibidem.
16. Ibidem.
17. Ibidem, Van Ormondt aan bestuur RVO-TNO, 5 september 1951.
18. SSA, HKGS 1947-1954, code 71.45 (NBC-oorlogvoering), nr. 46231, Nota van CGS aan MVO over Nederlandse deelneming aan Franse proefneming, 24 juli 1951; ibidem, 1951, nr. 46427, MVO aan CGS, 4 augustus

1951; ibidem, nr. 46201, CGS aan VZ RVO-TNO, 3 september 1951.

19. SSA, RVO-TNO CL, Rapporten en verslagen (1946 t/m 1953), doos 229, bundel 534, 'Saharaproeven', 'Verslag betreffende bijwoning van en deelname aan proefnemingen op gebied van de chemische oorlogvoering georganiseerd door de Groupement Arme Chimique van "La Section Technique de l'Armée Française"' [oktober en november 1951].
20. Zie, naast het in noot 19 genoemde verslag: ibidem, bundel 535, 'Terreinproeven', 'Nota betreffende terreinproeven op het gebied der chemische oorlogvoering' van Van Ormondt, 3 maart 1952.
21. SSA, RVO-TNO CL, Rapporten en verslagen (1946 t/m 1953), doos 229, bundel 534, 'Saharaproeven', 'Verslag betreffende bijwoning van en deelname aan proefnemingen op gebied van de chemische oorlogvoering georganiseerd door de Groupement Arme Chimique van "La Section Technique de l'Armée Française"' [oktober en november 1951]; ibidem, bundel 535, 'Terreinproeven', 'Nota betreffende terreinproeven op het gebied der chemische oorlogvoering' van Van Ormondt, 3 maart 1952.
22. Ibidem, bundel 534, 'Saharaproeven', 'Verslag betreffende bijwoning van en deelname aan proefnemingen op gebied van de chemische oorlogvoering georganiseerd door de Groupement Arme Chimique van "La Section Technique de l'Armée Française"' [oktober en november 1951].
23. Ibidem, doos 230, bundel 546, Bijeenkomst van directeuren en onderdirecteuren der laboratoria en leiders der werkgroepen van RVO-TNO op 7 december 1951.
24. Ibidem, doos 229, bundel 534, 'Saharaproeven', 'Rapport omtrent de militair-technische en -tactische aspecten der in het tijdvak 30 October - 16 November 1951 onder Franse auspiciën gehouden proeven op het gebied der Chemische Oorlogvoering', lkol F. Sleebos, TSKL.
25. Ibidem.
26. SSA, HKGS 1947-1954, code 71.45 (NBC-oorlogvoering), nr. 47241, Aantekeningen behorende bij G4 nr. 47241 Geheim, steller Heffener, sectie G4A1 HKGS.
27. Ibidem.
28. SSA, RVO-TNO CL, Rapporten en verslagen (1946 t/m 1953), doos 229, bundel 534, 'Saharaproeven', 'Kort overzicht van de in Parijs op 28 en 29 januari 1952 op het Fort Aubervilliers gevoerde besprekingen' van Van Ormondt, 4 februari 1952.
29. Ibidem.
30. Ibidem, doos 230, bundel 546, notitie RVO-TNO (steller onbekend), 11 februari 1952.
31. Ibidem.
32. Ibidem, doos 229, bundel 534, 'Saharaproeven', Sizoo aan Van Ormondt, 7 februari 1952; Sizoo aan de leden van het RVO-bestuur, 7 februari 1952; Sizoo aan Van Ormondt, 13 februari 1952.
33. Ibidem, 'Kort overzicht van de in Vilvoorde op het Bureau van ETAC op 18 en 19 februari gehouden besprekingen' van Van Ormondt, 26 februari 1952.
34. Ibidem, bundel 535, 'Terreinproeven', 'Nota betreffende terreinproeven op het gebied der chemische oorlogvoering' van Van Ormondt, 3 maart 1952.
35. Ibidem, bundel 534, 'Saharaproeven', Sizoo aan Van Ormondt, 4 maart 1952; Van Ormondt aan VZ RVO-TNO, 6 maart 1952.
36. Ibidem, Van Ormondt aan VZ RVO-TNO, 6 maart 1952.
37. Ibidem, 'Kort verslag van de bespreking op 7 maart 1952, gehouden in de "Salle des Maréchaux" van het Ministère de la Défense Nationale te Parijs' van Van Ormondt, 11 maart 1952.
38. Ibidem, 'Kort verslag van de bespreking, gehouden te Parijs op 8 maart 1952 in de Salon Rouge van de Section Technique de L'Armée op het Place St. Thomas D'Aquin' van Van Ormondt, 11 maart 1952.
39. Ibidem, bundel 535, 'Terreinproeven', 'Memorandum Terreinproeven op de Vliehors' van Van Ormondt, 10 april 1952.
40. Ibidem; SSA, HKGS 1947-1954, code 71.45 (NBC-oorlogvoering), nr. 47943, IdG aan CGS, 11 juni 1952.
41. SSA, RVO-TNO CL, Rapporten en verslagen (1946 t/m 1953), doos 229, bundel 535, 'Terreinproeven', 'Kort verslag van de bespreking inzake de "Vliehors", gehouden op 14 mei 1952'.
42. NL-HaNA, Inspecties van Wapens en Dienstvakken, 2.13.158, inv.nr. 242, kol Kok, gedelegeerde van MVO bij RVO-TNO, aan CGS, 30 juli 1953; CGS aan gedelegeerde van MVO bij RVO-TNO, 18 augustus 1953. In 1960 merkte Cohen, de directeur van het MBL, op dat het niet eenvoudig was om in Nederland proefpersonen voor onderzoek naar chemische strijdmiddelen te vinden:

SSA, RVO-TNO CL, Z-stelsel, doos 171, bundel Z81, 'De huidige stand van de chemische oorlogvoering', voordracht gehouden door Van Ormondt op 15 december 1960.
43. SSA, NBC-School, doos 2, bundel 20, Toelichting bij brief van C-ABC-school aan IdG, 20 mei 1952.
44. Ibidem, CGS aan vz RVO-TNO, 30 juni 1952; CGS aan IdG, 30 juni 1952.
45. Aanwezig waren o.a.: Van Ormondt, Jonquière, Ooms en ir. J.H.C. van Mourik van het Chemisch Laboratorium en lkol Sleebos, maj Kloeg en kap Houben namens de KL. De Belgische delegatie bestond uit o.a. kolonel Deladrier en kapitein Vassart.
46. SSA, HKGS 1947-1954, code 71.45 (NBC-oorlogvoering), nr. 49225, Rapport 1952/6, 'Kort verslag van de proeven door het Chemisch Laboratorium RVO TNO gedurende de periode 20 Juni tot en met 7 Juli 1952 op de "Vliehors" verricht'.
47. Ibidem, 'Bemerkingen bij Rapport 1952/6 van het Chemisch Laboratorium der RVO/TNO' van Houben.
48. SSA, RVO-TNO CL, Rapporten en verslagen (1946 t/m 1953), doos 236, bundel 589, 'Chemische Contact Commissie', vz RVO-TNO aan CMS, CGS, CLS e.a., 23 april 1952.
49. Ibidem, Notulen van de eerste vergadering van de Chemische Contact-Commissie der RVO-TNO op 17 juli 1952.
50. SSA, HKGS 1947-1954, nr. 10774, 'Le Général de Corps d'Armée Blanc, Chef d'Etat-Major de l'Armée à Monsieur Le Chef d'Etat-Major de l'Armée Royale Néerlandaise', 14 maart 1952; 'Chef de l'Etat-Major Général à Monsieur le Général de Corps d'Armée C.A. Blanc, Chef d'Etat-Major de l'Armée de Terre', 19 juli 1952; ibidem, code 71.45 (NBC-oorlogvoering), nr. 47552-1, CGS aan MVO, 2 juli 1952; ibidem, nr. 47552-2, CGS aan vz Comité VCS, 2 juli 1952.
51. SSA, RVO-TNO CL, Rapporten en verslagen (1946 t/m 1953), doos 229, bundel 534, 'Saharaproeven', Van Ormondt aan vz RVO-TNO, 22 augustus 1952.
52. SSA, HKGS 1947-1954, nr. 10774, Chef de l'Etat-Major Général à Monsieur le Général de Corps d'Armée C.A. Blanc, Chef d'Etat-Major de l'Armée de Terre, 7 agustus 1952; Codebericht van CGS aan militair attaché Parijs, 10 oktober 1952.
53. SSA, MPA HKGS 1948-1955, inv.nr. 760, 'Aantekeningen betrekking hebbende op de samenwerking met België en Frankrijk'; SSA, HKGS 1947-1954, code 71.45 (NBC-oorlogvoering), nr. 50605, hoofd Bureau WO, kol Kok, aan CGS, 8 september 1952 (Bijlage bij de brief 'Besprekingen te Parijs op 4 en 5 september 1952' van Houben); ibidem, nr. 49341, gedelegeerde van MVO bij RVO-TNO, kol Kok, aan vz RVO-TNO, 10 september 1952; gedelegeerde van MVO bij RVO-TNO, kol Kok, aan vz RVO-TNO, 19 december 1952; NL-HaNA, Defensie / Gewoon en Geheim Verbaalarchief, 2.13.151, inv.nr. 6276 (41), Nota van CGS voor MVO, 26 september 1952; ibidem, Nota van MVO aan CGS, 24 november 1952.
54. De Nederlandse delegatie bestond o.a. uit: Van Ormondt, Ooms, Van Mourik, Sleebos en Houben.
55. SSA, HKGS 1947-1954, code 71.45 (NBC-oorlogvoering), nr. 49228, gedelegeerde van MVO bij RVO-TNO, kol Kok, aan CGS, 4 december 1952, met als bijlage het 'Rapport betreffende de proeven van 20 October tot 19 November 1951, gehouden bij Base II, CESP in Algerië' van Houben.
56. Ibidem, code 09 (wetenschappelijk onderzoek), nr. 35816, 'Voorlopig kort verslag betreffende de resultaten der met Nederlandse deelneming gedurende de periode van 28 october - 18 november 1952 in de Sahara verrichte proeven'.
57. Helemaal correct was het verhaal van Van Ormondt niet. De directeur van het MBL, Cohen, bracht in 1950 een bezoek aan het *Chemical Defence Experimental Station* in Porton Down. Volgens Cohen waren de Engelsen zeer mededeelzaam. Zie hiervoor: NL-HaNA, Inspecties van Wapens en Dienstvakken, 2.13.158, inv.nr. 242, Verslag van bezoek van dr. Cohen (hoofd Medisch Biologisch Instituut) aan het *Chemical Defence Experimental Station* te Porton (UK) van 31 januari t/m 3 februari 1950, aangeboden aan kol dr. H.J. van der Giessen (IGDKL) bij brief van RVO-TNO nr. 50 G 308 Zeer Geheim, 10 maart 1950. Cohen, die in en kort na de oorlog in Porton Down werkzaam was geweest (zie p. 152 en 156), werd door de Engelse onderzoekers wellicht nog steeds als een 'directe collega' beschouwd.
58. SSA, HKGS 1947-1954, code 09 (wetenschappelijk onderzoek), nr. 35816, 'Voorlopig kort verslag betreffende de resultaten der met Nederlandse deelneming gedurende de periode van 28 october - 18 november 1952 in de Sahara verrichte proeven'; ibidem,

code 71.45 (NBC-oorlogvoering), nr. 49228, gedelegeerde van MVO bij RVO-TNO, kol Kok, aan CGS, 4 december 1952 (Bijlage bij het 'Rapport betreffende de proeven van 20 October tot 19 November 1951, gehouden bij Base II, CESP in Algerië' van Houben).

59. Tucker, *War of Nerves*, 147-151; zie ook: H. Cullumbine, 'Chemical warfare experiment using human subjects', *British Medical Journal* 19 oktober 1946, 576-578; Harris en Paxman, *Higher form of killing*, 177-178; S. Shukor, 'Inquest reopens into Porton Down nerve agent death', *Times Online – Newspaper* 28 september 2003, <www.ladlass.com/intel/archives/006342.html>, 12 februari 2009; U. Schmidt, 'Cold War at Porton Down: Informed Consent in Britain's Biological and Chemical Warfare Experiments', *Cambridge Quarterly of Healthcare Ethics* 15-4 (2006) 366-380 (Zelfde artikel: U. Schmidt, 'Medical Ethics and Human Experimentation at Porton Down: Informed Consent in Britain's Biological and Chemical Warfare Experiments' in: U. Schmidt en A. Frewer red., *History and theory of human experimentation: the declaration of Helsinki and modern ethics* (Stuttgart 2007) 283-313).
60. SSA, RVO-TNO CL, Rapporten en verslagen (1946 t/m 1953), doos 236, bundel 589, 'Chemische Contact Commissie', Notulen van de tweede vergadering van de Chemische Contact-Commissie der RVO-TNO op 28 october 1952.
61. Ibidem, doos 229, bundel 534, 'Saharaproeven', ambassadeur Parijs aan MinBuza, 19 december 1952.
62. Ibidem, MinBuza aan MVO, 3 januari 1953; gedelegeerde van MVO aan vz RVO-TNO, 21 januari 1953; secretaris RVO-TNO aan directeur Chemisch Laboratorium, 26 januari 1953; Sizoo aan gedelegeerde van MVO bij RVO-TNO, 30 januari 1953.
63. SSA, HKGS 1947-1954, code 09 (wetenschappelijk onderzoek), nr. 35816, 'Voorlopig kort verslag betreffende de resultaten der met Nederlandse deelneming gedurende de periode van 28 october - 18 november 1952 in de Sahara verrichte proeven'.
64. Ibidem, gedelegeerde van MVO bij RVO-TNO, kol Kok, aan CGS, 11 april 1953; CGS aan gedelegeerde van MVO bij RVO-TNO, 11 mei 1953.
65. SSA, MVD RVO-TNO, 1925-1979, inv.nr. 890, Persoonlijk Archief Van Ormondt, 'Kort verslag van het bezoek aan het Chemical Defence Experimental Establishment (CDEE) te Porton bij Salisbury (Wiltshire)' van Van Ormondt, 26 mei 1953.
66. SSA, RVO-TNO CL, Rapporten en verslagen (1946 t/m 1953), doos 229, bundel 535, 'Terreinproeven', Van Ormondt aan vz RVO-TNO, 23 maart 1953; 'Bezoek aan het vliegveld Bergen, 21 maart 1953', W. Hoppen.
67. Ibidem, 'Verslag van de bespreking bij de Topografische Dienst betreffende proefterreinen', W.F. Hoppen, 16 april 1953.
68. Ibidem, Van Ormondt aan vz RVO-TNO, 3 augustus 1953.
69. Ibidem, Van Ormondt aan vz RVO-TNO, 21 december 1953; ibidem, Z-stelsel, doos 164, bundel Z6, 'Kort verslag van het bezoek aan de Belgische militaire terreinen bij Elsenborn in België en Vogelsang in Duitsland op 29 en 30 december 1953' van Van Ormondt, 7 januari 1954.
70. Ibidem, 'Kort verslag van het bezoek aan het Belgische Kamp Elsenborn op 29 en 30 april 1954' van Van Ormondt, 13 mei 1954; gedelegeerde van MVO bij RVO-TNO, kol Kok, aan vz RVO-TNO, 28 juni 1954.
71. Zie bijv.: NL-HaNA, Inspecties van Wapens en Dienstvakken, 2.13.158, inv.nr. 242: Verslag (informeel) van de bijdrage van kap Coggins over ABC-oorlogvoering tijdens de *SHAPE Medical Planning Conference* op 13 en 14 augustus 1952, opgesteld door kltz-arts W.A. Borgeld.
72. SSA, RVO-TNO CL, Rapporten en verslagen (1946 t/m 1953), doos 236, bundel 589, 'Chemische Contact Commissie', Notulen van de derde vergadering van de Chemische Contact-Commissie der RVO-TNO op 24 februari 1953.
73. Ibidem, Notulen van de zesde vergadering van de Chemische Contact-Commissie der RVO-TNO op 30 maart 1954.
74. Ibidem, Z-stelsel, doos 165, bundel Z12, Symposium over gasbeschermingsmaterieel, te houden op 9 december 1954 in het Physisch Laboratorium der RVO-TNO op de Vlakte van Waalsdorp te Den Haag (Syllabus); lezing 'Gasbeschermingsmaterieel' door Van Ormondt.
75. J. van Ormondt, 'Gasbeschermingsmaterieel', *De Militaire Spectator* 125 (1956) 532-542, aldaar 533.
76. Ibidem; zie ook: Archief MIVD, inventaris KLA, inv.nr. 427, 'Visie op de Sovjet Chemische Oorlogvoering 1955', 27 oktober 1955.

77. NL-HaNA, Defensie / Staatscommissie, 2.13.159, inv.nr. 30, Notulen Defensiecommissie op 14 oktober 1954.
78. NL-HaNA, Koloniën / Dossierarchief, 2.10.54, inv.nr. 5704, Negenmogendhedenconferentie te Londen (1954), Antwoorden van verschillende vragen en opmerkingen in de "Ontwerp-Memorie van Antwoord op het Voorlopig Verslag van de Tweede Kamer der Staten-Generaal op het wetsontwerp ter goedkeuring van de Parijse accoorden".
79. De vraag is of iedereen er wel van doordrongen was dat Nederland de bereidverklaring weer had ingetrokken. In 1990 ontving het PML een brief van het Ministerie van Buitenlandse Zaken waarin stond dat "Nederland (...) in het kader van de Westeuropese Unie (Overeenkomst van Brussel 1954) afstand [heeft] genomen van de produktie en het bezit van CW's". Blijkbaar bestond er ook bij ambtenaren van het Ministerie van Buitenlandse Zaken verwarring over deze kwestie! Zie: Archief TNO D&V, Rubriek Ru 152 Chemische Wapens 1990, 90 S5039[+a], MinBuZa aan PML, (datum onbekend).

HOOFDSTUK 7

1. SSA, RVO-TNO CL, Z-stelsel, doos 164, bundel Z6, Van Ormondt aan VZ RVO-TNO, 24 februari 1954.
2. SSA, HKGS 1947-1954, code 71.45 (NBC-oorlogvoering), nr. 38119, hoofd Adviesbureau WO, kol Kok, aan CGS, 26 februari 1954 (bijlage bij de brief, 'Verslag der Besprekingen te Parijs op 8 en 9 Februari '54 over Chemische Oorlogvoering' van Houben, 25 februari 1954).
3. Ibidem.
4. SSA, RVO-TNO CL, Z-stelsel, doos 164, bundel Z6, Van Ormondt aan VZ RVO-TNO, 9 maart 1954; Van Ormondt aan VZ RVO-TNO, 25 maart 1954.
5. Ibidem, Van Ormondt aan VZ RVO-TNO, 12 april 1954; SSA, HKGS 1947-1954, Saharaproeven, C-ABC-school lkol Kloeg aan CGS, 9 maart 1954.
6. SSA, HKGS 1947-1954, Saharaproeven, CGS aan hoofd Adviesbureau WO, 23 april 1954.
7. Ibidem, 'Notulen van de 4[e] vergadering ABC-werkcommissie voor de Koninklijke Landmacht gehouden op 28 april 1954', wnd VZ ABC-werkcommissie, maj Heffener.
8. NL-HaNA, Inspecties van Wapens en Dienstvakken, 2.13.158, inv.nr. 242: Brief 'Nederlandse deelname aan chemische proefnemingen in de Sahara' van CGS nr. G4/38208 Geheim, 2 juni 1954.
9. SSA, RVO-TNO CL, Z-stelsel, doos 164, bundel Z6, Verslag vergadering Sahara Commissie op 18 juni 1954.
10. NL-HaNA, Inspecties van Wapens en Dienstvakken, 2.13.158, inv.nr. 242: hoofd Adviesbureau WO, kol Kok, aan IGDKL, IdA en IdG nr. WO-10/U Geheim, 23 juni 1954. Luitenant Ten Houte de Lange woonde de bijeenkomst in Parijs overigens niet bij.
11. Ibidem, 'Verslag van de besprekingen te Parijs op 1 en 2 juli 1954', aangeboden bij brief van hoofd Adviesbureau WO, kol Kok, aan IdG, IGDKL, IdA en directeur Chemisch Laboratorium nr. WO-121 U Geheim, 21 juli 1954.
12. SSA, RVO-TNO CL, Z-stelsel, doos 164, bundel Z6, 'Kort verslag van de op 1 juli 1954 te Parijs in de Salle des Marechaux van het Ministerie van Oorlog te Parijs gehouden bespreking van het plan Sahara-proeven 1955'; Van Ormondt aan VZ bestuur RVO-TNO, 8 juli 1954.
13. SSA, HKGS 1947-1954, Saharaproeven, 'Verslag van de besprekingen te Parijs op 1 en 2 juli 1954', lkol ir. L.W.C. Adank, 15 juli 1954.
14. Ibidem.
15. Ibidem, hoofd Adviesbureau WO, kol Kok, aan CGS, 2 april 1954; 'Verslag over de bespreking te Vilvoorde op 27 augustus 1954 over de veldproeven in Elsenborn', res tlnt Ten Houte de Lange, 3 september 1954.
16. Archief TNO D&V, Rapport 1955/11 Terreinproeven, verricht in Elsenborn gedurende de periode van 17-27 september 1954 (confidentieel), W.F. Hoppen, drs. A.J.J. Ooms en ir. P. van der Wal, 21 juni 1955.
17. Tot de delegatie behoorden o.a.: Van Ormondt, Ooms, kapitein K. Waldhuis (ABC-school) en lnt Ten Houte de Lange.
18. SSA, RVO-TNO CL, Z-stelsel, doos 164, bundel Z6, Van Ormondt aan VZ RVO-TNO, 16 september 1954; NL-HaNA, Inspecties van Wapens en Dienstvakken, 2.13.158, inv. nr. 608, brief van IdG bgen J.J. de Wolf aan CGS nr. 1963 Geheim, 2 september 1954.
19. Archief TNO D&V, Rapport 1955/11 Terreinproeven, verricht in Elsenborn gedurende de periode van 17-27 september 1954 (confidentieel) W.F. Hoppen, drs. A.J.J. Ooms en ir. P. van der Wal, 21 juni 1955.
20. Zie: Tucker, *War of Nerves*, 153.

21. SSA, HKGS 1947-1954, Saharaproeven, gedelegeerde van MVO bij RVO-TNO aan VZ RVO-TNO, 13 augustus 1954; Van Ormondt aan VZ RVO-TNO, 6 oktober 1954.
22. NL-HaNA, Defensie / Gewoon en Geheim Verbaalarchief, 2.13.151, inv.nr. 6433, Sizoo aan staatssecretaris van Oorlog, 30 december 1954.
23. SSA, RVO-TNO CL, Z-stelsel, doos 164, bundel Z6, 'Kort verslag van de bespreking in de Salle des Maréchaux van het Ministère de la Défense Nationale op 20 december 1954 over de Saharaplannen 1955' van Van Ormondt, 10 januari 1955.
24. Ibidem, Van Ormondt aan VZ RVO-TNO, 9 februari 1955; Sizoo aan CGS, 24 februari 1955; CGS aan VZ RVO-TNO, 18 maart 1955.
25. Archief TNO D&V, Rapport 1955/11 Terreinproeven, verricht in Elsenborn gedurende de periode van 17-27 september 1954 (confidentieel), W.F. Hoppen, drs. A.J.J. Ooms en ir. P. van der Wal, 21 juni 1955.
26. SSA, RVO-TNO CL, Z-stelsel, doos 164, bundel Z6, Van Ormondt aan VZ RVO-TNO, 5 april 1955.
27. Ibidem, Sizoo aan CLS, 14 april 1955; CLS aan VZ RVO-TNO, 26 april 1955; Van Ormondt aan VZ RVO-TNO, 2 mei 1955.
28. Ibidem, Van Ormondt aan VZ RVO-TNO, 3 juni 1955; 'Verslag van veldproeven met chemische strijdgassen te Elsenborn (België) van 13 tot 18 juni 1955; Van Ormondt aan de Commandant Luchtvaartopleidingen, 5 juli 1955.
29. Ibidem, Van Ormondt aan VZ RVO-TNO, 3 juni 1955; 'Verslag van veldproeven met chemische strijdgassen te Elsenborn (België) van 13 tot 18 juni 1955.
30. Ibidem, Van Ormondt aan de Commandant Luchtvaartopleidingen, 5 juli 1955; (anoniem amicebriefje met de aanhef 'Beste Hans'), 1 augustus 1955.
31. Ibidem, 'Kort verslag van de bespreking te Parijs in het Bureau Armet op 25 augustus 1955 gehouden, betreffende de Sahara proeven 1955' van Van Ormondt, 31 augustus 1955.
32. Ibidem, Van Ormondt aan VZ RVO-TNO, 31 augustus 1955; Van Ormondt aan VZ RVO-TNO, 3 oktober 1955.
33. Ibidem, doos 167, bundel Z35, Van Ormondt aan de Commandant Luchtvaartopleidingen, 6 april 1956.
34. Ibidem, Van Ormondt aan de Commandant Luchtvaartopleidingen, 6 april 1956.
35. Ibidem, bundel Z30-40, Kort verslag van de bilaterale besprekingen over gasbeschermingsmaterieel etc., met Franse deskundigen te Parijs op 27 en 28 april 1956 van Van Ormondt, 15 mei 1956; ibidem, 'Verslag 'Chemische Oorlogsvoering" van ir. H.A.W. Scheuer, 11 juni 1956.
36. Ibidem, bundel Z34, 'Kort verslag van de bespreking met colonel Deladrier in het Bureau van het ETAC te Vilvoorde op zaterdag, 2 februari 1957'.
37. Tucker, *War of Nerves*, 153-154.
38. SSA, RVO-TNO CL, Z-stelsel, doos 167, bundel Z34, 'Kort verslag van de bespreking met colonel Deladrier in het Bureau van het ETAC te Vilvoorde op zaterdag, 2 februari 1957'.
39. Ibidem, doos 168, Z41 t/m 54, 'Kort verslag van de Frans-Nederlandse Besprekingen over Gasbeschermingsmaterieel etc. in Frankrijk op 23, 24 en 25 april 1957' van Van Ormondt, juli 1957; ibidem, doos 169, bundel Z57, Van Ormondt aan VZ RVO-TNO, 29 maart 1958.
40. Ibidem, Van Ormondt aan VZ RVO-TNO, 29 maart 1958.
41. Ibidem; 'Kort verslag van de bespreking gehouden te Vilvoorde op dinsdag 4 maart 1958 tussen een Franse, Belgische en Nederlandse delegatie', ir. H.A.W. Scheuer, maart 1958.
42. Ibidem, hoofd Adviesbureau WO, kol ir. C.A. Bijlaard, aan CGS, 12 maart 1958; CGS aan hoofd Adviesbureau WO, 28 maart 1958; plv gedelegeerde van MVO bij RVO-TNO, maj ir. R.G.F. van Houtum, aan VZ RVO-TNO, 4 april 1958; secretaris RVO-TNO, mr. P.F. Tanja, aan directeur Chemisch Laboratorium, 14 april 1958; secretaris RVO-TNO, mr. P.F. Tanja, aan directeur Chemisch Laboratorium, 24 april 1958.
43. Archief TNO D&V, Rapport 1959/1 Verslag van de Nederlandse bijdrage aan de Veldproeven te Mourmelon mei 1958 (geheim) van Clarenburg en Ooms, 14 februari 1959; SSA, RVO-TNO CL, Z-stelsel, doos 169, bundel Z57, 'verslag bezoek aan Mourmelon, Frankrijk, door Hoofdingenieur H.A.W. Scheuer van AWO en Kolonel G.A.A.P. Kloeg van IdG voor het bijwonen van veldproeven op 28, 29 en 30 mei 1958', 9 juli 1958.
44. De Nederlandse delegatie bestond o.a. uit: Ooms, Clarenburg en Beets.
45. SSA, RVO-TNO CL, Z-stelsel, doos 169, bundel Z57, 'Kort verslag van de bilaterale

Franco-Nederlandse besprekingen betreffende gasbeschermingsmaterieel, gehouden te Le Bouchet op 28 mei 1958 en te Mourmelon op 29 en 30 mei 1958' van Van Ormondt, juni 1958.

46. Ibidem, 'Beknopt verslag gasverspreidingsproeven van 16 mei - 3 juni 1958 te Mourmelon, Marne, Frankrijk', vdg drs. H.P. Beets, 20 juni 1958.
47. Ibidem, bundel Z59, colonel De Boisredon, Attaché Militaire, Naval et de l'Air près l'Ambassade de France à colonel F.E. Lagerwerf, Chef du 2e Bureau de l'Etat-Major Général – Section G2, 18 juillet 1958; 'Samenvatting van het overleg op 25 juli 1958 tussen RVO-TNO, IDG en AWO betreffende de Saharaproeven 1958', Hoofdingenieur ir. H.A.W. Scheuer; plv gedelegeerde van MVO bij RVO-TNO, majoor ir. P. Spek, aan vz RVO-TNO, 7 augustus 1958; Nota van CGS aan MVO, 16 augustus 1958.
48. Ibidem, 'Memorandum betreffende Saharaproeven 1958' van Van Ormondt, 24 juli 1958.
49. Archief TNO D&V, Rapport 1959/5 Verslag van de Nederlandse bijdrage aan de Saharaproeven 1958. De experimentele toets van de diffusievergelijking van Sutton van de instantane puntbron (geheim), drs. L.A. Clarenburg, november 1959.
50. Tucker, *War of Nerves*, 146-147, 154, 158.
51. De Verenigde Staten, Groot-Brittannië en Canada werkten sinds 1947 samen op het gebied van research & development op het gebied van de chemische oorlogvoering (*Tripartite Agreement*). De Verenigde Staten en Groot-Brittannië deden onderzoek, terwijl Canada's bijdrage zich voornamelijk beperkte tot het beschikbaar stellen van terreinen (o.a. in Suffield, ongeveer vijftig kilometer van de stad Medicine Hat) voor proefnemingen in het open veld. De drie landen brachten elkaar op de hoogte van de onderzoeksresultaten. Zie: Harris en Paxman, *Higher form of killing*, 174, 184-185; M. Byrd Davis en A.H. Purcell, *Weapons of Mass Destruction* (New York 2006) 59.
52. SSA, MVD RVO-TNO, 1925-1979, inv.nr. 160, Kort verslag van het bezoek aan het *Ministry of Supply* te Londen op 24 juni 1957 en aan het CDEE te Porton op 25 en 26 juni 1957 van Van Ormondt, 5 juli 1957; 'Memorandum betreffende V stoffen' van Van Ormondt, juli 1957.
53. De Sovjet-Unie was in de tweede helft van de jaren vijftig via haar militaire inlichtingenapparaat inderdaad op de hoogte van het bestaan van V-stoffen. Russische onderzoekers slaagden erin om een eigen variant (codenaam R-33) van VX aan te maken. Zie hiervoor: Tucker, *War of Nerves*, 181-182.
54. SSA, MVD RVO-TNO, 1925-1979, inv.nr. 160, 'Verslag van een bespreking inzake V-stoffen gehouden op 12 september 1957'; McCamley, *Secret History*, 135.
55. Zie: Van Zelm, '40 Jaar chemisch defensieonderzoek in Nederland', 15.
56. SSA, RVO-TNO CL, S-nr. Ru 8, inv.nr. 21, Notulen en vergaderverslagen van de Chemische Contact Commissie RVO-TNO 1955-1963, Notulen van de 15e vergadering van de Chemische Contact Commissie der RVO-TNO op 23 juli 1958.
57. Ibidem.
58. Ibidem.
59. Ibidem, S-nr. Ru 14 Stukken betreffende buitenlandse inlichtingen op het gebied van (gif)gassen, inv.nr. 34, Van Ormondt aan drs. L. Heyneker, 24 april 1959.
60. Ibidem, Numerieke reeks, doos 137, NR 1954, Van Ormondt aan vz RVO-TNO, 15 januari 1954.
61. Ibidem, 'Korte mededeling betreffende gegevens, die door de Franse Inlichtingendienst in 1952 en 1953 verzameld zijn over de proeven op het gebied der Chemische Oorlogvoering door Russen en Duitsers verricht bij Jüterbog in de Russische zône van Duitsland' van Van Ormondt, 14 januari 1954.
62. Ibidem.
63. Ibidem, Van Ormondt aan vz RVO-TNO, 15 januari 1954.
64. Ibidem, Z-stelsel, doos 166, bundel Z29, 'Kort verslag van de bespreking over intelligence gegevens gehouden op donderdag 22 maart 1956 in het Chemisch Laboratorium RVO-TNO' van Van Ormondt, 26 maart 1956.

HOOFDSTUK 8

1. Tucker, *War of Nerves*, 169.
2. Clarenburg promoveerde in 1960 op de onderzoeksresultaten van de proeven in de Sahara in 1958. Zie: L.A. Clarenburg, *A Study in Air Pollution* (Proefschrift Rijksuniversiteit Utrecht, Utrecht 1960). De gegevens die Clarenburg in zijn proef-

schrift presenteert, zijn overigens niet te herleiden tot de proeven in de Sahara. Zie ook het interview dat M. Traa met Clarenburg hield voor zijn artikel in *HP/De Tijd* van 22 februari 2008.

3. SSA, RVO-TNO CL, Z-stelsel, doos 170, bundel Z68, plv gedelegeerde van MVD, bgen ir. C.A. Bijlaard, aan vz RVO-TNO, 8 juli 1959; secretaris RVO-TNO aan plv gedelegeerde van MVD, bgen ir. C.A. Bijlaard, 22 juli 1959; secretaris RVO-TNO aan directeur Chemisch Laboratorium, 22 juli 1959; Van Ormondt aan secretaris RVO-TNO, 3 september 1959.
4. Ibidem, Van Ormondt aan secretaris RVO-TNO, 3 september 1959; Archief TNO D&V, Rapport 1960/3 Verslag van de Nederlandse bijdrage aan de veldproeven te Mourmelon (Frankrijk), september - oktober 1959. Grondbesmetting en autodesinfectie (geheim), drs. L.A. Clarenburg en drs. C.J.P. van Buytenen, april 1960.
5. SSA, RVO-TNO CL, Z-stelsel, doos 171, bundel Z79, wnd hoofd sectie Adviezen WO HKGS aan CGS, 21 juli 1960.
6. De ministeries van Oorlog en Marine waren in 1959 weer formeel samengevoegd.
7. SSA, RVO-TNO CL, Z-stelsel, doos 171, bundel Z81, 'De huidige stand van de chemische oorlogvoering', voordracht gehouden door Van Ormondt op 15 december 1960.
8. Ibidem; zie ook: 'Bijeenkomsten op donderdag 12 april 1962 te Den helder en op woensdag 25 april 1962 te Amersfoort. Voordrachten gehouden voor de Vereniging ter beoefening van de Krijgswetenschap door Professor dr. J.A. Cohen, Directeur van het Medisch Biologisch Laboratorium RVO-TNO en Drs. J. van Ormondt, Directeur van het Chemisch Laboratorium RVO-TNO over Chemische Oorlogvoering, Voordracht te Den Helder', *Orgaan der Vereniging ter Beoefening van de Krijgswetenschap* (1961-1962) 139-160, aldaar 139-142.
9. SSA, RVO-TNO CL, Z-stelsel, doos 171, bundel Z81, 'De huidige stand van de chemische oorlogvoering', voordracht gehouden door Van Ormondt op 15 december 1960; zie ook: J.C.F. Reep, 'De huidige stand van zaken bij chemische oorlogvoering', *De Militaire Spectator* 131 (1962) 413-416, aldaar 413-414.
10. SSA, RVO-TNO CL, Z-stelsel, doos 171, bundel Z81, 'De huidige stand van de chemische oorlogvoering', voordracht gehouden door Van Ormondt op 15 december 1960.
11. Ibidem.
12. Ibidem, Z-stelsel, doos 175, bundel Z105, Van Ormondt aan vz RVO-TNO, 17 april 1961; 'Verleden, heden en toekomst van het Chemisch Laboratorium RVO-TNO' van Van Ormondt, april 1961.
13. Dr. Theodore von Karman was de oprichter en de voorzitter van de *NATO Advisory Group for Aeronautical Research and Development* (AGARD), tegenwoordig de *NATO Research and Technology Organisation.*
14. SSA, RVO-TNO CL, Z-stelsel, doos 175, bundel Z105, 'Naschrift bij de nota verleden, heden en toekomst van het Chemisch Laboratorium RVO-TNO' van Van Ormondt, 7 november 1961.
15. Ibidem, Van Ormondt aan vz RVO-TNO, 17 april 1961; 'Verleden, heden en toekomst van het Chemisch Laboratorium RVO-TNO' van Van Ormondt, april 1961.
16. Ibidem, secretaris RVO-TNO aan diversen, 12 december 1961 en 1 januari 1962 (notulen van de bespreking inzake de chemische sector van het onderzoek).
17. Ibidem, Numerieke reeks, doos 138, NR 1961, Jaarverslag Chemisch Laboratorium RVO-TNO 1960.
18. Ibidem.
19. Ibidem; Jonquière aan secretaris RVO-TNO, 23 augustus 1961 (zie bijlage bij de brief 'Overzicht internationale contacten Chem. Lab. RVO').
20. Zie ook: J. Jonker, *Van RVO tot HDO. 40 jaar Defensieonderzoek TNO* (z.p. 1987) 21-22.
21. SSA, RVO-TNO CL, S-nr. Ru 8, inv.nr. 21, Notulen en vergaderverslagen van de Chemische Contact Commissie RVO-TNO 1955-1963, Notulen van de 21e vergadering van de Chemische Contact Commissie der RVO-TNO op 20 maart 1962; ibidem, Numerieke reeks, doos 138, NR 1961, Jonquière aan secretaris RVO-TNO, 23 augustus 1961 (zie bijlage bij de brief 'Overzicht internationale contacten Chem. Lab. RVO').
22. SSA, RVO-TNO CL, Numerieke reeks, doos 139, NR 1962, 'De internationale samenwerking op het gebied van defensie research en haar betekenis voor de Nederlandse Defensie Research en voor de Nederlandse Krijgsmacht', 9 oktober 1962.
23. SSA, RVO-TNO CL, Z-stelsel, doos 171, bundel Z79, Nota van wnd hoofd sectie Adviezen WO van KMG, kolonel ir. M.C. Palm aan KMG, 16 maart 1961; Van Ormondt aan

VZ RVO-TNO, 5 mei 1961; secretaris RVO-TNO aan directeur Chemisch Laboratorium, 10 mei 1961; secretaris RVO-TNO aan directeur Chemisch Laboratorium, 10 mei 1961.

24. Ibidem, Van Ormondt aan VZ RVO-TNO, 4 september 1961.
25. SSA, RVO-TNO CL, 'Rapport Final et Exploitation de l'exercice "Charlotte" – FINABEL'.
26. Ibidem, Z-stelsel, doos 179, dossier Z119, Van Ormondt aan VZ RVO-TNO, 22 januari 1963.
27. Tucker, *War of Nerves*, 169-170; SSA, RVO-TNO CL, Z-stelsel, doos 181, bundel Z124, 'Kort verslag over de besprekingen te Parijs op 12 en 13 maart 1964 over veldproeven te Mourmelon en te Elsenborn 1964 door L.A. Clarenburg.
28. Ibidem, 'Kort verslag over de besprekingen te Parijs op 12 en 13 maart 1964 over veldproeven te Mourmelon en te Elsenborn 1964 door L.A. Clarenburg; kol H.J. de Man, Militair, Marine en Luchtvaart Attaché in Brussel, aan hoofd Sectie G2L, 17 maart 1964; gedelegeerde van MVD bij RVO-TNO aan VZ RVO-TNO, 20 april 1964; Van Ormondt aan VZ RVO-TNO, 15 mei 1964.
29. SSA, RVO-TNO CL, S-nr. Ru 8, inv.nr. 22, Notulen en vergaderverslagen van de Chemische Contact Commissie RVO-TNO 1955-1963, Notulen van de 26e vergadering van de Chemische Contact Commissie der RVO-TNO op 3 december 1964; Notulen van de 28e vergadering van de Chemische Contact Commissie op 1 december 1965; 'De semi-technische ontsmettingsplaats', dr. L. Ginjaar, 8 juni 1966.
30. Ibidem, Numerieke reeks, doos 139, NR 1965, Notulen van de 88e vergadering van het bestuur van de RVO-TNO op 15 juli 1965 te 's-Gravenhage.
31. Ibidem, S-nr. Ru 8, inv.nr. 22, Notulen en vergaderverslagen van de Chemische Contact Commissie RVO-TNO 1955-1963, Ooms aan de secretaris van de Chemische Contact Commissie, 12 november 1965.
32. Ibidem, Numerieke reeks, doos 141, NR 1966, Ooms aan IdG, 5 juli 1966.
33. Ibidem, S-nr. Ru 8, inv.nr. 22, Notulen en vergaderverslagen van de Chemische Contact Commissie RVO-TNO 1955-1963, Notulen van de 26e vergadering van de Chemische Contact Commissie der RVO-TNO op 3 december 1964.
34. Ibidem.
35. Ibidem, Numerieke reeks, doos 139, NR 1965, Notulen van de 88e vergadering van het bestuur van de RVO-TNO op 15 juli 1965 te 's-Gravenhage.
36. Ibidem, Z-stelsel, doos 181, bundel Z124, dr. L. Ginjaar aan maj ir. R.J. van Erven van de afdeling ABC-aangelegenheden van IdG, 21 april 1965; 'Kort verslag over de voorbesprekingen, die op 28, 29 en 30 april 1965 op het EtABC te Vilvoorde (België) gehouden werden over de gezamenlijke Belgisch-Frans Nederlandse ontsmettingsproeven Zoersel, juni 1965; Van Ormondt aan VZ RVO-TNO, 4 juni 1965.
37. Het team van het Chemisch Laboratorium bestond o.a. uit: Kaandorp en ir. L. de Lavieter. Van 2 t/m 4 juni was er al een team (opnieuw met Kaandorp en De Lavieter) in Zoersel voor de nodige voorbereidingen.
38. Archief TNO D&V, Rapport 1966-15 Samenvattend overzicht van de gezamenlijke Belgische-Frans-Nederlandse ontsmettingsproeven te Zoersel (België) in juni 1965 (confidentieel) door dr. L. Ginjaar en dr. A.W. Kaandorp.
39. SSA, RVO-TNO CL, Z-stelsel, doos 181, bundel Z124, directeur Chemisch Laboratorium RVO-TNO, Ooms, aan secretaris RVO-TNO, 14 februari 1966.
40. De Nederlandse TNO-delegatie stond tot eind september onder leiding van Kaandorp, daarna De Lavieter.
41. SSA, RVO-TNO CL, Z-stelsel, doos 186, bundel Z147, Ooms aan secretaris RVO-TNO, 20 juni 1966; Ooms aan VZ RVO-TNO, 11 juli 1966; 'Kort verslag van het bezoek aan de ontsmettingsproeven in Zoersel (België) op 28 september 1966' van Van Ormondt, adviseur voor chemisch research, 29 september 1966; 'Kort verslag van de veldproeven gehouden te Zoersel (België) in september 1966', L. de Lavieter, november 1966.
42. Ibidem, secretaris RVO-TNO aan gedelegeerde van MVD bij RVO-TNO e.a., 10 april 1967.
43. Het Nederlandse team bestond o.a. uit: De Lavieter en ir. W.P. Smit.
44. SSA, RVO-TNO CL, Z-stelsel, doos 190, bundel Z171, hoofd Afdeling NBC-Zaken van IdG, kolonel F.J. Neer, aan VZ RVO-TNO, 12 januari 1968; 'Kort verslag van de gezamenlijke Belgisch-Frans-Nederlandse ontsmettingsveldproeven gehouden te Zoersel (België) in mei en juni 1968', ir. L. de Lavieter en ir. W.P. Smit, 19 juli 1968.

45. NL-HaNA, Inspecties van Wapens en Dienstvakken, 2.13.158, inv.nr. 601: Franse defensie attaché Tournyol du Clos aan lkol P.C. Schriek (HKGS) nr. 201 Secret, 13 augustus 1965; IdG aan BLS nr. ABC/60.278 a/geh, 31 augustus 1965; SSA, RVO-TNO CL, Z-stelsel, doos 181, bundel Z124, secretaris van RVO-TNO aan directeur Chemisch Laboratorium RVO-TNO, 6 september 1965; Van Ormondt aan secretaris RVO-TNO, 9 september 1965.
46. Ibidem, Van Ormondt aan secretaris RVO-TNO, 9 september 1965.
47. Ibidem.
48. Ibidem, Van Ormondt aan kol Kloeg, H-Sectie NBC-Zaken van IdG, 11 oktober 1965; 'De veldproeven te Beni Ounif, November 1965. Reisverslag van L.A. Clarenburg', februari 1966. Zie ook: NL-HaNA, Inspecties van Wapens en Dienstvakken, 2.13.158, inv.nr. 601: 'Verslag van de proeven met 155 mm granaten met een lading van ± 3,2 kg A4, gehouden te B2-Namousse (Sahara)' van maj Van Erven, 12 december 1965, aangeboden bij brief van IdG aan HKKL (G4A1) nr. NBC/60.278 G/geh, 17 december 1965.
49. SSA, RVO-TNO CL, Z-stelsel, doos 186, bundel Z144, 'De Frans-Nederlandse bilaterale samenwerking in het kader van de contacten van het Chemisch Laboratorium RVO-TNO' van Ooms, 17 juni 1966.
50. Ibidem, bundel Z147, Ooms aan vz RVO-TNO, 9 november 1966.
51. NL-HaNA, Inspecties van Wapens en Dienstvakken, 2.13.158, inv.nr. 601: 'Verslag van de proeven met 155 mm granaten met een lading van ± 3,2 kg A4, gehouden te B2-Namousse (Sahara)' van maj Van Erven, 12 december 1965, aangeboden bij brief van IdG aan HKKL (G4A1) nr. NBC/60.278 G/geh, 17 december 1965.
52. SSA, RVO-TNO CL, Z-stelsel, doos 186, bundel Z147, 'Kort verslag van het bezoek aan het Franse proefterrein van Ben Ounif – B2 Namous op 19-26 november 1966' van Ooms en Van Ormondt, 11 januari 1967; NL-HaNA, Inspecties van Wapens en Dienstvakken, 2.13.158, inv.nr. 601: 'Verslag van het bijwonen van proeven met chemische munitie door de Franse "Section Technique de l'Armée, Groupement Armes Chimique et Biologique" te B2-Namous (Sahara)', aangeboden bij brief van C-NBC-school lkol Schuddebeurs aan IdG nr. 9 Geheim, 7 april 1967.
53. Ibidem, Van Ormondt aan H-NBC-aangelegenheden IdG nr. 67 G 481, 8 februari 1967.
54. C. Meyer, *L'arme chimique* (Parijs 2001) 159; in zijn voetspoor: Tucker, *War of Nerves*, 188.
55. O. Lepick, *Les armes chimiques* (Paris 1999) 97-98; vergelijk: Perry Robinson, *CB Weapons Today*, 188.
56. SSA, RVO-TNO CL, Z-stelsel, doos 186, bundel Z147, Van Ormondt aan vz RVO-TNO, 8 februari 1967.
57. Tucker, *War of Nerves*, 234; V. Jauvert, 'Quand la France testait des armes chimiques en Algérie', *Le Nouvel Observateur* 23-29 oktober 1998, 10-22; Meyer, *L'arme chimique*, 154-161.

HOOFDSTUK 9

1. SSA, RVO-TNO CL, S-nr. Ru 8, inv.nr. 22, Notulen en vergaderverslagen van de Chemische Contact Commissie RVO-TNO 1955-1963, 'De problematiek van de chemische oorlogvoering'.
2. Tucker, *War of Nerves*, 190-195.
3. Ibidem, 195; zie ook A. ten Cate, *Waarnemers op heilige grond. Nederlandse officieren bij UNTSO, 1956-2003* (Amsterdam 2003) 76-77.
4. Tucker, *War of Nerves*, 195-196.
5. B. Dankbaar en B. Kempinga, 'Een nieuwe sprong in het duister: de modernisering van de chemische wapens', *Wetenschap en Samenleving* nr. 5 (1981) 4-17, aldaar 7.
6. Tucker, *War of Nerves*, 203-216.
7. Dankbaar en Kempinga, 'Een nieuwe sprong in het duister', 7-8; Tucker, *War of Nerves*, 216-217.
8. HTK 1968-1969, Verslag Vaste Commissie voor Defensie, 1e vergadering 23 oktober 1968, K 18.
9. HTK 1968-1969, nr. 9800 X (Rijksbegroting 1969, Defensie), ondernr. 11, MinDef aan vz Vaste Commissie voor Defensie, 21 november 1968.
10. Zie hiervoor: L. Molenaar, 'Wetenschap en oorlog', <www.leomolenaar.nl/htmlIntroductie.html>, 9 oktober 2008. L. Molenaar schreef een biografie over Minnaert: *Rok van het Universum. Marcel Minnaert, 1893-1970* (Amsterdam en Leuven 2003).
11. L. Molenaar, *'Wij kunnen het niet langer aan de politici overlaten...'. De geschiedenis van het Verbond van Wetenschappelijke onderzoekers (VWO) 1946-1980* (Delft 1994) 226-227, 245 en 254-255; zie ook: J. de Wilde, 'Voorbereidingen en toepassing van chemische oorlogsmethoden in Amerika en elders', *Wetenschap &*

Samenleving 22-6 (1968) 180-186; O. Budde, 'De Nato en de sturing van de wetenschap', *Wetenschap & Samenleving* 25-1 (1971) 16-22; J. Jansen, L. van Minderhout en J. Zuidgeest, *Biologiese en chemiese oorlogvoering met een onderzoek naar de aktiviteiten van het medisch biologisch laboratorium van RVO-TNO te rijswijk* (1972).

12. SSA, RVO-TNO CL, Numerieke Reeks, doos 142, NR 1968, Van Ormondt aan vz RVO-TNO, 9 december 1968.
13. Zie: W.F.P.M. van de Weijer, 'Chemische ontwapening', *Militaire Spectator* 143 (1974) 487-498, aldaar 496.
14. SSA, RVO-TNO CL, Numerieke Reeks, doos 142, NR 1968, Van Ormondt aan vz RVO-TNO, 9 december 1968.
15. Zie bijvoorbeeld: A.J.J. Ooms, 'Chemische oorlogvoering', *Chemisch Weekblad* 28 (1969).
16. 'Van geen enkel wapen is het gebruik ethisch aanvaardbaar', *Trouw* 24 februari 1969.
17. NL-HaNA, Inspecties van Wapens en Dienstvakken, 2.13.158, inv.nr. 242, Diverse correspondentie betreffende een enquête van het Internationale Comité voor Militaire Geneeskunde en Pharmacie, 14 november 1951.
18. 'Van geen enkel wapen is het gebruik ethisch aanvaardbaar', *Trouw* 24 februari 1969.
19. SSA, RVO-TNO CL, Z-stelsel, doos 216, bundel Z284, Microsymposium, Chemische Defensie Research Vandaag en Morgen, bundel, 'Symposium Chemische Defensie Research Vandaag en Morgen', Rijswijk 22 en 23 mei 1975, Chemisch Laboratorium TNO, confidentieel; zie ook: A.J.J. Ooms, 'Verdediging tegen mogelijke chemische aanvallen blijft noodzakelijk', *Militaire Spectator* 145 (1976) 303-307.
20. SSA, RVO-TNO CL, Z-stelsel, doos 216, bundel Z284, Microsymposium, Chemische Defensie Research Vandaag en Morgen, bundel, 'Symposium Chemische Defensie Research Vandaag en Morgen', Rijswijk 22 en 23 mei 1975, Chemisch Laboratorium TNO, confidentieel.
21. Ibidem; Van Zelm, '40 Jaar chemische defensieonderzoek in Nederland', 16; zie ook: A.J.J. Ooms, 'Wapenbeheersing, wapenbeperking, ontwapening', *Militaire Spectator* 142 (1973) 149-156, aldaar 154-155; J.H.M. van Alphen, 'Uitreiking Prins Mauritsmedaille 1988', *Armex* 72-1 (1989) 6-8.
22. SSA, RVO-TNO CL, Z-stelsel, doos 216, bundel Z284, Microsymposium, Chemische Defensie Research Vandaag en Morgen, 'Symposium Chemische Defensie Research Vandaag en Morgen', Rijswijk 22 en 23 mei 1975, Chemisch Laboratorium TNO, confidentieel. Zie ook: J.C. Monteiro, 'Chemische verdediging', *Militaire Spectator* 151 (1982) 42-47, aldaar 43-44.
23. SSA, MVD RVO-TNO, 1925-1979, inv.nr. 890, Persoonlijk Archief Van Ormondt, Opmerkingen bij schrijven no. I/681206/1, 9 december 1968 van hoofd MID, door Van Ormondt, 30 december 1968; SSA, RVO-TNO CL, S-nr. Ru 14 Stukken betreffende buitenlandse inlichtingen op het gebied van (gif) gassen, inv.nr. 39, hoofd MID aan vz RVO-TNO, 4 augustus 1969; secretaris RVO-TNO aan directeur Chemisch Laboratorium, 5 augustus 1969; Bespreking betreffende russische strijdmiddelen op 24 september 1969; Ooms aan vz RVO-TNO, 30 oktober 1969.
24. SSA, RVO-TNO CL, Numerieke Reeks, doos 145, NR 1973, nr. tot S1000, Ooms aan de secretaris van het Nederlands Defensie Research Coördinatie Comité, 8 februari 1973.
25. Op 1 februari 1958 werd de *Erprobungsstelle der Bundeswehr für ABC-Schutz Munster/Lager* opgericht. In 1962 werd de naam veranderd in *Erprobungsstelle 53 der Bundeswehr für ABC-Schutz*.
26. SSA, RVO-TNO CL, Z-stelsel, doos 181, bundel Z124, 'Kort verslag van het bezoek aan Munsterlager (D) door ir. L. de Lavieter en dr. A.W. Kaandorp, 12-13 oktober 1965'.
27. Ibidem.
28. Ibidem, doos 102, Rubriek 49 (contact met Israël), omslag RU 49, correspondentie betreffende het contact met Israël t/m 1967, Van Ormondt aan secretaris RVO-TNO, 18 februari 1964; Van Ormondt aan vz RVO-TNO, 13 juli 1964.
29. Ibidem, secretaris RVO-TNO, mr. P.F. Tanja, aan directeur Chemisch Laboratorium, 21 oktober 1966.
30. Zie m.n.: A. Cohen, 'Israel and Chemical/Biological Weapons: History, Deterrence, and Arms Control', *The Nonproliferation Review* 8-3 (2001) 27-53.
31. Tucker, *War of Nerves*, 358-359; A. Cohen, 'Israel. Reconstructing a Black Box' in: S. Wright red., *Biological Warfare and Disarmament. New Problems/New Perspectives* (Lanham 2002) 181-212, aldaar 189-190; S.M. Hersh, *The Samson Option: Israel, America*

and the Bomb (Londen 1991) 63-64; zie ook: Perry Robinson, *CB Weapons Today*, 241. K. Knip van het *NRC Handelsblad* publiceerde op 27 februari 1999 op de NRC Webpagina's een uitgebreid (internet)-onderzoek naar het Israëlische programma voor chemische en biologische wapens (zie: <www.nrc.nl/W2/Lab/Ziona/inhoud.html>, 12 februari 2009). Een samenvatting van het resultaat verscheen in de krant: K. Knip, 'Biologie in Ness-Ziona: Israelisch programma voor chemische en biologische wapens in kaart gebracht', *NRC Handelsblad* 27 februari 1999. Aan de hand van elektronische databanken, toegankelijke via het internet, deed Knip een onderzoek naar het Israëlisch chemisch en biologisch wapenprogramma. Het resultaat is een vrij omvangrijk overzicht van open-source-artikelen gepubliceerd door wetenschappers verbonden aan het *Israel Institute for Biological Research* of aanverwante instituten. Knip verbindt aan het feit dat Israëlische onderzoeksinstituten veel publiceren over chemische en biologische stoffen de conclusie dat Israël de beschikking heeft over eigen chemische en biologische wapens. Uit zijn onderzoeksresultaat kan evengoed worden opgemaakt dat Israël dit onderzoek deed uit passief oogpunt, d.w.z. om op de hoogte te zijn van de laatste ontwikkelingen met het oogpunt over de meest geëigende beschermingsmiddelen te kunnen beschikken.

32. SSA, RVO-TNO CL, doos 102, Rubriek 49 (contact met Israël), omslag RU 49, correspondentie betreffende het contact met Israël t/m 1967, 'Bezoek aan Israël van prof. dr. J.A. Cohen, Medisch Biologisch Laboratorium RVO-TNO en dr. A.J.J. Ooms, Chemisch Laboratorium RVO-TNO, van 18-26 november 1967'.
33. Ibidem.
34. Ibidem.
35. Ibidem, correspondentie betreffende het contact met Israël 1968-1969, Ooms aan vz RVO-TNO, 18 maart 1968; 'Bespreking met de heer Gazit (Israël op woensdag 21 en dinsdag 27 februari 1968)' van Van Zelm, 8 april 1968.
36. Ibidem, Ooms aan vz RVO-TNO, 24 april 1968.
37. Zie bijv.: ibidem, correspondentie betreffende het contact met Israël 1970-1973, secretaris RVO-TNO aan directeur Chemisch Laboratorium, 20 juli 1970; 7 januari 1971 (reis van dr. H.L. Boter naar Israël); 7 januari 1971 (reis van dr. H. Kienhuis naar Israël); secretaris RVO-TNO aan vz RVO-TNO, 28 augustus 1972.
38. Ibidem, correspondentie betreffende het contact met Israël 1974, Ooms aan vz RVO-TNO, 12 maart 1974. Vergelijk: Tucker, *War of Nerves*, 227-229.
39. SSA, RVO-TNO CL, doos 102, Rubriek 49 (contact met Israël), omslag RU 49, correspondentie betreffende het contact met Israël 1974, 'Verslag van een bezoek aan Israël in de periode 29 april - 5 mei 1974 door M. van Zelm'.
40. Ibidem; zie ook: Perry Robinson, *CB Weapons Today*, 241.
41. SSA, RVO-TNO CL, doos 102, Rubriek 49 (contact met Israël), omslag RU 49, correspondentie betreffende het contact met Israël 1974, Ooms aan vz RVO-TNO, 9 mei 1977; Archief TNO D&V, H. Kienhuis, 'Bezoek aan het Israel Institute for Biological Research te Ness-Ziona 23 mei - 5 juni 1977'.
42. Archief TNO D&V, H. Kienhuis, 'Bezoek aan het Israel Institute for Biological Research te Ness-Ziona 23 mei - 5 juni 1977'.
43. Zie bijvoorbeeld: SSA, RVO-TNO CL, doos 102, Rubriek 49 (contact met Israël), omslag RU 49, correspondentie betreffende het contact met Israël 1968-1969, secretaris RVO-TNO aan gedelegeerde van MVD bij RVO-TNO, bgen ir. C.J. van Tathoven, 3 mei 1968, waarin sprake is van het toesturen van drie exemplaren van het door Cohen en Ooms opgestelde verslag over het bezoek dat zij in november 1967 aan Israël brachten, aan de MID; en omslag RU 49, correspondentie betreffende het contact met Israël 1974, secretaris RVO-TNO aan de Afdeling Inlichtingen en Veiligheid van de Generale Staf, 5 november 1974, waarin sprake is van het toesturen van enkele exemplaren van het verslag van het bezoek dat Van Zelm aan Israël in de periode 29 april - 5 mei 1974 had gebracht.
44. HTK 1998-1999, Aanhangsel 2469-2471, nr. 1252, vragen van Marijnissen (SP) aan MINEZ en MINBUZA over 'de levering van Soman aan het IIBR in Israël', ingezonden 22 maart 1999, met antwoord van staatssecretaris Ybema (Economische Zaken), ontvangen 26 april 1999; zie ook: M. Broek en F. Slijper, *Explosieve materie. Nederlandse wapenhandel blootgelegd* (Breda 2003) 101-102.

45. Het Chemisch Wapenverdrag was in 1996 nog niet van kracht. Na de inwerkingtreding ervan in april 1997 was het niet langer mogelijk dergelijke stoffen naar Israël te exporteren omdat het land het verdrag niet had geratificeerd.
46. HTK 1994-1995, nr. 23 910 (R 1515), ondernr. 3, Memorie van Toelichting op het wetsvoorstel voor de goedkeuring van het Chemisch Wapenverdrag; zie ook: Perry Robinson, 'Historical overview'. 22-24.
47. SSA, RVO-TNO CL, S-nr. Ru 8, inv.nr. 24, Notulen en vergaderverslagen van de Chemische Contact Commissie RVO-TNO 1955-1963, Notulen van de 46e vergadering van de Contact Commissie NBC-bescherming RVO-TNO op 17 november 1975.
48. Zie: A.J.J. Ooms, 'Wetenschap en ontwapening' in: *Symposium Natuurwetenschap en krijgskunde. Prins Maurits Laboratorium TNO* (Rijswijk 1988) 45-51, aldaar 49; A. Verweij en H.L. Boter, 'Verifikatie van het produceren van chemische strijdmiddelen in de civiele chemische industrie' in: Th.M. Groothuizen red., *Prins Maurits Laboratorium TNO. Veelzijdig en dynamisch. 37 voorbeelden van onderzoek* (Rijswijk 1988) 49-54.
49. 'Proeven met gifgas op mensen in Sowjet-Unie', *Het Parool* 8 september 1975; 'Sowjet-Unie onderwerpt mensen aan proeven met gifgassen', *Nederlands Dagblad* 20 oktober 1975; SSA, RVO-TNO CL, Numerieke Reeks, doos 148, NR 1975, S1500-1900.
50. A. Herter, 'Warschau-pact oefent met chemische wapens', *De Telegraaf* 20 december 1975.
51. NL-HaNA, Generale Staf en Landmachtstaf, 1973-1979, 2.13.110, inv.nr. 1959 stukken betreffende de chemische dreiging van het Warschau Pact voor het Nederlandse grondgebied, 1977-1979, Staf 1 Legerkorps, Sie 2, Supintrep nr2/77 chemische dreiging wp lask, rksk en lusk, Apeldoorn, september 1977.
52. Vergelijk: R. Cappelli en N. Labanca, 'Proliferation and Disarmament of Chemical Weapons in the NATO Framework. Lessons from history', <www.nato.int/acad/fellow/99-01/labanca.pdf> (2001) 18: "It should be made known that in the eighties the Soviet doctrine for the use of toxic weapons identified the main targets of a chemical attack as airports and naval ports. However, it also needs to be revealed that '*some 80 per cent of all Soviet delivery capacity is geared to short-range delivery systems; that is, suitable only for the tactical battlefield with a range of under 32,000 metres*'."
53. HTK 1994-1995, nr. 23 910 (R 1515), ondernr. 3, Memorie van Toelichting op het wetsvoorstel voor de goedkeuring van het Chemisch Wapenverdrag.
54. Ibidem. Zie ook: A.J.J. Ooms, 'Ruim een halve eeuw onderhandelen over ontwapening. De oogst valt bar tegen', *Militaire Spectator* 150 (1981) 374-382, aldaar 380.
55. De benaming Prins Mauritslaboratoria, ontleend aan de naam van het laboratoriumgebouw, werd al sinds 1965 gebruikt voor de dienst (het Centraal Beheer, later de Centrale Diensten) waarin de algemene ondersteuning op technisch en administratief gebied was ondergebracht. Deze dienst vormde sinds 1978 onder de naam 'beheer' de derde afdeling van het Prins Maurits Laboratorium.
56. SSA, RVO-TNO CL, doos Numerieke Reeks 1978, omslag Numerieke Reeks vanaf 3400, hoofd Bureau NBC van de Landmachtstaf aan div., 16 oktober 1978.
57. Ibidem, doos Numerieke Reeks 1979, secretaris RVO-TNO aan directeur PML-TNO (e.a.), 17 april 1979; zie ook: H.J. Dirksen, 'Defensieonderzoek in Nederland. De meningen zijn verdeeld', *Militaire Spectator* 150 (1981) 355-361, aldaar 355-356; J.M.G. Lemmens, 'Wetenschappelijk onderzoek voor Defensie', *Militaire Spectator* 156 (1987) 185-194, aldaar 186-187.

HOOFDSTUK 10

1. Deze paragraaf is vooral gebaseerd op: SSA, RVO-TNO CL, doos Ru 4-Ru 5, omslag Ru 5 Defensie Studie Centrum 1982 –, Voordracht op het Symposium "Aspecten van de chemische wapens en de rol van de Verenigde Naties", ir. M. van Zelm, 'De betekenis van chemische wapens in de internationale betrekkingen', 23 maart 1984; zie ook: Archief MIVD, inventaris KM, inv. nr. 5248, 'Rapport NBC Dreigings Evaluatie', maart 1978.
2. Groot-Brittannië besloot halverwege de jaren vijftig van de twintigste eeuw te stoppen met de ontwikkeling van eigen chemische strijdmiddelen. De exacte datum is niet bekend, maar in de literatuur wordt vaak 1956 of 1957 genoemd. Overigens betekende het besluit niet dat Groot-Brittannië

geen onderzoek meer deed naar chemische strijdmiddelen. Uit passief oogpunt ging het onderzoek in Porton Down gewoon door. De resultaten van dit onderzoek werden met de Verenigde Staten en Canada gedeeld (*Tripartite Agreement*). Ook de kennis omtrent *V-agents* deelden de Britten met de Amerikanen (en andere NAVO-landen), die de informatie gebruikten voor de ontwikkeling van eigen chemische wapens gevuld met VX. In de jaren zestig was er nog even sprake van dat Groot-Brittannië weer een kleine voorraad eigen chemische wapens (voor afschrikking) zou gaan ontwikkelen en produceren, maar dat ging uiteindelijk niet door. Zie: Harris en Paxman, *Higher form of killing*, 183-184; McCamley, *Secret History*, 170-172; Tucker, *War of Nerves*, 154-155, 185-186.

3. Zie ook: Tucker, *War of Nerves*, 134-135, 171, 214-216, 220-222, 268 en 295-297.
4. HTK 1982-1983, nr. 17 858, ondernr. 1-2, 'Nota betreffende chemische wapens' van MinBuZa en MinDef, 13 april 1983.
5. Zie hiervoor: SSA, DJZ AI&JB 1946-2001, doos 206, bundel 784.
6. Zie: B. de Bruin en D. Dragstra, 'Ze gooien met napalm en gifgas', *Nieuwsnet* 2 augustus 1980, 26-31, aldaar 27; zie ook: Spiers, *Chemical Warfare*, 104-105.
7. Zie: SSA, RVO-TNO CL, doos Numerieke Reeks 1980 vanaf 3500, omslag Numerieke Reeks 1980 3700 tot 5000, 'Vastlegging besprokene met Dr. Helm op 26.9.1980'; ibidem, Telex, 3-10-1980.
8. HTK 1982-1983, nr. 17 858, ondernr. 1-2, 'Nota betreffende chemische wapens' van MinBuZa en MinDef, 13 april 1983.
9. Ibidem; J.B. Tucker, 'The "Yellow Rain" Controversy: Lessons for Arms Control Compliance', *The Nonproliferation Review* spring (2001) 25-41, aldaar 25-26.
10. SSA, RVO-TNO CL, doos NR 1981 vanaf 2900-5000, omslag Numerieke Reeks 1981 vanaf 4300, DIO/OV aan Chef DIO via DIO/PI, (onderwerp: Gebruik chemische wapens en toxines), 25 september 1981; DIO/V aan TNO, ir. M. van Zelm (e.a.) (onderwerp: Gebruik chemische wapens (toxines) in Cambodja (o.a.)), 30 september 1981.
11. Ibidem, doos NR 1982, omslag Numerieke Reeks 1982 vanaf 1700-5000, ir. S. Gratama aan Van Zelm, 26 mei 1982 (zie bijlage fotokopieën betreffende chemische oorlogvoering in Laos, Cambodja en Afghanistan); HTK 1982-1983, nr. 17 858, ondernr. 1-2, 'Nota betreffende chemische wapens' van MinBuZa en MinDef, 13 april 1983; Spiers, *Chemical Warfare*, 104-119; F.R. Siddel, E.T. Takafuji en D.R. Franz red., *Medical Aspects of Chemical and Biological Warfare* (Washington 1997) 68; M. Furmanski, 'Historical Military Interest in Low-lethality Biochemical Agents: Avoiding and Augmenting lethal Force' in: A.M. Pearson, M.I. Chevrier en M. Wheelis red., *Incapacitating Biochemical Weapons. Promise or Peril?* (Landham 2007) 35-66, aldaar 50-51; E.D. Harris, 'US Efforts to Investigate and Attribute the Use of Biological Weapons' in: A.L. Clunan, P.R. Lavoy en S.B. Martin red., *Terrorism, War or Disease? Unraveling the Use of Biological Weapons* (Stanford 2008) 217-245, aldaar 225-230.
12. SSA, RVO-TNO CL, doos Ru 86 en Ru 89 (1984-1985), omslag Ru 89 contact commissie NBC-bescherming, Rapportage over de werkzaamheden in het eerste halfjaar 1982 van het door het Prins Maurits Laboratorium TNO Afdeling Chemische Research t.b.v. de krijgsmacht verrichte onderzoek.
13. Ibidem, doos Ru 255, Chemische oorlogvoering, omslag chemische oorlogvoering 1983, Verslag van de eerste vergadering op 13 december 1982 in de PJK te Den Haag, onderwerp: uitvoer OR-Studie chemische oorlogvoering (12-12-1982); verslag van de tweede vergadering op 18 januari 1983 bij het PML te Delft, onderwerp: uitvoer OR-Studie chemische oorlogvoering (24-01-1983); Archief MIVD, inventaris KLA, inv.nr. 10462, verslag van de derde vergadering op 24 mei 1983 bij het PML te Delft, onderwerp: uitvoer OR-Studie chemische oorlogvoering (27 juni 1983); Voor meer informatie betreffende operationele research zie: R.H. Kerkhoven, 'Defensieonderzoek binnen TNO ondersteunt krijgsmacht', *Militaire Spectator* 150 (1981) 362-367, aldaar 365-366.
14. M. van Zelm, 'Enkele hoogtepunten van de chemische defensieresearch op het Prins Maurits Laboratorium in de periode 1984-1990' in: *Liber Amicorum ter gelegenheid van het afscheid van Dr. P.B.R. de Geus voorzitter van de Raad voor het Defensieonderzoek TNO.*
15. HTK 1982-1983, nr. 17 858, ondernr. 1-2, 'Nota betreffende chemische wapens' van MinBuZa en MinDef, 13 april 1983.
16. Ibidem; HTK 1994-1995, nr. 23 910 (R 1515), ondernr. 3, Memorie van Toelichting op het

wetsvoorstel voor de goedkeuring van het Chemisch Wapenverdrag.

17. HTK 1982-1983, nr. 17 858, ondernr. 1-2, 'Nota betreffende chemische wapens' van MinBuza en MinDef, 13 april 1983. Zie voor de verificatieproblematiek ook: A.J.J. Ooms, 'Chemische oorlogvoering. 2. Wapenbeheersing en ontwapening', *Mars in Cathedra* 150 (1981) 1840-1845, aldaar 1843-1845.
18. 'NAVO voorbereid op een chemische oorlog', *Trouw* 18 september 1980; HTK 1980-1981, Aanhangsel 373-374, nr. 183, vragen van Frinking en J. de Boer (beiden CDA) over 'produktie van zenuwgassen in de VS', ingezonden 2 oktober 1980, met antwoord van minister Wiegel (Buitenlandse Zaken), ontvangen 31 oktober 1980. Zie ook: HTK 1985-1986, Aanhangsel 1203, nr. 606, vragen van Frinking over 'produktie en opslag van chemische wapens', ingezonden 6 maart 1986, met antwoord van minister De Ruiter (Defensie), ontvangen 11 april 1986.
19. HTK 1982-1983, nr. 17 858, ondernr. 1-2, 'Nota betreffende chemische wapens' van MinBuza en MinDef, 13 april 1983.
20. Ook binnen de Nederlandse Officieren Vereniging (NOV) was er al langere tijd twijfel en onrust over de vraag in hoeverre de Nederlandse krijgsmacht in voldoende mate tegen een aanval met chemische wapens was beschermd. Op 29 januari 1981 startte de werkgroep NBC van de NOV een eigen onderzoek. De werkgroep concludeerde dat er binnen de krijgsmacht te weinig oog was voor de dreiging die er uitging van chemische oorlogvoering. Het resultaat werd op de algemene vergadering van 8 december 1982 door de leden van de NOV aanvaard. Bovendien besloten de leden om het rapport aan de bevelhebbers van de krijgsmacht aan te bieden. Zie voor een integrale weergave van 'Het Rapport NBC-verdediging' van de werkgroep NBC: *Carré* aprilnummer (1983) 25-31.
21. HTK 1981-1982, 1871-1893, behandeling Rijksbegroting 1982, Buitenlandse Zaken en Defensie (NAVO), 9 en 10 februari 1982.
22. HTK 1981-1982, nr. 17 100 V en X (Rijksbegroting 1982, Buitenlandse Zaken en Defensie), ondernr. 43, motie van Schaper c.s., 10 februari 1982.
23. HTK 1982-1983, nr. 17 858, ondernr. 1-2, 'Nota betreffende chemische wapens' van MinBuza en MinDef, 13 april 1983.
24. Ibidem. De nota is op 20 april in de Tweede Kamer besproken; zie: HTK 1982-1983, nr. 17 858, ondernr. 3, mondeling overleg van de Vaste Commissies voor Buitenlandse Zaken en voor Defensie met MinBuza en MinDef op 20 april 1983.
25. SSA, DJZ AI&JB 1946-2001, doos 206, map 784, chemische wapens, 1980-1989, map 1, MinBuza aan MinDef, 28 maart 1984.
26. Ibidem.
27. HTK 1983-1984, 4379-4391 en 4453-4454, behandeling verslag mondeling overleg van 20 april 1983 op 11 en 12 april 1984; voor de ingediende moties, zie: HTK 1983-1984, nr. 17 858, ondernr. 5-8.
28. Tucker, *War of Nerves*, 250-251.
29. M. Akkerman, *Nederland en de chemische wapens van Irak. Campagne tegen Wapenhandel* (Amsterdam mei 2007) 5-6; J. Vallette (met medewerking van S. Kretzmann en D. Wysham), *Crude Vision. How oil interests obscured US Government focus on chemical weapons use by Saddam Hussein*. Institute for Policy Studies (Washington 2003) 5-7; Tucker, *War of Nerves*, 251-252, 258-259.
30. Tucker, *War of Nerves*, 262-263; HTK 1994-1995, nr. 23 910 (R 1515), ondernr. 3, Memorie van Toelichting op het wetsvoorstel voor de goedkeuring van het Chemisch Wapenverdrag; HTK 1998-1999, nr. 26 051, ondernr. 2, vragen van de Vaste Commissie voor Defensie m.b.t. 'De proliferatie van nucleaire, biologische en chemische wapens en de Nederlandse krijgsmacht' met antwoord van MinDef en MinBuza, 17 september 1998; zie ook: 'Rapport over mogelijkheden voor vertrouwen- en veiligheidsbevorderende maatregelen (CSBM's), verificatie, non-proliferatie, wapenbeheersing en ontwapening', NAVO Persbericht M-NAC-2(2000)121, 14 december 2000 (2.3 Biologische en chemische wapens, punt 45 (Australië Groep)). Meer over de oprichting en de beginjaren van de Australië Groep is te lezen in: J. Perry Robinson, 'The Australia Group: a description and assessment' in: H.G. Brauch, H.J. van der Graaf, J. Grin en W.A. Smit red., *Controlling the development and spread of military technology. Lessons from the past and challenges for the 1990s* (Amsterdam 1992) 158-173.
31. Zie hiervoor: SSA, RVO-TNO CL, doos Ru 255, Chemische oorlogsvoering; F. Vriezema, 'TNO en Defensie: Een strategisch partnerschap', *Carré* 12 (2007) 11-13, aldaar 13.

32. Tucker, *War of Nerves*, 272-273.
33. Ibidem, 279-284. Zie ook: 'Genocide in Iraq. The Anfal Campaign against the Kurds. A Middle East Watch Report', *Human Rights Watch* julinummer (1993), <www.hrw.org/legacy/reports/1993/iraqanfal>; vergelijk: R. Miller, 'Claims of Saddam's Genocide Far from Proven', <www.mediamonitors.net/robinmiller10.html>.
34. Tucker, *War of Nerves*, 284-285.
35. Zie bijv.: Akkerman, *Nederland en de chemische wapens van Irak*; J. Boom, 'Hoe Holland aan Saddam verdiende', *De Groene Amsterdammer* 18 mei 2007; A. Karskens, *Geen cent spijt: De jacht op oorlogsmisdadiger Frans van Anraat* (Amsterdam 2006). Voor een uitgebreid relaas omtrent het gebruik van chemische strijdmiddelen in de oorlog tussen Iran en Irak en het gebruik van strijdgassen tegen de Koerdische bevolking van Irak, de leverantie van grondstoffen door KBS en Melchemie en de rol van Van Anraat, zie het Requisitoir van het Openbaar Ministerie in de strafzaak tegen: Frans Cornelis Adrianus van Anraat, Den Haag, 21 t/m 30 november, 1-9 december 2005; <www.arnoldkarskens.com/data/docs/van.anraat/requisitoir.doc>.
36. HTK 1994-1995, nr. 23 910 (R 1515), ondernr. 3, Memorie van Toelichting op het wetsvoorstel voor de goedkeuring van het Chemisch Wapenverdrag; zie ook: A. Meerburg, 'De Organisatie tot Verbod van Chemische Wapens (OPCW)', *VN Forum* nr. 1 (2006) 9-14, aldaar 10; Tucker, *War of Nerves*, 275.
37. HTK 1982-1983, nr. 17 858, ondernr. 1-2, 'Nota betreffende chemische wapens' van MinBuZa en MinDef, 13 april 1983; HTK 1985-1986, Aanhangsel 1203, nr. 606, vragen van Frinking over 'produktie en opslag van chemische wapens', ingezonden 6 maart 1986, met antwoord van minister De Ruiter (Defensie), ontvangen 11 april 1986; HTK 1985-1986, nr. 19 200 V en X, ondernr. 89-91; HTK 1994-1995, nr. 23 910 (R 1515), ondernr. 3, Memorie van Toelichting op het wetsvoorstel voor de goedkeuring van het Chemisch Wapenverdrag.
38. Tucker, *War of Nerves*, 274-275.
39. Dit proefterrein was oorspronkelijk in 1928 opgezet in de directe omgeving van het geheime Duitse proefterrein 'Tomka' (zie p. 71); Zeidler, *Reichswehr und Rote Armee*, 201; Tucker, *War of Nerves*, 146.
40. Tucker, *War of Nerves*, 275-277; Archief TNO D&V, 'Verslag van een bezoek aan het militaire complex van Sjichani op 3 en 4 oktober 1987' van Boter, 19 oktober 1987.
41. Voor deze door de Sovjet-Unie gehanteerde classificatie, zie: Tucker, *War of Nerves*, 231. Andere classificaties werden en worden echter ook gebruikt.
42. Ibidem, 231, 253-254 en 277; V.S. Mirzayanov, 'Dismantling the Soviet/Russian Chemical Weapons Complex: An Insider's View' in: A.E. Smithson e.a., *Chemical Weapons Disarmament in Russia: Problems and Prospects*, The Henry L. Stimson Center, Report no. 17 (oktober 1995), 21-33, <www.stimson.org/cbw/pdf/Report17.pdf>; zie ook: Archief MIVD, Inventaris MIDvoor96, inv.nr. 5462, Supintrep 'Evaluatie van het bezoek van westerse waarnemers aan Shikhany (USSR) inzake chemische ontwapening', opgemaakt door de Sectie Inlichtingen/KL, 17 februari 1988 (Geheim).
43. Archief TNO D&V, Rubriek Ru 152 Chemische Wapens 1987, 87 S9949: Ontwerpnotitie '"Nieuwe" chemische strijdmiddelen in arsenaal Sovjet-Unie' van MID t.b.v. Las, 14 december 1987; ibidem, Rubriek 2-K-3 Contact Commissie NBC-Bescherming, Concept-jaarverslag 1987 van de door het Prins Maurits Laboratorium TNO t.b.v. de krijgsmacht verrichte werkzaamheden (hoofdgroep Defensieonderzoek TNO) / Confidentieel.
44. Ibidem, Middellange termijnplan 1990 t/m 1993 van de door het Prins Maurits Laboratorium TNO, Afd. Chemische Research t.b.v. de krijgsmacht te verrichten werkzaamheden (Confidentieel); Archief MIVD, Inventaris MIDvoor96, inv.nr. 5462, Supintrep 'Evaluatie van het bezoek van westerse waarnemers aan Shikhany (USSR) inzake chemische ontwapening', opgemaakt door de Sectie Inlichtingen/KL, 17 februari 1988 (Geheim).
45. HTK 1994-1995, nr. 23 910 (R 1515), ondernr. 3, Memorie van Toelichting op het wetsvoorstel voor de goedkeuring van het Chemisch Wapenverdrag; Tucker, *War of Nerves*, 294-295.
46. Tucker, *War of Nerves*, 282; HTK 1994-1995, nr. 23 910 (R 1515), ondernr. 3, Memorie van Toelichting op het wetsvoorstel voor de goedkeuring van het Chemisch Wapenverdrag.
47. Archief TNO D&V, Rubriek 2-K-3 Contact Commissie NBC-Bescherming, Jaarverslag 1988 van het Prins Maurits Laboratorium

TNO (Algemeen deel) confidentieel; Verslag van de 66e vergadering, 31 mei 1989.

48. Ibidem, Verslag van de 67e vergadering, 18 juni 1990.
49. Tucker, *War of Nerves*, 299.
50. Archief TNO D&V, Rubriek Ru 152 Chemische Wapens 1990, 90 S11035: Telegram van ambassadeur in Bagdad, Van Dam, aan MinBuZa, 23 september 1990.
51. Het *Muthanna State Establishment* moet niet verward worden met de Zuid-Iraakse provincie Al-Muthanna, waar in de periode juli 2003-maart 2005 een Nederlands bataljon, deel uitmakend van de *Stabilisation Force Iraq* (SFIR), de stabiliteit moest bewaren. In september en oktober 2003 vonden Nederlandse militairen artilleriegranaten met een vloeibare lading. De vraag was of het hier ging om chemische of biologische wapens. Het Nederlandse EOD-detachement beschikte over detectieapparatuur (een radiologische meter en de CAM, *Chemical Agent Monitor*), maar kon de granaten niet identificeren en de meetapparatuur sloeg aanvankelijk niet uit. De EOD'ers verpakten de granaten en begroeven ze, totdat er een Amerikaans team met speciale apparatuur zou komen. Ondertussen vonden ze meer verdachte granaten. Bij één van de granaten sloeg de CAM wel uit, wat tot grote commotie in het Nederlandse kamp leidde. Uiteindelijk liep alles met een sisser af; het Amerikaanse team stelde namelijk vast dat het ging om fosforgranaten uit de Golfoorlog (1990-1991). Zie hiervoor: J. van Woensel, *Vrij van Explosieven. De geschiedenis van het EOCKL en zijn voorgangers, 1944-2004* (Amsterdam 2004) 299-300.
52. Tucker, *War of Nerves*, 302-303; HTK 1994-1995, nr. 23 910 (R 1515), ondernr. 3, Memorie van Toelichting op het wetsvoorstel voor de goedkeuring van het Chemisch Wapenverdrag. Zie overigens ook Cappelli en Labanca, 'Proliferation and Disarmament', 19, noot 13: "In the preparation stage for the Gulf war (operation Desert Shield) the hypothesis was also considered [in de Verenigde Staten, HR] of transferring part of the chemical weapons located in Germany to Saudi Arabia for a possible reprisal attack, but president Bush opposed the idea and it was abandoned."
53. C. Klep en R. van Gils, *Van Korea tot Kabul. De Nederlandse militaire deelname aan vredesoperaties sinds 1945* (3e herziene druk; Den Haag 2005) 268.
54. J. van den Berg, 'Al Hoessein versus Patriot in de Tweede Golfoorlog', *Militaire Spectator* 160 (1991) 544-549; P.E. van Loo, *Crossing the Border. De Koninklijke Luchtmacht na de val van de Berlijnse Muur* (Den Haag 2003) 499.
55. Ibidem, 499-500.
56. Archief TNO D&V, Rubriek Ru 152 Chemische Wapens 1991, 91 S22201, telefoongesprek, 20 februari 1991; S2256, fax van PML TNO (A. Verweij) aan Opcen KLU, 21 februari 1991; R. Nederlof, *Blazing Skies. De Groepen Geleide Wapens van de Koninklijke Luchtmacht in Duitsland, 1960-1995* (Den Haag 2002) 376.
57. Archief TNO D&V, Rubriek Ru 152 Chemische Wapens 1991, S2451, telefoongesprek van Verweij en Boter (PML TNO) met Opcen KLU, 22 februari 1991; S2307, fax van Opcen KLU aan PML TNO, 25 februari 1991; S2385, fax van PML TNO (A. Verweij) aan Opcen KLU, 26 februari 1991.
58. Zie hiervoor: Nederlof, *Blazing Skies*, 379.
59. Van Loo, *Crossing the Border*, 505-506.
60. Nederlof, *Blazing Skies*, 384.
61. Tucker, *War of Nerves*, 305-310.
62. Archief TNO D&V, Rubriek Ru 220 Golfoorlog 1991,'Verslag vergadering op 11 april 1991 betreffende inventarisatie van mogelijke Nederlandse inbreng bij uitvoering VR-resolutie 687 m.b.t. vernietiging van Iraakse NBC-wapens en raketten', aangeboden bij brief van H-Afd. Ontwapening en Internationale Vredesvraagstukken/DPV J.W. Scheffers (MinBuZa) aan directeur-PML TNO nr. DPV/NN-354/91, 15 april 1991.
63. Ibidem, Rubriek 2-K-3 Contact Commissie NBC-Bescherming, Jaarverslag 1991 PML TNO (algemeen deel) confidentieel; ibidem, Rubriek Ru 220 Golfoorlog 1991, Persbericht 3 juni 1991; *Chemical Weapons Convention Bulletin* nr. 14, december 1991, 14.
64. Klep en Van Gils, *Van Korea tot Kabul*, 270-271.
65. Iraakse onderzoekers waren al lange tijd op zoek naar een mogelijkheid om VX te produceren die voor langere tijd kon worden opgeslagen. Aanvankelijk hadden zij een VX-variant ontwikkeld die weinig zuiver was en slechts voor korte duur – één tot acht weken – kon worden bewaard. In april 1988 slaagden Iraakse onderzoekers erin een stof – bekend onder de naam "dibis" – te synthetiseren die acht maanden lang stabiel bleef en die wanneer nodig in VX kon worden omgezet. Zie hiervoor: Tucker, *War of Nerves*, 290.

66. Ibidem, 351-352; Coleman, *History of Chemical Warfare*, 125-126; T. Finlay, 'Lessons of UNSCOM and UNMOVIC for WMD non-proliferation, arms control and disarmament' in: W. Pal Singh Sidhu en R. Thakur red., *Arms control after Iraq: Normative and operational challenges* (Tokio, New York en Parijs 2006) 140-159, aldaar 141-143; Klep en Van Gils, *Van Korea tot Kabul*, 270-271; zie ook: C. Wolterbeek, 'Land van duizend en een nacht en duizend bommen en granaten: Irak', *De Onderofficier* 35-5 (1993) 147-155.
67. HTK 1994-1995, nr. 23 910 (R 1515), ondernr. 3, Memorie van Toelichting op het wetsvoorstel voor de goedkeuring van het Chemisch Wapenverdrag; zie ook: Tucker, *War of* Nerves, 305 en 311.
68. 'Het Chemisch Wapenverdrag', *Buitenlands Beleid Belicht* 15 januari 1993.
69. R. Sijmons, 'Er ligt nog steeds strijdgas in het Bloemendaalse duin. Hoe de verschillende instanties de verantwoordelijkheid voor de gifbunker – en de financiële gevolgen – op elkaar afschuiven', *Vrij Nederland* 26 september 1987.
70. SSA, DJZ AI&JB 1946-2001, doos 207, map Brieven I. Notulen van het interdepartementale overleg op hoog-ambtelijk niveau, 13 februari 1992 inzake de nationale tenuitvoerlegging van het toekomstige Chemisch Wapenverdrag; ibidem, map Brieven II. Notulen van het achtste interdepartementale overleg op werkniveau, 21 mei 1992 inzake de nationale tenuitvoerlegging van het toekomstige Chemisch Wapenverdrag; Memo van drs. G.J.F. van Hegelsom (DJZ) aan BDZ, BLS, BDL en C-KMAR, 17 november 1992. De inwerkingtreding van het chemisch wapenverdrag had nauwelijks gevolgen voor de Nederlandse krijgsmacht. Aangezien Nederland geen chemische wapens had, bleven de kennisgevingsverplichtingen beperkt tot een opgave van de soorten oproerbestrijdingsmiddelen die in gebruik waren. Zie: H.L. Boter, 'De Conventie betreffende chemische wapens', *Militaire Spectator* 163 (1994) 364-368, aldaar 368.
71. SSA, DJZ AI&JB 1946-2001, doos 208, map 787, omslag Documenten I. Voortgangsrapport voor het hoogambtelijk niveau inzake de voorbereiding van de nationale uitvoering van het toekomstig Chemisch Wapenverdrag/januari 1992.
72. Voor de voornaamste bepalingen van het Chemisch Wapenverdrag, zie o.a.: J.O. Verboom, 'Het Chemische-Wapenverdrag vijf jaar in werking', *Internationale Spectator* 57-4 (2003) 191-195, aldaar 192.
73. 'Het Chemisch Wapenverdrag', *Buitenlands Beleid Belicht* 15 januari 1993; HTK 1994-1995, nr. 23 910 (R 1515), ondernr. 3, Memorie van Toelichting op het wetsvoorstel voor de goedkeuring van het Chemisch Wapenverdrag.
74. Archief TNO D&V, Rubriek Ru 152 Chemische Wapens 1990, Fax van PML TNO Van Zelm aan IEC-TNO, 17 augustus 1990.
75. Zie bijv.: G. den Dekker, *The Law of Arms Control. International Supervision and Enforcement* (Proefschrift Universiteit van Amsterdam, z.p. 2001) 223.
76. SSA, DJZ AI&JB 1946-2001, bundel 785, plv. chef Directie Politieke VN-Zaken / DPV, mr. J.W. Scheffers aan DAB drs. D.J. Barth, 23 december 1992; nota van DJZ dr. S.B. Ybema aan DAB, ingekomen 6 januari 1993; nota DAB aan MinDef, 8 januari 1993. Scheffers vatte de bepalingen van het Chemisch Wapenverdrag overigens ten onrechte als verplichtingen *erga omnes* op, aangezien de verdragsbepalingen niet bindend zijn voor niet-verdragsstaten. Dit laat onverlet dat het onuitgelokt gebruik van chemische wapens, in het bijzonder tegen burgers, veelal als volkenrechtelijk onaanvaardbaar wordt beschouwd en het verbod op het gebruik van deze wapens derhalve als een verplichting *erga omnes* wordt gezien; zie bijv.: Den Dekker, *The Law of Arms Control*, 46-47.
77. HTK 1994-1995, nr. 23 910 (R 1515), ondernr. 3, Memorie van Toelichting op het wetsvoorstel voor de goedkeuring van het Chemisch Wapenverdrag; Archief TNO D&V, Rubriek 2-K-3 Contact Commissie NBC-Bescherming, Verslag van de 73e vergadering, 25 mei 1993; zie ook: Vriezema, 'TNO en Defensie', 13.
78. Zie voor de achtergronden: 'Parlementaire enquête vliegramp Bijlmermeer (1998-1999)', <www.parlement.com/9291000/modulesf/g8pdjdmj>, 16 april 2009).
79. Davis en Purcell, *Weapons of Mass Destruction*, 66; Tucker, *War of Nerves*, 359-361; H. van den Berg en K. Knip, 'Grondstof gifgas in Boeing El Al', *NRC Handelsblad* 30 september 1998; K. Knip, 'El Al-zending genoeg voor 270 kilo zenuwgas Sarin', *NRC Handelsblad* 30 september 1998. Zie ook: 'DMMP-raadsel vergroot', NRC Webpagina's

12 maart 1999, <www.nrc.nl/W2/Lab/Enquete/enq12031999b.html>, 16 april 2009.

80. Tucker, *War of Nerves*, 359-361; H. van den Berg en K. Knip, 'Grondstof gifgas in Boeing El Al', *NRC Handelsblad* 30 september 1998; K. Knip, 'El Al-zending genoeg voor 270 kilo zenuwgas Sarin', *NRC Handelsblad* 30 september 1998; Perry Robinson, *CB Weapons Today*, 242; zie ook: M. Rabbani, 'Flight 1862 and Israel's chemical secrets', *Middle East International* 16 oktober 1998 (ook als internetpublicatie, M. Rabbani, 'The mystery of El-Al's chemical cargo', *Al-Ahram Weekly On-line* 15-21 October 1998, issue No. 399, <weekly.ahram.org.eg/1998/399/in1.htm>, 12 februari 2009) en J. Greenberg, 'Nerve-Gas Element Was in El Al Plane Lost in 1992 Crash', *The New York Times* 2 oktober 1998.
81. Eindrapport Parlementaire Enquête Bijlmerramp 'Een beladen vlucht', <www.nrc.nl/W2/Lab/Enquete/inhoud.html>. Zie ook: 'Lading. Heeft de enquêtecommissie alle openstaande vragen over de lading kunnen beantwoorden?', NRC Webpagina's 22 april 1999, <www.nrc.nl/W2/Lab/Enquete/D-220499.html>, 16 april 2009. Zie ook noot 44 op p. 389.
82. 'Het Chemisch Wapenverdrag', *Buitenlands Beleid Belicht* 15 januari 1993.
83. Archief TNO D&V, Rubriek 2-K-3 Contact Commissie NBC-Bescherming, Jaarverslag 1991 van het Prins Maurits Laboratorium TNO (algemeen deel) confidentieel; zie ook: Cappelli en Labanca, 'Proliferation and Disarmament', 9.
84. Archief TNO D&V, Rubriek 2-K-3 Contact Commissie NBC-Bescherming, Verslag van de 74e vergadering, 23 november 1993.
85. Ibidem, Verslag van de 73e vergadering, 25 mei 1993; Tucker, *War of Nerves*, 316; zie ook: G. Colby en I. Goldman, 'When will Russia abandon its secret chemical weapons program?', <www.demokratizatsiya.org/Dem%20Archives/DEM%20-1%20Colby+Goldman.pdf> 149-150.
86. SSA, DGM, Verslag van de 78e vergadering van de Contact Commissie NBC-Bescherming, 23 november 1995.
87. Archief TNO D&V, Rubriek 2-K-3 Contact Commissie NBC-Bescherming, Verslag van de 73e vergadering, 25 mei 1993; Tucker, *War of Nerves*, 241.
88. Archief MIVD, inventaris TCBU, inv.nr. 17, Intern Memorandum Directie Operatiën van G2-Staf Ochtendblad aan BLS, 'BC-Capaciteit Joegoslavië', 2 november 1992 (Stg Geheim). Zie ook: NTI, Yugoslavia Profile, Chemical Overview (herzien juli 2008), <www.nti.org/e_research/profiles/Yugoslavia/Chemical>.
89. Archief TNO D&V, Rubriek 2-K-3 Contact Commissie NBC-Bescherming, Verslag van de 73e vergadering, 25 mei 1993; K. Knip, 'Joegoslavië werkt al lang aan gifgassen', NRC Webpagina's 24 april 1999 <www.nrc.nl/W2/Lab/Kosovo/240499-A.html>, 25 februari 2009.
90. D.C.L. Schoonoord, Chemische wapens ingezet?, deelstudie op CD-rom behorende bij het rapport: *Srebrenica. Een 'veilig' gebied. Reconstructie, achtergronden, gevolgen en analyses van de val van een Safe Area.* Nederlands Instituut voor Oorlogsdocumentatie (Amsterdam 2002).
91. Ook de Bosnische Moslims beschikten over chemische wapens, zij het in geïmproviseerde vorm. De burgemeester van Tuzla had chloorgas uit de chloorfabriek in zijn stad in tanks laten overhevelen om het gas in het terrein tegen Bosnische-Serviërs te kunnen inzetten. Van daadwerkelijke inzet is waarschijnlijk geen sprake geweest. Zie: Schoonoord, Chemische wapens ingezet?, 5-6.
92. Schoonoord stelt dat traangas niet tot de verboden chemische strijdmiddelen behoorde. Hierbij kunnen echter enige kanttekeningen worden geplaatst. Volgens het Chemisch Wapenverdrag van januari 1993 was het gebruik van traangas namelijk alleen toegestaan als riotcontrolmiddel en niet als chemisch strijdmiddel in een oorlog. Hoewel er in Joegoslavië in formele zin geen sprake was van een interstatelijke oorlog, ging het veel verder dan rellenbestrijding. Ten tijde van de beschreven gevallen van vermeend gebruik was het Chemisch Wapenverdrag echter nog niet in werking getreden. Dat gebeurde pas in april 1997. Formeel gezien heeft Schoonoord dus gelijk.
93. In de praktijk was de termijn van 24 uur vermoedelijk niet haalbaar. De beschermende kleding lag weliswaar sinds juli 1993 klaar, al was dat niet bij iedereen bekend, maar het vervoer was niet geregeld. Zie: Schoonoord, Chemische wapens ingezet?, 10, noot 26.
94. Zie ook: 'Clouds of War, Chemical Weapons in the Former Yugoslavia', *Human Rights Watch* 9-5D (1997); Coleman, *History of*

Chemical Warfare, 113. BZ, reukloos en niet-irriterend, kon niet door een velddetectie-apparaat worden waargenomen. Het gebruik ervan kon alleen met laboratoriumproeven worden aangetoond; zie: Cappelli en Labanca, 'Proliferation and Disarmament', 12.

95. Het PML, dat door NIOD-onderzoeker Schoonoord werd benaderd, dacht dat de Bosnische-Serviërs wel de beschikking hadden over BZ, maar dat er over het gebruik van dit gas in Bosnië alleen geruchten bestonden en onderzoek geen feitelijkheden aan het licht had gebracht.
96. HTK 1998-1999, Aanhangsel 1001, nr. 491, vragen van Hoekema en Van 't Riet (beiden D66) en Zijlstra (PvdA) aan MinBuza en MinDef over 'het vermeend gebruik van Chemische Wapens in voormalig Joegoslavië', ingezonden 25 november 1998, met antwoord van minister Van Aartsen (Buitenlandse Zaken), ontvangen 16 december 1998.
97. Archief TNO D&V, Rubriek 2-K-3 Contact Commissie NBC-Bescherming, Verslag van de 73[e] vergadering, 25 mei 1993.
98. HTK 1994-1995, nr. 23 910 (R 1515) en 23911; HTK 1994-1995, 68-4089 - 68-4114, beraadslaging over de goedkeuring van het Chemisch Wapenverdrag op 25 april 1995; ibidem, 71-4269 - 71-4270, goedkeuring Chemisch Wapenverdrag op 2 mei 1995; HEK 1994-1995, nr. 264a en 264b; HEK 1994-1995, 33-1371 - 33-1375, behandeling en goedkeuring van het Chemisch Wapenverdrag op 6 juni 1995.
99. Archief TNO D&V, Rubriek 2-K-3 Contact Commissie NBC-Bescherming, Verslag van de 78[e] vergadering, 23 november 1995; Verslag van de 79[e] vergadering, 9 mei 1996; Verslag van de 81[e] vergadering, 5 juni 1997; Verslag van de 86[e] vergadering, 23 november 1999; Verslag van de 88[e] vergadering, 22 november 2000. Zie ook: <www.opcw.org/our-work/demilitarisation/related-articles>.
100. Archief TNO D&V, Rubriek 2-K-3 Contact Commissie NBC-Bescherming, Verslag van de 81[e] vergadering, 5 juni 1997; Verslag van de 86[e] vergadering, 23 november 1999.
101. Tucker, *War of Nerves*, 382-384; K. Colijn, 'Chemische verjaardag', *Vrij Nederland* 9 juni 2007, <www.vn.nl/Opinie/KoColijn/ArtikelKoColijn/ChemischeVerjaardag.htm>, 5 februari 2009.
102. HTK 1997-1998, nr. 26 051, ondernr. 1, notitie 'De proliferatie van nucleaire, biologische en chemische wapens en de Nederlandse krijgsmacht' van MinDef, 20 mei 1998.
103. Zie: <www.opcw.org/about-opcw/non-member-states/>, 30 januari 2010.
104. Tucker, *War of Nerves*, 357-358; zie ook: K. Homan, *Van pepperspray tot lasergun. Militaire technologie en de menselijke maat*. Rathenau Instituut (Den Haag 2005) 25, 85-86; Verboom, 'Het Chemische-Wapenverdrag vijf jaar in werking', 193.

HOOFDSTUK 11

1. Zie hiervoor: J.B. Tucker red., *Toxic Terror: Assessing Terrorist Use of Chemical and Biological Weapons* (Cambridge, Massachusetts 2000).
2. E. Bakker, 'CBRN-terrorisme' in: E.R. Muller, U. Rosenthal en R. de Wijk red., *Terrorisme. Studies over terrorisme en terrorismebestrijding* (Deventer 2008) 125-148, aldaar 125.
3. P. Bootsma (in samenwerking met H. Dortmans), *De Molukse Acties. Treinkapingen en gijzelingen 1970-1978* (Amsterdam 2000) 70-73; S. Eikelenboom, *Niet bang om te sterven. Dertig jaar terrorisme in Nederland* (Amsterdam 2007) 95-98; zie ook: C.W. van der Spek, *Een wapen tegen terreur. De geschiedenis van de Bijzondere Bijstandseenheid Krijgsmacht 1972-2006* (Amsterdam 2009) 10-12 en 55-93.
4. SSA, RVO-TNO CL, Numerieke Reeks, doos 145, NR 1973, vz sub-commissie bewapening en uitrusting van de Stuurgroep Terreurbestrijding, J. de Pooter, aan vz RVO-TNO, prof.ir. H. Dirksen, 21 december 1972.
5. Ibidem, directeur Chemisch Laboratorium aan vz RVO-TNO, 9 januari 1973.
6. Ibidem, nr. tot S1000, secretaris RVO-TNO, drs. J.L. Jansen, aan directeur Chemisch Laboratorium, 2 februari 1973.
7. Ibidem, Numerieke Reeks, doos 145, NR 1973, nr. tot S1000, secretaris RVO-TNO, drs. J.L. Jansen, aan directeur Chemisch Laboratorium, 2 februari 1973; SSA, CGS 1969-1973, map 53, notulen ASTA-vergadering 9 maart 1973.
8. SSA, RVO-TNO CL, Numerieke Reeks, doos 145, NR 1973, nr. tot S1000, vastlegging telefoongesprek op 17 september 1974.
9. 'Gijzelaars met nieuw soort gas bevrijd', *Vaderland* 7 juli 1976; SSA, RVO-TNO CL, Numerieke Reeks, doos 150, NR 1976, 1200-1700, Kienhuis aan Directeur, betreft riot-control agent, 9 juli 1976.

10. Bootsma, *De Molukse Acties*, 286-299.
11. Tucker, *War of Nerves*, 384.
12. Zie voor de geschiedenis van de *Erprobungsstelle 53*: M. Grube, 'Kampfstoff in Munster-Nord – Heeresversuchsstelle Raubkammer', <www.lostplaces.de/content/view/108/33/>, 23 april 2009.
13. Collectie NIMH, 'Dossier Dijkstra', brief Ambassadeur in Bonn, dr. K.W. Reinink, aan dr.ing. L.A. Dijkstra, 22 juni 1983.
14. SSA, RVO-TNO CL, Numerieke Reeks, doos 148, NR 1975, S1500-1900, wnd directeur MBL aan Hoofdinspecteur van het Ministerie van Volksgezondheid, 30 mei 1975; Geneeskundig Hoofdinspecteur van de Volksgezondheid aan Directie MBL, 5 juni 1975; Geneeskundig Hoofdinspecteur van de Volksgezondheid aan de Directeur-Generaal van de Volksgezondheid, 3 september 1975.
15. Collectie NIMH, 'Dossier Dijkstra', brief Ambassadeur in Bonn, dr. K.W. Reinink aan dr.ing. L.A. Dijkstra, 22 juni 1983; H. Martens, 'The Old Chemical Warfare (OCW) Incineration Plants in Munster, Germany', *The ASA Newsletter* 97-2 (1997). In 1993 werd met de bouw van een tweede vernietigingsinstallatie begonnen en in 2006 werd nog een derde installatie in gebruik genomen; zie hiervoor: M. Grube, 'Kampfstoff in Munster-Nord – Heeresversuchsstelle Raubkammer', <www.lostplaces.de/content/view/108/33/>, 23 april 2009.
16. Zie hiervoor: SSA, RVO-TNO CL, Numerieke Reeks, doos 151, NR 1977 – 1 t/m 399, adjunct-directeur Chemisch Laboratorium, dr. H. Kienhuis, aan de Sous-Chef Techniek van het Directoraat Materieel Koninklijke Landmacht, bgen ir. J.J.G. Warringa, 24 februari 1977.
17. Bakker, 'CBRN-terrorisme', 131-132.
18. Zie voor een uitgebreid relaas over de twee aanslagen: Tucker, *War of Nerves*, 330-350; E.R. Muller, R.F.J. Spaaij en A.G.W. Ruitenberg, *Trends in terrorisme* (Alphen aan den Rijn 2004) 134-135.
19. Archief TNO D&V, Rubriek 2-K-3 Contact Commissie NBC-Bescherming, Verslag van de 77e vergadering, 1 juni 1995; Verslag van de 78e vergadering, 23 november 1995.
20. E.R. Muller, 'Modern terrorisme en moderne terrorismebestrijding' in: E.R. Muller red., *Veiligheid. Studies over inhoud, organisatie en maatregelen* (Alphen aan den Rijn 2004) 373-394, aldaar 381 (zie ook: Muller, Spaaij en Ruitenberg, *Trends in terrorisme*, 213); *Weapons of Terror. Freeing the World of Nuclear, Biological and Chemical arms*. The Weapons of Mass Destruction Commission (Stockholm 2006) 135; Bakker, 'CBRN-terrorisme', 143.
21. Zie hiervoor: M. Bouman, 'Chemische en biologische terreurwapens I', *Atlantisch Perspectief* 25-7/8 (2001) 26-31, aldaar 30; J.F.J. Engbersen, 'Chemische Wapens', NVMP *Nieuwsbrief* nr. 23 (2003) 12-16.
22. HTK 1997-1998, Aanhangsel 2489-2490, nr. 1217, vragen van Van den Doel en Cornielje (beiden VVD) over 'de dreiging van een mogelijke aanslag met biologische of chemische wapens', ingezonden 2 april 1998, met antwoord van minister Voorhoeve (Defensie), ontvangen 13 mei 1998; HTK 1997-1998, nr. 26 051, ondernr. 1, notitie 'De proliferatie van nucleaire, biologische en chemische wapens en de Nederlandse krijgsmacht' van MinDef, 20 mei 1998; HTK 1997-1998, Aanhangsel 3465-3466, nr. 1686, vragen van Van den Doel en Cornielje (beiden VVD) over 'voorbereiding op een eventuele dreiging van bacteriologische en chemische wapens', ingezonden 5 juni 1998, met antwoord van minister De Grave (Defensie), ontvangen 25 augustus 1998.
23. Zie: Bouman, 'Chemische en biologische terreurwapens I', 28; zie ook Tucker, *War of Nerves*, 362-368.

| Summary

The spirit in the bottle. The relationship between the Netherlands Defence organisation and chemical weapons 1915-1997

In May 1915, several weeks after lethal gas weapons were first used during the First World War, the mobilised armed forces of the neutral Netherlands began active preparations to use those weapons. The entities most involved were the General Headquarters of the Commander-in-Chief of the Land and Sea Forces, General Cornelis J. Snijders, the nationalised company The Artillery Works (*Artillerie-Inrichtingen*) in Hembrug (near Amsterdam) and the private-sector chemicals industry. In July 1915, Minister of War Nicolaas Bosboom approved plans for tests of two weapons-grade gas candidates, dimethyl sulphate and phosgene. Phosgene, in particular, was very well suited for military use. The activities had to take place in the deepest secrecy, not only from potential adversaries, but also to prevent a debate on the use of chemical weapons starting up domestically. Prior to the war, several attempts had been made to prohibit the use of toxic gases, most notably during the Peace Conferences in The Hague in 1899 and 1907.

In 1915, the tests showed that neither of the weapons-grade gases selected was a good choice. That was probably due to difficulties related to production and to a shortage of raw materials. Those problems continued to raise obstacles that were difficult to overcome in the years that followed. The physical and chemical properties of the two substances were probably factors, as well. More favourable results were obtained during subsequent testing with the less toxic sulphur dioxide. That led to Minister of War Bosboom approving funding on 16 May 1916 to create an operational stock of weapons-grade gases and the required delivery systems. Although the use of gas projectiles was also considered, the choice at that time was made in favour of the technique that was most in vogue among the combatant nations, so-called 'wind dispersal', a technique by which gas clouds were dispersed from pressurised gas cylinders. The minister placed the responsibility for procuring the sulphur dioxide and the materiel in the hands of the Munitions Office that had been established during the mobilisation. The United Chemicals Factories (*Vereenigde Chemische Fabrieken*), which had sulphuric acid factories in Capelle aan den IJssel and in Zwijndrecht (near Rotterdam), were contracted to produce the weapons-grade gas. Measures to ensure the availability of the required raw materials included expropriations by order of the Ministry of War.

While the production of sulphur dioxide and the manufacture of the delivery systems were starting up, the General Headquarters began with operational preparations. A 'gas service' had already been established in the headquarters. As the war progressed, the combatant countries moved away from wind dispersal, which was extremely dependent on weather and which used less toxic gases. The fact that preparations for wind-dispersal deployment continued in the Netherlands was primarily due to a lack of other modern equipment. General Snijders looked on gas weapons as an alternative for machine guns, which were in short supply in the Netherlands, in combat over relatively short distances.

Starting in the summer of 1917, virtually all units of the Dutch army, including both the army in the field and the troops stationed in fortifications and in defensive lines, exercised with gas. During the exercises, the cylinders were actually filled with sulphur dioxide. To reproduce real conditions as closely as possible, the units were authorised to release gas from several canisters during each exercise. When this was done, the troops were provided with gas masks. To transport the gas to the front (over water as much as possible) and to carry out the technical aspects of moving sulphur dioxide, a gas company was formed. The company consisted primarily of two parts: personnel from the Motorised Service, which was responsible for transporting the filled gas canisters by road, and technical support personnel from the Gas Service, which was responsible for transferring the gas from ship tanks and supply tanks. The Gas Company was a wartime unit that would only be activated if the Netherlands became involved in the war. The volumes of gas and the available delivery means provided for were not intended for long-term, large-scale use. The deployment of all gas-related assets would not cover more than two gas releases over a front that was 10 km in breadth.

The development of modern gas grenades began in the Netherlands in August 1917. They were to be filled with the much more toxic phosgene. Inasmuch as the production of phosgene would only commence during 1919 (and then only in negligible volumes), the grenades would initially be filled with less toxic substances, principally chlorine. The developments suffered a great many delays, partly due to problems with developing and testing the gas grenades, with the result that a detailed plan could only be presented to the commander-in-chief in November 1918. With combat actions in the First World War coming to an end only several days later, the proposal was filed and forgotten. The preparations for the use of sulphur dioxide dispersed from gas canisters, a technique that had become obsolete by then in any event, were dismantled in a very short time.

Although new plans were drawn up in the years immediately following the war for the (potential) manufacture of gas grenades filled with chloropicrin and were approved by the Ministry of War, they did not come to much. In fact, the army began from scratch again in 1922-1923. Officials in both the Ministry of War and the General Staff expected that gas would also play an important part in future conflicts that the Netherlands could become involved in. The Netherlands therefore needed to prepare as well as possible during peacetime rather than waiting for the appearance of an immediate threat of war. Financial constraints placed limitations on those plans, even though some people believed that defence that was based in part on chemical weapons would cost less. The underdeveloped chemicals industry in the Netherlands, especially in comparison with the great powers that surrounded it, was another handicap. Nevertheless, in 1925, Minister of War Jannes J.C. van Dijk approved the acquisition of a small amount (10,000 kg) of mustard gas on the advice of the Commission on Chemical Weapons, which included both military personnel and civilian scientists. The purchase was considered primarily as a test order. The attempts to acquire from abroad the expertise and experience that were needed brought The Artillery Works into contact with several German suppliers. To a man, they were willing to skirt or ignore the strict prohibitions with respect to chemical weapons that had been imposed in the Treaty of Versailles (1919). That was not, however, the reason that The Artillery Works did not ultimately take up the offers from Germany.

Dutch policy with respect to Chemical Weapons was strongly influenced by the attempts to limit the use of weapons-grade gas by international agreements. Those efforts led on 27 June 1925 to the Geneva Protocol against chemical and bacteriological warfare ('The Protocol for the Prohibition of the Use in War of Asphyxiating, Poisonous or Other Gases and of Bacteriological Methods of Warfare'), which prohibited the use of weapons-grade gas in wartime, at least between the Treaty States. The Dutch attitude towards that protocol and further initiatives to regulate or prohibit the trade in and production or possession of weapons-grade gas was ambivalent. On the one hand, the Netherlands supported those efforts, if only because it would be no match for the larger powers due to its size and its limited chemicals industry. On the other hand, many people, including successive Ministers of War or Ministers of Defence, were very sceptical concerning the significance of international regulation in this area. The experience of the First World War was still fresh in everyone's mind. As long as an international agreement was not watertight and there were no guarantees that the prohibitions would be respected during wartime, the Netherlands had to be able to return like for like in the event of use of weapons-grade gases by an adversary. That was considered necessary not only for technical military reasons, but also because it raised the morale of the troops. When the Netherlands finally ratified the Geneva Protocol in 1930, it accompanied its ratification with a caveat that permitted the use of weapons-grade gas in retaliation for the prior use of this type of weapon by an adversary.

During the interbellum period, the question was not so much one of whether the Netherlands should prepare for its own, active use of chemical weapons, but one of how. The most important question was whether the Netherlands should have a peacetime stock of weapons-grade gas and the necessary delivery systems. In 1928, Minister of War Johan M.J.H. Lambooy decided, partly on the basis of the disarmament talks in Geneva, that this should not be done. The preparations for the possible use of chemical weapons were to be limited to acquiring the necessary protective means (primarily gas masks) on the one hand, and taking sufficient measures in peacetime to be able to manufacture and use weapons-grade gases and delivery systems in wartime, on the other. It was not clear how far those preparations should go. The question of, for example, whether building test installations for the manufacture of specific weapons-grade gases was permitted within the limits imposed was unclear. Such installations were essential for good preparation, however. The discussion was complicated further by the fact that many people, including some within the General Staff, did not appear to be familiar with the exact provisions and the correct interpretation of the Geneva Protocol. As a result, the Netherlands imposed upon itself limitations that did not come directly from the international undertakings that it had entered into. Within the armed forces, the army had the greatest interest in chemical weapons; the navy was only peripherally interested in the use of weapons-grade gas.

During the interbellum period, the so-called chemical defence preparations were a largely autonomous part of the broader military, economic and industrial defensive preparations. Under the general leadership of the Inspectorate of Engineers, the work was largely carried out by the Chemical Laboratory of The Artillery Works. The head of the Laboratory, the engineer A.J. der Weduwen, was the most important Dutch subject-matter expert in this area. Der Weduwen and his staff initially conducted fundamental research (literature studies and laboratory research) into the substances that would be best suited for active use in wartime. Starting in 1928, the research concentrated increasingly on the possibilities of manufacturing the selected weapons-grade gases on an industrial scale in the Netherlands. The Chemical Laboratory in Hembrug set up a semi-technical test installation for several of those substances (chloropicrin, several arsenic compounds, and the tear gas phenacyl chloride).

The Artillery Works carried out large-scale exploratory studies involving all chemical and associated factories in the Netherlands in 1930 and again in 1936. That showed (read: confirmed) that the chemicals industry in the Netherlands was insufficiently developed to be able to produce weapons-grade gases (especially mustard gas) in wartime within an acceptable timeframe. To change that situation, direct support from the government would be required, with the chlorine industry being the first in line. The Artillery Works also supported the construction of an installation where thiodiglycol, a non-hazardous industrial semi-manufactured product, could be converted easily into mustard gas in times of crisis or war. There was no objection to the procurement and storage of stocks of thiodiglycol in peacetime. Although the desirability of those plans was not disputed by anyone within the Defence organisation, the high costs presented a major obstacle. The General Staff, supported by Minister of Defence Laurentius N. Deckers, thought it was inappropriate to reserve money for the project while the army did not yet have good gas masks in sufficient quantities. That sounded the death knell for the Dutch weapons-grade gas programme. Regardless of how important such weapons were thought to be, the limited financial resources meant that other, more urgent aspects of the national defence took precedence.

During the Dutch studies into the active use of and protective measures for dealing with weapons-grade gases, animals were used as research subjects and, in several cases, human test subjects were used as well. In the second half of the 1930s, both the Advisory Commission on Chemical and Related Defence Issues, a body consisting of scientific advisers, and the Chemical Laboratory of The Artillery Works carried out mustard-gas tests on human subjects. The test subjects were paid for their participation and, for tests resulting in skin injuries, they received a bonus. The size and scope of those tests is unknown.

When the Dutch army was mobilised in August 1939 on the eve of the Second World War, a Central Laboratory was established within the General Headquarters to advise the Commander-in-Chief of the Land and Sea Forces on matters related to chemical weapons. The head of the laboratory, Dr J.H. de Boer, and his deputy, J. van Ormondt were ordered to move to the United Kingdom in May 1940. In the UK, they entered the service of the British Ministry of Supply where they continued their chemical research. During the war, De Boer – followed later by Van Ormondt – joined the prestigious Chemical Board, the coordinating body for all British research and development in the area of chemical warfare.

Interest in the active use of weapons-grade gases developed later in the Netherlands East Indies than in the metropolis, only starting in the second half of the 1920s. Successive commanders of the Royal Netherlands East Indies Army (abbreviated to KNIL in Dutch) were convinced that the army could not do without chemical weapons in the execution of its external task, the defence, primarily of Java, against a foreign aggressor. They did not receive authorisation to procure those assets, however, principally because the Ministry of Colonies saw no reason to deviate from the position of the metropolis in this regard. That did not prevent the KNIL from conducting exploratory investigations of the manufacture of weapons-grade gases and gas grenades, however.

In November 1937, the Netherlands East Indies Ministry of War took a step that had proven unfeasible in the Netherlands itself. Via the Ministry of Colonies in The Hague, it asked The Artillery Works to acquire a test installation for the production of mustard gas from thiodiglycol. The background is no longer known, but the request was probably related to the threat from Japan, which had not ratified the Geneva Protocol and had used weapons-grade gases extensively in China. The Artillery Works contacted the German mustard-gas specialist A. Cmentek, one of the suppliers with whom negotiations had been carried out in the second half of the 1920s. He was willing to provide the construction plans for a complete mustard-gas installation, including a filling installation. The contract was signed on 27 April 1938 by a member of the Management Board of The Artillery Works.

The mustard-gas installation – referred to for reasons of secrecy as a 'cinnamon oil installation' – was built and tested in Hembrug in the second half of 1938 under the personal direction of Cmentek. A representative of the Ministry of Colonies was present at the time. Several accidents occurred during the testing phase and after it was dismantled. Since the early 1990s, it has been known that the soil in Hembrug still contains traces of mustard gas. That issue is still with us today.

At the end of 1938 or early in 1939, the mustard-gas installation was shipped to the Netherlands East Indies and assembled on an artillery firing range near Batujajar in the area of Bandung (West Java). At the same time, The Artillery Works purchased 40 tonnes of thiodiglycol in the United States. That was probably converted to mustard gas over the course of 1939. Following the capitulation of the Dutch metropolis in 1940, the Netherlands East Indies Ministry of War acquired another supply of thiodiglycol and converted it into mustard gas.

On the eve of the Japanese attack on the Netherlands East Indies, the KNIL had stocks of mustard gas of approximately 95 tonnes (75,000 litres). Plans for using it were also drawn up: the KNIL's Air Corps exercised in spraying mustard gas from spray canisters dropped from reconnaissance aircraft. The KNIL had probably also developed other delivery systems (such as portable and motorised spraying units and mustard-gas grenades), but it is unknown whether they were available for operations. The possibility that other weapons-grade gases were also in use, in addition to mustard gas, cannot be discounted entirely.

During the Japanese offensive against the Netherlands East Indies, neither side used weapons-grade gases. As a precaution, the spray containers of the Netherlands East Indies reconnaissance aircraft were filled with mustard gas at one point (probably around 1 March 1942). Shortly before the capitulation, approximately half of the mustard-gas stocks were incinerated. The remaining 50 tonnes and the mustard-gas installation itself fell into the hands of the Japanese army, which left them untouched. After the war, the use of chemical weapons was no longer considered to be a serious option for Dutch or Netherlands East Indies troops. In mid-1949, the KNIL had the mustard-gas installation dismantled, an operation that would only be completed following the transfer of sovereignty to the Republic of Indonesia. No one had yet destroyed the stocks of mustard gas and that task was transferred to the Indonesian army.

As late as 1975, it became known that the stocks of mustard gas in Batujajar had never been destroyed, probably because of the high costs. Following diplomatic consultations between Indonesia and the Netherlands, a joint project known as Operation Obong was set up to destroy the remaining stocks. The Netherlands assigned the Netherlands Organisation for Applied Scientific Research (Dutch abbreviation: TNO) to take charge of the destruction by incineration. Between 1 June and 2 July 1979, a total of 32,290 litres of mustard gas was destroyed. The remainder – more than 2,500 litres – was rendered harmless in another way by Indonesia. The project was made public in 1982 by means of a notification to the Committee on Disarmament. Following the completion of Operation Obong, further investigations were carried out to determine whether any mustard-gas grenades had been hidden in the area. That investigation did not find any evidence that they had.

Immediately after the Second World War, the discussion of whether the Netherlands should develop, produce and, if necessary, use chemical weapons flared up again briefly. According to some experts, the possession of a national chemical weapons arsenal offered the best protection through deterrence against an enemy who would consider the use of chemical weapons. Those experts believed that the country needed a threat of retaliation in kind. In addition, it was important for the Dutch army to be equipped with good, and sufficient numbers of means of protection. This, too, was considered to have a preventive effect; an adversary was expected to refrain from the use of weapons-grade gas if the existence of a good anti-gas system and gas discipline would neutralise the effect.

The Geneva Protocol of 1925 did not prohibit the development, production and possession of chemical weapons and even permitted – albeit implicitly – the active use of such weapons under certain conditions. The treaty only prohibited the use of chemical weapons against other treaty-signatory countries. The caveat that the Netherlands had placed on the Geneva Protocol also implied that the Netherlands was within its rights to retaliate in kind to an attack using chemical weapons by another treaty state. All of the above notwithstanding, since the early 1950s, the question of whether the Netherlands would (or should) have its own chemical weapons has been a dead issue. To the writers' knowledge, that is not based on any formal decision by the political or military leadership. The use of weapons-grade gases has simply not been a matter of discussion.

When the Western European Union (WEU; 1954) was established, West Germany announced that it was renouncing the manufacture and possession of ABC weapons. Responding impulsively, the Belgian Minister of Foreign Affairs, Paul-Henri C. Spaak announced that the Benelux countries would follow the same course. The Netherlands has never formalised that undertaking, however, and considered the declaration to be without foundation. Nevertheless, that event reinforced the domestic misconception that the Netherlands would never be allowed to have a national chemical weapons stockpile.

In any event, the preparations taken by the Dutch armed forces for dealing with a possible chemical warfare attack have been limited since the 1950s to taking sufficient protective measures against the potential hostile use of weapons-grade gas. The fact that several NATO Allies did have a chemical-weapons arsenal (especially the United States), meant that a credible deterrent remained.

During the Second World War, the idea took shape in the minds of the two Dutch reserve officers from the Central Laboratory, Dr de Boer and Van Ormondt, who had escaped to the UK in 1940 that the Netherlands should have a permanent organisation for military scientific research, in wartime as well as in peacetime. At their instigation, military scientific research was bundled under the umbrella of TNO after the war. That organisation was named the National Defence Organisation TNO (Dutch abbreviation: RVO-TNO). Research related to chemical warfare was an important aspect of the research carried out there from the very beginning.

On 1 January 1948, the Central Laboratory of the General Staff was transferred to RVO-TNO, where it was renamed Chemical Laboratory RVO-TNO. Under the direction of its post-war director, Van Ormondt, that laboratory would evolve to become the hub of chemical warfare and anti-chemical warfare research. It did fundamental research into the properties and effects of weapons-grade gases, developed and tested detection equipment and methodologies, and tested gas masks, protective clothing and decontamination systems. In addition, it manufactured a very small quantity of weapons-grade gases for its own laboratory and field tests and for use by the Medical Biological Laboratory of RVO-TNO, which was conducting research into the toxicity of toxic gases and potential therapeutic means. In addition to its own research, the Chemical Laboratory also developed its expertise through exchanges with other countries. There, too, an adage that also applies in the world of intelligence was practised: quid pro quo. The Netherlands could only benefit from the knowledge of others if it were providing its own knowledge to them.

Early in the 1950s, a need arose in the Chemical Laboratory to continue in the field the research into means of protection, which had been conducted up to that point in the laboratory. The territory of the Netherlands only offered possibilities for carrying out extremely small-scale field tests (Harskamp, 1951; Vliehors, 1952; and Deelen airfield, 1955-56). The country was too small and too densely populated to carry out large-scale tests. With the permission of the Chief of the General Staff and the Minister of War, the Chemical Laboratory took its testing abroad. Dutch representatives attended as observers for the first time a French chemical weapons test held in 1950 at the B2-Namous testing ground in the Sahara (Algeria). The international cooperative arrangement with France and Belgium that the Netherlands had entered into at the end of the 1940s provided the opportunity to actively participate in large-scale tests of weapons-grade gases in Algeria (1951-1952, 1958) and Mourmelon (1958-1961, 1964) and smaller (decontamination) tests in Elsenborn (1954-1955) and Zoersel (1964-1966, 1968). Tests were also carried out in Munsterlager (1962) with a larger group of countries. During the 1950s and '60s, Dutch multilateral activities related to chemical warfare concentrated primarily on France and Belgium. In 1965 and 1966, the Netherlands attended its last French tests in the Sahara as an observer. Starting in the mid-1950s, contacts with the United Kingdom increased and from the 1960s the contacts with the United States did, as well. In addition, several joint research programmes were created within NATO.

Although Van Ormondt, the director of the Chemical Laboratory, later declared that the Netherlands had not made any contribution to the chemical weapons programmes of the major Allies, the reality is a bit more complex. Much of the knowledge that the Netherlands provided to the United Kingdom and to the United States, which also supported Dutch military scientific research financially, could be used, in principle, for both protective purposes and for building up a chemical arsenal. That applied with even more force to the collaboration with France; Dutch researchers had been studying the effects of French nerve-gas grenades and missiles for years and had been sharing the research results with the French. The Netherlands provided expertise, knowledge and measurement and analysis equipment for the tests in the Sahara, in France and in Belgium, while France and Belgium provided mustard and nerve gases and other products. In that way, France obtained scientific information about the effectiveness of the chemical-weapons prototypes tested, although it is probable that the step to the industrial-scale production of those weapons was not taken. The Dutch benefit lay in the fact that the Netherlands could acquire detailed data that were useful in the development or procurement of effective means of protection against chemical weapons. The border between active and passive aspects of chemical warfare research was extremely thin in this instance. Several critics of the time believed that the line had even been crossed. On the other hand, international agreements such as the Geneva Protocol did not prohibit such joint ventures.

The Netherlands was a sought-after partner in such international cooperative ventures because of its great knowledge of and experience with the manufacture, the properties and the effects of weapons-grade gases. It also had great expertise in respect of detecting small quantities of weapons-grade gases at greater distances from a release point. That expertise was later used to set up a verification methodology, which was important for monitoring compliance with a chemical weapons treaty. The expertise that the Chemical Laboratory had built up from laboratory and, from the 1960s, field testing made it possible to convert the research results into computer and other models, which, in turn, could be used for analysing scenarios (operational research). The research work thereafter was largely confined to the laboratory. After that point, the properties and the effects of weapons-grade gases could be predicted by means of computer simulations.

Starting in the 1960s, the fear of the use of chemical weapons increased. It is likely that Egypt used weapons-grade gases in north Yemen. The Western countries did not condemn it. Although the United States was very concerned, it did not protest, partly because it was using non-lethal chemical weapons itself (defoliants and crowd-control gases) in Vietnam. The fear that Egypt would use chemical weapons against Israel increased sharply following its use of them in Yemen. During the run-up to the Six-Day War in 1967, Israel made a frantic effort to acquire gas-protection means for its civilian population. The threat did not materialise. Mutual deterrence and the shortness of the war probably prevented the use of chemical weapons. The gas-protective equipment captured by Israel did make clear, however, that, with help from the Soviet Union, the Egyptian army had been well prepared for a possible chemical attack. Through personnel of the Chemical Laboratory, who had been invited by Israeli colleagues to come to Israel to examine the captured gas-protection equipment and who passed on their findings to the Dutch military intelligence services, the Dutch armed forces were informed of the gas-protection measures and the structure of the chemical-warfare forces of the Soviet Union. Cooperation between the Chemical Laboratory and the military intelligence services had been going on for years. The intelligence officers kept the Chemical Laboratory personnel informed of international developments related to chemical warfare while the researchers in the laboratory acted as technical-intelligence experts for the intelligence services with respect to chemical warfare.

The use of chemical weapons in Yemen and Vietnam led to worldwide outrage. The continuing protests led to a review of U.S. policy with respect to chemical weapons. The U.S. suspended the production of chemical weapons, ratified the Geneva Protocol and opened negotiations with the Soviet Union to prohibit chemical weapons. The military scientific research that was being carried out in the Netherlands by the RVO-TNO also came under fire from Dutch society at the end of the 1960s and in the early 1970s, though that did not have any major consequences for the research programme.

None of those developments did anything to diminish the fear that the Soviet Union would use chemical weapons in any war with the West. That was accompanied by the rumours that the Soviet Union and its allies were using chemical weapons in Laos, Cambodia and Afghanistan. In the Netherlands, the resistance to the use of chemical weapons also grew at the political level. Early in 1982, the House of Representatives passed a formal motion against the development, production, possession and use of chemical weapons. The Dutch Prime Minister, Dries van

Agt, brought that position to a meeting of the United Nations in June 1982. The Dutch House of Representatives also wanted the Dutch government to withdraw its caveat to the Geneva Protocol. Withdrawing the caveat ran into opposition from the NATO Allies, however. Furthermore, the government stated that it wanted to use its caveat as a pressure point to help to bring the negotiations for a chemical weapons treaty to a quick and successful conclusion.

During the 1980s, the pressure to reach a comprehensive chemical-weapons treaty grew strongly. The war between Iran and Iraq between 1980 and 1988 and the Iraqi oppression of the Kurds, with the chemical attack on Halabja as the nadir, showed that there were still countries that were willing to use chemical weapons without many scruples. The negotiations entered a new phase with the rise of Mikhail Gorbachev in the Soviet Union in 1986. As president of the U.S.S.R., Gorbachev declared that the country was willing to cease the production of chemical weapons. In October 1987, he even gave the Red Army the order to organise an open house at which the army showed a large part of its chemical weapons arsenal to Western observers; up until that point, the Soviet Union had always had a policy of total secrecy. The Soviet Union did not expose itself completely on that day, however. Years later, it would become apparent that the country had not shown all its chemical-weapons cards. Soviet, later Russian Federation, researchers continued to work at least until early in 1993 on a new generation of nerve gases and binary chemical weapons. The open house did have one result in that it led to the Soviet Union and the United States signing a bilateral accord in June 1990 that called for a reduction in the number of both countries' chemical weapons.

The First Gulf War (1990-1991) once again forced the Western world to face unpleasant facts. The Iraqi President Saddam Hussein threatened the anti-Iraq coalition with the use of chemical weapons. Dutch air-defence units in Turkey and Israel experienced the chemical threat at first hand. Following the Gulf War, teams from the United Nations Special Commission (UNSCOM) scoured Iraq for weapons of mass destruction. The Dutch contribution consisted of experts from the TNO Prins Maurits Laboratory (which had absorbed the Chemical Laboratory at the beginning of 1978) and NCOs and officers from the armed forces. The UNSCOM team under the command of Lieutenant Colonel C. Wolterbeek made a spectacular discovery. In the ruins of a former chemical-weapons complex in Iraq, the team found a large amount of irrefutable evidence that pointed to the development and the manufacture of VX, an extremely toxic nerve gas that Iraq had always denied possessing.

At the end of the Cold War, negotiations for a comprehensive chemical-weapons treaty accelerated. During the course of 1991, the negotiators in Geneva were able to resolve the most important problem areas, including verification. In January 1993, the Chemical Weapons Convention ('Convention on the Prohibition of the Development, Production, Stockpiling and Use of Chemical Weapons and on their Destruction') was opened for signing and, after ratification by 65 countries, it entered into force in April 1997. The organisation that monitored compliance with the convention, the Organisation for the Prohibition of Chemical Weapons (OPCW), was established in The Hague. The Prins Maurits Laboratory provided the training for many of the OPCW inspectors.

With the achievement of the Chemical Weapons Convention in 1993 (actually, with its formal entry into force in April 1997), the possibility of treaty countries (Geneva Protocol) being permitted to use chemical weapons against non-treaty countries came to an end. The development, production, acquisition, storage, possession, transfer *and* the use of chemical weapons was thereafter forbidden "under any circumstances". With the Dutch caveat to the Geneva Protocol of 1925 no longer having any value after the new convention took effect, the Dutch government announced the withdrawal of the caveat when it signed the Chemical Weapons Convention in January 1993. The Netherlands ratified the convention in June 1995, thereby nullifying the caveat once and for all.

Research into effective means of protection continued to be necessary, even after the convention was implemented, however. Not only were there a number of states that had not signed and/or ratified the convention, but there was always the possibility that signatory states would not comply with the provisions of the Chemical Weapons Convention. Several treaty states still have chemical weapons; the destruction of old stockpiles is taking longer than had been expected. In addition, the threat of chemical weapons is no longer limited to inter-state violence. Dutch units on peacekeeping missions or during a crisis-response operation abroad can encounter an adversary who is willing to use chemical weapons, as happened in Bosnia-Herzegovina, a former republic of Yugoslavia where a civil war was raging and where the military intelligence reported that large stocks of chemical weapons were stored. In addition, following an attack with nerve gas in the Tokyo subway in 1995, the fear has also increased that terrorist organisations would acquire chemical weapons or even manufacture them themselves and might use them. After 11 September 2001, that threat has only increased.

Geraadpleegde bronnen en literatuur

Archieven en collecties

ARCHIEF MILITAIRE INLICHTINGEN- EN VEILIGHEIDSDIENST, DEN HAAG (Archief MIVD)

ARCHIEF TNO DEFENSIE EN VEILIGHEID, RIJSWIJK (Archief TNO D&V)

COLLECTIE NEDERLANDS INSTITUUT VOOR MILITAIRE HISTORIE, DEN HAAG (Collectie NIMH)

NATIONAAL ARCHIEF, DEN HAAG (NL-HaNA)

Chefs der Artillerie, 1814-1940, nummer toegang 2.13.61 (Chefs Artillerie, 2.13.61)

Commissariaat voor Indische Zaken, 1927-1949, nummer toegang 2.10.49 (Commissariaat Indische Zaken, 2.10.49)

Directeur voor het Materieel der Landmacht en rechtsvoorgangers, nummer toegang 2.13.68.01 (Directeur Materieel Landmacht, 2.13.68.01)

Economische en Industriële Verdedigingsvoorbereiding, 1936-1942, nummer toegang 2.13.68.06 (Econ. Verdedigingsvoorbereiding, 2.13.68.06)

Generale Staf (Algemeen Hoofdkwartier), 1914-1940, nummer toegang 2.13.70 (Generale Staf Landmacht, 1914-1940, 2.13.70)

Koninklijke Landmacht: Genie-archieven: LM-nummers, (1672) 1813-1940 (1942), nummer toegang 2.13.45 (Inspectie der Genie, 2.13.45)

Ministerie van Buitenlandse Zaken: A-dossiers, 1815-1940, nummer toegang 2.05.21 (BUZA / A-dossiers, 1919-1940, 2.05.21)

Ministerie van Buitenlandse Zaken: Gezantschap te Frankrijk (Parijs), 1866-1940, nummer toegang 2.05.102 (Gezantschap Frankrijk, 2.05.102)

Ministerie van Defensie te Londen; Ministerie van Oorlog te Londen en afwikkeling daarvan, 1941-1947, nummer toegang 2.13.71 (Defensie (Londen), 2.13.71)

Ministerie van Defensie: Archief van de Staatscommissie (Defensiecommissie), nummer toegang 2.13.159 (Defensie / Staatscommissie, 2.13.159)

Ministerie van Defensie: Artillerie-Inrichtingen, 1813-1941 (1942-1972), nummer toegang 2.13.86 (Artillerie-Inrichtingen, 2.13.86)

Ministerie van Defensie: Generale Staf; Staf van de bevelhebber der landstrijdkrachten, later de Landmachtstaf; Staf van de bevelhebber der landstrijdkrachten, (1969) 1973-1979 (1980), nummer toegang 2.13.110 (Generale Staf en Landmachtstaf, 1973-1979, 2.13.110)

Ministerie van Defensie: Gewoon en Geheim Verbaalarchief en daarbij opgelegde bescheiden, nummer toegang 2.13.151 (Defensie / Gewoon en Geheim Verbaalarchief, 2.13.151)
Ministerie van Defensie: Inspecties van Wapens en Dienstvakken, nummer toegang 2.13.158 (Inspecties van Wapens en Dienstvakken, 2.13.158)
Ministerie van Defensie: Legercommissie, 1910-1941, nummer toegang 2.13.74 (Legercommissie, 2.13.74)
Ministerie van Koloniën en Opvolgers: Dossierarchief, (1859) 1945-1963 (1979), nummer toegang 2.10.54 (Koloniën / Dossierarchief, 2.10.54)
Ministerie van Koloniën te Londen, 1940-1948, nummer toegang 2.10.45 (Koloniën / Londen, 2.10.45)
Ministerie van Koloniën: Geheim Archief, 1901-1940, nummer toegang 2.10.36.51 (Koloniën / Geheim archief, 2.10.36.51)
Tweede Kamer der Staten-Generaal, 1815-1945, nummer toegang 2.02.22 (Tweede Kamer, 1815-1945, 2.02.22)

SEMI-STATISCHE ARCHIEFDIENSTEN VAN HET MINISTERIE VAN DEFENSIE, RIJSWIJK (SSA)
Archief Directie Juridische Zaken, Afdeling Internationale en Juridische Beleidsaangelegenheden, 1946-2001 (DJZ AI&JB 1946-2001)
Archief Directoraat-Generaal Materieel (DGM)
Archief Hoofdkwartier Generale Staf, 1947-1954 (HKGS 1947-1954)
Archief Ministerie van Defensie (MVD)
Archief NBC-School (NBC-School)
Archief Rijksverdedigingsorganisatie TNO, Chemisch Laboratorium (RVO-TNO CL) / Archief Ministerie van Defensie, Rijksverdedigingsorganisatie TNO, 1925-1979 (MVD RVO-TNO, 1925-1979)
Archief Technische Staf Koninklijke Landmacht, 1947-1952 (TSKL 1947-1952)
Archief van de Chef van de Generale Staf, 1969-1973 (CGS 1969-1973)
Archief van het Secretariaat Militair-Politieke Aangelegenheden van het Hoofdkwartier van de Generale Staf, 1948-1955 (1961) (MPA HKGS 1948-1955)

Gedrukte bronnen

Handelingen van de Eerste Kamer der Staten-Generaal (HEK)
Handelingen van de Tweede Kamer der Staten-Generaal (HTK)

Literatuur

Aanholt, J.M.H. van, 'De opleiding van beroeps- en reserveofficieren tot gasofficier. Antwoord aan den heer A. Schwing', *De Militaire Spectator* 96 (1927) 641-645.
Aanholt, J.M.H. van, 'De taak van den Verlofsgasofficier bij de Korpsen', *De Militaire Spectator* 96 (1927) 142-149.

Akkerman, M., *Nederland en de chemische wapens van Irak*. Campagne tegen Wapenhandel (Amsterdam mei 2007).

Alphen, J.H.M. van, 'Uitreiking Prins Mauritsmedaille 1988', *Armex* 72-1 (1989) 6-8.

Bakker, E., 'CBRN-terrorisme' in: E.R. Muller, U. Rosenthal en R. de Wijk red., *Terrorisme. Studies over terrorisme en terrorismebestrijding* (Deventer 2008) 125-148.

Balfour, S., *Deadly Embrace. Morocco and the Road to the Spanish Civil War* (Oxford 2002).

Berenschot, G.J., 'Het Leger in Nederlandsch-Indië', *Wetenschappelijk Jaarbericht van de Vereeniging ter beoefening van de krijgswetenschap* 18 (1928) 333-369.

Berg, H. van den en K. Knip, 'Grondstof gifgas in Boeing El Al', *NRC Handelsblad* 30 september 1998.

Berg, J. van den, 'Al Hoessein versus Patriot in de Tweede Golfoorlog', *Militaire Spectator* 160 (1991) 544-549.

Bergen, L. van, *De zwaargewonden eerst? Het Nederlandsche Roode Kruis en het vraagstuk van oorlog en vrede 1867-1945* (Rotterdam 1994).

Bescherming tegen toxische stoffen, 1948-1973. Chemisch Laboratorium TNO (Rijswijk 1973).

Best, P.W., 'De invloed van chemische strijdmiddelen op de oorlogvoering', *Orgaan der Vereeniging ter beoefening van de krijgswetenschap* (1924-1925) 79-172.

Bijdrage tot de kennis der werking van het mosterdgas op de huid en van den invloed der meest gebruikte 'ontsmettingsmiddelen' op het beloop der aandoeningen. [Mededeelingen uit de gaslaboratoria van het Koninklijk Nederlands-Indisch Leger 1] (z.p. 1938).

'Bijeenkomsten op donderdag 12 april 1962 te Den helder en op woensdag 25 april 1962 te Amersfoort. Voordrachten gehouden voor de Vereniging ter beoefening van de Krijgswetenschap door Professor dr. J.A. Cohen, Directeur van het Medisch Biologisch Laboratorium RVO-TNO en Drs. J. van Ormondt, Directeur van het Chemisch Laboratorium RVO-TNO over Chemische Oorlogvoering, Voordracht te Den Helder', *Orgaan der Vereniging ter Beoefening van de Krijgswetenschap* (1961-1962) 139-160.

Bloembergen, E., *75 jaar superfosfaat* (Utrecht 1953).

Boer, P.C., e.a., *De luchtstrijd om Indië. Operaties van de Militaire Luchtvaart KNIL in de periode december 1941 - maart 1942* (Houten 1990).

Boom, J., 'Hoe Holland aan Saddam verdiende', *De Groene Amsterdammer* 18 mei 2007.

Bootsma, P. (in samenwerking met H. Dortmans), *De Molukse Acties. Treinkapingen en gijzelingen 1970-1978* (Amsterdam 2000).

Bosboom, N., *In moeilijke omstandigheden. Augustus 1914 - Mei 1917* (Gorinchem 1933).

Boserup, A., J. Perry Robinson en R. Neild (in samenwerking met S. Hirdman), *The Prevention of CBW* [The Problem of Chemical and Biological Warfare. A study of the historical, technical, military, legal and political aspects of CBW, and possible disarmament measures. Volume V] (Stockholm en Londen 1971).

Boter, H.L., 'De Conventie betreffende chemische wapens', *Militaire Spectator* 163 (1994) 364-368.

Bouman, M. 'Chemische en biologische terreurwapens I', *Atlantisch Perspectief* 25-7/8 (2001) 26-31.

Brauch, H.G. en R.-D. Müller red., *Chemische Kriegführung – Chemische Abrüstung. Dokumente und Kommentare. Tl. 1: Dokumente aus deutschen und amerikanischen Archiven* [Militärpolitik und Rüstungsbegrenzung 1] (Berlijn 1985).

Broek, M. en F. Slijper, *Explosieve materie. Nederlandse wapenhandel blootgelegd* (Breda 2003).

Bruin, B. de en D. Dragstra, 'Ze gooien met napalm en gifgas', *Nieuwsnet* 2 augustus 1980, 26-31.

Budde, O., 'De Nato en de sturing van de wetenschap', *Wetenschap & Samenleving* 25-1 (1971) 16-22.

Bussemaker, H.Th., *Paradise in Peril. Western Colonial Power and Japanese Expansion in South-East Asia 1905-1941* (Amsterdam 2001).

Byrd Davis, M. en A.H. Purcell, *Weapons of Mass Destruction* (New York 2006).

Calmeyer, M.R.H., 'De oorlog van morgen', *De Militaire Spectator* 104 (1935) 462-465 en 515-519; 105 (1936) 13-15, 105-108, 179-181, 267-269 en 344-346.

Cappelli, R. en N. Labanca, 'Proliferation and Disarmament of Chemical Weapons in the NATO Framework. Lessons from history' (2001), <www.nato.int/acad/fellow/99-01/labanca.pdf>.

Carter, G.B., *Chemical and Biological Defence at Porton Down 1916-2000* (Londen 2000).

Casius, G. en T. Postma, *40 jaar luchtvaart in Indië* (Alkmaar 1986).

Cate, A. ten, *Waarnemers op heilige grond. Nederlandse officieren bij UNTSO, 1956-2003* (Amsterdam 2003).

Chemical Weapons Convention Bulletin, nr. 14, december 1991.

Claasen, A.W., 'De chemische oorlogvoering', *Wetenschappelijk Jaarbericht van de Vereeniging ter beoefening van de krijgswetenschap* 28 (1938-1939) 200-221.

Clarenburg, L.A., *A Study in Air Pollution* (proefschrift Rijksuniversiteit Utrecht, Utrecht 1960).

'Clouds of War, Chemical Weapons in the Former Yugoslavia', *Human Rights Watch* 9-5D (1997).

Cohen, A., 'Israel and Chemical/Biological Weapons: History, Deterrence, and Arms Control', *The Nonproliferation Review* 8-3 (2001) 27-53.

Cohen, A., 'Israel. Reconstructing a Black Box' in: S. Wright red., *Biological Warfare and Disarmament. New Problems/New Perspectives* (Lanham 2002) 181-212.

Colby, G. en I. Goldman, 'When will Russia abandon its secret chemical weapons program?', <www.demokratizatsiya.org/Dem%20Archives/DEM%20-1%20Colby+Goldman.pdf>.

Coleman, K., *A History of Chemical Warfare* (Basingstoke 2005).

Colijn, K., 'Chemische verjaardag', *Vrij Nederland* 9 juni 2007, <www.vn.nl/Opinie/KoColijn/ArtikelKoColijn/ChemischeVerjaardag.htm>, 5 februari 2009.

Cullumbine, H., 'Chemical warfare experiment using human subjects', *British Medical Journal* 19 oktober 1946, 576-578.

Dankbaar, B. en B. Kempinga, 'Een nieuwe sprong in het duister: de modernisering van de chemische wapens', *Wetenschap en Samenleving* nr. 5 (1981) 4-17.

Dekker, G. den, *The Law of Arms Control. International Supervision and Enforcement* (proefschrift Universiteit van Amsterdam, z.p. 2001).

Delft, D. van, 'Preventing theft: The Kamerlingh Onnes Laboratory in wartime' in: A. Maas en H. Hooijmaijers red., *Scientific research in World War II. What scientists did in the war* [Routledge studies in modern history 7] (Londen en New York 2009) 62-76.

Diepen, R. van, *Voor Volkenbond en vrede. Nederland en het streven naar een nieuwe wereldorde 1919-1946* (Amsterdam 1999).

Dirksen, H.J., 'Defensieonderzoek in Nederland. De meningen zijn verdeeld', *Militaire Spectator* 150 (1981) 355-361.

'DMMP-raadsel vergroot', NRC Webpagina's 12 maart 1999, <www.nrc.nl/W2/Lab/Enquete/enq12031999b.html>, 16 april 2009.

Eikelenboom, S., *Niet bang om te sterven. Dertig jaar terrorisme in Nederland* (Amsterdam 2007).

Engbersen, J.F.J., 'Chemische Wapens', *NVMP Nieuwsbrief* nr. 23 (2003) 12-16.

Engelen, D., *De Militaire Inlichtingen Dienst 1914-2000* (Den Haag 2000).

Finlay, T., 'Lessons of UNSCOM and UNMOVIC for WMD non-proliferation, arms control and disarmament' in: W. Pal Singh Sidhu en R. Thakur red., *Arms control after Iraq: Normative and operational challenges* (Tokio, New York en Parijs 2006) 140-159.

Furmanski, M., 'Historical Military Interest in Low-lethality Biochemical Agents: Avoiding and Augmenting lethal Force' in: A.M. Pearson, M.I. Chevrier en M. Wheelis red., *Incapacitating Biochemical Weapons. Promise or Peril?* (Landham 2007) 35-66.

Gedenkboek Technische Werkplaatsen van het Koninklijk Nederlands Indonesisch Leger. Artillerie-Inrichtingen 1923-1942. Leger-Productie-Bedrijven 1947-1949 (z.p. z.j. (1949 of 1950)).

'Genocide in Iraq. The Anfal Campaign against the Kurds. A Middle East Watch Report', *Human Rights Watch* julinummer (1993), <www.hrw.org/legacy/reports/1993/iraqanfal>.

'Gijzelaars met nieuw soort gas bevrijd', *Vaderland* 7 juli 1976.

Goldblat, J., *CB Disarmament Negotiations, 1920-1970* [The Problem of Chemical and Biological Warfare. A study of the historical, technical, military, legal and political aspects of CBW, and possible disarmament measures. Volume IV] (Stockholm en Londen 1971).

Graaff, B. de, *'Kalm temidden van woedende golven'. Het ministerie van Koloniën en zijn taakomgeving 1912-1940* (Den Haag 1997).

Greenberg, J., 'Nerve-Gas Element Was in El Al Plane Lost in 1992 Crash', *The New York Times* 2 oktober 1998.

Grube, M., 'Kampfstoff in Munster-Nord – Heeresversuchsstelle Raubkammer', <www.lost-places.de/content/view/108/33/>, 23 april 2009.

Harris, E.D., 'US Efforts to Investigate and Attribute the Use of Biological Weapons' in: A.L. Clunan, P.R. Lavoy en S.B. Martin red., *Terrorism, War or Disease? Unraveling the Use of Biological Weapons* (Stanford 2008) 217-245.

Harris, R. en J. Paxman, *Higher form of killing. The secret story of gas and germ warfare* (Londen 1982).

Haug, M., 'Allied chemical weapons in the Asia-Pacific theatre during World War II', *OPCW Synthesis* septembernummer (2001) 20-21.

Haug, M., 'Historical chemical weapons sites in the Asia-Pacific region. Indonesia' (1996; aangepast 2002) [niet meer toegankelijke internetpublicatie, kopie bibliotheek OPCW]
Hersh, S.M., *The Samson Option: Israel, America and the Bomb* (Londen 1991).
Herter, A., 'Warschau-pact oefent met chemische wapens', *De Telegraaf* 20 december 1975.
'Het Chemisch Wapenverdrag', *Buitenlands Beleid Belicht* 15 januari 1993.
'Het Rapport NBC-verdediging', *Carré* aprilnummer (1983) 25-31.
Hiensch, D.H., 'De Gasoorlog', *De Militaire Spectator* 92 (1923) 98-109, 229-239, 282-289, 344-353 en 448-452.
Homan, K., *Van pepperspray tot lasergun. Militaire technologie en de menselijke maat.* Rathenau Instituut (Den Haag 2005).
Homburg, E., 'Operating on Several Fronts: The Trans-National Activities of Royal Dutch/Shell, 1914-1918' in: R. MacLeod en J.A. Johnson red., *Frontline and Factory. Comparative Perspectives on the Chemical Industry at War, 1914-1924* [New Studies in the History of Science and Technology. Archimedes XVI] (Dordrecht 2006) 123-144.
Hugenholtz, J.B.Th., 'Oorlogsdienst geweigerd door een scheikundige', *Kerk en Vrede* 4.2-3 (1928-1929) 6-7.
Jansen, J., L. van Minderhout en J. Zuidgeest, *Biologiese en chemiese oorlogvoering met een onderzoek naar de aktiviteiten van het medisch biologisch laboratorium van RVO-TNO te rijswijk* (1972).
Jauvert, V., 'Quand la France testait des armes chimiques en Algérie', *Le Nouvel Observateur* 23-29 oktober 1998, 10-22.
Jones, R.V., *Most Secret War. British Scientific Intelligence 1939-1945* (Londen 1978).
Jones, R.V., *Reflections on Intelligence* (Londen 1989).
Jong, L. de, *Het Koninkrijk der Nederlanden in de Tweede Wereldoorlog* VII, *Mei '43 - juni '44, eerste helft* (Den Haag 1976).
Jonker, J., *Van RVO tot HDO. 40 jaar Defensieonderzoek TNO* (z.p. 1987).
Karskens, A., *Geen cent spijt: De jacht op oorlogsmisdadiger Frans van Anraat* (Amsterdam 2006).
Kerkhoven, R.H., 'Defensieonderzoek binnen TNO ondersteunt krijgsmacht', *Militaire Spectator* 150 (1981) 362-367.
Kersing, E.L.A., 'Van Militaire gasschool naar Nucleaire, biologische en chemische school', *Militaire Spectator* 145 (1976) 203-208.
Kervel, J.F. van, 'Is de chemische oorlogvoering noodeloos wreed, is zij in de toekomst wederom te verwachten en moet daarom ons leger van aanvals- en verdedigingsmiddelen ten aanzien van de chemische oorlogvoering voorzien zijn?', *De Militaire Spectator* 97 (1928) 30-47.
Klep, C. en R. van Gils, *Van Korea tot Kabul. De Nederlandse militaire deelname aan vredesoperaties sinds 1945* (3e herziene druk; Den Haag 2005).
Klinkert, W., 'Het is een ingenieursoorlog: chemie in militaire dienst in Nederland 1914-1915' in: H. Andriessen en P. Pierik red., *De Grote Oorlog. Kroniek 1914 - 1918* XIV (Soesterberg 2007) 250-290.
Knip, K., 'Biologie in Ness Ziona. Israelisch programma voor chemische en biologische wapens in kaart gebracht', 27 februari 1999, <www.nrc.nl/W2/Lab/Ziona/inhoud.html>, 12 februari 2009.

Knip, K., 'El Al-zending genoeg voor 270 kilo zenuwgas Sarin', *NRC Handelsblad* 30 september 1998.

Knip, K., 'Gifgas à l'improviste. Nederlanders testten zelfgemaakt zenuwgas in de Sahara', *NRC Handelsblad*, Bijlage Wetenschap en Onderwijs, 8-9 maart 2008, 41.

Knip, K., 'Joegoslavië werkt al lang aan gifgassen', NRC Webpagina's 24 april 1999, <www.nrc.nl/W2/Lab/Kosovo/240499-A.html>, 25 februari 2009.

Kunz, R. en R.-D. Müller, *Giftgas gegen Abd el Krim. Deutschland, Spanien und der Gaskrieg in Spanisch-Marokko 1922-1927* [Einzelschriften zur Militärgeschichte 34] (Freiburg 1990).

'Lading. Heeft de enquêtecommissie alle openstaande vragen over de lading kunnen beantwoorden?', NRC Webpagina's 22 april 1999, <www.nrc.nl/W2/Lab/Enquete/D-220499.html>, 16 april 2009.

Lavoy, P.R. en S.B. Martin red., *Terrorism, War or Disease? Unraveling the Use of Biological Weapons* (Stanford 2008).

Leeflang, H., 'Biologische en chemische strijdmiddelen en hun eventuele tactische gebruik', *De Militaire Spectator* 139 (1970) 25-29, 72-79 en 105-111.

Lemmens, J.M.G., 'Wetenschappelijk onderzoek voor Defensie', *Militaire Spectator* 156 (1987) 185-194.

Lemmers, A., *Van werf tot facilitair complex. 350 jaar marinegeschiedenis op Kattenburg* (Den Haag 2005).

Lepick, O., *Les armes chimiques* (Paris 1999).

Loo, P.E. van, *Crossing the Border. De Koninklijke Luchtmacht na de val van de Berlijnse Muur* (Den Haag 2003).

Maas, A.J., *Nationale Ontwapening? De lucht- en gasoorlog en prof. dr. D. van Embden. Eene weerlegging van de propaganda voor nationale weerloosheid* (Den Haag 1924).

Martens, B.J., De Nederlandse flirt met gifgas. Activiteiten en ideeën op het gebied van chemische wapens, 1915-1940 (Doctoraalscriptie Nieuwste Geschiedenis KUN, Nijmegen 1993).

Martens, H., 'The Old Chemical Warfare (OCW) Incineration Plants in Munster, Germany', *The ASA Newsletter* 97-2 (1997).

Mattern, C. en J. Idzerda, 'Waarnemen van oorlogschemicaliën in de atmospheer met behulp van het reukorgaan', *De Militaire Spectator* 97 (1928) 421-434.

Mayor, A., *Greek Fire, Poison Arrows and Scorpion Bombs. Biological and Chemical Warfare in the Ancient World* (Woodstock, New York en Londen 2003).

McCamley, N.J., *Secret History of Chemical Warfare* (Barnsley 2006).

Meerburg, A., 'De Organisatie tot Verbod van Chemische Wapens (OPCW)', *VN Forum* nr. 1 (2006) 9-14.

Meyer, C., *L'arme chimique* (Parijs 2001).

Miller, R., 'Claims of Saddam's Genocide Far from Proven', <www.mediamonitors.net/robinmiller10.html>.

Mirzayanov, V.S., 'Dismantling the Soviet/Russian Chemical Weapons Complex: An Insider's View' in: A.E. Smithson e.a., *Chemical Weapons Disarmament in Russia: Problems and*

Prospects, The Henry L. Stimson Center, Report no. 17 (oktober 1995) 21-33, <www.stimson.org/cbw/pdf/Report17.pdf>.

Mojet, J.J., 'Het Leger in Nederlandsch-Indië', *Wetenschappelijk Jaarbericht van de Vereeniging ter beoefening van de krijgswetenschap* 26 (1936) 372-414.

Molenaar, L., *'Wij kunnen het niet langer aan de politici overlaten...'. De geschiedenis van het Verbond van Wetenschappelijke onderzoekers (VWO) 1946-1980* (Delft 1994).

Molenaar, L., *Rok van het Universum. Marcel Minnaert, 1893-1970* (Amsterdam en Leuven 2003).

Molenaar, L., 'Wetenschap en oorlog', <www.leomolenaar.nl/htmlIntroductie.html>, 9 oktober 2008.

Monteiro, J.C., 'Chemische verdediging', *Militaire Spectator* 151 (1982) 42-47.

Muller, E.R., 'Modern terrorisme en moderne terrorismebestrijding' in: E.R. Muller red., *Veiligheid. Studies over inhoud, organisatie en maatregelen* (Alphen aan den Rijn 2004) 373-394.

Muller, E.R., R.F.J. Spaaij en A.G.W. Ruitenberg, *Trends in terrorisme* (Alphen aan den Rijn 2004).

Müller, R.-D., 'Die deutschen Gaskriegsvorbereitungen 1919-1945. Mit Giftgas zur Weltmacht?', *Militärgeschichtliche Mitteilungen* nr. 1 (1980) 25-54.

'NAVO voorbereid op een chemische oorlog', *Trouw* 18 september 1980.

Nederlands-Indië contra Japan (7 dln.; Den Haag 1949-1961).

Nederlof, R., *Blazing Skies. De Groepen Geleide Wapens van de Koninklijke Luchtmacht in Duitsland, 1960-1995* (Den Haag 2002).

NTI, Yugoslavia Profile, Chemical Overview (herzien juli 2008), <www.nti.org/e_research/profiles/Yugoslavia/Chemical>.

Nuij, N.P.M., 'De dauw des doods. Nederland en de dreiging van chemische oorlogvoering 1918-1939' in: P. Pierik en Martin Ros red., *Vierde Bulletin van de Tweede Wereldoorlog* (Soesterberg 2002) 390-426 [ook op internet gepubliceerd als 'Nederland en de dreiging van chemische oorlogvoering 1918-1939. Debatten en emoties over de "Dauw des Doods" tijdens het interbellum': <www.wereldoorlog1418.nl/gasoorlog/dauw-des-doods>]

Nuij, N.P.M., 'Schrikbeeld gehuld in nevelen. Nederlandse defensie en chemische oorlogvoering, 1918-1939', *Militaire Spectator* 170 (2001) 532-542.

Ooms, A.J.J., 'Chemische oorlogvoering. 2. Wapenbeheersing en ontwapening', *Mars in Cathedra* 150 (1981) 1840-1845.

Ooms, A.J.J., 'Chemische oorlogvoering', *Chemisch Weekblad* 28 (1969).

Ooms, A.J.J., 'Ruim een halve eeuw onderhandelen over ontwapening. De oogst valt bar tegen', *Militaire Spectator* 150 (1981) 374-382.

Ooms, A.J.J., 'Verdediging tegen mogelijke chemische aanvallen blijft noodzakelijk', *Militaire Spectator* 145 (1976) 303-307.

Ooms, A.J.J., 'Wapenbeheersing, wapenbeperking, ontwapening', *Militaire Spectator* 142 (1973) 149-156.

Ooms, A.J.J., 'Wetenschap en ontwapening' in: *Symposium Natuurwetenschap en krijgskunde.* Prins Maurits Laboratorium TNO (Rijswijk 1988) 45-51.

Organisation for the Prohibition of Chemical Weapons, <www.opcw.org/about-opcw/non-member-states/>, 30 januari 2010.

Ormondt, J. van, 'Gasbeschermingsmaterieel', *De Militaire Spectator* 125 (1956) 532-542.

Osborne, J. red., *Handbook of Pre-1946 Chemical Weapons*. (2^{e} druk; z.p. 2006).

'Parlementaire enquête vliegramp Bijlmermeer (1998-1999)', <www.parlement.com/929100/modulesf/g8pdjdmj>, 16 april 2009.

Peeters, F. en H. Pen, 'Duits expert hielp Nederland na Eerste Wereldoorlog met gifgas', *Het Parool* 12 maart 1994.

Perry Robinson, J. (met medewerking van C.-G. Hedén en H. von Schreeb), *CB Weapons Today* [The Problem of Chemical and Biological Warfare. A study of the historical, technical, military, legal and political aspects of CBW, and possible disarmament measures. Volume II] (Stockholm, New York en Londen 1973).

Perry Robinson, J., 'The Australia Group: a description and assessment' in: H.G. Brauch, H.J. van der Graaf, J. Grin en W.A. Smit red., *Controlling the development and spread of military technology. Lessons from the past and challenges for the 1990s* (Amsterdam 1992) 158-173.

Perry Robinson, J., 'The negotiations on the Chemical Weapons Convention: a historical overview' in: M. Bothe, N. Ronzitti en A. Rosas red., *The new Chemical Weapons Convention – Implementation and prospects* (Den Haag 1998) 17-36.

Portengen, J., *Herleefd verleden. Strijd om Valkenburg ZH in mei 1940* (Delft 1995).

'Proeven met gifgas op mensen in Sowjet-Unie', *Het Parool* 8 september 1975.

Rabbani, M., 'Flight 1862 and Israel's chemical secrets', *Middle East International* 16 oktober 1998.

Rabbani, M., 'The mystery of El-Al's chemical cargo', *Al-Ahram Weekly On-line* 15-21 October 1998, issue No. 399 <weekly.ahram.org.eg/1998/399/in1.htm>, 12 februari 2009.

'Rapport over mogelijkheden voor vertrouwen- en veiligheidsbevorderende maatregelen (CSBM's), verificatie, non-proliferatie, wapenbeheersing en ontwapening', NAVO Persbericht M-NAC-2(2000)121 (14 december 2000).

Reep, J.C.F., 'De huidige stand van zaken bij chemische oorlogvoering', *De Militaire Spectator* 131 (1962) 413-416.

Roijen, L.A. van, 'De mobilisatie van de economische hulpbronnen van het land, voornamelijk wat betreft den aanmaak van munitie en ander oorlogsmaterieel', *Orgaan der Vereeniging ter beoefening van de krijgswetenschap* (1920-1921) 214-242.

Roozenbeek, H. red., *In dienst van de troep. Bevoorrading en transport bij de Koninklijke Landmacht* (Amsterdam 2008).

Schilderman, S., 'De Chemische Oorlogvoering', *Wetenschappelijk Jaarbericht van de Vereeniging ter beoefening van de krijgswetenschap* 18 (1928) 266-282.

Schilderman, S., 'De gasoorlog en de verdediging daartegen, ook met het oog op de burgerbevolking', *Orgaan der Vereeniging ter beoefening van de krijgswetenschap* (1932-1933) 163-252.

Schilderman, S., 'Gebruik van strijdgassen in den bewegingsoorlog', *Indisch Militair Tijdschrift* 68 (1937) 892-895.

Schilderman, S., 'Het gebruik van strijdgassen in den Italiaansch-Abessijnschen Oorlog en de daaruit te trekken lessen', *Indisch Militair Tijdschrift* 67 (1936) 883-886.

Schilderman, S., 'Strijdgassen tegen landingen', *Indisch Militair Tijdschrift* 68 (1937) 111-113.

Schmidt, U., 'Cold War at Porton Down: Informed Consent in Britain's Biological and Chemical Warfare Experiments', *Cambridge Quarterly of Healthcare Ethics* 15-4 (2006) 366-380.

Schmidt, U., 'Medical Ethics and Human Experimentation at Porton Down: Informed Consent in Britain's Biological and Chemical Warfare Experiments' in: U. Schmidt en A. Frewer red., *History and theory of human experimentation: the declaration of Helsinki and modern ethics* (Stuttgart 2007) 283-313.

Schmit, L.P., 'Nederland en de gifgasoorlogvoering in de Eerste Wereldoorlog' in: *Armamentaria. Jaarboek Legermuseum* 36 (2001) 117-134.

Schoonoord, D.C.L., Chemische wapens ingezet?, deelstudie op CD-rom behorende bij het rapport: *Srebrenica. Een 'veilig' gebied. Reconstructie, achtergronden, gevolgen en analyses van de val van een Safe Area.* Nederlands Instituut voor Oorlogsdocumentatie (Amsterdam 2002).

Schroeff, J.P. van der, *Bijdrage tot de kennis der werking van dichloor-diaethyl-sulfide (mosterdgas) op de blanke en de meer gepigmenteerde huid* (Bandung 1937).

Schweer, H., *Die Geschichte der Chemischen Fabrik Stoltzenberg bis zum Ende des Zweiten Weltkrieges. Ein Überblick über die Zeit von 1923 bis 1945 unter Einbeziehung des historischen Umfeldes mit einem Ausblick auf die Entwicklung nach 1945* (Diepholz, Stuttgart en Berlijn 2008).

Schwing, A.A., 'De opleiding van beroeps- en reserveofficieren tot gasofficier', *De Militaire Spectator* 96 (1927) 450-455.

Schwing, A.A., 'Eenige opmerkingen over No. 52. Handleiding Gasbeschermingsdienst', *De Militaire Spectator* 98 (1929) 324-337.

Shukor, S., 'Inquest reopens into Porton Down nerve agent death', *Times Online – Newspaper* 28 september 2003 <www.ladlass.com/intel/archives/006342.html>, 12 februari 2009

Siddel, F.R., E.T. Takafuji en D.R. Franz red., *Medical Aspects of Chemical and Biological Warfare* (Washington 1997).

Sijmons, R., 'Er ligt nog steeds strijdgas in het Bloemendaalse duin. Hoe de verschillende instanties de verantwoordelijkheid voor de gifbunker – en de financiële gevolgen – op elkaar afschuiven', *Vrij Nederland* 26 september 1987.

Sizoo, G.J., 'Het toegepast natuurwetenschappelijk onderzoek ten behoeve van de rijksverdediging', *De Militaire Spectator* 120 (1951) 519-523.

'Sowjet-Unie onderwerpt mensen aan proeven met gifgassen', *Nederlands Dagblad* 20 oktober 1975.

Spek, C.W. van der, *Een wapen tegen terreur. De geschiedenis van de Bijzondere Bijstandseenheid Krijgsmacht 1972-2006* (Amsterdam 2009).

Spiers, E.M., *Chemical and Biological Weapons. A Study of Proliferation* (Basingstoke 1994).

Spiers, E.M., *Chemical Warfare* (Urbana en Chicago 1986).

Spiers, E.M., *Chemical Weaponry. A Continuing Challenge* (Basingstoke 1989).

Teitler, G. en K.W. Radtke red., *A Dutch spy in China. Reports on the First Phase of the Sino-Japanese War (1937-1939)* (Leiden 1999).

Terzuolo, E., *NATO and Weapons of Mass Destruction. Regional alliance, global threats* (Londen en New York 2006).

'TNO-onderzoek naar bescherming tegen strijdmiddelen', Nieuwsbericht TNO, 19 februari 2008.

Traa, M., 'Speeltuin Sahara' (deel 1 uit de serie 'De Russen komen! Geheimen uit de Koude Oorlog'), *HP/De Tijd* 22 februari 2008, 24-31.

Tucker, J.B. red., *Toxic Terror: Assessing Terrorist Use of Chemical and Biological Weapons* (Cambridge, Massachusetts 2000).

Tucker, J.B., 'The "Yellow Rain" Controversy: Lessons for Arms Control Compliance', *The Nonproliferation Review* spring (2001) 25-41.

Tucker, J.B., *War of Nerves. Chemical warfare from World War I to Al-Qaeda* (New York 2006).

Vallette, J. (met medewerking van S. Kretzmann en D. Wysham), *Crude Vision. How oil interests obscured US Government focus on chemical weapons use by Saddam Hussein*. Institute for Policy Studies (Washington 2003).

'Van geen enkel wapen is het gebruik ethisch aanvaardbaar', *Trouw* 24 februari 1969.

Verboom, J.O., 'Het Chemische-Wapenverdrag vijf jaar in werking', *Internationale Spectator* 57-4 (2003) 191-195.

Verweij, A. en H.L. Boter, 'Verifikatie van het produceren van chemische strijdmiddelen in de civiele chemische industrie' in: Th.M. Groothuizen red., *Prins Maurits Laboratorium TNO. Veelzijdig en dynamisch. 37 voorbeelden van onderzoek* (Rijswijk 1988) 49-54.

Vreeze, W. de, 'De Aangelegenheid dient als van volstrekte geheimen aard te worden beschouwd'. De ontwikkeling van strijdgassen ten behoeve van de oorlogsmachine in Nederland tijdens de Eerste Wereldoorlog en het interbellum (Bachelorscriptie Geschiedenis EUR, Rotterdam 2007).

Vriezema, F., 'TNO en Defensie: Een strategisch partnerschap', *Carré* 12 (2007) 11-13.

Walk, R., 'Gas, Gas Masks, and Smelly Clothing: The Unsung Heroes of the Chemical Warfare Service During World War II', *CML Army Chemical Review* juli-december (2007) 43-49 (zie ook: <www.wood.army.mil/chmdsd/pdf/Jul-Dec%202007/Walk-Unsung_Heroes.pdf>, 23 april 2009).

Weapons of Terror. Freeing the World of Nuclear, Biological and Chemical arms. The Weapons of Mass Destruction Commission (Stockholm 2006).

Wegman, C.E.A., 'Chemische oorlogvoering. 1. Algemeen', *Mars in Cathedra* 150 (1981) 1830-1840.

Weijer, W.F.P.M. van de, 'Chemische ontwapening', *Militaire Spectator* 143 (1974) 487-498.

Wilde, J. de, 'Voorbereidingen en toepassing van chemische oorlogsmethoden in Amerika en elders', *Wetenschap & Samenleving* 22-6 (1968) 180-186.

Williams, P. en D. Wallace, *Unit 731. The Japanese army's secret of secrets* (Londen enz. 1989).

Wils, E.R.J., 'Fritz Haber: Een chemicus als krijger' in: H. Andriessen en P. Pierik red., *De Grote Oorlog. Kroniek 1914 - 1918* XIV (Soesterberg 2007) 133-174.

Wils, E.R.J., 'Misverstanden over gifgas' in: H. Andriessen, P. Pierik en L. Dorrestijn red., *De Grote Oorlog. Kroniek 1914 - 1918* XIX (Soesterberg 2009) 145-150.

Woensel, J. van, *Vrij van Explosieven. De geschiedenis van het* EOCKL *en zijn voorgangers, 1944-2004* (Amsterdam 2004).

Wolterbeek, C., 'Land van duizend en een nacht en duizend bommen en granaten: Irak', *De Onderofficier* 35-5 (1993) 147-155.

Zeidler, M., *Reichswehr und Rote Armee 1920-1933. Wege und Stationen einer ungewöhnlichen Zusammenarbeit* (München 1993).

Zelm, M. van, '40 Jaar chemisch defensieonderzoek in Nederland' in: Th.M. Groothuizen red., *Prins Maurits Laboratorium* TNO. *Veelzijdig en dynamisch. 37 voorbeelden van onderzoek* (Rijswijk 1988), 14-18.

Zelm, M. van, 'Enkele hoogtepunten van de chemische defensieresearch op het Prins Maurits Laboratorium in de periode 1984-1990' in: *Liber Amicorum ter gelegenheid van het afscheid van Dr. P.B.R. de Geus voorzitter van de Raad voor het Defensieonderzoek* TNO.

Zelm, M. van, 'Verification of destruction of CW agents: The Obong operation' in: H.G. Brauch red., *Verification and Arms Control. Implications for European Security. The Results of the Sixth International* AFES-PRESS *Conference. Part I: Abstracts and discussions* (Mosbach 1990) 152.

Afkortingenlijst

AAT	Aan- en Afvoertroepen
ABC	atomisch/atomair, biologisch en chemisch
ABCD	atomaire, biologische en chemische oorlogvoering en *damage control*
ACW	*abandoned chemical weapons*
AHK	Algemeen Hoofdkwartier
AI&JB	Afdeling Internationale en Juridische Beleidsaangelegenheden
ANP	Algemeen Nederlands Persbureau
ARP	Antirevolutionaire Partij
ASTA	Ambtelijke Stuurgroep Terroristische Acties
AVP	Algemeen Verdedigingspark
AWO	Adviesbureau Wetenschappelijk Onderzoek
BAOR	*British Army of the Rhine*
BBE	Bijzondere Bijstandseenheid
b.d.	buiten dienst
BDA	*Bilateral Destruction Agreement*
BDL	bevelhebber der Luchtstrijdkrachten
BDZ	bevelhebber der Zeestrijdkrachten
bgen	brigadegeneraal
BLS	bevelhebber der Landstrijdkrachten
BNS	bevelhebber Nederlandse Strijdkrachten
BuZa	(Ministerie van) Buitenlandse Zaken
BVD	Binnenlandse Veiligheidsdienst
CAM	*Chemical Agent Monitor*
CBRN	chemisch, biologisch, radiologisch en nucleair
CCS	Commissie voor Chemische Strijdmiddelen
CDA	Christen-Democratisch Appèl
CDEE	*Chemical Defence Experimental Establishment*
CEB	*Centre d'Études du Bouchet*
CESP	*Centre d'Expérimentation Semi-Permanent*
CGS	chef van de Generale Staf
CHU	Christelijk-Historische Unie
CIA	*Central Intelligence Agency*
CIOS	*Combined Intelligence Objectives Subcommittee*

CIZ	Commissariaat voor Indische Zaken
CL	Centraal Laboratorium / Chemisch Laboratorium
CLS	chef van de Luchtmachtstaf
CMS	chef van de Marinestaf
COW	Centraal Orgaan voor de voorziening in de behoeften van de Weermacht
ct	product van concentratie en tijdsduur
CV	commandant Veldleger
CVA	Commissie van Advies nopens Chemische Strijdmiddelen / Commissie van Advies nopens Chemische en Aanverwante Verdedigingsvraagstukken
CVP	Commissie van Proefneming
CW	*chemical warfare / chemical weapons*
CWC	*Chemical Weapons Convention*
D&V	Defensie en Veiligheid
D66	Democraten '66
DAB	directeur (of: Directie) Algemene Beleidszaken
DAI	Directie van de Artillerie-Inrichtingen
DAM	directeur voor het Artilleriematerieel
DAV	directeur voor Aanschaffing en Verstrekking van Artilleriematerieel
DCP	dichloorpropeen
DGW&T	directeur (of: Directie) Gebouwen, Werken en Terreinen van het Ministerie van Defensie
DIO	Directie Internationale Organisaties
DJZ	Directie Juridische Zaken
DML	directeur (of: Directie) Materieel Landmacht
DMMP	dimethyl methylfosfonaat
DPV	Directie Politieke VN-Zaken
DV	Defensie Voorlichting
DVD	Departement van Defensie
DVO	Departement van Oorlog
EDG	Europese Defensie Gemeenschap
elnt	eerste luitenant
EOD(KL)	Explosieven Opruimingsdienst (van de Koninklijke Landmacht)
EtABC	*Établissement ABC*
EtAC	*Établissement d'Application Chémique*
FINABEL	(samenwerkingsverband van) Frankrijk, Italië, Nederland, de Bondsrepubliek Duitsland, België en Luxemburg
genmaj	generaal-majoor
GG	gouverneur-generaal (van Nederlands-Indië)
GP	gasprojectiel
GS	Generale Staf

HEK	Handelingen van de Eerste Kamer der Staten-Generaal
HKGS	Hoofdkwartier Generale Staf
HKKL	Hoofdkwartier Koninklijke Landmacht
HKS	Hogere Krijgsschool
HTK	Handelingen van de Tweede Kamer der Staten-Generaal
IB	Infanteriebataljon
IdA	inspecteur (of: Inspectie) der Artillerie
IdC	inspecteur (of: Inspectie) der Cavalerie
IdI	inspecteur (of: Inspectie) der Infanterie
IdG	inspecteur (of: Inspectie) der Genie
IdvgA	inspecteur (of: Inspectie) der Vestingartillerie
IGD(K)L	inspecteur (of: Inspectie) van de Geneeskundige Dienst van de (Koninklijke) Landmacht
JNA	*Jugoslovenska Narodna Armija* (Joegoslavische federale leger)
kap	kapitein
KL	Koninklijke Landmacht
kltz	kapitein-luitenant-ter-zee
KLu	Koninklijke Luchtmacht
KM	Koninklijke Marine
KMAR	Koninklijke Marechaussee
KMG	Kwartiermeester-Generaal
KNIL	Koninklijk Nederlands-Indisch Leger
kol	kolonel
LAMID	Landmacht Inlichtingendienst
LPB	Leger Productie Bedrijven
lkol	luitenant-kolonel
maj	majoor
MBL	Medisch Biologisch Laboratorium
MBWI	Militair Bureau voor Wetenschappelijke Inlichtingen
MDAP	*Mutual Defense Assistance Program*
Mekog	Maatschappij tot Exploitatie van Kooksovengassen
MinBuza	minister (of: Ministerie) van Buitenlandse Zaken
MinDef	minister (of: Ministerie) van Defensie
MinEZ	minister (of: Ministerie) van Economische Zaken
MI 10	*Military Intelligence, section 10*
MID	Militaire Inlichtingendienst
MIVD	Militaire Inlichtingen- en Veiligheidsdienst
ML-KNIL	Militaire Luchtvaart van het KNIL
MPA	(Secretariaat) Militair-Politieke Aangelegenheden
MVD	minister (of: Ministerie) van Defensie

MVJ	minister (of: Ministerie) van Justitie
MVK	minister (of: Ministerie) van Koloniën
MVM	minister (of: Ministerie) van Marine
MVO	minister (of: Ministerie) van Oorlog
NATO	*North-Atlantic Treaty Organisation*
NAVO	Noord-Atlantische Verdragsorganisatie
NBC	nucleair, biologisch en chemisch
NHW	Nieuwe Hollandse Waterlinie
NIMH	Nederlands Instituut voor Militaire Historie
NIOD	Nederlands Instituut voor Oorlogsdocumentatie
NL-HaNA	Nationaal Archief
NOV	Nederlandse Officieren Vereniging
NRC	*Nieuwe Rotterdamsche Courant*
NTI	*The Nuclear Threat Initiative*
OCW	*old chemical weapons*
OLZ	opperbevelhebber van Land- en Zeemacht
OPCW	*Organisation for the Prohibition of Chemical Weapons*
OR	operationele research / *operations research*
plv	plaatsvervangend
PML	Prins Maurits Laboratorium
PrepCom	*Preparatory Commission*
PSM	*Pabrik Sendjata dan Mesiu*
PvdA	Partij van de Arbeid
PW	Pyrotechnische Werkplaats
RAF	*Rote Armee Fraktion*
RU	Rijksuniversiteit
RGnTr	Regiment Genietroepen
RVgA	Regiment Vestingartillerie
RVO(-TNO)	Rijksverdedigingsorganisatie TNO
SDAP	Sociaaldemocratische Arbeiderspartij
SEPP	*State Establishment for Pesticide Production*
SL-AI	Scheikundig Laboratorium van de Artillerie-Inrichtingen
SP	Socialistische Partij
SSA	Semi-Statische Archiefdiensten van het Ministerie van Defensie
TCVP	Tijdelijke Commissie van Proefneming
TH	Technische Hogeschool
TNO	(Organisatie voor) Toegepast Natuurwetenschappelijk Onderzoek
TS(KL)	Technische Staf (van de KL)
TZ	(Afdeling) Technische Zaken
UNEF	*United Nations Emergency Force*

UNPROFOR	*United Nations Protection Force*
UNSCOM	*United Nations Special Commission*
US	*United States*
VCS	Verenigde Chefs van Staven
vdg	vaandrig
VOBO	bureau Voorziening Behoeften in Oorlogstijd
VVD	Volkspartij voor Vrijheid en Democratie
VN	Verenigde Naties
VR	Veiligheidsraad
VS	Verenigde Staten
vsd	voor speciale diensten
VWO	Verbond van Wetenschappelijke Onderzoekers
VZ	voorzitter
WEU	West-Europese Unie
wnd	waarnemend
WO	wetenschappelijk onderzoek

Personenregister

Geografisch register

Illustratieverantwoording

De illustraties zijn afkomstig van het Nederlands Instituut voor Militaire Historie tenzij hieronder anders vermeld.

ANP Photo, Rijswijk: 16 onder (AKG), 17 (AKG), 22 (EPA), 268 (AKG), 283 (AFP), 298, 299 (AFP), 307, 318 (AFP), 328 boven (EPA), 336 (AFP)
Bibliotheek KMA, Breda: 35-36, 39
E. Bloembergen, *75 jaar superfosfaat. Gedenkboek van het vijfenzeventigjarig bestaan van het superfosfaatbedrijf in Nederland* (Utrecht 1953): 30 onder
BPK, Berlijn: 78, 87, 107
Bundesarchiv, Koblenz: 15, 70
Geniemuseum, Vught: omslag voorflap, 64, 105, 150, 220, 258-259
Getty Images: 16 boven, 18 (Popperfoto), 20 (Time & Life Pictures), 288, 328 onder
Historische Vereniging Zwijndrecht: 30 boven
Nationaal Archief, Den Haag: 43, 46, 55, 94, 123, 124-125 boven, 147-149
Semi-Statische Archiefdiensten, Ministerie van Defensie, Rijswijk: omslag achter rechts, 176, 196-197, 223, 227-228, 244-245
Spaarnestad Photo, Haarlem: omslag voor, 271, 343
TNO Defensie & Veiligheid, Rijswijk: 126-127, 136-142, 157, 160, 177, 231, 242, 248-250, 253-255, 276, 301-302, 304

M.S. Nieuwenhuizen: 327

Het Nederlands Instituut voor Militaire Historie heeft getracht alle rechthebbenden van het fotomateriaal te achterhalen. Mochten personen of instanties desondanks van mening zijn dat fotorechten niet zijn gehonoreerd, dan kunnen zij zich wenden tot het instituut.